中國仲裁史稿

《中华人民共和国仲裁法》颁布后

HISTORY OF ARBITRATION IN CHINA

湖北省法学会仲裁法研究会 编

法律出版社
LAW PRESS·CHINA

代序　关于中国仲裁基础理论和发展方向的两点意见[①]

中国特色社会主义仲裁事业，在党的路线指引下，经过全国仲裁界 20 多年艰苦奋斗，取得了显著成就。10 余年前，根据仲裁事业持续发展和更好地为党提出的奋斗目标服务的要求，仲裁界提出了仲裁事业二次创业和创建我国仲裁基础理论——中国仲裁学。当前，我国仲裁事业正处在二次创业的跨越式发展阶段，中国仲裁学的创建也有了比较实际的起步。中国政法大学成立了仲裁研究院，西南政法大学成立了中国仲裁学院。现就我国仲裁的基础理论和发展方向问题讲两点意见，抛砖引玉。其中，难免涉及具体工作，请大家从研究的角度考虑并提出意见。

一、关于纠纷解决工作和理论研究必须始终牢牢把握的一条基本原理

仲裁是一种社会纠纷解决方式。从事仲裁工作和理论研究的人都应当明确一条基本原理：人类社会的纠纷和纠纷解决需要是第一性的，纠纷解决方式是第二性的，纠纷和纠纷解决需要决定纠纷解决方式，有什么样的纠纷和纠纷解决需要，就有什么样的纠纷解决方式，而不是相反。纠纷解决方式的生存和发展必须依赖和满足纠纷解决的需要，而不是纠纷和纠纷解决需要适应纠纷解决方式。这是已经被几千年人类社会纠纷解决实践所证明的，是人类社会纠纷解决实践进步与发展的基本规律，是社会纠纷解决工作和理论研究的认识基础和行为准则。既是认识论，也是方法论。研究和从事社会纠纷解决，首先要客观、全面、真实地把握社会纠纷产生的原因、形成的规律、具体的特点、发展

---

① 本文引自 2018 年 1 月 8 日《法制日报》“仲裁专栏”中卢云华同志的文章。

的趋势和纠纷解决的需要，然后才有可能设置出与之相适应的、行之有效的纠纷解决方式方法。研究任何纠纷解决方式及其发展都必须始终坚持从社会纠纷及其解决需要的实际出发，脱离了这个实际，忽略了这个实际，所有的想法、说法都是纸上谈兵，都不会产生好的、有效的作用。今天，在研究包括仲裁在内的我国社会纠纷解决工作和基础理论创建时，首要的、根本的是科学总结和正确把握我国社会纠纷产生及其妥善解决的规律，根据我国社会纠纷解决的需要，研究制定更多更好的解决我国经济社会发展过程中不可避免产生的越来越多的社会纠纷的基本方略。

最近仲裁界正在热议“一带一路”倡议和自贸区纠纷解决。在目前还没有看到具体的“一带一路”倡议和自贸区纠纷统计分析的情况下，在对“一带一路”倡议实施中产生的具体合作纠纷（以下简称“一带一路”纠纷）和自贸区纠纷形成的规律和解决的需要尚没有清晰的判断、准确的把握时，无论设置什么样的纠纷解决方式方法，都还是预设性的，还要在以后“一带一路”纠纷和自贸区纠纷解决实践中接受检验，现在还不能把话说得太满、太死。

“一带一路”纠纷的解决，情况会更复杂些。“一带一路”纠纷的解决是“一带一路”倡议实施的重要组成部分，涉及的国家和地区众多，实施的项目周期长，纠纷解决的复杂程度高。既要考虑以我为主，又要充分兼顾他人；既要看到眼前，又要虑及长远。纠纷解决难度系数较大，现在尚无成算，亦无充分把握，不能“冒叫”。目前需要并能够明确的是，“一带一路”纠纷解决工作是“一带一路”倡议实施的重要保障，“一带一路”纠纷解决工作的任务是保障“一带一路”倡议的顺利实施，“一带一路”纠纷具有一般国内纠纷、涉外纠纷所不同的、特殊的纠纷解决需要。“一带一路”倡议“合作、双赢”的精神本质地反映着“一带一路”纠纷解决的根本需要，是“一带一路”纠纷解决工作的指导原则。“一带一路”纠纷解决工作的构建和开展，必须根据“合作、双赢”精神，尽最大可能使产生纠纷的合作双方在纠纷解决中能够合作解决争议，努力实现纠纷解决的“双赢”，争取没有败者，以使双方还能继续合作下去。既要尽量避免因纠纷的解决把合作者赶走吓跑，又要注意避免我国利益因纠纷解决遭受重大损失。因此，在很多时候恐怕不是该怎么办就怎么办，而是需要怎么办就怎么办。“一带一路”倡议的实施地域跨度大、纠纷解决文化差异大，切忌简单套用、拼凑已有的纠纷解决方式方法。只有紧紧围绕“一带一路”倡议精神，牢牢把握“一带一路”纠纷解决的具体特点和需要，认真总结“一带一路”倡议实施情况和已经发生的“一带一路”纠纷解决的经验教训，才有可能制订出保障“一带一路”倡议顺利实施的贯“东西”、通“南北”的“一带一路”纠纷解决方略。

仲裁，首先是社会纠纷解决方式，其次才是专业纠纷解决方式，离开了社会，专业就失去了意义。当然，没有专业性也是不行的。为什么说是“中国特色”社会主义仲裁事业？从根本上讲，这项事业是根据中国社会而不是外国社会纠纷解决需要而设置、生存、发展的。换言之，不同的国家、不同的民族、不同的纠纷性质、不同的纠纷解决文化和传统、不同的社会历史发展阶段，社会纠纷解决的需要是不同的。中国仲裁事业的任务只能是满足中国社会和与中国利益相关的纠纷解决的需要。仲裁界一直有迈出国门、裁处其他国家和地区间纠纷的愿望，其出发点是可以理解的。这个问题并不是工作和理论研究问题，而是策论主张。仲裁法规定的我国仲裁工作是国内仲裁和涉外仲裁，尚不包括国际争端仲裁。中国仲裁要不要、能不能在解决国际争端中发挥作用，发挥什么作用，是综合我国经济社会发展和外经外交需要作出的国家判断问题，而不是纠纷解决工作和理论、策论的判断问题，宜先内部研究为妥。待有国家外交外经决策后再说也还来得及，也适当些。在构建人类命运共同体的今天，无论是世界警察还是世界判官都是有问题的，还是多当建设者合适些。至少现在是如此。

我国仲裁事业 20 年来取得的辉煌创业成就，采取的一系列正确的发展战略和策略，概括起来就是一条：紧紧围绕我国经济社会发展的客观要求，不断满足我国现代化建设进程中的社会纠纷解决需要。离开了我国社会纠纷解决需要，任何事都是难以办成的。“问渠哪得清如许，为有源头活水来”，我国经济社会发展带来的纠纷解决需要，是中国仲裁、中国社会纠纷解决事业永不枯竭的发展源泉。以上，也是中国仲裁学理论基础的主要内容。只有科学的研究，才有研究的科学。创建仲裁基础理论，亦是如此。

二、关于现代纠纷解决工作和理论研究需要注意的一个重要现象或定律

人类社会近 100 年的发展超过以往 1000 年，甚至还要更多。伴随着经济社会和科学技术的快速发展，以美国第二次世界大战后、中国改革开放后为典型，出现了一个重要的社会现象，也可以称为人类社会纠纷发展的现代定律，值得我们高度关注、深入思考并寻求对策。即并非经济社会越发展、科学技术越进步，社会纠纷就越少，而是恰恰相反。经济社会的快速发展、科学技术的飞跃前进，带来了社会利益主体的大量增加、社会利益关系的大量增加、社会利益活动的大量增加、社会利益冲突的大量增加。至少在目前和可看到的将来是如此。

美国在第二次世界大战以后几十年的相对和平时期获得了较快发展，同时，社会纠纷急剧增加，已有的、传统的、以诉讼为主的纠纷解决方式已无法及时有效地解决纠纷，严重影响着美国经济社会的正常运转。形势决定任务、方针和政策。社会纠纷发展的形势决定社会纠纷解决实践的任务、发展方向和方针政策。这既是必然的客观要求，也是

重要的实践原则。美国因应大量增长的社会矛盾，推出了多元的纠纷解决办法，动员和组织专门或者非专门的社会机构和力量开展纠纷解决工作，建立了一个具有美国特色、满足美国社会纠纷解决需要的多元社会纠纷解决体制。美国多元社会纠纷解决体制的建立，是对美国传统社会纠纷解决的重大变革，是根据美国社会纠纷发展形势对纠纷解决的需要进行的改革。其最初由司法推动，动机是为司法减负，但变革的结果却产生了深刻的社会意义。美国的多元纠纷解决实践至少具有以下3个鲜明特点：一是社会纠纷解决主体多元，可以不去司法机关；二是社会纠纷的解决方式方法多元，可以不用司法程序；三是社会纠纷解决依据多元，在不违反法律的前提下，可以不以法律为依据。这样一来，就使广泛的社会力量参加社会纠纷解决成为可能，并极大地提高了纠纷解决的灵活性，减少了纠纷解决的社会成本，最大限度地满足了社会纠纷解决的各种需要。美国作为法治国家，采取上述“三个多元”解决社会纠纷，是值得思考的。美国以多元化解决社会纠纷为标志，建立起开放性的、社会性的、群众性的现代社会纠纷解决格局，较好地适应了日益增长的美国社会纠纷解决的需要。特别是通过社会纠纷解决主体的多元化和灵活性，积累和动员了庞杂而巨大的社会纠纷解决能量，大大提高了美国社会纠纷解决的有效性、时效性和实用性，从根本上改变了社会纠纷解决落后于经济社会发展的被动局面。

我国改革开放以后，是中华民族历史发展最好、最快的时期，也是在世界民族发展史、国际社会发展史中最受瞩目的时期。在这个时期，随着我国经济社会快速发展，国民利益和权利种类、范围大幅增加，利益活动空前丰富，同时，利益冲突也在前所未有的快速、大量产生。2017年，全国法院系统审理的案件已经飙升到2000万件。社会纠纷是社会矛盾发展的结果。法院受理案件的增长是我国社会矛盾、社会纠纷发展的表象。被称为“诉讼爆炸”的，其实是社会矛盾、社会纠纷的“爆炸”。这说明在我国社会也同样显现着经济社会越发展，社会矛盾、社会纠纷就越增加的定律，同时还说明三点：一是在这个历史阶段，我国社会普遍存在大量的社会矛盾；二是大量的、不断产生的社会矛盾没有得到有效消弭，形成了社会纠纷；三是大量的社会纠纷没有得到妥善解决，国民中每千人即有15人打过官司，成讼率高。而且又说明，面对如此数量级、普遍性的社会纠纷，靠建设“高精尖”“高大上”的纠纷解决组织，是不能满足和适应当今时代我国社会纠纷解决需要的。案件有标的高低之分，但纠纷并无高端低端之别。仲裁并不比法院解决纠纷的能力更高更强。全国3000多家法院、数以十几万计的法官都难以应对的社会纠纷，也不会是几家所谓高端的纠纷解决组织或仲裁机构就能应付得了的。目前，我国社会纠纷解决仍然是沿袭诉讼为主的模式，不仅纠纷解决的社会成本过高，而且反映着经济社会发展的代价巨大,将不可避免地阻碍和影响经济社会持续健康发展。

问题产生的定律本身即包含着问题解决的逻辑,这是问题导向思维的哲学思辨依据。现代社会纠纷发展的定律必然地、不以人的意志为转移地催生着人类社会纠纷解决的变革。人类社会的这 100 年,既是快速发展的 100 年,也是社会纠纷大幅增长的 100 年,更是人类社会纠纷解决方式变革的 100 年。传统的纠纷解决方式方法已成明日黄花,越来越难以适应现代社会纠纷解决的需要。我们干工作、搞研究要有历史感悟力。对于任何国家来说,无论处于任何历史阶段,社会纠纷解决方式都是国家治理、社会治理的基本方式、重要方式,都要随着经济社会的发展而前进、而变革。中国是有着悠久的纠纷解决历史的国家,中华民族是有着灿烂的纠纷解决文明的民族。在我国,社会纠纷解决历来都是与经济建设、社会发展同等重要的政务,"讼平"既是重要的政务目标,也是国策,所谓"河清、海晏、讼平"是也。今天我们正站在新的历史起点上,认真研究包括仲裁在内的我国社会纠纷解决方式的变革,努力创建包括中国仲裁学在内的社会纠纷解决理论,更好地发挥仲裁和其他社会纠纷解决工作以保障国家各项战略目标实现的重要作用,这既是我们的历史责任、历史使命,也是对人类、对国际社会纠纷解决事业的贡献。这也是我国仲裁学的基本任务和所要解决的核心问题。

中国仲裁是中国社会重要的纠纷解决方式,必须根据中国经济社会的发展要求进行变革,以更好地适应和满足中国现代社会纠纷解决的需要。目前,中国仲裁已在变革。继 2005 年全国仲裁界开始"二次创业"后不久,仲裁界提出了创建中国仲裁学,意在为中国仲裁变革打下思想基础。尔后,由武汉等几十家仲裁机构带头树立了"少敲锤子多解扣子"的现代纠纷解决理念,开展了"受理案件多样化、解决纠纷多元化"(以下简称"两化")试点,并迅速成为全国仲裁界普遍的变革实践,取得了丰硕成果,引导并推动了我国仲裁事业迈进 20 年创业历史上第二次跨越式发展阶段。"两化"成为继"发展我国仲裁事业,推行仲裁法律制度是根本,融入市场经济是关键"之后,又一个发展总战略和总策略。几乎同时,由广州等 10 家仲裁机构率先并带领全国 100 多家仲裁机构开展了"数字仲裁"的试点,为我国仲裁现代化建设并跨上国际纠纷解决实践的前沿,做出了重要探索。无论是"两化""数字仲裁",还是我国仲裁界的其他变革探索,都是根据我国社会纠纷大量产生、新类型纠纷不断出现的实际情况和特点,并针对传统仲裁"小众服务产品、非主要社会纠纷解决方式、传统商事活动产物"的短板而采取的社会适应性变革。变革的结果扩大了纠纷解决的领域,适应了新兴民商事活动解决纠纷的需要,丰富了纠纷解决的具体办法,提高了纠纷解决的灵活性和广泛性,满足了社会纠纷解决的各种需求,扩大和提升了仲裁方式解决纠纷的社会作用,成为打造我国仲裁升级版的重要引擎。

中国仲裁事业的发展和变革从来不缺少他山之石和符合中国国情需要的国际借鉴。中国社会纠纷解决实践是国际纠纷解决实践的重要组成部分，中国仲裁理论的建设是世界纠纷解决认识深化和规律把握的重要体现。借鉴的目的要始终放到服从和满足我国社会纠纷解决需要上来；始终放到在我国经济社会大发展、社会纠纷高增长的情况下，如何更多、更好、更及时地解决社会纠纷上来。无论借鉴哪个国家和地区的纠纷解决做法，都要以实现借鉴目的为原则和衡量标准，这是国家间相互借鉴的共同借鉴原则和做法。要注意的是，中国仲裁是以国内仲裁为一般、涉外仲裁为特殊，因此，主要应借鉴他们国内、境内纠纷解决和涉外纠纷解决的做法。同时，做好国际借鉴工作还要注意提高适应性，减少排异性。如中、美两个国家是当今世界两个最大经济体，都具有幅员辽阔、人口众多、社会纠纷高发等特点。在解决国内社会纠纷方面具有很多的相似处和很强的相似度，又有较大的差异性。这是两国纠纷解决实践和理论可以相互借鉴的基础。认真、准确地把握不同国家和地区社会纠纷产生和解决的相似度和差异性，就可以避免或者减少借鉴的盲目性，就不会“南橘北枳”。

最后，中国仲裁学是基础理论，来源于实践，并不排斥工匠理论。中国仲裁学是中国仲裁事业发展实践和发展规律的概括，回答的是仲裁作为一个客观事物、一个社会现象、一项社会事业是什么、为什么等根本性问题，解决的是关乎事业全局大局的方向、道路、指导思想和战略策略等基本问题，对事业发展、认识深化具有指导作用。中国仲裁学作为仲裁思想指导的理论基础，将对我国仲裁事业考虑事情、判断事情、辨别事情和检验事情提供科学基准。仲裁实践具体操作的专业性、技术性认识和论述，是仲裁学基础理论的重要来源和丰富。一个是基础的理论，另一个是理论的基础。两者是一般和特殊的关系，具有天然的、不可分割的有机联系。只不过在纠纷解决方式变革的今天，创建中国仲裁学，加强基础理论研究，迫切性、重要性要更强一些。

卢云华

2018 年 1 月 8 日

前 言

古语云:“以史为镜,可以知兴替。”时处中国仲裁的关键发展阶段,我们在仲裁领域不断地取得成果和突破,无论是制度建构、机构设置,还是业务扩展、文化建设,均有一系列举世瞩目的成就,可谓成功创建了具有中国特色的仲裁体系。与此同时,我们亦应及时回顾和总结中国仲裁发展的历程,力求百尺竿头更进一步。通过研究中国仲裁的历史,既可对过往经验予以温故而知新,亦可对现实中的诸多问题予以解决之法。比如,中国仲裁的整体发展脉络和时间节点是什么?中国仲裁所取得的成果主要体现在哪些方面?国家政策对仲裁的态度是否存在过转变?现行仲裁机构及其仲裁规则的数量与质量是否均衡?中国仲裁的发展特点及弊端有哪些?这些问题的顺利解答对于中国仲裁的持续发展无疑大有裨益,而客观、全面地还原中国仲裁的历史,更是功在当代、利在千秋的惠民之举。

然而,如何定义中国仲裁的历史,是仲裁理论界与实务界一个悬而未决的问题。若从仲裁思想萌芽起算,自可追溯到传统中国社会的思想积淀;若以西式仲裁为标准,又可从近代西学东渐的浪潮中寻找起源;若以政权更迭为时间节点,似乎应从 1949 年中华人民共和国成立后予以还原;若结合现代仲裁特点与中国自身特色来判断,则有必要以 20 世纪末《中华人民共和国仲裁法》(以下简称《仲裁法》)的颁布实施为序幕。总而言之,关于该问题的探索可谓聚讼不已。从当代史学主张解构宏大叙事、探求历史碎片中真实的因果联系这一价值追求来看,中国仲裁的历史理应以《仲裁法》的颁布实施为展开节点。缘何?其一,即便此前已存在相关的仲裁机构或明确的“仲裁”提法,但《仲裁法》的制定与施行代表着中国仲裁制度的正式建立;其二,若从传统中国社会开始谈起,难免存在以现代话语强行嵌套古代行为之嫌,也缺乏具体史料支撑,易面临“失之毫厘,谬以千里”的尴尬局面;其三,从概念史的层面来看,当代国人所谈论的仲裁基本上是《仲裁法》

颁布实施后的仲裁，中国仲裁的发展也集中体现在这20余年间。

基于此，本书选择以我国1995年《仲裁法》的颁布实施为中国仲裁史的研究起点，希冀还原中国仲裁在1995～2016年这20余年间的发展历程。至于用什么体例来叙述这一段历史，本书思虑再三，最终选择分为上下两编。其中，上编为史料编，下编为史说编。

上编按照编年体，以资料汇编的形式逐年展现中国仲裁发展过程中的相关史料。这些史料均系编者多方搜寻整合而来，主要包括仲裁活动资料、仲裁会议讲话资料、仲裁制度文件资料、仲裁机构及受案量统计资料。所有的资料未曾进行主观编辑和评价，力图将资料最原始、最真实、最客观的面貌展示给读者，避免可能发生的诸多争议。至于每一份材料所代表的具体意义及其展现的发展规律，本书并不深究，仅限于客观呈现。当然，需要说明的是，受限于时间、地域等诸多因素，本书收集到的资料远未穷尽，部分地区仲裁机构的发展史料未被纳入。因此，编者会继续收集中国仲裁史的相关资料并予以整理和陆续出版，以期尽可能地还原中国仲裁以及各地区仲裁的发展历程。

下编则是在上编史料的基础上对中国仲裁发展历程的叙述和分析。借助上编收集的史料，编者分别从中国仲裁的历史沿革、中国仲裁的理论基础、中国仲裁的制度建构、中国仲裁的特色创新、中国仲裁的现代发展五个方面对中国仲裁进行了深入研究。其中，历史沿革将中国仲裁的发展划分为“一次创业、二次创业、两化发展”三个时期；理论基础探讨了中国仲裁的文化积淀，包括民族文化模式、避讼思想等；制度建构从制度层面分析了中国仲裁的制度成果，包括制度体系、主要内容和存在问题；特色创新相当于总结了中国仲裁的独特之处，是中国特色社会主义体系下仲裁模式；现代发展则是对中国仲裁的发展现状和趋势进行了梳理，希冀找出中国仲裁的发展规律。

风雨兼程二十载，唯有执念尽芳华。中国仲裁自1995年发展至今，积攒了整整一代人的青春心血，融聚着仲裁工作人员的智慧结晶。中国仲裁史不仅是中国仲裁的发展历程，更是千千万万前赴后继的仲裁人的人生写照。如今，伴随依法治国的全面推进，仲裁更已成为中国法治版图中不可或缺的板块。众人拾柴火焰高，天时地利人和俱备，中国仲裁势必迎来愈加灿烂的明天，打造出令世人侧目的不朽工程！本书回顾过去，立足当下，展望未来，希望为中国仲裁史的研究贡献绵薄智慧，也为后来者的研究提供一条更加方便的路径。

编委会

2018年5月

表 1　1995～2017 年全国仲裁委员会仲裁案件受理统计①

年份	受理数量(件)	总标的额(亿元)
1995	1048	2
1996	1940	69
1997	3886	81
1998	5581	130
1999	7207	175
2000	9853	201
2001	13, 816	269
2002	19, 722	367
2003	30, 533	419
2004	38, 467	531
2005	47, 159	689
2006	53, 524	687
2007	60, 955	727
2008	64, 160	982
2009	74, 468	1015
2010	79, 373	943
2011	89, 284	1101
2012	97, 074	1280
2013	104, 257	1646
2014	113, 660	2656
2015	136, 924	4112
2016	208, 545	4695
2017	239,360	5338

① 1995～1997 年的数据统计未包括中国国际经济贸易仲裁委员会和中国海事仲裁委员会的数据。

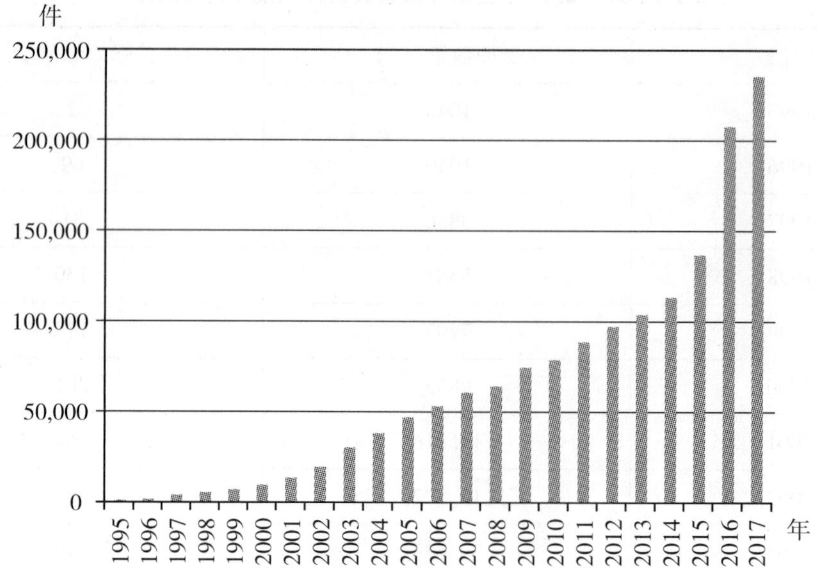

图 1　1995～2017 年全国仲裁委员会受理案件数情况

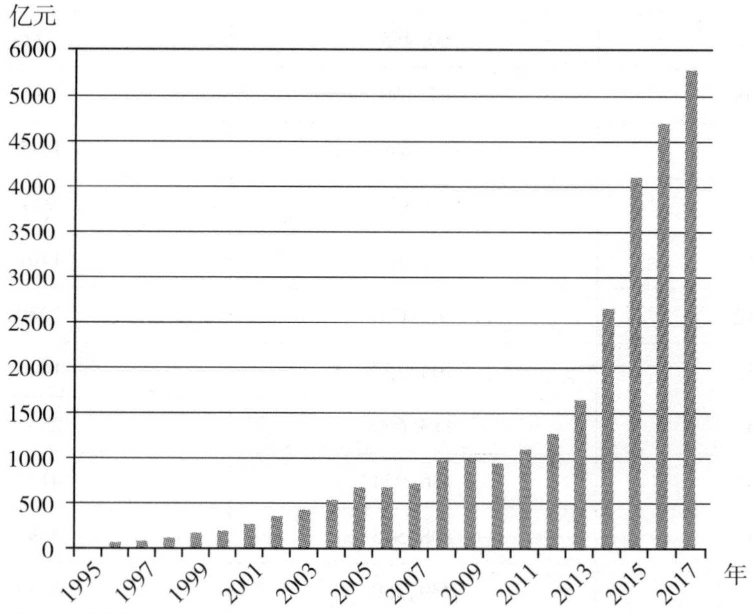

图 2　1995～2017 年全国仲裁委员会受理案件总标的额情况

Contents

目录

上　编

下 编

上　　编

一九九五年

内容提要：

一、仲裁活动

（一）仲裁会议

国务院法制局在北京召开组建仲裁机构试点工作会议。

（二）会议讲话摘要

1995 年 9 月 28 日，时任国务院副秘书长兼国务院法制局局长杨景宇同志在北京仲裁委员会成立大会上关于“怎样把北京仲裁委办好”的讲话摘要。

（三）其他活动

1995 年 5 月，我国仲裁制度考察团对外国仲裁制度进行了考察。

二、仲裁制度建设

（一）国务院办公厅发布《关于进一步做好重新组建仲裁机构工作的通知》（国办发〔1995〕38 号）

（二）国务院办公厅发布《仲裁委员会章程示范文本》

（三）国务院办公厅发布《重新组建仲裁机构方案》、《仲裁委员会登记暂行办法》、《仲裁委员会仲裁收费办法》（国办发〔1995〕44 号）

（四）《仲裁法》正式施行（已修改）

（五）最高人民法院发布《关于认真贯彻仲裁法依法执行仲裁裁决的通知》（法发〔1995〕21 号）（已修改）

三、仲裁案件受理情况

（一）全国受理情况

（二）区域受理情况

一、仲裁活动

(一)仲裁会议

1995年4月12～14日,国务院法制局在北京召开组建仲裁机构试点工作会议,对各试点城市起草的方案、章程、规则等涉及的共同性问题作了广泛深入的研究,并对《重新组建仲裁机构方案(草案)》《仲裁委员会章程示范文本(草案)》《仲裁委员会暂行规则示范文本(草案)》进行了研究。

(二)会议讲话摘要

1995年9月28日,时任国务院副秘书长兼国务院法制局局长杨景宇同志在北京仲裁委员会成立大会上关于“怎样把北京仲裁委办好”的讲话摘要。

在北京市人民政府的领导下,有关部门、组织密切配合、通力合作,经过认真、周密的准备,北京仲裁委员会今天正式依法成立了。我代表国务院法制局和参与研究依法重新组建仲裁机构工作的中央有关部门,表示热烈祝贺!

下面我讲几点想法,供同志们考虑,中心就是怎样从一开始就把北京仲裁委员会办好,在全国带一个好头。

一、《仲裁法》体现了我国仲裁制度的改革

《仲裁法》是第八届全国人大常委会第九次会议在1994年8月31日通过的,从1995年9月1日起开始施行。这部法律在总结我国仲裁工作实践经验的基础上,适应社会主义市场经济发展的需要,参考、借鉴国外通行的仲裁制度,对原有的仲裁制度作了较大改革。

过去的仲裁制度实际上是行政仲裁,有人把它叫作官方仲裁也未尝不可,总之是依附于行政机关的,而且不同性质的仲裁案件要提请不同专业的仲裁机构仲裁,其中最大的仲裁机构是设在工商局的经济合同仲裁委员会。新的仲裁机构不依附于任何行政机关。仲裁不再是两裁仲裁,而是一裁终局。仲裁机构不是一般的市场中介服务机构,不是法院,不是行政机关,仲裁裁决也不同于过去的行政裁决、行政调处。这是很大的变化。

新的仲裁委员会虽然是由市政府组织有关部门、组织组建的,但它并不是政府的一个组成部门。新的仲裁委员会没有级别管辖,也没有地域管辖。即使将来成立仲裁协会，它也只是行业自律组织，并不干涉各个仲裁委员会依法办案。

新的仲裁制度自始至终坚持当事人自愿的原则。经济纠纷发生后，是选择仲裁还是选择诉讼，由当事人自主决定；选择哪个仲裁委员会以及选择哪个仲裁员，也由当事人自主决定。原有的仲裁制度从原则上讲，也是采取当事人自愿原则的，但是多少受到制约，因为不同种类的仲裁案件要到不同专业的仲裁委员会去仲裁，而且还有一个由仲裁委员会指定仲裁员的问题，这同新的仲裁制度是不同的。

总结起来，新的仲裁制度可以说有三个显著特点：一是完全摆脱了行政色彩；二是没有地域管辖和级别管辖；三是自始至终贯彻当事人自愿的原则。因此，《仲裁法》所确定的新的仲裁制度对于公正、及时地依法解决经济纠纷，保护当事人的合法权益，保障社会主义市场经济健康发展，有着重大意义，是一项重要的法律制度。

二、积极探索，完善制度，加强监督

从1994年11月到1995年8月，我们在总结7个试点城市经验的基础上，依据《仲裁法》，参考、借鉴国外好的经验，拟定了5个文件，对依法重新组建仲裁机构的统一规范作了具体规定。这几个文件经国务院批准，已经下发执行。不过，一项新制度的建立和完善，只靠一个法律和几个文件还是不够的，尚待我们在实践中不断摸索、总结经验。比如，仲裁委员会和仲裁员到底是什么关系？仲裁庭在行使职责的过程中出了问题，仲裁委员会怎样对它实施监督？这些问题都需要根据实践经验加以研究解决。

刚才有的同志提到仲裁协会。仲裁协会的职责是什么？《仲裁法》写了三项：(1)制订章程；(2)制订仲裁规则；(3)对仲裁委员会及其组成人员、仲裁员的违纪行为进行监督。对于仲裁的监督是有多种渠道的，有法院的监督，有当事人的监督，还有社会舆论的监督。作为自律监督，什么事情由仲裁协会管，什么事情由仲裁委员会来管，我看还需要通过实践才能得出结论。依照《仲裁法》的规定，仲裁委员会是不能更改仲裁庭的决定的，那么，仲裁委员会是不是就只是给仲裁员做好秘书工作，做好服务工作呢？这也需要在实践中按照法律确定的原则进一步探索。另外，尽管现在已经初步有了一套具体的工作制度、规则，也还需要在实践中继续摸索，很重要的是如何加强仲裁员队伍的思想作风、职业道德、执行纪律建设，保证仲裁员、仲裁庭对每一个案件都能真正按法律规定进行审理、裁决。对此，我想强调两点：(1)一定要坚持合法的原则。为此，就要完善组织制度，加强职业道德、执业纪律教育，严格依法办事。办案一定要依据事实，符合法律规定，公平合理地解决纠纷。(2)要有全心全意为人民服务的精神。我们的仲裁制度是为人民服务的。必须明确，仲裁委员会不是盈利机构，而是一个公益性的机构，是为老百姓办事、排忧解难的。

仲裁委员会依法正常运行要有一个过程。在开始阶段,政府要扶持,运转正常后,就要逐步实现自收自支。仲裁委员会收取的费用主要是案件受理费。它主要是用于仲裁委员会的日常开支和支付仲裁员报酬的。给仲裁员的报酬是什么性质?我认为,它类似于从事公益事业的报酬。仲裁员无论是专家、教授,还是律师、公务员,统统都是兼职的,兼职当仲裁员是从事一种公益事业,有点报酬也只是类似于讲课费。因此,一定要明确,我们当仲裁员是给人民办实事的,加一个班,少休一个礼拜天,为老百姓排忧解难,就是这么一种性质的工作。因此,廉洁奉公的原则,从一开头就必须坚持。费用由仲裁委员会收,该付给仲裁员多少报酬,按规定办,仲裁员自己不能私自收钱。便民的原则,为人民服务的宗旨,自始至终都要贯彻。

三、有关部门、组织齐心协力,支持仲裁委员会的工作

仲裁委员会是市政府组织有关部门、组织组建的。今后,无论是加强仲裁委员会的建设,还是加强仲裁制度的建设,同样离不开在市政府领导下有关部门、组织通力合作、密切配合。在此,我想说明一个问题:既然仲裁委员会不依附于任何行政机关,为什么市政府要花力气去组建?原因就是,在我国现实情况下,离开政府的领导、支持和帮助,新的仲裁委员会是难以组建起来的,组建起来后许多实际困难也难以解决。但是,市政府既不是把它当作自己的小金库,也不是把它当作贯彻自己意图的下属机构,这一点必须明确。

四、提高仲裁的质量和信誉是办好仲裁委员会的关键

北京作为首都,办好仲裁委员会,不仅便于维护北京当事人的利益,在解决经济纠纷中发挥重大作用,而且在全国都会发生重大影响。北京人才济济,市政府很重视,各部门合作得又好,完全有条件办好仲裁委员会,在全国带一个好头。

办好仲裁委员会,从一开头就需要特别强调“质量、信誉”。仲裁委员会没有级别管辖,没有行政上的制约,权力应该说是很大的。权力越大,越要谨慎,越要兢兢业业。仲裁任何一个案件,都要让双方当事人心服口服。也就是说,新的制度赋予我们很大的权力,也向我们提出了很高的要求。如果不提高自身素质,不提高办案质量,我们就不能树立良好的信誉,仲裁委员会也就会发生危机。这是违背《仲裁法》的立法初衷的。可以说,提高质量和信誉,坚持依法办案至关重要。它牵涉仲裁委员会的前途和命运,也牵涉在首都乃至更广的范围内,我们能否肩负起法律赋予的重任。

相信北京仲裁委员会在市政府的关心、支持下,有这么多有经验的同志互相切磋琢磨,不断总结经验,兢兢业业工作,一定能够办好,而且越办越好。

（三）其他活动

1995 年 5 月，我国仲裁制度考察团对外国仲裁制度进行了考察。

1995 年 5 月 2 ~ 30 日，以时任国务院法制局副局长曹康泰同志为团长的仲裁制度考察团对美国、日本仲裁制度进行了考察。

以时任国务院法制局副局长李培传同志为团长的仲裁制度考察团对瑞典、瑞士、法国的仲裁制度进行了考察。

二、仲裁制度建设

（一）国务院办公厅发布《关于进一步做好重新组建仲裁机构工作的通知》（国办发〔1995〕38 号）

为了进一步推动重新组建仲裁机构的工作，保证仲裁工作的连续性，国务院办公厅于 1995 年 5 月 26 日发布了《关于进一步做好重新组建仲裁机构工作的通知》，要求各省、自治区人民政府根据需要与可能，在对仲裁法规定的可以设立仲裁机构的设区的市的实际情况进行分析的基础上，作出本地区分期分批重新组建仲裁机构的具体安排，并负责协调、指导、落实；要求京津沪等 7 个试点城市在试点工作的基础上，进一步完善重新组建仲裁机构方案，抓紧落实重新组建仲裁机构的有关准备工作，确保在仲裁法施行前成立新的仲裁委员会。

（二）国务院办公厅发布《仲裁委员会章程示范文本》

为规范仲裁委员行为，保证仲裁活动顺利公正地进行，国务院办公厅于 1995 年 7 月 28 日发布《仲裁委员会章程示范文本》。

（三）国务院办公厅发布《重新组建仲裁机构方案》、《仲裁委员会登记暂行办法》、《仲裁委员会仲裁收费办法》（国办发〔1995〕44 号）

国务院办公厅于 1995 年 7 月 28 日发布了《重新组建仲裁机构方案》《仲裁委员会登记暂行办法》《仲裁委员会仲裁收费办法》，对重新组建仲裁机构作了统一规范和部署。

（四）《仲裁法》正式施行（已修改）

《仲裁法》于 1994 年 8 月 31 日第八届全国人民代表大会常务委员会第九次会议通

过,1994 年 8 月 31 日中华人民共和国主席令第 31 号公布,自 1995 年 9 月 1 日起施行。

(五)最高人民法院发布《关于认真贯彻仲裁法依法执行仲裁裁决的通知》(法发〔1995〕21 号)(已修改)

1995 年 10 月 4 日,最高人民法院发布的《关于认真贯彻仲裁法依法执行仲裁裁决的通知》强调了各人民法院对待仲裁案件应当严格执法,并对现有仲裁机构和新仲裁机构之间工作的衔接做了指示。

三、仲裁案件受理情况

(一)全国受理情况

1995 年在全国仲裁委员会受案量 1048 件,受理案件标的总额为 2 亿元。

(二)区域受理情况

1995 年在全国 8 个片区中,华南片区受案数和标的额均为最多。受案数为 63 件,约占总受案数的 6%;其受理案件标的额为 0.8 亿元,占总标的额的 40%。值得一提的是,华南片区全部的仲裁受案都来自广东省。在其他各片区中,中南片区受案 30 件,但标的额较低,为 0.06 亿元;华北片区受案 15 件,标的额为 0.5 亿元;华东片区受案 11 件,标的额为 0.09 亿元;东北片区受案 6 件,标的额 0.002 亿元;东南、西南和西北片区还没有受案记录。

在各个省份的受案情况中,广东省和湖南省异军突起,受案数分别为 63 件和 30 件。同时值得注意的是,北京市的受案数虽然不多,仅为 7 件,但标的额却达到了 4490 万元。

一九九六年

内容提要：

一、仲裁活动

（一）仲裁会议

1. 全国重新组建仲裁机构工作座谈会在天津召开

2. 首批重组的7个仲裁委员会秘书长联席会议在天津召开

3.《中华人民共和国仲裁法》实施一周年座谈会在北京人民大会堂召开

4. 全国试点城市仲裁委员会联席会议在深圳召开

（二）会议讲话摘要

1. 1996年4月29日，时任国务院副秘书长兼国务院法制局局长杨景宇同志在全国重组仲裁委员会秘书长联席会议上的讲话摘要

2. 1996年8月30日，时任全国人大常委会副委员长王汉斌同志在《中华人民共和国仲裁法》实施一周年座谈会上的讲话摘要

3. 1996年8月30日，时任国务院副秘书长兼国务院法制局局长杨景宇同志在《中华人民共和国仲裁法》实施一周年座谈会上的讲话摘要

二、仲裁制度建设

（一）国务院办公厅下发《关于贯彻实施〈中华人民共和国仲裁法〉需要明确的几个问题的通知》（国办发〔1996〕22号）

（二）《最高人民法院关于当事人因对不予执行仲裁裁决的裁定不服而申请再审人民法院不予受理的批复》（法复〔1996〕8号）（已修改）

（三）《最高人民法院关于同时选择两个仲裁机构的仲裁条款效力问题给山东省高级人民法院的函》（法函〔1996〕176号）

（四）《最高人民法院关于涉蒙经济合同未直接约定仲裁条款如何认定案件管辖权的复函》（法函〔1996〕177号）（已失效）

（五）《最高人民法院关于证券经营机构之间以及证券经营机构与证券交易场所之间因股票发行或者交易引起的争议人民法院能否受理的复函》（法函〔1996〕180号）（已失效）

三、仲裁案件受理情况

（一）全国受理情况

（二）区域受理情况

一、仲裁活动

(一)仲裁会议

1. 全国重新组建仲裁机构工作座谈会在天津召开

1996年4月27~28日,国务院法制局在天津市召开全国重新组建仲裁机构工作座谈会。全国各省、自治区、直辖市人民政府法制局(办)局长(主任)、司法厅(局)长参加了会议。时任国务院副秘书长兼国务院法制局局长杨景宇作了讲话,时任司法部副部长肖建章同志出席了会议。

2. 首批重组的7个仲裁委员会秘书长联席会议在天津召开

1996年4月29日,首批重组的7个仲裁委员会第二次秘书长联席会议在天津召开,时任国务院副秘书长兼国务院法制局局长杨景宇同志到会并讲话。会议重申,在重新组建仲裁机构工作中,需要注意坚持以下几条原则:一是全面、准确地把握仲裁法的精神,严格依照仲裁法和国务院的统一规范组建;二是要体现全心全意为人民服务的宗旨,保证仲裁能够按照公正、及时的原则解决经济纠纷;三是要从实际情况出发,根据需要与可能进行组建;四是要统一认识,加强领导,调动各方面的积极因素。会议提出,重新组建仲裁机构要着重抓好以下几项工作:一是做好仲裁委员会组成人员的聘任工作;二是设置精简、高效的仲裁委员会办事机构;三是建立一支公道正派、业务过硬的仲裁员队伍;四是根据当地实际情况,按照勤俭办事的原则落实、解决仲裁委员会的经费、用房等问题;五是依法做好仲裁委员会的登记。按照《仲裁委员会登记暂行办法》的规定,仲裁委员会设立登记的性质就是履行法律手续,是程序审查,而不是实质审查;仲裁委员会公告应当由省、自治区、直辖市的司法机关办;公告的报刊由仲裁委员会自己选择,公告费由仲裁委员会直接交付给报社,司法行政部门不收公告费。座谈会还就重新组建的仲裁委员会在贯彻实施仲裁法中遇到的一些需要明确的问题,如新旧仲裁机构受理案件的衔接问题、仲裁案件财产保全的管辖问题、新的仲裁机构能否受理涉外仲裁案件问题以及标准(格式)合同、合同示范文本中的仲裁条款等问题,进行了充分的讨论。

3.《中华人民共和国仲裁法》实施一周年座谈会在北京人民大会堂召开

1996年8月30日,为了纪念《仲裁法》施行一周年,全国人大常委会法工委、国务院法制局在人民大会堂联合召开了《中华人民共和国仲裁法》实施一周年座谈会,时任全国人大常委会副委员长王汉斌同志出席会议,并作了讲话。王汉斌在讲话中充分肯定了各级政府和有关单位在贯彻实施仲裁法和重新组建仲裁机构工作中的成绩,同时强调:

(1)要进一步加强对仲裁法的宣传;(2)各有关部门、组织等要进一步加强合作,保证仲裁法的正确实施和重新组建仲裁工作的顺利开展;(3)在新旧仲裁制度过渡时期,不论是重新组建仲裁机构工作,还是开展仲裁工作,既要体现仲裁法规定的当事人自愿原则,又要体现新旧仲裁机构的继承性,保证新旧仲裁制度的平稳过渡;(4)仲裁员要做到公道正派,仲裁工作要依法、客观、公正、公平地进行,保证仲裁质量,使人民群众信任仲裁,更多地选择仲裁来解决经济纠纷。王汉斌最后指出,仲裁法的制定和实施是我国深化改革和发展社会主义市场经济的客观要求和必然结果,各有关地方、各有关部门都要进一步认真学习仲裁法,深刻领会它的精神实质,全面掌握它的具体规定,把贯彻实施仲裁法提高到全心全意为人民服务,为经济发展创造良好的社会环境,促进经济发展的高度来认识,切实加强对贯彻实施仲裁法和重新组建仲裁机构的领导。

4. 全国试点城市仲裁委员会联席会议在深圳召开

1996年10月29~30日,全国试点城市仲裁委员会第三次联席会议在广东省深圳市召开。会议内容:一是回顾和总结试点城市仲裁机构的重组和工作情况;二是探讨了重组的仲裁委员会性质、定位、设置及经费管理;三是研究民诉法、仲裁法及仲裁规则间的衔接与协调及程序上规定不明确问题的处理方式;四是在加强资料和信息交流、加强仲裁协助工作的问题上达成共识。

(二)会议讲话摘要

1. 1996年4月29日,时任国务院副秘书长兼国务院法制局局长杨景宇同志在全国重组仲裁委员会秘书长联席会议上的讲话摘要

开了一个短会,务实的会。中心议题是研究如何继续抓紧依法重新组建仲裁机构这项工作,已成立的仲裁机构如何运作,开个好头。经过两天讨论,交流经验,大家在许多问题上取得了共识,达到了预期目的。下面,我讲几点意见。

一、进一步抓紧做好依法重新组建仲裁机构的工作

(一)按照仲裁法的规定,到1996年9月1日,原有的仲裁机构将全部终止,仲裁职能将由新的仲裁机构承担。目前,全国依法可以重新组建仲裁机构的市有207个,其中已成立新的仲裁机构的有24个市,正在组建的有58个市,共82个市。重新组建仲裁机构的任务仍然相当繁重,时间相当紧迫。因此,各地方要进一步抓紧重新组建工作,省、自治区人民政府所在地的市要确保在1996年9月1日前将新的仲裁机构组建起来;除此之外,根据需要与可能,能多组建一些更好。

（二）在重新组建仲裁机构工作中，需要注意坚持以下几条原则：一是要全面、准确地把握仲裁法的精神，严格按照仲裁法与国务院的统一规范组建。二是要体现全心全意为人民服务的宗旨，保证仲裁能够按照公正、及时的原则解决经济纠纷。我国是人民民主专政的社会主义国家，重新组建仲裁机构的根本宗旨和立足点就是全心全意为人民服务。要从组建开始就做到保证新的仲裁机构能够按照仲裁法规定的程序运转，保证仲裁能够公正、及时地解决纠纷，不能把办仲裁当作营利的手段、把目光放在拉案子收费上。三是要从实际情况出发，根据需要与可能进行组建。当前，我国处于建立社会主义市场经济体制的重要时期，旧的经济体制正向新的经济体制转轨，各地政治、经济、文化发展水平还很不平衡。重新组建仲裁机构工作要从我国这一实际情况出发，充分研究、论证当地设立仲裁机构的必要性和可能性，对需要与可能作统一考虑，实事求是。四是要统一认识，加强领导，调动各方面的积极因素，前一阶段重新组建仲裁机构工作的一条重要经验是，凡是当地党委、政府加强领导、给予支持，有关部门、组织通力合作的，重新组建仲裁机构工作都做得比较好，比较扎实。重新组建仲裁机构工作涉及面广，时间紧迫，难度很大，离开有关部门、组织的合作，就会寸步难行。因此，作为牵头组建仲裁机构的政府法制工作机构，一定要争取和依靠党委和政府的领导，充分听取有关部门、组织的意见，取得有关部门、组织的支持，有关部门、组织也要积极参与，支持政府法制工作机构，共同做好这项工作。

（三）重新组建仲裁机构，涉及制度建设和人、财、物等各个方面，工作量大，要求很高，需要通盘考虑，认真研究，依照仲裁法和国务院的统一规范确定方案，着重抓好以下几项工作：

第一，做好仲裁委员会组成人员的聘任工作。

聘任仲裁委员会组成成员，是重新组建仲裁机构工作的重要环节。做好这项工作，关键在于三点：一是要坚持高起点，严格聘任条件，切忌借机安排干部、照顾不符合条件的人员。二是要广泛协商，多方面、多层次听取意见，既保证仲裁委员会成员的质量，也使其具有广泛的代表性。仲裁委员会的组成人员由院校、科研机构、国家机关等方面的专家和有实际工作经验的人员担任。需要强调的是，国家机关中许多同志也是专家，也可以以专家身份担任仲裁委员会组成人员。三是仲裁委员会组成人员要由市人民政府聘任。

第二，设置精简、高效的仲裁委员会办事机构。

仲裁委员会办事机构是仲裁委员会下设的负责处理仲裁委员会日常事务的工作机构。设置办事机构要遵循精简、高效的原则。组建初期，办事机构的内部分工不宜过细，内设机构不宜过多,办事机构相应配备的工作人员不宜太多。以后随着仲裁机构工作量的增加,人员可以适当增加。这主要是考虑:(1)仲裁委员会应当走自收自支的发展道路。因此,仲裁委员会从一开始就要讲求精简、效能,降低仲裁成本,不能走铺摊子、养庸人的路子。(2)仲裁委员会的日常工作,有的可以临时聘用人员来解决。比如,仲裁庭开庭的记录工作,开始时就不一定设专人专职。对其他必须由专人从事的工作,也要尽量做到一人多职、一职多能。(3)仲裁委员会的发展壮大取决于许多因素,一开始工作量可能不会太大。另外,要特别强调办事机构工作人员应当具备良好的思想品质、业务素质,有较强的事业心,工作认真负责。仲裁委员会要择优聘用办事机构工作人员,不要借机安排、照顾不符合条件的人员进入办事机构。

第三,要建立一支公道正派、业务过硬的仲裁员队伍。

仲裁员是审理、裁决仲裁案件的人员,仲裁员的素质、水平如何直接关系到办案质量和仲裁委员会的信誉。因此,聘任仲裁员在指导思想上要坚持:(1)广泛性,做到五湖四海,不能用狭隘的部门眼光、地域眼光去聘任;(2)严格按照仲裁法规定的仲裁员的条件来聘任,这也是严格依法开展组建工作的基本要求;(3)在考察、评价有关人员是否具备仲裁员条件时,不仅要注意他的专业水平,更要注意他的品格,也就是要看他是否公道、正派。

第四,根据当地实际情况,按照勤俭办事的原则落实、解决仲裁委员会的经费、用房等问题。

总体精神:(1)仲裁委员会设立初期,其所在地的市人民政府应当参照有关事业单位的规定,解决仲裁委员会的经费、用房;(2)新组建的仲裁委员会要遵循勤俭创业的精神,少花钱多办事,逐步过渡到自收自支。

第五,依法做好仲裁委员会的登记。

仲裁委员会的设立和终止都应当依照《仲裁法》和《仲裁委员会登记暂行办法》规定的条件、程序申请登记;省、自治区、直辖市的司法行政机关应当按照司法部的要求,简化手续,免费登记。

1. 关于登记的性质

设立登记的性质就是履行法律手续,是程序审查,而不是实质审查。因此,《仲裁委员会登记暂行办法》没有规定年度检验制度,没有规定对仲裁委员会的行政处罚制度、仲裁委员会组成人员的资格审查制度。这主要是考虑:第一,依照仲裁法的规定,仲裁委员会的活动受到三方面的监督:一是人民法院的监督。比如,仲裁委员会受理了不该受理的案子,人民法院可以依法撤销仲裁裁决。二是当事人的监督。比如,仲裁员水平低或者办事不公道，当事人可以不选择他。三是中国仲裁协会的监督。仲裁法规定，中国仲裁协会是仲裁委员会的自律性组织，根据章程对仲裁委员会及其组成人员、仲裁员的违纪行为进行监督。至于仲裁委员会从事其他违法活动，可以由有关部门依法查处。因此，司法机关对仲裁委员会进行年度检验、行政处罚是没有必要的。第二，仲裁委员会是由有关市的人民政府组织有关部门和组织统一组建，其组成人员又是政府法制、经贸、体改、司法、工商、科技、建设等部门和贸促会、工商联等组织推荐，经过广泛协商后，由市人民政府聘任的，登记机关没有必要再对组成人员的资格进行审查。

2. 关于登记公告

《仲裁委员会登记暂行办法》第 8 条第 1 款规定："登记机关对仲裁委员会的设立登记、注销登记，自作出登记之日起生效，予以公告，并报国务院司法行政部门备案。"现在登记公告的做法不尽一致，有的登记机关在办理仲裁委员会登记公告时，指定在多家报纸上公告，多次交公告费，仲裁委员会的负担很重。我们考虑，按照《仲裁法》和《仲裁委员会登记暂行办法》的规定，公告应当由省、自治区、直辖市的司法机关办；在什么报刊上公告，由仲裁委员会自己选择；公告费由仲裁委员会直接交付给报社，司法行政部门不收公告费。

二、已设立的仲裁委员会要积极完善制度，积极工作，努力探索做好仲裁工作的新经验

立法不易，组建更难，运作好尤其难。据了解，迄今为止，包括 7 个试点城市在内，已成立的 24 个仲裁委员会受理仲裁案件 193 件，有些已经结案，反映较好，取得了一些成绩，积累了一些经验。但是，由于新的仲裁制度刚刚建立，新组建的仲裁委员会在成立初期难免会遇到一些困难和问题。对此，既要有充分的认识，又要有正确的态度。

第一，要有正确的指导思想。始终坚持全心全意为人民服务的宗旨，把仲裁的社会效益放在首位，在如何使仲裁公正、及时解决当事人的纠纷，并以此促进经济的发展上多下功夫，不能只顾眼前的经济利益和局部利益。要把提高仲裁质量和信誉放在首位。仲裁法规定，仲裁不实行级别管辖和地域管辖，仲裁实行一裁终局。这就对仲裁委员会提出了很高的要求，仲裁委员会只有通过不断提高自身素质，提高办案质量和信誉，才能使当事人心服口服，取信于民，仲裁委员会才能立于不败之地，得到长远的发展。有了这样一个指导思想，仲裁工作中遇到的困难和问题就会比较容易克服。

第二，关键在于有一支高素质的仲裁员队伍。素质的提高不是喊出来的，要通过切实有效的办法加强培训，加强教育和监督。宁可要求严格一点，也不要失之过宽。

第三，要积极探索，完善制度，加强监督。仲裁法和国务院办公厅的文件对仲裁作了

统一规范,但是一项制度的建立和完善,仅靠一个法律和几个文件还是不够的,需要我们在实践中不断摸索,总结经验,不断完善。比如,仲裁委员会与仲裁员是什么关系?仲裁员在行使职责的过程中出了问题,仲裁委员会怎样对他进行监督?这些问题都需要根据实践经验加以研究解决。要进一步完善仲裁委员会及其办事机构、仲裁员的制度建设,保证仲裁案件都能够真正按照法律规定得到公正、及时解决。

第四,要加强对仲裁法的宣传。目前,对仲裁法宣传工作的声势还不够大,力度还不够强。各地方、各有关部门要充分利用广播、电视、报纸、刊物、电影等宣传工具,通过各种形式,广泛宣传仲裁法,深入学习仲裁法,深刻领会它的精神实质,全面掌握它的具体规定,进一步提高对贯彻实施仲裁法、重新组建仲裁机构重要意义的认识,把贯彻实施仲裁法、重新组建仲裁机构当作一件大事抓紧、抓好。

三、关于贯彻实施仲裁法需要明确的几个问题

据各地反映,重新组建的仲裁委员会在贯彻实施仲裁法中也遇到了一些需要明确的问题,主要为:新旧仲裁机构受理案件的衔接问题、仲裁案件财产保全的管辖问题、新的仲裁机构能否受理涉外仲裁案件问题及标准(格式)合同、合同示范文本中的仲裁条款问题。对这些问题,我们进行了认真研究,并向全国人大常委会、最高人民法院有关负责同志进行了商量。下面,我就这些问题谈点初步意见:

(一)关于新旧仲裁机构受理仲裁案件的衔接

按照国办〔1995〕44 号文件的规定,当事人在原仲裁机构依法终止前达成仲裁协议,在原仲裁机构依法终止之后又达成补充协议选定新组建的仲裁委员会的,新组建的仲裁委员会才能受理;达不成补充协议的,原仲裁协议无效,只能向法院提起诉讼。这个文件是国务院法制局经同全国人大常委会法工委、最高人民法院的同志商议,在尚无实践经验的情况下草拟提出的。从新的仲裁委员会建立以来的工作实践看,当事人在发生纠纷后能够达成补充协议选定新的仲裁委员会的情况极少。例如,北京仲裁委员会自成立以来,共接待申请仲裁的案件 200 多件,其中当事人双方达成补充协议选定北京仲裁委员会仲裁的只有 9 件,仅占 4.5%,95.5% 的案件达不成补充协议而不能仲裁。这既不利于经济纠纷通过仲裁及时解决,也影响了《仲裁法》的贯彻实施。新设立的仲裁委员会纷纷提出,这个问题应从仲裁制度的性质考虑,从法理上加以研究,予以明确。

经研究认为,在新旧仲裁制度交替时期,仲裁案件的衔接应当遵循两条原则:一是双方当事人自愿原则;二是新旧仲裁机构的继承性原则。据此,国办〔1995〕44 号文件关于新旧仲裁机构受理案件衔接的规定需要适当修改,拟建议明确:仲裁法施行前当事人依法订立的仲裁协议有效;原仲裁协议选定或者按照仲裁法施行前国家有关仲裁的规定由

直辖市或者省、自治区人民政府所在地的市或者其他设区的市范围内原各级仲裁机构仲裁的，分别由原仲裁机构所在地的市或者其他设区的市新组建的仲裁委员会受理。凡当事人双方达成新的仲裁协议、选定其他新组建的仲裁委员会仲裁的，由双方选定的新组建的仲裁委员会受理；凡当事人双方协定放弃仲裁、选择诉讼方式解决纠纷、向人民法院起诉的，由人民法院受理。

（二）关于仲裁案件财产保全的管辖

《仲裁法》第28条第2款规定："当事人申请财产保全的，仲裁委员会应当将当事人的申请依照民事诉讼法的有关规定提交人民法院。"但是，《民事诉讼法》仅对涉外仲裁案件财产保全的管辖作了规定，对国内仲裁案件保全的管辖未作规定，需要明确。

经研究认为，确定仲裁案件财产保全的管辖既要考虑制度合理，又要有利于工作的便利、高效。拟建议明确：国内仲裁案件的当事人依照《仲裁法》第28条的规定申请财产保全的，仲裁委员会应当将当事人的申请依照民事诉讼法的有关规定提交被申请人住所地或者财产所在地的基层人民法院。

（三）关于新组建的仲裁委员会能否受理涉外案件

《仲裁法》第2条规定："平等主体的公民、法人和其他组织之间发生的合同纠纷和其他财产权益纠纷，可以仲裁。"对新组建的仲裁委员会能否受理涉外仲裁案件，争议很大。

经研究认为，明确新组建的仲裁委员会能否受理涉外案件，需要考虑仲裁法的立法精神，以当事人自愿为原则。拟建议明确：新组建的仲裁委员会的主要职责是受理国内仲裁案件；涉外仲裁案件的当事人自愿选择新组建的仲裁委员会仲裁的，新组建的仲裁委员会可以受理；新组建的仲裁委员会受理的涉外仲裁案件的仲裁收费与国内仲裁案件的仲裁收费应当采用同一标准。

（四）关于标准（格式）合同、合同示范文本中的合同争议解决方式条款

仲裁法施行时，有关行政机关制订、发布的标准（格式）合同、合同示范文本中含有合同争议解决方式条款。其中的仲裁条款依据的是仲裁法施行前国家有关仲裁的规定，大多不符合仲裁法关于仲裁协议的规定，也很不规范。为了保证仲裁法的贯彻实施，拟建议通知有关行政机关依照仲裁法的规定，对其过去制订的标准（格式）合同、合同示范文本中的合同争议解决方式条款在一定时间内予以修订。

关于贯彻实施仲裁法中几个需要明确的问题的意见，目前还是我们的初步考虑，还须报国务院领导同志审批同意后，正式下发文件，以正式文件为准。

以上意见，请大家回去后向政府汇报，并根据领导意见，同有关部门和组织共同研究，进一步抓紧做好仲裁法的贯彻实施和重新组建仲裁机构工作。

2. 1996 年 8 月 30 日，时任全国人大常委会副委员长王汉斌同志在《中华人民共和国仲裁法》实施一周年座谈会上的讲话摘要

《仲裁法》是继《民事诉讼法》颁布以后解决经济纠纷的又一部重要法律。《仲裁法》对我国原有国内经济仲裁制度作了重大改革，使仲裁这种解决经济纠纷的重要方式具有当事人自愿、程序方便、灵活等特点，对于公正、及时地解决经济纠纷，保护当事人的合法权益，维护社会经济秩序，保障社会主义市场经济健康发展，具有重要意义。

《仲裁法》颁布以来，各级政府和有关单位都非常重视，国务院办公厅先后发布了 4 个文集，对贯彻实施仲裁法和重新组建仲裁机构作了统一部署、统一安排；最高人民法院也发布了两个有关仲裁问题的通知；各地方按照仲裁法的规定和国务院的统一部署，成立了一批仲裁机构。可以说，《仲裁法》施行 1 年来，情况是好的，是有成效的。

保证《仲裁法》得到全面的、正确的实施，任务仍很艰巨。希望各有关地方、有关部门和组织、人民法院按照国务院的部署和最高人民法院的通知精神，继续做好仲裁法的实施工作。这里，我想强调四点：(1) 要进一步加强对仲裁法的宣传。仲裁法规定的仲裁制度是一项新的制度，人民群众对它还不熟悉，需要加大宣传力度，充分利用广播、电视、报纸等宣传工具，通过各种形式，广泛宣传仲裁法，使仲裁法成为人民群众解决经济纠纷、保护自己合法权益的有力武器。(2) 各有关部门、组织等要进一步加强合作，保证仲裁法的正确实施和重新组建仲裁机构工作的顺利开展。(3) 在新旧仲裁制度过渡时期，无论是重新组建仲裁机构工作，还是开展仲裁工作，既要体现仲裁法规定的当事人自愿原则，又要体现新旧仲裁机构的继承性，保证新旧仲裁制度的平稳过渡。(4) 仲裁员要做到公道正派，仲裁工作要依法、客观、公正、公平地进行，保证仲裁质量，使人民群众信任仲裁，更多地选择仲裁来解决经济纠纷。

贯彻实施仲裁法，关键是各级领导要统一思想，提高认识，加强领导。仲裁法的制定和实施是我国深化改革和发展社会主义市场经济的客观要求和必然结果。各有关地方、各有关部门都要进一步认真学习仲裁法，深刻领会它的精神实质，全面掌握它的具体规定，把贯彻实施仲裁法提高到全心全意为人民服务，为经济发展创造良好的社会环境，促进经济发展的高度来认识，切实加强对贯彻实施仲裁法和重新组建仲裁机构的领导。

3. 1996 年 8 月 30 日,时任国务院副秘书长兼国务院法制局局长杨景宇同志在《中华人民共和国仲裁法》实施一周年座谈会上的讲话摘要

仲裁法对我国原有仲裁制度作了重大改革。实施仲裁法,首先必须按照仲裁法的要求,重新组建仲裁机构。按照仲裁法的规定,到 1996 年 9 月 1 日,原有仲裁机构将全部终止。如果在 1996 年 9 月 1 日以前不能依法组建成一批仲裁机构,许多经济纠纷就难以得到及时解决,也会影响仲裁法的权威。为了做好重新组建仲裁机构工作,推动仲裁法的顺利实施,国务院办公厅先后发布了 4 个文件,对实施仲裁法、重新组建仲裁机构,提出了具体要求,作了统一部署,各地方,各有关部门和组织做了大量扎实细致的工作。总体来说,在全国依法可以重新组建仲裁机构的 210 个城市中至今已有 93 个成立了新的仲裁机构,约占 45%;预计到 1996 年年底,新设立的仲裁机构估计将达 120 个。

前一段依法重新组建仲裁机构工作取得的成功经验,概括起来,主要是三条:第一,从实际情况出发,严格依照仲裁法和国务院的统一规范,并根据需要和可能进行组建;第二,体现全心全意为人民服务的宗旨,保障仲裁能够公正、及时地解决经济纠纷;第三,领导重视,各有关部门和组织通力合作。这是一条至关重要的经验。重新组建仲裁机构工作涉及面广,时间紧,难度大,离开当地党委、政府的领导和支持,离开有关部门、组织的合作就会寸步难行。实践证明,凡是当地党委和政府加强领导、给予支持,有关部门、组织通力合作的,重新组建仲裁机构工作都做得比较好,比较扎实。

立法不易,组建更难,运作好尤其难。仲裁不受行政机关、社会团体和个人的干涉,没有级别管辖和地域管辖,权力应该说是很大的。权力越大,越要谨慎,越要兢兢业业。仲裁任何一个案件,都要让双方当事人心悦诚服。仲裁的优势是信用、声誉,而不是靠强制,只有取信于民,提高仲裁质量,才能立于不败之地,才能得到长足的发展。由于新的仲裁制度刚刚建立,新组建的仲裁机构在成立初期也难免会遇到一些困难和问题。对此,我们既要有充分的认识,又要有正确的态度。第一,要树立正确的指导思想。全心全意为人民服务是我们的宗旨,在仲裁工作中不能只顾眼前的经济利益和局部利益,不能把目光放在如何创收、如何拉案子上,要把社会效益放在首位,在如何使仲裁公正、及时解决当事人的经济纠纷,并依此促进经济的发展上多下苦功夫。第二,要建立一支高素质的仲裁员队伍。提高素质、提高质量不是喊出来的,要切实通过富有成效的办法加强培训和监督。对仲裁员的选聘,宁可少点,但要好点,做到高起点、高质量。第三,要进一步完善仲裁制度。仲裁制度的建立和完善,仅靠一个法律和几个文件是远远不够的,需要我们在实践中总结经验,积极探索。

同志们，一年来重新组建仲裁机构的工作进展比较顺利，新组建的仲裁机构运行比较正常，成绩比较明显，为下一步工作打下了良好的基础。同时，也要看到，贯彻仲裁法，仍然任重道远，需要做出不懈努力。良好的开端是成功的一半。我们相信，在目前的基础上乘胜前进，我国的仲裁事业就一定能越办越好，我们就一定能走出一条具有中国特色的仲裁路子来。

二、仲裁制度建设

（一）国务院办公厅下发《关于贯彻实施〈中华人民共和国仲裁法〉需要明确的几个问题的通知》（国办发〔1996〕22号）①

1996年6月8日，为了保障仲裁法的正确实施，保证仲裁工作的连续性，保护经济纠纷当事人的合法权益，维护经济秩序，国务院办公厅下发了《关于贯彻实施〈中华人民共和国仲裁法〉要明确的几个问题的通知》（国办发〔1996〕22号）。其主要内容为：（1）对国务院办公厅1995年8月1日印发的《重新组建仲裁机构方案》（国办发〔1995〕44号）中关于新组建的仲裁委员会与原有仲裁机构受理仲裁案件衔接的规定进行修改；（2）关于国内仲裁案件的当事人依照仲裁法的规定申请财产保全的处理；（3）新组建的仲裁委员会的主要职责；（4）请有关行政机关自本通知发布之日起2个月内，对其在仲裁法施行前制定的标准（格式）合同、合同示范文本中合同争议解决方式条款依照仲裁法的规定予以修订。

（二）《最高人民法院关于当事人因对不予执行仲裁裁决的裁定不服而申请再审人民法院不予受理的批复》（法复〔1996〕8号）②（已修改）

四川省高级人民法院：

你院川高法〔1995〕198号《关于当事人认为人民法院对仲裁裁决作出的不予执行的裁定有错误而申请再审，人民法院应否受理的请示》收悉。经研究，答复如下：

依照《中华人民共和国民事诉讼法》第二百一十七条的规定，人民法院对仲裁裁决依

① 国务院办公厅：《关于贯彻实施〈中华人民共和国仲裁法〉需要明确的几个问题的通知》，载法律图书馆网：http://www.law-lib.com/law/law_view.asp?id=12496，最后访问日期：2017年11月26日。

② 最高人民法院：《最高人民法院关于当事人因对不予执行仲裁裁决的裁定不服而申请再审人民法院不予受理的批复》（法复〔1996〕8号），载中国百科网：http://www.chinabaike.com/law/zy/sf/fy/1337359.html，最后访问日期：2017年11月17日。

法裁定不予执行，当事人不服而申请再审的，没有法律依据，人民法院不予受理。

（三）《最高人民法院关于同时选择两个仲裁机构的仲裁条款效力问题给山东省高级人民法院的函》（法函〔1996〕176号）①

1996年12月12日，最高人民法院对山东省高级人民法院关于同时选择两个仲裁机构的仲裁条款效力问题的函，承认“当事人只要选择约定的仲裁机构之一即可进行仲裁。根据《中华人民共和国民事诉讼法》第一百一十一条第二项之规定，本案纠纷应由当事人提交仲裁解决，人民法院对本案没有管辖权”。

（四）《最高人民法院关于涉蒙经济合同未直接约定仲裁条款如何认定案件管辖权的复函》（法函〔1996〕177号）（已失效）②

1996年12月14日，最高人民法院对内蒙古自治区高级人民法院关于涉蒙经济合同未直接约定仲裁条款如何认定案件管辖权的复函，承认“中外双方当事人订立的外贸合同中约定合同未尽事宜适用中国和蒙古国之间的交货共同条件的，因该交货共同条件即1988年11月4日《中华人民共和国对外经济贸易部和蒙古人民共和国对外经济供应部关于双方对外贸易机构之间相互交货共同条件的议定书》规定了因合同所发生或者与合同有关的一切争议在双方达不成协商解决的协议时，应以仲裁方式解决，并规定了具体办法，故应认定当事人自愿选择通过仲裁方式解决其纠纷，人民法院不应受理因该类合同引起的纠纷”。

（五）《最高人民法院关于证券经营机构之间以及证券经营机构与证券交易场所之间因股票发行或者交易引起的争议人民法院能否受理的复函》（法函〔1996〕180号）③（已失效）

1996年12月18日，最高人民法院对上海市高级人民法院关于证券经营机构之间以

---

① 最高人民法院：《最高人民法院关于同时选择两个仲裁机构的仲裁条款效力问题给山东省高级人民法院的函》（法函〔1996〕176号），载中华人民共和国对外经济法律法规汇编网：http://www.people.com.cn/zixun/flfgk/item/dwjjf/falv/9/9-2-1-10.html，最后访问日期：2017年11月26日。

② 最高人民法院：《最高人民法院关于涉蒙经济合同未直接约定仲裁条款如何认定案件管辖权的复函》（法函〔1996〕177号），载中华人民共和国对外经济法律法规汇编网：http://www.people.com.cn/zixun/flfgk/item/dwjjf/falv/9/9-1-2-03.html，最后访问日期：2017年11月16日。

③ 最高人民法院：《最高人民法院关于证券经营机构之间以及证券经营机构与证券交易场所之间因股票发行或者交易引起的争议人民法院能否受理的复函》（法函〔1996〕180号），载武汉律师网：http://148666.com/ShowArticle.shtml? ID=2009526211770889.htm，最后访问日期：2017年11月16日。

及证券经营机构与证券交易场所之间因股票发行或者交易引起的争议人民法院能否受理的复函，承认“根据《中华人民共和国仲裁法》第四、第五条的规定，证券经营机构之间及证券经营机构与证券交易场所之间因股票发行或者交易引起的争议，只要双方当事人间没有仲裁协议或仲裁协议无效的，一方向人民法院起诉，人民法院可以受理”。

三、仲裁案件受理情况

（一）全国受理情况

在全国依法可以重新组建仲裁机构的210个城市中，截至1996年年底，新组建仲裁机构约120个，受理案件1940件，较1995年增长85.11%。受案总标的额为69亿元。已裁决案件的当事人反映良好，并能自觉执行裁决。

（二）区域受理情况

华北片区受案221件，标的额6亿元；东北片区受案42件，标的额0.3亿元；华东片区受案296件，标的额3亿元；东南片区受案79件，标的额0.7亿元；中南片区受案66件，标的额0.2亿元；华南片区受案304件，标的额16亿元；西南片区受案71件，标的额0.4亿元；西北片区受案61件，标的额0.2亿元；中国国际经济贸易仲裁委受理案件778件，标的额41亿元；中国海事仲裁委员会22件，标的额0.5579亿元。

一九九七年

内容提要：

一、仲裁活动

（一）仲裁会议

1. 仲裁工作经验交流会在邯郸召开

2. 全国仲裁工作座谈会在常州召开

（二）会议讲话摘要

1. 1997年9月13日时任国务院法制局副局长宋大涵同志在全国仲裁工作座谈会上的开幕致辞

2. 1997年9月16日时任国务院法制局副局长宋大涵同志在全国仲裁工作座谈会上的总结发言

（三）其他活动

1. 国务院法制局设立政府法制监督司三处

2. 杨景宇同志视察重庆仲裁委员会

3. 新增仲裁委员会

二、仲裁制度建设

最高人民法院《关于实施〈中华人民共和国仲裁法〉几个问题的通知》（法发〔1997〕4号）（已修改）

三、仲裁案件受理情况

（一）全国受案情况

（二）区域受案情况

一、仲裁活动

（一）仲裁会议

1. 仲裁工作经验交流会在邯郸召开

1997 年 4 月 20～24 日，第二届仲裁工作经验交流会在河北邯郸召开，国务院法制办派员出席了会议。

2. 全国仲裁工作座谈会在常州召开

1997 年 9 月 13～16 日，全国仲裁工作座谈会在江苏省常州市召开，时任全国人大法工委副主任胡康生，时任国务院法制局副局长宋大涵，各省政府法制局领导、各仲裁委员会负责人、尚未成立仲裁委员会的省会城市政府法制局长，以及最高人民法院、国家体改委、经贸委、科委、司法部、建设部、国家工商总局、全国工商联、贸促会、商业联合会的代表，江苏省和常州市的领导等，共 200 多人参加会议。

会议的议题为：总结、交流仲裁工作的情况和经验，研究、探讨依法公正仲裁，提高仲裁质量的路子，促进我国仲裁事业的健康发展。会议提出，除了几个省会市还需要积极考虑组建仲裁委外，由国务院法制局牵头重新组建仲裁委的工作已大体完成，今后仲裁工作的重点应当转到切实提高仲裁质量上来。会议就提高仲裁质量的标准、意义和措施进行了研讨，认为只有提高仲裁质量，仲裁事业才能保生存、求发展；对中国仲裁协会的职责提出了很多很好的意见，建议尽快筹建中国仲裁协会；还要求政府法制机构要继续关心、支持，帮助仲裁委开展工作。

（二）会议讲话摘要

1. 1997 年 9 月 13 日时任国务院法制局副局长宋大涵同志在全国仲裁工作座谈会上的开幕致辞

（1）两年来仲裁工作的基本情况和主要经验

两年多来，为了贯彻落实仲裁法，国务院办公厅先后发来了 4 个文件（〔1994〕99 号、〔1995〕38 号和 44 号、〔1996〕22 号）。国务院法制局会同有关部门、组织先后召开了重新组建仲裁机构试点工作会议、重新组建仲裁机构工作座谈会，根据仲裁法的规定和国务院的部署和要求，对依法重新组建仲裁机构和仲裁工作进行了认真研究，提出了具体要求，各有关地方、部门和组织做了大量扎实、细致的工作，取得了显著的成绩。截至 1997 年 8 月底，全国已有 120 个城市成立了仲裁委员会。在这些仲裁委员会中，仲裁工作人员

698 人，仲裁员超过 1 万人；受理案件总数 2478 件，总标的额达 51 亿元，其中办结案件 1740 件，总标的额 45 亿元。在已办结案件中，通过调解方式结案的 571 件，其中，自动履行的 441 件，占 77%；强制执行的 33 件，占 6%；正在履行的 97 件，占 17%。通过裁决方式结案的 891 件，其中，自动履行的 223 件，占 25%；强制执行的 179 件，占 21%；正在履行的 389 件，占 43%。当事人撤回申请的 278 件，占 16%。对于仲裁裁决，当事人申请法院撤销的 40 件，法院裁定撤销的 25 件，通知仲裁委员会重新仲裁的 3 件，法院正在审理的 12 件；当事人申请法院不予执行的 9 件，法院裁定不予执行的 5 件，法院正在审理的 4 件。

在两年多的实践中，各地方在仲裁机构的重新组建和运作中，在严格依法办事、保证仲裁工作坚持全心全意为人民服务的宗旨方面，进行了许多有益的探索，积累了不少宝贵经验，概括起来，主要有以下四条：

第一，积极开展宣传，努力提高全社会的仲裁法律意识。加强仲裁宣传工作，是保证新的仲裁制度顺利实施的重要前提。许多地方下发了贯彻落实仲裁法的通知，并把仲裁法列入"三五"普法规划，通过新闻媒体等形式广泛宣传新的仲裁制度，向厂长、经理、合同管理人员、律师宣传仲裁法。有的深入企业、建筑工地、农村等地免费接受咨询，受到群众好评。通过这些活动，提高了全社会的仲裁法律意识，为贯彻落实仲裁法营造了良好的社会舆论环境。

第二，切实加强仲裁队伍建设。许多仲裁委员会从一开始就力争做到高起点、新形象、高效率、高质量。在选聘仲裁员时，坚持宁可少一点，但要好一些，宁缺毋滥，并加强聘任后的培训和监督，努力提高仲裁员队伍的素质。仲裁机构办事人员都比较精干。对仲裁委员会组成人员，通过建立健全民主生活会、廉政建设等制度，努力提高自身素质。

第三，建章立制，保证仲裁机构正常运行。许多仲裁委员会按照仲裁法、民事诉讼法和国务院办公厅文件，参照国际通行做法，建立了一些规章制度，对仲裁案件的立案、组庭、裁决等各个环节作了比较详细的规定，制定了比较规范的仲裁文书格式。

第四，领导重视，积极争取社会各方面的广泛支持。仲裁机构的重建和运作涉及面广，难度大，需要当地党委、政府的支持，需要有关部门、组织的合作。最近，最高人民法院、国家工商局发布了有关仲裁问题的文件；一些地方法院下文就仲裁案件的受理、保全、执行等具体问题作出规定；工商、建设、土地等部门积极做好有关格式合同中的纠纷解决方式条款的修改工作。这些都对仲裁工作的开展起了积极的推动作用。实践证明，凡是当地党委、政府领导给予支持，有关部门、组织通力合作的，仲裁机构的重建和运行就比较顺利。

(2)下一步仲裁工作的重点

今后,仲裁工作的重点应当转到切实提高仲裁质量上来。新的仲裁机构成立时间都不长,有许多问题尚待认真研究、解决,但其中最根本的问题是如何提高仲裁质量。其主要理由有两条:一是根据仲裁法规定,仲裁是一裁终局。仲裁质量如何,对当事人的利益关系很大。仲裁委员会、仲裁庭和仲裁员都要对当事人高度负责,严肃、认真地从事工作。如果仲裁质量不高,甚至弄权谋私,名声就坏了。二是仲裁权来自当事人的授予,当事人可以选择诉讼,也可以选择仲裁;可以选择这个仲裁委员会,也可以选择那个仲裁委员会。如果你的仲裁质量高、形象好,当事人就会选择你来仲裁,你就能发展。反之,当事人就不选择你。因此,提高质量,直接关系到仲裁委员会的生存、发展。仲裁工作始终必须牢固树立"质量第一、信誉至上"的思想,把提高仲裁质量放在整个仲裁工作的首位,切实抓紧抓好。

什么是高质量的仲裁?仲裁法规定,仲裁应当根据事实,符合法律规定,公平合理地解决纠纷。我们考虑,高质量的仲裁应当事实清楚、程序合法、简便,裁决合法、公平合理。同时,又要重视在仲裁过程中摆事实、讲道理、讲法律,重视调解的作用,在解决纠纷时,从实际出发,尽可能把双方当事人的经济损失都减少到最低限度,使双方当事人心悦诚服。能不能提出几条标准来衡量仲裁质量高低,希望大家认真研究,如当事人自动履行率较高,是否可以作为仲裁质量高的一个标准。

如何依法、公正仲裁,提高仲裁质量,需要大家在实践中不断摸索,总结经验。总的要求是:全面、准确贯彻仲裁法的精神,严格依照仲裁法办事,同时始终坚持全心全意为人民服务的宗旨,这两个方面是统一的。仲裁法的立法目的和宗旨是保证仲裁能够公正、及时地解决经济纠纷,保护当事人的合法权益,说到底,就是要全心全意为人民服务。仲裁是解决经济纠纷的一个渠道、一种方式,不是营利的手段;仲裁委员会不是营利性组织,不能以营利为目的。因此,仲裁工作必须把社会效益放在首位,把提高质量放在首位。只有这样,仲裁工作才能取得人民群众的支持,才能得到长远发展。如果只顾眼前的经济利益,把目光放在如何拉案子、如何创收上,仲裁就会走入死胡同。有的仲裁委员会规定在仲裁中"四个一样对待":标的额大与小一样对待,公民、法人及其他组织一样对待,国内案件和涉外案件一样对待,案件复杂和简单一样对待。有的仲裁委员会规定,对特困企业、亏损企业的仲裁费采取缓、减、免等措施。我们认为,这些做法,方向是对头的。

提高质量,需要注意以下几个问题:

首先,坚持当事人意思自治,防止行政强制,防止地方保护。

仲裁工作中要始终坚持当事人意思自治，这对保证仲裁质量是非常重要的。据初步了解，这方面不是没有问题的。有的为了增加案源，通过行政手段强制当事人只能通过仲裁解决经济纠纷；有的要求合同的仲裁条款中，必须写明由某个仲裁委员会仲裁；有的在行政机关设仲裁委员会的办事机构，其实质属于行政仲裁。这些做法是不符合仲裁法的精神的，至少有强制或者变相强制之嫌。

在仲裁中，还要特别注意防止、反对地方保护，在仲裁本地当事人和外地当事人之间的经济纠纷时，不能偏袒本地当事人；在仲裁涉外经济纠纷中，不能偏袒国内一方当事人。

行政仲裁与地方保护，都是违反仲裁法规定的。仲裁法规定，仲裁应当依据事实，符合法律规定，要合理地解决经济纠纷。这是仲裁解决经济纠纷应当遵循的基本准则。根据事实，就是要求在仲裁过程中，客观、全面、深入地查清与案件有关的事实情况，分清是非曲直，为正确适用法律、确定当事人的权利义务奠定基础。合法，不仅要求仲裁的程序要符合法律规定，裁决也要符合法律的原则、精神和具体规定，还可以参照经济贸易活动中的商业惯例，从实际出发，尽可能把双方当事人的损失都降低到最低限度。但是，不能违反法律，随心所欲，不能损害公共利益、社会利益、他人合法利益。公平合理，就是要求在仲裁过程中公正、平等地对待双方当事人，给双方当事人提供一个公平的环境。仲裁庭还需要通过摆事实、讲道理，使当事人心悦诚服，互相谅解，自愿作出让步，既解决纠纷，又促进双方当事人进一步经济交往。

其次，提高仲裁员的素质，依法加强对仲裁员的监督。

仲裁员素质、水平的高低，直接关系仲裁的质量。因此，仲裁委员会需要采取有效措施，狠抓仲裁员队伍的思想作风、职业道德、执业纪律建设，提高仲裁员的政治素质和业务水平。仲裁员的业务水平当然是很重要的，但最重要的是公道、正派。如果仲裁员弄权谋私、吃请受贿，成为一方当事人的代理人，那就根本不可能公正，更谈不上高质量的仲裁。在仲裁员队伍建设方面，是否可以确立这样一个工作思路：既要提高仲裁员的业务素质，又要提高仲裁员的政治素质，重在提高仲裁员的政治素质；既要提高全体仲裁员的整体素质，又要提高首席仲裁员的素质，重在提高首席仲裁员的素质，真正建立一支政治可靠、品德高尚、办事公道、作风正派、业务精干的仲裁员队伍。建设高素质的仲裁员队伍，需要抓好以下几个方面的工作：

第一，把好仲裁员选聘关，严格按照仲裁法选聘仲裁员。仲裁机构在选聘仲裁员时，应该坚持高标准、严要求，严格依法聘任。考察、评价有关人员时，不仅要考察他的专业水平，更要考察他的品德，新组建的仲裁机构都是首次聘任仲裁员，对仲裁员人选的考察，难免存在这样那样的不足，需要在仲裁实践中加强对仲裁员的考核。经过考核，对有违法、违纪行为或者不适宜担任仲裁员的，要视不同情况，采取不续聘、解聘、依法除名等措施予以淘汰。

第二，加强对仲裁员的培训、教育，提高仲裁员的道德、业务水平。仲裁员都是兼职的。仲裁委员会应根据这一特点，采取多种形式，加强对仲裁员的业务培训、品德教育，提高仲裁员的道德、业务水平。

第三，进一步完善制度，依法加强对仲裁员的监督。仲裁法和国务院办公厅的文件对仲裁员的违纪行为的监督作了规定，主要包括：一是仲裁员是本案的当事人或者当事人、代理人的亲属的；与本案有利害关系的；与本案当事人、代理人有其他关系，可能影响公正仲裁的；私自会见当事人、代理人，或者接受当事人、代理人的请客送礼的，仲裁委员会有权决定仲裁员回避。二是仲裁员在仲裁过程中，私自会见当事人、代理人，或者接受当事人、代理人的请客送礼，情节严重的，或者仲裁员在仲裁案件时有索贿受贿、徇私舞弊、枉法裁决行为的，应该依法承担法律责任，仲裁委员会应当将其除名。三是仲裁员隐瞒应当回避的情形，对案件仲裁产生不良影响的；无正当理由不到庭仲裁案件的；有不宜继续担任仲裁员的其他情形的，仲裁委员会应当予以解聘。各仲裁委员会应当严格按照这些规定，加强对仲裁员的监督。同时，还需要在实践中进一步完善对仲裁员的监督制度，比如，建立当事人对仲裁员的评价、反馈制度，仲裁员守则，仲裁员办理案件的保密制度，仲裁员办案规则等；可否考虑规定，一个仲裁员如果累计有 3 个仲裁裁决被法院依法裁定撤销或不予执行，经核查，裁决确有问题的，就应当予以解聘。总之，不能让个别仲裁员的违法、违纪和不良行为，影响仲裁事业的健康发展。对仲裁员的监督宁严毋宽，要执法如山，以免积重难返。

再次，正确处理仲裁委员会与仲裁庭之间的关系。

仲裁法规定，仲裁委员会在仲裁过程中的主要职责是：①受理仲裁案件；②决定仲裁委员会主任的回避；③应当事人请求，对有异议的仲裁协议的效力作出决定；④在仲裁裁决书上加盖印章；⑤依法对仲裁员予以解聘、除名。根据以上规定，仲裁委员会不仅具有组织仲裁并为仲裁提供服务的义务，还有对仲裁庭进行监督的权力。总之，正确处理仲裁委员会与仲裁庭的关系，既要保证仲裁庭独立仲裁案件，又要保证仲裁委员会对仲裁庭依法实施必要的监督，维护仲裁委员会的声誉，保证仲裁庭公正、及时仲裁案件。具体需要把握以下几点：第一，仲裁法规定，仲裁由仲裁庭进行，仲裁决定由仲裁庭作出，仲裁委员会不能越俎代庖，代替仲裁庭，作出裁决。第二，仲裁委员会可以对仲裁庭仲裁案件的程序是否符合仲裁法和仲裁规则的规定进行审查监督，发现仲裁程序违法的，可以要求其纠正。第三，仲裁庭在仲裁过程中遇到的重大疑难问题，意见不一致或者不确定的，仲裁委员会可以交由专家咨询。咨询意见仅供仲裁庭参考。

最后,需要认真研究的几个制度问题。

我国仲裁法确立的是一项崭新的制度,仲裁工作是一项实践性很强的工作,要准确把握仲裁法的精神实质,推动仲裁事业的发展。需要在积极探索、不断总结实践经验的基础上,下大力气加强仲裁的理论研究,从仲裁的本质、规律上认识并解决仲裁工作中遇到的各类问题。各仲裁委员会要把理论研究作为提高仲裁质量的一项重要措施加以落实。重视理论学习、研究,应当在仲裁工作中蔚然成风。

据各地仲裁委员会反映,新组建的仲裁委员会在仲裁工作中已经遇到了一些需要明确的制度问题。主要涉及以下几个方面的问题:

第一,关于仲裁协议的效力。

仲裁法规定,仲裁协议应当具有下列内容:①请求仲裁的意思表示;②仲裁事项;③选定的仲裁委员会。仲裁协议对仲裁事项或者仲裁委员会没有约定或者约定不明确,当事人又达不成补充协议的,仲裁协议无效。我国仲裁法关于仲裁协议效力的规定是比较严格的。由于新的仲裁制度刚刚建立,实践中,当事人选择仲裁的意思明确,但仲裁协议关于仲裁机构的名称往往不够准确、规范,如将某某仲裁委员会写成某某市仲裁委员会;没有写仲裁机构,但写明了仲裁地点,如在某某市仲裁、由合同签订地(履行地)或者被申请人所在地仲裁等。这类仲裁协议算不算不明确,需要研究。

第二,关于仲裁送达方式。

《仲裁法》第 25 条规定,仲裁委员会受理仲裁申请后,应当将有关文件、文书送达当事人。仲裁委员会在送达仲裁通知和有关文书材料时,经常遇到当事人拒收或者下落不明的情况,致使一些案件因为仲裁文书不能送达而无法进行仲裁。为了保证仲裁程序顺利进行,有必要根据民事诉讼法的规定和仲裁的特点,对仲裁文书的送达方式及效力作进一步研究。

第三,其他问题。

在仲裁工作中,还有几个具体问题需要研究:一是仲裁协议的一方当事人已经合并、分立,其债权债务由第三方承担,第三方是否受原仲裁协议的约束;二是在仲裁中,仲裁庭是否有权要求无独立请求权的第三人参加仲裁;三是主合同有仲裁条款,从合同中未订仲裁条款,处理主合同纠纷时,是否可以追加从合同中的有关主体参加仲裁。

2. 1997 年 9 月 16 日时任国务院法制局副局长宋大涵同志在全国仲裁工作座谈会上的总结发言

宋大涵副局长主要对下一步的仲裁工作提出了三点意见:

(1)政府法制机构要继续关心、支持、帮助仲裁委员会和开展仲裁工作

两年来,各省、自治区、直辖市政府法制机构为本地重新组建仲裁机构和仲裁工作做了大量的协调工作,付出了很多心血,功不可没;有关市政法机构为牵头组织仲裁工作,保证仲裁机构的正常运转做了大量卓有成效的工作,成绩显著。重新组建仲裁机构和组建后仲裁委员会的运行能够取得今天这样的成绩,与各级政府法制机构的努力分不开,与各有关部门、组织的支持也是分不开的。

国务院法制局牵头的大面积重新组建仲裁机构的工作任务已经大体完成,今后仲裁工作的重点要转到切实提高仲裁质量上来。对于这个问题,需要大家进一步研究,进一步统一思想。质量不高,仲裁就难以生存、发展,提高质量才能保生存、求发展。

未建仲裁机构的省会市的政府法制机构要抓紧牵头组建,有关省、自治区政府法制机构要积极督促,做好协调、指导工作;其他没有组建仲裁机构的市,是否组建,由省、市政府根据需要与可能来决定。对已经组建起来的仲裁机构,政府法制机构要予以关心、支持、帮助。具体来说,主要包括以下三个方面工作:

一是组建落实仲裁法和国务院办公厅的文件,督促、检查贯彻落实情况。仲裁法和国务院办公厅有关文件中有很多规定是要有关政府和政府部门来落实的。政府法制机构作为本级政府在法治方面的参谋和助手,应该担当起这方面的任务,有责任、有义务监督检查落实情况。比如,国务院办公厅文件规定,有关部门要对格式合同的仲裁条款按照新的仲裁法进行修改,国务院有关部门也都发了通知,单从这次会议上了解的情况来看,不少地方对格式合同的仲裁条款还没有修改。对此,政府法制机构也可以组建有关部门进行检查,督促落实。

二是协调仲裁委员会和有关部门、组建的关系。仲裁工作涉及方方面面,需要得到人民法院和有关部门、组织的支持,其中有一些是需要政府法制机构帮助协调的。这也是关心和爱护仲裁事业,为仲裁委员会做一些排忧解难的工作。

三是宣传仲裁法,组织交流仲裁工作的经验。仲裁委员会要积极宣传仲裁法,政府法制机构也要帮助宣传,特别是省、自治区、直辖市政府法制机构组织宣传的效果会更好些。由于仲裁法的有些规定比较原则,仲裁工作刚刚起步,难免会遇到这样或者那样的问题,也需要政府法制机构及时予以总结,组织交流,这对仲裁工作的开展是非常必要的。

(2)关于组建中国仲裁协会

希望尽快组建中国仲裁协会,主要理由有两条:一是120个仲裁委员会成立起来了,工作中有不少问题需要统一协调解决。二是仲裁法对成立中国仲裁协会做了明确的规

定，这个问题现在是该提上议事日程了。国务院办公厅文件要求重新组建仲裁机构和筹建中国仲裁委员会的工作分两步：首先是重新组建仲裁机构，其次是筹备中国仲裁协会。现在，筹建中国仲裁协会的条件已经基本成熟。关于会上大家对中国仲裁协会的职责提出了很多很好的意见和建议；概括起来，主要有以下几个方面：

①按照仲裁法和民事诉讼法的规定，制定统一的仲裁规则，制定有关规范仲裁委员会及其组成人员、仲裁员的制度。

②对仲裁委员会及其组成人员、仲裁员的违纪行为进行监督。

③对仲裁工作进行协调、指导。仲裁协会的协调主要有两方面：一是协调各个仲裁委员会之间的关系，仲裁委员会同有关部门、组织的关系；二是对仲裁实践中提出的需要明确、解释的制度问题，组织研究，提出意见，向有关机关反映，指导仲裁业务。

④组织全国性的仲裁工作的宣传、培训。

⑤总结经验，交流信息，开展理论研究。

根据国务院办公厅〔1994〕99 号文件规定，筹建中国仲裁协会的工作由国务院法制局牵头，国家经贸委、国家体改委、司法部、国家工商局、贸促会、全国工商联参加。会后，我们将抓紧会同有关部门、组织认真研究，抓紧进行中国仲裁协会的筹建工作，并及时向国务院报告。有些地方提出建立地方仲裁协会问题，但认为在中国仲裁协会建立前，先不要考虑成立地方分会。

（3）关于仲裁工作中需要明确的几个制度问题

①关于仲裁协议的效力

仲裁法规定，仲裁协议应当具有下列内容：a. 请求仲裁的意思表示；b. 仲裁事项；c. 选定的仲裁委员会。仲裁协议对仲裁事项或者仲裁委员会没有约定或者约定不明确，当事人又达不成补充协议的，仲裁协议无效。仲裁法关于仲裁协议效力的规定是比较严格的。实践中，由于仲裁法施行时间还比较短，当事人仲裁法律意识还不够强，仲裁协议不够规范的情况比较普遍。对于这样一些仲裁协议，当事人发生经济纠纷后能够达成补充协议的比例极小，一律视为不明确，又不利于经济纠纷的解决，对要求仲裁的一方当事人也不公平。对此，通过与全国人大常委会法工委、最高人民法院的商量，初步意见是：如果仲裁机构的名称虽然不够规范，但在逻辑上不会发生歧义的，仲裁协议应当认为是有效的。

②关于财产保全、证据保全

仲裁法规定，当事人申请财产保全和证据保全的，由仲裁委员会将当事人的申请按照民事诉讼法的规定提交人民法院。但是，人民法院对仲裁委员会提交的保全申请的审查期限,法律没有明确规定,实际工作中期限比较长。经商量明确,人民法院收到仲裁委员会提交的当事人的财产保全申请、证据保全申请后,情况紧急的,人民法院在 48 小时内做出裁定;对于非紧急情况下的保全申请,人民法院将抓紧做出裁定。

③关于仲裁文书的送达

仲裁法规定,仲裁委员会受理仲裁申请后,应当将有关文件、文书送达当事人。但是,仲裁法对仲裁文书的送达方式没有明确规定。仲裁委员会的一般做法是,既参照民事诉讼法关于诉讼文书的送达方式的规定,又考虑仲裁法规定的仲裁不公开原则,只采用直接送达或者邮寄送达方式送达仲裁文书。但是,实践中有些当事人为了拖延、躲避经济纠纷的解决,常常拒收仲裁文书或者下落不明,致使一些案件因仲裁文书不能送达而无法解决。这个问题的核心是需要明确仲裁文书除可以采取直接送达、邮寄送达等方式以外,能否采取民事诉讼法规定的留置、公告等方式送达仲裁文书的问题。我们考虑,采取公告、留置等方式送达仲裁文书可能会使他人知道是当事人之间有经济纠纷正在仲裁。但是,保护当事人的实体权利更为重要。因此,我们商量后的一致意见为:仲裁委员会除可以采用民事诉讼法规定的直接送达、邮寄送达等方式送达仲裁文书外,在民事诉讼法规定的条件下,可以采取留置、公告等送达方式送达仲裁文书。

④关于对新组建仲裁机构的涉外经济纠纷裁决的监督

根据仲裁法和民事诉讼法的规定,人民法院对涉外仲裁裁决只作程序审查,对国内仲裁案件,除进行程序审查外,还要对仲裁案件的证据、适用法律进行审查。目前,有少数新组建的仲裁委员会裁决了一些涉外仲裁案件,人民法院对这些裁决是根据机构性质,还是根据纠纷的性质区别对待,需要明确。经商量,最高人民法院表示,应当根据纠纷的性质,而不能根据机构来区别对待。

对于所反映的其他一些制度问题。有的还没有和有关单位商量,有的还需要进一步研究。

最后,认真做好这次会议的贯彻落实工作:一是要向有关领导汇报这次会议的精神取得领导对仲裁工作的进一步支持。二是有关部门和组织、新闻单位从关心爱护的角度,从大局出发,求同存异,为仲裁工作多办实事。三是各级政府法制机构和各仲裁委员会要学习好这次会议的文件,学习其他仲裁委员会的经验。通过学习,提高认识,统一思想,并提出落实“依法仲裁,保证质量,努力推进我国仲裁事业的发展”的具体措施,并于 1997 年 12 月底将这次会议的贯彻落实情况报国务院法制局。

(三)其他活动

1. 国务院法制局设立政府法制监督司三处

1997 年 7 月 18 日,国务院法制局设立政府法制监督司三处,负责筹建中国仲裁协会的准备工作,研究仲裁委员会在运作中带有普遍性的问题,提出完善仲裁制度的意见。

2. 杨景宇同志视察重庆仲裁委员会

时任国务院副秘书长兼国务院法制局局长杨景宇同志视察重庆仲裁委员会。

3. 新增仲裁委员会

继《仲裁法》颁布实施后,各地区相继成立仲裁委员会,促进仲裁事业的发展,1997 年成立的仲裁委有武汉仲裁委员会、平顶山仲裁委员会、成都仲裁委员会等。

(1)武汉仲裁委员会成立①

武汉仲裁委员会于 1997 年依法组建。武汉仲裁委员会在维护市场经济秩序、改善投资环境、增强外商在中国投资的信心等方面发挥了积极作用,成为华中地区最具影响力的具有涉外仲裁能力的仲裁机构。

(2)平顶山仲裁委员会成立②

平顶山仲裁委员会是平顶山市人民政府依据《仲裁法》规定,于 1997 年依法组建的平顶山地区唯一的民商事仲裁机构,也是河南省首家成立的仲裁机构。平顶山仲裁委员会根据当事人的仲裁协议,中立、公正、高效地仲裁平等主体的自然人、法人及其他组织之间发生的合同纠纷和其他财产权益纠纷。

(3)成都仲裁委员会成立③

成都仲裁委员会是成都市人民政府依据《仲裁法》,于 1997 年组建的成都地区唯一的经济纠纷仲裁机构,其职责是仲裁平等主体的公民、法人和其他组织之间发生的合同纠纷和其他财产权益纠纷。

---

① 武汉仲裁委员会:《武汉仲裁委员会简介》,载武汉仲裁委员会官网:http://www.whac.org.cn/index.php/About/index/type/2.html,最后访问日期:2017 年 11 月 25 日。

② 平顶山仲裁委员会:《平顶山仲裁委员会简介》,载平顶山仲裁委员会官网:http://www.pdsac.org.cn/sitegroup/pdsac/html/402881e44c7d7b48014cbbee5ec8458d/2794b1ddc43b4932b975b058538b6c28.html,最后访问日期:2017 年 11 月 25 日。

③ 成都仲裁委员会:《成都仲裁委员会简介》,载成都仲裁委员会官网:http://www.cdac.org.cn/aboutus,最后访问日期:2017 年 11 月 25 日。

(4)温州仲裁委员会成立①

温州仲裁委员会是依据《仲裁法》的规定,由温州市人民政府统一组建,并经浙江省司法厅登记于1997年4月设立的温州地区唯一的民商事仲裁机构。自成立以来,温州仲裁委员会一直遵循独立高效的仲裁原则,以仲裁方式公正、公平、及时地解决平等主体的公民、法人和其他组织之间的民商事合同纠纷及其他财产权益纠纷。

(5)淮安仲裁委员会成立②

淮安仲裁委员会于1997年4月由淮安市人民政府组建设立。淮安仲裁委员会秘书处负责执行委员会决议和处理日常事务,是淮安仲裁委员会常设办事机构,内设行政管理部、仲裁事务部、研究咨询部、仲裁联络部、立案部5个职能部门。

(6)泸州仲裁委员会成立③

泸州仲裁委员会依据《仲裁法》于1997年1月8日正式成立,是以仲裁的方式,独立、公正、高效地解决平等主体自然人、法人和其他组织之间发生的合同纠纷和其他财产权益纠纷的常设仲裁机构。

(7)天水仲裁委员会成立④

天水仲裁委员会是天水市人民政府依据《仲裁法》的规定,按照国务院办公厅的有关文件精神组建、并于1997年1月27日经甘肃省司法厅注册登记成立的依法独立行使仲裁权的新型仲裁机构。其法定职责是:以仲裁的方式公正、及时地解决平等主体的自然人、法人和其他组织之间发生的合同纠纷和其他财产权益纠纷。

二、仲裁制度建设

1997年3月26日最高人民法院发布《关于实施〈中华人民共和国仲裁法〉几个问题的通知》(法发〔1997〕4号)⑤(已修改),明确了3个问题:(1)《仲裁法》实施前当事人依

① 温州仲裁委员会:《温州仲裁委员会简介》,载温州仲裁委员会官网:http://www.wzac.org/UnitsInfo.aspx? Ui_ID=1&FunName=%CE%C2%D6%D9%BC%F2%BD%E9,最后访问日期:2017年11月25日。

② 淮安仲裁委员会:《淮安仲裁委概况》,载淮安仲裁委员会官网:http://zcw.huaian.gov.cn/gywm/hzjj/list.html,最后访问日期:2017年11月25日。

③ 泸州仲裁委员会:《本会简介》,载泸州仲裁委员会官网:http://www.lzzcwyh.com/guanyubenhui/benhuijianjie/,最后访问日期:2017年11月25日。

④ 天水仲裁委员会:《天水仲裁委员会概况》,载天水仲裁委员会官网:http://www.tszcwyh.com/Home/Content? newsId=75&&menuId=15,最后访问日期:2017年11月25日。

⑤ 株洲仲裁委员会:《最高人民法院关于实施〈中华人民共和国仲裁法〉几个问题的通知》(法发〔1997〕4号),载株洲仲裁委员会官网:http://zcw.zhuzhou.gov.cn/articles/2865/2016-4/86732.html,最后访问日期:2017年11月25日。

法订立的仲裁协议继续有效,有关当事人向人民法院起诉的,人民法院不予受理,应当告知其向依照《仲裁法》组建的仲裁机构申请仲裁。当事人双方书面协议放弃仲裁后,一方向人民法院起诉的,人民法院应当依法受理。(2)在仲裁过程中,当事人申请财产保全的,一般案件由被申请人住所地或者财产所在地的基层人民法院作出裁定;属涉外仲裁案件的,依据《民事诉讼法》第258条的规定,由被申请人住所地或者财产所在地的中级人民法院作出裁定。有关人民法院对仲裁机构提交的财产保全申请应当认真进行审查,符合法律规定的,即应依法作出财产保全的规定;如认为不符合法律规定的,应依法裁定驳回申请。(3)对依照《仲裁法》组建的仲裁机构所作出的仲裁裁决(包括涉外仲裁裁决),当事人申请执行的,人民法院应当依法受理。

三、仲裁案件受理情况

(一)全国受案情况

1997年全国受理案件数3886件,受理案件标的额达81亿元。截至8月底,在已办结的1740件案件中,通过调解方式结案的571件,其中自动履行的441件,约占77%;强制执行的33件,约占6%;正在履行的97件,约占17%。通过裁决方式结案的891件,其中自动履行223件,约占25%,强制执行的179件,约占20%,正在履行的389件,约占44%。当事人撤回申请的278件,约占16%。对于仲裁裁决,当事人申请法院撤销的40件,其中法院裁定撤销25件,通知仲裁委员会重新仲裁3件,法院正在审理的12件;当事人申请法院不予执行的9件,其中法院裁定不予执行的5件,法院正在审理的4件。

(二)区域受案情况

华北片区受案332件,标的额4亿元;东北片区受案261件,标的额4亿元;华东片区受案811件,标的额8亿元;东南片区受案461件,标的额3亿元;中南片区受案179件,标的额0.7亿元;华南片区受案510件,标的额12亿元;西南片区受案388件,标的额1亿元;西北片区受案195件,标的额7亿元;中国国际经济贸易仲裁委受理案件723件,标的额42.2亿元;中国海事仲裁委员会受案26件,标的额0.5308亿元。

一九九八年

内容提要：

一、仲裁活动

（一）仲裁会议

1. 全国部分城市仲裁工作经验交流会在桂林举行

2. 中美仲裁法律实务交流会在青岛召开

3. 仲裁法实施三周年座谈会在北京召开

（二）会议讲话摘要

1. 1998 年 9 月 25 日，时任国务院法制办公室党组成员李适时在北京仲裁召开的仲裁法实施三周年座谈会上的讲话摘要

2. 1998 年 12 月 10 日，国务院法制办卢云华同志在济南仲裁委关于“加强仲裁文明建设　促进仲裁事业发展”的讲话摘要

二、仲裁制度建设

（一）最高人民法院《关于人民法院撤销涉外仲裁裁决有关事项的通知》（已修改）

（二）最高人民法院出台司法解释认可我国台湾地区的有关仲裁裁决（已失效）

三、仲裁案件受理情况

（一）全国受理情况

（二）区域受理情况

一、仲裁活动

(一)仲裁会议

1. 全国部分城市仲裁工作经验交流会在桂林举行

1998年3月19~21日,由桂林市人民政府办公室和桂林仲裁委员会共同主办的全国部分城市仲裁工作交流会在广西桂林市召开。来自全国80个仲裁委员会的代表和部分省、市、自治区、直辖市政府法制工作部门的代表以及新闻单位的代表共160多人出席了会议。全国人大常委会第七届法律委员会副主任、中国政法大学校长、著名法学家江平同志应邀到会并作了专题报告。时任国务院法制局政府法制监督司黄新华处长、广西壮族自治区法制局领导以及桂林市领导到会祝贺并作讲话。这次会议的议程安排了:(1)学术讲座;(2)论文评奖;(3)通报中国仲裁协会筹备情况;(4)分组讨论仲裁理论与实践中的问题。

这次会议共收到论文42篇,经江平教授评析,有15篇论文分获一等奖、二等奖、三等奖。与会代表对我国现行仲裁制度、仲裁机构的运行及仲裁理论进行了广泛的探讨,对仲裁实践及存在的问题发表了许多独到的见解。代表们畅所欲言,对仲裁事业发展前景充满信心。会议取得了圆满的成功。

2. 中美仲裁法律实务交流会在青岛召开

1998年7月,"中美仲裁法律实务交流会"在青岛召开,美国佛罗里达州橙郡及大奥兰多地区专员玛丽·约翰逊女士、时任青岛市副市长闵祥超出席会议。

3. 仲裁法实施三周年座谈会在北京召开

在仲裁法实施三周年之际,仲裁委员会在人民大会堂举办"纪念仲裁法实施三周年座谈会",全国人大法工委、最高人民法院、国务院法制办公室的领导到会并作了讲话,中央电视台、北京电视台等10余家新闻单位进行了报道。

(二)会议讲话摘要

1. 1998年9月25日,时任国务院法制办公室党组成员李适时在北京仲裁召开的仲裁法实施三周年座谈会上的讲话摘要

《仲裁法》已经施行3周年了。3年多来,仲裁在我国作为一项崭新的制度正在被社会各界所接受。仲裁制度已经成为司法、行政手段之外解决经济民事纠纷、促进社会稳

定和经济发展的重要法律制度。

一、依法重新组建的仲裁委初具规模

仲裁法规定，仲裁法实施前行政机关设立的仲裁机构应当重新组建。为了贯彻落实仲裁法，积极推行和完善仲裁制度，国务院办公厅从1994年起先后发出了《关于做好重新组建仲裁机构和筹建中国仲裁协会筹备正作的通知》等四个文件，全国人大常委会法工委做了大量协调和指导性的工作，最高人民法院作出了一系列有关仲裁问题的司法解释，国务院法制办公室、司法部、国家工商局、建设部等有关部门分别发布了关于积极做好仲裁委换届、仲裁委登记、格式合同文本修订等工作的文件。各有关地方政府和组织对仲裁工作也都很关心、支持。到目前为止，在我国依法可以重新组建仲裁委的220多个城市中，根据需要与可能已有138个城市组建了新的仲裁委，约占63%。预计到1998年年底，全国新组建的仲裁委的工作已经基本完成，贯彻实施仲裁法已经迈出了可喜的第一步。

二、政治专业素质较高的仲裁队伍初步形成

目前，全国138个仲裁委员会共有17,257名仲裁员。全国各地仲裁委工作人员1515人，其中多数具有研究生学历、本科学历和大专学历。仲裁队伍的高素质是仲裁质量、效率和社会效益的保证，为充分发挥仲裁公正、便捷等优势打下了良好的组织基础。

为了进一步提高仲裁员的素质和仲裁委的工作水平，大多数仲裁委除了根据仲裁法制定了仲裁委章程、仲裁规则之外，还对仲裁员、仲裁委工作人员制定了严格的工作纪律，建立了较完善的内部管理机制。北京、石家庄、济南、青岛、宝鸡、昆明、厦门、汕头等仲裁委制定了仲裁员办案“十不准”纪律、仲裁员管理办法等，对仲裁员坚持高标准、严要求。

现在的这支仲裁队伍，总体来说是比较清正廉洁、公道正派的，人民群众也是比较满意的。仲裁员大都有第一代仲裁人的强烈使命感、高度的责任感和为仲裁事业争光的荣誉感，自觉维护仲裁员的形象、仲裁委的形象和仲裁制度的形象。

三、仲裁案件的受理与审理初见成效

（一）受案数量逐年递增。据统计：截至1998年6月底，全国各新组建的仲裁委共受理仲裁案件6629件，标的额达124亿元。1995年、1996年、1997年分别为107件、880件、3548件；1998年上半年受理2094件，又有较大幅度的增长。根据国务院办公厅有关文件关于新组建的仲裁委也可以受理涉外案件的规定，北京、深圳、上海、海口、汕头等市仲裁委也逐步受理了一些涉外和涉港澳台地区案件。

（二）结案效率逐年上升。从各仲裁委审结案件情况看，在3个月内结案的占1/3

强,4个月内结案的约占1/4,并基本做到当年受案、当年结案。例如,1998年上半年有779件在3个月内结案,占结案数的37%。为了减少当事人的经济负担,为他们提供更优质的服务,许多仲裁委根据仲裁法和民事诉讼法的规定,对仲裁规则规定得十分周详,并根据法律和实际需要制定了较为灵活的提高办案效率、方便当事人参加仲裁的具体措施。一些当事人的代理律师参加仲裁后感慨地说,"仲裁庭没有案外负担,气氛平和,心情愉快",表示要向所担任顾问的公司企业宣传仲裁的公正、快捷。

(三)仲裁质量不断提高。仲裁庭依法进行调解、裁决的自动履行率逐年上升,强制执行率逐年下降。例如,荆州仲裁委调解结案占全部结案数的68%,四川省全省的裁决自动履行率达到91%。与此同时,当事人申请法院撤销、不予执行仲裁裁决的情况和人民法院裁定撤销、不予执行仲裁裁决和通知仲裁庭重新仲裁的情况逐年减少。3年来全国仲裁共有489件仲裁裁决的当事人申请撤销或不予执行,394件被法院驳回,法院裁定撤销、不予执行或者裁定重新仲裁案件的共95件,仅占结案总数的1.4%。

四、仲裁法实施3年来各地经验的启示

(一)把提高仲裁质量放在仲裁工作的首位。仲裁案件的质量,直接关系到仲裁事业的发展,是仲裁工作的生命线。各仲裁委认真落实全国仲裁工作会议提出的"依法公正仲裁,提高仲裁质量,努力促进我国仲裁事业健康发展"的指导思想,充分发挥仲裁的快捷、便民、公正、自愿、保密、便宜等优势,对当事人高度负责、热情服务,为社会主义市场经济的健康发展多做贡献。

(二)始终坚持全心全意为人民服务的宗旨。各仲裁委都要坚持仲裁不是营利手段、不以营利为目的,按照全国仲裁工作会议提出的"标的额大与小一样对待,公民与法人及其他组织一样对待,国内案件与涉外案件一样对待,案件复杂与简单一样对待"的要求受理和仲裁案件,忧当事人之所忧,想当事人之所想。只有这样,仲裁意识才能不断深入人心,仲裁工作才能得到长远发展,人民群众才能从不知仲裁、不信仲裁、不愿仲裁到知道仲裁、相信仲裁、宣传仲裁。

(三)从本地的实际出发大力推行仲裁制度。新的仲裁制度具有强大的生命力。3年来的实践证明,凡是当地党委、政府给予关心和支持,有关部门、组织通力帮助和合作的,仲裁委重建和运作就比较顺利,仲裁制度的宣传和推行就比较成功。四川、山东、安徽、内蒙古等省、自治区专门召开全省、自治区仲裁工作会议,为贯彻实施仲裁法和市政府印发了关于进一步贯彻执行仲裁法和国务院办公厅文件的意见,将仲裁法列入"三五"普法的内容之一,对格式合同文本进行了重新修订。

(四)切实加强仲裁队伍建设。大多数仲裁委都根据仲裁法对仲裁员、仲裁委工作人员制定了严格的工作纪律。许多仲裁委还不定期召开仲裁工作研讨会和培训班,加强仲裁员之间的经验交流。对仲裁员和仲裁案件坚持高标准、严要求,充分发挥仲裁员的作用,不断提高仲裁委工作水平、管理水平和仲裁质量,提高仲裁队伍的整体素质。

(五)加强与人民法院的联系与配合。许多仲裁委注重与人民法院就仲裁工作中迫切需要解决的问题通过必要的联系制度及时沟通情况,进行协商、配合,争取人民法院对仲裁工作的协助,自觉接受人民法院的监督,共同做好仲裁协议效力的认定、财产保全、证据保全、案件执行等工作。

总体来看,仲裁法实施3年来,在方方面面的关心、指导、帮助下,在全国各仲裁委和仲裁员的辛勤努力下,依法确立并适应我国社会主义市场经济发展需要的仲裁制度基本形成,仲裁工作的发展是健康的、顺利的。无论是重组工作还是案件仲裁工作,都取得了显著成绩,为促进改革开放、维护正常的经济秩序和社会稳定起到了积极作用。当然,也存在一些问题,但从本质上讲,是前进中的问题、发展中的问题,是建立一种崭新制度难以完全避免的问题。对于这些问题,需要根据仲裁法和国务院办公厅有关文件及全国仲裁工作会议的精神,进一步认真加以研究解决,有的要通过制定和修改统一规范来解决,有的要通过建立健全内部管理制度来解决,使仲裁制度更加完善,使仲裁作用发挥得更好。今后一段时期,仲裁委的主要任务是,根据全国仲裁工作会议的精神,严格依照仲裁法的规定和国办文件的要求,努力提高仲裁委管理水平、提高仲裁案件的质量、提高仲裁队伍整体素质。

2. 1998年12月10日,国务院法制办卢云华同志在济南仲裁委关于“加强仲裁文明建设　促进仲裁事业发展”的讲话摘要

虽然仲裁委员会不存在级别和地域管辖,各仲裁委员会都是独立的,但毕竟在我国仲裁机构创立初期,各仲裁委员会都是在政府的大力支持下组建起来的,仲裁机构的人员,尤其是领导人员,还多是由政府部门抽调或兼任的。一句话,我国仲裁机构的初期组建和运作还离不开党的领导和政府的支持。有的同志讲,仲裁机构是民间的。我们认为,就是民间的仲裁机构也要党的领导,也要政府的支持和帮助。济南市仲裁委员会通过艰苦的努力、大量的工作,并适时地推出的“六公开”文明办案措施,很好地赢得了济南市领导和各界的高度评价,这既是对济南仲裁委员会工作的肯定,也是对济南仲裁委员会将来的期望。希望济南仲裁委员会的工作能够百尺竿头,更进一步,不辜负党和国家的期望、人民的期望,把工作做得更好。

济南市仲裁委员会由济南法制部门牵头组建，组建之后还要继续关心、支持仲裁委员会的工作，帮助仲裁委员会解决困难，创造良好的外部发展环境。政府部门关心、支持仲裁工作，应遵循一个基本原则，不要代替或包揽仲裁委员会的工作，不干预仲裁委员会的工作，更不能干预仲裁委员会独立办案，而只是为仲裁委员会依法组建、独立仲裁案件创造充分的内部、外部条件，使仲裁委员会逐步脱离行政部门的财务支持和人员支持，独立地进行运作。在目前条件下，在全国各仲裁委员会尚未发展起来，尚不具备完全独立运作的情况下，政府法制部门对仲裁委员会不能不管不问、漠不关心。这样是不符合国务院文件精神的。但干预仲裁机构独立行使仲裁权也是违法的。

发展是硬道理。只要仲裁事业发展了，工作搞上去了，就说明工作模式是对的。中国幅员辽阔，各仲裁委员会都要结合本地的实际情况，把仲裁工作做好。实事求是是做好工作的基本点，不能全国各地强求一律。但有一个原则，为仲裁委员会的依法独立行使仲裁权提供保障，这条永远不变。

文明办案的"六公开"措施与办理仲裁案件的保密原则不是一回事。仲裁办案必须坚持保密原则，但公开工作程序、工作纪律、工作制度，并不等于不保密。为当事人保密，为仲裁过程保密、结果保密的原则，也是需要公开告知的。济南仲裁委员会的"六公开"中有一条讲道：你放心来，我们替你保密，既保护你的商业秘密，也保护你的形象。保密不等于神秘，也不等于不接受监督。仲裁要保密，但是也要透明，不要出现"暗箱作业"。有的地方搞公开，但不太透明，出现了"暗箱作业""黑箱作业"。我们虽然保密，但我们不"黑"，我们透明。所以我们在研究关于依法文明办案的"六公开"措施的时候，要把它研究透，说明白，别造成误解。

我国《仲裁法》的颁布，意味着适应社会主义市场经济发展需要的一种解决民事经济纠纷的新的法律制度的确立。用杨景宇主任的话来说，是对社会主义市场经济条件下解决民商事经济纠纷制度的一种改革。为什么说是一种改革？因为过去我们实行的仲裁是行政仲裁，与现在依据《仲裁法》的规定组建的不实行级别管辖和地域管辖的仲裁完全不同。我们之所以又重新组建新的仲裁机构，不是人民法院办不了这么多的案件，而是以仲裁方式解决民商事争议具有以诉讼方式解决民商事争议所不具备的一些优势。通常我们所强调的仲裁的一些优势，如快捷、保密、省时、省钱等，还都只是一些非本质的特点。仲裁的本质特点是，适应社会主义市场经济发展的内在要求应运而生。换句话说，过去的行政仲裁，用计划经济的办法解决市场经济中出现的问题的做法已经行不通了，必须寻求一种适应市场经济发展需要的解决争议方式。这种解决争议的方式就是仲裁。

就解决民商事经济纠纷的方法而言，人民法院的诉讼方法与仲裁方法处理经济纠纷各有特点。仲裁具有的独到优势是,它不仅能够保障经济秩序,同时也能够进一步促进市场主体依法进行各类经济活动,不至于官司打完了,经济联系也打断了,互相之间不做生意了。仲裁解决经济纠纷,带有相当的润滑性,可以有机地促进经济发展。

3年来仲裁发展的情况表明,目前我国仲裁法律制度的发展与我国目前市场经济的发展是同步的。在我国社会主义市场经济发展还不很成熟的条件下,要求解决纠纷的办法、解决纠纷的机制很完善、很成熟,是不可能的。这需要过程。正如对市场经济的接受程度一样,目前我国对以仲裁方式解决民商事争议的接受程度也还是初步的。一是全社会对仲裁制度的了解和认可程度不够,相当一部分人不了解,了解了以后也还不信任;二是各行政管理部门对仲裁制度的接纳程度也有一个提高过程;三是我们仲裁队伍的观念、意识、方法。包括工作水平也有不适应的地方。在这种情况下,济南仲裁委员会推出"六公开"的办案措施,它的意义首先在于适应了社会主义市场经济条件下新的仲裁制度的要求。"六公开"不仅让社会认识了济南仲裁委员会,也认识了我国的仲裁制度。我们这一代仲裁人有这样的任务,一要办好案子,二要推行仲裁法律制度。宣传是一种教化,通过教化来达到这个目的。济南仲裁委员会从实际出发推行仲裁法律制度,意义很大。国务院办公厅22号文件,是力度较大的推行仲裁制度的方法。要把22号文件与宣传仲裁、与济南仲裁委员会实行的"六公开"措施结合起来,以使仲裁制度更快地深入人心,仲裁事业发展的后劲就不可估量了。作为第一代仲裁人,关门坐等案源的态度是不对的,也是行不通的。

依据我国《仲裁法》的规定,仲裁委员会没有级别和地域管辖,但毕竟设在特定的区域内,因此仲裁委员会的工作要自觉地为区域经济服务。仲裁委员会的案源问题要通过落实国务院办公厅22号文件来解决。如果我们落实了22号文件,推行了仲裁法律制度,不管是否有仲裁案件,都做出了成绩。因为推行合同仲裁条款,一方面,增强了当事人履行合同的自觉性,保障了社会经济秩序;另一方面,如果双方当事人在履行合同过程中出现了问题,双方当事人都能通过仲裁方式解决争议,从而及时地保障双方当事人的合法权益,及时帮助当事人摆脱诉累,投入正常的经济生活中。因此,仲裁机构应当注意分析区域经济中存在的问题,向有关部门提出建议,为当地经济发展发挥更大的作用。有的仲裁机构经常说政府支持仲裁工作不够,看来,关键的问题是工作做得如何。济南仲裁委员会的做法就是很好的说明。凡是能给地区经济发展做出贡献的,政府就欢迎你,帮助你解决困难。我们的仲裁事业就是要在这样一个过程中发展壮大自己。

仲裁机构要高标准、严要求、重修养,树立良好的社会形象。常州会议提出把仲裁工作的重心转到提高质量上来。提高质量的重要一条就是提高我们的工作水平。济南仲裁委员会的同志们很注意外部礼仪举止，给人一种很整齐的感觉，这就是形象。仲裁委员会要让当事人感到亲切和谐，仲裁员、仲裁机构的工作人员都要有良好的礼仪。仲裁机构要形成一种公正、正派、积极向上的气氛，形成一种让人信赖的氛围，要令人信服。我们可以在硬件符合标准的情况下，拿出一个星级服务的标准、规范，并使这些标准规范化、制度化。工作中的文明用语也是一种规范。文明是以内在的修养为基础的，具备了较高的修养，文明服务才更扎实、更丰富。

顺便说一点，大家都希望仲裁法能有一个细则，但现在时机是不是很成熟？粗有粗的好处。

我们的仲裁事业还刚刚起步，应该说，全国仲裁机构建设不慢，但工作发展太慢，仲裁促进经济发展的作用还远没有充分体现出来。希望济南仲裁委员会今后不断探索，走在全国的前列。

二、仲裁制度建设

（一）最高人民法院《关于人民法院撤销涉外仲裁裁决有关事项的通知》（已修改）

为严格执行《仲裁法》和《民事诉讼法》，保障诉讼和仲裁活动依法进行，最高人民法院于 1998 年 4 月 23 日发布《关于人民法院撤销涉外仲裁裁决有关事项的通知》（已修改）。

凡一方当事人按照仲裁法的规定向人民法院申请撤销我国涉外仲裁裁决，如果人民法院经审查认为涉外仲裁裁决具有《民事诉讼法》第 260 条第 1 款规定的情形之一的，在裁定撤销裁决或通知仲裁重新仲裁之前，须报请本辖区所属高级人民法院进行审查。如果高级人民法院同意撤销裁决或通知仲裁庭重新仲裁，应将其审查意见报最高人民法院。待最高人民法院答复后，方可裁定撤销裁决或通知仲裁庭重新仲裁。

受理申请撤销裁决的人民法院如认为应予撤销裁决或通知仲裁庭重新仲裁的，应在受理申请后 30 日内报其所属的高级人民法院，该高级人民法院如同意撤销裁决或通知仲裁庭重新仲裁的，应在 15 日内报最高人民法院，以严格执行《仲裁法》第 60 条的规定。

（二）最高人民法院出台司法解释认可我国台湾地区的有关仲裁裁决（已失效）

最高人民法院颁布《关于人民法院认可台湾地区有关法院民事判决的规定》的司法解释，并于 1998 年 5 月 26 日起施行。该司法解释规定同样适用于认可和执行我国台湾地区仲裁机构作出的仲裁裁决。

三、仲裁案件受理情况

(一)全国受理情况

1998 年上半年受理 2094 件,有了较大幅度的增长,其中有 779 件在 3 个月内结案,约占 37%;1998 年全年受理案件 5581 件,标的总额为 130 亿元。

(二)区域受理情况

1998 年,华北片区受理案件 494 件,约占 9%,标的额达 12 亿元,约占 9%;东北片区受理案件 447 件,约占 8%,标的额达 5 亿元,约占 4%;华东片区受理案件 1360 件,约占 24%,标的额达 16 亿元,约占 12%;东南片区受理案件 556 件,约占 10%,标的额达 9 亿元,约占 6.9%;中南片区受理案件 483 件,约占 9%,标的额达 4 亿元,约占 3%;华南片区受理案件 712 件,约占 13%,标的额达 17 亿元,约占 13%;西南片区受理案件 561 件,约占 10%,标的额达 5 亿元,约占 4%;西北片区受理案件 273 件,约占 5%,标的额达 1 亿元,约占比 0.8%;中国国际经济贸易仲裁委员会受理案件 678 件,约占 12%,标的额为 61.15 亿元;中国海事仲裁委员会受理案件 17 件,标的额为 0.4737 亿元。

一九九九年

内容提要:

一、仲裁活动

(一)仲裁会议

1. 全国百市仲裁工作经验交流会在鞍山召开

2. 全国十五城市仲裁工作联席会议在青岛召开

(二)会议讲话摘要

1. 1999 年 5 月 1 日,国务院法制办卢云华同志在全国百市仲裁工作经验交流会议上的讲话摘要

2. 1999 年 9 月 10 日,国务院法制办卢云华同志在全国 15 个副省级城市仲裁工作联席会议上的讲话摘要

(三)其他活动

1. 最高人民法院《关于内地与香港特别行政区相互执行仲裁裁决的安排》通过

2. 试点聘任我国台湾地区仲裁员共 16 名

二、仲裁制度建设

(一)国务院法制办公室发出《关于建立全国仲裁工作年度报告制度的通知》

(二)最高人民法院通过《关于内地与香港特别行政区相互执行仲裁裁决的安排》

(三)国务院法制办公室与中国保险监督管理委员会向全国各保险机构下发了《关于在保险条款中设立仲裁条款的通知》(已失效)

(四)国务院法制办公室政府法制协调司向各省级政府法制机构发出《关于确定仲裁工作联系人的通知》

三、仲裁案件受理情况

(一)全国受理情况

(二)区域受理情况

一、仲裁活动

(一)仲裁会议

1. 全国百市仲裁工作经验交流会在鞍山召开

1999 年 5 月 1 日,鞍山仲裁委员会、本溪仲裁委员主办的第四届全国百市仲裁工作经验交流会议分别在鞍山市的寰球大酒店、本溪市的金山宾馆举行,会议分两个阶段进行,前一个阶段在鞍山市举行,后一个阶段在本溪市举行。全国 100 余家仲裁委员会的代表参加了会议。1999 年 5 月召开的"鞍山 · 本溪"会议,明确了仲裁为社会主义市场经济建设服务的工作方向和发展前途;指出了仲裁制度既是我国社会主义法制的重要组成部分,又是社会主义市场经济体制的重要组成部分;提出了大力推行仲裁法律制度,促进仲裁事业快速发展;论述了第一代仲裁人所承担的历史使命和历史责任,并预示 21 世纪我国仲裁事业将进入大发展的阶段。这次会议,不仅较好地解决了我国仲裁事业的前进方向问题,初步探讨了我国仲裁事业发展的路子,更重要的是,明确回答了中国仲裁事业的前途问题,为以后全国仲裁工作的快速、健康发展奠定了思想基础。

2. 全国十五城市仲裁工作联席会议在青岛召开

1999 年 9 月 10 日,"全国十五城市首次仲裁工作联席会议"在青岛市召开。国务院法制办卢云华同志、时任山东省法制办副主任高存山、时任青岛市保税区党组书记刘建华出席会议。会议的主题:研究如何完善我国新的仲裁制度,更好地发挥仲裁工作为社会主义市场经济服务的作用。会议通过了《全国十五城市仲裁工作联席会议纪要》。

(二)会议讲话摘要

1. 1999 年 5 月 1 日,国务院法制办卢云华同志在全国百市仲裁工作经验交流会议上的讲话摘要

《仲裁法》已经实施 3 年多了。在 20 世纪即将结束、21 世纪即将到来的世纪之交,在全党、全国各族人民在以江泽民同志为核心的党中央领导下,高举邓小平理论的伟大旗帜,把具有中国特色的社会主义事业全面推向 21 世纪的重要历史时刻。

一、3 年多来仲裁工作的简要回顾

(一)各地根据国务院办公厅有关文件的规定积极认真抓好仲裁

到目前为止,在我国依法可以重新组建仲裁机构的 220 多个城市中,已经有 145 个城

市组建了仲裁委员会,这些委员会遍布我国各个省、自治区、直辖市。既有沿海经济发达地区,又有中西部地区;既有主要从事涉外仲裁的中国国际经济贸易仲裁委员会、中国海事仲裁委员会,也有以仲裁国内经济民事纠纷为主,兼事涉外仲裁的各仲裁委员会;既有中心城市,又有较为偏远城市。可以说一个能够满足适应建立社会主义市场经济统一大市场发展的、及时解决经济民事纠纷需要的、具有较高程度覆盖面的仲裁工作体系已经基本形成。为此,同志们付出了艰苦的努力。许多仲裁委员会是在房无一间、地无一垄的情况下,白手起家的。同志们站在为中国的改革开放,为国家的繁荣富强,为建设有中国特色的社会主义宏伟大业努力奋斗的高度,肩负历史责任和使命,不畏艰辛,认真工作,为建设社会主义市场经济做出了无私奉献。人是要有一点精神的。仲裁事业的发展就是要靠这种精神。过去是、现在是、将来仍然是,把这种艰苦奋斗的创业精神世世代代传下去,仲裁事业才能得以发扬光大。

(二)已经建设起一支素质比较高的仲裁队伍

我国重组建的仲裁委员会现有委员1900多人,仲裁员15,000多人。在这支仲裁委员会委员、工作人员和仲裁员的队伍中,既有多年从事政府行政管理的领导,又有科学研究战线的学者;既有长期从事司法工作或者法律服务工作的同志,又有来自经济领域的专家、企业家。其中,具有大学以上学历的占绝大多数。特别是那些高等院校的毕业生,搞仲裁对他们来说,没有名,更谈不上利,但他们能义无反顾地投身仲裁工作,不仅反映出仲裁事业具有蓬勃的生命力和吸引力,更反映了这些年轻同志强烈的事业心和献身精神。应该说,这支队伍无论思想素质还是专业素质,都是较高的。我们完全有理由相信,凭借着这支队伍就没有战胜不了的困难。

在仲裁队伍的建设中,许多城市的政府和法制机构认真选聘了仲裁委员会委员,为仲裁工作发展提供了坚实的组织保障。各仲裁委员会严格按照仲裁法的规定聘任仲裁员,为依法行使仲裁权奠定了良好的基础。各仲裁委员会根据精简、高效、务实的原则,坚持高标准聘用工作人员,保障了仲裁工作的正常运转。

(三)为社会主义市场经济的健康发展起到积极的促进作用

3年多来,各重新组建的仲裁委员会共受理各类经济民事案件11,000多件,标的额达170多亿元。其中有许多是涉及国计民生重要领域的案件,有的与国家的改革密切相关,有的还是当地的热点问题,关系到国家和地方的经济发展和社会稳定。各仲裁委员会在案件仲裁中,坚持从维护社会主义市场经济秩序的大局出发,坚持质量、效率、社会效益的有机统一,坚持严格依法仲裁,坚持合情合理合法地解决争端,既平息了纠纷,又促进了双方进一步合作,使市场主体之间的交往交流不因纠纷的产生而中断,使市场经济的运行不因暂时的、个别的、局部的利益冲突而梗阻。这种保障经济秩序,化解经济纠纷,润滑经济机制的作用已经通过案件的仲裁得以较好的体现,并将伴随着仲裁事业的进一步发展得到更加充分的显现。

许多仲裁委员认真贯彻常州全国仲裁工作会议精神,重视抓好案件质量。7个试点城市的仲裁委员会在这方面做了积极的探索,走在了前列,其他仲裁委员会也迎头赶上,一段时期全国仲裁委员会纷纷相互学习、相互借鉴,掀起了打好基础、建章立制的热潮。

过去3年,仲裁工作虽然取得了很大成绩,但也存在一些问题,概括起来讲,都是发展中的问题。在我们面对21世纪的时候,在前瞻一个新的世纪对我们今天工作的要求时,不能不客观地看到我们所取得的成绩、我们的现状与成熟的仲裁事业的要求还有相当的距离,我们仲裁委员会受理的案件之和可能还不如一个中级人民法院受理的多。这些都集中反映了新的仲裁法律制度在社会主义市场经济中的作用还远没有得到充分发挥,仲裁工作还不能很好地适应市场经济的要求,仲裁还没有成为解决经济民事纠纷的主要手段。在即将迈入21世纪时,我们必须从理论到实践解决好这个问题。

二、今后仲裁工作的若干考虑

(一)正确认识社会主义市场经济体制下的仲裁法律制度

《仲裁法》的颁布实施,标志着适应我国社会主义市场经济发展需要的仲裁法律制度的确立。《仲裁法》颁布不久,当时的国务院副秘书长兼国务院法制局长杨景宇同志就深刻地指出,仲裁法是根据社会主义市场经济体制的要求,对现行国内经济仲裁制度所作的重大改革。

作为一项改革,首先,应该是制度本身的革新与革命。长期以来,我国实行的是计划经济体制。政府既是经济生活中的投资者,又是经营者还是管理者,同时还是纠纷的裁判者。改革开放以后,特别是在党明确提出建立社会主义市场经济体制以后,这种新型的经济体制客观上要求在平等、诚实、信用原则上建立起市场主体之间的各种关系,这也决定了对他们之间产生纠纷需要建立一种新的解决方式。仲裁法确立了适应社会主义市场经济体制需要的仲裁法律制度。这绝不意味着是仲裁主体的改朝换代,简单地由行政机关仲裁变成了民间仲裁,而是针对行政机关仲裁已不能适应社会主义市场经济要求的情况,代之以一种能够满足多种需要的新的组织形式。其次,仲裁法统一了过去分散在各个行政机关的仲裁机构,统一只是形式,但不是目的,不是本质。过去的分散其本质是行业的分散,导致的结果势必使市场割裂,而我们现在的仲裁就其分散程度而言也不低,但却共同执行一个法律,既服务于区域经济又共同为建立全国统一的大市场服务,既有利于从实际出发,及时解决纠纷,又能维护全国市场经济的正常秩序。就解决民事经济纠纷而言,有人民法院的司法诉讼,也有行政机关的处理,为什么还要设立仲裁机构?不是法院的官司办不过来,需要分流一部分给仲裁,而是人民法院是以国家强制力为保障,行政机关是以对社会公共事务的行政管理权利为依据,这两个机关对经济民事纠纷的处理,更适于对经济生活中违法行为的惩处。

但对那些经济活动中大量发生又难以避免的利益冲突产生的矛盾纠纷,用一种既能保障合同的履行,又能合情合理解决纠纷,还能使交流合作继续进行,以避免官司打赢了经济联系也打断了的较为和缓的方式解决争议,无疑对经济的发展更为有利。仲裁就是这样一种方式。仲裁作为市场经济内部一种解决纠纷机制,更能结合具体经营特点,比较准确地把握合作双方的根本利益所在,找准解决矛盾的正确切入点,并能参考商业惯例,从众多解决方案中优选双方都能接受的方案,从而平和地处理纠纷。因此,仲裁是社会主义市场经济体制内部自我完善、自我解决纠纷的机制。这是仲裁所特有的最显著的优势。正是这种性质决定了仲裁事业大有可为,大有作为。也正是这种性质决定了仲裁不能寄希望于以权力为基础、作后盾,同时决定了仲裁机构的运行不能模仿行政机关和司法机关。

正确认识社会主义市场经济体制下的仲裁制度改革,正确认识仲裁与诉讼和行政处理的区别,正确发挥仲裁的独特优势,有利于找准仲裁事业发展的方向和根本途径,有利于在市场经济中的准确定位,进一步增强全力推行仲裁制度的信心。

(二)我们的历史使命

我们是社会主义市场经济制度下的第一代仲裁人,工作如何直接影响着今后仲裁事业的发展。在世纪之交之际,不能不意识到我们的历史责任。仲裁法确立了一个很好的仲裁法律制度。为了使这项制度落到实处,国务院办公厅专门下发了〔1996〕22 号文件,要求对格式合同进行修改。国务院办公厅〔1996〕22 号文件的核心,就在于根据我国建设社会主义市场经济的迫切需要,贯彻实施仲裁法,大力推行仲裁法律制度。

社会主义市场经济条件下解决经济民事纠纷的仲裁法律制度是社会主义市场经济的重要组成部分。在党和政府的领导下,大力推行仲裁法律制度的根本宗旨,在于进一步完善和改进社会主义市场经济的各项机制,包括纠纷解决机制,目的在于促进经济健康发展。推行仲裁法律制度,当然也会给仲裁委员会带来案源的增加,但这不应该是我们的出发点和落脚点。比如,有些地方的格式合同修订达到了较高的比例,特别是在重要行业、大型企业、经济流动频繁的单位都落实得较好,但案件增加不明显。这说明下气力推行仲裁法律制度的作用是:一是防止纠纷。通过签订仲裁条款使当事人增加了履行合同的自觉性,增加了约束性,保障了合同的切实履行;二是市场主体预先提供法律保障,使他们没有后顾之忧地去专心承担起合同规定的义务;三是及时解决纠纷,维护当事人的合法权益。推进社会主义市场经济的健康发展,既是全国的大局,也是各个地方的大局。仲裁委员会通过推行仲裁法律制度,保障了合同的履行,防止了纠纷的产生,这就是功德无量的成绩。目前,最主要的问题不是我们推行得多了,而是远远不够,还要深入全面贯彻国务院办公厅〔1996〕22号文件。

为了赢得我们在社会主义市场经济中的地位和作用,为了赢得21世纪仲裁事业的大发展,也为了今天打好翻身仗,我们一定要抓住当前的有利时机,切实推行好仲裁法律制度,这是我们这一代仲裁人义不容辞的历史责任。从这样一个历史的角度出发,要纠正那种不推行仲裁法律制度就知道四处拉案子的短期行为的做法,要改变那种关门办案,只考虑眼前利益的现象,要克服那种小富即安和单纯办案的意识。要把依法办案和推行仲裁法律制度一肩挑,两手都要硬。要坚定不移地依靠党和政府,团结社会方方面面,积极争取政府各部门的大力支持,把这件事情切实办好。那种认为推行仲裁法律是行政强制,违反当事人意思自治的说法,不仅在政治上是幼稚的,而且在实践中也是有害的。从中国的国情和实际出发就是一条,发展是硬道理。推行仲裁法律制度,是仲裁事业的根本大计,脱困如此,发展也是如此,舍此没有其他途径。怀疑的观点,犹豫的态度,无所作为的做法,都是错误的。

(三)培养和造就一支能够承担历史重任、不辱使命的仲裁队伍

在21世纪,如何建设好一支能够承前启后,继往开来,挑起历史重任,不辱历史使命的仲裁队伍,是摆在我们面前的重要课题。仲裁委员会委员、仲裁员、仲裁工作人员是这支队伍的重要组成部分。他们承担的具体工作尽管有所不同,但总体要求是一致的。这就是政治上要强,业务上要精,作风上要硬,纪律上要严,而且要有一代创业者所应具备的强烈的开拓意识和高度的历史使命感和政治责任感。

仲裁员队伍是依法仲裁的主体。以人为本在仲裁工作中就要以仲裁员为本。仲裁工作的好坏直接关系着仲裁事业的发展。3年多来,仲裁员做了很多工作,许多仲裁委员会也下了很大功夫,在服务、管理方面创造了很好的经验,应该继续探索发扬。面对新时期新任务,仲裁员要继续提高依法解决纠纷的本领,要善于从错综复杂的纠纷中,从各种各样的解决方法中,寻找一种既有利于经济发展又符合双方当事人根本利益的解决方法,不能把自己简单塑造成一个仲裁的“法官”。当前这支仲裁队伍,总体感觉是懂得法律的多,搞行政管理的多,搞理论的多,真正懂得经济了解经济的少,这不能不说是个结构上的缺陷。仲裁是为市场经济服务的,不懂经济不了解市场,怎么服务?空怀服务志,难办服务事,这个问题应该解决。经过几年的努力,培养一批能够产生典范效应的仲裁

员，无论是对每个仲裁委员会的发展，还是对整个仲裁事业的发展都很有必要。

为了培养和造就一支能够承担历史重任、不辱使命的仲裁队伍，就要加强仲裁员的职业道德教育、守纪教育。仲裁应当有较之其他行业、组织更严的质量要求，更高的服务标准。面对历史重任，仲裁机构对仲裁员的管理，宁可失之过严，不可失之过宽。这是维护仲裁事业大局的需要。

（四）仲裁要自觉服从并服务于经济建设的大局

当前，我国的各项改革已经进入攻坚阶段，各种利益的冲突不可避免。为了克服国际金融危机的影响，国家采取有力措施，扩大内需。这些大的形势都直接或间接地反映到仲裁工作上来。仲裁委员会的工作搞得好，能为党和政府排忧解难；反之，就有可能添乱。仲裁工作要服从并服务于经济建设的大局，体现在以下几个方面：

第一，要了解、掌握和正确理解国家改革开放和搞活经济的各项大政方针。第二，要对所在地区的经济状况、运行特点、企业分类、各种经济构成、纠纷情况等有深入了解。自觉置身于经济建设的前沿。第三，在仲裁案件时，要善于发现并捕捉那些影响经济秩序、影响经济运行的因素。以小见大，通过个别看一般。第四，在处理案件时，要强化有利于经济发展的观念，在严格依法仲裁的前提下，寻求最佳的处理方案。第五，要从维护经济秩序、促进经济发展的角度，加强对案件的调查研究和总结。第六，对发现的重大问题、总结出的经验，要及时或定期向市政府领导报告并提出建议，为党和政府组织经济建设出谋划策。第七，要注意帮助当事人做好经验教训的总结工作，努力促进和好，并寻找今后避免纠纷产生的措施。

（五）质量是仲裁的生命线，是仲裁工作永恒的主题

当前，影响仲裁质量的主要问题是，适用法律的能力不强，解决问题的办法不多，执行仲裁程序方面的规定不严格，还有外界干扰、违法违纪等。

就仲裁程序而言，仲裁不像诉讼那样，从案件受理、开庭到最后处理都很泰然。仲裁法作为程序性很强的法律，对仲裁活动的各方包括申请人、被申请人、仲裁机构之间的权利义务及行为规范作出明确规定，必须严格遵守。稍有违反，就不是一般的言行方式问题，而是要产生法律后果的。程序法是实体法的重要保证，程序上不严格，很难设想实体上会严格。程序是法院对仲裁实施监督的重要内容。仲裁员在庭上不能信口开河。案件一旦受理，就要承担法律规定的义务，程序法忽视不得。

仲裁工作的质量包括许多方面，总的说是围绕案件仲裁开展的各项活动。仲裁应该有更高的工作水准和服务水平。这更多地不是体现在硬件上，而是软件上。要创建一种更高的服务档次，不仅使仲裁委员会树立公正的象征，还要成为社会文明的窗口。服务高档

次,收费却适中,物美价廉,就是我们的精品意识名牌意识。为此,要注意加强所有仲裁人员的内在修养,把仲裁委员会的建设工作自觉纳入社会主义精神文明的建设中去。

(六)政府法制机构要为仲裁工作创造良好的条件

没有党和政府的关心和帮助,就没有仲裁事业的成绩和发展。今天仲裁尚未壮大是这样,今后发展壮大了,也仍然是这样。仲裁事业是党和人民的事业,不是哪一个部门的事业;仲裁是国家的法律,也不是哪一个部门的行业管理法。特别是在事业创建初始,还面临着许许多多的困难,还需要支持和帮助的时候,仲裁委员会本身的艰苦努力固然非常重要,但面对计划经济残余的影响,面对创业的艰难,面对社会主义市场经济的迫切需要,社会方方面面的支持将大大加速仲裁事业的发展进程,也将大大缩短向社会主义市场经济转变的过程。

仲裁委员会(除贸仲、海仲外)都是市政府组建的。根据政府的委托,省市两级法制机构做了大量工作。在重组工作中,功不可没。从对党的事业高度负责的精神出发,仲裁机构组建之后,各级法制机构还要继续受政府的委托,一如既往地支持仲裁事业的发展。

今后,法制机构要为仲裁事业发展提供如下一些支持:(1)帮助仲裁委员会始终端正自觉为社会主义市场经济服务的指导思想,传达贯彻党和政府的各项方针政策,明确工作方向,绝不能把仲裁委员会办成政府机关、律师事务所和营利性组织。(2)协助政府选聘好符合仲裁事业发展需要的仲裁委员会仲裁人员,做好日常的考核工作和换届工作。(3)在政府的领导下,充分发挥职能作用,协调有关方面,与仲裁委员会共同做好推行仲裁法律制度的工作和切实贯彻落实国务院办公厅〔1996〕22号文件的工作。(4)帮助仲裁委员会严格遵守国家法律法规,严格依法仲裁,建立健全各项规章制度。(5)帮助仲裁委员会解决发展中的各项具体困难,协助仲裁委员会解决适用法律方面与有关机关协调的问题。(6)为仲裁委员会做好下情上传、上情下达的工作。

但要强调,法制机构只有支持、帮助仲裁委员会发展的义务,绝没有干涉仲裁委员会依法仲裁案件的权力。

2. 1999年9月10日,国务院法制办卢云华同志在全国15个副省级城市仲裁工作联席会议上的讲话摘要

一、关于仲裁发展的外部环境问题

仲裁发展的外部环境是指仲裁法律制度在社会中生存、立足、发挥作用的客观条件。

解决这个问题,概括来说,就是要大力推行仲裁法律制度。离开推行仲裁法律制度去希望仲裁发展的外部环境顺而又顺,是根本不可能的。解决这个问题,靠大家努力只是一个方面,还远远不够。我们认为,第一,《仲裁法》的颁布、实施标志着在我们国家建立了一种适应社会主义市场经济发展需要的、解决经济、民事纠纷的崭新制度。第二,仲裁法律制度是社会主义市场经济的重要组成部分。第三,仲裁法律制度是社会主义市场经济内部自我完善、自我解决纠纷、自我润滑的机制。要在经济生活中逐步发挥出仲裁的作用,需要解决的核心问题就是推行仲裁法律制度。要解决仲裁发展的环境问题,必须大力推行仲裁法律制度。不推行仲裁法律制度,没有案件,能发挥出多大的作用?仅有几个案件,即使办得再公正,从发挥整个仲裁法律制度的作用来讲也远远不够。

二、关于仲裁委员会和仲裁庭的关系问题

如果仲裁员、仲裁庭作出的裁决有问题,仲裁机构能不能管?我们党的一贯作风、一贯原则是有错必纠。对仲裁案件的监督要严格依法律进行,简单地说仲裁委员会可以监督仲裁庭,恐怕会产生负面作用。

三、关于仲裁发展问题

"发展是硬道理。"仲裁是一项全新的事业,要允许实践,允许试验。不实践不实验,怎么发展?但实践和实验必须严格执行法律,不能规避法律。

关于仲裁协议效力问题,桂林遇到一起纠纷案件,合同中约定"发生争议交由桂林市仲裁委员会仲裁"。法院认为,桂林行政区域内只有一个"桂林仲裁委员会",而没有"桂林市仲裁委员会",认定仲裁协议无效,撤了。未必正确。《仲裁法》对于仲裁委员会、对于法院来说,都是新问题,都有个学习、理解和认识的过程。要本着"为社会主义市场经济服务"这一指导思想去解决正确适用法律的问题。对仲裁协议效力的认定问题,对仲裁法规定的仲裁协议要规定"选定的仲裁委员会"的本质是什么,应该怎样完全、准确地理解这个规定?大家要研究,提出尽量简明、易于统一认识、便于在实践中掌握的说法。

四、关于仲裁委员会应处理好的几个关系

关于仲裁与法院的关系问题,我们认为,当前要把主要精力放到推行仲裁法律制度上去,司法监督的问题永远是个别的。希望大家认真考虑。当然,有问题要反映、要解决,但工作重点一定要放在大力推行仲裁法律制度上。这样工作效益更好,收效更大。

关于各仲裁委员会之间的关系问题。现在全国有147家仲裁委员会,全国仲裁是一家,我们都是仲裁大家庭的成员,这是一个整体,是整个仲裁法律制度的组织基础。要有团队精神,要团结一致向前走,要集中精力、聚精会神、孜孜不倦地大力推行仲裁法律制度,要使仲裁法律制度在社会主义市场经济中占有它应有的地位。如果仲裁法律制度真正成为社会主义市场经济的重要组成部分，仲裁机构的作用真正发挥出来，案子就可能办不过来了。各仲裁委员会在对外宣传时要慎重，不要相互贬损。

五、关于仲裁规则、仲裁员计酬标准、仲裁委员会任期等问题

在中国仲裁协会成立之前，上述问题难作全国性的统一。关于全国统一的仲裁规则，各地根据各地的实际情况均有自己的仲裁规则，待时机成熟时，再作考虑。另外，这个任务主要由将来的中国仲裁协会来完成。仲裁委员会任期的问题，有文件规定的依文件。

"鞍山会议"时，强调仲裁委员会要议大事。仲裁委员会是由各方面的领导和专家组成的，有一定的社会影响，要坚持议大事。仲裁委员会的发展，要有大气魄，要从历史发展的角度来考虑今天的工作。要有大思路，就是说我们仲裁委员会的工作不能每天都陷在案子里。案子有仲裁员在办，有秘书人员在服务，有专家委员会在帮助咨询，仲裁委员会应当更多地考虑方向，抓主要矛盾，做事才有大的收益。仲裁委员会的秘书长、主任长期处在拉案子、协调关系过程中超脱不出来，涉及仲裁委员会发展的一些根本性问题，就不容易想清楚。

每个仲裁委员会都处在一个特定的地区。仲裁委员会的工作与当地的发展有直接关系，对当地的社会、经济建设也有影响。仲裁委员会组织领导仲裁工作的水平要提高。现在这一届仲裁委员会是跨世纪的一届仲裁委员会，要不断加强发展能力，共同努力，大力推行仲裁法律制度，促进本地区和国家的经济发展，促进仲裁事业的全面发展。

（三）其他活动

1. 最高人民法院《关于内地与香港特别行政区相互执行仲裁裁决的安排》通过

1999年6月18日，最高人民法院通过了《关于内地与香港特别行政区相互执行仲裁裁决的安排》。根据《中华人民共和国香港特别行政区基本法》第95条的规定，经最高人民法院与香港特别行政区政府协商，香港特别行政区法院同意执行内地仲裁机构依据《仲裁法》所作出的裁决，内地人民法院同意执行在香港特别行政区按香港特别行政区《仲裁条例》所作出的裁决。该规定就内地与香港特别行政区相互执行仲裁裁决的有关事宜作出制度安排。

2. 试点聘任我国台湾地区仲裁员共16名

按照国务院有关机构的安排，上海仲裁委、厦门仲裁委、广州仲裁委、重庆仲裁委和中国国际经济贸易仲裁委率先试点聘请我国台湾地区专业人士担任仲裁员。今后，国务院有关机构将根据情况变化和实际需要，再考虑增加或变更。未列入试点的仲裁委不得

聘任我国台湾地区仲裁员。拟聘任的台湾地区仲裁员,应当具备从事仲裁工作所需要的资历和水平,在台湾地区内有一定的代表性,并能够到大陆实际履行仲裁员的职责。1999 年年底试点聘任的我国台湾地区仲裁员共 16 名。

二、仲裁制度建设

(一)国务院法制办公室发出《关于建立全国仲裁工作年度报告制度的通知》

1999 年 1 月 25 日,为了更好地贯彻实施仲裁法及国家有关规定,进一步规范全国仲裁统计工作,全面准确地反映各仲裁委员会的工作情况,研究仲裁实践中的普遍性问题,国务院法制办公室发出《关于建立全国仲裁工作年度报告制度的通知》(国法电〔1999〕2 号)。该通知要求,自 1999 年开始,建立全国仲裁工作年度报告制度,各省、自治区、直辖市人民政府法制机构在每年 2 月底前完成报送工作。

(二)最高人民法院通过《关于内地与香港特别行政区相互执行仲裁裁决的安排》

1999 年 6 月 18 日,国务院法制办公室与国务院港澳台办公室就内地与香港特别行政区相互执行仲裁裁决问题进行了共同研究,并向国务院进行了报告。最高人民法院审判委员会第 1069 次会议通过最高人民法院《关于内地与香港特别行政区相互执行仲裁裁决的安排》。根据最高人民法院和香港特别行政区代表协商达成的一致意见,该安排在内地以最高人民法院发布司法解释的形式予以公布,自 2000 年 2 月 1 日起施行。①

(三)国务院法制办公室与中国保险监督管理委员会向全国各保险机构下发了《关于在保险条款中设立仲裁条款的通知》(已失效)

经国务院法制办公室与中国保险监督管理委员会共同研究,中国保险监督管理委员会于 1999 年 8 月 30 日向全国各保险机构下发了《关于在保险条款中设立仲裁条款的通知》。要求:各保险公司自接到本通知之日起,在拟订或修订保险条款时,设立的保险合同争议条款,应当采用如下格式:"合同争议解决方式由当事人在合同约定从下列两种方式中选择一种:(一)因履行本合同发生的争议,由当事人协商解决,协商不成的,提交×××仲裁委员会仲裁;(二)因履行本合同发生的争议,由当事人协商解决,协商不成的,

---

① 最高人民法院:《最高人民法院关于内地与香港特别行政区相互执行仲裁裁决的安排》,载最高人民法院官网:http://www.court.gov.cn/shenpan-xiangqing-108.html,最后访问日期:2017 年 11 月 23 日。

依法向人民法院起诉。”在订立具体的保险合同时,保险合同双方当事人应当对上述两种争议解决方式作出选择。如果选择仲裁方式,应当载明具体的仲裁机构名称。

(四)国务院法制办公室政府法制协调司向各省级政府法制机构发出《关于确定仲裁工作联系人的通知》

为了做好上情下达、下情上传工作和及时了解各仲裁委员会的工作状态,研究仲裁工作中的普遍性问题,并做好中国仲裁协会的筹建准备工作,国务院法制办公室政府法制协调司向各省级政府法制机构发出《关于确定仲裁工作联系人的通知》,各省级政府法制机构确定了联系仲裁工作的负责人和承办人。

三、仲裁案件受理情况

(一)全国受理情况

自《仲裁法》颁布实施5年来,全国各仲裁委员会累计受理案件达到2.2万件,案件标的额达到420多亿元。其中1999年,全国各仲裁委员会共受理案件7207件,案件标的额达到175亿元。

(二)区域受理情况

华北片区受理案件666件,约占9%,标的额达21亿元,占12%;东北片区受理案件629件,约占9%,标的额达14亿元,占8%;华东片区受理案件1659件,约占23%,标的额达20亿元,约占11%;东南片区受理案件833件,约占12%,标的额达11亿元,约占6%;中南片区受理案件550件,约占7.6%,标的额达7亿元,占4%;华南片区受理案件924件,占13%,标的额达25亿元,占14%;西南片区受理案件924件,约占13%,标的额达6亿元,约占3%;西北片区受理案件331件,约占5%,标的额达2亿元,约占比1%;中国国际经济贸易仲裁委员会受理案件669件,约占9.3%,标的额为68.9亿元;中国海事仲裁委员会受案22件,标的额为0.4834亿元。

二〇〇〇年

内容提要：

一、仲裁活动

（一）仲裁会议

1. 全国保险纠纷仲裁工作现场会在山东青岛举行

2. 全国百市仲裁工作经验交流会在昆明召开

3. 全国推行仲裁法律制度现场会在长沙召开

（二）会议讲话摘要

1. 2000 年 4 月 14 日，国务院法制办卢云华同志在武汉作"充分发挥仲裁法律制度作用，努力为社会主义市场经济服务"的讲话

2. 2000 年 9 月，国务院法制办卢云华同志在成都作"深入推行仲裁法律制度　努力适应社会主义市场经济发展的需求"的讲话

3. 2000 年 11 月 13 日，时任国务院法制办公室副主任宋大涵在长沙作"把生机勃勃的仲裁事业融入充满活力的社会主义市场经济中去"的讲话

4. 2000 年 11 月 15 日，国务院法制办卢云华同志在长沙作"发展我国仲裁事业，推行仲裁法律制度是根本，融入市场经济是关键"的讲话

5. 2000 年 12 月 14 日，国务院法制办卢云华同志在广州作"当前仲裁工作发展的几个问题"的讲话

（三）其他活动

1. 仲裁 5 年《人民日报》特约稿——《把仲裁事业全面推向二十一世纪》

2. 编辑《中国仲裁机构概览》

二、仲裁制度建设

国务院法制办公室转发建设部、国家工商行政管理局《关于修改合同示范文本有关条款的通知》（建法〔2000〕252 号）

三、仲裁案件受理情况

（一）全国受理情况

（二）区域受理情况

一、仲裁活动

(一)仲裁会议

1. 全国保险纠纷仲裁工作现场会在山东青岛举行

由国务院法制办公室召开的全国保险纠纷仲裁工作现场会于2000年3月30~31日在山东省青岛市举行。会议就加强保险合同纠纷仲裁工作中面临的问题进行了认真研究和探讨。近年来,全国的保险市场在迅速扩大,保险业务的覆盖面和对社会生活的影响力越来越大,保险人与被保险人之间形成的纠纷也越来越多,保险业每年受理的投诉案件递增率都在30%以上。为了充分发挥仲裁制度为社会主义市场经济服务的作用,国务院法制办公室和中国保险监督管理委员会专门下发了关于规范保险合同仲裁条款的文件,认为仲裁法律制度具有公正性、自愿性、保密性和权威性等特点,适合于解决保险合同所发生的纠纷,并就在全国保险系统推行仲裁制度提出了意见。国务院法制办和中国保险监督管理委员会等有关负责人出席会议并讲话。各省、自治区、直辖市政府法制机构负责联系仲裁工作的有关人员,直辖市、计划单列市、省会市所在地的仲裁委和中国国际经济贸易仲裁委员会、中国海事仲裁委员会的负责人以及国内几家主要保险公司的有关负责人参加了会议。

2. 全国百市仲裁工作经验交流会在昆明召开

2000年6月4~7日,全国百市仲裁工作经验交流会在春城——昆明市召开。来自全国100个仲裁机构和35个政府法制机构共224名代表参加了会议。国务院法制办卢云华同志、全国人大常委会法工委贾东明同志出席了会议。时任云南省人大常委会副主任邱创教,时任云南省副省长李汉析、陈勋儒,时任云南省政府秘书长邹纲仁,时任云南省高级人民法院副院长许文英等有关领导出席了会议。

会议首先肯定了各仲裁委员会在《仲裁法》实施5年来所取得的成绩。目前,全国包括贸仲、海仲共150家仲裁委员会。现有委员2100多人,工作人员1300多人,仲裁员17,000多人。1999年,全国仲裁委员会共受理各类经济案件6353多件,标的额达87亿元。5年内,共受理案件17,000多件,标的额达257亿元。5年来,仲裁从无到有,从小到大,在保障社会主义市场经济中发挥了越来越重要的作用。但仲裁法在实施过程中也遇到了不少问题,此问题如果得不到及时解决将严重制约仲裁事业的发展。

会议总结交流了全国各仲裁委员会在贯彻实施仲裁法、推动仲裁事业发展的经验、情况、问题和建议。会议集中讨论了国务院法制办协调司三处提交会议讨论的《关于正确适用仲裁法的若干问题》文本。会议建议国务院法制办会同有关部门,将本次会议讨论的意见修改后,以适当形式下发执行,以推动全国仲裁事业的发展。

在本次会议上,上海、湘潭、岳阳、株洲、铁岭、拉萨、襄樊、德阳、乐山、阳泉、萍乡、连云港、攀枝花、承德、梧州、兰州、嘉兴等18个仲裁委员会续签了《仲裁协助公约》,使签约单位达到了128家。

3. 全国推行仲裁法律制度现场会在长沙召开

为了贯彻落实《仲裁法》、国办22号文件,国务院法制办公室于2000年11月13~15日在湖南省长沙市召开了"全国推行仲裁法律制度现场会"。参加会议的有全国各省、自治区、直辖市政府机构联系仲裁工作的处以上负责人,各仲裁委员会的主要负责人,湖南省长沙市的许多行业的市场经济专家。全国人大常委会法工委、国家经贸委、建设部、国土资源部、司法部、科技部、交通部、外经贸部、铁道部、水利部、农业部、人民银行、证监会、保监会、国家知识产权局、国家旅游局、国家工商局、全国工商联和最高人民法院19个中央国家机关的有关负责人也参加了会议。

这次会议的主题为:根据党的十五届五中全会精神,总结交流仲裁法实施5年来推行仲裁法律制度的情况和经验,为21世纪全国仲裁事业的发展打下基础。会上,时任国务院法制办公室宋大涵副主任作了题为"把生机勃勃的仲裁事业融入充满活力的社会主义市场经济中去"的讲话。会议进一步明确"发展我国仲裁事业,推行仲裁法律制度是根本,融入市场经济是关键"的工作指导思想。各省、自治区、直辖市政府法制机构的与会者举行了座谈,共同研究了政府法制机构关心、支持仲裁制度发挥作用的问题。与会的中央国家机关有关负责人就进一步贯彻落实国办22号文件的问题进行了座谈。

(二)会议讲话摘要

1. 2000年4月14日,国务院法制办卢云华同志在武汉作"充分发挥仲裁法律制度作用,努力为社会主义市场经济服务"的讲话

一、建立仲裁法律制度是发展社会主义市场经济的要求

新中国成立不久,为了适应对外贸易的需要,当时的中央人民政府政务院决定于1954年5月6日设立专门从事涉外贸易纠纷的仲裁机构。尔后,随着社会主义建设事业的发展,又在工商、房地产、科技等领域设立了从上到下的行业仲裁机构。1994年8月31日,继党和政府提出建立社会主义市场经济体制的目标之后,国家颁布了《中华人民共和国仲裁法》,一个适应我国社会主义市场经济发展需要的仲裁法律制度正式在我国确立。

在我们党提出建设社会主义市场经济体制不久，在我们搞社会主义市场经济的实践还不很丰富的情况下，国家就颁布了仲裁法，反映了我国建立的社会主义经济体制依法运行对仲裁法律制度的迫切需要，反映了引导市场经济主体按照市场经济规律寻找解决经济纠纷方式的需要，也充分说明了新的仲裁制度对市场经济的重要保障作用。

二、推行仲裁法律制度是建立社会主义市场经济体制的重要内容

仲裁法确立的仲裁法律制度既是我国社会主义市场经济体制的重要组成部分，又是我国社会主义法制的重要组成部分。为了使这项制度落到实处，国务院办公厅专门下发了〔1996〕22号文件；要求有关行政机关对标准(格式)合同、合同示范文本中合同争议解决方式条款依照仲裁法的规定予以修订，核心就是按照仲裁法的要求，在市场经济的各个领域推行仲裁法律制度。当前贯彻实施仲裁法；发挥仲裁为社会主义市场经济服务的作用，最重要最紧迫的任务就是全面落实国办〔1996〕22号文件。

在党和政府的领导下，大力推行仲裁法律制度，旨在进一步完善和改进社会主义市场经济的各项机制，包括纠纷解决机制，目的在于促进国家的经济建设健康发展，也是党的依法治国方略在市场经济领域中的具体体现。要使所有的市场经济主体感到有这样几条“看得见、摸得着”的作用：一是在合同中签订仲裁条款，当事人增加了履行合同的自觉性，增加了约束力，保障了合同的切实履行；二是为市场主体预先提供法律保障，使他们没有后顾之忧地去专心承担起合同规定的义务；三是及时解决纠纷，维护当事人的合法权益，使他们学会并善于运用仲裁手段参与市场竞争，尤其是国际市场竞争。当前，深入贯彻仲裁法和国务院办公厅〔1996〕22号文件，需要抓紧做好几件事：一是各行政机关都要按照国办文件的规定，对所制定的规范文本作出修订，也就是说必须在合同中增加写明仲裁作为合同纠纷的解决方式，供当事人选择；二是各有关市人民政府要帮助仲裁机构从市场经济的各个领域，选聘一批企业家、专业人士参加仲裁工作；三是有关市人民政府及其所属行政机关都要支持并协助仲裁委员会严格依法独立行使仲裁权；四是有关市人民政府及其所属行政机关要从大局出发，热情支持仲裁事业的发展。

三、仲裁要自觉服从并服务于经济建设的大局

仲裁工作始终牢固树立自觉为社会主义市场经济服务的观念。仲裁不是国家对民事活动的干预形式，也不是市场经济的外部介入机制，不能办成“二法院”，扮成“二法官”。从本质上说，仲裁就是市场经济中人，这是仲裁的生命所在、优势所在、特点所在。

2.2000 年 9 月,国务院法制办卢云华同志在成都作“深入推行仲裁法律制度　努力适应社会主义市场经济发展的需求”的讲话

《中华人民共和国仲裁法》已经实施5年多了。《仲裁法》颁布不久,国务院办公厅曾下发22号文件,要求各级行政主管部门按照《仲裁法》的要求修订所制订的合同文本,其核心就是推行仲裁法律制度。通过推行仲裁法律制度,可以为经济主体预先提供法律保障,使当事人增加履行合同的自觉性,自觉承担合同的义务,保障合同的切实履行,以防止纠纷的产生。当前,贯彻执行《仲裁法》和国办22号文件,推行仲裁法律制度,是正确处理社会主义市场经济改革、发展、稳定的客观要求。这项工作,关系到仲裁法律制度在社会主义市场经济中作用的发挥,以及《仲裁法》的全面贯彻实施。

当前,发展我国仲裁事业根本在于推行仲裁法律制度,关键在于融入市场经济。具体来说应该做好以下几项工作:

一是协议落实。国办22号文件已经规定了解决纠纷的几种方式,必须在协议中得到落实,否则就侵犯了当事人的合法权益。给当事人提供解决纠纷方式的充分选择权,是推行仲裁法律制度的“牛鼻子”。紧紧牵住不放,全局就活起来了。成都仲裁工作要争取在不长的时间内让成都市乃至四川省的市场主体学会采用仲裁方法解决纠纷。此外,应该在现有的各种合同文本中落实仲裁条款,以保障当事人享有解决纠纷方式的充分选择权。

二是机构落实。这是推行仲裁法律制度的核心。根据《仲裁法》的规定,仲裁条款或者仲裁协议都必须明确写明负责仲裁纠纷的具体仲裁委员会。当前,当事人往往没有按照《仲裁法》的要求,在仲裁协议中写明明确、具体、规范的仲裁机构名称,这是仲裁法律制度推行不动和遇到重大阻力的最大原因。对这个问题,要特别强调解放思想,不要“怕”字当头。仲裁委员会应当根据“自愿、便捷”和就地就近解决纠纷的原则,指导和协助有关当事人做好在合同中预先选择具体仲裁委员会的工作。

三是组织落实。这是推行仲裁法律制度的组织保证。市场经济有许多领域:涉及许多专业和专门知识。要仲裁好门类众多的纠纷,需要有来自市场经济各行各业的专业人士参加仲裁工作。不能画地为牢,要破除门户之见,要有市场经济的全局观、大局观,海纳百川,广为吸纳方方面面的人才要把市场经济各方面的人才、专家吸引到仲裁工作中来,把仲裁委员会办成“市场经济之家”。仲裁委员会应尽可能地为当事人提供充分的仲裁员名单和选择范围,对仲裁案件要尽量指定懂法律、懂经济、公道正派的专业人士仲裁员担任首席仲裁员。

四是规范落实。各种经济纠纷,既有共性,也有各自独特的特点。有的纠纷事实简单,法律关系清楚,有的就很复杂。仲裁经济纠纷,既要从维护市场经济秩序、保护合法权益、促进市场经济发展的大局出发,还要兼顾不同纠纷的特点,发挥仲裁的优势。

五是管理落实。公正是仲裁的生命。专业人士担任仲裁员,参加仲裁委员会的工作,其能力胜任是一方面。实践中,可能有些当事人会提出是否公正的问题,这也是做好仲裁工作所要解决的重要问题。我们认为,要围绕公正这个核心,抓好各项管理制度的落实,切不可仲裁员一聘了之。第一,要通过采取多种方式对专业人士仲裁员进行培训,同时,对仲裁机构的管理人员、工作人员、办案秘书,也必须进行市场经济知识的培训。第二,针对各行业的特点,根据仲裁法和国务院有关文件的规定,制定严格的管理制度。对于仲裁员的管理要严格,没有严格的管理就不能保证高质量办案。第三,要严明纪律。仲裁之所以能有一个较好的形象,一是靠公正,二是靠比社会其他行业、部门更严格的纪律。

3.2000年11月13日,时任国务院法制办公室副主任宋大涵在长沙作“把生机勃勃的仲裁事业融入充满活力的社会主义市场经济中去”的讲话

最近,党的十五届五中全会胜利闭幕。这次会议是在世纪之交我国即将胜利完成“九五”计划,改革开放和现代化建设进入新的发展阶段的历史时刻召开的。全会通过的《中共中央关于制定国民经济和社会发展第十个五年计划的建议》,是指导我国在新世纪第一个五年经济和社会发展的宏伟蓝图,反映了全党的意志和全国人民的心愿,是指导我们在新世纪伟大进军的行动纲领。我们这次会议要在十五届五中全会精神的指引下,根据党的十五大提出的远景目标,总结、交流仲裁法施行5年来全国各地推行仲裁法律制度的基本情况和经验,研究并提出下一步推行仲裁法律制度的基本思路,充分发挥仲裁为社会主义市场经济服务的作用,进一步推进我国仲裁事业的健康发展。

下面,我就5年来全国仲裁工作情况和推行仲裁法律制度的工作谈几点意见。

一、5年来全国仲裁工作情况

《中华人民共和国仲裁法》于1994年8月31日通过;1995年9月1日开始实施,至今已经5年。仲裁法的颁布实施标志着适应社会主义市场经济发展需要的新的解决经济民事纠纷的法律制度的确立。5年来,新的仲裁事业从无到有,由小到大,走出了一条具有中国特色的道路;全国的广大仲裁工作者不辱使命,不畏艰辛,做出了无私的奉献。

——仲裁工作体制已经基本形成。5年来,根据仲裁法的规定和国务院的要求,包括

中国国际经济贸易仲裁委员会、中国海事仲裁委员会在内全国已经成立了157个仲裁委员会。可以说，一个能够适应社会主义市场经济发展需要的仲裁机构体系已经形成。全国仲裁委员会现有委员2100多人，工作人员1300多人，仲裁员1.8万多人。

——仲裁法律制度正在逐步推广。1996年6月颁布的国办22号文件，要求有关行政机关对合同示范文本中合同争议解决方式条款依照仲裁法的规定予以修订。

——积极为社会主义市场经济服务。5年来，全国各仲裁委员会累计受理案件达到2.2万多件，案件标的额达到420多亿元。各仲裁委员会坚持从维护改革、发展、稳定的大局出发，坚持质量、效率与社会效益的统一，通过依法仲裁经济民事纠纷，促进社会主义市场经济的健康发展和社会稳定。

二、推行仲裁法律制度是发展社会主义市场经济的重要方面

随着市场经济的发展，国际上对仲裁这种由法律专家、经济专家解决民商事纠纷的方式越来越重视。由于仲裁具有尊重当事人的意愿、一裁终局、程序便捷、成本较低、解决方式灵活、为当事人保守秘密等优点，在许多国家特别是市场经济比较发达的国家，受到广泛重视，成为现代市场经济中解决经济纠纷的重要手段。

仲裁法确立的仲裁法律制度，既是我国社会主义市场经济体制的重要组成部分，又是我国社会主义法制的重要组成部分。贯彻实施仲裁法，发挥仲裁为社会主义市场经济服务的作用，当前最重要的任务还是推行仲裁法律制度，全面落实国办〔1996〕22号文件。从全国情况来看，在很多地方，特别是一些大中城市例如武汉、长沙、深圳、成都、青岛、上海、厦门等城市，党委、人大、政府对仲裁工作高度重视，大力支持，认真落实仲裁法和国办〔1996〕22号文件，促进了仲裁事业的迅速发展，也为区域经济的健康发展提供了保障。

大力推行仲裁法律制度关系到社会的方方面面，涉及市场经济的各个领域，一些仲裁委的经验说明，只有领导重视、有关部门积极配合，政府法制机构和仲裁机构努力工作，才有可能做好这件事情。我们当然不能强制当事人去仲裁，但总要去宣传，让人们知道有这个途径解决纠纷，体会这种方式的优点。政府法制工作机构要继续为推行仲裁法律制度架桥开路。在推行仲裁法律制度工作中要通过仲裁，使市场主体善于运用仲裁手段参与市场竞争，尤其是国际市场竞争。另外，各仲裁委员会也要把吸引和用好市场经济的专家，尤其是吸收一大批金融、经济、外贸和现代管理等专业人才作为一项重大的战略任务切实抓好。

三、仲裁要自觉服从并服务于经济建设的大局，自觉融入充满活力的社会主义市场经济中去

仲裁，是适应社会主义经济内在规律的要求，满足市场经济发展的需要，解决经济纠

纷的一种制度。离开了市场经济,它就没有存在的基础。仲裁工作要始终牢固树立为社会主义市场经济服务的观念,深入市场经济的最前沿,自觉融入社会主义市场经济之中。

我们讲仲裁工作要服从并服务于经济建设的大局,就是要求仲裁工作要正确理解国家改革开放的各项大政方针;了解经济规律,掌握经济动向,要对所在地区的经济状况运行特点、企业分类、各种经济构成、纠纷情况等有深入了解,自觉置身于经济建设的前沿。在仲裁案件时,要善于发现并捕捉那些影响经济秩序、影响经济运行的因素。在处理案件时,要强化有利于经济发展的观念,严格依法仲裁,寻求最佳的处理方案。要从维护经济秩序、促进经济发展的角度,加强对纠纷的调查研究和总结。全社会都要进一步提高仲裁意识,把仲裁作为解决经济民事纠纷的重要手段,积极支持我国仲裁事业的健康、快速发展。仲裁委员会也要始终坚持全心全意为人民服务的宗旨,切实保障办案质量,做好推行仲裁法律制度的工作。

在这次会议上,长沙、武汉、深圳、成都四市仲裁委将重点介绍他们推行仲裁法律制度的做法,他们的经验是全国仲裁机构工作的缩影,希望大家共同来总结,相互借鉴,把推行仲裁法律制度的工作不断推向深入。

4.2000年11月15日,国务院法制办卢云华同志在长沙作“发展我国仲裁事业,推行仲裁法律制度是根本,融入市场经济是关键”的讲话

一、关于会议主题

从鞍山会议开始,在总结新的仲裁工作体制建成后所取得的成绩、存在的问题的基础上,我们提出要大力推行仲裁法律制度以后,推行仲裁法律制度的工作在全国范围内取得了显著成绩,但存在的突出问题是:仲裁制度的作用远没有发挥充分,仲裁工作还不能满足市场经济的需要。

仲裁法律制度在推行过程中遇到了许多困难。要发展我国仲裁事业,推行仲裁法律制度是根本,融入市场经济是关键。简单地说,就是要抓住三个动词三件事:发展、推行、融入。融入不了市场经济,就推行不了仲裁法律制度;推行不了仲裁法律制度,仲裁事业就没有发展;仲裁事业不发展,为社会主义市场经济服务的任务就实现不了。

“发展我国仲裁事业,推行仲裁法律制度是根本,融入市场经济是关键”,是当前和今后相当一段时间内全国仲裁工作的基本方针。这是全国仲裁界实践的结果,认识的深化,也是先进经验的深刻揭示。从国际上看,仲裁是随着市场经济自然形成,与市场经济同步发展的。在我国,社会主义市场经济是从计划经济转制过来的,仲裁也是从行政仲

裁变革过来的,带有一定的"植入性"。因此,仲裁和市场经济的联系容易产生距离,甚至在有些地区距离越来越大。

二、关于会议的经验

长沙、成都、武汉、深圳的经验很多,但是概括起来讲,最鲜明、最特色、最具指导意义的,是始终抓住推行仲裁法律制度和仲裁融入市场经济做文章,并取得显著效果。具体说有以下几个方面:

第一,推行仲裁法律制度目标明确。比如,武汉提出了贯彻落实国办22号文件的具体目标,也可以说是工作量化的指标。我们赞成各地根据实际情况提出推行仲裁法律制度的目标和工作规划的做法。

第二,善于抓重点。推行仲裁法律制度,融入市场经济,面很宽,原则上应该融入市场经济的各个领域。推行、融入工作要抓的重点,各地可以结合实际情况来确定。

第三,做好调查研究。成都等单位的经验说明,有效地开展调查研究是推行仲裁法律制度的重要基础建设。成都的具体做法是,首先对全市各类经济合同进行一次大调查,摸清了底数,为他们后来修改格式合同的工作奠定了坚实的基础。

第四,吸收市场经济的专家、人才参加仲裁工作。长沙仲裁委重视吸收市场经济的专家、人才参加仲裁工作,并制定相关的制度保证他们能发挥实际作用。

第五,常抓不懈。这是经验之谈。推行仲裁法律制度,融入市场经济不可能一蹴而就,也不是一朝一夕就能完成的。

第六,发挥政府法制机构的作用。几家仲裁机构的经验说明,它们之所以能取得一定的成绩都与所在省、市政府法制机构的支持和协助分不开。

当然我们也必须同时明确强调两条基本原则:第一,政府法制机构关心、支持仲裁工作,但不能干涉、干预仲裁机构依法独立仲裁;第二,不能侵犯仲裁机构的合法权益。

三、关于融入市场经济

所谓融入市场经济的工作,可以从两个方面来做:一个叫吸收;另一个叫深入。吸收是指广泛吸收市场经济的专家、人才参加仲裁工作;深入是指要深入市场经济发挥仲裁服务的作用。

吸收市场经济的专家、人才参加仲裁工作,他们的来源,主要是以下几个方面:一是政府机关中与市场经济有关的管理、协调、综合部门。二是直接为市场经济提供服务的部门,包括工商、司法行政部门等。仲裁队伍的结构改善和组织建设要保证能够不断适应市场经济的变化来满足解决经济纠纷的需求。吸收市场主体参加仲裁工作,对改善和改进仲裁服务的作用,加快和提高仲裁融入市场经济的速度和程度,都有十分重要的意义。

发挥市场主体专家、人才参加仲裁的作用,也是一个不能忽视的重要问题。根据各地的经验看,一是可以担任仲裁委员会的组成人员。仲裁委员会的组成人员数量有法定限制,各仲裁委员会要通过换届工作,大幅提高市场经济专家、人才的比例。二是参加仲裁委员会专家委员会的工作。专家委员会对仲裁案件可以发挥指导、咨询作用,但这不应该是唯一的,同样重要的作用还应当有推行仲裁法律制度、融入市场经济、研究经济形势、了解区域经济发展状况等。三是担任仲裁员。为了适应当前的形势,对仲裁员应当提出新的要求。担任仲裁员必须符合仲裁法规定的条件,但符合这个条件并不一定就是好仲裁员。除此之外,还应加上两条:一条是要懂得市场经济,另一条是善于用市场经济的方法解决纠纷。关于深入的问题。仲裁事业的原动力、生命力和活力,都源于紧密围绕党的工作重心。这是一条仲裁工作须臾不可偏离的生命线,也是决定我国仲裁事业发展方向和速度的基本规律。保证仲裁服务的社会先进性,就要坚持仲裁事业的发展与国家经济发展,社会进步同轨同步,就要坚持积极参与社会重大经济活动为党和政府的重大经济决策服务,就要坚持将仲裁工作重点与国家经济发展热点、重点紧密结起来,只有这样,我们才能站在市场经济的最前沿和经济发展的制高点。深入市场经济的方法、途径很多。一是摸规律。要摸清经济运行和发展的基本情况和基本规律,摸清产生纠纷的主要原因和一般规律。二是找特点。要努力了解和归纳出不同市场主体的特点,不同市场经济领域的特点,从中总结概括出仲裁各类纠纷的方式和方法的特点。三是抓动态。要抓活的东西,抓那些能够反映市场经济运行本质的动态,不仅有利于我们深刻认识市场经济,而且有利于使我们的作用发挥在刀刃上。四是熟人头。武汉、成都等仲裁委员会在推行仲裁法律制度时重点做好大中型企业负责人、相关组织负责人的工作。总的来说,如果我们在深入市场经济中把握了以上四个重点工作,对市场经济提出的仲裁服务要求,可能就会反应更敏感些,仲裁服务的作用就会更能动、更自觉,针对性也就更强些,作出的仲裁裁决就更符合实际些。

深入市场经济以后如何去发挥仲裁的作用,或者说如何实现最好、最大的仲裁社会效益,最重要的是要不断提高仲裁案件的质量。什么是仲裁案件的质量?结合当前推行仲裁法律制度、融入市场经济的要求,有以下几点:一是不得违反法律法规的规定;二是善于运用商业惯例和市场经济规则解决纠纷;三是必须有利于市场经济运行畅通;四是努力提高仲裁案件的和解率和自动履行率。这是衡量仲裁工作水平的量化指标。

此外,深入市场经济发挥作用还可以在以下几个方面下功夫,以发挥仲裁工作的社会效益:一是建立专门的仲裁报告制度;二是建立仲裁建议制度;三是建立仲裁工作联系制度。

四、关于会议的贯彻

第一,各地贯彻会议精神目的不在于向国务院法制办报告,最主要的是要从本地的实际情况出发,按照融入市场经济的要求,做好融入规划,并且尽快行动起来。第二,请各省级政府法制机构对本辖区融入市场经济的工作作出统一考虑和协调,帮助仲裁委员会切实解决需要在较大范围、较高层次解决的问题;对没有设立仲裁委员会的地区,推行仲裁法律制度、融入市场经济以及案件受理的工作,要协调有关各方面作出适当安排,并向省级政府作好专门汇报。

5.2000年12月14日,国务院法制办卢云华同志在广州作"当前仲裁工作发展的几个问题"的讲话

全国试点城市仲裁工作会议在广州召开,印象较深的是广州市政府对仲裁工作很支持。这说明广州市各级领导对社会主义市场经济的规律认识得比较深刻。仲裁的发展首先反映的是经济的发展和社会的进步,没有一项完善的仲裁制度的落实,社会主义市场经济的实践是不充分、不完善的。特别是在改革开放深入进行的时候,政府转变职能,减少对经济活动的干预后,更需要学会运用仲裁的手段解决民事纠纷。

一、关于本次会议的议题

本次会议的议题主要是内部规范问题。研究处理好仲裁委员会与仲裁庭的关系问题,涉及仲裁案件裁决出错如何解决的问题。是采取干预制还是事后追惩制,到底哪种方式好?现在还不能简单确定。

二、关于试点城市仲裁工作问题

(一)试点城市带动全国仲裁机构的发展

试点城市当初确定时叫组建的试点,在仲裁机构组建工作上先行一步。5年来,在试点城市带动下,全国仲裁机构发展很快,已经组建成立了157家仲裁委员会,说明仲裁很有生命力。从目前看,最西边是克拉玛依、拉萨仲裁委员会。拉萨仲裁委员会的设立很有象征意义。全国从东到西、从南到北,形成了仲裁工作体制,富有中国特色。

(二)建立了一支队伍

目前,我们已建立了一支有2万多名仲裁员、3千多名仲裁工作人员的仲裁工作队伍。从队伍水准来说,其他行业都没有这个行业的人员素质和标准高。

(三)办理了2万多件仲裁案

仲裁办案的质量外界反映不一,但仲裁为市场经济服务的特点、优势正在显现,并正

在为社会所接受。

三、关于存在的主要问题

（一）案件太少，发展速度太慢，与市场经济需求不相适应

在全国范围来看，全国157家仲裁委员会中收案量不足50件的有100家，50件以上的才50多家。也就是说有2/3的仲裁委员会收案不足50件。收案数量增长幅度趋缓、趋慢，这是一个非常严峻的问题。试点城市仲裁工作发展，总体来说好于全国平均水平，但也不能代表全国的情况。

（二）有些地方政府对仲裁工作支持不够

国务院办公厅22号文件在部分城市、部分地区没有得到贯彻落实，仲裁法律制度不能说在全国范围内完全建立起来。

（三）司法机关对仲裁工作和仲裁法律制度了解不深，实际中有掌握不准的情况

《仲裁法》是一部新法，大家要有一个学习、掌握、提高的过程，这是客观允许的。仲裁委员会与法院的关系表面上是机构间的关系问题，但它还牵涉一个新的纠纷解决方式与传统解决方式间的冲突，也是新旧两种制度如何协调、磨合的问题。

（四）仲裁的社会信赖度不高，很多人不了解仲裁

政府机关、各级领导、市场经济的主体没有将仲裁作为发展市场经济的一个基本手段，还没有意识到仲裁可以很好地保护他们的合法权益。

（五）仲裁机构的管理还不成熟

表现在法律规定得不够具体，有些问题需要靠我们在实践中不断摸索和完善。现在有些仲裁委员会没有严格地约束自己。仲裁"民间性"不是说仲裁可以无政府主义，不能离开政府去搞仲裁。

（六）仲裁法律制度还不够周详

关于制订统一的管理制度、统一的仲裁规则问题，还需要研究。是否需要一个全国统一的仲裁规则？全国统一行不行？各地区的差别太大，试点城市能否先搞起来？要进行探究。

（七）仲裁案件质量不高

人民法院确定案件质量的标准叫事实清楚、证据充分、适用法律准确。仲裁案件的质量是什么？以什么为标准？我认为，仲裁案件总的看质量不是很高，但要保持甚至进一步提高质量，需要在提高案件和解调解率和自动履行率上下功夫。

四、关于今后试点城市的仲裁工作

试点城市当初是组建仲裁机构的试点城市，5年过去了，应该尽快向发展的试点转

变。全国需要一部分仲裁委员会先发展起来,试点城市应做发展的试点。如何发展,下面谈几点意见:

（一）紧密围绕仲裁发展,研究和探索基本思路和方向

试点城市要做发展的试点,要紧密围绕市场经济的迅速发展进一步研究仲裁的发展思路和发展方向。在长沙会议上,我们要求各仲裁委员会发展快些再快些,措施再实些。仲裁发展现在到了一个三岔路口,下步的路子应该怎么走?是走法院的路?还是走律师事务所的路?还是走有中国特色的仲裁之路?应该是后者。往法院的路走是不可能的,走律师事务所的路是不允许的。只有下定决心,走有中国特色的仲裁之路,才能不辱使命,对得起子孙后代,为21世纪仲裁的发展打好基础。

（二）仲裁事业发展是前提,推行是根本,融入市场经济是关键

仲裁的性质问题大家还可以讨论。但从现阶段的情况看,仲裁应与经济基础紧密联系起来才好,因为它与市场经济有千丝万缕的关系。在座的多是搞法律的,要懂得穿上经济的衣裳,要和市场经济建立广泛的联系,没有这个突破是不行的。处理问题的方法,不能照搬法院、政府机关、律师所的做法。仲裁本来就是市场经济的产物,我们也应是市场经济中人。它要求我们运用市场经济的规律,组织市场经济的专家,采取市场经济的办法,解决市场经济的纠纷,促进市场经济的发展。请大家很好地考虑这句话。要使整个仲裁的路子转过来,投入市场经济,希望试点城市在融入市场经济上多下一点功夫。

（三）用市场经济的办法解决市场经济纠纷

仲裁与法院有区别。仲裁是在不违法的前提下,更多的按商业惯例和市场游戏规则办事。法院处理案件时是一把钥匙开千把锁,而仲裁则是一把钥匙开一把锁。在处理案件时必须考虑到每个行业、各个领域特殊的商业惯例和游戏规则。用商业惯例和游戏规则,让市场主体心平气和地坐下来,做好调解和履行工作,如果仅作裁决,则脱离了仲裁的本意。就如一条独木桥,你让两人都能侧身走过去,才是本事。简单地走法院的路子,仲裁就失去了特色,就没有生命力。

（四）在仲裁理论研究上做出试点城市的特色

现在仲裁理论有许多,但是有中国特色的仲裁理论比较欠缺。要探索建立起一个具有中国特色的、符合社会主义市场经济规律的仲裁理论,不必言必称希腊,要有自己的特色。这方面,上海市和厦门市比较下功夫。我们要为仲裁事业的发展确立方针、确立依据,要为下世纪的发展找准理论依据。希望有能力的仲裁委员会多进行研究,尤其鼓励年轻人多在此方面下功夫、做贡献。仲裁作为一个新兴领域,应该是大有所为的,尤其需要年轻人在这方面多做有益的探索。

（三）其他活动

1. 仲裁5年《人民日报》特约稿——《把仲裁事业全面推向二十一世纪》（时任国务院法制办公室主任杨景宇撰）

《中华人民共和国仲裁法》1994年8月31日通过，1995年9月1日开始实施，至今已经5年。仲裁法的颁布实施标志着适应社会主义市场经济发展需要的新的解决经济民事纠纷的法律制度的确立。5年来，新的仲裁事业从无到有，由小到大，走出了一条具有中国特色的道路；全国广大仲裁工作者不辱使命，不畏艰辛，做出了无私的奉献。

仲裁工作体制已经基本形成。5年来，根据仲裁法的规定和国务院的要求，包括中国国际经济贸易仲裁委员会、中国海事仲裁委员会在内，全国已经成立了154个仲裁委员会，彻底改变了原来分散在几个行业的行政仲裁体制，分布比较合理，覆盖面比较广，基本上满足了服务社会主义市场经济、适应及时解决经济民事纠纷的需要。全国仲裁委员会现有委员2100多人，工作人员1300多人，仲裁员1.8万多人。这支仲裁工作队伍，既有有关国家机关的领导，又有多年从事法律服务的同志，还有来自经济贸易等专业的专家，无论是思想素质还是专业素质都是比较高的。各仲裁委员会从一开始组建就力争做到起点高、形象新，通过建章立制、严格自律和社会监督，逐步在社会上赢得了良好的声誉。

仲裁法律制度正在逐步完善。5年来，国务院办公厅、最高人民法院发布了一系列有关仲裁工作的文件和司法解释。1996年6月颁布的国务院办公厅《关于贯彻执行〈中华人民共和国仲裁法〉需要明确的几个问题的通知》，要求有关行政机关对标准（格式）合同、合同示范文本中合同争议解决方式条款，依照仲裁法的规定予以修订。这个文件的核心就是按照仲裁法的要求，在社会主义市场经济的各个领域大力推行仲裁法律制度，以适应社会主义市场经济发展的需要。几年来，在国务院有关部门和许多地方政府的高度重视和大力支持下，保险、银行、建设、工商等系统下大气力规范各类经济合同，积极开展了推行仲裁法律制度的工作。国务院法制办公室2000年3月在青岛召开了全国保险仲裁工作现场会议。有的市人民政府还提出，在今后一两年内全市规范合同示范文本普及率要达到90%以上，经济合同纠纷的解决方式明确约定仲裁的要达到80%以上。各仲裁委员会还认真开展了适用仲裁法的研究工作。

积极开展为社会主义市场经济服务的活动。5年来，全国各仲裁委员会累计受理案件达到2.2万件，案件标的额达到420多亿元；其中1999年，全国各仲裁委员会共受理案件7394件,案件标的额达到近167亿元。各仲裁委员会坚持从维护改革、稳定、发展的大局出发,坚持质量、效率与社会效益的有机统一,通过依法仲裁经济民事案件,其中包括解决一些热点、难点、群体性的突发案件,为政府排忧,为当事人解难,促进了社会市场经济的健康发展和社会稳定。广大人民群众的仲裁意识不断增强,许多当事人逐步扭转了不知仲裁、不信仲裁的观念,开始信服仲裁,选择仲裁。5年来,仲裁案件的自动履行率高达80%,这有力地说明各仲裁委员会的仲裁质量总的来看是比较高的。

在世纪交替千年更新之际,我国的改革进入攻坚阶段,发展到了关键时期,社会主义市场经济的运作、西部大开发战略的实施以及加入WTO将面临的新形势呼唤着仲裁制度发挥更大的作用。仲裁工作既面临严峻挑战,又有着新的发展机遇,作为新一代仲裁人肩负着光荣而艰巨的历史使命。

第一,充分发挥仲裁为社会主义市场经济服务的作用。仲裁法是根据社会主义市场经济体制的要求,对原有计划经济体制下经济纠纷行政仲裁制度作的重大改革。大力推行仲裁法律制度,进一步完善包括解决经济民事纠纷机制在内的社会主义市场经济的各项机制,是正确处理改革、发展、稳定关系的客观要求,是依法治国基本方略在社会主义市场经济建设中的具体体现。社会主义市场经济要求市场主体依法进行经济活动,要求公正、快捷、便宜地解决经济纠纷。仲裁根据市场经济的要求,运用市场经济的规律,组织市场经济的专家,采取市场经济的办法,解决市场经济的纠纷,促进市场经济的发展,是社会主义市场经济体制内部自我完善的重要机制。由于仲裁具有尊重双方当事人的意志、一裁终局、程序便捷、成本低廉、方式灵活、为当事人保守秘密等一系列优势,能够最大限度地保护和促进市场经济的正常运行,最大限度地减轻和防止因经济纠纷带来的负面影响,正在并越来越被有关部门、组织所重视,受到当事人的欢迎。因此,全社会应当进一步提高仲裁意识,逐步把选择和支持仲裁作为解决经济民事纠纷的重要手段。仲裁工作者要牢固树立自觉地为社会主义市场经济服务的观念,深入市场经济的最前沿,为党和政府领导经济建设出谋划策,为当事人做好经验教训的总结工作,保障社会主义市场经济的健康发展。

第二,必须把提高仲裁质量放在整个仲裁工作的首位。仲裁质量直接关系当事人合法权益的保护,关系到仲裁委员会的生存和发展,关系到仲裁事业的兴衰存亡。仲裁委员会、仲裁庭和仲裁员都要严格依照仲裁法办事,始终坚持全心全意为人民服务的宗旨,严肃认真地解决每一件经济纠纷,努力做到事实清楚、程序合法、裁决公平合法合理,尽可能把当事人的经济损失减少到最低,使当事人心悦诚服。

第三,进一步加强仲裁队伍的建设。选配好仲裁委员会的班子是做好仲裁工作、发展仲裁事业的组织保障，有关市政府要切实负起责任，认真聘任和管理仲裁委员会委员，对于仲裁委员会在发展中存在的人财物的困难，继续给予积极的领导和支持。仲裁员的素质直接关系到仲裁的声誉和质量，各仲裁委员会要采取有效措施，狠抓仲裁员队伍的思想作风、职业道德、执业纪律培训教育和监督，努力提高仲裁员的政治素质和业务水平，真正建立一支政治可靠、品德高尚、办事公道、作风正派、业务精干的仲裁员队伍。仲裁员的业务水平固然很重要，但最重要的是政治素质。如果仲裁员不公道正派就谈不上公正执法，更谈不上高质量的仲裁。对仲裁员的监督宁严毋宽，要执法如山地保证仲裁事业的健康发展。

第四，社会各方面要积极支持仲裁事业。仲裁事业事关全局，事关大局，涉及社会主义市场经济的各个领域，需要党委、政府继续加强领导，需要有关部门、组织和社会方方面面的支持。实践证明，凡是党委政府加强领导，有关部门、组织和社会方方面面积极支持的，仲裁事业的发展就比较顺利。今后，各级政府要一如既往地关心、支持、帮助仲裁委员会开展工作。

当前举国上下都在认真学习、深刻领会并努力贯彻江泽民总书记关于“三个代表”的重要思想。为民是法魂，只要把“三个代表”作为仲裁事业的根本指导思想。开拓创新，奋发进取，我们就一定能把有中国特色的仲裁事业全面推向21世纪。

2. 编辑《中国仲裁机构概览》

为了适应我国加入WTO以后解决民商事纠纷的需要，进一步推行仲裁法律制度，为社会主义市场经济的健康发展服务，国务院法制办公室政府法制协调司应有关仲裁委员会的要求，在有关部门的支持下，编辑了《中国仲裁机构概览》①一书，向国内外介绍中国的仲裁法律制度和仲裁机构的基本情况。

本书作为全国仲裁工作第一部综合性的正式出版物，包括全国各仲裁机构名录、有关负责人名录、全体仲裁员名录，并汇集了在建立适应中国社会主义市场经济需要的新的仲裁制度过程中，有关领导人的重要讲话，以及有关法规、司法解释和重要的工作部署。既能满足各仲裁委员会开展对外交流、开展业务等工作的需要；也能成为中外当事人了解中国仲裁制度和仲裁委员会的窗口，为他们选择仲裁方式解决经济纠纷提供便利。同时，也较全面地反映了新的仲裁制度形成的历史情况，具有一定的资料文献性。

① 国务院法制办法制协调司：《2001年全国仲裁工作及组织建设》，载海南省法制办公室官网：http://hainan.gov.cn/szfbgt/hnfzb/fzxc/fzjd/zcgz/201106/t20110609_190720.html，最后访问日期：2017年11月16日。

二、仲裁制度建设

为了进一步贯彻仲裁法和国务院办公厅《关于贯彻实施〈中华人民共和国仲裁法〉需要明确的几个问题的通知》(国办发〔1996〕22号),大力推行仲裁法律制度,充分发挥仲裁法律制度为社会主义市场经济服务的作用,推动仲裁事业的发展,经国务院法制办公室与建设部、国家工商行政管理局共同研究,建设部、国家工商行政管理局于2000年11月3日联合下发了关于对《城市供用水合同》等合同示范文本中的合同争议解决方式条款依法进行修改的《关于修改合同示范文本有关条款的通知》(建法〔2000〕252号)。

国务院法制办公室在转发该通知的同时,要求各省级政府法制机构要会同当地建设主管部门和仲裁委员会,认真调查研究,提出切实可行的落实方案。在落实时,要按照仲裁法的规定,在合同中选定具体的仲裁委员会;并指导和协助仲裁委员会根据工作需要,在建设系统内选聘一批符合仲裁法规定条件的建设专业人士,担任仲裁员或者仲裁委员会专家委员会委员。

三、仲裁案件受理情况

(一)全国受理情况

2000年案件统计情况,截至2000年12月31日,全国160个仲裁委共受理案件9853件,比1999年增加了2624件,增长了36.71%;案件标的额近201亿元,比1999年增加了26亿元,增长了14.86%。

(二)区域受理情况

2000年,华北片区受案数共计1146件,约占12%,标的额达28亿元,约占13%;东北片区受案数为627件,约占6%,标的额达7亿元,约占3%;华东片区受案数2195件,约占22%,标的额达25亿元,约占12%;东南片区受案数共计1362件,约占14%,标的额达14亿元,约占7%;中南片区受案数共计804件,约占8%,标的额达7亿元,约占3%;华南片区受案数共计1123件,约占11%,标的额达25亿元,约占12%;西南片区受案数共计1583件,约占16%,标的额达5亿元,约占2%;西北片区受案数共计364件,约占4%,标的额达2亿元,约占1%;中国国际经济贸易仲裁委员会受理案件633件,标的额为79.94亿元;中国海事仲裁委员会受案16件,标的额为0.1283亿元。

二〇〇一年

内容提要：

一、仲裁活动

（一）仲裁会议

1. 全国仲裁工作年会在武汉召开

2. 全国涉台仲裁试点城市工作会议在重庆召开

3. 全国副省级城市仲裁工作会议在厦门召开

（二）会议讲话摘要

1. 2001年3月8日，国务院法制办卢云华同志在安徽关于“仲裁工作的几项具体工作规划”的讲话

2. 2001年4月18日，国务院法制办卢云华同志在福建厦门关于“深入认识仲裁工作中的问题　实现仲裁事业的跨越式发展”的讲话

3. 2001年4月20日，国务院法制办卢云华同志在深圳关于“树立正确仲裁观念　解决仲裁发展中的问题”的讲话

4. 2001年6月4日，国务院法制办卢云华同志在浙江湖州关于“深入认识仲裁工作的特点　积极开展消费争议仲裁”的讲话

5. 2001年10月25日，国务院法制办卢云华同志在深圳关于“贯彻长沙会议精神　办好深圳仲裁发展委员会”的讲话

6. 2001年10月30日，国务院法制办卢云华同志在深圳关于“做好建设系统推行仲裁法律制度的工作”的讲话

7. 2001年11月7日，国务院法制办卢云华同志在武汉关于“认清当前形势　树立仲裁工作榜样”的讲话

8.2001 年 11 月 11 日，国务院法制办卢云华同志在武汉关于“统一思想明确目标　争取中国仲裁事业的快速发展”的讲话

二、仲裁案件受理情况

（一）全国受理情况

（二）区域受理情况

一、仲裁活动

(一)仲裁会议

1. 全国仲裁工作年会在武汉召开

2001 年 11 月 8 ~ 11 日,全国仲裁工作年会在武汉召开。来自全国 118 家仲裁机构及省级政府法制办的主要负责人和代表共 212 名参加了会议。国务院法制办卢云华同志,时任建设部政策法规司司长冯俊及中国人民银行和最高人民法院的有关负责同志应邀参加了本届会议。

本届会议的中心议题为:总结交流贯彻落实长沙会议精神,推行仲裁法律制度,提高合同规范率、仲裁约定率、自愿和解率、快速结案率及自动履行率,确保仲裁案件质量等方面的工作经验;交流贯彻落实建设部、国务院法制办《关于在全国建设系统进一步推行仲裁法律制度的意见》的情况。

在闭幕式上,北京、南京等 22 家仲裁委员会在《仲裁协助公约》上签字。会议承办单位武汉仲裁委员会主任高顺龄作了总结发言,国务院法制办卢云华同志发表了讲话。

2. 全国涉台仲裁试点城市工作会议在重庆召开

2001 年 11 月 24 日,受国务院法制办和国务院台湾事务办公室的委托,全国涉台仲裁试点城市第二次工作会议在重庆召开。国台办领导出席,并作了"当前台海局势"形势报告。

3. 全国副省级城市仲裁工作会议在厦门召开

全国副省级城市仲裁工作会议在厦门召开,这次工作会议是继 2000 年长沙仲裁工作会议以后的又一次重要的仲裁工作会议。这次会议上,主要就国务院法制办多年一直倡导并联系全国仲裁界做的两件大事做了讨论:一是如何推行并让社会接受仲裁法律制度,二是仲裁机构向何处去?怎么办?并着重就这两件大事的三个重要部分"方向""路子"和"步子",即仲裁事业发展的方向对不对,路子对不对,步子稳不稳,进行了集中研究和探讨。

本次会议的另一特色是通过多年的实践,全国仲裁委员会尤其是副省级城市仲裁委员会已经逐渐成熟起来了。参加本次会议的众多仲裁委员会领导人员及工作人员。由于他们都是来自仲裁工作的第一线,几年的实战使他们对仲裁工作有了较深的感悟,因此,不仅会议的主题鲜明、具有战略眼光,概括理论与实践,而且参会人员的发言与讨论的水平也很高,理论联系实际,提出了很多宝贵的意见、建议和观点。

（二）会议讲话摘要

1.2001年3月8日，国务院法制办卢云华同志在安徽关于“仲裁工作的几项具体工作规划”的讲话

第一，推行仲裁法律制度，特别是规范格式合同，工作目标要量化，至少要提出个规划来，对落实情况组织检查验收。

第二，依照仲裁法的规定，合同的仲裁条款要有具体的仲裁委员会，不能老是因为仲裁协议的效力问题与法院产生分歧。

第三，要大量吸收市场经济的专家到仲裁队伍中来。目前的仲裁员队伍结构还不够合理，懂法律的、搞行政、科研的太多，懂外语、经济实务的较少，懂得如何灵活解决纠纷、如何快速解决纠纷的人才太少。许多仲裁委员会刚开始时可能过多考虑了形象设计，都请了些名人。有些希望将仲裁委员会搞成办案单位。目的一定要明确，仲裁委员会是个服务机构，组织市场经济专家解决市场经济纠纷，不能像法院那样是个办案机关。要解放思想，大量吸收市场经济的行家里手参加仲裁工作。安徽仲裁研究会的组成也应该是这样。市场经济的主体是仲裁的衣食父母，是仲裁的服务对象。有关党委、政府、人大、政协分管经济问题的领导同志，各有关行业组织的领导、大企业家，都可以是专家，他们理解和解决纠纷的能力要比我们强得多。

第四，要提高快速结案率、和解率、自动履行率，这是由仲裁制度的理念和目的决定的。快速结案是仲裁的优势所在，如果仲裁办案时间比法院还要长，当事人为什么要到仲裁这里来呢？所以对结案率也要有一个量化指标。自动履行率也是一个重要问题，有的仲裁机构做得比较好，自动履行率已经达到90%以上。对现在的仲裁制度和仲裁机构的运作方式，国内外也有些议论，但我们认为他们的说法是不客观的。不能光听人家的，不管怎么说，仲裁有这么高的自动履行率，这就是仲裁的特色、生命力。过去在这方面抓得不紧，现在我们要狠抓这项工作。

安徽省仲裁工作在全国是比较好的，政府这么支持，法制机构这么支持，有理由相信安徽省仲裁工作会走在全国的前头，也有理由相信安徽省的仲裁工作像安徽省其他工作一样通过大胆探索和大胆实践，提供好的经验供全国借鉴，为我国仲裁事业在21世纪的发展做出应有的贡献。

2.2001 年 4 月 18 日,国务院法制办卢云华同志在福建厦门关于“深入认识仲裁工作中的问题　实现仲裁事业的跨越式发展”的讲话

关于目前仲裁工作中存在的五个方面的问题:

一、关于当前仲裁工作的大局

2001 年是 21 世纪的开元之年,也是国家“十五”计划的开局一年,非常重要,今年仲裁工作做得好不好,决定着我们今后几年甚至是若干年的发展。我们是社会主义市场经济条件下第一代仲裁人,是创业者,负有时代赋予的历史使命。

新世纪的目标是什么?是全国仲裁事业的健康快速发展,是实现全国仲裁事业的跨越式发展,要快!现在,方方面面的压力都非常大,我们要改革,我们要“入世”。改革的问题是怎么使我们的政府解脱出来,怎么使我们的市场经济畅通起来;“入世”所带来的问题是怎么在发展我国经济的同时,又要保证我们的经济安全和市场安全,维护我国的民族利益。这一个个严峻的课题都摆在我们面前。

因此,我们要有大局观念。我们的仲裁员要有大局观念。仲裁工作要讲大局,从大局出发,才能做好工作。仲裁工作是一项崭新的事业,当然会有困难,但是现在不是谈困难的时候,是解决困难的时候。这次会议的价值就在这里。这次会议研究仲裁工作的宏观方面、战略方面所遇到的问题,实际上,千万困难,概括起来就是两条,一个是外部环境的困难,另一个是我们自己的困难。希望大家多想些怎么办。要解决困难,关键在于能不能快速发展。

2001 年仲裁工作的首要任务就是要快速发展,服务于稳定。我们处理具体案件要有大局观念,要能为所在地区的发展大计提供服务,不能脱离社会,脱离经济生活,更不能添乱。离开党的中心任务搞仲裁是没有前途的。最好的宣传不是报纸上有字、电视上有影、广播里有声,而是仲裁确实是为党的中心工作做出具体贡献,为人民群众做出了实在的事情。你抓住了一件事,做好了一件事,不胫而走;如果你离开了大局考虑问题,既可能做不成事,又可能做错了事。

二、要树立正确的仲裁观念

到底什么是仲裁?这个问题关系到我国仲裁事业的发展方向。厦门市仲裁委员会的张斌生同志提出现代仲裁理念。国务院法制办还专门编了一期《仲裁工作情况》下发,大家可以好好地看一看。仲裁工作进行了几年,基础理论问题还没有搞清楚,什么是仲裁?这确实是个问题。当年重新组建仲裁机构的时候,“忽如一夜春风来,千树万树梨花开”,100 多家仲裁机构就建起来了,现在发展到了 160 多家。但在实际工作中是如何做

的呢？大家都瞄着法院那套章程，那套文书，那套做法，那套格式，全照法院的做法去做了。用诉讼的方式来办仲裁，这反映了一个观念问题。现代仲裁理念先不说对今后仲裁发展的意义，至少可算是对仲裁的一个正本清源。

仲裁是为市场经济服务的，但如何为市场经济服务？我国建立仲裁制度，是因为仲裁和诉讼、行政调处有不同作用。到底有什么根本不同？应该有充分的认识。如果认识不到这一点，一开始就把路子走错了，代价就会太大，仲裁发展速度就会慢。仲裁作为一种社会经济现象，大家都有所了解，但作为一种制度，对其实质的了解究竟有多少？为什么市场经济需要仲裁？从初期的商品经济发展到现阶段的市场经济、知识经济、信息经济，为什么仲裁一直管用？我想，国外的仲裁是为建立起有利于大资本根本利益和发展的社会经济秩序服务的手段。市场经济是资本经济，追求资本增值，讲求资本效益。这个效益既有动态的也有静态的，打官司赢了有效益，这是静态的，但最重要的是动态效益。时间就是金钱，做生意的人都知道，有1000万元的本钱，1年下来转了10圈，本钱就是1亿元，效益自然就高。即使每圈利润率不变，资金周转的速度越快，增值就越大。市场经济就讲效益。仲裁起到的作用，首先就是它快速、灵活地解决市场经济竞争引发的不可避免的纠纷，使资本能够迅速地从讼累中解脱出来重新投入市场去转圈、去增值，使市场主体资本运营的联系不因纠纷的解决而中断，减少社会经济为解决纠纷而付出的代价，从而建立起维护有利于资本利益和发展的经济秩序，保证市场经济的畅通和效益。这是仲裁的作用，也是仲裁的目的。

资本主义市场经济条件下的仲裁制度是资本的工具，我们的仲裁不可能从资本主义的仲裁那儿借鉴到这种性能。对此，我们头脑要清楚，心中要有数。我们之所以借鉴，是因为我们搞市场经济也要发挥资本的作用、实现资本的增值，也要建立一套相应的经济秩序，保证市场经济畅通和效益，也要努力减少纠纷解决成本。我们借鉴国外仲裁，注重的是促进市场经济的有效性和最大效益性，而不是又搞一套司法制度与法院并驾齐驱去竞争。仲裁是社会主义市场经济的重要组成部分，仲裁制度也是社会主义法制的重要组成部分。我们将仲裁理解为经济基础，可能比理解为是上层建筑更好一些。从仲裁有效地、灵活地保障市场经济的畅通、实现市场经济的最大效益、减少市场经济为解决纠纷所付出的成本而言，仲裁也是生产力。

要有正确的仲裁观念，不能仅从功用、实用的层面来理解仲裁，而是要明白仲裁制度的实质。仲裁和诉讼有根本区别。首先，这两种制度的设置目的不一样。诉讼是惩恶扬善，体现社会正义，由国家强制力保障；仲裁追求的是市场经济的畅通、效率，解决纠纷的低成本，它的权力渊源也就不可能是国家强制力，而是市场经济对仲裁的需要，也就是某一个具体案子的当事人的选择。由此派生出另一个不同来,即行为依据的不同。仲裁讲严格依法办事,主要是讲按照仲裁法规定的程序,严格规范仲裁活动和行为,但作裁决时和法院判决不一样。诉讼是“一把尺子量天下的布,一把钥匙开天下的锁”,而仲裁需要根据每一个案子的不同特点,在不违反法律的情况下,充分尊重和广泛适用商业惯例和市场经济的游戏规则,具有很大的灵活性。国外的仲裁机构非常注重收集各个不同行业的商业惯例。

我们现在的仲裁工作还不太善于运用商业惯例和市场游戏规则,也不太注意收集这些信息。这可能与现在我们的商业惯例和游戏规则较少有关。如果言必称法律,那仲裁怎么灵活得起来?在不违反法律规定的前提下,实体处理要尊重和善于运用商业惯例和游戏规则。就像张斌生同志说的:如果你一有病,“外科手术”就来了,就给你来一刀,难免把毛病和好肉一起挖了去,伤口几个月愈合不了。这国家强制力就是“外科手术”。要是你让自己体内的免疫功能上去,既能把病毒去了,又没有开刀挖肉的痛苦,也不用付出养几个月的代价。这就是我们仲裁的优势了。

仲裁是非专门队伍处理专业纠纷,“一把钥匙开一把锁”。这个纠纷让谁来解决合适,让哪类专家来解决合适,最主要的是找最适合解决这类纠纷、最明白解决这类纠纷的依据、最能巧妙运用各种灵活方法的专家来,要成立“特定的”“个别化的”组织来有的放矢地解决纠纷。可见仲裁庭与审判庭不完全一样。仲裁讲究“针对性”“个别化”。所谓“按照市场经济的要求,遵循市场经济的规律,组织市场经济的专家”,就是利用各式各样的专业人士解决各种类型的案件。不是一个仲裁员可以处理所有的案子,也不是让仲裁员来轮流办案,所有的案子“均贫富”,轮到标的大的算你运气,轮到标的小的算你倒霉。如果这样,似乎解决了仲裁委员会内部的组庭问题,而实际上却并没有按照市场经济的要求真正地解决问题。认识到这一点很重要。

关于开庭方式问题。法院过去的审判方式叫纠问式,后来改成抗辩式,与国际接轨了。仲裁要采取怎样的开庭方式?仲裁庭要尽量磋商,不能弄得那么森严,一进去就拉开架式准备打架。仲裁庭也不能一开庭就东问一句,西问一句,弄得双方唇枪舌剑。在此种氛围下找不到解决纠纷的办法。仲裁庭一开始就应该有个尽快解决纠纷的意识。

仲裁要考虑过错是非,但更重要的要考虑仲裁的目的是什么,是促成和解还是其他。法院是过错责任制,目的在落实责任。仲裁活动的目的是要促使双方和解,今后继续合作。因此,如果搞清双方当事人的责任有利于达到这个目的,仲裁庭就应去搞清楚。如果越是搞清责任就越难使双方当事人靠拢,仲裁庭就不必过多地纠缠细枝末节,还是要立足双方合作大局,去努力探寻双方都能接受的解决方案。因此,仲裁的开庭方式不一定要像法院那样,也不一定就做个包青天。前两天,有的同志提到“仲裁主持人”,我赞成这个说法。仲裁庭的角色就是主持,双方是在你的主持下解决了纠纷,而不是在你的审问下确定了谁有毛病谁没毛病。从根本上解决开庭的对抗性问题,建立磋商性、协调性开庭模式,这才能形成我们仲裁的特色。

现在的问题有两难:一难是仲裁自己将自己按照司法程序的模式来进行,另一难是有的法院也把仲裁按照他们的做法来带动。仲裁委员会与法院加强联系,不是要双方找共同点,而是相互介绍不同点。如果把两者作为一样的事情理解,永远不可能从根本上解决两者的关系问题。所以加强与法院的联系,要多让法院了解仲裁,特别要让法院了解也让我们自己清楚仲裁与诉讼有什么根本的不同。在这个基础上才能衔接得更好。

从目前案子情况看,仲裁受理的数量还比较少。怎么认识这个问题?首先,仲裁作为市场经济发展这么迫切需要的一项制度,效益还没有充分发挥出来,这是一个比较严重的问题。第二个比较严重的问题是,现在大量的民商事纠纷还由国家管着,国家还在付出人力、物力和财力等公共资源,为保证市场经济运行畅通付出了巨大成本。更由于因解决纠纷而导致的资本停滞、市场经济主体合作停止等间接损失,付出的成本就更高。而在国外,由于广泛地采用仲裁等非政府干预的方式解决经济纠纷,成本要低廉得多。加入WTO后,在融入经济全球化过程中,这就难免造成竞争的劣势。无论仲裁也好,法院也好,政府机关也好,都应从大局考虑这件事。应该减少国家本来不该管、也管不了或者管理起来也未必能管好的事情。不是说谁和谁争案子,也不是维护哪个行业的利益。从鞍山会议起,我们就讲仲裁是市场经济自我完善的一种机制,这些纠纷未必都需要国家干预,未必都需要司法和行政来解决。

基于仲裁的特色以及它与司法制度的区别,仲裁委员会的工作要考虑规范化问题。究竟怎么规范暂且不谈,但至少要把握一条原则,就是尽量不要去试图复杂化、程序化,要尽量有利于双方当事人快速解决纠纷,一定不要去按国家干预的方式来制定规范。本来两个当事人走进仲裁已经疲惫不堪了,仲裁就不要再折腾他们,也不要再让他们继续发生损失了。虽然走进仲裁的都是经营的失败者,但希望走出去的都是纠纷解决的成功者。

另外,仲裁也需要转轨变革,要树立现代仲裁理念,变革仲裁方式。最近,江泽民同志讲了要坚持依法治国与以德治国的统一,仲裁工作也是这样。法律要能集中地反映和满足德治的本质要求,执行法律也要能够始终贯穿和充分体现德治的精神,真正实现德治的要求,两者是紧密联系,相互融通的。仲裁工作既严格依照仲裁法的规定走每一步的程序,又要在解决纠纷的时候,弘扬有利于社会主义市场经济发展的精神、文化、信念等。市场经济的诚实、信用、公平等,既是市场主体的行为准则,更是道德规范。仲裁在促使双方和解时,实际上也是对市场主体进行着道德规范的教化和德治的宣扬。仲裁工作要把法治和德治有机地高度地统一起来,仲裁事业才能发展起来。

在解决仲裁员队伍建设问题的时候,大家都说仲裁是专家办案。仲裁需要找一大批能够快速解决纠纷的专家,能够有效进行调解的专家,能够解决纠纷不留后遗症达到自动履行的专家。仲裁专家更需要的是能够灵活应用市场经济的惯例和游戏规则,能够比较准确地把握双方的矛盾与症结,能够迅速地找到一条双方都能走、都愿意走的道路的专家。这需要我们去发现和培养。这样才能使我们的仲裁工作极富生命力地向前发展。到那时,仲裁的生命力就牢牢植根于市场经济当中了,只有市场经济这块土壤才是仲裁生长、发展、壮大、生根、开花、结果的土壤,只有市场主体才是仲裁的衣食父母。

三、关于贯彻长沙会议精神

“发展我国仲裁事业,推行仲裁法律制度是根本,融入市场经济是关键”,这是对这几年仲裁工作进行总结和概括出来的全局性问题,是带有根本性的问题。尽管全国160家仲裁委员会问题不一样,形势也不一样,但总的要求大体一样,基本战略和方向都一样。贯彻得好,仲裁事业就发展。贯彻得不好,仲裁事业发展就不大。

贯彻长沙会议精神,第一是修改格式合同、示范文本。国办发22号文件对此有规定。这项工作要提出明确的工作指标,即格式合同的修改率。第二是落实仲裁协议的指标。按仲裁法的规定,有效的仲裁协议中必须有明确具体的仲裁委员会。现在市场主体对仲裁了解还不太多,在这种情况下,大家要去帮助市场主体签下有效并且对他们比较合适的仲裁协议。对此也得有个指标。第三是“三率”指标。原先提出的“两率”,即“调解率”和“自动履行率”,再加上“快速结案率”。“三率”能鲜明地体现仲裁的特点和优势,也能检验仲裁工作的水平。

四、关于吸收市场经济的专业人士参加仲裁工作

对此,要有个明确的规划。深圳成立了仲裁发展委员会,武汉建立了“平台”,青岛也在这么考虑,这些都是好事。我们要把市场经济的专业人士吸收过来,就像国外商会办仲裁,仲裁就在市场经济中,它与市场经济有天然的联系。中国的仲裁最初虽由政府组建,但不能远离市场主体,市场主体是仲裁的服务对象不把他们吸收进来就不知道他们有什么需求。总而言之,全面落实长沙会议的精神,使仲裁事业发展得更快些。推行仲裁法律制度等一系列工作,是把仲裁这颗“卫星”送入预定的轨道。现在正在进行当中,一旦仲裁真正回归、融入市场经济,才真正进入了正确的轨道,就可以自行运行了。

五、关于仲裁与中国加入世贸组织的关系

"入世"是我国的一件大事，有关专家对此也提出了不少好的意见和比较实际的考虑，对于仲裁来说大致有这么一些：例如，"入世"后会不会有外国专业人士担任我们的仲裁员？将来的仲裁文书会不会有一些变化？会不会有外国律师代理参加我们的仲裁工作？仲裁的依据是否要国际化？国内法与国际公约怎么考虑？还有仲裁程序的国际化问题，国外仲裁机构的竞争问题，国内仲裁市场的开放问题，等等。

总体上看，我国仲裁市场的开放问题、受冲击的问题并不像想象的那么严重，不过有两个问题需要我们考虑：一是"入世"以后国人选不选你；二是外国人认不认你。目前集中解决国人对我们的选择问题。不能这个问题还没解决好，中国人不选择我们自己的仲裁委员会，外国人又来了，那恐怕就有问题了。总体来讲，"入世"对我们仲裁工作提出了更高的要求。一方面，我们的民族利益可以利用"入世"的契机得到发展；另一方面，我们也要按承诺开放我们的市场。那个时候，既要发展我国经济，又要保障我们的民族利益、市场安全、经济安全。怎么发挥仲裁的作用，也就是说仲裁怎么为发展我国经济、维护我国的民族利益、保证我国经济安全发挥作用？我们的国有企业或国有资产占主要比例的这些企业，将来"入世"以后，是不是应该有觉悟或者有意识地在对外经济交往中选择中国的仲裁机构呢？现在看来有这个条件了。过去，我们主要是吸引外资，在对外开放过程中，为吸引外资，对方要去斯德哥尔摩，中方不能不去，明知裁决有可能不利也要去。"入世"以后，外方想进入中国市场，对外开放形势发生了变化。那时，为了维护民族利益，应该充分运用仲裁手段解决经济贸易纠纷了。

关于对副省级城市仲裁工作会议的希望。副省级城市仲裁委员会是一个走在前面的群体。你们的优势、你们的贡献、你们的地位都显现出来了，我相信还将进一步凸显。现在全国有160家仲裁机构，从客观上说，让160家齐头并进，那是不可能的，不会"十个指头一般齐"，这是个规律。就我们这个团队来说，希望始终能当好"领头羊"，人们对这个团队寄予厚望。从数量上说，目前这个团队只占到全国仲裁界的1/10多一点。如果这个团队能走在前头，会给全国仲裁起一个示范作用，对全国仲裁事业也是一个很大的带动与启迪。如果这个团队的经验变成全国的经验，那是对全国仲裁的贡献！这就需要同志们在仲裁实践中闯出新的经验，迈出大的步伐，给全国仲裁做出样板。

国际经济形势与国内经济形势正在迅速发展，每一步发展都对我国的仲裁工作提出了更高的要求。面对日新月异、瞬息万变的经济全球化的发展和空前激烈的国际竞争，如果我们的社会还不习惯仲裁，我们的仲裁机构还不善于仲裁，那么就将使我们的国家、我们的民族在经济全球化的形势下，因为解决经济纠纷付出的高昂成本而处于竞争的劣势！这是一项极其严峻的挑战。仲裁与国家经济息息相关。我们要勇于挑起维护和促进国家经济发展的重任，做出我们的贡献。

3.2001年4月20日，国务院法制办卢云华同志在深圳关于“树立正确仲裁观念 解决仲裁发展中的问题”的讲话

从全国情况看，仲裁机构重新组建以来，仲裁事业取得了比较大的发展。

成绩是主要的，但工作中也还存在很多问题，这些问题概括起来说是发展中的问题。凡是发展得比较好的仲裁委员会，问题就在不断深入地提出；凡是发展得不太好的仲裁委员会，问题就永远是那么几个。所以，从这个意义上说，高水平的仲裁机构就能提出高水平的问题，也就能提出高水平解决问题的办法。

现在，解决问题的基本方针已经明确，这就是：发展我国仲裁事业，推行仲裁法制度是根本，融入市场经济是关键，我们概括称为长沙会议精神，希望同志们认真贯彻，大胆实践，勇于创新。此外，根据国务院领导同志的意见和《仲裁法》的规定，中国仲裁协会的筹建步伐正在加快。我们考虑协会筹备要掌握一个原则，这就是既要能发展得了，又要能规范得住。具体来说，通过筹组协会要为我国仲裁事业的健康发展提供比较好的保障，使我国的仲裁事业能够上一个台阶。同时也能有效地对仲裁工作实施监督，切实搞好自律。

这里我想专门谈谈观念问题。推行仲裁法律制度也好，融入市场经济也好，贯彻长沙会议精神也好，前提是要解决观念问题，从根本上解决什么是仲裁，怎么干仲裁。这个问题已经非常严峻地摆在我们面前了，因为它决定了我们的发展方向。仲裁是商品交易的产物，随着市场经济的发展，如今已经在国际上被广泛地采用。之所以长盛不衰，实质在于符合资本的需要，即建立一个维护资本增值、保护资本发展、降低解决纠纷的成本，从而建立实现资本效益最大化的经济秩序。仲裁在长期的市场经济发展中获得了自己的生命力，它运用市场经济的规律和方法来解决市场经济的纠纷，从而获得生存和发展的动力。它的生命力在于市场经济内在的资本效益需要。有市场经济就有竞争，市场经济就是竞争经济，竞争是不可避免的。为了使竞争中产生的不可避免的资本利益纠纷能够得到迅速的解决，降低社会经济为解决纠纷付出的成本，仲裁就产生了。所以，仲裁是保证市场经济畅通，使市场经济体制性地获得效率的一种重要制度。若有同志问，仲裁是上层建筑还是经济基础，我倾向是经济基础；仲裁是生产关系还是生产力，我看是生产力。

仲裁与诉讼,作为两种市场经济条件下解决纠纷的基本方式,不能说是因为司法腐败,而是因为两者有着根本不同的社会需求和功能、作用。现在,仲裁所受理的案件,只占全社会民商事纠纷的很小一部分,大量的案件要靠国家和政府投钱、投人力,消耗着公共资源来办理。这种现象说明,我们为了保证经济正常运行付出了极高的社会成本。仲裁是市场经济内部自我完善、自我解决纠纷的机制,它付出的社会成本是非常小的。在经济全球化的趋势下,我们的民族经济就要融入全球经济,如果我们继续高成本地解决经济纠纷,在激烈的国际竞争前,我们就会处于劣势,更谈不上实现资本效益最大化了。

仲裁、诉讼这两种制度功能不同,还决定了他们的活动方式不同、依据不同。诉讼制度是拿"一把尺子量天下纠纷","一把钥匙开天下锁",而仲裁要坚持"一把钥匙开一把锁"。诉讼制度在法律有规定的情况下,多判一点儿,少判一点儿都不行,而仲裁的特点或者称为灵活性是在不违反法律的情况下,更多、更广泛地运用商业惯例来解决纠纷。

当前,两种制度衔接还不够顺畅,原因是多方面的。一方面,法院的同志对仲裁还理解不多,包括市场主体对仲裁都缺乏理解,更重要的是我们的同志还没有树立正确的仲裁观念,还不太会仲裁。另一方面,许多仲裁机构基本上按照法院的工作方式来仲裁,努力朝"第二法院"方向走,自觉不自觉地往诉讼上靠,程序越来越复杂,越来越讲究诉讼那套模式。这么做的结果,我们要付出代价,更重要的是市场经济要付出代价。

要融入市场经济,要改革仲裁方式。要从一接案子开始,就用全新的理念、指导思想解决纠纷。国际上的趋势就是逐渐淘汰采取对抗式的方法解决民商事纠纷的办法,代之以更灵活、更平和的解决纠纷的方式。我们最主要的任务是迅速解决纠纷,用市场经济的办法,组织市场经济的专家,用灵活的方式解决。应该注意到这样的一种经济现象:当经济发展速度快的时候,纠纷就少。因为精力、财力都用去增值;当经济发展停滞缓慢的时候,资本链发生断裂,经济纠纷就出来了。仲裁追求的就是迅速解脱资本,实现市场经济的动态效益,也就是最大效益。

融入市场经济,要提高快速结案率、调解率、自动履行率。这"三率"是仲裁本质的必然要求,也是仲裁方式改革的最主要的目的。进一步说,也是解决我们最主要的困难和问题的一个根本途径。仲裁一裁终局不是仲裁委员会的权力一裁终局,也不仅仅是程序上一裁终局,而是一裁了结纠纷。仲裁是专家仲裁,"专"在哪里?就专在"三率"上。我们需要的是能够迅速解决纠纷的专家。

仲裁活动不仅要严格遵照《仲裁法》的规定,而且在解决纠纷过程中要充分弘扬市场经济所应遵守的道德规范。立法工作要充分地本质地反映德治精神,执法工作也要能够集中、生动、具体地体现德治的基本要求,我们的仲裁工作就更要体现德治精神,体现协调、和解精神。这才是一个健全的现代化的社会发展的要求。互相对抗不是仲裁有效地解决纠纷的最佳方式,仲裁应该磋商解决,使两方当事人尽快和解,给双方共同的出路。坚决不要对抗,减少辩论,缓解双方因对抗形成的纠纷的不可解决性,这是趋势。有一种说法,两个当事人走进这个门的时候都是失败者,但当他们共同走出这个门的时候都是成功者,这应该是对仲裁的生动写照。

当前,仲裁的发展实际上受两个问题制约。一个是社会环境,另一个是我们的工作方法。对我们来说,要把这两个问题结合起来解决,方针就是长沙会议精神:发展我国仲裁事业,推行仲裁法律制度是根本,融入市场经济是关键。

贯彻长沙会议精神要立足全面落实,从两方面进行落实:一是合同示范文本的修改要规定明确具体的指标;二是按照《仲裁法》的规定,合同必须要有明确的仲裁机构,所以要与当地政府相互配合,协助当事人确定具体的仲裁机构,对此,也要确定指标。各地要落实好国务院22号文件。

4.2001年6月4日,国务院法制办卢云华同志在浙江湖州关于“深入认识仲裁工作的特点 积极开展消费争议仲裁”的讲话

听了消协对发展我国仲裁事业的意见和建议以后,强烈地感受到全国消协的同志们对运用仲裁的手段、发挥仲裁的作用来解决消费者和经营者、生产者之间纠纷的迫切愿望,也深切地感受到消协的同志保护消费者合法权益所付出的辛苦、献身精神和敬业精神。实际上,同志们的发言也是对全国仲裁工作的推动和促进。在社会主义市场经济全面推进的过程中,认真地研究这个问题,无论是对贯彻仲裁法也好,还是贯彻消法也好,以及发展我国的仲裁事业,促进社会主义市场经济健康发展也好,都是有意义的。

5年多前,全国人大根据党提出的建设社会主义市场经济的需要制定了《仲裁法》,1995年9月1日起正式实施。在实施6周年到来之际,我们研究这个问题,探索这个问题,应当说既有理论上的意义,也有实践的意义。仲裁事业是我们大家的事业,是全国的事业,需要全国人民来支持。这是一项发展社会主义市场经济的重要事业,不仅要得到市场经济方方面面的支持,也应该得到全国各行各业的支持。我们非常高兴也非常感谢中国消协、中国法学会在仲裁法实施6周年即将到来之际,反映了消协的同志,可能也反映了广大消费者对发展我国仲裁事业的盼望和渴求。

仲裁法实施以后,根据仲裁法的规定和市场经济的要求,在全国范围内对仲裁机构进行了重组。重组阶段,在各市人民政府的正确领导下,在社会各界的支持帮助下,我们

很快在全国建立了一批新的仲裁机构。这些新的仲裁机构摆脱了过去行政机关办仲裁的特点，摆脱了把一个统一的市场人为地分割开来解决纠纷的仲裁状况，代之以一种新型的、能够适应和满足社会主义市场经济统一大市场需要的、解决经济纠纷的这么一种机构体制。在这个过程中，我们各个政府机关发挥了很重要的作用，包括工商行政管理机关，包括过去兴办和主管仲裁的行政机关，它们都能严格按照法律的规定，接受重组。截至目前，我国已经新组建了160家仲裁机构，其中也包括历史上形成和继续延续下来的中国国际商会组建的中国国际经济贸易仲裁委员会和中国海事仲裁委员会这两家。这些仲裁委员会既设立在经济比较发达的沿海地区，也设立在经济相对不太发达地区，从南到北，从东到西，基本上形成了一个能够满足我们国家经济发展需要的仲裁工作体制。通过重组工作，我们不仅成立了能够有效解决经济纠纷的仲裁体制，而且为社会主义国家的市场经济的形成、建立和发展树立了比较好的形象。我们在拉萨也成立了仲裁委员会，这就向全世界宣告了我们推进社会主义市场经济建设的决心。

在组建仲裁机构的同时，我们按照仲裁法的规定，建立了一支高素质的仲裁员队伍。应该说仲裁法对仲裁员的规定，是我国国内各个行业标准最高的。这批高素质的仲裁员队伍，对保证仲裁案件的质量，树立中国仲裁制度的良好形象，起到了非常重要的作用，这是非常必要的。我们还建立了一支仲裁委员会工作人员队伍，这支队伍应该说是比较优秀的。我曾经到过许多仲裁委员会看了，这些工作人员的年龄结构、知识结构都是比较好的。同时，我们也建立了仲裁委员会的领导队伍，这包括主任、副主任、秘书长和委员。他们既有来自政府机关的，又有来自中介组织的，还有企业家；既有从教学科研单位来的，又有实践经验非常丰富的，结构应该说是较好的。

几年来，全国仲裁机构受理了几万件经济纠纷案件，标的金额几百亿元，自动履行率达到了80%左右。这个制度通过解决经济纠纷，有效地化解了市场主体之间因为纠纷产生的矛盾和经营隔阂，使停滞的资本能迅速地投入市场产生效益，发挥出了保障市场经济正常运行的作用。这个制度在社会主义市场经济中的地位和作用正逐步显现并发挥出来，也正在得到社会的承认。应该说几年来我国仲裁事业的发展是社会主义市场经济的重要实践。

总结这几年来仲裁事业发展的正反两方面的经验，就是两条：第一条是仲裁工作要坚持为社会主义市场经济服务，为党的中心工作服务。事实证明这一条不能丢。什么时候坚持了这一条，仲裁事业就有正确的发展方向，就能得到快速发展并取得成功。第二条就是要严格依法办事。关于消费争议仲裁，仲裁委员会通过处理这些和人民群众切身利益密切相关的纠纷，赢得了仲裁委员会在人们心中的良好形象，赢得了政府对仲裁委员会的信任。现在许多地方政府已经开始把那些和消费者有直接利益关系的纠纷,有的是突发的、群体性的纠纷,交给仲裁委员会处理,仲裁委员会在这方面发挥了为政府分忧、为消费者解愁的作用。虽然我们这几年的仲裁工作取得了一定的成绩,还是不能估计过高,几年来全国仲裁的收案量以每年百分之二十几的速度递增,市场经济主体正在逐步地认识仲裁的独特作用,但是和市场经济的要求相比,发展还是慢,还要更快一些。我们的目标是要实现我国仲裁事业的快速健康发展,在现阶段要实现跨越式发展。为此,要认真解决存在的问题。

仲裁法律制度是市场经济内部自我完善的机制,不是国家干预形式。仲裁法确定的仲裁制度既要借鉴国外一些好的经验,更重要的是从我国国情出发。因为我们现行的仲裁制度和国外的仲裁制度既有相同之处又有不同之处。国外发达国家的、资本主义国家的仲裁,我理解就是大资本统治中资本、小资本的工具,是有利于资本增值、资本运行的制度。所以很多仲裁是行业仲裁,就是几个大老板组织,找了一帮子社会“贤达”,管着一帮中资本和小资本。有事在行业内部解决,不让国家干预他。但它有形式上比较平等的一些东西,让中小资本家能够接受。你要不同意,你要违反游戏规则,你就被淘汰出局。同时,它又派生出一些保密、灵活的特色。它的裁决依据是什么呢?主要是它那个行业惯例、游戏规则,它不可能按社会公共标准来裁决,它用行业标准统一和占领市场,巩固资本的统治地位。但是它客观上能够起到密切、恢复市场主体之间的联系的作用,客观上起到提高资本运营的有效性的作用,不因打官司让钱停在那里,这是资本运营理论。千万的资本转10圈,利润率不变,比转5圈高1倍,这就是时间、金钱的概念。本质上仲裁是为资本增值服务的,它和国家干预体现社会正义是根本不同的,这也决定了解决纠纷的一系列方法都和国家干预的形式是不一样的。那么我们借鉴的是什么呢?我们借鉴的是促进市场经济运行顺畅的这种效益,通过迅速地、灵活地、经济地解决市场经济的纠纷,降低市场经济的运营成本,将资本尽快地投入使用、增值。我们知道市场经济追求的是经济利益的最大化,追求成本的最低限度。市场经济是竞争经济,那么在竞争中就不可避免地有利益碰撞,利益碰撞不可避免地要形成纠纷。为了维护资本市场的整体利益,采取适当的方式,迅速地解放资本,解脱资本,迅速地恢复市场经济主体之间的联系,提高市场经济运行的效益,实现资本增值和资本的目的,充分发挥仲裁的作用是很重要的手段。总之,我们的仲裁制度是市场经济的重要组成部分。我们把它概括为,仲裁就是按照市场经济的要求,遵循市场经济的规律,组织市场经济的专家,运用市场经济的办法,来解决市场经济的纠纷,从而保证我们的社会主义市场经济顺畅高效地发展。我们的仲裁应该就是这样。我们的任何一个仲裁机构都不是办案单位,是组织市场经济的专家,为当事人提供服务。仲裁机构不能像人民法院那样办成办案单位。

在全国仲裁事业发展的同时,存在一个很重要的问题,就是社会对仲裁制度的认知度不高。仲裁业的同人还不太善于仲裁,还没有做到按照市场经济的要求,遵循市场经济规律来搞仲裁。仲裁机构重新组建以后,“忽如一夜春风来,千树万树梨花开”,一片新的仲裁委员会都成立了。但接下来如何做?基本是按照法院的模式。我们的一些同志,都喜欢瞄着法院去。我们一定要简化程序,不能一切都照着法院去。处理纠纷的方法,处理纠纷的工作程序,包括我们处理纠纷取得成果的体现形式,不能都照着法院去。因为司法制度和仲裁制度是两种根本不同的制度。仲裁法并没有制定非常繁复的程序,受理就是5天之内,期限只能提前。而我国的诉讼法规定大都有下限,在这个时间之内不能干,为了保护当事人的诉讼权利,不能加快。仲裁不是这套制度。我从另一个方面理解这个问题。仲裁制度是干什么的?仲裁制度就是赶紧把他们之间的纠纷给解决了,让他们干他们本来应该干的事去,不是要写一篇洋洋洒洒的论文让他们去看去学习。仲裁最本质的东西就是这样的,凡是走进仲裁这扇门的,他们都是失败者,出于各种各样的原因碰到纠纷了,失败了;但是经过仲裁,到他们走出这扇门的时候,他们都是成功者,为什么呢?因为他们选择了一种非常好的方式解决了纠纷。他们以他们本身的素质和良好的愿望,始终牢记他们来时的最终目的,不是为了来争口气,而是你让一让,我让一让,妥善解决纠纷,这个时候他们走出仲裁大门就都是成功者了。因此,在裁决的时候,如果分清是非有利于调解、自动履行,就去分清;如果能解决纠纷,就可以不要再纠缠细枝末节,这种情况就不要去干涉。这和司法制度是不一样的。

面对社会认知度不高,面对我们自己的同志还不太善于仲裁,我们在1998年以后陆续提出了全国仲裁工作的指导思想,大力推行仲裁法律制度,提高社会对仲裁制度的认知度。2000年以后,我们在总结全国仲裁工作5年来正反两方面的经验和实践的基础上,又提出一个指导思想或者说是基本战略:发展我国仲裁事业,推行仲裁法律制度是根本,融入市场经济是关键。根据这一指导思想,我们提出了一系列的具体工作要求。比如,各个地区、各个行业,都要按照国务院办公厅22号文件的规定。把仲裁这个解决纠纷的方式,规范在格式合同里。仲裁这个好制度不能只攥在少数人手里,要交给人民群众,交给市场经济主体。而且要根据仲裁法的规定,引导市场经济主体学会签订规范、合法的选择仲裁方式的合同。此外,要努力体现出现代仲裁的特征,要提高“三率”。快速结案率,这是第一条,必须要快,不能拖。纠纷已经解决了,人家已经和解了,你还关在家里写一个星期的裁决书,那是不行的。再一个要提高和解率,要努力在和解上下功夫,而且要定出具体指标,要用这个指标作为考核仲裁员、考核仲裁委就是说我们今后挑选仲裁员,不是看你别的才能,而是要看你解决纠纷的能力,如果你这一个仲裁员办10个案件全裁了,绝不是好仲裁员。我们有一个仲裁委员会,它受理了一个案件,一个房地产开发商把同样的房子卖给了两个用户,这两个用户因为开发商违约都去仲裁委员会告状了。这两个案件分别由两名教授担任首席仲裁员,但得出的结论是完全相反的。真理不是只有一个吗?如果两个结论都一样,真理可能在你手里,两个不一样,真理就不一定在你手里。仲裁委员会要在裁决上盖章,问题就出来了,怎么能盖出两份意见完全相反的裁决文书来呢?与仲裁员协调也没有结果。当地仲裁委员会的同志就向我请示,怎么处理仲裁委员会和仲裁庭的关系。我说不对,这件事你们没有想准,不是怎么处理仲裁委员会和仲裁庭的关系,像这样的仲裁员你们今后不能要。拿着我们市场主体的权利,拿着我们消费者的权益,在打你们俩的争名官司,这样的仲裁员怎么能要呢?我们要改善、改进我们的仲裁员队伍,由一批善于解决经济纠纷、能够保证快速调解自动履行的行家里手来当仲裁员,这才是我们的专家办案。

同时,要变革我们的仲裁方式。仲裁要坚决反对对抗,减少辩论,建立磋商协商机制。你要居中,"仲"字人字旁一个中,人要站在中间,不是居上,但你居中也得考虑方式,如果你学的是法院的方法,左问一句,右问一句,再问当事人对不对?他当然说不对,他能说对吗,说对就变成他承担责任了。所以你得注意方式,不能弄得两边打架。另外律师参与有好处,但是也存在问题。争议解决要尽量平和,要少辩论,要共同往一处想,事情都发生了,就看现在怎么办。解决夫妻俩打架,找德高望重的邻里老先生老婆婆来劝架,如果这个老先生老婆婆上来就说你这儿不对,说他那儿不对,你是劝架来了还是打架来了?你总得说一些和好的话。我国仲裁不是在封闭条件下搞的,将来还要和国际接轨,我们的方式也要接轨。仲裁处理纠纷的方式总的原则是建立磋商协商机制,在平和的环境中解决纠纷。如果气氛杀气腾腾、过于森严,让人一进来就自觉不自觉地抖擞起战斗精神来了,这样不好。如果环境很温馨,当事人到这里来就要遵守礼仪,不能有过激的话,而要有协商精神。

最后一条就是服务于市场经济。仲裁应该广泛地吸收市场经济方方面面的人才。在我们国家包括国家机关中为市场经济服务的部门,还有一大块就是和市场经济密切相关的中介组织和社会团体,它们中间也有市场经济的专家,还有一部分就是企业家。一定要团结这几块人士来参加仲裁、支持仲裁,仲裁才有生命力。这些就是长沙会议对当前仲裁工作的基本指导思想和要求。长沙会议的时候我们还请了一部分国家机关参加。这些国家机关,既有搞市场的,也有管理国有资产的,也有和消费者权益有关的。继2000年和建设部、国家工商局商量对全国建设系统的11种合同进行了规范,写入了仲裁条款之后,2001年又和建设部联合下发了一个在全国建设系统进一步推行仲裁法律制度的意见。这些意见的核心就是在仲裁法规定的框架内,充分发挥建设行政主管部门和全国建设企业的积极性,把建筑领域的仲裁工作推上一个新的台阶,最近全国仲裁机构正在贯彻落实这项工作。

第二个问题是当前进一步积极、依法开展消费纠纷仲裁工作。实际上在过去也好、现在也好,根据仲裁法的规定,全国各地仲裁委员会都在处理有关消费纠纷。消协的同志们代表着消费者的利益,致力于保护消费者利益,呼吁把五种手段都用起来,都用足。另一方面要发展我国仲裁事业,也迫切需要运用仲裁方式解决好这些纠纷,所以说在这个点上我们是共同的。发挥好仲裁的作用,解决好消费纠纷,无论是站在消协的角度,还是站在发展仲裁事业的角度,站在全面贯彻落实仲裁法的角度来讲,都是共同的。我们搞仲裁的,特别需要讲一些共同的话,找一些共同点。

仲裁工作以促进社会主义市场经济发展为己任。消费者、生产者和经营者之间的关系,实际上是市场经济中重要的一部分。我们说市场经济是效益经济,它的效益怎么体现?货币或资本转化成商品再转化成货币资本,最终利润的实现、资本增值的实现,都落在消费者身上。在这地方发生了纠纷,发生了问题,我们的市场经济运行的一个重要环节就发生了问题。比较好地解决这个环节的问题,对实现市场经济的效益是大有好处的。

但是,还有比较难解决的问题。对消费者国家是实行特殊保护的,就是根据消费者保护法来保护,但是这些是特殊保护措施,是否完全适用于仲裁机制,需要研究。我们要保护市场经济生物链这个环节的顺畅,也要体现公平;既要保护消费者,也要保护经营者和生产者的利益,一视同仁,可是对消费者的特殊保护怎么解决?这是一个问题。比如,关于双倍返还的问题,双方当事人商量商量,返还1倍半行不行,是否能协商?还有,由于生产者、经营者的责任所造成的由国家公法解决的问题,国家干预的问题,能不能私了?如果说造了假酒,导致一家死了五口人,还剩的一个家人提出与厂家私了,反正人死而不能复生,赔笔钱就得了,行吗?这些事情能协商吗?所以对消费纠纷的仲裁工作一是要积极开展,二是要严格依法进行,还要认真地去考虑包括体制、方式的一系列问题,不能和别的法律冲突了。我们说积极地开展消费争议仲裁的探索工作,实际上是要解决好消费者权益保护法和仲裁法以及和我们国家其他法律之间的关系问题。特别是传统的仲裁解决的是资本关系,现在在消费领域要解决的是生产者、经营者与消费者的关系,如何运用仲裁解决要探讨。另外,“入世”以后,还要面对国外的消费者,你怎么解决消费纠纷。特别是我们的裁决按照《纽约公约》的规定(参加的120多个地区和国家,其中有

90 多个是世贸组织的签字国)在签字国和地区都应该是生效,但咱们的裁决跑到外国那儿能不能得到切实的执行,还得研究。所以我们鼓励全国仲裁界对这些问题进行积极地探索。

当然,我也不否认我们仲裁委员会的有些同志对小额消费纠纷重视不够。其实消费纠纷不等于就是小额,可能小额比较多,但小额不等于是消费纠纷,这两者并不是等号关系。可能我们有些仲裁委员会对此重视不够,对受理案件规定了门槛。我在这儿跟大家说清楚,无论是人大立法也好,还是国务院的规定也好,都没有这样的规定。国务院的仲裁收费办法第 1 条就是,对标的额1000 元以下的收40 ~ 100 元。从这个规定本身看就没有说有限额、有下限。关于下限的说法、做法都是错的。希望各地仲裁委员会都要重视解决这个问题,不以善小而不为。

此外,在研究消费纠纷仲裁问题时要坚持科学的态度,要实事求是。因为有几个界线划起来比较困难,如消费争议有的涉及健康权、生命权等,仲裁都能以货币化的方式解决吗?我的意思是探索要科学。好在我们保护消费者合法权益有五种渠道,一种渠道保护一部分权利,另一种渠道保护另一部分权利,加在一起不是全保护了吗?要有机地结合起来,立法不是简单地排列,你要把能用的五种手段都用足,不能靠一种手段包打天下,仲裁也不能包打天下。

另外,也要考虑有组织地进行。在全国仲裁工作发展过程中发挥政府法制工作机构的作用,这是历史形成的。我们主要负责联系全国仲裁工作,有两个任务,一个是搞重组仲裁机构,另一个是筹建中国仲裁协会。有的仲裁机构不太愿意接受合理监督,既希望社会地位上能像国家公务员那么高,说话算数的时候像国家机关一样的有效,有了收入以后又希望在内部管理上能像律师事务所那样灵活,天下哪儿去找这样集百家优势于一身的组织去?这实际上关系到我们仲裁机构发展方向的重要问题。究竟要办成公益性、服务性的组织,还是要办成营利性的组织;究竟要办成政府机关、"二法院",还是按仲裁法要求办成为市场经济提供仲裁服务的组织。在这个过程中我们要求各地政府法制机构要在方向上坚决把住,不能偏。对这项新兴的事业,我们始终关心的就三件事:方向、路子、步子。方向对不对,路子对不对,步子稳不稳,到什么时候都要把握这 6 个字。这么一项新的事业探索起来难免出错,方向对的话,不怕出错,错也错不到哪儿去,改了就好了。但是你方向要是偏了,就要出大错。我们对各级政府法制机构一直要求,要帮助仲裁委员会解决前进发展中的问题,协调好方方面面。政府法制机构只有帮助仲裁委员会解决发展中的困难的义务和把住正确发展方向的职责,绝没有干预仲裁委员会依法仲裁和侵犯仲裁委员会合法权益的权利。现在,对仲裁工作还是坚持这一条。希望我们在座的政府法制机构的同志和全国政府法制机构的同志也能坚持好这条,共同把仲裁工作做好。

我们的仲裁实践确实存在不太完善的地方,原因是多方面的。仲裁毕竟和消协处理纠纷不一样,全国仲裁事业怎么搞,希望大家继续讨论,也欢迎消协的同志们对全国仲裁事业的发展做出自己的贡献。至于说我们的哪些工作在哪些具体地方存在问题,我想通过这次会议大家的认识也都有提高。消协的同志,你们是维护消费者合法权益的,你们是不会有私利的,你们不是为了争你们消协的一块天地,只要有了这个觉悟就不要怕,不要顾虑种了别人的地,为他人做了嫁衣。不要考虑这个,仲裁委员会也不要考虑这个,在这个前提下问题都能解决。

5. 2001 年 10 月 25 日,国务院法制办卢云华同志在深圳关于“贯彻长沙会议精神办好深圳仲裁发展委员会”的讲话

《中华人民共和国仲裁法》颁布 6 年多了,对仲裁的认识在很大程度上反映了对市场经济的认识。一个地区仲裁工作搞得好不好,和这个地区按照市场经济规律组织经济活动搞得好不好有密切关系。

深圳成立了仲裁发展委员会,在全国是第一家。在这之前,全国各仲裁委员会为推进仲裁事业发展都做了不少工作,但是能够在一个地区这么大范围地、多角度地、宽视野地吸收方方面面的专家和人才来参加仲裁工作,是前所未有的,请大家给予支持。

仲裁法律制度能够在中国这片土地上建立并发展起来,与各级党委、人民政府、社会各界和司法机关的支持分不开。仲裁法律制度的形成在中国和在其他西方国家不一样,西方发达国家的仲裁制度是随着市场经济的发展自然形成的,我们的仲裁制度带有很大的植入性。在中国要把事情做好,方方面面的支持是我们的政治优势。成立仲裁发展委员会对促进仲裁事业发展的确是很好的探索。在国外,仲裁一般是商会办的,主要解决的是资本关系,仲裁与市场贴得比较好并比较灵敏地反映了市场发展和资本效益的需求。在我国,还是政府办仲裁,容易与市场渐行渐远,这是需要注意的问题。那么,用什么方式把仲裁和市场经济联系得更紧密,能够让仲裁与市场经济融合得更好,我们也一直在探索。通过近年来的情况看,虽然全国仲裁委员会办了一些案子,发挥了一些作用,但与市场经济的要求还有相当距离。不光要考虑案件数量,还要考虑我们所办的案件在质量上能不能快速地、低成本地为市场经济主体服务,解决他们在经营中遇到的不可避免的麻烦,使他们能把主要精力放在增加资本效益上,这是我们一直在想的。

长沙会议总结了5年来全国仲裁工作发展情况,提出了一个工作思路:发展我国仲裁事业,推行仲裁法律制度是根本,融入市场经济是关键。要求全国仲裁委员会、仲裁员、仲裁工作人员把推行仲裁法律制度作为发展仲裁事业的根本,要努力融入市场经济,要提高案件的快速结案率、自愿调解和解率和自动履行率,能够切切实实让市场经济当事人感到满意,能够实现资本效益的最大化,解决成本的最低化,充分体现出仲裁的特点。

深圳仲裁委员会成立仲裁发展委员会,是贯彻长沙会议精神的举措,对全国仲裁界贯彻长沙会议精神提供了宝贵的借鉴。希望深圳仲裁委员会,特别是仲裁发展委员会能够根据我国建设社会主义市场经济的需要、发展我国仲裁事业的需要,努力探索,大胆实践,把仲裁发展委员会办好。也希望深圳仲裁委员会的专家、人士充分发挥作用,科学地组织、合理地安排,大力推行仲裁法律制度。相信发展委员会的成立,将极大促进深圳仲裁工作的发展,也将推动全国仲裁事业的发展!

6.2001年10月30日,国务院法制办国卢云华同志在深圳关于“做好建设系统推行仲裁法律制度的工作”的讲话

为什么要规范格式合同。我国要搞市场经济,要发挥资本的作用,实现资本效益的最大化,不可避免地就要竞争,就会产生纠纷,有了纠纷就需要采取比较适合市场经济规律的方式解决。过去我国也有仲裁,但那是行政仲裁,不能适应市场经济的发展规律。要搞一个新的方式,也就是国际通行方式,那么《仲裁法》颁布了,仲裁法律制度确立了,但在实际经济生活中,这项制度发展的速度不是很快。《仲裁法》出台后,国务院办公厅颁布了22号文件,要求在合同示范文本中把仲裁解决经济纠纷的方式规定进去,目的也是推行仲裁法律制度。

法律规定选择仲裁方式还必须同时选择具体的仲裁机构。按照《仲裁法》的规定,直辖市、省会市、设区市都可设立仲裁委员会,那么在签订合同的过程中,究竟选哪个仲裁委员会呢?经过一段时间来看,市场主体也确实不太了解这些仲裁机构。所以,我们总结两三年来推行仲裁法律制度的经验教训,不仅要把仲裁方式写进合同中,还需要引导当事人如何按照仲裁法的规定签订出合法有效的仲裁协议。

国务院法制办在转发国家工商局、建设部关于修改格式合同的文件后,又和建设部共同搞了一个在全国建设系统推行仲裁法律制度的意见,主要解决以下问题:

第一个问题,是在我国建设市场尽快引入仲裁这种快捷、便宜的纠纷解决,引导建设

领域的市场主体能够签下合法有效的仲裁协议。建设部的同志也谈到,用仲裁方式解决建设市场经济纠纷,是非常适合建设领域纠纷特点的。特别是加入WT0后,要尽早做好相应准备,用一种成本较低、快速的方式解决纠纷,对培育和发展我国建设市场,使建设市场在融入经济全球化过程中走得更顺利些,有积极作用。过去,对这种方式不太熟悉,是社会主义市场经济实践不太充分,做仲裁工作的同志讲得不够,宣传不够。一旦把发达国家的经验介绍给了建设系统和全国工商管理系统的同志,他们很快就接受了。

现在的问题不是我们干不干的问题,而是怎么快干、怎么干得更好的问题,快干快收益,慢干慢收益。各地在贯彻落实的时候,要从本地区的实际情况出发。希望同志们提出问题共同研究,不符合地区实际的地方可以不办,符合地区实际的地方可以创造性地办。

第二个问题,是为什么要做这项工作。我国仲裁法律制度有自己的特色。在国外,仲裁是随商品经济、市场经济一步步发展起来的,相伴相生。我们是按照市场经济的要求,由人大制定仲裁法律制度,基本上由政府组建、政府推动和支持,这种方式体现了我国的政治优势。6年来,全国160多家仲裁委员会共审理了三四万宗案件,中国仲裁机构审理的案件在全世界是多的。我们用6年的时间走了发达国家上百年时间所走的路。我们搞市场经济不能等,民族经济和世界经济就要接轨了,如果我们还不尽快建立起一种适应这种形势发展需要的纠纷解决机制,将来我们就要在国际经济中付出高昂的代价。长期以来,我们的纠纷是由政府和通过诉讼处理的,这都是社会付出的资源。仲裁这种方式成本低廉,符合资本营运的特点,不仅能降低解决纠纷的成本,而且能够用比较顺畅、平和的方式解决纠纷,促进双方当事人和解,使停滞的资本迅速从诉讼中解脱出来,有资本效益,这也是国际通行做法。我们"入世"在即,如果还不尽快采取这种方法的话,就会使民族经济由于成本高而在空前激烈的国际经济竞争面前付出高昂的代价。因此,我们需要尽快地把这种方式推行起来,把仲裁这种有效促进纠纷解决的方式交给市场主体。

今天,大家能坐在一起研究,本身就是对市场经济规律的认识过程,是对市场经济健康发展做出的贡献。哪个地区、哪个行业、哪个部门重视仲裁发挥的作用,对市场经济的认识就深刻,就能更好地发挥政府部门对市场经济的推动作用。政府部门的推动就是为了更好地服务市场经济,也是为了更好地服务全国仲裁事业健康快速的发展。所以,大家一定要理解为什么我们推行仲裁法律制度和国外不一样。不能一样,如果一样,我们永远跟不上发达国家的步伐,永远落在后头。

第三个问题,关于这个文件,有几个要点,大家要创造性地办,联系实际地办。在建设系统推行仲裁法律制度,一个是抓合同示范文本,另一个是抓重点。在制订新的合同示范文本时,要有一个规划和指标。比如,有的仲裁委员会讲2001年要达到90%,2002年达到95%。还有,光画上"√"还不行,还要选择仲裁委员会。当然,选择哪个仲裁委员会是由当事人意思自治决定的,但从目前来说,我们不能不切实际地只强调当事人该干什么,我们需要告知他们。在告知这个过程中,一下告诉他160多家仲裁机构,可能把当事人搞乱了。怎么找到一种既能尊重当事人意思自治,也能符合法律精神的方法,各地都在创新。深圳的写法比较具体明确,符合《仲裁法》规定,另外也告知当事人还有选择的权利,这种做法没有和现行法律不符的地方,全国各地也有这种写法。现在的问题不在于向当事人提出选择仲裁机构的建议,而在于相当一部分市场经济主体还搞不明白我国160多家仲裁委员会怎么写、怎么表述,因而在很多时候造成仲裁协议无效,白签了。所以,推行仲裁法律制度,要考虑的一个是示范文本的修订率,另一个是机构落实率。

另外,要聘一批建设系统的专业人士来裁案子。仲裁就是组织市场经济的专家,按照市场经济的规律,采用市场经济的办法解决市场经济的纠纷。仲裁的特点与诉讼不同,仲裁委员会不像人民法院,不是办案单位,是非专门队伍处理专业纠纷。更多的是根据市场经济惯例来裁案子,在不违背法律的情况下作灵活处理,所以就需要市场经济各行各业的专家。仲裁委员会是组织者,仲裁委员会是市场经济的仲裁机构。我们在跟建设部的同志谈的时候一再强调,要发挥仲裁作用,没有建设系统的市场经济专家参加是不行的。

7. 2001年11月7日,国务院法制办卢云华同志在武汉关于"认清当前形势 树立仲裁工作榜样"的讲话

一、目前的形势、目标

我国要"入世"了,对仲裁工作提出了新的任务和挑战,我们要把中国仲裁工作放到更广阔的国际经济大背景中去考虑。我们已不是在封闭的环境下搞仲裁了,或者说我们已不仅仅在中国的土地上搞中国的仲裁了,或者说我们不仅是在处理中国市场主体之间的纠纷。加入世贸后,我们的国家、我们的经济面临非常深刻的变化,也是多年来实行对外开放一个很重要的举措,势必要影响到我们的仲裁,应该多探索、多研究。

要发挥中国仲裁的作用,在国际范围内树立中国仲裁的良好形象。一要拿得出分量,二要让人信赖。从全世界的情况来看,中国仲裁从案件数量来说与世界上的仲裁机构相比数量不少,但是从作用来说就不敢肯定了。我认为我们仲裁制度的作用还发挥的不够。既有国际的原因,也有国内的原因,但更主要的还是国内的原因。将来"入世"以

后，国际、国内结合在一起会怎么样？

从仲裁这两年发展的形势来看，总体来说有好的一面。2000 年仲裁案件数量的平均增长速度为 30% 多，不到 40%。2001 年到现在，160 家仲裁委员会受理的仲裁案件比 2001 年同期增长的大概有近 100 家。在座的 19 家，绝大多数是比 2000 年同期有增长的，而且大多数有较大幅度的增长，这是形势好的一面。但是，也要看到我们还有问题的一面。一是全国仲裁发展极不平衡；二是仲裁的作用还没有充分体现。在这种形势下，我们的目标如何考虑？

我们的目标是什么？是争取我国仲裁事业健康快速的发展。眼前的目标是什么？是要实现我国仲裁事业的跨越式发展。我们是通过反复考虑才提出这两条的。没有仲裁事业的快速发展，就不可能满足我们国家建立社会主义市场经济的需要。

要实现仲裁事业的跨越式发展，那么，什么是跨越式发展？跨越式发展与我们提出的最终目标有什么关系？市场经济发展过程中有很多纠纷，如果这些纠纷绝大部分到不了仲裁，要到什么时候才算实现我国仲裁事业的健康快速发展呢？是 90% 在仲裁，还是 50% 在仲裁，还是 30% 在仲裁；是三分天下有其一，还是半壁江山？但如果只占了小小部分，就说仲裁发挥了多大的作用，实现了仲裁事业的健康发展，恐怕不行。

跨越式发展是什么意思？每年 10% 的发展增速不叫跨越式。跨越式发展和我国仲裁事业健康快速发展的最终目标是有联系的，它要通过几个跨越式发展，最后实现我国仲裁事业的健康快速发展。达到最后的目标，要分几步走，最后才能说在中国特色社会主义市场经济中建立了一个比较完善的仲裁体制，包括制度本身，包括机构本身，包括我们队伍本身。每一步我们都要上一个台阶，这叫作跨越式发展。怎么定性，怎么定量可以研究，但每年增长 10%，恐怕不行。依照这样的增长率，得要多少时间才能让仲裁制度完善起来？我们要等到仲裁随着市场经济发展一步一步走起来，那是对党的事业不负责任，我们等不了。

我们要用几年的时间走过资本主义社会、资本主义国家仲裁制度几百年走过的路。搞社会主义市场经济是我们党提出来的，这符合我们社会的发展规律，也符合广大人民群众的意愿，这是我国的政治优势。党的主张、社会发展规律和广大人民群众的意愿是一致的、统一的。如果让仲裁自然形成和发展，我们等不了。我们的任务很重，我们要有高度的历史责任感，有一代创业者的使命感。中国仲裁制度的发展前景、发展速度、命运就掌握在我们这一代仲裁人手中。我们今天做得好与坏，是要对历史负责，而不是对书本负责。我们不是在应试，不是在写文章，而是在做一项事业。

实现跨越式发展，就是跃一个很大的台阶，要通过迈几个台阶，最后使我国的仲裁事业发展起来。这台阶怎么迈？要考虑方向，要考虑路子，要考虑步子，不能太急，但一定要抓紧，要有紧迫感。实际上形势的每点发展变化都给仲裁提供了机遇和压力，逼得你不得不往前走，被动了就要付出代价。我们付出的代价并不仅仅是全国仲裁事业的代价，而是我国市场经济建设的代价。最终目标怎么考虑，每个台阶怎么考虑，各个仲裁委员会的工作怎么考虑，建议同志们认真研究。

二、什么是仲裁

这个问题已与大家讨论过几次了。不是认为这个问题有多深，而实际上这个问题很简单，但是简单得使我们都把它给忽略了。仲裁发展困难很多，概括起来仍然是内部外部对于仲裁的认识极难统一构成的困难。司法机关按照法院的方式监督仲裁，市场主体包括有关政府部门对仲裁认识不多，甚至认识不准，不深不细，即使是我们自己对仲裁的认识也未必准确。这的确说是一个严峻、严肃的问题。所有从事仲裁的同志是不是真懂仲裁，这个问题决定着中国仲裁事业发展的正确方向，影响着中国仲裁的形象。如果说仲裁人自己都不知道仲裁是何物，不知仲裁事业的方向在哪，一味瞄着司法机关的路子去走，一味瞄着行政机关的路子去走，中国仲裁事业的路子就会越走越窄，就不可能走出自己的路子来。这个问题很大程度上制约着中国仲裁事业的发展速度。

我理解仲裁实际解决的就是资本关系。资本是什么？如果把钱搁在缸里，埋在树下，那只是财产不叫资本。资本的属性是什么？资本要增值，资本要合作，要竞争，又合作又竞争，要通过竞争增值，通过合作增值，这是一对矛盾，这对基本矛盾决定着资本的发展方向，决定着它的运动规律，仲裁要解决的问题主要在这儿。

为什么要把仲裁这项事物从国外借鉴到中国来？借鉴的不是它的主义，借鉴的是资本这个特点。我们在研究仲裁以及仲裁各项制度，都要考虑仲裁的这个实质。如何通过仲裁工作使中国市场经济的运行更好、更通畅，把资本的增值效应发挥得更好，把不可避免的纠纷带来的负成本、负面效应减少到最低，这是当今仲裁工作最主要的一项任务。中国的仲裁还是要从观念上着手解决一些仲裁工作的实际问题，不能离开了法院诉讼的做法仲裁就不知如何运作了。仲裁要办就一定要办出中国仲裁的特色来，办出中国仲裁的本色来。不仅如此，中国的仲裁还要密切注意国际发展趋势，中国仲裁不能靠强制的办法来推行。中国的仲裁若是不注意国际仲裁的发展潮流和趋势，早晚也要被其他形式的 ADR（Alternative Dispute Resolution，即代替性纠纷解决方式）所取代。

全国 160 多家仲裁委员会，从大的政策方向来说都要兼顾考虑，但我们迫切地希望有一部分仲裁委员会先发达起来。这是客观规律。希望一部分先发达起来的仲裁委员会给全国仲裁事业带出方向，带出希望。榜样力量是无穷的。这些仲裁委员会行了，全国的仲裁委员会就都有信心了。实际上全国的工作也得考虑分类指导。

我们这个副省级仲裁群体是一个榜样的群体,希望有更多的副省级仲裁委员会树立起代表正确方向的榜样,多起示范的好作用。全国仲裁是一盘棋,要相互帮助,要发扬高风格。希望副省级仲裁群体的成绩一定要走在全国前头,走出一条正确的中国仲裁发展之路。

8. 2001 年 11 月 11 日,国务院法制办卢云华同志在武汉关于“统一思想明确目标争取中国仲裁事业的快速发展”的讲话

这次会议取得了几个重要成果。第一,统一了思想,把思想统一到了对我国仲裁发展规律的认识上来;第二,增强了信心,仲裁工作究竟能否办好,能否更快一些,信心更足了;第三,明确了目标,这个目标就是争取中国仲裁事业的健康快速发展。当前,就是用 1~3 年或更短的时间,争取我国仲裁事业实现跨越式发展。

这次会议的结果,概括起来说,实际回答了三个问题:第一,中国仲裁制度究竟有没有前途;第二,中国的仲裁制度能否走上一条快速发展的道路;第三,发展我国仲裁事业究竟要坚持一条什么样的思想路线,是一切从实际出发还是从本本出发,“言必称希腊”。

这次会议包括前几次会议的经验告诉我们,中国的仲裁事业是有前途的。仲裁法实施 6 年多来,我国已建立了一种比较完备的、能够符合我国社会主义市场经济发展需要的新型的纠纷解决机制;建立了一支比较优秀的、有质量保证的仲裁员队伍;建立了一支有战斗力的中国仲裁工作人员队伍。这支队伍有强烈的事业心,有高度的责任感,有蓬勃的斗志,也有很强的开拓事业的能力。同时,我们也受理了一批案件。到 2000 年为止,全国仲裁机构共受理案件 3 万多件,标的额 500 多亿元人民币。2001 年有可能实现更大的突破。在大家的共同努力下,仲裁的优越性和作用已开始显现。仲裁工作所有的经验都离不开一条,那就是始终坚持党的思想路线,一切从实际出发。我们今天搞的仲裁,不是简单地把国外的仲裁制度移植过来的,它是立足中国实际的,所有的问题和经验都是在解决中国土地上的问题,都是按中国的实际来解决在中国办仲裁制度要解决的问题。因此就必须坚持党的思想路线,一切从实际出发。

下面讲几个问题:

第一,关于长沙会议精神。先回顾一下国务院法制办这几年的工作情况。在 1997 年,国务院法制办根据重组工作的需要和面临的新形势,在常州召开了全国仲裁工作会议,后又在青岛召开了保险系统推行仲裁法律制度现场会,2000 年又在长沙开了现场会。

常州会议后1年多的时间里,由于对仲裁形势估计过于乐观暴露出了一些问题,表现在三个方面:(1)有关部门修改格式合同、示范文本不理想;(2)企业对仲裁不知、不信、不选的现象普遍存在;(3)我们仲裁机构开始也不知道怎么开展工作,文书、开庭模式都向法院学,宣传效率也非常低。全国100多家仲裁机构参差不齐,除了少数仲裁机构外,大部分情况都较差。例如1998年全国150多家仲裁委员会中,年受案在50件以下的有100多家。甚至仲裁界有的同志对仲裁制度产生了怀疑,仲裁制度有没有必要存在。在这种情况下抓还是不抓仲裁机构的工作,国务院法制办经过了反复考虑的过程。

仲裁事业是建设社会主义市场经济的重要工作,也是党和国家的一项重要事业,凝聚了很多人的心血。经反复考虑,我们觉得还是应该适当地抓一抓,仲裁协会的事先放一放。我也做了了解,带“中国”字头的协会在北京有1853家,只有20%是搞得好,或者说是比较好的。在当时情况下靠中国仲裁协会能否解决中国仲裁发展的问题,把握不大。经过考察一些仲裁委员会的经验,给了我们很大启发。经过思考,我们在鞍山会议提出推行仲裁法律制度的意见,并发展成为“仲裁法律制度是社会主义法制的重要组成部分”,到长沙会议又提出“推行仲裁法律制度是根本,融入市场经济是关键”的说法和用“市场经济的方法来解决市场经济中的纠纷”的观点。长沙会议精神是在全国仲裁实践的基础上概括出来的。在推行仲裁法律制度中,我们是主力军,代价只能是我们付出。只有根据各地仲裁机构的实际情况去推行仲裁法律制度,我们才能有一条生路。这个任务历史地落在我们身上,希望同志们认真把这件事做好。

第二,关于建设部和国务院的联合发文。我们要抓住这个机会,把建设系统的案件尽量纳入仲裁解决。另外,工作中要注意抓两头,不仅要抓规范格式合同,还要抓“出口”,而且要抓出实效。

第三,关于“三率”的问题。当前讲“三率”不是孤立的,是要通过“三率”体现仲裁的特点和优势,改变我们的仲裁方式。“三率”是有机整体,不能割裂开来,不能为追求调解率而久拖不决,强迫当事人和解、调解。调解一定要尊重当事人意志,符合当事人根本利益。“三率”不能违法,程序上要合法,实体上也不能违法。

第四,关于“入世”问题。“入世”后要注意几件事。首先,仲裁也要面向世界,我们的工作标准、发展标准不能只考虑国内,要更多地考虑国际,要考虑我们国家的形象,要考虑我国仲裁的形象,要考虑到对我国经济的影响。其次,仲裁尤其要注意公正的问题。我们很多的承诺是以国家名义进行的,我们的工作一定要考虑大局。再次,要注意收集国外市场经济各行业的惯例,这些都可能成为我们实体处理的依据。最后,我们还要注意了解世贸组织的规则。

二、仲裁案件受理情况

（一）全国受理情况

2001 年，全国仲裁机构共受理案件 13，816 件，年受案标的额 269 亿元。相比 2000 年，受案量增长了 3 倍多，标的额增长了 5 倍多。全国仲裁机构总量已发展到 166 家仲裁机构，比 2000 年增多约 100 家。全国仲裁机构年受案 100 件以上的为 33 家，年受案 50 件以上不足 100 件的为 28 家，年受案 49 件以下的为 104 家。

（二）区域受理情况

全国 8 大片区的受案量上看，华东地区的受案数量最多，为 2726 件，约占全国受案总数的 20%，之后的依次是西南片区 2212 件、东南片区 1871 件、华南片区 1776 件、华北片区 1673 件、中南片区 1150 件、东北片区 1074 件和西北片区 587 件。标的额最高的是华南片区，达到了 35 亿元，华北和华东也分别达到了 34 亿元和 33 亿元。此外，中国国际经济贸易仲裁委员会受理案件 731 件，标的额达 105.5 亿元；中国海事仲裁委员会受案 16 件，标的额为 0.3727 亿元。

二〇〇二年

内容提要：

一、仲裁活动

（一）仲裁会议

1. 大连国际仲裁及调解理论与实务讨论会

2. 全国仲裁发展工作座谈会在济南召开

3. 东北三省仲裁工作联席会议在葫芦岛召开

4. 全国仲裁工作年会在承德召开

5. 华东仲裁工作座谈会在苏州召开

（二）会议讲话摘要

1. 2002 年 4 月 1 日，国务院法制办卢云华同志在全国仲裁发展工作座谈会上关于“实现我国仲裁事业跨越式发展”的讲话提纲

2. 2002 年 4 月 24 日，国务院法制办卢云华同志在东北三省第一届仲裁委员会联席会议上关于“做好东北仲裁工作”的讲话

3. 2002 年 12 月 10 日，国务院法制办卢云华同志在华东仲裁工作座谈会闭幕式上关于“实现华东仲裁跨越式发展”的讲话

4. 2002 年 12 月 9 日，国务院法制办卢云华同志在华东仲裁工作座谈会闭幕式上关于“开创华东仲裁工作新局面”的讲话

（三）其他活动

祖国大陆第二批仲裁委聘任台湾地区仲裁员。

二、仲裁制度建设

（一）最高人民法院《关于涉外民商事案件诉讼管辖若干问题的规定》（法释〔2002〕5 号）

（二）国务院法制办公室下发《关于进一步加强仲裁员、仲裁工作人员管理的通知》（国法〔2002〕55号）

三、仲裁案件受理情况

（一）全国受理情况

（二）区域受理情况

一、仲裁活动

(一)仲裁会议

1. 大连国际仲裁及调解理论与实务讨论会

2002 年 1 月 4 日,大连国际仲裁及调解理论与实务讨论会在大连市召开。国务院法制办卢云华同志在大连国际仲裁及调解理论与实务讨论会闭幕式上,发表了《充分发挥中国特色仲裁调解制度的优势》的讲话。

会议总结了中国仲裁事业情况:中国仲裁事业发展势头良好,仲裁调解在中国仲裁制度中占有重要的法律地位。同时,关于仲裁调解,会议提出了几点问题:第一,要正确处理公正与效率的关系。第二,要正确处理调解和维护当事人合法权益的关系。第三,选择好仲裁参加人。第四,正确掌握仲裁调解的依据和方法。第五,注意营造良好的调解氛围。最后,关于仲裁调解的两条底线,一是仲裁调解的活动和结果不能违反法律;二是仲裁调解要特别注意仲裁调解人的操守。

2. 全国仲裁发展工作座谈会在济南召开

2002 年 4 月 1 ~4 日,全国仲裁发展工作座谈会在济南市舜耕山举行。全国 34 家仲裁委员会的代表参加了会议。时任国务院法制办公室副主任宋大涵、卢云华同志出席了会议并分别发表了讲话。

国务院法制办卢云华同志在名为"实现我国仲裁事业跨越式发展"的讲话里,提出关于我国仲裁事业发展的初步设想,肯定了几年来我国仲裁事业取得的成就。

在全国仲裁发展工作座谈会总结会上的发言,国务院法制办卢云华同志发表了"实事求是谋发展"的讲话。讲话总结这次会议的主题为:发展。并且对关于修改仲裁法、仲裁协会、继续推行仲裁法律制度、会议的贯彻、政府法制机构的作用、原则上不再建立新的仲裁委员会等问题予以了解答。

3. 东北三省仲裁工作联席会议在葫芦岛召开

2002 年 4 月 24 ~26 日,东北三省仲裁工作联席会议在葫芦岛市兴城召开。会议由葫芦岛仲裁委员会和沈阳仲裁委员会联合主办,东北三省 26 家仲裁委员会的领导及三省人民政府法制办的领导参加了会议。国务院法制办卢云华同志应邀参加了会议,并就仲裁工作发展问题发表了讲话。参加会议的各仲裁委员会的领导在会上交流了仲裁工作经验,就促进仲裁工作发展问题提出了各自的建议。会议共进行 3 天,于 4 月 26 日结束。

国务院法制办卢云华同志发表了"做好东北仲裁工作"的讲话。

会议指出,我国仲裁事业发展正处在重要的历史时期。东北三省仲裁机构相聚葫芦岛,研究东北仲裁发展工作,这是贯彻“济南会议”精神的重要举措。我们这个联席会议,是在关外一开春的时候召开的,东北仲裁工作也处在这么个时期,也要面临春天了。为了解决发展问题,“济南会议”提出仲裁事业发展的奋斗目标,有两条:第一是要使我国仲裁制度成为社会主义市场经济的重要保障制度。第二是要使仲裁手段成为我国市场经济解决民商事纠纷的主要手段。大家要注意“主要”两个字,过去我们一直讲“重要”,现在我们要说,仲裁是解决民商事纠纷的主要手段,一字之差,含义不一样。这个想法是根据我们国家社会主义市场经济发展要求,市场经济规律的内在需要考虑的。

会议认为,东北仲裁工作对全国是做出了贡献。经过几年来的努力,东北仲裁案件数量总体排在中等,2001 年绝大多数仲裁机构案件数量都超过了 2000 年。推行仲裁法律制度探讨我国仲裁事业发展的路子,是在“鞍山・本溪”会议上提出的。全国仲裁机构相互配合协助要约,被称为“鞍山・本溪”公约,也是在东北产生的。同时认为东北仲裁工作大有希望,并提出了几点想法。第一,对东北的仲裁工作要有信心。第二,解放思想、因地制宜。第三,认真贯彻长沙会议精神大力推行仲裁法律制度。第四,突出仲裁的特色,发挥仲裁的作用。第五,希望东北仲裁能够形成拳头,形成团队,无论是在推行仲裁法律制度中,还是在融入市场经济工作中、完善我们仲裁工作中,都能产生规模效应。

4. 全国仲裁工作年会在承德召开

2002 年 9 月 3 ~7 日,第七届全国仲裁工作会议在承德召开。国务院法制办卢云华、河北省政府办公厅副主任张绍廉、时任河北省政府法制办公室主任张和出席了会议。全国 111 家仲裁委员会约 200 多人参加。会议的主要议题为:跨越式发展和持续发展。与会的 34 家仲裁委员提交了书面交流材料,9 家仲裁委员会代表在会上发言。会后大家开展了热烈的讨论。

在承德会议开幕式上,国务院法制办卢云华同志发表了“继往开来实现仲裁可持续性发展”的讲话。讲话认为,这次会议将认真总结和交流全国仲裁机构努力适应开创建设有中国特色社会主义事业新局面的要求,坚持与时俱进,坚持发展第一要务,切实贯彻实施仲裁法,全面落实长沙会议精神,努力实现我国仲裁事业的跨越式发展和可持续性发展的宝贵经验和先进做法,并为在新的一年和今后全面贯彻党的十六大精神,全面开创我国仲裁工作新局面,实现我国仲裁事业发展第一步任务,奠定坚实的思想基础和工作基础。

会议总结了《仲裁法》实施 7 年来,中国仲裁事业取得的可喜成就。7 年来,全国仲裁机构和仲裁员、仲裁委员会工作人员,坚持为社会主义市场经济服务的正确工作方向,沿着推行仲裁法律制度是根本、融入市场经济是关键这条发展我国仲裁事业的正确道路,奋发图强、顽强拼搏、锐意进取、取得了令人可喜的成绩。全国仲裁受理案件数量每年都以20几个百分点在增长,2001年首次突破万件,一批比较优秀的仲裁机构脱颖而出。在总结过去、展望未来的时候,在处于继往开来的重要时刻,我们不应该忘记,许多省级政府法制机构为推行仲裁事业的发展做出的积极努力。

5.华东仲裁工作座谈会在苏州召开

2002年12月9~13日,国务院法制办在苏州市召开华东仲裁工作会议,江苏、上海、山东、安徽、福建等省(市)政府法制办的负责同志和华东六省一市的50家仲裁委员会的负责同志参加了会议,承德、西宁、石家庄仲裁委员会应邀参加了会议。国务院法制办卢云华同志作了报告和总结。

会议分组认真讨论了卢云华同志的报告并提出了意见,会议听取了苏州、承德、西宁、石家庄仲裁委员会的经验介绍,听取了上海、扬州、金州、厦门、淄博、潍坊、青岛、济南仲裁委员会和江苏、上海、安徽、福建、山东省(市)政府法制办的大会发言并进行了分组讨论,各仲裁委员会在讨论时都表示要进一步贯彻落实长沙会议、济南会议精神,扎扎实实做好各项仲裁基础工作,不断提高二率和三率,做好广泛吸收市场经济专家参加仲裁工作,变对抗为磋商、积极探索新的仲裁办案方法,为我国仲裁事业的持续发展和跨越式发展做出贡献。

会议期间,华东各仲裁机构相互交流了情况,总结了经验,研究并寻找了华东仲裁工作存在的问题,共同探讨了华东仲裁工作发展的思路、办法。应该说,努力开创华东仲裁工作新局面在这次会议上达成了共识,努力实现华东仲裁工作跨越式发展和持续性发展是大家共同的心愿。围绕华东仲裁工作的发展需要和全国仲裁工作的发展需要,确定的华东仲裁工作的奋斗目标,大家是认可的。根据全面建设小康社会、开创中国特色社会主义事业新局面的重大历史任务的要求确定华东仲裁工作的具体工作指标,同志们是接受的。这次会议基本上达到了统一思想、提高认识、明确目标、制定措施的目的。

卢云华同志对跨越式发展和持续性发展、发展需要和发展条件、推行仲裁法律制度、建设系统推行仲裁法律制度的工作、发挥仲裁委员会组成人员的作用、理论研究等问题进行了说明。

(二)会议讲话摘要

1.2002年4月1日,国务院法制办卢云华同志在全国仲裁发展工作座谈会上关于"实现我国仲裁事业跨越式发展"的讲话提纲

9年来,全国仲裁界经过艰苦努力,探索出我国仲裁事业为社会主义市场经济服务的发展方向,探索出"推行仲裁法律制度,融入市场经济"的路子。这次我们邀请部分仲裁机构和省级政府法制机构来,就是为了在方向、路子确定之后,集中研究我国仲裁事业发展的步子问题。希望同志们在两天的座谈会中,围绕会议议题,认真研讨,相互交流,提出意见和建议。刚才,国务院法制办副主任宋大涵同志到会看望大家并发表了重要讲话。他在讲话中充分肯定了全国仲裁界几年来艰苦奋斗取得的成绩,深刻地阐明了我国仲裁的社会主义性质,要求全国仲裁工作要始终坚持正确的发展方向,努力实现跨越式发展,对我们这次会议乃至今后全国的仲裁工作都有着十分重要的指导意义。为了便于开好这次会议,我先就我国仲裁事业发展的问题谈一下有关的初步考虑,供大家参考。

一、关于我国仲裁事业发展的初步设想

当前,我国仲裁事业正处于我国经济、社会发展的重要历史时期,正处于完善社会主义市场经济体制和扩大对外开放的重要时刻,为我国仲裁事业加快发展提供了有利的条件和难得的机遇。社会主义中国的仲裁事业是一项朝阳事业,社会主义市场经济条件下的仲裁制度具有无限光明灿烂的前途。在我们身处重要历史时刻的今天,我国仲裁事业究竟要迈出什么样的步伐,需要大家共同作出选择。我们相信,只要我们从历史发展的角度把握住先进制度的美好未来,就能作出无愧于历史的正确抉择。

近年来,全国仲裁事业取得的最大的历史功绩,就是通过艰苦努力,克服重重困难,实践并探索出一条具有我国仲裁特色的、满足我国社会主义市场经济发展需要的、全国仲裁机构共同繁荣进步、共同快速发展的中国仲裁之路。这条中国仲裁之路也是由我国仲裁的社会主义性质决定的。仲裁作为我国社会主义市场经济重要又比较先进的法律制度,保护并促进我国先进生产力的发展,与我国经济建设的持续、健康、稳定地发展应该基本适应,基本同步。除此之外,我国仲裁事业还有着自身的发展规律和内在的发展需要。我国仲裁事业必须有更高的目标和更快的前进步伐,才能跟上形势的发展,才能适应和满足党和人民的需要。近7年来,全国仲裁界的同志们刻苦实践取得的成绩已经证明,实现较快速度和较大步伐的发展不仅是必要的,也是可能的。

(一)关于全国仲裁事业发展的奋斗目标

长沙会议以后,武汉会议以来,随着国家经济形势的快速发展,我国仲裁实践和认识都在深化。仲裁界自发地组织了不同规模的会议,对全国仲裁工作面临的形势和发展前景进行分析和展望。许多仲裁同人也在苦苦思索,努力研讨,前瞻仲裁事业的奋斗目标。归纳整理同志们的研究成果和意见,从全国仲裁工作为社会主义市场经济建设服务的根本任务出发,根据现阶段的实践和认识水平可以想见的未来,我国仲裁事业发展的奋斗

目标是:

1. 仲裁法律制度成为社会主义市场经济的重要保障制度。这是由在社会主义市场经济建设这个比较长的历史时期,仲裁制度应该通过自身的独特优势对社会主义市场经济建设起到积极的促进作用决定的,也是我国仲裁制度与其他国家仲裁制度在性质和作用方面有着很大区别的地方。

2. 仲裁成为解决我国市场经济民商事纠纷的主要手段。根据社会主义市场经济的需要而形成的我国仲裁特色,能够充分发挥仲裁降低民商事纠纷解决的成本,实现经济效益最大化,提高我国经济在国内和国际市场的竞争能力的作用。仲裁在我国市场经济建设中具有广阔的发展前景。

3. 我国成为世界仲裁大国,并成为能够具有国际公信力的仲裁大国。中国应该对于人类有所贡献,促进人类的和平、进步与发展。中国的仲裁也应该在维护民族经济和促进国际经济交往中发挥积极的重要作用。这个奋斗目标既照顾到现实情况又符合历史发展的总体趋势,反映着我国仲裁事业蓬勃发展最终走向辉煌的历史必然性,是不以人的意志为转移的客观规律。这个奋斗目标,无可争议地确定了全国仲裁界的同志们作为具有中国特色的社会主义市场经济条件下仲裁制度的第一代奠基人的历史地位和所应承担的历史责任,也为大家提供了对国家、对民族乃至人类社会做出历史性贡献的宝贵的历史机遇。

(二)关于实现奋斗目标的步骤与任务

实现上述奋斗目标,既要与社会主义市场经济的发展基本适应,适当趋前,还要充分兼顾到我国仲裁事业发展要求的一致性和发展条件的不平衡性。大体需要分几步考虑:

第一步:制度生成阶段。从仲裁法实施到2005年,也就是到仲裁法实施10周年,大约10年的时间,是我国仲裁法律制度的制度生成阶段。主要任务是:(1)建立起能够满足市场经济发展需要的仲裁机构体制;(2)建立一支符合仲裁法规定的、以市场经济专家为主的素质较好的仲裁队伍;(3)仲裁为市场经济服务的独特优势和作用开始显现;(4)仲裁事业的再发展能力基本具备;(5)仲裁机构依法运行机制初步成形;(6)符合我国社会主义市场经济规律要求的中国仲裁特色基本确定;(7)仲裁事业发展的外部条件大致具备;(8)我国仲裁体制在公正与效率方面树立起较好的影响力和公信力。

总之,第一步任务的实现将为我国仲裁事业进入第二步的快速发展在思想、组织、发展能力、客观条件等方面奠定基础。当前,我们正处于第一步的后半段,只有3年多的时间,任务是相当艰巨的。

第二步:快速发展阶段。一个先进的制度生成后,应该有一个快速的发展,这也是客观规律,是新生事物先进性的集中表现。第二步,我国仲裁事业应该有一个较快速度、较大幅度的发展。主要任务如下:(1)全国仲裁机构受理的民商事案件数量在全国实际发生的民商事纠纷中,占有相当大的份额;(2)我国仲裁体制在社会经济生活和国际经济交往中产生普遍的规模效应;(3)仲裁法律制度作为市场经济重要组成部分的地位和服务、促进作用基本确定,大体成型;(4)中国仲裁的特色在社会经济生活中凸显,仲裁法律制度得到市场经济主体的普遍接受;(5)我国仲裁体制结构优化的机制基本形成;(6)仲裁机构的规范化、科学化建设有了比较大的进步,具备了持续发展的能力。

第三步:效益发展阶段。我国仲裁事业的发展要实现速度型向效益型、外延型向内涵型的转变。无论是对仲裁事业自身还是对社会,这都是全面取得经济效益和其他社会效益的阶段。主要任务是:(1)仲裁法律制度及仲裁体制的运行机制和有关管理制度的完善化、科学化水准达到国际先进水平;(2)仲裁制度与其他社会纠纷解决制度形成良性互动,优势互补;(3)仲裁工作和市场经济融为一体,能够较好地满足公正与效率有机结合的需要;(4)受理民商事纠纷的份额进一步提高,我国仲裁特色最终形成;(5)我国仲裁体制结构合理、高效。

我国的仲裁机构有一批具有国际品牌,在处理案件的数量、质量以及机构管理等方面处于国际领先地位,享有较高的国际知名度。

第四步:基本成熟阶段。这个阶段的主要任务,是最终实现几步走发展设想关于仲裁法律制度成为社会主义市场经济的重要保障制度,仲裁成为解决民商事纠纷的主要手段,我国成为世界仲裁大国的奋斗目标,并成为能够具有国际公信力的仲裁大国。主要任务是:(1)充分发挥仲裁优势和特色,全面实现仲裁效益,降低民商事纠纷的解决成本,提高我国经济在国内、国际市场的竞争能力,对社会经济发展发挥出重要的促进作用;(2)市场经济中的民商事纠纷主要采用市场经济的办法,通过仲裁方式解决;(3)相当一批仲裁机构在世界处于领先地位,我国仲裁机构体制受到国际认可和信赖。

几步走的发展设想,是多年来全国仲裁界实践经验的概括和集体智慧的结晶,反映了对我国仲裁事业发展规律的认识。发展设想的提出和形成,也反映了对我国社会主义市场经济建设和仲裁事业发展的宏伟前景充满信心。

我国仲裁事业发展设想和奋斗目标是根据全国仲裁工作的性质、任务和实际情况作出的大致考虑,需要一个较长的历史过程,需要几代人坚持不懈地去努力实现。现在提出这个发展设想和奋斗目标,目的在于客观地认识我们作为第一代仲裁人的奠基作用和历史责任,深刻地了解我们今天实现跨越式发展的现实作用和历史意义,激励我们克服眼前困难的信心。

二、关于实现我国仲裁事业跨越式发展

形势决定任务,任务决定方针政策。跨越式发展是全国仲裁工作发展到今天的历史必然。提出跨越式发展,是主观正确见之于客观的认识结果。实现跨越式发展是完成我国仲裁事业第一步发展任务的需要,对中国仲裁事业的长远发展起着至关重要的基础作用。

(一)关于实现跨越式发展的必要性

1. 实现跨越式发展是全国仲裁界的迫切愿望。长沙会议特别是武汉会议后,许多同志提出,全国仲裁工作迫切需要一个较快的发展,而且客观上也应该有一个较快的发展。正如同志们所看到的,几年来经过大家的共同努力,我们已经取得比较显著的成绩,2001年全国受案首次突破万件,近几年都以20多个百分点在增长,但应看到离实现第一步的任务还有很大的差距,特别是许多仲裁机构还面临着严峻的困难。面对这种情况,产生了两种根本不同的主张:一种主张是采取措施把目前不具备生存和发展能力的仲裁机构整顿掉,或采取财政断奶的方法让他们自生自灭。这有多少呢?2001年全国受案不足50件的有104家,占全国2/3。另一种主张是靠动员全国仲裁机构共同打拼奋斗,打出我国仲裁一片江山。我们考虑,任何时候,团结大多数、争取大多数、依靠大多数、发展大多数,都是共产党人的基本政策考虑。要坚持历史唯物主义。中国这么大,依靠少数,仅靠几个再优秀的仲裁委员会,是不能完成全国仲裁工作并服务于社会主义市场经济建设的任务的,是不会有我国仲裁事业发展前途的,也是与我国仲裁的社会主义性质根本不兼容的。仲裁体制结构优化是必要的,但只能在发展中摸索,在发展中逐渐形成科学的优化机制,必须有利于我国仲裁作用的整体提升。从这个意义上讲,实现跨越式发展也是坚持走全国仲裁机构共同繁荣发展、共同进步的中国仲裁之路的必然体现。这次座谈会,我们邀请了一部分发展基础相对薄弱的仲裁机构,你们代表了全国的大多数,希望你们要更加意识到肩上的责任和象征的意义重大,用你们的跨越实绩,实践党的群众路线和这条马克思主义的基本真理。

2. 实现跨越式发展是全国仲裁机构的共同需要。目前,全国仲裁机构发展极不平衡,位处沿海地区、经济相对发达地区和中心城市的一些仲裁机构,经过几年的艰苦拼搏,已经走出创业初始阶段,开始步入发展阶段。虽然这些机构的较快发展与区位优势不无关系,但他们的奋斗和努力意义重大,使我国仲裁事业的生命力得以显现,给全国大多数仲裁机构带来了希望。这部分仲裁机构在全国约占1/4不到。需要指出的是,这些仲裁机构只是在全国仲裁机构体制内具有比较优势,无论是对于区域经济还是全国经济发展来讲,其影响和作用还都是微不足道的。就实现我国仲裁的奋斗目标而言,还有相当长的路要走。其他3/4强一些的仲裁机构则面临着十分严峻的困难,其中相当一部分对政府财政支持的依赖性很强,工作局面被动,尚难以说得到作用发挥,这部分仲裁机构迫切希望尽快摆脱出生存窘迫的境地。从我国仲裁事业发展的历史角度看,全国仲裁机构无论是搞得好些的,还是相对落后的,基本上都处于同一个历史阶段,没有根本的质的区别;无论主观发展愿望是否迫切,市场经济建设都要求尽快发展起来。这既是机遇更是鞭策。发展,首先要有发展的视角,发展的眼界。

3.关于发展的步伐。现在国内、国际形势发展很快、方方面面的发展条件很好。抓住了,充分利用了,就有可能乘势而起。错过了,坐失了,就势必要付出沉重的历史代价。初级阶段的市场经济建设对我国仲裁事业发展来讲,机不可失,失不再来。跨越式发展就全国范围而言,只有需要注意的问题,没有操之过急和欲速不达之虞。我们必须坚持在发展中求生存,在生存中图发展,乘风迈上个较高的台阶。快些,快些,还要再快些。我们赞成合肥仲裁委员会在提交会议的材料中讲的,坚决不做小脚女人,要大步奔向我国仲裁事业的宏伟目标。

(二)跨越式发展及所具备的条件

武汉会议前后,自从跨越式发展的问题提出以来,许多仲裁机构纷纷提出具体目标和构想,共同谋划跨越。概括起来:跨越式发展就是全国仲裁工作在今后3年左右的时间里,要有一个比较非常规的速度和幅度的发展,重点单位要保证今年受案翻番,力争今后两年继续保持相当的发展速度或者继续翻番,拉动长沙会议精神包含的各项指标全面提升,带动全国迅速跨上一个新的台阶,跃上一个较高的起点。用同志们的形象说法,就是仲裁发展的"提速"。

全国许多仲裁机构的领导同志都认为,目前我国仲裁事业是具备实现跨越式发展条件的。概括起来主要有:

第一,我们有了一个很好的、基本满足需要的仲裁法律制度,为我国仲裁事业提供了赖以生存、发展的根本保证。尽管随着形势的发展,对仲裁法作相应调整的必要性开始显现,但当前最要紧的,用同志们的话讲,是对这项制度的优越性、先进性和科学性还要"深度挖掘""深度开发"。

第二,我国社会主义市场经济对仲裁工作有着庞大的客观需求,是我国仲裁事业发展取之不尽的宝贵资源。目前,就全国仲裁工作的状况而言,无论是先进的还是比较落后的机构,都存在仲裁的作用与需要极不相适应的情况。在全国范围内,1997年大涵同志在常州会议期间提出的"养在深闺人未识"的状况还没有得到根本改变。差距就是发展空间,巨大的需求就是发展源泉。关键在于把仲裁的优势与市场经济的需求搞好对接。

第三，我们在全国范围内已经依法建立了一个较完整的仲裁体制。这个仲裁体制已经产生了较好的规模效应，对全国仲裁机构的发展形成良好的共振作用。几年来共同的事业、共同的努力把大家的命运紧密连接在一起，资源共享，休戚相关，一损俱损，一荣俱荣。谁也不是单兵作战。共同的利益、共同的需要又使大家空前地一致起来，使举国跨越发展、相互帮助实现成为可能。

第四，我们已经初步建立了一支由市场经济专家组成的仲裁队伍。这支队伍经过几年的实践，仲裁水平有了显著提高，公正、及时处理民商事纠纷的能力有所增强，并以其难能可贵的操守，在社会上有了较好的形象。我们还初步建立了一支仲裁工作队伍，这支队伍历经7年艰苦奋斗而不息，具有较强的拼搏力。

第五，我们已经有了连续几年推行仲裁法律制度的工作基础，“桃三杏四梨五年”的生成周期的结果，已在全国不同程度地开始显现。市场经济主体对仲裁的理解正在加深，对我们的认知度逐渐提高。推行仲裁法律制度是一项功在当代，利在千秋的工作，也是第一代仲裁人无法回避的历史任务。

第六，中国仲裁的特色正在形成，与其他民商事纠纷解决制度的比较优势正在显现，仲裁融入市场经济的进程正在加速，仲裁也能促进经济效益的作用正在受到进一步重视。

最后，各级党委、人大、政府和社会方方面面，对仲裁工作越来越支持，越来越关心。从全国情况看，帮助远远大于干预。对此，我们要有客观、恰当地估计，不能听风就是雨。我们有我们的制度国情。仲裁法规定的政府组建仲裁机构，聘任仲裁委员会组成人员，不等于就是行政色彩，不等于就是行政干预。别人不理解要做工作，不能跟着叫，更不要随意扣帽子，自毁前程。党的领导，人大、政府和社会各界的帮助和支持，是把仲裁送入预定轨道实现自行运转的动力推进，一发射就撤火，不马上掉下来才怪。仲裁事业是党和国家的事业，不是个人的私人产业，不能搞“无政府主义”。全国许多仲裁委员会依法争取党的领导，争取人大、政府的支持，克服了许多仲裁机构自身难以克服的困难，获得了快速发展，他们的成功经验作出了最好的回答。把经验说成是问题，不仅颠倒了是非，更重要的是最终将导致仲裁发展方向的背离和指导思想的混乱。现在的问题是，怎么让这些关心、支持、帮助继续加强、继续改善，为仲裁工作的健康快速发展提供更好的保证，怎么通过发展减少我们对客观条件的依赖。当然，对可能发生的、个别的干预也要注意防止，妥善处理。

当然，我们也面临着许多的困难，甚至较严重的发展制约。这也是两种选择。是条件都具备了，困难制约都没有了再去发展，客观地讲这种情况在世界上是没有的；还是通过克服困难去发展，靠发展解决问题，渐入佳境。我看无论主观认识早晚，客观上路子只有一条，坚持发展第一，坚持自己闯出自己发展的路子。“等、靠、要”是没有前途的。在座的仲裁委员会通过几年来的发展，是基本具备跨越条件的。我们相信只要大家沿着正确的方向和道路解放思想、锐意进取、开拓创新、措施得力、狠抓实效，完成今年的任务是有把握的，3 年实现跨越也是完全可期的。

（三）实现跨越式发展需要注意的几个问题

第一，要有一个好的精神状态。能不能实现跨越式发展，完成既定奋斗目标，关键在人，关键在领导班子的精神状态。好的精神状态的内在基础是强烈的事业心和高度的历史责任感。混是混不下去的。

不可否认，全国仲裁机构存在巨大的差异性和发展的不平衡性。这个不平衡性的客观原因是经济发展的不平衡，而主观原因则是思想认识水平包括精神状态的不平衡。这几年，搞得好的仲裁委员会，千经验万经验，关键的一条就是有好的精神状态。现在时不我待。全国仲裁工作既要解困，更要发展；国家经济建设的新形势迫切要求我们更好地更充分地发挥作用。从国际比较角度看，我们要用几年、十几年时间走完发达国家几百年走过的路，不抓紧是不行的。没有股拼命三郎的劲头，是做不了仲裁工作的。实现目标、完成任务，困难肯定会有的，但没有能够挡住发展的困难。现在要紧的是拿出有效的解决办法。对发展中的问题，全国仲裁工作一直坚持今后还要继续坚持不争论、允许试、发展是硬道理和实践是检验真理的唯一标准，坚持在发展中解决，只有这样，才能解放思想，勇于创新，知难而上，才能敢为天下先。奋发向上的精神状态是实现跨越式发展的重要保证，也是衡量是否具有高度的政治责任感和强烈的事业心、使命感的标准。几年来，全国仲裁界涌现出一批精神状态好、事业心强的仲裁机构的领导同志，为我国仲裁事业的发展做出了很好的贡献。

当前，解决领导班子的精神状态，重点要解决好几个思想认识问题：一是畏难情绪。在发展相对薄弱的仲裁机构中，有一些同志既对我国仲裁事业发展的艰巨性、曲折性缺乏思想准备，又对我国仲裁事业的发展前景缺乏信心，整天叫苦连天，不愿意付出艰苦的努力，更不愿意为后人作“嫁衣裳”。二是无所作为。我们有些仲裁委员会不思进取，工作局面长期落后，远远低于全国平均发展水平，却甘居下游。说自己，一味强调客观困难太多，比别人，是强调人家区位优势太好。就是不比自己的主观努力。全国没有一个地方没有发展潜力。仲裁作为朝阳事业，夕阳的精神状态是不行的。三是盲目照搬。我们有些同志，考虑我国仲裁的发展问题，不从中国的实际出发，不从中国仲裁的发展方向出发，而是言必称外国。外国仲裁机构是样板。希冀靠简单地照搬外国来解决我国仲裁的发展问题。还有一些同志,离开仲裁的特色、优势去盲目仿效行政机关、司法机关的工作程序,不切实际地希望靠赋予仲裁机构行政、司法权力和地位来发展仲裁。盲目照搬不是党的思想路线。仲裁不可以司法化、行政化,更不可以西化。四是小富即安。我们有个别同志,胸无大志,几年艰苦奋斗下来,随着事业初成,小富即安思想也萌成。不愿意再提仲裁为国家经济建设服务,对工作没有高标准,对自己没有严要求,唯一关心的是小富分配机制的自由度,深恐发展起来会“树大招风”。这个问题从根本上讲关系到仲裁工作的性质和发展方向。在中国搞仲裁,究竟是服务于社会公共利益还是服务于小团体利益或者个人私利?五是故步自封。应该看到,全国仲裁界经过近7年的努力,确实有一批仲裁机构脱颖而出,与其他机构形成比较优势,为全国带了好头。其中,绝大部分机构都能正确对待成绩,继续奋发向上,为全国仲裁工作的共同发展做出贡献。但也有少数同志在成绩面前沾沾自喜,自以为是,自我尊大,脱离群众。他们不认为成绩的取得是由于有国家经济发展这个“天时”,有所在地的党委和政府及社会方方面面关心支持这个“地利”,有全国仲裁界共同努力这个“人和”。他们不恰当地把成绩封在自己头上,不那么谦虚也不那么谨慎了。他们越来越少自我批评、自我约束,越来越多是己非人,自我感觉良好。他们的大局观、全局观越来越淡漠,膨胀得连自己的光荣奋斗史都背离了。不认真解决上述这些思想认识问题,跨越式发展和我国仲裁事业的发展是没有希望的。在实现跨越式发展的过程中,我们也要逐步摸索出一套解决领导班子精神状态的政策机制,仅靠思想教育也是不成的。

第二,坚持从实际出发。我国地域辽阔,相互差异很大,实现跨越式发展必须坚持一切从实际出发,坚持实事求是。既要坚持一般又要照顾特点,既要全面落实又要突出重点。各仲裁机构要立足于所在地经济发展的特点,确定实现跨越式发展的主打领域和突破口。有大案子办大案子,有小案子办小案子,一切服从市场经济和仲裁事业发展的需要。

对跨越式发展要允许有不同认识,允许认识有一个过程,也允许有不同的发展方式。要坚持不争论,不搞“一刀切”,坚持在发展中统一思想,解决问题。对实现翻番、跨越任务的,我们不表扬、不发奖状,对经过努力没有完全实现的,也不批评,就是请同志们量力而行。

翻番、跨越没有现成的经验,同志们不要有框框,要在发展中创新,在创新中发展。请大家来,就是希望各与会仲裁机构和省级政府法制机构能够走在前面,为全国仲裁实现跨越式发展创出既有各地自身特色,也有普遍借鉴和指导意义的经验。

第三,坚持速度和效益、数量与质量的统一。翻番、跨越必须坚持正确的政治方向,要速度性、效益性、科学性并举，不仅要求受案是大数量的，而且工作还必须是高质量的。既要受案数量翻番，更要注重社会效益大幅度提升，始终把为社会主义市场经济建设服务作用的增强放在第一位。规范问题、质量问题、效益问题，本来就是发展的题中应有之义。我们不赞成把发展与规范、质量、效益割裂开来，对立起来；不赞成以抓规范、抓质量、抓效益为借口，不去抓发展；也不赞成以抓发展为由忽视规范、质量、效益工作。实现翻番、跨越，绝不能只抓受案数量、只抓速度而不抓质量、不抓规范、不抓社会效益。宁可晚发展、慢发展也不能胡发展、乱发展。开始就要和同志们把这个道理讲清。

一是指标实现必须是真实的、科学的、符合法律规定的。不能为完成翻番目标而凑数字，不能搞短期行为，不能弄虚作假，更不能到处许诺胡拉案子。二是不能违法。这是一条铁的原则。案子不能违法，仲裁员履行职责不能违法，机构运行和管理不能违法，这是底线，不能也不允许突破。有时一个案子处理失误、一件事情考虑不周，就可能毁掉我们多年在一个领域推行仲裁法律制度的结果。要牢牢把握进口和出口两道关。三是翻番、跨越不能搞数量指标单一。要通过抓主要指标的实现带出仲裁事业良性发展的机制，带动长沙会议精神的全面落实。四是要通过翻番、跨越，抓出仲裁机构内部的管理效益。总之，我们要货真价实的翻番，要真正能够实现速度和效益、数量与质量相统一的跨越式发展，要对历史负责。

第四，跨越式发展要全面贯彻落实长沙会议精神。长沙会议精神所反映的我国仲裁事业服从并服务于社会主义市场经济的方向，是无论任何历史时期仲裁工作都必须始终坚持的政治方向，是我们的生命线。长沙会议提出的“两率”和“三率”、变对抗为磋商、广泛吸收市场经济专家、用市场经济的办法解决市场经济的纠纷等融入市场经济的各项措施和形成我国仲裁特色的基本要求，都是实现发展设想和跨越式发展的基本保证。

实现跨越式发展不单单是个受案数字的问题，其核心是要通过数量翻番带动长沙会议精神各项指标的同步增长。检验翻番任务是不是完成了，跨越式发展是不是实现了，要把长沙会议精神包含的所有主要内容的快速增长作为标准。也只有这样，我们的发展才能有后劲。许多仲裁委员会特别是大连、马鞍山、淄博、临沂、潍坊、郑州、太原、襄樊、南通等仲裁委员会都用长沙会议精神作为指导，认真研制跨越、翻番的规划，无论从方向上还是方法上都是正确的。

在实现跨越式发展的同时，对推行仲裁法律制度、融入市场经济的工作一刻都不能放松。需要特别强调的是，这项工作一定要狠抓落实，切忌虚浮。推行仲裁法律制度的工作一定要落实在企业，融入市场经济的工作一定要体现在市场主体身上。深圳、武汉和成都等地的经验说明，推行制度融入经济的灿烂之花，一定会结成丰硕的仲裁效益之果。总之,只有全面贯彻落实了长沙会议精神,才算是真正完成第一步发展任务,也才能为第二步的快速发展奠定基础。另外,长沙会议精神也要与时俱进。要在实践中坚持、发展、丰富、创新。推行仲裁法律制度,在一定阶段是仲裁机构牵引、政府推动,但最终还是要靠市场经济规律和内在动力推行,要从政府推行变为仲裁特色、效应吸引,再过渡到品牌吸引。

第五,要讲科学。实现跨越式发展要遵循客观规律,要讲求工作方法,要认真研究、摸索总结各项有效措施。在制定实施方案时,要注意把今年翻番、3年跨越和最终实现奋斗目标的需要结合起来考虑,要有系统性,长短兼顾,不能近视眼。制定的措施要具体可行,要立竿见影,要实打实。通过阅读、学习大家提交会议的全部材料、和与会同志们交谈,感到大多数单位实现翻番、跨越是有实实在在的措施保证的。但也有少数单位的方案扑朔迷离,有点不够踏实。请这些单位在这次会议以后,认真借鉴其他兄弟单位好的做法,制订出切实可行的措施。需要提醒大家注意的是,确定翻番、跨越的具体目标要实事求是,要留有适当余地,在防止保守和不思进取倾向的同时也要防止不切实际地攀高,保证制订出尽最大努力可能实现的最好目标。对既定目标允许根据情况变化作相应调整。总之,实现跨越式发展,心要热,头要冷。

完成翻番、跨越任务还要与仲裁队伍建设、机构内部管理等制度的各项激励机制紧密挂钩。仲裁的饭碗不是铁打的,更不能是橡皮的。要强化岗位责任,实行目标管理,积极探索仲裁机构的科学化管理制度。到会的仲裁机构普遍比较重视通过加强管理严格规范实现仲裁效益,这是非常可取的。要通过实现翻番、跨越逐步摸索出一套能够保证健康快速发展的、科学的工作机制和规范制度,全面提高我国仲裁机构内部管理水平。

国务院法制办受全国人大、国务院、中央政法委领导同志的委托联系全国仲裁工作,有责任也有义务为大家实现翻番、跨越提供一切可能的服务。希望大家有什么要求尽管提出,我们一定尽力而为。在中国仲裁发展的旗帜下,我们永远和奋斗在仲裁第一线的同志们肩并肩地站在一起。

同志们,全面贯彻实施仲裁法,全面贯彻落实长沙会议精神,实现我国仲裁事业发展设想的奋斗目标和任务,实现当前我国仲裁事业的跨越式发展,是一项十分艰巨的系统工程。这次济南会议是长沙会议的继续,会议的议题概括起来就是两个字:发展。会议精神的中心就是坚持全国仲裁工作的正确方向,为实现我国仲裁事业几步走的发展设想而努力实现跨越式发展,走出健康快速发展的中国仲裁之路。

这也是济南会议的重要成果。你们带得好、领得对,我们就能走出一条中国仲裁之路。全国仲裁界、我国仲裁史对你们寄予厚望。希望同志们勇敢地肩负起这一历史重任，用你们的双手，把中国仲裁这轮已经跃出地平线的红日，托向我国仲裁事业发展的艳阳天！同志们赢得的一定是铭刻着大家坚苦卓绝、奋斗不息的伟大功绩，留给我们的子孙后代并代代相传的历史丰碑！

2.2002年4月24日，国务院法制办卢云华同志在东北三省第一届仲裁委员会联席会议上关于“做好东北仲裁工作”的讲话

一、我国仲裁事业发展正处在重要的历史时期

前不久，在济南召开了全国仲裁发展工作座谈会，会议的主题就是探讨仲裁事业发展问题。现在东北三省仲裁机构相聚葫芦岛，研究东北仲裁发展工作，这是贯彻“济南会议”精神的重要举措。当前，我国仲裁事业正处于我国经济、社会发展的重要历史时期，正处于完善社会主义市场经济体制和扩大对外开放的重要时刻。国内外形势为我国仲裁事业加快发展提供了有利的条件和难得的机遇。仲裁机构的同志应该认识到这种有利的形势，抓住机遇推动仲裁事业的发展。

经过近5年来的实践，大家已取得了共识：我国仲裁事业要为社会主义市场经济服务。这就是我国仲裁事业发展的方向。这也是我国仲裁工作区别于外国仲裁很重要的一点。我国仲裁工作如果不把政治方向解决的话，那么工作就可能出现很大偏差。还有个问题，就是我们要不要有这么多仲裁委员会，是不是有几个仲裁委员会发展起来就可以了，是不是要将大部分仲裁委员会、仲裁机构整顿掉、扔掉。仅靠几个仲裁委员会能不能解决我国仲裁事业为社会主义市场经济服务，满足需要。这也是仲裁事业发展要解决的问题。我们只有回答了这些问题，才能比较好地回答我们仲裁事业要走什么路子的问题。从“鞍山会议”到“长沙会议”都在解决这个问题，推行仲裁法律制度是根本、融入市场经济是关键，这是我国仲裁事业发展要走的路子。

“武汉会议”以后，我们开始解决我国仲裁事业的步子问题。步子是快点好还是慢点好，步伐大点好还是小点好。我们和全国仲裁界进行商讨，最后下决心召开了“济南会议”。“济南会议”认为，实现我国仲裁事业快速发展，既是客观要求，也是主观需要。2002年从全国范围来看，仲裁工作开局都不错，比2001年和2000年好。这是这几年工作的基础发挥作用了。“鞍山会议”上我说过“推行仲裁法律制度，像种地似的，‘桃三杏四梨五年’，它有一个生存周期。不能今天推行了制度，明天就有案子了”。我们这个联席会议，是在关外一开春的时候召开的，东北仲裁工作也处在这么个时期，也要面临春天了。但是现在感受它时觉得还是有一丝寒意。为了解决发展问题，“济南会议”提出仲裁

事业发展的奋斗目标,有三条:第一是要使我国仲裁制度成为社会主义市场经济的重要保障制度。第二是要使仲裁手段成为我国市场经济解决民商事纠纷的主要手段。大家要注意"主要"两个字,过去我们一直讲"重要",现在我们要说,仲裁是解决民商事纠纷的主要手段,一字之差,含义不一样。这个提法,外部有不同看法,我们内部也有争议,对此我们暂不讨论。这个想法是根据我们国家社会主义市场经济发展要求,市场经济规律的内在需要考虑的。有的同志说这么提,是不是伤到其他纠纷解决方式、是不是会产生其他负面影响。我们说这不会的。关键是符不符合历史发展趋势,我们有没有这个雄心壮志。经过几年的发展,虽然我们仲裁的力量还不够,但优越性、先进性、科学性已经反映出来。我们应该有这个信心,通过我们的努力,几代人的努力,最后使我国仲裁制度能够在我们市场经济中成为解决民商事纠纷的主要手段。第三是我国要成为世界仲裁大国,并具有国际公信力的仲裁大国。这个和我们国家在国际政治生活、经济生活中的地位有着直接的联系。毛主席曾讲过,中国应当对人类有所贡献,应该能够促进人类的进步和发展。我相信我们完全可以做到这一点。无论从经济总量上来说,还是从市场经济需要来说,经过我们几代人的努力,我们的仲裁质量和仲裁品牌一定能打出世界,这是没有问题的。

对我国仲裁事业一定要有信心,没有信心,没有树立起这个信念,是干不了仲裁的,是无法渡过眼前难关的。我们现在处在一个我国仲裁史上非常特殊、非常艰难、非常重要的历史时期。它客观上决定了我们担负着历史责任。为什么这么说呢,我们一再强调推行仲裁法律制度,从本意上讲不是仲裁机构自己的事。制度是国家制定的,国家要保证执行。但我们不能寄希望于任何人。我们不能等,等是等不来的,等只能错过机会。我们面临的困难太多了,我们要努力通过仲裁机构牵引、政府推动,走出一条发展之路来。

我们把仲裁事业设想为四步。第一步争取用10年,实现我国仲裁法律制度的生成。这一步还有3年时间。3年的任务,要使仲裁走出目前的艰难境地。第二步是快速发展阶段。第三步是效益发展阶段。第四步是基本成熟阶段。"济南会议"将上述目标作了解释,这个目标离我们遥远不遥远?我们说确实遥远,但又非常近,因为这些需要从我们做起。希望我们这一代人把它做好。"济南会议"后,东北仲裁工作贯彻是非常积极的、行动是迅速的。贯彻"济南会议"精神,在发展问题上统一思想、统一认识,这是关键的问题。我们全国各仲裁机构不分大小,不分优劣,要共同发展,只不过是发展方式有区别。我相信这次会议将对东北仲裁事业实现跨越发展起到积极的促进作用。

二、东北仲裁工作对全国是做出了贡献的

经过几年来的努力,东北仲裁案件数量总体排在中等,2007年绝大多数仲裁机构案件数量都超过了前年。推行仲裁法律制度是在“鞍山·本溪”会议上提出的。还有一个全国仲裁机构相互配合协助要约,被称为鞍山·本溪公约,也是在东北产生的。我们有几个联系点。沈阳是其中一个,都非常有特色。对全国来说,东北仲裁是做出贡献的。东北仲裁机构的同志们是优秀的。多年来,对国务院法制办工作都是很支持的。我在这里向大家表示感谢。

三、东北仲裁工作大有希望

做好东北仲裁工作对全国工作有重要意义,革命时期东北是全国解放的重要根据地,建设时期东北是我国国民经济重要的工业基地。东北民风淳朴,人民具有艰苦奋斗的传统,影响了几代人的大庆精神在东北,这都是做好我们事业的宝贵精神财富。东北仲裁工作在全国仲裁工作中具有重要的位置,东北有26个仲裁机构,占了全国的1/7。东北仲裁的效果怎么样,直接影响着全国仲裁事业的发展。随着开放不断扩大,东北经济会有更大发展,这将为仲裁事业的发展提供更多的机遇。当然,东北仲裁也面临着一些困难、一些问题,但是总体来看困难和问题不是不可解决、不可克服的。

四、对做好东北仲裁工作的几点想法

第一,对东北的仲裁工作要有信心。东北再特殊,也在全国的大环境下,基本发展方向、发展路子不会有太大区别。实际上东北地区碰到的一些问题和困难,在其他地区如西北地区、华北地区都普遍存在。要做好东北仲裁工作首先要解决信心问题。犹豫彷徨,自己都觉得打不起精神,那一定发展不起来。不解决这个问题就根本谈不上发展。

第二,解放思想、因地制宜。发展东北仲裁工作一定要解放思想,不能有旧框框,不能从书本上学,也不能从外国学,要立足东北实际,立足仲裁工作的实际。上午有很多同志在发言中都谈到,东北的产权纠纷案件比较多,这和东北实际不无关系。一切从实际出发,才能找到生机,抓住机遇。只要有利于仲裁事业、有利于市场经济建设,你就可以去干。在区域经济中站住脚,才能发展。现在方向、路子已经确定,只要你是在发展中,左一点、右一点都是好解决的。怎么错,也错不到哪去。关键是能不能振奋精神,解放思想,开拓创新。这一点,我想可能对东北仲裁工作的同志更为必要,因为我们受计划经济影响可能多些。

第三,认真贯彻长沙会议精神大力推行仲裁法律制度。东北的推行工作还有潜力,还应更进一步。融入市场经济工作还要沉得下去。我们考虑问题的角度和经济贴得不太近。仲裁工作到底是经济基础还是上层建筑,我觉得还是经济基础好。我曾说过,从仲裁本质和特色看,它是解决资本关系的,它是促进资本效益最大化的,从这个意义上说,仲裁也是生产力。推行仲裁法律制度,融入市场经济,它是有具体内容的,要求合同规范率达到一定数量,我们的各地做得怎么样?我听了几个地方的同志发言感到不错,但是仍然有很大潜力。我希望同志们考虑,怎样贯彻22号文件,看一看你那个地区的合同按22号文件规定规范了多少,不解决这个问题,你就没有基础,没有发展的后劲。我相信,如果仲裁法律制度确实推行了,全国仲裁界面临的形势就大不一样。

第四,突出仲裁的特色,发挥仲裁的作用。在"长沙会议"上提出了仲裁工作的"三率",即快速结案率、自动和解率、自动履行率。这是针对我国仲裁的特点提出的。什么是仲裁,一般是指具有一裁终局、保密、便宜、快捷特点的法律制度。但在实际运行上,我们的仲裁大部分是模仿法院走的,按法院模式裁案子。本来仲裁和司法是两种不同的法律制度,我们有些同志不能把自己区别出来。我说这话并不是说我们干了几年仲裁不懂仲裁,不会干仲裁,而是说我们只有对仲裁本身具有的特色了解了,我们才知道怎么去干。我认为有几条最起码的特色能够将仲裁区别出来。一是任务不同。仲裁是市场经济的产物,其主要作用是实现资本效益最大化。它不是国家办不过来案子,用另一套人马和法院一样去承办案件。二是手段不同。法院解决纠纷是惩恶扬善,而仲裁不具有这一职能。三是法院是由法官断案,而仲裁是聘经济专家运用市场经济办法、经济规律解决经济纠纷。而这些特色与"三率"有直接内在联系。抓住了"三率",就能将仲裁区别开来。因此,"三率"问题,无论是从我国仲裁特色也好,还是当前解决和司法监督方面存在的问题也好,还是发展我国仲裁事业,都是重要的一件事。

另外,我们要改变仲裁方式,变对抗为磋商。今天上午我听辽阳说"一杯茶",我们开庭就得这么祥和。

第五,希望东北仲裁能够形成拳头,形成团队,无论是在推行仲裁法律制度中,还是在融入市场经济工作中、完善我们仲裁工作中,都能产生规模效应。我听了几个仲裁委员会的发言,觉得互补性非常强,既有共同的问题,又有不同的经验,体现了互补性。应该说大家把经验结合起来作为共同财富,一块研究共同面临的问题,互相帮助,可能东北的仲裁工作发展速度会更快一些。另外,也希望东北三省法制部门仍然像过去一样关心和支持仲裁工作。

3. 2002年12月10日,国务院法制办卢云华同志在华东仲裁工作座谈会闭幕式上关于"实现华东仲裁跨越式发展"的讲话

在全党、全国各族人民深入学习贯彻党的十六大精神,按照"三个代表"重要思想的要求,全面建设小康社会,努力开创中国特色社会主义事业新局面的重要时刻;在全国仲

裁界努力适应加快推进社会主义现代化建设的需要，在“三个代表”重要思想指引下，奋力拼搏，开拓进取，紧紧抓住发展第一要务，实现我国社会主义仲裁事业健康快速发展的关键时候，召开华东仲裁工作座谈会，是具有重要意义的。这次会议既是2002年以来全国开展仲裁事业跨越式发展和持续性发展工作的继续和深化，更是全国仲裁界积极响应党的十六大号召，努力开创中国特色社会主义仲裁事业新局面的开端。这次会议的主题为：根据党的十六大精神，按照“三个代表”重要思想和“发展要有新思路，改革要有新突破，开放要有新局面，各项工作要有新举措”的要求，认真总结华东仲裁工作取得的成绩和经验，深入研究华东仲裁跨越式发展和持续性发展，为开创华东仲裁工作新局面而努力奋斗。开好这次会议，无论是对华东仲裁工作还是对全国仲裁工作的发展，都将起到积极的促进作用。下面，我就做好新形势下全国仲裁工作特别是华东仲裁工作谈几点意见，供同志们参考。

一、关于全国仲裁工作

党的第十六次全国代表大会是我们党历史上一次十分重要的会议。会议全面回顾和系统、科学地总结了党的十三届四中全会以来，以江泽民同志为核心的党中央带领全党和全国各族人民推进改革开放和社会主义现代化进程取得的巨大成就和基本经验。《中华人民共和国仲裁法》就是在这个重要的历史时期诞生的。

根据仲裁法和国务院办公厅有关文件的规定，适应建设社会主义市场经济的需要，全国先后重新组建了165个仲裁委员会，包括原有的中国国际经济贸易仲裁委员会和中国海事仲裁委员会在内，目前全国共有167个仲裁机构。这些仲裁机构，遍布我国大江南北、长城内外，既有经济较发达地区又有中西部地区，既有中心城市又有较为偏远的城市。适应社会主义市场经济建设要求，满足公正、及时解决民商事纠纷需要的仲裁工作体制已经形成。新型的仲裁工作体制为根据市场经济的要求，运用市场经济的规律，组织市场经济的专家，采取市场经济的办法解决市场经济的纠纷，为创建和发展中国特色社会主义仲裁事业，打下了坚实基础。几年来，这个体制运行基本正常，效果突出，效益明显，全国包括华东涌现出一批比较优秀的仲裁机构。

全国仲裁机构严格依照仲裁法的规定选聘了近3万名仲裁员，并努力适应仲裁工作发展的要求，不断优化仲裁员队伍结构，使之更加合理化和专业化。总体来看，这些仲裁员了解经济，熟悉法律，能够比较好地运用商业惯例和行业规则依法解决纠纷。几年的实践使他们不仅是所学专业的专家，而且已经成为或正在成为解决纠纷的行家。特别是他们的执业操守比较过硬，专业精进，仲裁纠纷公平廉正，已经初步建立起良好的社会信誉。这支素质较高、能力较强的仲裁员队伍，聚集了一批社会贤良和精英，为我国仲裁事业快速健康发展,提供了有力的组织保障。

全国仲裁机构严格依照仲裁法的规定,公正、及时和妥善地处理各类民商事纠纷4万余件,标的额达830多亿元。这些纠纷案件,许多涉及国计民生重要经济领域,有的与国家的改革密切相关,有的还是当地的热点问题,关系到改革、发展和稳定的大局。各仲裁机构坚持仲裁工作为社会主义市场经济建设服务的正确方向,坚持公平与效率的统一,合情合理合法地解决纠纷,平息了纠纷又促进了合作,使市场主体间的经营交往不因产生纠纷而中断,使市场经济的运行不因暂时的、个别的、局部的利益冲突而梗阻。较好地发挥了保障经济秩序、化解经济纠纷、促生经济效益的作用,受到了市场主体的信赖。

全国仲裁工作保持了较高的发展速度,与我国经济的快速增长和社会进步,基本适应,大体同步。7年多来,全国仲裁工作始终坚持正确的工作思路,充分发挥新型制度的优势,抓住一切有利机遇,聚精会神,志存高远,创出快速发展的大好局面。仲裁法实施两周年时,全国仲裁机构受理案件总数为2400多件,标的额50亿元。到仲裁法实施5周年时,全国仲裁机构受理案件的总数就已经达到2万多件,标的额420亿元。近两年来,全国仲裁机构受理案件数量和标的额,每年都以较高的速度在增长。2001年受案首次突破万件,达到12,000多件,迈上了一个新的台阶。到2002年年底,全国年受案将有较大幅度的增长,受案总数累计有望超过5万件,标的额将逾千亿元。较高的发展速度,使仲裁为社会主义市场经济服务的作用越来越明显,社会对仲裁的认识有了不断提高和深化,也使我国仲裁工作的整体面貌和社会形象有了很大的改观。快速发展,是我们不负党和人民的重托,开创中国特色社会主义仲裁事业的根本途径,也是我国仲裁事业兴旺发达的根本保证。目前,努力实现跨越式发展已经成为全国仲裁界的共识和共同行动。我们有充分理由相信,有如朝阳般的中国仲裁事业的兴旺发达,一定会实现,一定会在我们手中实现。

7年多来,我们取得的成绩,是坚持党的领导的结果,是政府支持的结果,是社会各界关心、帮助的结果,是社会主义制度优越性充分发挥的结果。同时,也是全国仲裁界的同志们共同努力的结果,全国的仲裁机构都为此做出宝贵贡献。同志们作为我国仲裁事业的奠基人,当之无愧,功不可没。

回顾7年多来我国仲裁事业的发展历程,我们深深地感到:

开创中国特色社会主义仲裁事业,必须适应和满足社会进步、经济发展的需要,必须符合中国先进生产力的发展要求、中国先进文化的前进方向,中国最广大人民的根本利益。开创中国特色社会主义仲裁事业,必须坚持充分体现我国仲裁事业的社会主义性质。仲裁机构不是私人产业更不是营销组织。必须承担起促进和保障社会主义市场经济健康发展的社会责任和历史,只有始终不渝地坚持、风吹浪打不动摇地坚持、排除干扰全神贯注地坚持仲裁工作正确的政治方向，我国仲裁事业才会有广阔的发展空间和美好，才能得到全社会广泛的关心，支持和帮助，也才能更快更好地发展。7年多来正反两方面的经验教训证明，凡是坚持了正确方向的，工作就前进，事业就发展；反之，客观条件再好，也发展不起来。方向问题是决定一切的重大问题，决定着事业的兴衰成败，是我国仲裁工作在任何时候都必须牢牢把握的。

开创中国特色社会主义仲裁事业，必须始终坚持党的思想路线，解放思想、实事求是、与时俱进。中国特色社会主义仲裁事业前无古人，只能靠我们深深植根于中国的实际，根据我国社会主义市场经济建设的需要，积极探索大胆实践，与社会前进同步，与时代发展共进，坚决摒弃盲目照搬的懒愚做法，既不妄自菲薄，也不妄自尊大，勇于迎接挑战，敢于推陈出新，善于克服困难，努力开创特色鲜明、优势明显的中国特色社会主义仲裁事业。几年来，全国仲裁界的同志们通过积极探索，努力寻求符合中国国情、适合我国仲裁事业发展的仲裁工作方向、路子、步子和基本方法，成功地总结出：我国仲裁工作必须坚持为社会主义市场经济建设服务的方向，必须走“推行仲裁法律制度是根本，融入市场经济是关键”的道路，必须尽快迈出跨越式发展和持续性发展的步伐。鲜明地提出：中国仲裁要不断提高民商事经济合同规范率、仲裁机构约定率和仲裁案件快速结案率、自愿和解调解率、自动履行率，要树立正确的仲裁理念、改革仲裁方式，变对抗为协商、用市场经济的办法解决市场经济的纠纷，要广泛吸收市场经济的专家参加仲裁工作等。这些都是解放思想、实事求是、与时俱进的结果，充分体现出中国特色社会主义仲裁事业的时代先进性。

开创中国特色社会主义仲裁事业，必须始终坚持发展是硬道理。几年来，全国仲裁工作经历了艰难曲折的发展路程，面临着极其严峻的困难和挑战。创业初始，全国仲裁受理案件总量不大，作用发挥不充分；仲裁优势不明显、特色不突出；市场主体对仲裁制度了解不多，认识不到位；有些政府机关对仲裁工作关心不够，支持力度不大；与司法监督制度的衔接还不够完善；仲裁法律制度尚欠周详；仲裁机构的管理水平不高等，严重制约着仲裁事业的发展。另外，经济全球化形势的发展，国家经济建设和对外开放新形势提出的迫切需要，又给仲裁工作带来了巨大的客观压力。在错综复杂的内外部困难和压力下，开创中国特色社会主义仲裁事业的道路既充满希望又充满艰辛。发展，只有发展才是唯一的选择，只有发展才能杀出困难重围走出自己的生路，也只有发展才能提纲挈领，带动所有问题的解决。与发展相比，任何问题都是第二位的，不发展是最大的问题。发展创新是人类社会的基本规律，坚持发展是辩证唯物主义和历史唯物主义的基本态度。几年来，全国仲裁工作始终把发展作为主题，紧紧抓住不放，一心一意谋发展，千方百计促发展，齐心协力抓发展，以“乌蒙磅礴走泥丸”的英雄气概，走出了日益广阔的事业发展大道。近两年，全国仲裁受案的件数和标的额，是《仲裁法》实施前5年总和的1倍，是前3年总和的4倍多。长期以来困扰我们的问题和困难都在逐步得到解决和改善。

2002年，为了切实打好21世纪我国仲裁事业快速健康发展的基础，增强发展的后劲，为实现跨越式发展提供保障，我们先后召开了华北、西北、东北和西南仲裁工作座谈会，动员和部署全面落实“长沙会议”精神、努力实现仲裁事业持续性发展。会议紧紧围绕发展主题，认真交流发展经验，共同树立发信心，科学制订发展规划，许多没有参加先行实现跨越式发展的仲裁机构，不仅提出了实现持续性发展的工作方案，而且提出了明确的实现跨越式发展的具体目标。尤其可喜的是，位处经济欠发达地区的仲裁机构抓发展的劲头更足，信心更大，发展工作做得更深入、更细致。这次会议邀请的承德、石家庄、西宁仲裁委员会就是他们当中的代表。四个片会开得很成功，同志们表现出来的发展愿望十分强烈。发展已经不可阻挡地成为全国仲裁工作的主旋，高高奏响，伴随着我们在开创中国特色社会主义仲裁事业的道路上，高歌猛进，一往无前。

开创中国特色社会主义仲裁事业，必须始终坚持远大理想，不断坚定必胜的信念。社会主义中国的仲裁事业是朝阳事业，社会主义市场经济条件下的仲裁制度具有无限光明灿烂的前途。但如同所有的新生事物一样，仲裁制度在诞生之后，也遇到了许许多多始料未及的困难，致使有些同志一度对中国仲裁能否快速健康发展产生了怀疑，对中国仲裁的前景甚为忧虑，对开展仲裁工作徘徊彷徨，对如何走好中国仲裁之路深感茫然。思想上的悲观必然带来行动上的游移，信念的缺失一定导致工作的滑坡。建设社会主义市场经济是我国长期的历史任务，社会主义仲裁事业的发展是一个历史进程。就在我国仲裁事业面临选择的重要关口，1999年5月召开的“鞍山·本溪”会议，明确了仲裁为社会主义市场经济建设服务的工作方向和发展前途：指出了仲裁制度既是我国社会主义法制的重要组成部分，又是社会主义市场经济体制的重要组成部分；提出了大力推行仲裁法律制度，促进仲裁事业快速发展；论述了第一代仲裁人所承担的历史使命和历史责任，并预示21世纪我国仲裁事业将进入大发展的阶段。这次会议，不仅较好地解决了我国仲裁事业的前进方向，初步探讨了我国仲裁事业发展的路子，更重要的是，明确回答了中国仲裁事业的前途问题，有针对性地着手解决了全国仲裁的信念问题和信心问题，为以后全国仲裁工作的快速健康发展奠定了思想基础。

继2000年4月“长沙会议”提出“当前发展我国仲裁事业，推行仲裁法律制度是根本，融入市场经济是关键”的工作路子后，为了进一步解决全国仲裁的信念问题、信心问题,2002年4月召开的"济南会议"在研究部署实现仲裁事业跨越式发展工作的同时,认真研讨了我国仲裁事业长远发展的奋斗目标和基本设想。会议提出,我国仲裁事业的奋斗目标如下:(1)努力使仲裁法律制度成为社会主义市场经济的重要保障;(2)努力使仲裁成为解决我国市场经济民商事纠纷的主要手段;(3)努力使我国成为世界仲裁大国,并具有国际公信力的仲裁大国。会议为实现这个奋斗目标提出的"几步走"的基本设想如下:第一步仲裁制度生成阶段;第二步快速发展阶段;第三步效益发展阶段;第四步基本成熟阶段。当前,我国仲裁工作正处于第一步仲裁制度生成阶段的后三年。会议希望全国仲裁机构要努力实现跨越式发展,为进入第二步快速发展阶段打下坚实的基础。

"济南会议"提出的我国仲裁事业的奋斗目标和"几步走"的基本设想,是全国仲裁界多年来实践经验的概括和集体智慧的结晶,反映了对我国仲裁事业发展规律的正确认识,体现了第一代仲裁事业拓荒者对我国社会主义市场经济建设和仲裁事业发展的宏伟前景,充满信心。信念和信心的牢固树立,带来了思想和精神的解放,带动了工作的大幅度前进。继"济南会议"之后,又相继在吉林、乌鲁木齐召开会议。三个会议全国有100多个仲裁机构参加,大家群情振奋,斗志昂扬,开始带动全国迈上实现跨越式发展的新历程。2002年,我们将会首次产生年受案突破千件的仲裁机构,将有相当一批仲裁机构年受案比往年翻了一番或者有较大幅度的增长,其中不乏原来年受案已达百件以上、基数较大的仲裁机构。古诗云:"窗含西岭千秋雪,门泊东吴万里船。"在阅历了无数风雪、经历了7年艰苦卓绝奋斗之后,中国仲裁已经扬帆启航,迎着历史的召唤,劈波斩浪,驶向万里之遥的美好前方。

开创中国特色社会主义仲裁事业,必须始终坚持走全国仲裁机构共同发展的道路。我国将长期处于社会主义初级阶段,我国仲裁事业也将在较长的时间里处于发展中阶段。在这个较长的发展阶段中,全国仲裁机构发展不平衡是客观的,也是必然的。2001年全国年受案数不足50件的仲裁机构尚有104家,其中既有中西部经济欠发达地区,也有沿海经济相对发达地区的仲裁机构。这部分仲裁机构占全国仲裁机构的2/3,不仅他们自己有强烈的发展愿望,而且全国仲裁事业也迫切需要他们尽快摆脱现状。没有他们的发展就不会有我国仲裁事业的发展,也不会有中国特色社会主义仲裁事业的前程。仅靠少数仲裁机构无法完成为社会主义市场经济建设服务的重任。从我国仲裁事业历史发展的角度看,目前,全国的仲裁机构无论是搞得好些的还是相对落后的,基本上都共处于同一个历史阶段,没有根本的质的区别,都还远远不能满足社会主义现代化建设的需要。谁都没有骄傲的资本,谁都没有气馁的理由。几年来,全国仲裁工作坚持团结大多数、依靠大多数、发展大多数,坚持历史唯物主义,坚持共产党人的基本政策出发点,坚持我国仲裁事业的社会主义性质,坚定不移地走全国仲裁机构共同繁荣发展、共同进步的道路。实现持续性发展首先从三北、西南等经济欠发达地区抓起,实现跨越式发展重视相对落后仲裁机构的发展要求。同时注意在全国各类地区扶助一批仲裁机构,迅速发展,脱颖而出,作出表率,有力地推动了全国仲裁机构的整体发展。几年来,处于全国低位次的仲裁机构每年都有较大幅度的减少,他们受案的增长速度每年都有较大幅度的提高,在实现跨越式发展和持续性发展的过程中,迸发出极大的热情,做出了更有成效的努力。事实证明,有一批先进仲裁机构引领方向,大批发展中的仲裁机构奋起直追,造就了开创中国特色社会主义仲裁事业的万马奔腾、千帆竞进的生动局面。这条通向我国仲裁事业繁荣前景的道路是唯一正确的历史选择,必须继续坚持,长期坚定不移地走下去。

回顾7年多来我国仲裁事业发展的历程,还有一条重要的体会,就是必须加强政府对仲裁工作的支持,改进和完善政府法制机构对仲裁工作的联系和指导。这是由我国仲裁工作为社会主义市场经济建设服务的方向决定的。仲裁机构是由市政府(贸仲、海仲除外)使用国有资产(包括贸仲、海仲)组建的,在坚持国家所有的前提下,有关市人民政府代表国家履行出资人职责,并负有保证所组建的仲裁机构依法运行、维护国有资产权益的责任,同时也担负着推行仲裁法律制度、促进仲裁事业发展的任务。这是我们和国外仲裁机构的重要区别之一。几年来,全国各有关市人民政府,从建设社会主义市场经济的大局出发,注意充分发挥仲裁制度促进经济发展的作用,积极加强仲裁机构建设,切实保障仲裁机构依法独立仲裁,认真帮助仲裁机构解决存在的问题和困难,从工作方向上、管理制度上、人员配备上、后勤保障上提供有力的支持和必要的监督,保障了我国仲裁工作朝着正确的方向快速前进。事实证明,没有政府支持就不会有我国仲裁事业的发展和前途。目前从全国范围讲,政府对仲裁工作的支持不是多了,而是远远不够,大有进一步加大力度的必要。我国仲裁事业的社会主义性质和我国仲裁法关于仲裁机构设置的制度已经决定了,我国仲裁机构不是也绝不能成为民间资本合伙经营的营利性组织机构。这与仲裁机构依法独立仲裁完全是两回事。

政府法制机构受政府委托联系、指导仲裁工作,作用重要。长期以来,国务院法制办领导对做好仲裁工作非常重视,主要领导杨景宇主任和分管领导宋大涵副主任对仲裁事业的快速健康发展十分关心,做了大量卓有成效的工作。最近,曹康泰同志在担任国务院法制办主任职务不久,就几次亲自了解仲裁工作情况,关心仲裁事业的发展。党的十六大前后,曹主任提出了努力开创政府法制工作新局面的任务,为开创我国社会主义仲裁事业新局面的工作指明了方向,也为我们联系全国仲裁工作提出了新要求。这也是对全国仲裁工作的鼓励和鞭策。几年来,许多省级政府法制机构,如华东的江苏、安徽、山东、上海等,和许多市级政府法制机构,凭借着强烈的政治责任感和对党和国家事业高度负责的精神,满腔热情地支持仲裁工作,毫无私利地扶持仲裁工作,极端负责地帮助仲裁工作,全心全意地协助仲裁机构解决前进中的问题,肩并肩地与仲裁机构共同克服发展中的困难。我国仲裁事业每一进步都浸透着他们的心血和汗水,他们为开创中国特色社会主义仲裁事业做出了不可磨灭的贡献。当前我国仲裁事业已经进入了一个新的发展时期。党的十六大确定的全面建设小康社会、开创中国特色社会主义事业新局面的伟大历史任务,对全国仲裁工提出了更高更新的要求;同时,也为中国特色社会主义仲裁事业的快速健康发展提供了宝贵的历史机遇。党的十六大确立的全面建设小康社会的一个重要目标是:"国内生产总值到2020年力争比2000年翻两番。"这个宏伟目标的实现将使我国经济在更大的范围、更广阔的领域、更高的层次拓展发展空间。由此,必然为我国仲裁事业提供更加广阔的发展天地。根据实现我国仲裁事业奋斗目标的基本设想,到2005年我国仲裁事业将完成第一步制度生成阶段的任务,进入第二步快速发展阶段。全国仲裁工作要牢牢抓住国家社会主义现代化建设发展提供的时代机遇,从现在起就要争分夺秒,做好准备,打牢基础,从更高、更新的起点出发,去迎接新的发展高潮的到来。这也是今年以来,在全国开展努力实现仲裁事业跨越式发展和持续性发展的根本意义所在。正确把握全国仲裁工作的形势,对做好华东仲裁工作非常重要。

二、关于华东仲裁工作

(一)华东从总体上讲,位处我国东部沿海经济发达地区和比较发达地区,市场经济建设水平相对较高,行业众多,门类齐全,领域宽阔,经济总量大,活跃程度高,山川秀美,人文荟萃,天时地利人和兼而有之,具有很好的发展能力和厚实的发展潜力,在我国经济和社会发展中占有十分重要的地位。华东仲裁工作,区位优势明显,条件优越,市场文化先进,仲裁接受程度较高。华东六省一市现已组建仲裁机构共56家,占全国仲裁机构总数的1/3,三分天下有其一。全国为数不多的仲裁大省,华东就有4个,是仲裁机构相对集中的地区,有利于互相带动,相得益彰,形成规模效益。7年多来,华东仲裁工作坚持正确的工作方向,沿着正确的发展道路,艰苦创业,励精图治,奋发向上,开拓进取,取得了显著的成绩,为全国仲裁工作提供了许多有益的经验,做出了积极的贡献。

——华东仲裁工作在全国仲裁工作中的地位基本确定。据2000年、2001年的统计,2000年华东仲裁受案数3527件,占同期全国仲裁受案的37%;2001年华东仲裁受案数4651件,占同期全国仲裁受案数的38%。数据显示,华东仲裁工作对全国仲裁工作的发展有着举足轻重的作用,做好华东仲裁工作对全国仲裁工作的发展影响重大。

——华东仲裁工作发展势头较好。2001年全国仲裁受案数比2000年增长26%,而华东仲裁受案数增长为32%,高于全国平均增长速度。2001年全国仲裁受案标的额比2000年增长26%,而华东仲裁受案标的额增长为59%,高于全国平均增长速度一倍还多,位处全国六大地区之首。华东仲裁工作蕴藏着巨大的发展潜力,需要我们去深度开掘。

——华东仲裁工作体制结构在不断优化。2000年华东仲裁机构年受案在100件以上的有11家,年受案50件以上不足100件的有13家,大部分机构处于较低位次。到2001年华东仲裁机构年受案100件以上的达到19家,年受案50件以上不足100件的有10家,年受案不足49件的下降为26家。如果把全国仲裁机构按照受案数量分为三个位次,2001年华东仲裁处于全国第一位、第二位次的机构达到总数半数以上,结构优化效果明显。

——华东仲裁机构整体位次有所提升。2000年全国仲裁机构年受案100件以上的有22家,其中有华东仲裁机构11家,占1/2;全国仲裁机构年受案50件以上不足100件的有39家,其中有华东仲裁机构13家,占1/3;全国仲裁机构年受案49件以下的有116家,其中有华东仲裁机构31家,占27%。到2001年,全国仲裁机构年受案100件以上的上升为33家,华东同类别仲裁机构也上升为19家,占1/2;全国仲裁机构年受案50件以上不足100件的下降为28家,华东同类别仲裁机构亦下降为10家,占1/2;全国仲裁机构年受案49件以下的减至104家,华东同类别仲裁机构也减至26家,占25%。由此可见,华东仲裁整体位次处于上升趋势,特别是在全国仲裁第一位次,华东仲裁上升数量明显,占有重要位置。

7年多来,华东仲裁工作始终位处全国仲裁工作的前列。你们的努力丰富了全国仲裁工作的实践,你们的经验,为全国仲裁工作的开展提供了宝贵的借鉴,你们的成绩,激励并鼓舞了全国仲裁界的信心,你们的示范作用,使其他仲裁机构学有榜样,赶有目标。华东仲裁事业哺育并成就了一批优秀和比较优秀的仲裁机构,他们的成绩和经验为全国仲裁界所称道。华东有一批仲裁机构的领导同志,以良好的敬业精神和工作水平在仲裁界享有盛誉。特别是张斌生同志,不仅他所带领的厦门仲裁委员会一直位处全国工作的前列,而且他提出的树立现代仲裁理念,丰富了我国社会主义仲裁理论的宝库,也为我国仲裁优势和中国仲裁特色的形成提供了重要的理论支持。华东仲裁7年多来的工作,我们感到至少有下列几条重要经验:

一是华东仲裁工作始终坚持为社会主义市场经济建设服务的方向。华东仲裁工作的发展总体上讲是健康的,无论是在我国仲裁工作遇到困难的时候还是步入快速发展的阶段,华东仲裁机构始终把握大局,从国情出发,坚持仲裁的社会主义性质,坚持沿着"推行仲裁法律制度是根本，融入市场经济是关键”的道路坚定不移向前走，在全国仲裁实现跨越式发展的工作中，发挥了表率作用。在仲裁机构重组、努力提高仲裁案件质量、完善仲裁机构管理、加强仲裁队伍建设等多方面，通过创造性的工作，取得了明显的社会效益。

二是华东仲裁机构的领导班子有良好的精神状态。良好的精神状态是强烈的事业心和高度的历史责任感的表现。创建中国特色社会主义仲裁事业，关键在人，首先在领导班子的精神状态。华东仲裁工作尽管优势突出，但与全国仲裁工作面临的问题和困难基本性质相同，表现形式类似。之所以华东仲裁工作能走在前面，领导班子的精神状态起了至关重要的作用。在全国仲裁工作外部条件亟待改善时，是华东的山东、安徽、江苏省政府法制机构首先在全国率先带领全省仲裁机构共同努力争取社会各方面的理解和支持，共同打造仲裁事业良好的外部环境。在全国仲裁工作正在摸索一条朝着正确的方向前进的道路时，又是华东的一些仲裁机构提供了十分有益的实践经验。在全国仲裁工作努力实现跨越式发展的时候，还是华东的仲裁机构提供了全面落实“长沙会议”精神的做法，为全国仲裁持续性发展工作的形成和部署作出了努力。在全国仲裁工作努力争取实现全国仲裁机构共同繁荣进步、共同快速发展时，仍是华东的仲裁机构用他们的工作成绩证明了，中等规模城市的仲裁工作也能有大的发展。这次会议，他们当中的部分机构将作重点经验介绍。总之，勇于创新、奋发向上的精神状态，是华东仲裁工作永葆活力的精神动力。

三是华东仲裁工作队伍有比较过硬的作风。良好的作风是开创中国特色社会主义仲裁事业并把这项伟大事业持续推向前进的重要保证。在我国仲裁事业创业之初，在中国特色社会主义仲裁事业形成和发展的重要时期，华东仲裁工作结合我国的国情和华东的实际，积极投入我国民商事纠纷解决制度的改革，认真做好仲裁机构的重组工作，努力摸索新型仲裁制度的运行机制，大胆探索我国仲裁事业的发展道路，提出并提供了一系列符合中国国情和华东实际的主张和做法，表现出良好的思想作风。1997 年 9 月第一次全国仲裁工作会议就是在华东的常州市召开的。这次会议的成功召开，为中国特色社会主义仲裁事业奠定了健康发展的基础。以这次会议作为一个里程，“常州会议”以来的 5 年，无论是全国仲裁工作还是华东仲裁工作都发生了深刻的变化，都跃上了一个新的台阶。“常州会议”当年，全国仲裁总量是 122 家仲裁机构，年受案 3500 多件，受案标的额 50 多亿元；而到 2001 年，全国仲裁总量已发展到 166 家仲裁机构，年受案 12,000 多件，年受案标的额 270 多亿元，受案增长了 3 倍多，标的额增长了 5 倍多。“世上本来没有路”，包括华东仲裁在内的全国仲裁界的同志们披荆斩棘，闯出了一条华东仲裁之路。

华东仲裁工作在开创中国特色社会主义仲裁事业的各项工作中，也表现出了很好的工作作风。推行仲裁法律制度是一项长期的艰苦的工作,难度很大。华东许多仲裁机构敢于迎接挑战,甘于“低头求人”,知难而上,深入市场经济,宣传教化市场主体,积极争取政府支持和社会各界关心、协助,推行工作做得较有声色,在市场经济的重要领域取得了突破。华东仲裁工作一直重视提高仲裁案件质量,近年来又逐步重视抓好提高“三率”的工作,许多仲裁机构的主要负责同志亲自抓,锲而不舍地坚持抓,持之以恒地长期抓,一刻不放松地逐案抓。通过认真组织仲裁队伍的业务培训,努力提高仲裁员、仲裁工作人员的专业水准和解决纠纷的能力。华东仲裁案件的质量普遍是比较好的,被依法监督纠正的数量较少,裁决文书的水平一般较高,仲裁案件快速结案率、自愿和解调解率和自动履行率也在稳步上升。扎实的工作作风必然带来实际的效益成果。华东仲裁以其较高的工作质量和仲裁案件质量,为在全社会推行仲裁法律制度,提供了很好的借鉴。

华东仲裁工作取得的成绩,是大家共同辛勤努力的结果,也是同志们奉献精神、吃苦耐劳精神、勇于探索精神的集中体现。人是要有一点精神的。做社会主义仲裁,就是要靠这股昂扬锐气创造事业的辉煌。在此,我代表国务院法制办公室和各位办领导,对华东仲裁工作为全国仲裁工作做出的贡献表示衷心的感谢,对华东仲裁机构的全体工作人员表示亲切的慰问,对所有关心、支持华东仲裁工作的方方面面的领导、社会各界人士,表示崇高的敬意!

(二)华东仲裁工作极富潜力,充满希望,发展机遇多多,但也面临着巨大的挑战。在努力开创中国特色社会主义仲裁事业、实现华东仲裁工作跨越式发展和持续性发展的重要时刻,认真分析华东仲裁工作存在的问题,深入研究华东仲裁工作迎接挑战的措施,不仅是十分必要的,也是非常重要的。

华东仲裁工作应当对全国仲裁工作做出更大贡献,应当在我国仲裁事业的发展中发挥更大作用。就华东仲裁工作目前的状况而言,尽管自己和自己比有发展,但如果放在社会主义市场经济的大背景下,放在全国仲裁工作的大环境下考量,仍然存在一些比较突出的问题,主要如下:华东仲裁工作的发展与快速发展的华东经济的要求不相适应,与全国仲裁工作发展对华东仲裁工作的要求不相适应。2000 年全国仲裁受案标的额 221 亿元,而华东仲裁当年受案标的额只有 31 亿元,仅占全国受案标的额的 14%。2001 年全国受案标的额上升为 278 亿元,而华东仲裁虽有较大幅度增长,达到 49 亿元,但也仅占全国的 18%,受案标的额绝对数量过低。华东仲裁所处社会环境、经济环境、自然环境和人文环境较好,但有半数左右的仲裁机构长期处于全国仲裁机构的第三位次,不及相当一批经济欠发达地区的仲裁机构。这次会议邀请了承德仲裁委员会参加。华东仲裁机构所处的条件和大小环境,大部分比承德好,但却有相当一批仲裁机构的业绩远不如承德。

全国6个大区2001年与前一年的增长速度比较，华东仲裁标的额增长速度虽然排在第一位，但受案增长速度只排在第五位，落在西北、中南、华北、东北的后面。华东各仲裁机构的发展不仅呈现出比较严重的不平衡状况，而且各省发展也很不平衡。仅据2001年与2000年相比，上海年受案低于全国平均增幅5个百分点，标的额增幅却是全国增幅的5倍；江苏年受案增幅低于全国平均增幅，标的额却增长100%；福建、山东、安徽年受案数和标的额增幅双双比较高地超过全国平均增幅，安徽标的额增幅高达150%；江西年受案数大幅度增长，但受案标的额却出现较严重的背离，反而下降了50%以上。浙江年受案增幅高达43%，标的额却没有增长。华东仲裁工作的情况还显示，并非经济发达或比较发达地区的仲裁工作就发展得快，也并非经济相对欠发达的地区就发展得慢，经济发展与仲裁工作发展“倒挂”的情况，在华东比较突出。从全国仲裁工作几年来发展的情况看，特别是从今年实现跨越式发展的情况看，发展最快的地区不是华东，发展最快的仲裁机构不在华东，华东尚有为数不少的仲裁机构位列全国后50名之列，还有个别仲裁机构年受案长期在个位数上徘徊。以上情况表明，华东良好的区位优势还远远没有在华东仲裁工作中得到体现，华东仲裁工作的作用也还远远没有得到应有的发挥。这个问题，严峻地摆在华东仲裁工作的面前。

华东仲裁工作存在的问题除了上面讲的案件数量不高、标的额不大、增长速度不快、发展不均衡、仲裁服务作用不明显外，也在较大程度上存在仲裁工作基础不牢，融入市场经济的水平不高，仲裁理念陈旧，工作方法不能满足需要等问题。据初步了解，华东大部分地区还没有按照仲裁法、国务院办公厅有关文件的规定和“长沙会议”精神，对合同示范文本进行全面修订；建设部与国务院法制办关于在全国建设系统推行仲裁法律制度的文件，在华东许多地区也还没有得到真正落实；仲裁机构落实率的工作离“长沙会议”的要求还有相当的差距，市场主体选择仲裁解决纠纷的权利也远远没有落到实处，造成华东仲裁工作基础虚弱，后劲不足。华东有为数不少的仲裁机构对所在地区经济发展的基本情况若明若暗，对本地经济的特点不甚了了，对民商事纠纷的特点知之甚少，与市场主体和市场经济方方面面的关系若即若离，对广泛吸收市场经济的专家参加仲裁工作心存疑虑，与市场经济渐行渐远，不仅推行仲裁法律制度的成果得不到巩固，而且难以产生持久的仲裁效益。此外，华东大部分仲裁机构，仍在继续沿袭和模仿诉讼的方式仲裁民商事纠纷，对市场经济的内在需求思考不多，对当今国际解决民商事纠纷的发展趋势敏感不够，对组织市场经济的专家采取市场经济的办法解决市场经济的纠纷，胆气不足，似乎还有大权旁落的担心，致使华东仲裁工作还不能鲜明地体现出我国仲裁优势和中国仲裁特色，还不能有效地释解市场主体在选择仲裁时的困惑。同时，也在一定程度上反映出华东仲裁工作仍然存在框框。

华东仲裁工作存在的问题，在很大程度上也是全国仲裁工作存在的问题，具有相当的普遍性。这些问题产生的原因是多方面的，但概括起来讲，是由社会主义市场经济条件下年轻的仲裁事业的历史决定的，也是不以人的意志为转移的客观存在，难以完全避免。华东仲裁工作在较大程度上代表着全国仲裁工作的未来，我们希望华东仲裁工作能够成为开创中国特色社会主义仲裁事业的先行集团军。华东仲裁同志们肩上的担子重呵！

三、关于做好华东仲裁工作的几点意见

江泽民同志指出：综观全局，21世纪前20年，对于我国来说，是一个必须紧紧抓住并且可以大有作为的重要战略机遇期。完全符合我国仲裁工作的实际，也完全符合华东仲裁工作的实际。根据党的十六大提出的全面建设小康社会、开创中国特色社会主义事业新局面的形势要求，根据实现我国事业的奋斗目标和实施"几步走"发展战略的需要，全国仲裁工作将进入实现跨越式发展和持续性发展，开创中国特色社会主义仲裁事业新局面的发展阶段。做好新时期华东仲裁工作，必须全面贯彻党的十六大精神，全面贯彻"三个代表"重要思想，紧紧围绕党在新的历史时期确立的奋斗目标，紧紧抓住发展第一要务，解放思想、实事求是、与时俱进，全面落实"长沙会议"精神，努力实现跨越式发展和持续性发展，开创华东仲裁工作的新局面，为开创中国特色社会主义仲裁事业新局面而奋斗。具体要求如下：华东仲裁工作要争取用一年到两年的时间，整体性地迈上一个新的台阶，一半以上的仲裁机构、特别是省会城市、计划单列市和经济比较发达地区的仲裁机构，要争取在明年年底至迟在2004年进入全国第一位次。其他绝大多数仲裁机构要进入全国第二位次前列，使华东仲裁机构成为全国仲裁机构的领跑团队。这个要求，大体符合华东仲裁工作的实际和全国仲裁工作对华东仲裁工作的需要，只要工作做到家，是应当可以实现的。希望华东各仲裁机构认真抓好落实。当前，华东仲裁工作全面落实"长沙会议"精神需要抓好的主要工作是：

（一）大力提高合同示范文本规范率。依法做好合同示范文本规范工作，是贯彻实施仲裁法、落实国务院办公厅〔1996〕22号文件的重要工作，也是推行仲裁法律制度的重要措施。合同示范文本规范率，是指仲裁机构所在地区已经按照国务院办公厅有关文件依法修订的合同示范文本占全部合同示范文本的比例。按照国务院办公厅〔1996〕22号文件的要求，所有的合同示范文本都应当依法进行修订。做好这件工作意义重大，关系社会主义市场经济的健康发展，关系广大市场主体重要权利的落实，关系仲裁事业的生存发展基础。现在，全国已经有一批地区合同示范文本规范率达到80%以上，仲裁工作呈现出良性发展的势头。华东各仲裁机构要把这项工作列入仲裁委员会重要议事日程,主要领导要亲自负责,并组织专门队伍负责具体落实。要努力使这项工作和推行仲裁法律制度的其他工作一起,形成市政府领导,有关政府机关支持,市场经济行业团体、有关中介组织和市场主体的配合,政府法制机构协调,仲裁机构协助落实的工作机制。华东各仲裁机构要下大决心,下苦气力,采取有力措施,切实做好这项工作,争取用一年到两年的时间,协同有关方面把所在地区所有的合同示范文本修订完毕,不留死角,并建立必要的制度,保证新制发的合同示范文本符合要求。

提高合同示范文本规范率的工作,既要抓紧,也要科学规划,区分轻重缓急,集中优势兵力,争取各个突破,迅速扩大战果。方式可以多种多样,鼓励大胆创新,勇于探索,但结果和质量必须达到标准,时间必须符合要求。发文件布置、开大会动员都是必要的,但不是唯一的,效果必须落在实处。

此外,属于条条制订的合同示范文本的修订工作,我们正在会同有关部门进行研究,请同志们不要等。要努力创造条件,充分发挥主观能动性,做好耐心细致的工作,先行取得突破的可能性是普遍存在的。全国已有相当一批仲裁机构包括华东的一些仲裁机构做了有益的尝试,也收到了很好的效果,可供大家借鉴。总之,提高合同示范文本规范率的工作要抓紧、抓实。

(二)切实提高仲裁机构落实率。根据仲裁法的规定,合法、有效仲裁协议,必须写明负责仲裁纠纷的具体仲裁机构。我国现有167家仲裁机构,今后还有可能继续增加。对于这些情况,绝大多数市场主体并不了解,即便在使用已经规范的合同示范文本时,也难以达到法定要求,致使相当一部分仲裁协议无效,当事人的仲裁选择落空。因此,积极、认真地帮助市场主体依法做好仲裁协议的仲裁机构选择工作,既是合同示范文本规范工作的延伸和深化,也是现阶段推行仲裁法律制度的重要措施。没有仲裁机构落实率的提高,推行仲裁法律制度的工作就是不完善、不彻底的,市场主体的合法权利也是没有保障的。

仲裁机构落实率,是指市场主体使用规范的合同示范文本签订仲裁协议依法选择负责仲裁纠纷的具体仲裁机构,符合仲裁法规定的数量占本地区所有使用规范的合同示范文本选择仲裁的比例。这是一件更难、更艰巨的工作,但也是更能出实效的工作。推行仲裁法律制度要落实在具体市场主体、落实在具体经济合同中,提高仲裁机构落实率是关键。目前,我国已经有一批地区仲裁机构落实率达到50%以上,有的甚至更高,无论是市场主体的权利还是仲裁工作的发展都有了可靠的保障。华东各仲裁机构要力争用两年时间达到这个水准,用五年左右的时间达到70%左右,有条件的地方还可以争取更高更快些。

协助市场主体依法做好仲裁机构选择工作,不断提高仲裁机构落实率,本质是为民服务,形式是宣传教化,目的是帮助市场主体逐渐学会依法、有效地行使纠纷解决方式选择权。因此,要充分尊重当事人的意志,着眼于市场主体的根本利益,理直气壮地开展工作。全国许多地区的成功做法表明,提高仲裁机构落实率的工作要和提高合同示范文本规范率的工作紧密结合进行,在修订合同示范文本时,要在与有关方面充分协商的基础上尽可能考虑仲裁机构的落实,为市场主体在签订仲裁协议时提出仲裁机构选择的"要约邀请"提供便利。合同示范文本中关于选择仲裁和仲裁机构的表述要尽量避免与多种纠纷解决方式简单排列,以免造成选择意愿不明确的情况。具体方法,全国各地的做法不尽相同,大家可以积极探索,努力实践。总体要求:既要明确、具体,又要合法、有效。凡是具体标明仲裁机构的合同示范文本都应当同时注明,市场主体另有选择的,可以另行协商确定。

提高仲裁机构落实率的工作意义重大,结果紧要,希望华东各仲裁机构要高度重视,切实抓紧抓好。首先保证仲裁制度、仲裁机构在市场经济中扎下根、落住脚,然后才能谈得上发挥作用。

(三)努力提高仲裁快速结案率。仲裁快速结案,是仲裁制度的本质要求,优势和特色的主要体现,也是仲裁制度先进性和优越性的突出表现。对于市场经济而言,时间就是金钱。对于市场主体而言,解决纠纷的时间也是企业付出的成本,关系到市场主体竞争能力的提高和增强。在我国加入世界贸易组织、积极参与经济全球化进程的形势下,仲裁工作要注意围绕降低我国企业竞争成本、提高竞争能力开展工作,不断提高办案效率。

提高仲裁快速结案率,要把根据仲裁法确定的办案期限作为上限,用尽可能少的时间公正、及时地处理纠纷。目前,这项工作在全国仲裁机构中已经引起了普遍重视和积极实践。许多仲裁机构合理组织力量,科学安排工作,根据"精简、效能"的原则依法简化工作程序,大大缩短了办案周期,显著提高了工作效率,受到了市场主体的交口赞誉。华东各仲裁机构要争取在明年彻底解决超期限办案的问题,并认真研究制定提高办案速度的标准和要求,采取各项必要措施保证年年达标,逐年升标,直至稳定保持在一个较高的水准上。

做好提高仲裁快速结案率的工作,一靠重视,二靠抓实,三靠科学,四靠组织,五靠监督。华东各仲裁机构要像重视发展速度一样,高度重视仲裁案件的审理速度,要围绕速度建制度,逐案逐日抓落实,科学设置工作流程,精心做好首席仲裁员和仲裁工作人员的组织配备工作,建立健全各项督办和速度监控制度,既要充分调动人的积极性,又要提供可靠的制度保障和良好的后勤服务。要把提高办案速度作为仲裁工作的重要考核内容，对那些不能适应提高仲裁快速结案率需要的仲裁员、仲裁工作人员，要坚决调整。要在符合仲裁法规定的前提下，最大限度地简化程序，属于保证办案质量需要的工作程序，只能用来规范仲裁机构的内部行为，不能法外编程，增加当事人的负担，拖延当事人的时间。提高办案速度不能忽视办案质量。仲裁法规定的程序一个不能减。

（四）努力提高自愿和解调解率。和解调解特别是调解，在我国仲裁法有明确的规定，是我国仲裁活动的重要方式，也是我国仲裁制度与外国仲裁制度的显著不同之处。加强和改进仲裁和解调解工作，不断提高自愿和解调解率，对形成我国仲裁优势和中国仲裁特色具有特殊重要意义。

自愿和解调解是指仲裁案件经过仲裁机构的工作以后，双方当事人自愿和解或达成面协议的占所处理的全部案件的比例。这个问题，最早在广州、厦门的有关会议上提出、继而在“长沙会议”上确定下来以后，受到全国仲裁机构的广泛响应，认识也是空前的一致。两年多来，全国仲裁案件自愿和解调解的比例是比较高的，有的仲裁机构甚至达到了80%以上，达到50%以上的也有相当一批机构。当然，这是在受案还比较少的情况下实现的。华东市场经济发展较快，市场主体对市场经济及其规律的认识相对比较深刻，华东仲裁工作应该在提高自愿和解调解率方面，做得更好一些。我们希望华东仲裁机构能够把标准定得高一些，给全国仲裁机构作个表率。2003年，华东仲裁工作的自愿和解调解率应该达到50%以上的水平，省会城市、计划单列城市和经济比较发达的城市，还应适当高一些，争取从后年开始再上一个台阶。这个要求基本符合华东仲裁工作的实际，事实上，目前华东仲裁机构有的已经达到或远远超过了这个水平。

自愿和解调解率不可能无限提高，永远不会百分之百，否则，就是违背客观规律。强调提高自愿和解调解率，既有满足现代经济发展需要的考虑，更是为了形成仲裁特色和优势。“率”仅是数字，目的在于通过“率”的实现，带出一个全新的仲裁工作机制。对此，全国仲裁工作人员脑子要十分清楚。

做好提高自愿和解调解率的工作，除了转变思想、端正认识、高度重视外，还要认真研究解决靠什么人、用什么方法、以什么作依据、由谁来参加调解的问题。一些仲裁机构成功的经验表明：和解调解工作专业要求高，难度大，选择专业适应性、针对性强的人来主持比较适宜。市场主体法定代表人有代表本方利益的全权和机动处置权，争取他们到场参加调解，要比委托的代理人到场，调解成功的可能性更大，调解的时间更短。和解调解具有很大的灵活性。要为市场主体握手言和创造尽可能大的空间，这就需要在不违反法律的前提下，充分运用市场经济的商业惯例、行业规则，按照个别化的原则，撮合双方在更大的范围中寻求都能接受的出路。仲裁机构要努力营造良好的和解调解氛围,使双方当事人融化对抗情绪,自觉产生和解调解愿望,最大限度地接受调解。

做好提高自愿和解调解率的工作,要正确处理公正与效率的关系,把两者有机结合起来,避免与提高仲裁快速案率冲突。不能因为追求和解调解率而不管时间长短,牺牲效率的公正未必是真正的公正。要正确处理和解调解与维护合法权益的关系,和解调解做劝和、劝让的工作不能违背当事人意愿,不能损害当事人的根本利益。还要注意,和解调解工作不能违反法律,不能侵犯他人的合法权益,不能损害公共利益。特别要注意平等对待双方,切实防止主持人操守发生问题。要把提高自愿和解调解率作为考核仲裁员的重要标准。

(五)努力提高自动履行率。自动履行率是指根据仲裁裁决或者调解协议承担给付义务的一方,未经对方申请法院执行即自觉履行的,占仲裁机构所处理的全部案件的比例。提高自动履行率与提高自愿和解调解率、仲裁快速结案率作为一个有机的整体,是基于形成我国仲裁优势和中国仲裁特色这个战略考虑的。当与自愿和解调解率单独组合提出来时,又多了一层针对性很强的策略性考虑,主要是着眼于妥善解决实际存在的并将较长时间存在的诉讼制度与仲裁制度的衔接问题。因此,做好提高自动履行率的工作,具有现实与长远的重要意义。尽管这个问题自提出来以后,许多仲裁机构深悟其中要旨,努力探索的热情颇为高涨,收到的成效也很令人鼓舞,但考虑到这项工作情况复杂,我们的意见是对提高自动履行率的工作先行倡导,暂不确定指标为宜,但应坚决地施行。华东各仲裁机构要积极开展提高自动履行率的探索,认真总结实践经验,尽快使这项工作定型化、制度化,有条件的地方要争取有所突破,较大幅度地提高自动履行的比重,其他地方也要积极实践,迅速跟进,争取使华东仲裁提高自动履行率的工作也能走在全国的前面。

做好提高自动履行率的工作,要正确认识形势。当前,人民法院执行难的问题非常突出,短时期内难以得到根本解决。在这种情况下,希冀仲裁裁决能够得到较好执行,是不现实的。许多市场主体对仲裁制度的价值和优越性本来就有疑惑,如果再不能得到执行,失去市场主体信任,仲裁制度的生命力将不复存在。面对这种局面,我们只有一种选择,靠自己的努力走出自己的路,靠自己的发展解决自己的问题。舍此,没有其他途径。目前的办法也只有一个,即靠提高自动履行率塑造我们的形象,解决我们的出路。

做好提高自动履行率的工作,还要正确认识我国市场主体。几年来提高自动履行率的实践使我们深深感到,我国的市场主体绝大多数是有良知的,在法律与道德面前是知晓利害的。只要我们的工作做深做细做透,晓以大义,喻以利害,他们中的大多数是通情达理的,是有可能自动履行的。我常想,为什么我们有一批仲裁机构能够实现那么高的自动履行率,为什么同是市场主体由于进的门不一样就有了橘枳之分?难道讲道理的都进了仲裁门,不讲道理的都进了别的门?最后,我得出了两条结论:第一,要相信我国市场主体的大多数,否则,提高自动履行率就失去了基本前提。第二,人是塑造的。仲裁工作要努力用现代文明和优良传统文化熏陶所有参加仲裁的市场主体从纠纷的愤懑中解脱出来,恢复和保持应有的良知和通情达理的雅量,以法制争,以德止争,德法结合,逐步向好的方向转化,这是完全可能实现的。

提高自动履行率的工作要注意掌握正确的工作方法,要与提高自愿和解调解率的工作紧密结合进行,要在法律允许的范围内尽可能翔实地掌握市场主体的有关情况;把劝说市场主体接受和解调解与自动履行结合起来考虑;掌握恰当的工作方法,捕捉市场主体自动履行的所有可能;积极争取对方市场主体配合,促进自动履行的实现;努力延伸仲裁服务,协助市场主体切实自动履行等。

(六)广泛吸收市场经济的专家参加仲裁工作。这是仲裁工作融入市场经济的重要内容,也是重要手段。仲裁的职责是解决市场经济的纠纷,仲裁事业的任务是为社会主义市场经济建设服务,中国特色社会主义仲裁事业的大厦,只有建筑在社会主义市场经济这块根基上才能巍然屹立。没有市场经济专家参与,我们就很难实现用市场经济的办法解决市场经济的纠纷,也就很难完成促进市场经济建设和发展的任务。广泛吸收市场经济的专家参加仲裁工作,为我国仲裁事业输入新鲜血液,增添活力,这是一项重要举措。

"长沙会议"以来,全国部分仲裁机构包括华东的一些仲裁机构,更新观念,解放思想,摆正位置,破除门户之见,大胆吸收市场经济各行各业的专家全面参加仲裁工作,充分信任,放手使用,积极发挥作用,努力提供优质服务,不仅加强和改善了仲裁工作,而且使市场经济的专家更形象、更具体地认识到仲裁制度的先进性、优越性,更具说服力地宣传和推行仲裁法律制度。几年看下来,这件事方向对头,做起来,利大于弊;不做,弊大于利。从2003年开始,全国仲裁工作要进一步解放思想,认真总结和推广成功经验和先进作法,在更大范围铺开这项工作,争取有所突破。华东地区英才济济,星光灿烂,各仲裁机构更要解放思想,尽快采取措施,迅速打开工作局面,使华东市场经济的专家成为华东仲裁工作的中坚,使华东市场经济的方方面面成为华东仲裁工作的坚强后盾。

我们讲的市场经济专家,不能简单地作为概念理解,而是指与市场经济有关的特定专业群体。范围很宽,涵盖了市场经济各个行业和领域,及与市场经济有关的方方面面。主要有以下几部分:一是党委、人大、政协、政府及其所属部门中长期从事经济工作、熟悉市场经济的专家;二是市场经济各行各业的市场主体中,业绩、品格、信用和社会声誉均属优良的专家;三是市场经济行业管理组织、有关中介组织中的专家;四是教学、科研单位既熟悉经济理论又了解经济工作的专家;五是确实具有较高专业水平,又善于处理纠纷的其他专业人士。当前,要特别注重吸收市场主体和市场经济行业组织中的专家,广纳人才,产生联动效应,为进一步吸收市场经济的专家开辟道路。要带争取通过不长的时间,合理改变仲裁队伍成分,优化组织结构,使仲裁工作主体既是市场经济的专家,又是善解纠纷的行家。

市场经济的专家发挥作用的范围很宽,只要是有利于仲裁事业发展的,有利于仲裁工作推进的,适宜市场经济的专家参加的,都要放手积极争取他们参加。从各地探索的情况看,他们参加仲裁工作的主要作用是:推行仲裁法律制度,参加调解、仲裁纠纷,介绍经济发展形势,反映市场各方需求,研究改进仲裁工作,收集整理行业惯例,积极开展调查研究,以及仲裁工作所需的其他事项。符合仲裁法规定条件的专家可以依法聘任为仲裁员,对不符合仲裁法规定条件的,或不适宜担任具体案件处理工作的专家,可以采取其他方式参加仲裁工作。今后,要不断提高案件仲裁组织和调解组织的专业化水平,推行仲裁法律制度、融入市场经济的工作也要逐渐由有关专家为主去做。要通过市场经济的专家参与,使他们并带动广大市场经济主体逐步认识到,仲裁需要市场经济,市场经济更需要仲裁,不是仲裁机构要市场主体来仲裁,而是市场主体要仲裁机构为他们提供仲裁服务。

对于参加仲裁工作的市场经济的专家,一方面,要注意充分发挥他们的作用,人尽其才,用其所专,合理组织,科学搭配,提供良好的服务和保障。另一方面,也要注意提供必要的辅助和进行必要的监督。对担任纠纷处理工作的,要提供仲裁程序和实体处理等方面的法律辅助,以确保仲裁活动符合仲裁法律规范,确保灵活多样的实体处理不违背法律法规的规定。对于担任其他仲裁工作的,也要采取多种形式提高他们的仲裁专业水平,使他们正确认识仲裁制度,正确推行仲裁制度,积极有效地做好仲裁工作。参加仲裁工作的市场经济的专家,都要接受仲裁执业操守和规范方面的教育,都要接受仲裁机构依法进行的监督。

总之,广泛吸收市场经济的专家参加仲裁工作,是根据现阶段我国仲裁工作的状况和今后的发展需要提出的一项重要举措,也是仲裁工作融入市场经济不断获得发展源泉的重要保障,意义重大,影响深远。请华东各仲裁机构务必精心组织,做好这项工作。我们相信,仲裁工作融入市场经济之时,即我国仲裁事业大发展之日。这一天正在向我们走来。

以上各项工作,反映了“长沙会议”精神的丰要内容。有条件的仲裁机构除了认真做好上述工作外,还要抓紧推进仲裁方式的改革,大胆探索符合社会主义市场经济内在需要的纠纷解决机制,在坚持仲裁制度共有优势的基础上,进一步解放思想,放开胆子,积极实践,努力争取在较短的时间里尽快形成区别于其他纠纷解决方式的我国仲裁优势,和有别于境外仲裁的中国仲裁特色,使中国特色社会主义仲裁事业始终保持时代先进性。

四、关于做好华东仲裁工作需要注意的几个问题全面落实“长沙会议”精神,努力实现华东仲裁工作跨越式发展和持续性发展,开创华东仲裁工作新局面,还要特别注意以下几个问题:

(一)做好调查研究。正确的工作实践源于正确的思想指导,正确的指导思想是对客观事物发展和需求的真实、全面地反映。做好仲裁工作必须始终坚持这条辩证唯物主义的基本原理,认真做好调查研究工作,从中探求规律,摸索需要,寻找正确的发展方法,不断检查工作指导思想的真理性、必要性。全国许多仲裁机构在创业开始就坚持调查研究起步,深入实际先行,努力做到全局在胸,大局在握,制订既符合实际情况又具有很强针对性的工作方案,取得了较理想的工作效果。在实现跨越式发展和持续性发展的过程中,进—步加强调查研究,对于正确确定工作切入点和作用增长点,牢固树立发展信心,尤为重要。必须坚决防止坐衙击鼓升堂的衙门作风,和以其昏昏使人昭昭的作风。

当前,做好调查研究工作要在市场经济发展需要与仲裁工作发展需要的结合上下功夫,要在深化仲裁工作对市场经济的了解和认识上下功夫,要紧紧围绕“长沙会议”确定的发展路子下功夫。希望华东各仲裁机构从明年开始,大兴调查研究之风,把调查研究工作摆上重要议事日程,认真做好所在地区经济发展基本情况的调查,市场主体结构的调查,市场经济纠纷基本情况的调查,合同示范文本和仲裁制度落实情况的调查,有条件的要尽量多做一些调查研究工作。在调查研究的基础上提出符合自己实际、有自己特色的对策,制订好明年工作计划和今后发展规划。调查研究的方式可以多种多样,可以仲裁机构自己搞,也可以联合其他单位和组织共同搞,还可以委托有关专业组织帮助搞。总之,做好调查研究工作是实现仲裁事业发展的基本前提,一定要高度重视,认真做好。

(二)确定发展目标。形势决定任务。完成任务必须有明确、具体的目标。华东各仲裁机构要根据所在地经济发展的情况,结合全国仲裁工作发展的需要,以可能达到的最高标准,制订2003年全面落实“长沙会议”精神的各项工作目标和2005年前每年的发展目标。目标应当包括:合同示范文本规范率、仲裁机构落实率、仲裁快速结案率、自愿和解调解率、自动履行率和广泛吸收市场经济专家参加仲裁工作、改革仲裁方式等方面的情况。

制订目标应当充分体现解放思想、实事求是、与时俱进的精神，坚持发展的观点，坚持高标准、严要求，坚持一切从实际出发。既要防止无所作为，又要防止井蛙之见，还要防止好高骛远，盲目攀高。要彻底解决不愿发展、不敢发展、害怕别人发展的思想障碍，切实纠正不恰当地过高估计发展难的问题。要把党和国家的需要、实现我国仲裁事业奋斗目标的需要与各仲裁机构自身发展的需要和可能性有机地结合起来，要对仲裁制度的先进性、第一代仲裁人的创造性估计充分。目标应当量化。制订目标要经过科学论证，反对“三拍”决策。

（三）切实抓好重点。全面落实“长沙会议”精神，内容丰富，任务繁重，既要全面推进，又要突出重点、循序渐进；既要充分估计可能性，要实事求是考虑现实性，这既是辩证唯物主义的认识论，又是唯物辩证法的方法论。抓住重点，就要区分轻重缓急，瞻前顾后，长短结合，坚持伤其十指不如断其一指。

当前，推行仲裁法律制度的重点为：市场经济的重点行业，纠纷多发领域和资产量大、经济活跃的企业，行业龙头和利税贡献大的企业，国有企业和国有资产占主要比重的企业，实施现代企业制度的企业，对外经济交往活跃的企业等。特别要注意做好纠纷多发领域和建设系统推行仲裁法律制度的工作，这是重中之重。广泛吸收市场经济的专家，重点是市场经济的行业龙头和利税贡献大的企业、实施现代企业制度的企业、大型国有企业和国有资产占主要比重的企业、对外经济交往活跃的企业中资信较好的企业家。当前，搞好与市场经济行业组织、中介组织的职能衔接，也是融入市场经济的重要措施。其他方面的工作重点，同志们可以根据本地区的实际情况确定。总体要求是，总览全局，统筹兼顾，重点突破，带动一般。

（四）坚持主观努力。目前，全国仲裁工作所处的外部环境基本相同，各仲裁机构面临的问题大体类似，发展条件没有根本性质的不同，但发展速度却有很大的差别。全国没有一个地方没有发展潜力，也没有一个仲裁机构已经发展到头。在人类发展的历史长河中，从来就没有不用克服困难就能发展的事情，也从来不存在能够挡住发展的困难。这是不以人的意志为转移的客观规律。实际上，我国仲裁事业发展的过程，就是不断克服困难、解决前进路上艰难险阻的过程，就是靠主观努力、主观前进、主观动力改变客观环境的过程。因此，全国仲裁工作上不去，责任在我们；具体仲裁机构工作上不去，问题在主观。“常州会议”以后、特别是“鞍山·本溪”会议以来，全国仲裁工作一个明显的是，怨天尤人的少了，强调客观困难的少了。相反，从主观上找原因、从解决主观问题上下功夫，从发挥主观能动性和创造性上想办法的多了。近年来，一批中西部的仲裁机构通过主观认识上的飞跃和思想解放，勇敢摆脱了困难的羁绊，获得了前所未有的发展速度。

武汉仲裁委员会几年前年受案还只有几十件,继2001年受案400多件后今年可望突破1000件,实现翻番。华东的苏州仲裁委员会主观努力的成效也非常显著。但应看到,在全国范围内仍有少部分仲裁机构的领导同志,主观上还深陷于对客观条件不切实际的改善期望中。他们看不到,他的困难别人也有,甚至还要更多;他没有的发展速度和工作业绩别人都有,而且要更快、更好。即使看到了,也仅仅停留在对客观条件差的嗟叹之中。殊不知,离开了主观努力,发展仲裁事业就是奢谈。思想禁锢是发展的根本障碍,靠主观努力解决发展问题是唯一出路。希望华东各仲裁机构的同志们进一步更新观念,使思想认识跟上不断发展的形势,适应快速发展的要求。

(五)确保工作质量。我们讲的质量,既包括仲裁案件质量,也包括仲裁队伍的质量,还包括其他仲裁工作的质量。仲裁工作的质量,是公平与效率的统一,是仲裁制度先进性的集中体现,是仲裁制度生存、发展的根本保障,是仲裁工作的生命,也是仲裁工作的永恒主题。总之,对仲裁工作质量,无论怎么强调都不为过。应该说,无论是华东还是全国仲裁机构,长期以来,对提高和保证仲裁工作质量,普遍是比较重视的,并为此做了大量工作,取得了较好的成绩。我们处理的案件,不仅基本上做到了依法、公正、及时,而且社会效果普遍不错,与其他纠纷解决方式比较,优势显现,口碑较好;我们的仲裁队伍质量不错,素质较高,形象比较清纯,市场主体的信赖度在不断提高;我们的仲裁机构服务比较热情,待人接物平等中体现着民主,气氛和谐中又内含公正,现代文明的程度令人耳目一新;我国仲裁制度的优越性和先进性不彰自显,与日俱增,中国特色社会主义仲裁事业的良好声誉已经基本树立起来。

在努力实现全国仲裁事业跨越式发展和持续性发展的工作中,强调保证仲裁工作的质量问题,有着特别重要的意义。一方面,我们的仲裁案件仍然存在这样那样的问题,实体处理灵活性水准还比较低,适用法定程序方面尚有轻率和疏忽;我们的仲裁员、仲裁工作人员队伍也并非一盆清水,操守方面仍然存在这样那样的问题,社会上也时有反映;我们的仲裁机构,管理水平普遍不算很高,特别是财务管理、人事管理及日常工作管理等方面,仍然存在一些亟待解决的突出问题,部分仲裁机构在换届审计时,被审计机关提出了存在违反财经纪律的问题。还有其他一些问题。另一方面,尽管我们反复强调,发展是质量、效率和社会效益的统一,但仍然存在把发展和质量对立起来、割裂开来的说法和做法,妨碍着发展工作健康顺利进行。

我国实行机构仲裁制度,仲裁机构对仲裁案件质量负有责任,仲裁案件的质量是考核仲裁机构的重要指标。各仲裁机构要建立完善的质量监督制度,坚持杜绝违反法定程序办案,严防不公正、不适当的违法裁决出门,绝不允许以尊重仲裁庭独立仲裁为借口放弃监督责任。要对仲裁员进行严格管理，平等对待双方，依法循章办案，公正处理纠纷，不能厚此薄彼、悖理偏行。对任何违法违纪和懈怠职守的行为都绝不能姑息。要严格禁止以案件处理结果“钓鱼”收揽案件的做法。总之，我们要像爱护眼睛一样爱护仲裁事业的形象，要像珍惜生命一样珍惜仲裁工作的质量。

(六)坚定正确方向。中国特色社会主义仲裁事业是中国特色社会主义事业的组成部分，必须坚决贯彻党的路线、方针、政策，必须服务和满足国家建设的需要。仲裁事业是党和人民的事业，必须有益于社会公益和人民福祉。仲裁机构是由政府依法组建，应当接受政府依法进行的监督、考核和指导。仲裁机构是使用国有资产组建，必须按照国有资产管理制度进行管理，防止国有资产流失。对仲裁机构绝不能放任自流。国家保障和促进仲裁事业的健康发展，保障仲裁机构依法独立行使仲裁权，保障仲裁机构依法自行管理内部事务。这些都是保持我国仲裁事业社会主义性质的根本保证，也是坚持我国仲裁事业正确政治方向的根本保证。性质和方向问题是根本的原则性问题，是中国特色社会主义仲裁事业的核心问题，是任何时候都不能混淆和含糊的。没有社会主义性质和为社会主义市场经济建设服务的方向，就不会有我国仲裁事业的今天、明天和未来。

包括华东在内的全国仲裁机构要一如既往地坚持仲裁工作的正确方向，把仲裁工作自觉置于全面建设小康社会、开创中国特色社会主义事业新局面的伟大历史任务中，积极争取党的领导，自觉接受政府的监督和指导，接受社会和市场经济方方面面的监督和帮助，主动争取政府和社会各界的大力支持，共同开创中国特色社会主义仲裁事业的壮举。

政府法制机构受政府的委托对仲裁工作进行帮助和指导，义不容辞。要在坚持正确发展方向、端正工作指导思想、依法履行职责、严格遵纪守法、改善仲裁环境、完善管理制度、解决实际困难、加强队伍建设和领导班子建设等方面，充分发挥作用。省级人民政府法制机构也要努力克服困难，对有关市级人民政府法制机构联系仲裁工作加强指导。所有这些都是非常必要的，也是其他部门无法替代的。这件事，做起来有困难没错误；不做，没有错误有损失；做好了，利在千秋，泽被后人。请华东各省市政府法制机构继续依法做好联系仲裁的工作。

新世纪，我国已经进入全面建设小康社会、加快推进社会主义现代化的新的发展阶段。经过同志们7年多来的共同努力，无论是在华东还是在全国，我国仲裁发展史上最沉重的一页正在翻去，最困难的时光即将度过，中国特色社会主义仲裁事业也将进入新的发展时期。在党的十六大精神鼓舞下，我们从来没有像今天这样方向明确、信心坚定，也从来没有像今天这样意气风发、斗志昂扬。伟大的历史使命在鞭策着我们，美好的前景在召唤着我们。让我们紧密团结在以胡锦涛同志为总书记的党中央周围，在“三个代表”重要思想指引下,以百倍的热情投身千载难逢的民族复兴伟业,为全面开创华东仲裁工作新局面,为全面开创中国特色社会主义仲裁事业新局面而努力奋斗。

4. 2002 年 12 月 9 日,国务院法制办卢云华同志在华东仲裁工作座谈会闭幕式上关于“开创华东仲裁工作新局面”的讲话

这次华东仲裁工作座谈会经过华东各仲裁机构的共同努力,开得比较成功。会议期间,华东各仲裁机构相互交流了情况,总结了经验,研究并寻找了华东仲裁工作存在的问题,共同探讨了华东仲裁工作发展的思路、办法。应该说,努力开创华东仲裁工作新局面在这次会议上达成了共识,努力实现华东仲裁工作跨越式发展是大家共同的心愿。围绕华东仲裁工作的发展需要和全国仲裁工作的发展需要,确定的华东仲裁工作的奋斗目标,大家是认可的。根据全面建设小康社会、开创中国特色社会主义事业新局面的重大历史任务的要求确定华东仲裁工作的具体工作指标,同志们是接受的。这次会议基本上达到了统一思想、提高认识、明确目标、制定措施的目的。下面我讲几个问题:

第一个问题,关于跨越式发展和持续性发展。我国仲裁事业发展到 2002 年已 7 年多了,最终要回答一个问题:中国的仲裁事业究竟向何处去?如何去?把这个问题回答以后,才能使我们现在做的每一件事情有方向感。

济南会议之前,我们抽了一段时间做了调查研究,比较认真地考虑了这个问题,下决心提出我国仲裁事业的三条奋斗目标。这个奋斗目标的实现可能要经过几代人甚至十几代人的艰苦努力。根据这个目标,大致设计了四步走的基本设想或者叫发展战略。第一阶段就是到《仲裁法》实施 10 周年的时候,我们把它定位制度生成阶段。定下这个生成阶段有什么好处呢?我们可以尽最大努力争取方方面面的支持,也可以争取到方方面面对我们的理解和正确认识。到 2005 年《仲裁法》实施 10 周年时我们还有 3 年时间,能不能抓住这 3 年时间,全国仲裁机构能够有个比较高的速度实现跨越式发展,有没有这样的条件,济南会议讲了几条客观依据,尽管还有困难,但总体上是具备了实现跨越式发展的条件的。尔后,我们在全国的各类型的仲裁机构中选择了一部分仲裁机构在吉林、乌鲁木齐先后召开会议,继续部署实现跨越式发展的工作。三个会议效果不错,如果说跨越式发展解决的是速度问题的话,要解决我国仲裁事业的长久发展问题就要解决好基础和后劲问题。跨越是要从第一步制度生成阶段能够比较平稳地、比较好地进入第二步快速发展阶段,速度不是目的,是手段。根据这个考虑,今年在全国范围内分片召开实现持续性发展的会议,这两个之间的关系概括起来说就是跨越发展解决的是速度问题,持

续性发展解决的是基础问题，这两件事要坚定不移地办下去。

第二个问题，关于发展需要和发展条件。这几年，全国仲裁工作应该说从常州会议以后特别是“鞍山·本溪”会议以来，工作的主题就是发展这两个字。一切为了发展，一切围绕发展，一切服从发展，这是个基本方针。我们的制度存在的合理性、必要性，绝不是因为其他民商事争议解决方式存在不公正问题才有我们存在的合理性和必要性。仲裁反映的是社会主义市场经济内在的、本质的要求。前两天我在一个会上讲过，仲裁法是一个最体现与时俱进的法律，现在越看越清楚。在党提出搞市场经济不久先搞仲裁法，应该说是远见卓识的，但正因为仲裁法的先进性注定了在实践中会有很多困难、很多问题，说实话这个轨接起来是真不容易的。目前，从我们全国的情况来看，发展需要既有大需要，也有小需要，每个仲裁机构都需要，市场经济也需要，这没有问题。从目前发展条件来看，总体来说全国各仲裁机构所处的地方都有发展条件、发展潜力，否则就没有必要设立仲裁机构，仲裁法规定根据需要设立仲裁机构。既然设立了仲裁机构，就要承认需要、满足需要。

第三个问题，关于推行仲裁法律制度。这个问题的最早提出是在1999年“鞍山·本溪”会议上。《仲裁法》颁布后，为了使仲裁法律制度发挥应有的作用，国务院办公厅专门颁发了22号文件，这个文件本身非常好，但落实得很不理想。最后，我们下决心第一代仲裁人要挑两副重担，一副重担把案件办好，一副重担推行仲裁法律制度。当然，我在许多地方和政府机关讲的时候，我是讲推行仲裁法律制度是政府的责任，政府有义务推行仲裁法律制度。但是我们不能等啊，我们等不起。我们等不来今天的局面，等不了别人把格式合同给我们订好，所以当时下决心要“大力推行仲裁法律制度”。当然，这个说法提出本身就不那么一帆风顺，包括理论界、学术界，以及我们仲裁界自己，也有不同看法。在提出之前，我们是做了些调查研究的。后来我们下决心了，第一个是把这个口号提出来，第二个是把仲裁机构的主观努力、主动性强调出来，同时也不能忽视政府在推行仲裁法律制度中的作用。我们说“仲裁法律制度是我国社会主义法制的重要组成部分”，这有利于仲裁机构争取政府支持、争取各方面配合推行仲裁法律制度。“仲裁法律制度也是我国社会主义市场经济体制的组成部分。”这两边一框，一个是社会主义法制，另一个是社会主义市场经济体制，以便大家争取市场主体各方面的支持。这不是理论问题，而是实践问题，但是必须在理论上解决它。应争取形成一个机制，市政府领导、有关部门的支持、市场主体、中介组织、行业组织的配合、法制机构协调、仲裁机构积极落实的机制。实践证明，不抓推行仲裁法律制度受损失最大的是仲裁机构，但最终是市场经济建设受损失。这件事抓好了就是步子快点、慢点的问题，但不抓，仲裁法律制度慢慢也能在市场经济中生成,因为仲裁是内在的本质需求,不用我们努力最终也能生成。但是我们努力不努力,速度是不一样的,结果也大不一样。我们作为第一代仲裁奠基人,我们的历史责任、历史形象在这儿呢,我们不能让后人指着脊梁骨说:这么好的一件事让你们折腾成这样。所以推行仲裁法律制度这件事同志们还是要坚定信心,不怕困难,认真做好。

第四个问题,关于建设系统推行仲裁法律制度的工作。这件事我们和建设部在研究时,主要想法是按照这个文件去办,建设系统的纠纷应该大部分到仲裁来,但事实上不是如此。如果建设系统我们都落实不了,那么别的系统还能落实得了吗?原本2002年11月我们想开一个全国建设系统推行仲裁法律制度的座谈会,请全国仲裁机构的负责同志和建设系统的有关领导同志去参加,后来推迟了,原因是文件落实的情况太不理想了。建设部在这件事情上是给予全国仲裁界极大的关心和支持,建设部法规司的领导与我见面时每次都问全国建设系统仲裁工作怎么样了?哪些地区搞得好一点?在有文件以后和没文件以前情况发生了哪些变化?这件事情同志们研究一下,为什么这么好一个文件没有真正落到实处,究竟问题发生在什么地方?

关于吸收市场经济专家的工作,现在看来,在全国范围内刚刚开始,有了一些初步的实践,从实践情况看没有什么太大的问题,而且好处很大。有些仲裁机构做还做了很多调查,企业家特别是市场经济的行业组织、中介组织积极性都很高。我曾经找过一部分企业家谈过,我问了几个问题:第一,你们的企业发生纠纷后你们愿不愿意仲裁?得到的回答是肯定的,理由也非常充分。第二,像你们这个企业的纠纷是行业专家来给你们解决好呢,还是法院的法官来解决好?他对这个问题回答得比较含糊。后来我就进一步问他,你要是处理相关领域的纠纷,你觉得你能公道地处理吗?他说完全没有问题。第三,如果你们要来参加仲裁工作,你觉得会不会时间上、生意上影响工作?他们说,不会,我会尽一切努力来参加的。第四,如果你们参加仲裁工作,对你们的企业会有哪些影响?他说只有好影响,这个就是资信,我们会通过参加仲裁工作更好地约束我们自己,也会更好地在业内跟大家形成良好的信用关系。当然了要做好这件事情有些问题是需要注意的,但总体说来是没有多大问题的。实际上许多市场经济的主体对仲裁理解比我们深刻得多。我曾听过上市公司的董事长讲他们对仲裁的理解,是很深刻的,而且他们对仲裁的热情是出乎我意料的,希望同志们有机会也跟他们座谈座谈。他们对仲裁一个是理解深刻,另一个是热情高涨。我们还是要相信他们,要积极地把这件事做好,一定不能把仲裁机构办成一个衙门,要办成一个机构——仲裁服务机构,而不是一个官衙门。

第五个问题,关于发挥仲裁委员会组成人员的作用。从现在全国仲裁机构的情况看,有一个问题需要提醒大家注意,我们仲裁委员会的组成人员来自方方面面,但是作用发挥得不很充分，主要是由一位专职的领导干部来担任，没有发挥集体领导的作用，没有正常的议事规则，这弊端太多。我们在一段时间内，可能由于事业还不太发达，还存在作坊式的情况，那是不行的，是适应不了发展的需要，同时也会产生各种各样的问题。从我们遇到的情况看，不少仲裁机构内部的工作一般也不发挥组成人员的作用。当年规定要设置仲裁委员会组成人员，而且每一届还要换 1/3 组成人员，现在一年能不能保证开一次会议？没有发挥仲裁委员会组成人员的作用，这个问题恐怕在全国范围内比较严重，仲裁机构如果靠一个人说了算这不正常。

另一个是关于仲裁委员会与仲裁庭的关系。经常有人问我，仲裁庭与仲裁委员会是什么关系？他们之间是法律关系，就是严格依法办事的关系。有一个仲裁委员会打电话请示，一个房地产开发商把同样的房子卖给两个老百姓，产生问题了，两个老百姓分别到仲裁委员会来申请仲裁了。组成了两个仲裁庭，两个庭的仲裁员都是教授，一个裁老百姓胜诉，另一个裁房产商胜诉。仲裁委员会说同一件事不能裁两个结果呀，做工作谁也不服谁，怎么办？不管怎么表述仲裁机构和仲裁庭之间是什么关系，有一条你先把事给办好了，你绝不能让仲裁委员会看着不适当的、违法的裁决出门，那是不行的。我们现在事业还这么难，还处在弱小的时候，经不起这么折腾，今后相当一段时间都不能这样子，仲裁机构一定要负起责任来。但也不能不恰当地干预。现在的问题并不是仲裁机构干预过多造成案件处理不公正，所以不管怎么讲仲裁委员会与仲裁庭的关系，必须保证裁决和调解公道。在这个前提下，再处理关系，不能不要公正先去处理关系。

还有一个就是加强仲裁机构的管理。这个问题同志们一定要重视，从开始就要管理好，不能把仲裁机构办成了个体户。我们有少数仲裁机构管理相当差，甚至基本上就没有什么管理。我们说要把仲裁机构建成所在地区现代文明的窗口，要给所有的社会主体留一个好印象。这几年，我们对全国仲裁的内部管理过问的比较少，比较尊重同志们，希望给大家更宽松一点的环境，但宽松必须有界限，必须有发展目标，得符合我们发展的要求。这个问题希望能引起全国仲裁机构的注意，千万不要因为内部管理制度不健全出了问题。

第六个问题，关于仲裁机构的考核。各小组汇报时都把意见讲了，我们也反复研究了。根据大家的意见，这次稿子里把考核结果要作为换届依据这句话删掉了，删掉是什么意思？尊重同志们的意见。2002 年，我们给 2001 年排名最后两名的仲裁委员会所在地城市以国务院法制办的名义发函，要求这两个城市的市政府研究这两个仲裁机构工作。引起了这两个政府的重视，其中有一个市政府已经给国务院法制办把处理结果报上来，端正了工作思路，建立了必要的制度，2002 年下半年的情况确实要比 2001 年有很大改观。这项工作我们接受大家的意见,还考虑尽可能地允许有一个过程,尽快把仲裁事业发展上去。责任问题不是主要的,发展问题是最主要的。

第七个问题,关于理论研究。我们在一年多前一直在考虑一件事,通过总结几年来的工作实践加强一下中国仲裁学的理论研究,使我们在实践中方向感增强,思想更明确,使全国仲裁界尽可能在思想上统一起来。尽管全国仲裁机构所处的经济条件、内外部环境不一样,但是要努力争取在发展上一致。靠什么?当然,会议是一种方式,现在又基本上不太有可能办一个报纸或刊物,能不能加强这方面的研究?同时也给我们年轻同志们在学术上、专业上的发展能提供一个比较好的舞台,这对我国仲裁事业今后的发展有很重要的作用。希望各仲裁机构在繁忙的发展工作的同时也能重视一下理论研究工作,我看大部分同志的理论功底还是很好的,提醒大家注意在推进我国仲裁事业的同时也能够在中国仲裁学理论研究方面有所建树。

关于政府法制机构的作用问题。政府法制机构帮助仲裁机构解决发展中的困难、前进中的问题义不容辞,希望今后要继续加强政府法制工作对仲裁工作的支持和帮助。

当前各省级政府法制部门联系仲裁工作有一件要紧的事要办,就是在建设系统推行仲裁法律制度。这件事据我知道华东几个地区,山东、江苏、安徽都转发了国务院法制办和建设部这个文件,希望省市级政府法制机构能够会同省级的建设部门和仲裁机构共同做好建设系统专业人士、市场经济专家的选聘工作,帮助仲裁机构监督他们公正及时地处理案件,想尽一切办法在本地区把建设系统推行仲裁法律制度的工作做好。在很大程度上政府法制部门要主动会同建设行政主管部门来做好这件事,要不落实下去,再好的政策也没有用,以后我们再会同其他中央国家机关搞推行仲裁法律制度仍然也要面临这些问题。如果大家对仲裁管辖问题到现在还觉得是问题,那就一定落实好仲裁机构选择率。提高仲裁机构选择率,就是为了解决所谓管辖争议的。

关于司法监督。司法监督工作非常重要,我们要正确对待。第一,我们的仲裁裁决总体质量是好的,经得住监督的;第二,司法监督对仲裁裁决的撤销比例是相当低的。对司法监督的问题要认真对待,但也要恰如其分。如果各地发现确确实实司法监督有问题,通过省政府法制机构研究协调以后,仍然解决不了的,可以报给我们,由我们出面和最高人民法院联系协商。实际上我们几次会议最高人民法院都有同志来参加,我们也正在按照大家的希望摸索一个工作机制。总体来说,最高人民法院的有关业务部门对仲裁工作的理解是比较准确的,也是到位的,对仲裁工作也是支持的,问题发生在下面。如果确有带有全局性、倾向性的问题,我们一定会积极配合大家去解决。

关于改革仲裁方式。大家总说的“5+2”的问题,“5+2”实际上就是“前二率”和“后三率","+2"一个是广泛吸收市场经济专家参加仲裁工作,另一个是变对抗为协商,也就是所谓仲裁方式改革的问题,这个问题请同志们努力去实践。我们要正确认识仲裁和诉讼制度的区别问题,从区别中找出仲裁的优势。第一,法院是专门队伍来处理民商事纠纷,仲裁不是专门队伍,这个怎么理解?为什么?希望同志们好好考虑一下,争取在实践中有所突破。第二,依据问题,法院的程序和实体处理必须严格依法办事,对于仲裁来说,仲裁活动必须严格遵照仲裁法,没有问题,关键在于实体处理,恐怕仲裁要有一个"不违法"原则,要不就灵活不起来了,和法院也一样了。所以依据不是一个严格依法原则,而是一个不违法原则,仲裁的特色优势恐怕还得围绕这个。

最后,我们的仲裁活动不要搞得太森严,要公正、严肃、庄重,但我不太赞成搞得法庭似的森严。从经济全球化发展趋势看,越来越多的纠纷靠协商、靠斡旋、靠合意解决,而不是更多地靠权力解决。跨地区、跨国境的纠纷要尽可能学会符合时代发展潮流的解决方法。

(三)其他活动

祖国大陆第二批仲裁委聘任台湾地区仲裁员。

根据依法提供优质仲裁服务的需要,北京仲裁委员会、深圳仲裁委员会、青岛仲裁委员会、武汉仲裁委员会、长沙仲裁委员会、西安仲裁委员会、成都仲裁委员会、大连仲裁委员会、苏州仲裁委员会、宁波仲裁委员会和中国海事仲裁委员会 11 个仲裁委,为第二批可以聘任台湾地区专业人士担任仲裁员的试点仲裁委。每个仲裁委员会可以依法聘任 3 名台湾地区专业人士担任仲裁员。

二、仲裁制度建设

(一)最高人民法院《关于涉外民商事案件诉讼管辖若干问题的规定》(法释〔2002〕5号)①

2002 年 2 月 25 日,最高人民法院发布了《关于涉外民商事案件诉讼管辖若干问题的规定》(法释〔2002〕5 号),该解释于 2001 年 12 月 25 日由最高人民法院审判委员会第 1203 次会议通过。自 2002 年 3 月 1 日起施行。该解释对《民事诉讼法》第 19 条有关涉

① 最高人民法院:《最高人民法院关于涉外民商事案件诉讼管辖若干问题的规定》(法释〔2002〕5 号),载法律图书馆网:http://www.law-lib.com/law/law_view.asp? id = 17055,最后访问日期:2017 年 11 月 26 日。

外民商事案件诉讼管辖问题的规定进行了解释。

该解释第3条明确规定，申请撤销、承认与强制执行国际仲裁裁决的案件和审查有关涉外民商事仲裁条款效力的案件适用本规定。

（二）国务院法制办公室下发《关于进一步加强仲裁员、仲裁工作人员管理的通知》（国法〔2002〕55号）①

2002年7月11日，国务院法制办公室下发《关于进一步加强仲裁员、仲裁工作人员管理的通知》（国法〔2002〕55号）。在《仲裁法》施行近7年，该通知提出了要进一步加强对仲裁员、仲裁工作人员的管理工作，保证仲裁员、仲裁工作人员遵纪守法、清正廉洁；加强纪律作风，规范仲裁活动。具体规定有：（1）各仲裁委员会要高度重视、切实加强对仲裁员、仲裁工作人员的管理工作。（2）进一步加强对仲裁员、仲裁工作人员依法管理的制度建设。（3）严格财务管理和审计。（4）建立重大违法违纪事件报告制度。（5）对违法违纪仲裁员实行"禁入"制度。加强对仲裁员、仲裁工作人员的管理工作有利于我国仲裁事业的健康发展。

三、仲裁案件受理情况

（一）全国受理情况

据各仲裁委员会统计报告汇总，2002年全国共受理案件19,722件，比2001年增加了5906件，约增长了43%；案件标的额367亿元，比2001年增加了98亿元，约增长了36%。

（二）区域受理情况

华北片区受案1615件，标的额58亿元；东北片区受案1538件，标的额19亿元；华东片区受案3652件，标的额44亿元；东南片区受案2248件，标的额22亿元；中南片区受案2104件，标的额22亿元；华南片区受案3126件，标的额67亿元；西南片区受案2796件，标的额9亿元；西北片区受案945件，标的额5亿元；中国国际经济贸易仲裁委受理案件684件，标的额112.83亿元；中国海事仲裁委员会受案14件，标的额0.166亿元。

---

① 国务院法制办：《国务院法制办公室关于进一步加强仲裁员、仲裁工作人员管理的通知》，载北京仲裁委员会官网：http://www.bjac.org.cn/news/view?id=770.，最后访问日期：2017年11月26日。

二〇〇三年

内容提要：

一、仲裁活动

(一)仲裁会议

1.全国仲裁工作座谈会在青岛召开

2.华东地区“适用仲裁法司法解释”座谈会在南京召开

3.东北地区仲裁工作座谈会在沈阳召开

4.中南六省区仲裁工作座谈会在深圳召开

5.中国国际经济贸易仲裁委员会金融专业仲裁员聘任大会在北京召开

6.全国仲裁工作年会在广州召开

(二)会议讲话摘要

1.2003 年 11 月 21 日，国务院法制办卢云华同志在广州作 2003 年全国仲裁工作总结

2.2003 年 4 月 7 日，国务院法制办卢云华同志在深圳作关于“努力发挥先进仲裁机构在仲裁工作中的表率作用”的讲话

(三)其他活动

2003 年 9 月 24 日，8 个仲裁委签订《仲裁服务八项措施》。

二、仲裁制度建设

外交部、国务院法制办公室下发《关于加强仲裁委员会外事活动管理的通知》。

三、仲裁案件受理情况

(一)全国受理情况

(二)区域受理情况

一、仲裁活动

(一)仲裁会议

1. 全国仲裁工作座谈会在青岛召开

为了深入贯彻落实党的十六大精神，全面开创中国特色社会主义仲裁事业新局面，国务院法制办政府法制协调司于2003年1月21～22日在青岛召开全国仲裁工作座谈会。来自北京、上海、天津、石家庄、承德、邢台、赤峰、沈阳、大连、长春、苏州、绍兴、南昌、济南、太原、武汉、长沙、广州、佛山、柳州、成都、绵阳、天水、西宁、克拉玛依等26个仲裁机构的负责同志参加了会议。

此次会议的主题是：认真总结《仲裁法》颁布施行7年多来全国仲裁工作取得的成绩和经验，深入研究仲裁事业发展的新思路、新举措，努力实现仲裁事业新突破，全面开创中国特色社会主义仲裁事业新局面。与会代表为仲裁事业发展踊跃建言献策，围绕当前全国仲裁工作形势、基本特点、存在的主要问题、新思路、新举措各自提出了独到的见解。与会代表认为：当前，我国仲裁事业已经进入了一个新的发展时期。党的十六大确定的"全面建设小康社会，开创中国特色社会主义事业新局面"的伟大历史任务，对全国仲裁工作提出了更新更高的要求，按照实现我国仲裁事业奋斗目标的基本设想，到2005年我国仲裁事业将完成第一步制度生成阶段性任务，进入第二步快速发展阶段。发展具有中国特色仲裁事业，是全国各仲裁机构肩负的共同责任。时不我待，催人奋进。

会议由青岛仲裁委员会具体承办，国务院法制办卢云华同志莅临会议指导。

2. 华东地区"适用仲裁法司法解释"座谈会在南京召开

2003年3月24～26日，华东地区"适用仲裁法司法解释"座谈会在江苏省南京市召开，华东地区的27家仲裁委员会的近30名代表到会，国务院法制办卢云华同志、江苏省政府法制办副主任高建新以及南京市政府有关领导出席了本次会议。会议议程是对《关于适用〈中华人民共和国仲裁法〉若干问题的解释(征求意见稿)》进行讨论。卢云华同志最后做总结发言，对如何推进仲裁事业的迅速发展提出了希望和要求。

3. 东北地区仲裁工作座谈会在沈阳召开

2003年4月3日，东北地区仲裁工作座谈会在辽宁省省会沈阳市召开。东北地区较大的仲裁机构的负责人均参加了本次会议。

4. 中南六省区仲裁工作座谈会在深圳召开

由国务院法制办公室组织的中南六省区(河南省、湖北省、湖南省、广东省、广西壮族自治区、海南省)仲裁工作座谈会于 2003 年 4 月 7 ~ 9 日在深圳市召开。来自六省区的 30 多个仲裁机构负责人参加了会议。这次会议的议题是:(1)讨论最高人民法院研究室起草的《关于适用〈中华人民共和国仲裁法〉若干问题的解释(征求意见稿)》。(2)听取与会仲裁机构2003 年仲裁工作打算。在座谈会上,与会人员就仲裁工作中碰到有关司法审查,如关于仲裁协议的效力,仲裁保全,撤销仲裁裁决,仲裁裁决执行等问题提出了许多很有见解的意见和建议。各仲裁负责人分别就2003 年仲裁工作打算作了汇报和交流。国务院法制办公室和最高人民法院对本次会议高度重视,国务院法制办卢云华同志到会并发表了讲话,就当前仲裁工作的几个问题谈了意见;时任最高人民法院研究室主任李凡、任治平博士参加了会议,并认真听取了各仲裁委员会与会代表的发言。

据悉,为正确处理仲裁案件,完善人民法院对仲裁的司法审查工作,最高人民法院有关庭室正在制定《关于人民法院审查涉外仲裁案件的若干规定》,并向各仲裁委员会征求意见。至此,两个有关仲裁(国内仲裁、涉外仲裁)的相关配套司法解释可望在年内出台。

5. 中国国际经济贸易仲裁委员会金融专业仲裁员聘任大会在北京召开

2003 年 7 月 17 日,中国国际经济贸易仲裁委员会金融专业仲裁员聘任大会在北京召开。在全国仲裁界认真贯彻党的十六大精神,努力开创中国特色社会主义仲裁事业新局面的重要时刻,中国国际经济贸易仲裁委员会积极开展金融仲裁工作,严格依法选聘一批国内外知名的金融专家担任仲裁员,努力建设一支高质量的金融专业仲裁员队伍,具有重要意义。

6. 全国仲裁工作年会在广州召开

2003 年 11 月 19 ~ 21 日,全国仲裁工作年会在广州市江湾新城大酒店召开。来自全国 144 个仲裁机构、15 个省级政府法制办的主要负责人和代表 300 多人参加了会议。时任全国人大法工委民法室副主任贾东明,国务院法制办公室卢云华同志,以及最高人民法院、建设部、银监会、香港国际仲裁中心法制日报社的有关代表应邀参加了会议。

此届会议的主题是:仲裁程序的合法、仲裁工作的高效、仲裁事业的发展。

此次大会由广州仲裁委员会承办。大会由时任广州仲裁委员会陈忠谦主任主持,时任广州市委书记张桂芳在开幕式上致欢迎辞。贾东明副主任、卢云华同志分别在开幕式上作了发言。时任广州市副市长苏泽群作了《论仲裁制度的发展与完善》的专题发言,时任广州市中级人民法院院长吴树坚作了《论司法与仲裁的关系》的专题发言。会议还组织了仲裁庭审观摩:广州仲裁委(经双方当事人同意)公开审理了广东火电工程总公司与广州威达高实业有限公司"设备安装施工承包合同"纠纷一案,与会代表观看和旁听了案件审理的全过程。广东电视台、搜狐网站对开庭审理活动进行了现场直播报道。会议还安排了各与会代表的分组讨论、年会主办权的交接仪式。

会议认为,《仲裁法》颁布实施8年多来全国仲裁工作取得了快速发展,仲裁在保障社会主义市场经济健康发展发挥着越来越重要的作用。但是,仲裁面临的一些问题仍然没有得到解决和重视。针对这些问题,各与会代表踊跃发言、纷纷提出各自的意见和建议。会议将各个讨论小组的讨论情况作了《2003年全国仲裁工作年会小组讨论简报》。会议最后达成共识:我国的仲裁事业已经进入了一个全新的发展阶段,在国家对相关司法解释的出台、相关法律制度的修改完善之前,各个仲裁委员会应当因地制宜、各尽所能地推动仲裁事业的发展,为建设有中国特色的社会主义仲裁事业共同奋斗。

闭幕会上,时任广州市人民政府常务副市长林元和致闭幕词,国务院法制办卢云华同志作了总结发言,会议决定2004年全国仲裁工作年会在西安召开。会议还通报了国际商会决定2004年国际仲裁大会将在中国召开,由中国国际经济贸易仲裁委员会具体承办。这次会议盛况空前,广东省广州市新闻媒体对会议进行了报道。

(二)会议讲话摘要

1. 2003年11月21日,国务院法制办卢云华同志在广州作2003年全国仲裁工作总结

在全国仲裁界深入学习贯彻党的十六大和十六届三中全会精神,努力开创中国特色社会主义仲裁事业新局面的重要时刻,2003年全国仲裁工作年会在广州隆重召开。这次会议是在中国特色社会主义仲裁事业进入努力实现跨越式发展阶段举行的一次重要会议,得到了广州市委、市政府的高度重视,得到了全国仲裁机构的普遍支持,广州仲裁委员会做了精心的组织。我代表国务院法制办公室对本次会议成功举行表示热烈祝贺,对中央国家机关和有关方面对仲裁工作的支持表示衷心的感谢,对奋斗在仲裁第一线的各位专家和同志们表示亲切的问候!希望并相信在大家的共同努力下,本次会议一定能够取得圆满成功,在推进仲裁事业发展的历史进程中起到承先启后的作用。下面,我就当前的仲裁工作讲几个问题。

(1)继续坚持保障社会主义市场经济健康发展的正确工作方向

保障社会主义市场经济健康发展是仲裁法规定的我国仲裁工作的基本任务,也是我国仲裁机构所应承担的社会责任,还是我国仲裁机构与国外仲裁机构的重要区别之一。仲裁法实施8年多来,全国170多个仲裁机构在党和政府以及社会各界的关心和支持下,始终坚持保障社会主义市场经济健康发展的工作方向,努力发挥仲裁促进经济协调发展

和社会全面进步的重要作用，赢得了广大市场主体越来越广泛的信任，中国特色社会主义仲裁事业也获得了快速发展。最近，英国《金融时报》刊载文章称："中国已经成为提供仲裁服务的大国。"我们认为，离全国仲裁发展工作座谈会确定的努力使仲裁法律制度成为社会主义市场经济的重要保障制度，努力使仲裁成为解决我国市场经济民商事纠纷的主要手段，努力使我国成为世界仲裁大国，并具有国际公信力的仲裁大国的奋斗目标，我们现在还差得很远，还有较长的路要走。希望全国仲裁机构牢牢把握我国仲裁工作的正确方向，充分发挥我国仲裁工作具有的政治优势，进一步深入市场经济广阔天地，在促进经济发展、社会进步的过程中，实现仲裁事业的兴旺发达。

(2)坚持把发展作为仲裁工作的第一要务

《仲裁法》实施8年多来，全国仲裁工作走过了一条曲折的发展道路，在全国仲裁界的共同努力下，终于迎来了快速发展的大好局面。近年来，始终保持着较高的发展速度。继2001年全国仲裁收案首次突破万件后，2002年在全国范围内开展努力实现跨越式发展工作，当年全国仲裁机构收案18,000多件，同比增长了48%，80%以上的仲裁机构收案有了增长，其中有相当一批仲裁机构实现了收案比往年翻一番，或者有60%以上的大幅度增长，我国首次产生收案千件的仲裁机构。他们是广州、深圳、武汉仲裁委员会。2003年，全国仲裁发展势头依然强劲，据初步了解，还将有一批仲裁机构实现连续翻番或大幅度增长，部分仲裁机构的增长速度将再创新高，年收案1000件的记录在头3个季度就已经被刷新，我国将产生不止一家年收案跨越2000件的仲裁机构。仲裁法实施以来到2003年年底，全国仲裁累计受理案件将超过8万多件。这是全国仲裁界一心一意谋发展的结果。

当前，我国仲裁事业的基本矛盾是先进的仲裁法律制度与相对滞后的社会仲裁意识、初始的仲裁工作水平之间的矛盾，主要矛盾是仲裁服务作用与社会巨大的仲裁发展潜力和市场需要不相适应的矛盾。希望全国仲裁机构珍惜大好局面来之不易，充分发挥先进仲裁制度的优势和潜力，紧紧围绕基本矛盾，牢牢抓住主要矛盾，始终把发展作为仲裁机构的第一要务，心无旁骛，坚持不懈，坚定不移地按照"长沙会议"确立的"当前发展我国仲裁事业，推行仲裁法律制度是根本，融入市场经济是关键"的方针，把发展工作持续抓下去，不断开创中国特色社会主义仲裁事业的新局面。

(3)努力创建仲裁文明，提供优质仲裁服务

《仲裁法》实施8年多来，全国绝大多数仲裁机构努力克服创业初始的艰难，积极探索和建设中国特色的仲裁文明，为广大市场主体提供优质的仲裁服务。同志们把中华民族几千年来的优秀文化传统与现代文明的基本要求有机地结合成中国仲裁优势和特色，

形成了既有我国民族和人文特点又符合国际潮流发展趋势的仲裁服务规范。总体来说，我们的仲裁服务以人为本，以民为本，比较热情周到，待人接物平等中体现着民主，气氛和谐中又不失公正。我们在处理纠纷时，努力用现代文明和优秀文化熏陶双方当事人从争议的愤懑中解脱出来，恢复和保持应有的良知和通情达理的雅量；许多仲裁机构注意道德规范和法律规范并举，法德结合，依法制争，以德止争，帮助双方当事人握手言和。正是由于同志们的努力，中国特色社会主义仲裁事业的现代文明程度令人耳目一新，我国仲裁制度的优越性和先进性不彰自显，良好的形象和声誉正在逐步建立起来。最近，济南仲裁委员会、广州仲裁委员会、中国国际经济贸易仲裁委员会、成都仲裁委员会、苏州仲裁委员会、沈阳仲裁委员会、武汉仲裁委员、厦门仲裁委员会根据党的十六大精神，在总结经验的基础上又提出了仲裁服务八项措施，我们完全赞成。我们希望，全国仲裁机构都要把建设仲裁文明、创新和完善仲裁服务作为贯彻“长沙会议”精神，做好“推行、融入”工作的重要措施来抓，认真研究并解决创建仲裁文明所需的软件和硬件建设中存在的问题，努力使仲裁成为我们的社会最严明也是最文明的服务行业。

(4)进一步提高仲裁工作质量

仲裁工作质量特别是仲裁案件的质量，是我国仲裁事业的生命线，是全国仲裁机构必须常抓不懈的永恒主题。8年多来，全国仲裁工作对保证案件质量的工作，普遍比较重视，建立了比较完整严密的质量保障措施，使我国仲裁案件的质量一直保持在较高的水准上，仲裁事业的公信力得到了提升。据了解，全国仲裁案件被人民法院撤销和不予执行的比例只有1%左右，与其他纠纷解决方式比较，质量优势是比较明显的。但我们同时应该看到，我国仲裁机构目前的案件质量水平和仲裁公信力与国际知名的仲裁机构还是存在差距的，随着仲裁事业的快速发展、仲裁收案的大幅度上升，对仲裁案件的质量保证工作提出了严峻挑战。全国仲裁机构要树立全面、科学的发展观，把案件质量工作作为实现跨越式发展的重要内容，切实保障依法、公正、及时地处理纠纷，平等对待所有当事人，不断提高仲裁案件的快速结案率、民商事纠纷自愿和解调解率和仲裁裁决自动履行率，严格仲裁员操守规范和管理，树立公正仲裁、诚信仲裁的良好形象，并在平等、依法、公正的基础上积极探索用市场经济的办法解决市场经济的纠纷的科学机制，使我国仲裁始终保持时代先进性。

(5)社会各界要继续支持仲裁工作

仲裁法律制度是社会主义法制的重要组成部分，同时仲裁制度也是我国社会主义市场经济的重要组成部分。随着中国特色社会主义仲裁实践不断深化和仲裁事业的蓬勃发展，仲裁工作在许多地区已经成为投资环境的重要部分。党的十六届三中全会作出了

《中共中央关于完善社会主义市场经济体制若干问题的决定》,仲裁作为市场经济重要的解决纠纷制度,其作用也将在社会主义市场经济的完善中得到进一步加强。我国仲裁事业是国家和人民的事业,发展我国仲裁事业除了全国仲裁界继续坚持不懈的努力外,各级政府及其所属部门、市场经济的方方面面、社会各界都要从完善社会主义市场经济的大局出发,全力支持仲裁事业的发展,支持了仲裁事业发展也就做好了市场经济建设和完善的一项重要工作。广州仲裁工作连年保持快速发展,连续两年收案位居全国第一,除了仲裁机构自身的艰苦努力外,与广州市委、市政府对仲裁工作高度重视、热情帮助、大力支持有着直接关系,这也从一个重要侧面反映出广州市市场经济建设的水准。希望各地都能像广州这样,认真做好贯彻实施仲裁法的各项工作,大力推行仲裁法律制度,把市场主体选择仲裁解决纠纷的权利落实到实处,动员市场经济的方方面面和社会各界支持仲裁工作、参加仲裁工作,共同开创中国特色社会主义仲裁事业新局面的盛举。

2. 2003 年 4 月 7 日,国务院法制办卢云华同志在深圳作关于“努力发挥先进仲裁机构在仲裁工作中的表率作用”的讲话

此次会议就如何推进中国仲裁事业的发展,开创中国特色社会主义仲裁事业新局面提出了很多很好的意见和建议,使我们感受到同志们发展我国仲裁事业的迫切心情和昂扬向上的精神面貌。

我们这个群体是开创中国特色社会主义仲裁事业新局面的中坚力量。同志们的发言使我们看到这个群体走在前面的宝贵实践经验,给全国仲裁工作带出了一个好的方向。会议对我们的工作也是促进,各单位的材料我都看了。总体来说,各单位的经验都很新鲜也很有特色。比如,武汉采取了在全市范围内调动社会力量,把发展工作做到基层;沈阳是通过学会的形式组织社会方方面面的力量支持仲裁工作;厦门提出发展的关键在于自己;大连提出发展的关键在于领导;西安、长春提出提高仲裁服务质量;厦门还提出创建诚信仲裁;北京、成都、天津提出严格管理仲裁队伍,包括仲裁办公电子化;深圳、广州、杭州和贸仲提出坚持以发展为第一要务;哈尔滨、重庆提出充分利用社会资源促进仲裁发展;上海提出以发展为中心,做好仲裁工作;青岛提出靠仲裁工作质量求发展;济南提出提供优质服务促进发展等,都很有价值。全国仲裁发展工作座谈会举办以后,全国范围内各机构努力实现跨越式发展,经过 1 年多的实践来看是有成绩的。今天,大家参观了深圳仲裁委员会。深圳仲裁委员会的发展和改善实际上是我们仲裁事业发展的一个缩影,也是我国仲裁发展的结果。包括上海、北京、济南等仲裁机构的改善,都

凝聚着这一代创业人的辛勤劳动取得的成绩，也是我们给后人留下的宝贵财富。《仲裁法》的颁布不仅对国家的经济建设起到了重要的促进作用，也使我们这一代仲裁人有了安身立命、建功立业的基础。

在充分估计和认识全国副省级城市仲裁工作取得成绩的同时，也要客观、清醒地看到我们面临的形势和挑战以及存在的问题。下面，我就这几个问题，讲几点意见，供大家在工作中考虑。

(1)仲裁发展不平衡

从全国情况看，据2002年的统计，全国168个仲裁机构，受案超过100件的有50多个仲裁机构，包括在座的机构；受案超过50件以上不足100件的有20个仲裁机构；受案50件以下的有90多个仲裁机构。如果用图形来表示，则呈现出不规则的葫芦状，充分说明了全国仲裁工作的发展尚处于不确定、不平衡的状态。腰细两头大，这个状况比较典型地反映了全国仲裁机构工作的状况，也比较客观地反映了全国仲裁工作的现状。从自然法则来说，最稳定的结构应该是橄榄球状，两头小中间大。现在需要研究的是怎么更好地让中间强大起来。

就我们这个团队而言，也仍然呈现出比较明显的不平衡性。就受案件数而言，既有超过1000件的，也有刚过100件的。就发展速度而言，有的能够继续翻番或持续保持60%以上的大幅度增长，也有的发展速度较慢。这个团队的发展不平衡与全国发展的不平衡基本是一致的。从这两年的情况看，这个团队的内部差距在逐步加大，分化也在加剧。这个团队的仲裁机构基本上处于中心城市，影响和作用对全国是非常重要的，甚至是举足轻重的，所以要认真研究和解决存在的问题。如果这个团队不能很好地解决发展差异问题，解决好分化问题，那么，我们走全国仲裁机构共同发展、共同繁荣进步道路的信心就多多少少会有负面的影响。

(2)案件标的额偏低

这个团队虽然受案件数量较高，但案件平均标的额普遍低于全国平均水平。按2002年统计，实际上只有4家仲裁机构超过全国平均水平。2002年全国平均案件标的额是190万元，这个团队的广州是200万元，深圳110万元，武汉130万元，北京420万元，贸仲1630万元，成都140万元，上海120万元，厦门180万元，沈阳95万元，青岛110万元，济南230万元，西安65万元，重庆120万元，天津140万元，大连120万元，郴州110万元，南京61万元，宁波140万元，长春130万元，哈尔滨260万元。2002年个案标的额排在第一位的是贸仲，排在第二位的是广东佛山仲裁委员会。关于案件的标的额过去我们不太强调，主要是希望全国仲裁机构能够按照《仲裁法》的规定，从保障社会主义市场经济健康发展出发,尽量为市场经济多发挥作用。过于强调标的额会带来片面追求机构经济收益、机构性质发生偏差等弊端。

我们希望这个团队能够成为我国仲裁事业的顶尖团队,在坚持正确工作方向的前提下,在跨越式发展工作中,既要把案件数量搞上去,同时也能够在标的额上体现出仲裁服务的作用来,我们这个团队在发挥作用方面还有潜力,应该说是巨大的潜力。

(3)发展速度与其他仲裁机构之间差距缩小

这个团队的发展水平与其他城市仲裁机构的差距在急剧缩小,面临的形势比较严峻。从全国排名看,多年来我们这个团队几乎全部位于全国第一位次。但是,我们也要看到全国其他仲裁机构有相当一批受案数与在座的是接近的,而且发展速度要高于在座一半的仲裁机构。我们在座的仲裁机构发展速度如果低于40%,后面就有相当多的仲裁机构会很快地超过你。今年你还在全国第一位次,明年就不一定了。2002 年全国受案100 件以上的 50 多家中,我们占了 20 多家。在这个团队中,只有 1/3 优势比较明显,其他 2/3 领先优势不明显,这是客观形势,也就是说 2/3 和下一位次差距不大。问题严重不仅在于现状差距不大,更重要的是发展速度差距很大。这个问题,大家要高度重视,要在发展工作上下更大功夫,要居安思危。

(4)发展速度与所在地区的经济发展不相适应

这个团队所处的副省级城市,都是中心城市,总体来说,仲裁与所在城市、所在区域经济发展规模和速度不相适应这个问题还没有从根本上得到解决。尽管近年来,大家做了大量艰苦的努力,也取得了很好的发展业绩,但总的说仲裁工作和经济发展不相适应这个矛盾,这个问题或者说这个状况,并没有从根本上得到解决,也没有从根本上得到改变。我看了看几乎没有一个城市能够解决得很好。武汉仲裁委员会 2003 年受案已有2000 多件,全市法院 1 万多件,标的额 70 亿元,他们也做到了 20 多亿元。是不是到了这个时候就可以叫作仲裁作用充分发挥了呢?这也还值得研究,更何况我们在座的大部分仲裁委员会还达不到这个程度。我们对目前起到的作用和取得的成绩,特别是对市场经济的促进作用究竟有多大,还要客观来看。

(5)仲裁机构规范化问题

这个团队的仲裁机构规范化、科学化与现代文明的管理应该说还是初步的。无论仲裁机构内部管理,还是仲裁案件质量、仲裁特色,无论是外在形象还是内在素质方面,都还没有形成鲜明的优势。我们的队伍建设还没有比较成熟的办法。但是我想,在大家的共同努力下,我们能在较短的时间内拿出一些显现仲裁特色的办法来。几年前我们就讲,要使仲裁行业成为社会最文明的、最令人羡慕信服的行业,现在还没有做到。目前,我国仲裁事业的基本矛盾是先进的仲裁制度和相对滞后的社会仲裁意识与初始的工作水平之间的矛盾。从历史发展阶段看,目前仲裁工作仍然处于初始阶段,有待尽快提高和改善。副省级城市仲裁工作要重视在这方面积极探索,先行取得经验。

(6)发展方向的问题

工作方向方面的问题正在逐步显现。随着仲裁事业的发展,特别是作用提高了,积累增加了,物质条件改善了,有个别单位、个别同志,考虑个体利益、单位团体利益的苗头开始出现了,事业长远发展的观念有所下降。这个问题虽然并不普遍,也不是很严重,但为什么要作为一个问题来说?主要是希望引起先进仲裁机构的警惕。发展迅速的仲裁机构,对全国的作用最重要的是引领正确的仲裁工作方向。这一代仲裁人经过艰苦奋斗,创立了一项崭新的事业,社会各方面都支持仲裁事业发展,目的在于使仲裁事业能保障市场经济的健康发展。事业发展了、面貌改变了,更应该考虑工作方向问题,更应该考虑如何为国家为民族做贡献。当然,随着仲裁事业的发展,也需要使我们的仲裁工作得到改善。但是,这只是发展事业的条件,而不是我们追求的目的。我们多年来反复强调要坚持正确的政治方向,是有很强的现实针对性的。现在对仲裁委员会是使用国有资产组建的都提出问题了。方向问题是原则问题,是丝毫动摇不得的。

如何做好副省级城市仲裁工作,继续发挥在全国仲裁工作中的中坚作用和典型作用,我想可以从以下几个方面来考虑:

(1)希望这个团队始终保持先进性

对此我既充满信心但也确实有些隐忧。据初步了解,从2003年开始,全国前20名也好,第一位次也好,可能都会发生变化,大家要有思想准备。这对我们这个团队是个很严峻的挑战。现在的问题不是你退步了,而是别人进步快了,你相对落后了。希望这个团队的同志能清醒地认识当前全国仲裁工作的形势,要学习广州、深圳、武汉的精神,迈开大步向前进。当前重点要做好两件事:第一,继续坚持发展第一要务。各副省级城市的仲裁机构都要切实把发展作为第一要务,真正做到一心一意谋发展。对发展问题从全国来看,95%以上的仲裁机构认识是一致的,但仍然存在三心二意的情况。同志们一定要戒骄戒躁,千万不能满足。要继续坚持不懈地抓好发展工作,抓发展不能走神,否则要大滑坡,这是实践中已经出现的教训。2004年,副省级城市仲裁机构不仅案件数量要上去,同时力争标的额也要上一台阶,这个要求是对我们这个团队的特殊要求,抓出发展的良性机制,保证仲裁工作能够持续发展。第二,发展要创新,要有新突破。这次会议围绕发展工作提出了许多思路和做法,较好地体现了创新精神。跨越式发展搞了1年,明年要在深化、创新上下功夫。无论是发展的领域,还是发展的模式,还是发展的手段、方式都要创新。在这个问题上胆子还要再放大点。在坚持发展的前提下,不要怕错。方向路子对头错也错不到哪儿去。仲裁本身就是创新事业,创业本身就有风险,不创新就不会有发展,不发展是最大的错。建设、金融是主打领域,要抓住不放,不断创新开拓方式。证券期货仲裁范围除上市公司和股民之间的纠纷没有列进来之外,基本全部列进来了,既有上市公司股权转让方面的纠纷,也有群众股民和证券公司之间的纠纷,大的相当大,小的非常小。仲裁机构要平等对待,公平处理,不能嫌贫爱富,善小不为。文件下来后,希望大家一定做好认真细致的落实工作,切实抓出成效,把它作为推动全国仲裁事业快速发展的宝贵机遇。

(2)充分发挥先进作用,树立科学全面的发展观

当前全国仲裁工作既要解决发展速度和提升作用问题,也要解决各项工作协调发展问题。第一,关于案件质量。目前,仲裁案件存在问题的现象是比较突出的,有的甚至是比较严重的。案件处理合法是最起码的要求,但是有些单位甚至是较有名气的仲裁机构也仍然存在问题。而且,案件处理普遍灵活性特点不明显。仲裁不能成为第二法院。仲裁本质是解决资本关系的,这个本质决定了仲裁的基本特征和主要优势。这是仲裁的基本理论基础,希望同志们务必深刻理解。因此,案件处理结果要从有利于实现资本目的、促进和保护资本充分竞争与合作,并体现为衡量案件质量的主要标准之一。总之,案件质量的问题必须始终高度重视。第二,关于仲裁执业操守。需要指出的是,专家办案不简单等于操守就有保证。案件多了,这个问题就会更突出,更令人担心。我们的仲裁员是在社会各方面优秀人才中按《仲裁法》标准来选的,但当事人选定具体仲裁员未必按照法定标准来选。这就会对仲裁员操守产生负面影响。这个问题一定要引起注意,仲裁要成为社会纪律最严明的行业。有一种观点,希望提高仲裁员报酬来解决操守问题,这是行不通的,操守是花钱买不来的。我在此特别强调的是,我国实行机构仲裁制度,仲裁员出了问题就是仲裁机构的问题,仲裁机构要首先承担责任。仲裁庭与仲裁委员会的关系是严格依法办案的关系,必须保证不能让错误的裁决出门。第三,关于内部管理。仲裁机构的管理特别是人、财、物的管理要努力适应发展需要,满足事业长远发展的需要,我们最近也在研究。仲裁机构既不是政府机关,也不是一般企事业单位,管理方式要符合中国仲裁事业的特色,保证仲裁事业的长远发展。指导思想一定要清楚。基本管理方法如果确有必要改变,要坚持先试点,后推开,不能盲目改、随意改。当前,仲裁机构的财务收入应当主要用于仲裁事业发展需要,从仲裁机构自身来说,要正确处理积累与消费的关系,收支要体现机构的社会公益性,不赞成分光吃尽。第四,努力当好区域仲裁工作的领头羊。各副省级城市仲裁机构工作相对比较出色,但千万不要以老大自居,要防止脱

离群众。经济发达的地方也有落后的仲裁机构,经济欠发达的地区也有搞得比较好的仲裁机构。这个团队,不仅自己要搞好,也要团结、带动和扶持周边的仲裁机构共同协作发展,努力创造区域仲裁机构整体前进的规模效应。实际上没有哪一个仲裁机构能脱离全国大环境自己发展的。发展快的仲裁机构有千条经验、万条经验,但有一条你是跑不了的,就是有全国范围内的仲裁规模效应作发展依托,再结合自身的艰苦奋斗,才能有比较好的发展结果。不能仅仅认为是自己努力的结果。搞些区域仲裁协作,对大家都有好处。

(3)坚定正确的工作方向

发展快的仲裁机构尤其要注意我国仲裁机构必须要承担的社会责任。这是我国仲裁工作与国外仲裁机构的重大区别之一。从我国仲裁工作发展的历史来看,没有仲裁工作的正确方向就不可能获得全社会的支持,偏离了正确的方向,也就丧失了生命力。工作发展越快,事业越壮大,越要坚定正确方向。同志们要正确认识我国仲裁事业快速发展的根本动因,正确认识我国仲裁的社会主义性质,正确认识我国仲裁事业的基本特色,始终坚持仲裁事业的本质不变、本色不变,始终牢记仲裁服务的宗旨,仲裁机构的管理,人、财、物的安排和使用,都要有利于实现这个宗旨。党的十六届三中全会作出的完善社会主义市场经济体制的重要决定,给仲裁工作承担的社会责任又提出了新的重要内容。当前,仲裁工作坚持正确方向,承担好社会责任,就是要把仲裁作为投资环境的重要组成部分,把仲裁工作作为完善社会主义市场经济的一项重要工作来抓。从这个角度进一步切入市场经济,融入市场经济。党的十六届三中全会作出的重要决定,是仲裁工作很好的发展动力。我们的指导思想与党和国家的各项方针政策要更快、更及时地、更有机地结合起来。关于仲裁机构国际化问题,可以在个别机构探索,对绝大部分机构来说,主要精力还是要放在发挥国内潜力上。最近,我们和外交部联合搞了一个外事管理规定,这个规定本意并不是限制进行正常的、必要的国际交流。我国目前有170多个仲裁机构,如果纷纷单独对外,各说各的,恐怕不太好,需要适当加以规范。当然,我们要注意培育和推出一些优秀的仲裁机构向国外介绍,这也是努力使我国成为世界仲裁大国并成为具有国际公信力的仲裁大国需要采取的措施,但一定要有步骤、有组织地进行。借鉴不反对,但不能盲目。

(4)要积极参与全国仲裁工作

从2004年开始,全国仲裁工作大事多,喜事多。一是《仲裁法》颁布10周年;二是筹建中国仲裁协会;三是2004年贸仲承办了国际仲裁大会。筹建协会和纪念10周年是全国仲裁界的大事。这个团队的仲裁机构要积极发挥作用,不仅要继续搞好本身的仲裁工作,也要参加到全国工作中来。经过仲裁工作8年来的实践,应该说条件基本具备,时机基本成熟,协会筹建方案已经讨论,基本取得一致,最近我们已向国务院领导报告。纪念10周年有两件事,一是把10周年的纪念活动搞好,二是用优异的成绩向10周年献礼。10周年时我们要对全社会有个交代。希望大家集思广益,把这次10周年纪念活动作为推动我国仲裁事业发展的契机。对于这个团队,我大概就讲这些,关于全国仲裁工作广州会议上再讲。一句话,希望我们的仲裁事业特别是副省级城市仲裁工作发展得快些再快些,好些再好些。

(三)其他活动

2003年9月24日,济南仲裁委员会、广州仲裁委员会、中国国际经济贸易仲裁委员会、成都仲裁委员会、苏州仲裁委员会、沈阳仲裁委员会、武汉仲裁委员会、厦门仲裁委员会8个仲裁委倡议的《仲裁服务八项措施》全文如下:

仲裁机构遵循仲裁为民的服务宗旨,尊重民意、珍惜民力、爱惜民财、维护民利,充分体现平等、公正、效率、当事人意思自治和现代文明的基本要求,提供优质仲裁服务,切实保障民商事纠纷当事人合法权益,促进社会全面进步、协调发展。

1. 仲裁活动实行优质服务标准。仲裁机构应当为当事人参加仲裁活动提供庄重、和谐的仲裁环境和热情、周到、礼貌的仲裁服务及当事人所需的各项便利。仲裁员、仲裁工作人员在仲裁活动中应当尊重当事人,着装整洁,使用规范谦和的文明用语,按照规定的礼仪程序接待当事人,体现仲裁文明。

2. 仲裁机构平等对待所有当事人。无论当事人职业、身份、社会地位、资产状况、企业性质、所在地域及案件涉及金额等情况有何区别,仲裁机构都要坚持服务标准一致,确保参加仲裁活动的所有当事人一律平等。

3. 仲裁机构公正处理经济纠纷。仲裁员履行职责实行公正承诺。仲裁员在仲裁案件前签署公正声明。仲裁员存在依法应当回避情形的应当自觉提出回避。仲裁员对自己及其近亲属与当事人及其代理人之间曾经存在师生、同学、亲友、同事、乡谊和业务往来及其他已经发生的有利益、情感关联的社会关系,应当主动向所在的仲裁机构和所办案件的双方当事人公开披露。

4. 仲裁机构保障当事人的各项仲裁权利。仲裁庭开庭期间,应当给予当事人完整表达意见的机会,不得无理限制当事人发表陈述意见的时间和范围,不得强制当事人发言的内容。对当事人在仲裁活动中提出的所有材料,仲裁机构都不得拒收;对提出的问题,仲裁机构在作出裁决时应当依法予以回答或澄清。仲裁机构在作出裁决前要认真做好调解工作,努力促使双方和解,在作出裁决后积极协助当事人自动履行裁决事项,努力提高自愿和解调解率和仲裁裁决自动履行率。

5. 仲裁活动应当在仲裁场所进行。仲裁员、仲裁工作人员在仲裁案件期间,不得在仲裁场所以外的任何地点会见当事人及其代理人和其他利益关系人,不得私下接受当事人及其代理人和其他利益关系人提供的文件,不得披露任何有关案件仲裁的情况,不得由其亲友代行前述活动。需要在仲裁场所以外自行收集证据的,不得单独进行。仲裁员、仲裁工作人员在仲裁活动过程中及结束后,都不得为自己和亲友从当事人及其关联人处获得任何物质的或非物质的"友情利益"。

6. 仲裁员和仲裁工作人员应当勤勉敬业。仲裁机构不得在仲裁法规定的仲裁程序之外增加不必要的程序。对能采取简易程序的,经征得双方当事人同意后,要尽量采取简易程序,努力提高仲裁效率。仲裁员、仲裁工作人员开庭和约见当事人应当准时到场,绝不允许让当事人等候仲裁员、仲裁工作人员。仲裁机构应当努力提高快速结案率,严格执行办案期限规定,凡由于仲裁机构的原因不能按期结案的,应当向当事人说明理由并致歉。

7. 仲裁机构应当努力减少当事人的经济负担。对确有经济困难的人民群众实行仲裁帮助,可以减收或者缓收仲裁受理费,对有特殊困难的还可以资助仲裁处理费。仲裁机构应当根据便民原则,合理确定仲裁活动地点,尽可能就地就近解决纠纷。

8. 仲裁活动应当接受社会监督。仲裁机构应当向社会公开仲裁程序、服务项目、收费标准等和有关管理监督制度,设置专门的监督投诉电话和设施。因仲裁员、仲裁工作人员在仲裁活动中的违法违纪行为,要求约见仲裁机构负责人的,仲裁机构应当及时安排会见,并在1个月之内作出处理意见的答复。

对违反仲裁服务规范的仲裁员、仲裁工作人员,仲裁机构给予处分。对因违法违纪行为被依法除名或解聘的仲裁员和仲裁工作人员实行"终身禁入"制度,仲裁机构不得聘任。对检举仲裁员、仲裁工作人员仲裁活动中的违法违纪行为属实的,仲裁机构予以奖励。

二、仲裁制度建设

为了规范仲裁委员会外事活动,维护正常的对外交流和交往秩序,保障仲裁事业健康发展,外交部、国务院法制办公室2003年8月25日就加强仲裁委员会外事活动管理的工作联合印发了通知。通知指出,仲裁委员会是由政府使用国有资产依法组建的解决民商事纠纷的专门机构,其外事活动应当严格遵守有关外事工作的规定,履行外事手续,接受外事主管部门的管理和监督。

三、仲裁案件受理情况①

(一)全国受理情况

2003 年全国仲裁委员会共受理案件 30,533 件,比 2002 年增加了 10,811 件,增长率约为 54.82%;案件标的额共计 419 亿元,比 2002 年增加了 52 亿元,增长率约为 14%。受理案件涉及韩国、新加坡、日本、泰国、土耳其、澳大利亚、新西兰、美国、加拿大、巴西、智利、德国、俄罗斯、英国、法国、瑞典、比利时、意大利、瑞士、西班牙、荷兰、赞比亚、突尼斯等 50 多个国家,以及中国香港特别行政区、澳门特别行政区、台湾地区。

(二)区域受理情况

华北片区受案 3625 件,标的额 72 亿元;东北片区受案 2079 件,标的额 24 亿元;华东片区受案 4891 件,标的额 63 亿元;东南片区受案 3717 件,标的额 24 亿元;中南片区受案 5202 件,标的额 31 亿元;华南片区受案 5327 件,标的额 90 亿元;西南片区受案 3517 件,标的额 15 亿元;西北片区受案 1441 件,标的额 10 亿元;中国国际经济贸易仲裁委受理案件 709 件,标的额 82.67 亿元;中国海事仲裁委员会受案 25 件,标的额 0.7062 亿元。

2003 年,受理案件数增加的有 131 个仲裁委员会,约占总数的 76%;案件标的额增加的有 116 个仲裁委员会,约占总数的 67%。受理案件数超过 100 件的仲裁委 69 个,约占总数的 40%;受理案件数超过 50 件、不足 100 件的仲裁委 26 个,约占总数的 15%;受理案件数不足 50 件的仲裁委 77 个,约占总数的 45%。其中受理案件最多的为武汉仲裁委,达到了 3050 件;受理案件标的额总计最多的为中国国际经济贸易仲裁委,达到了 82.67 亿元。

① 国务院法制办政府法制协调司:《2003 年全国各仲裁委员会受理案件情况》,载山东仲裁网:http://www.sdad.org.cn/view.aspx? aid = 28d1005c - 4e76 - 4f29 - 95f2 - 00ec16982cec&tid = 9caa330d - 2905 - 421b - b422 - 8e1de91b9277.,最后访问日期:2017 年 11 月 27 日。

二〇〇四年

内容提要：

一、仲裁活动

（一）仲裁会议

1. 中国仲裁法学研究会成立大会在北京举行

2. 国际商事仲裁委员会第十七届国际仲裁大会在北京隆重召开

3. 全国优秀仲裁员表彰大会在北京举行

4. 全国《仲裁法》实施研讨会在深圳召开

5. 纪念《仲裁法》颁布十周年座谈会在北京举行

6. 全国仲裁工作年会在西安召开

7. 第二次仲裁发展工作座谈会在西安召开

8. 华南片区仲裁机构第一次协调人会议在深圳召开

9. “江浙沪十城市仲裁机构业务研讨会”在无锡召开

（二）会议讲话摘要

1. 2004年3月16日，国务院法制办卢云华同志在上海作2004年全国仲裁工作总结

2. 2004年3月16日，国务院法制办卢云华同志在上海作关于“克服客观困难　实现全国仲裁工作的协调发展”的讲话

3. 2004年5月16日，国务院法制办卢云华同志在北京第十七届国际仲裁大会上关于“中国仲裁的回顾与展望”的发言

（三）其他活动

2004年8月31日，《中国仲裁公正宣言》在西安公布。

二、仲裁制度建设

国务院法制办公室、中国证券监督管理委员会联合发出《关于依法做好证券、期货合同纠纷仲裁工作的通知》（国法〔2004〕5号）。

三、仲裁案件受理情况

(一)全国受理情况

(二)区域受理情况

一、仲裁活动

(一)仲裁会议

1. 中国仲裁法学研究会成立大会在北京举行

2004 年 4 月 25 ~ 27 日,由中国国际经济贸易仲裁委员、沈阳仲裁委员会、苏州仲裁委员会等最初发起的国内 30 余家仲裁委员会为常务理事的中国法学会仲裁法学研究会暨中国仲裁法学研究会的成立大会在北京会议中心隆重举行。

2. 国际商事仲裁委员会第十七届国际仲裁大会在北京隆重召开

由中国国际经济贸易仲裁委员会(简称中国贸仲委,英文缩写 CI-ETAC)承办的国际商事仲裁委员会(英文缩写 ICCA)第十七届国际仲裁大会,于 2004 年 5 月 16 ~ 18 日在中国北京隆重召开。大会主题为“国际商事仲裁的新视野和展望”,重点研究了中国仲裁与调解问题,特别是投资争端解决、临时保全措施和裁决执行等问题。

这是全球最权威的国际仲裁组织第一次在中国召开国际仲裁顶级盛会。来自世界五大洲 47 个国家和地区的 300 多名外国专家参加大会,国内经贸界、法律界和仲裁界也有 100 多位代表与会。中外嘉宾相聚北京,共同关注国际仲裁发展新问题,探讨国际仲裁发展新趋势,共谋国际仲裁发展新举措。

中国国际贸易促进委员会、中国国际商会会长,中国国际经济贸易仲裁委员会主任宣布会议开幕。全国人大常委会副委员长成思危和最高人民法院院长肖扬到会,并在开幕式上作了讲话。

会议主要讨论了下列问题:中国仲裁与调解;外国投资争端仲裁;非约束性争端解决方式;临时措施;争议合并解决制度;裁决执行;仲裁员对和解的促进作用。会议集中了国际仲裁的热点和核心问题,内容丰富,具有实践意义和学术价值,富有启发性和前瞻性。“中国的仲裁与调解”是本次大会的重点议题,历时半天。仲裁和调解相结合的争议解决方式是中国涉外仲裁的独创,是中国仲裁对国际仲裁理论和实践的一大贡献。

3. 全国优秀仲裁员表彰大会在北京举行

2004 年 8 月 31 日,由中国国际经济贸易仲裁委员会主办的“全国优秀仲裁员表彰大会”在北京二十一世纪饭店国际会议厅举行。全国 145 家仲裁委员会参加了这次活动,此次大会评选优秀仲裁员 721 名。

4. 全国《仲裁法》实施研讨会在深圳召开

2004 年 8 月 29 ~ 31 日,广东、广西、湖南、海南以及深圳、广州等省市 18 家仲裁委员会的代表，在深圳参加了由国务院法制办组织、深圳仲裁委员会主持召开的全国《仲裁法》实施研讨会，讨论《仲裁法》实施过程中存在的若干问题。

《仲裁法》实施5年来，各仲裁委员会以其公正、快捷、保密的断案方式，仲裁了大量的经济纠纷，保护当事人的合法权益，保障社会主义市场经济健康发展。为我国在法制建设方面尽快与国际接轨起到了促进作用，但在实践过程中，也暴露出若干不足，为此，国务院法制办分别在华北、华南、华东、华中和西北举办研讨会，组织各片委员会对《仲裁法》实施中的若干问题进行研讨，华南片重点对财产保全、组庭与送达、仲裁当事人裁决书的补正等问题进行研讨。

5. 纪念《仲裁法》颁布十周年座谈会在北京举行

2004年8月31日，纪念《仲裁法》颁布十周年座谈会在北京人民大会堂举行。中共中央政治局委员、时任全国人大常委会副委员长王兆国，时任全国人大常委会副委员长李铁映，时任全国政协副主席罗豪才，时任全国人大法律委员会主任杨景宇，时任全国人大法制工作委员会主任胡康生，时任国务院法制办主任曹康豪，时任最高人民法院副院长万鄂湘，时任全国人大法制工作委员会副主任王胜明，时任国务院法制办副主任宋大涵，时任司法部副部长张军，中国国际贸易促进委员会/中国国际商会会长、时任中国国际经济贸易仲裁委员会主任万季飞等出席了座谈会并在主席台就座。来自全国各地172家仲裁委员会的主要负责人，国务院有关部门的负责人员，最高人民法院、全国律协、全国工商联、在京媒体等有关部门人员等约400人出席了本次座谈会。

时任全国人大法律委员会主任杨景宇、时任全国人大法制工作委员会主任胡康生、时任国务院法制办主任曹康泰、时任最高人民法院副院长万鄂湘、中国贸促会/中国国际商会会长、时任中国国际经济贸易仲裁委员会主任万季飞等有关领导分别在座谈会上作了重要发言。时任上海仲裁委员会主任乔宪志、时任武汉仲裁委员会主任高顺龄、时任中国国际经济贸易仲裁委员会副主任王生长、中国政法大学教授徐杰分别就10年来我国仲裁事业发展以及仲裁理论研究等工作情况向大会作了汇报。

6. 全国仲裁工作年会在西安召开

2004年9月3～6日，全国仲裁工作会议在古城西安召开。时任全国人大法工委民法室副主任贾东明、国务院法制办卢云华、时任全国工商联法律部主任白莲湘全国172家仲裁委员会主要负责人、国内著名专家、学者以及西安市委、政府有关领导约300人参加此次会议。

会议的主题是仲裁的定位与作为。这一主题旨在通过我国仲裁10年的回顾总结，确定仲裁的准确定位，使仲裁在社会主义市场经济体制建设中有更大作为、更好的发展预期。会议内容丰富多彩：颁发中国仲裁创业纪念奖；发布《仲裁公正宣言》；植建“中国仲裁林”；设立主题论坛；编印出版仲裁书辑《特色铸就辉煌——中国仲裁十年建设巡礼》。

会议设立主题论坛。中国国际经济贸易仲裁委员会副主任王生长博士、中国政法大学终身教授江平、武汉仲裁委员会主任高顺龄、厦门仲裁委员会主任张斌生、西安仲裁委员会秘书长潘俊星、赤峰仲裁委员会副主任徐守忠分别在会上作了专题演讲。

会议还就国务院法制办与全国工商联合会起草的《关于依法做好非公有制企业民商事纠纷仲裁工作的意见》，以及开展区域仲裁机构的工作协作等事项进行了分组讨论。

全国人大法工委民法室副主任贾东明，国务院法制办卢云华同志，西安市委副书记、西安市人民政府常务副市长陈宝根等领导分别在会上作了发言。

这次会议是继北京举行纪念《仲裁法》颁布十周年座谈会后的又一次重要会议，是隆重纪念仲裁法颁布十周年系列宣传活动之一。

7. 第二次仲裁发展工作座谈会在西安召开

2004 年 9 月 3 日在西安召开第二次仲裁发展工作座谈会。参加会议的主要有中华全国工商业联合会的有关负责人和 136 家仲裁委员会的主要负责人、12 个省政府法制办的有关负责人。会议介绍了有关全面推进仲裁区域发展工作和依法做好非公有制企业民商事纠纷仲裁工作的意见。国务院法制办公室卢云华同志就仲裁发展的工作机制、组织机制以及仲裁机构规范化建设等作了讲话。

8. 华南片区仲裁机构第一次协调人会议在深圳召开

为贯彻全国仲裁工作会议精神，加强区域仲裁机构合作，联手推行仲裁法律制度，实现仲裁机构的共同发展，2004 年 11 月 16 日，时任华南片区仲裁机构协调人深圳仲裁委员会主任冯百友，时任协调广州仲裁委员会朱用开副主任、时任柳州仲裁委员会韩海东秘书长在深圳召开首次协调人会议。

会议主要讨论了由深圳仲裁委员会根据国务院法制办关于加强仲裁机构区域合作的意见，结合华南片区仲裁机构工作实际起草的《华南片仲裁机构协作方案（讨论稿）》。与会人员对加强区域仲裁机构的合作与协调持积极态度，并对协作方案给予了充分的肯定，认为协作方案确立了区域合作的指导思想和原则，提出了信息交流、人力及相关资源共享、共同承办大型活动等合作形式，明确了区域合作协调组织的可行性。与会人员还对如何加强区域合作提出了一些具体的意见和建议。

会议建议将《华南片仲裁机构协作方案（讨论稿）》提交将于 2005 年 3 月中旬召开的第一次华南片仲裁机构区域合作会议讨论通过。会议还议定区域合作会议每年召开一次。第一次会议由广州仲裁委员会承办，第二次会议由柳州仲裁委员会承办，第三次会议由海口仲裁委员会承办。其后，会议分别由华南片17家仲裁机构承办。

9.“江浙沪十城市仲裁机构业务研讨会”在无锡召开

2004年11月17日，无锡仲裁委员会举办了“江浙沪十城市仲裁机构业务研讨会”。国务院法制办领导在会上作了讲话。出席的各仲裁委相关领导就仲裁实践中的相关问题进行了交流研讨。

(二)会议讲话摘要

1. 2004年3月16日，国务院法制办卢云华同志在上海作2004年全国仲裁工作总结

这次全国仲裁工作座谈会和17日即将召开的证券期货仲裁工作会议，是在全国仲裁界努力开创中国特色社会主义仲裁事业新局面并取得跨越式发展的显著成绩的重要时刻召开的，是“长沙会议”以后4年多来，国务院法制办召开的又一次全国性会议。现仅就当前全国仲裁工作的几个主要问题提出意见，供同志们参考。

一、关于全国仲裁发展工作

关于这个问题，主要向大家介绍几组数字来说明我国仲裁发展工作取得的成绩和存在的问题。这次会议给同志们提供了几份统计材料，虽然不能完全说明问题，但从研究仲裁发展规律的角度讲，还是具有统计学上的意义的。

(一)关于全国仲裁发展工作取得的成绩

当前，全国仲裁工作总体上处在快速健康发展的阶段，连续几年保持强劲的发展势头，仲裁保障社会主义市场经济健康发展的重要作用，正在进一步显现。

随着我国仲裁事业的发展，一批优秀和比较优秀的仲裁机构脱颖而出。其中，既有长期以来稳居全国仲裁机构业绩排序前20名和前50名的机构，也有经过艰苦努力，在实现跨越式发展中跃上收案100件的仲裁机构。

这里需要特别提及的是，在我们仲裁大家庭中，尚有为数不少的仲裁机构位处特别艰苦的客观环境中，尽管他们当中的绝大部分年收案量位处不足50件的第三位次，但他们为我国仲裁事业的发展做出的努力并不逊于其他许多仲裁机构。我们相信，只要我们全国仲裁大家庭充满了仲裁特有的温馨，互助互爱，同舟共济，坚持共同繁荣进步的发展道路，就一定能够造就出中国特色社会主义仲裁事业万马奔腾、千帆竞进的生动局面。

(二)关于全国仲裁发展工作存在的问题

当前乃至今后相当一段时间全国仲裁工作产生的问题,都是特定历史条件下我国仲裁事业基本矛盾的表现。有些是我们必须付出的代价,但经过努力是可以减少到最低限度,有些是不可完全避免的,但要努力最大限度地减少发生。

(三)关于全国仲裁发展工作的要求和措施

今后一段时间,全国仲裁工作要继续抓好发展第一要务,牢固树立科学的发展观,要认真解决协调发展、均衡发展的问题,保障我国仲裁事业持续高速发展。发展的工作不能有丝毫松懈。重点要抓好以下几件工作。

1. 根据仲裁法确定的我国仲裁工作的基本任务。仲裁工作要紧紧围绕党和政府促进社会进步经济发展的中心工作,努力成为地区投资环境的重要组成部分和贯彻落实党的十六届三中全会精神完善社会主义市场经济体制的重要工作,不断完善仲裁工作的社会功能和效益,从而赢得党和政府、社会各界的信任、信赖和支持。同志们一定要明白,远离党和政府的中心工作、远离社会主义市场经济的仲裁是没有前途的,也是不可能发展起来的。

2. 进一步深入贯彻落实"长沙会议"精神。这是近两年来,全国快速发展的仲裁机构的共同经验,也是实现跨越式发展的根本办法。只有做好了"推行""融入"工作,仲裁发展才有坚实可靠的基础,才有持续发展的动力和源泉,也才有协调发展的方向和办法。没有做好贯彻落实工作的要抓紧工作,已经抓出成效的要在创新上下功夫。当前落实"长沙会议"精神,要深入市场经济寻找发展办法,要在重点、热点、特点上下功夫,选准突破口,找准发展的抓手,与市场经济的组织广泛合作,与市场主体广交君子之友,不断拓宽仲裁服务领域,创新仲裁服务方式。

3. 充分体现和发挥仲裁的特色和优势。仲裁特色和优势是仲裁的灵魂,是仲裁活力的体现,在我国仲裁法中有的已经明确成为我国仲裁工作的重要基本制度。现在的问题在于仲裁的特色和优势还没有得到充分的展示和认知,仲裁的社会功能和社会效益也还没有得到充分体现,仲裁的价值远没有得到应有的发现和重视,致使仲裁的公信力、吸引力和作用力都难以满足仲裁发展工作的需要。当然,解决这些问题需要一个过程,但我们现在需要研究解决的是怎么通过我们的努力尽可能缩短这个过程。

4. 切实提高仲裁案件的质量。仲裁案件的质量是仲裁工作的核心和生命,是中国特色社会主义仲裁事业的基石。认真解决这个问题,是当前全国仲裁工作协调发展的必然要求。无论是从目前情况看还是从我国仲裁事业的基本矛盾的理论来认识,尽管仲裁案件的质量对仲裁发展的促进作用因为诸多客观因素的影响而需要一个过程,但错误的、不合法的裁决对仲裁发展产生的负面影响却是即时的、连带的。因此,必须引起我们的高度重视。

5. 努力促进全国仲裁机构均衡发展。全国仲裁机构共同繁荣进步,是中国特色社会主义仲裁事业的历史必由之路,是我国仲裁事业实现跨越式发展的重要保障。当前,均衡发展存在的主要问题是,各仲裁机构之间工作业绩悬殊,增长速度差距大,同类地区机构发展状况差异大。在解决全国仲裁机构工作业绩悬殊的问题时,要求位处全国前50名的仲裁机构增速不减、保持领先位置不变;中间团队要加大跨越步伐,进一步提高增长速度,争取一半以上的仲裁机构尽快进入领先团队;收案不足50件的仲裁机构要振奋精神,开足马力,争取在较短的时间里,跃过50件,跨越100件,使我国仲裁工作整体形成橄榄球状的比较稳定的结构,为进入我国仲裁事业发展战略第二步快速发展阶段做好准备。

这里需要特别强调的是,仲裁工作的开展必须充分体现求真务实的精神,必须拿出真抓实干的业绩,必须坚持仲裁工作全面发展,切实防止片面追求速度,尤其要防止搞统计游戏。我们要对历史负责。

二、关于中国仲裁协会的筹建工作

中国仲裁协会是根据仲裁法的规定设立的。在全国仲裁界的共同努力下,仲裁法实施8年多来,我们已经建立起比较完整的、适应我国社会进步的、经济发展需要的仲裁工作体制,仲裁工作逐步完善,仲裁事业取得了令人瞩目的长足发展,筹建和成立中国仲裁协会的条件和时机,已经基本成熟。

为了适应我国仲裁事业发展的要求,国务院法制办公室已将中国仲裁协会的筹建工作列入年度工作计划,提上重要议事日程,法制办领导曾多次作出重要指示。眼下,各项筹建工作正在积极着手进行。下面,我就中国仲裁协会筹建工作必须坚持的基本原则,讲几点意见,供同志们参考。

(一)筹建工作必须坚持严格依法办事的原则

根据仲裁法的规定,中国仲裁协会是社会团体法人。这就在法律上规定了中国仲裁协会的基本性质,也就明确了中国仲裁协会既不是也不可能是国家机关,也不是国家授予一定行政管理权限的事业单位,不享有任何行政性的管理权力。因此,许多仲裁机构希望中国仲裁协会应当是较权威的、享有较大权力的机构的意见,在法律上是有障碍的。

(二)筹建工作必须坚持促进我国仲裁事业发展的原则

中国仲裁协会的筹建必须有利于进一步发挥仲裁保障社会主义市场经济健康发展的作用,必须保障我国仲裁事业持续健康快速发展,这是一条非常重要的原则,也是重要的出发点和落脚点。依法成立的中国仲裁协会,既要规范得住,更要发展得了。

（三）筹建工作必须坚持一切从实际出发的原则

我国地域辽阔，人口众多，差异很大。在全国普遍存在仲裁需求的前提下，各地区、各类仲裁机构的发展要求差别也很大，对协会的期望各有侧重，在许多筹建具体事项上分歧严重。中国仲裁协会是全国仲裁机构的协会，也是引领全国仲裁界共同前进的协会。因此，筹建工作就必须也只能把先进性的要求和广泛性的要求统一起来。既要考虑沿海地区、经济发达地区仲裁机构的要求和主张，又要考虑到中西部地区、经济相对欠发达地区的要求和主张；既要重视发展快的仲裁机构的意见和建议，又要重视发展较慢的仲裁机构的意见和建议。筹建协会毕竟不是评优秀选先进。但代表着我国仲裁事业发展和前进方向的，其历史作用是不能忽视的。本着上述考虑，协会筹建工作的所有事项安排，所有的正常运转，都要从促进我国仲裁工作的全局出发，都要从我国仲裁事业持续快速发展的大局出发，把我国仲裁工作体制的中国特色和社会主义性质有机地结合起来，既要左顾又要右盼，既要瞻前又要顾后，既要具备广泛的群众基础，又要能够引领全国仲裁机构更好地发展。希望通过协会筹建工作能使全国仲裁机构在我国仲裁界这个大家庭中，和睦相处，协调融洽，共同繁荣。

此外，中国仲裁协会是为中国仲裁工作和中国的社会、经济发展服务的，因此，就必须立足于中国的实际情况考虑筹建问题。由于我们缺少经验，适当的借鉴是必要的。但必须坚持“以我为主”，绝不能盲目照搬。对全国来说，目前的任务并不是仲裁国际化。即使我们努力开展涉外仲裁工作，也是服从并服务于国家对外开放的需要。实际上，目前在世界上也很难找到和我们完全一样的仲裁工作体制和协会组织。因此，协会筹建工作也只能是走我们自己的路。

（四）筹建工作必须坚持广泛发扬民主的原则

民主的原则是社会团体得以生存、发展和有效发挥作用的基本原则，也是8年多来，全国仲裁工作得以快速发展的一条重要经验。没有民主就没有活力。筹建中国仲裁协会尤其要紧密凝聚民心，广泛听取民意（这里暂且把大家称作民），充分尊重民议（包括各种议论），倍加珍惜民利，紧紧依靠民力。既要充分保障一切有利于仲裁事业发展的合理主张、又要充分保障合理主张得到实现的组织形式落实。

（五）筹建工作必须坚持依法自主管理的原则

社会团体通过民主方式依法自主管理内部事务，是实现社团民主原则的重要保障。协会实行依法自主管理不仅依法得到保障，不受外界非法干预，而且其内部活动亦要在民主的基础上自主进行管理。协会筹建工作特别要注意从一开始就要把这条重要原则作为协会成立后开展活动的基本原则，绝不能把协会办成少数人管多数人、几个人监督所有人的“衙门”。在组织机构、管理制度、日常工作承担等方面,都要充分体现依法自主管理的原则。

筹建中国仲裁协会是关系到全国仲裁机构的共同利益和意志,关系到中国特色社会主义仲裁事业持续快速健康发展的大事,希望同志们共同参与,协同做好各项筹备工作。

此外,考虑到协会筹建工作已经开始,从现在开始各仲裁机构暂时中止换届,何时恢复,请待通知。此事也请各省级政府法制机构协助掌握。

三、关于《仲裁法》颁布十周年宣传活动和证券期货仲裁工作会议

(一)隆重开展仲裁法颁布十周年宣传活动

2004年8月31日,将是我国第一部《仲裁法》颁布十周年,也是中国特色社会主义仲裁事业诞生十周年。10年来,在全国仲裁界的同志们艰苦奋斗、开拓创新的不懈努力下,我国仲裁事业取得了举世瞩目的成就,同志们胜利地完成了历史赋予的创业任务,为开创中国特色社会主义仲裁事业,发挥了第一代奠基人的重要作用。饮水思源。没有《仲裁法》就没有我们安身立命的仲裁事业,没有《仲裁法》也就不会有我们这一代可以引以为豪的仲裁创始人。2003年以来,全国仲裁界的许多同志就提出,应当隆重开展《仲裁法》颁布十周年的宣传活动,并作为塑造仲裁社会形象的重要契机。请同志们务必高度重视,齐心协力,共襄盛举。需要我们支持、协助的,我们一定会尽心尽力去做。各地也要根据本地的特点,集中开展一次大规模宣传活动。

(二)认真开好证券期货仲裁工作会议

这是全国仲裁界首次与其他行业共同召开的全国性会议。会议是经国务院法制办与中国证监会领导共同研究确定,并委托上海仲裁委员会、上海市法制办和上海证监局承担具体会务工作。会议受到上海市委、市政府的重视,上海市有关单位特别是上海仲裁委员会做了大量艰苦细致的工作。

这次会议内容很重要,会议通知中提出了与以往不同的要求。希望同志们能够理解,严格遵守会议的各项规定,服从会务安排,遵守会议纪律,注意维护我国仲裁界的整体形象。今天下午的小组讨论,主要是我们仲裁界内部进行研讨,可以畅所欲言。明天下午小组讨论,是与证券期货监管机构负责人按区域混合编组,讨论的内容包括我们发言的内容,主要是和证券期货行业如何加强配合,共同做好具体贯彻落实工作。今天会议发放的各类统计材料等,务必请同志们只供内部参考,不要对外提供和引用。

2004年全国仲裁工作既有大事又有要事,还有喜事。请同志们继续发扬艰苦奋斗的精神,精心组织,科学安排,力争把每件事都办好、办出色,展现出我们仲裁人良好的精神风貌。

2.2004年3月16日,国务院法制办卢云华同志在上海作关于“克服客观困难 实现全国仲裁工作的协调发展”的讲话

自中国特色社会主义仲裁法律制度建立到2004年8月31日将满十周年,社会主义市场经济条件下的仲裁实践将满九周年。《仲裁法》颁布实施以来,在党和政府的领导和关心、支持下,在社会各界的热情帮助下,全国仲裁界经过多年艰苦奋斗,开拓创新,我国仲裁工作取得了长足的进步,中国特色社会主义仲裁事业已经初具规模,仲裁为保障社会主义市场经济健康发展的重要作用已经显现,并且必将得到进一步显现。《仲裁法》颁布10年以来参加仲裁工作的同志们,作为我国仲裁事业第一代奠基人,为创建中国特色社会主义仲裁事业立下了不朽的丰功伟绩,为社会主义市场经济的建设和完善、为国家的经济发展和社会进步,做出了积极贡献。

当前,全国仲裁界正在根据“长沙会议”确定的我国仲裁工作的正确方向和发展道路,朝着“济南会议”确定的我国仲裁事业三项奋斗目标,努力实现跨越式发展和可持续发展,开创中国特色社会主义仲裁事业的新局面。在这个重要时候,认真总结全国仲裁工作的开展状况,深入研究各类仲裁机构的发展特点;积极探索不同地区仲裁发展工作的途径和方法,对于促进全国仲裁机构共同繁荣进步,整体推进全国仲裁工作协调发展,具有重要意义。

一、77家仲裁机构是创建中国特色社会主义仲裁事业的重要群体

参加座谈会的77家仲裁机构除个别的外,绝大部分都位处我国经济欠发达地区或经济发展相对落后的地区。市场经济发展水平不高,经济活跃度较低,社会仲裁意识严重滞后,仲裁需求生成较慢,财政支持有限,仲裁发展的客观环境较差,对仲裁事业的发展构成严重的制约,形成巨大的困难。同其他经济发达地区相比,同中心城市相比,仲裁工作发展的难度成倍增加,付出的努力和辛苦也是其他许多机构难以比拟的。对此,我们深表理解。几年来,同志们怀着对党和国家的事业高度负责的精神,面临复杂艰巨的困难,坚持不懈地艰苦奋斗,谋生存求发展,艰难地推进本地仲裁工作,表现出坚韧不拔的奋斗精神、不屈不挠的坚强意志和顽强不屈的过硬作风,不仅为本地仲裁事业的发展做出了贡献,而且也为创建中国特色社会主义仲裁事业做出了宝贵贡献。对此,我们更是大为赞赏。无论今天的业绩如何,我国仲裁史将永远铭记同志们在艰难困苦的岁月作出的不懈努力和甘于奉献、惠及后人的崇高精神。

二、77家仲裁机构面临的形势和存在的问题

几年来的实践和观察结果表明,造成这个群体工作举步维艰、发展缓慢的原因是多

方面的，也是很复杂的。除了仲裁发展条件比较艰苦的客观原因外，仲裁工作也普遍存在下列问题。

1. 工作方向方面的问题。我们有些仲裁机构的负责同志对仲裁法规定的仲裁保障社会主义市场经济健康发展的作用缺乏正确理解，对仲裁工作所承担的为社会主义市场经济服务的社会责任缺乏充分认识，导致仲裁工作不能紧紧围绕所在地区党委、政府的中心工作发挥作用，难以赢得党委、政府及社会各界的理解、重视和支持。

2. 工作指导思想方面的问题。应该说，全国仲裁界解决工作指导思想问题是从1999年5月召开的"鞍山·本溪"会议开始的。这次会议提出，仲裁法律制度既是社会主义法制的重要组成部分，又是社会主义市场经济的重要组成部分。会议在明确中国特色社会主义仲裁事业要坚持为社会主义市场经济建设服务的根本任务和正确方向的同时，进一步提出了通过大力推行仲裁法律制度来发挥仲裁在社会主义市场经济中的重要作用这一工作指导思想。全国仲裁工作指导思想最终是在2000年"长沙会议"形成的。经过总结几年来全国仲裁工作正反两方面的经验教训，在广泛听取全国仲裁机构意见的基础上，"长沙会议"提出了我国仲裁工作在相当长的历史阶段必须牢固树立并始终坚持的工作指导思想。这就是："发展我国仲裁事业，推行仲裁法律制度是根本，融入市场经济是关键"。也就是通常所说的"长沙会议"精神。从77家仲裁机构的情况看，实事求是地讲，"长沙会议"精神贯彻落实的情况并不理想，有的地方基本没有贯彻，工作指导思想不明确，甚至存在较严重的偏差。许多地方没有认真开展提高合同示范文本规范率和仲裁机构选择率的工作，有的单位甚至对本地有多少种合同示范文本都不清楚。

3. 精神状态方面的问题。创建中国特色社会主义仲裁事业8年多的实践表明，始终保持昂扬向上的精神状态和强烈的事业进取心，是一条放之四海而皆准的宝贵经验。特别是领导班子的精神状态对于改变仲裁工作的面貌具有特殊重要的作用。

4. 工作作风方面的问题。越是艰苦的条件就越是需要艰苦奋斗的作风，越是落后的环境也就越是需要扎实细致的工作作风。让我们感到焦虑的是，在这个群体中有不少机构，对创建中国特色社会主义仲裁事业的基本指导思想包括我国仲裁工作的方向、路子和步子是知道的，对"长沙会议"精神和"济南会议"确定的奋斗目标、发展战略也是明白的，但就是不能下苦功夫去实践。

5. 工作方法方面的问题。我看当前这个群体存在的最突出问题还是工作方法问题。这个群体的仲裁机构负责人我接触过不少。他们当中的大多数同志对仲裁工作十分热心，对仲裁事业怀有深厚感情，对实现跨越式发展十分着急。但也正是在这个群体中，许多单位之所以工作效果不理想，工作方法问题是普遍存在的问题。

工作方法的问题可以简单概括为两个问题：一个是一切从实际出发；另一个是他山之石可以攻玉。任何一个仲裁机构要想获得发展，就必须在坚持正确指导思想的前提下，从本地的实际情况出发，探索本地的仲裁需要，寻找符合本地仲裁需求的具体方法，以解决本地的仲裁发展问题。要善于借鉴其他仲裁机构先进经验，要坚持以我为主的吸收，切忌生吞活剥，盲目照搬。当前，解决工作方法问题主要要反对形而上学和形式主义。最近，胡锦涛总书记提出的“求真务实”，对仲裁工作来说，既是政治原则、思想路线和思想作风问题，也是十分重要的工作方法问题。希望能够引起同志们的高度重视。

三、77家仲裁机构发展工作的任务

根据“济南会议”确定的实现我国仲裁事业奋斗目标的发展战略，到《仲裁法》实施十周年时，全国仲裁工作将完成第一步“制度生成”阶段的任务。会议要求全国仲裁机构要努力实现跨越式发展，开创中国特色社会主义仲裁事业的新局面，为迈入第二步“快速发展”阶段打下良好基础。现在，离完成第一步发展战略的任务仅有一年半的时间，全国仲裁界正处于一个非常重要的历史关头。就77家仲裁机构来讲，也是一个面临重要选择的历史转折点。77家仲裁机构对全国仲裁工作的开展具有举足轻重、至关紧要的作用，不仅仅在于这个群体的数量在全国仲裁机构中拥有重要分量，更在于这个群体的发展在很大程度上标志着中国特色社会主义仲裁事业的前途与未来。没有这个群体的快速发展，就不会有我国仲裁事业崭新的局面。全国仲裁工作能否胜利完成第一步“制度生成”阶段的任务，顺利进入第二步“快速发展”阶段，在相当大的程度上取决于这个群体的发展速度。由此可见，认真研究并切实解决77家仲裁机构的发展问题，具有十分特殊的重要意义。希望在座的77家仲裁机构的领导同志，在这重要的历史关头，怀着高度的历史责任感，做出无愧于党和人民、无愧于子孙后代的正确选择。

关于77家仲裁机构面临的发展任务，无论是从77家仲裁机构自身成长的需要还是从我国仲裁工作发展的需要看，结论都是一致的，都要求77家仲裁机构发展得快些，再快些；好些，更好些。从主观上讲，我们不希望我国第一代仲裁机构有一家掉队，更不希望看到有的仲裁机构被淘汰。恰恰相反，我们衷心希望为我国仲裁事业的形成与发展发挥了奠基作用的仲裁机构都能够迅速成长起来。途径只有一个，就是快速发展。对于全国仲裁机构来说，特别是对于77家仲裁机构来说，要不要发展是不能讨论的，也不是可以研究的问题。从客观上讲，77家仲裁机构固然存在许多发展的困难，这是不能忽视的；但我们仍然应该客观地看到，我们也是具备许多快速发展的有利条件的。比如，在77家仲裁机构当中，有相当一批仲裁机构经过长期艰苦的努力，已经积累了比较丰富的正反两方面的经验教训，多年以来成功与失败的实践，使他们对“长沙会议”“济南会议”精神有了比较深刻的理解和认同,也就是说是具备做好工作的思想基础的。还有一些仲裁机构几年来一直在抓贯彻“长沙会议”精神的工作,已经具备了一定的发展基础,只是由于地区经济的特点决定,生成过程缓慢了些,效果暂时还没有显现出来。还有不少仲裁机构在长期的艰苦奋斗中已经培养和锻炼出一批具有坚强意志和坚韧毅力的仲裁工作干部,这批干部对仲裁事业有感情、有热情,是发展仲裁工作的坚实组织保障。特别需要指出的是,虽然77家仲裁机构所处地区大部分经济发展欠发达,但经济发展对仲裁工作的需求是普遍存在的,应当说,仲裁发展的潜力是巨大的。从2003年全国仲裁工作统计看,这个群体受理案件的平均标的额高达215万元,全国是146万元,远远超过了全国案件平均标的额。而且,甚至也超过了全国排名前10位的多数仲裁机构收案平均标的额。当前的主要问题不是我们这些仲裁机构所处的地区经济发展与我们仲裁发展的需要不相适应,而是相反,是仲裁工作的发展与所在地区经济发展的需求不相适应。更何况,在77家仲裁机构中还有部分仲裁机构所处的地区经济发展并不落后,而且要比其他一些比较先进的仲裁机构所处的地区条件更优越。同志们不妨参照一下2003年排在全国第11位的邢台仲裁委员会和排在第13位的赤峰仲裁委员会。如果我们再作更深入的具体分析,可以看到77家仲裁机构还具备许多其他有利条件。结论是,77家仲裁机构快速发展,不仅是必要的,而且也是完全可能的。事实上也是这样,在这个群体中,每年都有部分仲裁机构跨上收案50件的台阶,还有的实现了连续翻番,正向跨越年收案百件迈进,如延安、淮安、沧州、德州、乌海等仲裁机构。

四、77家仲裁机构加快发展的主要措施

始终坚持中国特色社会主义仲裁事业的正确方向,牢牢抓住发展第一要务,认真贯彻落实“长沙会议”精神。

1. 首先要把本地所有的合同示范文本(包括格式合同)的种类、分布调查清楚,2004年年底前按照仲裁法和国办22号文件的规定限期修订完毕,力争不留死角。对没有示范文本的经营合同,也要积极想办法推行仲裁方式解决纠纷。对当地国有或国有控股企业要力争基本上选择仲裁。建设、金融、交通行业要作为重点,紧紧抓住不放。

2. 依法修订的所有合同示范文本,都必须落实到具体仲裁机构供当事人选择,不要留空白、开天窗。

3. 认真了解本地的支柱行业、企业和利税贡献大的企业,选择一批优秀的企业家、党政机关里懂经济的领导干部、业务骨干参加仲裁工作。对符合仲裁法规定条件的可选聘为仲裁员,其他市场经济的专家可以采取其他组织形式参加仲裁工作或者调解工作或者“推行”“融入”工作。

4. 积极开展与市场经济行业组织的合作。市场经济行业组织多为市场主体自律性组织,特别是那些搞得比较好的、比较活跃的组织,本身就有调解功能并能积极开展调解工作。各仲裁机构要把这些组织作为与市场主体联系的重要桥梁,主动与这些组织的调解功能进行衔接,优势互补,相互配合,共同为市场主体提供优质的纠纷解决服务。

5. 要努力提高"三率",突出仲裁特色,彰显仲裁优势,保证能及时处理纠纷,以提高仲裁的吸引力和公信力。要解放思想,在严格遵守法定程序的前提下,放手让企业家等市场经济的专家担任仲裁员,按照商业惯例、行业规则来调解和仲裁纠纷。为了有效地解决当前社会仲裁意识相对落后,许多市场主体对仲裁还心存疑虑的问题,可以选择适当案件,经双方当事人签订书面协议,公开开庭。电视可以直播,报刊可以报道,可以组织市场主体、市场经济行业组织和政府机关有关负责人旁听,使他们对仲裁的特色和优势有直观的认识。公开开庭的案件要精心组织,力争调解和解,数量不宜多。

6. 要认真进行仲裁方式改革的探索,彻底改变沿袭诉讼模式的状况。仲裁活动要努力变对抗为协商,积极促进市场主体的二次合作。要以一种温和的全新的纠纷解决方式赢得市场主体的信赖。

7. 要随时掌握境外和外地企业到本地投资和本地企业到境外和外地投资的情况,及时为他们提供优质仲裁服务。

8. 紧紧围绕当地党和政府领导经济建设和维护社会稳定的需要,积极参与本地重大经济活动和项目的论证、实施及纠纷预防、解决的工作。

总之,全面贯彻落实"长沙会议"精神的工作还有很多,同志们可以根据本地的实际情况,有针对性地借鉴其他兄弟仲裁机构行之有效的经验,创造性地开展工作。这里需要强调的是,"长沙会议"到现在已经 4 年多了,到今天为止,过去就都算认识问题了,请同志们从今往后务必抓紧抓好全面落实的各项工作。

五、政府及其所属部门要高度重视,大力支持仲裁工作

1. 要加强对仲裁工作的政治领导,指导仲裁机构始终坚持正确的工作方向。要注重仲裁工作的社会效益,切实把仲裁工作作为当地投资环境的重要组成部分和促进社会进步、经济发展的重要手段,把完善仲裁工作加快仲裁事业发展摆上议事日程。要定期听取仲裁工作汇报,认真研究存在的问题;要配备政治上强、责任感强,有开拓进取精神的同志担任仲裁机构的领导。仲裁机构要加强组织观念,认真做好定期汇报工作。

2. 要组织政府有关部门和仲裁机构认真做好贯彻实施仲裁法和国办 22 号文件、大力推行仲裁法律制度的各项工作。必要的会要开,必要的文件要发,必要的组织形式要搞,但更重要的是督促有关部门和仲裁机构切实抓好落实。特别是对当地经济的主要领

域、重点行业和企业推行仲裁法律制度的工作尤其要抓紧抓好。同时，要在市场主体中、市场经济行业组织中，积极倡导仲裁方式解决纠纷，深入做好仲裁法的宣传工作。有关政府法制机构要在党委和政府的领导下，从完善地区法制环境的大局出发，充分发挥职能作用，指导并配合仲裁机构切实做好上述工作。仲裁机构也要努力克服关门办仲裁的倾向，主动深入市场经济各个领域，具体了解推行仲裁法律制度的情况，协助市场主体和有关组织认真解决推行工作中的问题，争取早日使仲裁成为当地解决市场经济纠纷的主要手段。

3. 积极研究解决仲裁工作中存在的问题和困难。77 家仲裁机构中绝大部分机构条件艰苦，仲裁发展中的问题和困难都比较多。所在的市政府要加强对仲裁发展工作的督促和考核，同时认真解决存在的问题和困难。各仲裁机构也要充分体谅政府工作中的困难，继续发扬艰苦创业的精神，认真加强内部管理，不断增强克服困难的信心和提高善于克服困难的能力，努力开创仲裁工作的新局面，不辜负党和政府的关心和支持。请在座的仲裁机构的同志们回去以后，专门召开仲裁委员会会议，传达这次会议的精神，认真制定具体落实方案。同时，向所在的市政府作一次专门的汇报。

77 家仲裁机构这个群体，困难多、条件差、工作难度大，我们所能提供的关心帮助不够，走的也不多，在此我向同志们深表歉意。今天，我们齐聚一堂，共商发展大计，上述意见如有不妥之处，还望在座的各位指正见谅。中国特色社会主义仲裁事业是全国仲裁人共同的事业，是我们的崇高理想。开创中国特色社会主义仲裁事业新局面重在开创 77 家仲裁机构仲裁工作新局面。让我们携手并肩，风雨同舟，共赴创业艰难，勇敢地承担起我国仲裁事业第一代奠基人的历史责任，创出辉煌的业绩。

3. 2004 年 5 月 16 日，国务院法制办卢云华同志在北京第十七届国际仲裁大会上关于“中国仲裁的回顾与展望”的发言

（一）

中华人民共和国成立后的中国商事仲裁源于 20 世纪 50 年代中期。当时，根据我国开展国际经济交流和交往的需要，中央人民政府曾专门做出决定，在中国国际经济贸易促进委员会设立对外贸易仲裁委员会，即现在的中国国际经济贸易仲裁委员会，负责受理并仲裁中国企业与外国或境外其他地区企业之间在商事活动中产生的纠纷。近 50 年来，中国国际经济贸易仲裁委员会积极开展国际商事仲裁工作，公正、及时地仲裁了大批国际商事纠纷，为促进中国国际经济交流与交往做出了积极贡献，在国际商贸界、仲裁界

和法律界享有良好的信誉。所以说，中国商事仲裁首先开端于中国国际商事仲裁。尔后，根据国内经济建设的需要，中华人民共和国按照国民经济的行业分别在有关行政机关设立了负责处理经济合同、房地产和技术合同纠纷的仲裁机构，以仲裁方式解决了大量国内经济纠纷，为促进中国经济发展发挥了重要作用。因此，中国商事仲裁在最初阶段，是由国内经济纠纷仲裁制度和国际商事仲裁制度两部分构成的。这个特点，是由当时中国实行计划经济体制决定的。

1994年8月31日，中国第八届全国人民代表大会常务委员会根据中国建立社会主义市场经济体制的要求，适应国家改革开放和经济发展的需要，并借鉴国际通行做法，颁布了《仲裁法》。《仲裁法》对我国仲裁制度特别是国内仲裁制度进行了重大改革，将仲裁机构从行政机关分离出来，独立设立，实行当事人自愿原则和或裁或审、一裁终局等制度。这部法律于1995年9月1日施行。《仲裁法》的颁布，标志着适应社会主义市场经济建设需要的与国际惯例接轨的民商事纠纷解决制度在我国正式确立，也标志着统一的现代中国商事仲裁制度最终形成。同时也表明，中国商事仲裁制度是伴随着中国社会进步、经济发展而产生的，是随着社会主义市场经济体制的建立和完善而发展的，担负着保障社会主义市场经济健康发展的重要任务。

中国政府对充分发挥商事仲裁保障经济发展的作用高度重视，对依法做好商事仲裁工作给予了有力支持。在《仲裁法》颁布后不久，就确定由国务院法制办公室联系全国仲裁工作，负责贯彻实施《仲裁法》的有关具体事宜。各有关政府部门和地方政府根据《仲裁法》的规定，认真做好仲裁机构的重新组建工作，在市场经济的有关行业领域贯彻实施《仲裁法》，大力推行仲裁法律制度，积极引导广大市场主体采用仲裁方式解决民商事纠纷，支持仲裁机构依法独立仲裁商事纠纷，为中国商事仲裁的持续快速健康发展提供了有力的保障。根据《仲裁法》创立的中国特色社会主义仲裁事业走上了一条适合自己国情的发展道路。

（二）

1. 建立具有中国特色的新型仲裁工作体制

根据《仲裁法》的规定，中国商事纠纷的仲裁由依法设立的仲裁机构负责。《仲裁法》颁布后，我国仲裁机构经过重新组建，依法确立了全国统一的仲裁工作体制。到目前为止，我国在直辖市、省会市和其他设区的市共设立了包括中国国际经济贸易仲裁委员会、中国海事仲裁委员会在内的185家仲裁机构。这些仲裁机构遍布全国各地，既能受理国内民商事纠纷，也能受理国际商事纠纷，并依法独立做出仲裁裁决。这样一个根据我国幅员辽阔、人口众多的特点建立起来的具有中国特色的仲裁工作体制，能够比较好地满足全国各地市场主体和境外投资者的仲裁需要。《仲裁法》施行以来,我国涌现出一批受理案例多、仲裁质量好的仲裁机构。据统计,在已经过去的2003年中,中国仲裁机构受理案件超过100件的有69家,占中国仲裁机构总数的40%。受理案件超过400件的有16家,它们是武汉、广州、深圳、北京、天津、中国国际经济贸易、上海、成都、厦门、西安、邢台、沈阳、赤峰、台州、苏州、青岛等仲裁委员会。其中,武汉、广州、深圳和北京4家仲裁委员会2003年受理案件分别达到3050件、2670件、1744件和1029件,中国国际经济贸易仲裁委员会受理的国际商事仲裁案件数量继续位居世界仲裁机构前列。我国一批优秀的仲裁机构正在脱颖而出。

2. 建设高素质的专家仲裁队伍

根据《仲裁法》的规定,担任仲裁员需要具备较高的专业条件和经过较严格的聘任程序。我国185家仲裁委员会在经贸界、法律界和仲裁界共聘任了3万多名专家担任仲裁员。其中,既有长年从事经济工作的专门人才,也有教学科研机构的学者;既有长期从事法律实务的专业人士,也有研究或熟悉市场经济的专家和企业家;既有我国内地的专业人士,也有我国香港特别行政区、澳门特别行政区及我国台湾地区的专业人士。而且,还有国际仲裁界的专家。这些仲裁员了解经济,熟悉法律,专业精进,执业操守比较严谨,能够较好地运用法律规定和市场经济的商业惯例和行业规则妥善解决纠纷。《仲裁法》实施以来,这些仲裁员共仲裁了各类民商事纠纷9万多件,案件标的额达到人民币1800多亿元,案件当事人涉及世界50多个国家和地区。

3. 中国商事仲裁案件质量是好的,正在受到中外市场主体的广泛信赖

中国各仲裁机构都把依法公正、及时仲裁商事纠纷,平等对待双方当事人,作为一项重要工作,认真抓紧抓好。在仲裁实践中学习和借鉴国外仲裁机构行之有效的做法,结合中国商事仲裁的特点,积极探索、制定和完善了各项工作制度,保证了仲裁活动严格依照《仲裁法》的规定进行。根据《仲裁法》设置的司法监督制度,当事人可以依法向我国有关人民法院申请撤销裁决或不予执行。据统计,我国仲裁机构作出的裁决被人民法院撤销和不予执行的比例不足1%,这充分说明,中国商事仲裁裁决的质量是有保障的,我国人民法院执行仲裁裁决的情况,总体上是好的。中国商事仲裁的发展,也反映出中国商事仲裁的公信力在不断提升,正在受到越来越多的中外市场主体的信赖,尤其对那些到中国来开拓市场、投资经营的境外市场主体来说,将选择中国仲裁机构仲裁作为商事纠纷解决的方式,不失为是更有利于实现投资效益的明智之举。

4. 努力创建特色鲜明、优势突出的中国商事仲裁

中国是一个历史悠久的文明古国,千年传承着"以和为贵"的人际交往习俗和"和气

生财”的商事文化。中国商事仲裁在继承发扬民族文化传统的同时，根据市场经济良性运行的需要，结合经济全球化发展的要求，不断更新商事仲裁理念，充分发挥《仲裁法》设置的仲裁与调解相结合制度的作用，提出并有效地实践了一系列保护公平竞争，促进长期合作、降低纠纷解决成本、提高企业竞争能力的商事仲裁方式，逐渐形成了中国商事仲裁的特色和比较优势。我国许多仲裁机构在坚持公正仲裁的同时，注意引导双方当事人在仲裁活动中变对抗争讼为协商解决争议，努力为当事人继续合作创造条件。创建初始的中国商事仲裁，把融入市场经济作为一项重要的指导方针，广泛吸收市场经济各行各业擅长解决纠纷的专家参加仲裁工作，把市场经济的惯例和商业规则作为仲裁裁决的依据，根据个别化的原则仲裁商事纠纷，从而提高了中国商事仲裁工作的时效性、专业性和灵活性的水平。中国商事仲裁根据《仲裁法》的基本精神，把提高仲裁案件快速结案率、民商事纠纷自愿和解调解率和仲裁裁决自动履行率作为一项重要工作要求，以彰显中国商事仲裁的特色和优势。据了解，我国许多仲裁机构仲裁案件快速结案率、民商事纠纷自愿和解调解率达到了60%以上，仲裁裁决的自动履行率也能达到50%以上，有部分仲裁机构实现这“三率”的水准还要更高，不仅有效地降低了当事人为解决纠纷付出的货币成本和时间成本，减少了当事人的商业风险，及时维护了合法权益，而且，许多参加过中国商事仲裁的中外市场主体都能够继续保持良好的商业合作关系。

5. 中国商事仲裁呈现出快速发展的势头

众所周知，我国国民经济已经连续20多年保持快速增长。在这期间，中国商事仲裁的发展与国家社会进步、经济发展基本相适应，大体同步。特别是近几年，发展速度有了明显加快。中国商事仲裁经过4年左右的探索，从《仲裁法》颁布第5年开始迈上了快速发展的道路。1999年全国受理案件7000多件，2000年受理案件9500多件，增长29%；2001年受理案件12,000多件，增长26%。2002年，中国商事仲裁工作提出了努力实现跨越式发展的工作目标，当年受理案件达到17,000多件，同比增长48%，2003年受理案件28,800多件，增长率达60%，也就是说，这几年，来中国商事仲裁受理案件数量几乎翻了两番，国内、国际商事仲裁案件都有了较大幅度的增长。中国特色社会主义仲裁事业生机勃勃。

我国是一个发展中国家，将长期处于社会主义初级阶段。在这个较长的历史阶段中，中国社会主义市场经济体制将面临不断完善的任务。社会主义初级阶段的中国商事仲裁，尽管取得了快速发展的显著成绩，但仍处于创始阶段，仍然需要进一步改进和加强。我国尚有为数不少的市场主体对商事仲裁制度的优越性认识不足，对采用仲裁方式解决商事纠纷还不太习惯；中国商事仲裁的公正性总体上是有保证的，但灵活性的程度还有待进一步提高;中国商事仲裁对促进社会进步经济发展的作用,与国家发展的要求还不完全适应,与我国对外经济交往的需求尚存在差距。中国商事仲裁面临的主要问题是,先进的仲裁制度与相对滞后的社会仲裁意识、初始的商事仲裁工作之间的矛盾。中国商事仲裁将随着中国社会主义市场经济体制的完善而不断走向成熟。

(三)

当前,中国人民正在为全面建设小康社会而努力奋斗。中国坚定不移地实行社会主义市场经济、新型的开放的巨大的中国市场不仅为国内经济发展提供了广阔舞台,而且也为国际投资提供了广泛的商机。可以预见,随着我国经济发展和进一步扩大对外开放,中国市场将日趋活跃,商事活动将更加丰富,国际商事往来也将日益频繁,这些都将对中国商事仲裁提出更多、更高、更新的需求。中国有句古诗云:"问渠那得清如许,为有源头活水来。"充满活力的中国经济是中国商事仲裁持续发展的源泉。新的世纪,为了推进中国商事仲裁的持续快速发展,中国仲裁界从中国的实际出发,确定了中国特色社会主义仲裁事业的长远奋斗目标,并提出今后必须继续坚持"发展我国仲裁事业,推行仲裁法律制度是根本,融入市场经济是关键"的基本工作方针。根据这个方针,中国商事仲裁工作将在公证、及时处理商事纠纷的同时,进一步深入市场经济各行各业,引导市场主体善于采取仲裁方式解决商事纠纷,广泛吸收市场经济的专家参加仲裁工作,正确处理公正与效率,竞争与合作的关系,不断创新仲裁服务方式与仲裁工作机制,充分发挥商事仲裁的特色和比较优势,努力提高中国商事仲裁的吸引力和公信力。我们相信,紧紧围绕国家经济发展需要的、适应国际经济发展趋势的、建立在现代仲裁理念上的中国商事仲裁,一定能够兴旺发达。

(三)其他活动

2004 年 8 月 31 日于西安公布的《中国仲裁公正宣言》如下:仲裁公正彰显社会公正,弘扬仲裁公正是中国第一代仲裁人的崇高使命。值此《仲裁法》颁布十周年之际,我们中国的仲裁机构和仲裁员,郑重发表《中国仲裁公正宣言》。我们崇尚正义,恪守法律,坚持对所有仲裁当事人一律平等;我们尊重当事人的意愿,维护当事人的合法权益,坚持依法独立仲裁;我们秉持公心,明察公断,保证裁决公平合理;我们谨遵仲裁规则,充分发挥仲裁优势,保证仲裁活动简便快捷、成本低廉;我们诚实守信,廉洁勤勉,努力提供优质仲裁服务;我们将以严格的纪律、不懈的努力、完善的措施,维护并实现仲裁公正。中国仲裁与公正永远同在。中国仲裁的公正建设期盼着社会各界的监督和支持。

二、仲裁制度建设

2004 年 1 月 18 日，国务院法制办公室、中国证券监督管理委员会联合发出《关于依法做好证券、期货合同纠纷仲裁工作的通知》(国法〔2004〕5 号)，其主要内容如下：(1)关于证券、期货合同纠纷的仲裁范围。(2)关于在证券、期货合同中依法订立仲裁协议。(3)关于依法选聘证券、期货专业人士参加仲裁工作。(4)关于依法开展证券、期货合同纠纷仲裁工作。(5)关于加强证券、期货合同纠纷仲裁工作的指导和监督。证券、期货合同纠纷仲裁依法独立进行，依法接受中国仲裁协会的监督。

三、仲裁案件受理情况

(一)全国受理情况

全国 185 个仲裁委员会共受理案件 38,467 件，比 2003 年增加了 7934 件，增长率约为 26%；案件标的额共计 531 亿多元，比 2003 年增加了 112 亿元，增长率约为 26.73%。

(二)区域受理情况

华北片区受案 5192 件，标的额 91 亿元；东北片区受案 2275 件，标的额 28 亿元；华东片区受案 7194 件，标的额 108 亿元；东南片区受案 4402 件，标的额 28 亿元；中南片区受案 6442 件，标的额 74 亿元；华南片区受案 6165 件，标的额 88 亿元；西南片区受案 3854 件，标的额 26 亿元；西北片区受案 2057 件，标的额 10 亿元；中国国际经济贸易仲裁委受理案件 850 件，标的额 71.6 亿元；中国海事仲裁委员会受案 36 件，标的额 0.8966 亿元。

二○○五年

内容提要:

一、仲裁活动

(一)仲裁会议

1. 全国区域仲裁发展工作会议在北京召开

2. 华东地区仲裁工作会议在上海召开

3. 华南区域仲裁发展工作会议在广州召开

4. 东南片区仲裁发展工作全体会议在厦门召开

5. 全国仲裁机构规范化建设试点工作会议在扬州召开

6. 上海、苏州等 10 城市仲裁委员会负责人会议在宁波召开

7. 全国仲裁工作年会在南京召开

(二)会议讲话摘要

1. 2005 年 1 月 19 日,国务院法制办卢云华同志在北京全国区域仲裁发展工作会议的讲话摘要

2. 2005 年 1 月 20 日,国务院法制办卢云华同志在北京全国仲裁工作座谈会上的讲话

3. 2005 年 12 月 2 日,国务院法制办卢云华同志在南京全国仲裁工作年会上关于"全国仲裁机构二次创业的目的和任务"的讲话

(三)其他活动

仲裁 10 年法制日报特约稿——卢云华同志撰(摘录)

二、仲裁案件受理情况

(一)全国受理情况

(二)区域受理情况

一、仲裁活动

（一）仲裁会议

1. 全国区域仲裁发展工作会议在北京召开

2005 年 1 月 18 ~ 20 日，为期 3 天的全国区域仲裁发展工作会议在北京船舶重工酒店召开。时任全国人大法工委民法室副主任贾东明，国务院法制办协调司卢云华同志、黄新华同志、吕勇同志，中国政法大学教授徐杰，中国对外经济贸易大学法学院教授沈四宝、武汉大学法学院教授宋连斌，厦门大学法学院教授齐树洁，《法制日报》社经济部主任万学忠和全国 34 个仲裁机构区域协调人单位的负责人及有关人员共 70 余人参加了会议。此次会议由中国国际经济贸易仲裁委员会具体承办。

此次会议主题：一是区域仲裁发展工作存在的问题和解决建议；二是当前全国工作形势和 2005 年工作安排的意见和建议。

会议分三个阶段议程。第一阶段由参加会议的同志就区域仲裁发展工作进行汇报；第二阶段由参会同志对当前全国仲裁发展工作的形势和 2005 年的工作安排进行发言；第三阶段由吕勇同志作关于暂缓仲裁机构换届工作、暂缓重新组建仲裁机构工作以及仲裁机构聘请我国香港、澳门特别行政区人士担任仲裁员工作和非公有制企业民商事纠纷仲裁工作等工作的报告。刘茂亮同志作了关于开展证券期货仲裁工作情况的报告。北京、上海、广州、深圳等 34 个仲裁机构责任人（协调人）分别在会上作了专题发言。

会上，国务院法制办卢云华同志作了总结发言。他说，经过 10 年的发展，仲裁发展的不平衡性越来越突出，我们现在最主要的任务是采取必要的措施，使仲裁发展呈橄榄形（两头小，中间大）。根据目前仲裁工作的发展，要考虑 3 个着眼于：（1）着眼于全国仲裁发展；（2）着眼于全国仲裁工作逐步走自我开展工作；（3）着眼于妥善进行解决仲裁机构结构优化。卢云华同志还提出了目前区域仲裁发展工作的任务，并对各仲裁机构协调人提出了要求：必须具有先进性、表率性、代表性。

2. 华东地区仲裁工作会议在上海召开

2005 年 3 月 18 日，国务院法制办在上海召开了华东地区仲裁工作会议，华东地区 28 家仲裁委参加了本次会议。会议主题是持续发展。会议主要内容：（1）传达 2004 年工作总结及 2005 年工作安排；（2）传达区域仲裁制度及协调人计划；（3）10 个仲裁委的代表分别就各处的工作情况作了介绍。

3. 华南区域仲裁发展工作会议在广州召开

2005 年 4 月 10 日，华南区域仲裁发展工作会议在广州召开。华南区域即广东、广西壮族自治区、海南 3 个省（自治区）18 个仲裁机构共 30 多名代表出席了会议。时任国务院法制办黄新华处长、时任广东省政府法制办副主任林魏等领导应邀出席会议，并就推动仲裁发展工作作了讲话。

本次会议由广州仲裁委员会承办，时任广州仲裁委员会主任陈忠谦在会上致欢迎词。与会代表围绕“如何加强区域合作、推动区域仲裁共同发展”这一主题进行了认真热烈的讨论，就区域合作的指导思想、合作方式和组织保障等问题，并就加强域合作、整合资源、推动区域仲裁共同发展提出了许多宝贵意见和建议。与会代表认为，适时提出加强区域合作的新思路、新办法，对实现区域合作乃至推动全国仲裁事业持续、健康发展具有积极的指导意义。区域各仲裁机构应当通过平等自愿、相互尊重、协调互利、优势互补的良好合作，形成区域优势，促进仲裁事业共同发展。会议通过《华南区域仲裁机构合作方案》，为今后的区域协作提供指导性文件。

受国务院法制办委托，时任深圳仲裁委员会主任冯百友、时任柳州仲裁委员会副主任孙风兰在会议中分别传达了国务院法制办卢云华同志在 2005 年 1 月全国仲裁机构协调人会议上关于区域仲裁发展工作和对全国仲裁发展形势的讲话。这次会议是根据国务院法制办公室关于区域仲裁发展工作的指示精神和 2004 年 11 月华南区域仲裁机构协调人会议议定组织召开的。会议决定，2006 年第二次华南区域仲裁发展工作会议在柳州召开。

4. 东南片区仲裁发展工作全体会议在厦门召开

本次会议由厦门仲裁委员会具体承办，来自东南仲裁区域 27 家仲裁机构的 40 名代表参加了会议。同时，会议还邀请了时任国务院法制办政府法制协调司黄新华处长、最高人民法院傅金联、李京平两位法官及深圳仲裁委员会原主任冯百友参加，会议由时任马鞍山仲裁委员会秘书长杨钢主持。

会议由时任厦门仲裁委副主任兼秘书长林建文传达了 1 月 18 ~ 20 日召开的全国仲裁工作会议的有关内容和精神后，主持人宣读了《东南区域仲裁机构合作方案（征求意见稿）》，与会代表就此展开了广泛的讨论并在部分修改后通过了该合作方案。会上，深圳仲裁委员会原主任冯百友介绍了华南片区开展仲裁工作取得的先进经验，最高人民法院的同志介绍了近期开展仲裁调研工作的情况。最后，时任国务院法制办政府法制协调司黄新华处长作了讲话。

会议一致认为：在深入推行中国仲裁制度，整合仲裁资源，进一步实现仲裁事业跨越式发展的历史背景下，国务院法制办作出加强区域协作的重大决定，高瞻远瞩，具有深远的历史和现实意义。会议要求:区域全体成员应当充分重视区域合作的重要作用,应当严格按照《东南区域仲裁机构合作方案》的部署,针对东南片区仲裁机构中存在的具体问题,深入广泛地开展调研工作,立足实际,解决问题,实现东南区域仲裁工作的整体协调快速发展。会议最后强调:做好仲裁区域合作协调发展工作,要有二次创业的精神,要敢于拼搏,艰苦创业,大胆创新。

5. 全国仲裁机构规范化建设试点工作会议在扬州召开

2005 年 6 月 29 ~ 30 日,为期两天的全国仲裁机构规范化建设试点工作会议在古城扬州召开。来自全国 19 个省区 46 家试点工作单位的仲裁机构主要负责人及其代表 100 多人参加了会议。此次会议的主题是:研究和部署全国仲裁机构规范化建设试点工作,保证中国特色社会主义仲裁事业健康快速发展。开幕式上,时任扬州市副市长桑光裕代表扬州市政府致欢迎词。时任江苏省法制办副主任沈秘潮讲话。国务院法制办卢云华同志,扬州市委、人大、政协的有关领导出席了会议。

会上,时任扬州仲裁委员会主任夏泽民就仲裁机构规范化建设工作作经验介绍。西安、沧州、临沂、柳州、天水、德阳仲裁机构代表分别在会上作了专题发言。与会领导与代表分组讨论仲裁机构规范化建设情况。大家一致认为,开展规范化建设试点工作事关我国仲裁事业发展,事关全国仲裁机构的建设,仲裁机构规范化建设工作,是当前全国仲裁工作的首要而又迫切的任务,也是保证仲裁事业全面、协调、持续发展的必然要求。大会通过了国务院法制办组织制定的《关于全国仲裁机构规范化建设试点工作的实施意见》。国务院法制办卢云华同志就贯彻仲裁机构规范化建设试点工作作了讲话。

这次会议是具有中国特色社会主义仲裁事业二次创业历程中的一件大事。此次会议对于推动全国仲裁机构规范化建设、进一步提高仲裁工作和仲裁服务水平、改变初始工作水平和面貌,不断开创仲裁事业新局面具有十分重要的意义。此次会议由国务院法制办主办,扬州仲裁委员会具体承办。

6. 上海、苏州等 10 城市仲裁委员会负责人会议在宁波召开

上海、苏州、无锡等 10 城市仲裁委员负责人聚集宁波举行会议。会上,各仲裁委交流了年度仲裁工作情况并就仲裁工作中遇有的关问题进行探讨,同时就国务院法制办提出了“仲裁二次创业”及 2006 年度的工作思路进行了讨论。

7. 全国仲裁工作年会在南京召开

2005 年 12 月 1 ~ 3 日,全国仲裁工作年会在江苏省南京市隆重召开。参加会议的有全国 176 家仲裁机构。会议邀请了最高人民法院、国务院港澳办、国台办、中国贸促会等中央国家机关和部分省级政府法制办公室的有关领导出席。会议报告了仲裁机构规范

化建设试点工作、西北地区仲裁机构二次创业的基本思路,部分仲裁委就二次创业的具体目标和措施作了介绍。

这次会议是在全国仲裁工作跨上二次创业征程的重要历史时刻召开的一次重要会议。会议的主题是:高举中国特色社会主义仲裁事业的伟大旗帜,努力夺取二次创业的辉煌成绩。会议在回顾仲裁法实施以来中国特色社会主义仲裁事业取得的成就和经验的基础上,认真研究了二次创业的目标、任务和措施。

会议认为,《仲裁法》实施 10 年来,全国仲裁工作在党和政府的关怀、帮助下,在社会各方面的支持下,经过全国仲裁界的艰苦奋斗创业,取得了举世瞩目的成就。10 年来,全国依法重组了 185 家仲裁机构,高质量地建立了一支由 4 万名专业人士组成的仲裁员队伍和仲裁工作人员队伍。公正、及时地仲裁 157,000 多件民商事纠纷,标的额达 2720 多亿元,为保障社会主义市场经济的健康发展、促进社会经济生活和谐发挥了积极作用。

会议总结了 10 年来的仲裁工作实践的经验,主要是:(1)开创中国特色社会主义仲裁事业,必须始终坚持为社会主义市场经济建设服务的方向,坚持并充分体现我国仲裁事业的社会主义性质。(2)开创中国特色社会主义仲裁事业,必须始终坚持"推行仲裁法律制度是根本,融入市场经济是关键"的正确指导方针。(3)开创中国特色社会主义仲裁事业,必须始终坚持党的思想路线,解放思想、实事求是、与时俱进,坚持一切从中国社会进步、经济发展的实际需要出发,坚持自主创新发展。(4)开创中国特色社会主义仲裁事业,必须始终坚持发展是硬道理,坚持发展第一要务,坚持科学发展观统领。(5)开创中国特色社会主义仲裁事业,必须始终坚持走全国仲裁机构共同发展的道路。(6)开创中国特色社会主义仲裁事业,离不开国家的支持,必须充分发挥我国仲裁工作的重要政治优势。

会议指出,仲裁事业二次创业是根据全国仲裁工作存在的先进的仲裁法律制度与相对滞后的社会仲裁意识和初始的仲裁工作水平的矛盾提出的重要决策,是推进中国特色社会主义仲裁事业发展的战略措施,是实现我国仲裁工作正规化、科学化、现代化的历史必由之路。二次创业将是我国仲裁事业全面发展、全面进步的重要历史阶段,是仲裁工作促进社会经济进步的作用全面提升的阶段,是社会主义市场经济条件下第一代仲裁事业的创业者、奠基人义不容辞的历史责任。

(二)会议讲话摘要

1. 2005 年 1 月 19 日,国务院法制办卢云华同志在北京全国区域仲裁发展工作会议的讲话摘要

2005年1月19日在北京召开的全国区域仲裁工作会议集中研究了区域仲裁发展工作。会议听取了各位区域仲裁发展工作协调人提出的意见和建议,听取了8个区域前一阶段的工作汇报,到会的专家对区域仲裁发展工作提出了宝贵的意见和建议。

一、区域仲裁发展工作的依据

区域仲裁发展工作,是在我国仲裁事业行将进入第二个重要历史阶段时提出来的,也是在《仲裁法》实施即将十周年的时候提出来的。理论依据是2002年春季青岛务虚会议上提出的我国仲裁事业的基本矛盾,即先进的仲裁法律制度和相对滞后的社会仲裁意识与初始的仲裁工作水平之间的矛盾的理论。我国仲裁事业发展、全国仲裁工作面对的问题,林林总总,都可以由这个基本矛盾来概括。

二、全国仲裁工作特点

提出区域仲裁发展工作,主要着眼于全国仲裁工作的几个基本特点。

1. 地域性。从目前看,我国绝大部分仲裁机构受理的95%以上的案件,纠纷产生地都是所在地域的,这种地域性也有好处,有利于整合资源,有利于争取支持,也有利于发挥作用。但是,也容易产生弊端,容易变成准行政机关。

2. 仲裁机构互不隶属。依据仲裁法规定,我国各仲裁委员会互不隶属,没有统一的上级领导机关。这种制度的好处在于有利于独立自主地开展工作,不受干预;问题在于各自为战、单兵作战、孤军作战,要想在全国或区域范围形成全局性的规模效应就比较难了。同时这种发散性也容易给仲裁机构带来一些现实的困难。实际上我们自己还不太适应互不隶属,周围环境也很难理解和容忍互不隶属。

3. 仲裁工作发展的不平衡性。目前的仲裁工作体制,结构性矛盾突出,走在前面的仲裁机构是少数,后面的仲裁机构是多数,甚至是大多数。这个问题,在近年来我国仲裁事业快速发展的过程中,不仅没有能够得到根本解决,而且越来越突出,越来越严重。

4. 思想认识的不一致性。随着事业发展,全国仲裁界思想认识的不一致性越来越突出。马克思主义有一条,存在决定意识。这次会议上,意见也不很一致。要想办法让大家坐到一条板凳上来,使思想趋于一致,步调才能够逐步趋同。不能形成185家仲裁机构各唱各的调,各吹各的号,那是我们工作体制的失败。合作也罢,竞争也罢,合作是好的,竞争不可怕,最可怕的是我们仲裁机构为了各自的利益,在大的方向上、根本道路上发生混乱。

5. 仲裁发展与经济发展不完全同步。从全国状况看,并不是经济发达地区的仲裁工作就一定先进。理论上是应该先进,但从状况上看未必就一定先进。我们有相当一部分仲裁机构位处经济相当发达或相对发达地区,但仲裁工作长期落后。经济发达地区有落后,相对不发达地区也有先进。走在前面的不要骄傲,走在后面的不要气馁。都是初始的仲裁工作水平。

三、区域仲裁发展工作的基本考虑

开展区域仲裁发展工作的基本考虑有三条。

1. 着眼于全国仲裁共同发展。从这几年的情况看,全国仲裁机构普遍存在发展的需要和必要,并不是只有落后地区和发展后面的机构才有发展的必要。

2. 着眼于全国仲裁工作逐步由仲裁机构自主开展。这是我国仲裁事业发展的方向性问题。在仲裁法实施初期,为了使仲裁法能够得到尽快的贯彻实施,政府要支持,要动员力量。我们国家就有这个政治优势,能够集合力量办大事。重组是由政府重组的,但政府不会把仲裁永久装到自己兜里,也没有这个必要。最终,仲裁的事情还要仲裁界自己来办、来管。

3. 妥善进行仲裁工作体制的结构优化。客观地说,没有仲裁需求的地方是不存在的,问题是对这种状况采取什么方式解决。区域仲裁发展工作就是要通过一种符合市场经济规律的办法,进行仲裁工作体制的优化。

这是三个基本考虑。希望大家常怀三个考虑来做好区域仲裁发展工作,另外这三个考虑是针对我国仲裁事业健康发展的根本问题、关键问题提出的。

四、区域仲裁发展工作的重点

1. 共同摸索区域仲裁发展工作的规律和特点。只有把握了区域仲裁发展的规律和特点,才能找到区域发展的途径和办法。

2. 共同探索区域仲裁发展的需求和潜力。

3. 共同分析区域仲裁发展的形势。要在正确分析判断形势的基础上,研究制定发展战略和规划。要发动区域内所有机构一同去考虑,才有意义,才能办成。

4. 共同打造区域仲裁规模效应,创造区域仲裁发展的小气候。

5. 共同总结相互交流发展的经验和发展的对策。

6. 增进团结、统一思想、培育团队精神,形成事业的感情纽带。

2. 2005 年 1 月 20 日,国务院法制办卢云华同志在北京全国仲裁工作座谈会上的讲话

一、关于当前全国仲裁工作的形势

总体上说形势很好,但问题不少;成绩显著,但差距巨大。

第一,仲裁工作继续保持良好的发展势头。2004 年全国仲裁机构在努力实现全国仲裁工作跨越式发展和可持续性发展,开创中国特色社会主义仲裁事业新局面的进程中,继续保持良好的发展势头。近年来全国仲裁机构受案每年上一个台阶。2004 年全国 185 个仲裁机构共受理案件 37,304 件,比 2003 年增加了 8469 件,增长率约为 29.4%。

第二,增长面扩大。全国仲裁机构受理案件数量、标的增长面扩大。特别是中南地区及其他经济欠发达地区仲裁的服务作用有了提高,全国又涌现出一批受案翻番和增长超过 50% 的机构。

第三,全国仲裁案件质量继续保持较高的水准。上海是零撤销率,不予执行率也是。贸仲的撤销率是 0.4%,北京是 0.4% ~0.5%。据不完全统计,全国总体看,被撤销和不予执行的比例不会超过 1%。即使在个别对司法监督反映强烈的地方,大概也不超过 10%,还没有发现超过 10% 的。快速结案率、自愿和解调解率和自动履行率继续提高。

第四,仲裁服务的水平进一步提高,全国绝大多数仲裁机构服务意识有所增强,权力意识、衙门作风正在得到改变。不能把仲裁机构办成行政机关,办成衙门,这基本上已经成为全国仲裁界的共识。

第五,仲裁机构的规范化建设迈出了步伐。几年来我国仲裁事业的快速发展对仲裁机构的运行提出了新的要求和新的考验。

第六,仲裁的规模效应初步形成,社会认知程度有所提高。许多政府机关支持仲裁工作,司法机关也正在理顺与仲裁的关系。市场经济组织包括社会中介组织参加仲裁工作的积极性越来越高,越来越多的市场主体选择仲裁。

关于存在的主要问题:

第一,2004 年全国仲裁工作增长势头有所减缓。2002 年增长 48%,2003 年增长 60%,2004 年增长了 29.3%。这个增长势头减缓是规律还是有所松懈,还要再继续观察。

第二,仲裁工作良性发展的机制还没有形成,规律性的把握不够。虽然经过这几年快速发展,但持续发展的能力现在还不具备。

第三,全国仲裁工作体制的结构性矛盾越来越突出。随着仲裁事业的快速发展,发展不平衡的问题更加严重。2004 年全国仍然有 25 个仲裁机构受案下降,48 个仲裁机构受案标的额下降,受理案件不足 200 件的有 135 个机构,占 73%,受理案件标的额低于全国平均数 2.7 亿元的有 152 个机构,约占 82%,昨天讲了,各区域发展也很不平衡。

第四,初始的仲裁工作水平面貌改变不快,机构管理模式原始、陈旧。群众反映有些仲裁机构像夫妻店、二人转、一竿子插到底像个体户,作坊式的管理很大程度上存在,无法适应快速发展的要求。

第五，长沙会议精神的贯彻，仍然有很大的差距。有的地方甚至还没有贯彻，有的地方浅尝辄止，很多地方都存在行业死角、领域死角。

第六，仲裁法的贯彻实施仍然任重而道远，仲裁事业发展的社会环境，有关行政政策都亟待改善。

二、今后全国仲裁工作的任务

一如既往地坚持发展第一要务。而发展要坚持科学发展，坚持全面协调可持续发展，首先要努力实现全国仲裁工作体制整体快速发展，整体发挥作用。要千方百计地通过发展解决好工作体制的结构性矛盾；要统筹好案件质量、工作水平、服务质量、规范化、科学化建设的各方面工作；要通过快速发展、通过科学发展尽快形成我国仲裁工作长效、科学的发展机制：在下一个10年实现快速发展，重点是实现增长方式的转变。总之，要着眼于今后10年，甚至更长，着眼于发展战略规划第二步整个阶段的任务来考虑。

三、今后全国仲裁工作的基本方针

第一是创新。继续贯彻长沙会议精神贵在坚持、贵在创新。根据当前全国仲裁工作发展的需要，要努力形成推行、融入、合作、质量、服务五位一体的新的发展机制，实现增长方式的转变。第二是质量。对仲裁工作来说确实是个很要紧的问题。仲裁案件的质量问题带有客观性和必然性，与社会主义初级阶段市场经济建设初期的历史特征相适应。我们的社会正处在从人情社会向法制社会转变过程中，有些问题的产生具有客观必然性。第三是服务。原来济南搞过“六公开”，就是着眼于为当事人提供优质服务。2004年全国8个仲裁机构又共同搞了为民服务8项措施。要努力创新服务方式，扩大服务范围，在我们这个社会、在掌握权力的组织中率先树立起春风般的服务、暖人心的服务。把这个也作为一条，构成推行、融入、合作、质量、服务五位一体的发展模式，有利于增强仲裁的吸引力，促进仲裁发展实现外延型向内涵型的转变，从而实现增长方式的转变。

四、2005年重点工作

我们大概考虑了几项，基本上是长短结合，既有今后的考虑，也有当前的考虑。

1. 开展仲裁法实施10年工作的总结。仲裁法实施以来，全国各仲裁机构努力实践，取得了不少经验，有必要进行总结，通过总结摸索规律，对我们的工作进行再认识。

2. 在全国开展仲裁需求和发展潜力的调查研究。这次搞调查要更有针对性，要针对仲裁需求。这是开展工作的基本功。

3. 区域仲裁发展工作。

4. 关于促进中小城市仲裁发展工作。全国仲裁机构无论是发展得好的或是发展得相对弱的，都要坚持全国一盘棋，树立大局意识、全局意识，充分认识开展这项工作的必要性。

5. 仲裁机构规范化建设试点工作。这项工作也很重要,准备选择部分仲裁机构进行试点,着眼于解决我国初始的仲裁工作水平的问题。这批仲裁机构要做到软件、硬件兼备,内在素质和外在形象俱佳。规范化建设试点工作是为全国仲裁机构规范化建设摸路子,不叫先进。

6. 提高仲裁服务水平。

7. 修改仲裁法。仲裁法的修改已经列入人大计划了,仲裁法的修改,全国仲裁界意见分歧比较大,要统一思想恐怕得有个过程。仲裁法不能老改,这是一次机会。还有一条是不能大改,改得面目全非也不现实。所以这项工作要精心组织,千万不要搞乱,也不要有误导舆论,原则上要"精改""改精"。

8. 筹建中国仲裁协会。

9. 其他工作。(1)关于仲裁工作队伍的专业化建设。仲裁工作队伍专业化建设越来越重要,为我国仲裁事业打下坚实的组织基础。(2)加强理论研究。未来10年,全国仲裁界将承担起更重要的历史任务,要更快地推进仲裁事业的发展。同时还要自主地开展工作。因此,需要全国仲裁机构的负责同志不断提高理论思维能力、提高战略思维能力,来满足进一步发展的需要。

3. 2005年12月2日,国务院法制办卢云华同志在南京全国仲裁工作年会上关于"全国仲裁机构二次创业的目的和任务"的讲话

一、关于二次创业

二次创业是在我国仲裁事业经过了10年艰苦创业之后,在既取得了辉煌成就也存在显著问题这一特定的历史情况下提出来的。客观地讲,二次创业,并不是国务院法制办的一项决定,也不是这两天许多同志说的是卢云华同志提出来的。二次创业是我们一代仲裁人主观见之于客观的结果,也是主观与客观相结合的结果。二次创业是根据我国仲裁工作现在存在并且长期存在的先进的仲裁法律制度和相对滞后的社会仲裁意识与初始的仲裁工作水平之间的基本矛盾提出的。目的是解决当前我国仲裁工作中存在的仲裁工作的作用与市场经济的要求不相适应这个主要矛盾。可以说,二次创业是不以人的意志为转移的客观进程,也是我国仲裁工作不可逾越的历史过程,还是一代社会主义市场经济条件下仲裁事业奠基者、创业者伟大的奠基和创业实践。

二、关于二次创业的目标和任务

二次创业的目标是:努力把中国特色社会主义仲裁事业保障社会主义市场经济建设

健康发展、促进社会经济生活和谐发挥的积极作用提升为重要作用。三项基本任务是:努力实现仲裁发展机制市场化、工作体制社会化、机构建设规范化。提法要说准说全了。不能简单地说市场化、社会化、规范化。

三、二次创业要解决好几个问题

1. 要始终坚持我国仲裁工作为社会主义经济服务的方向。为社会主义市场经济服务这个方向是仲裁工作根本的出发点和落脚点,是检验仲裁工作的唯一标准。

2. 必须始终坚持长沙会议精神。长沙会议精神即“推行仲裁法律制度是根本,融入市场经济是关键”是我国仲裁工作根本指导思想,是结合我国仲裁工作特点和根本要求提出的正确指导方针,是对中国特色社会主义仲裁事业规律性的认识结果,也是被我国仲裁工作的发展实践一再证明了的。

3. 坚持自主创新。中国特色社会主义仲裁事业和中国特色社会主义事业一样,前无古人,旁无借鉴,只能走我们自己的发展道路。很多仲裁机构经过10年实践得到发展,走的是一切从实际出发去创新、去发展的道路,二次创业还要坚持走这条道路。

4. 关于依法公开仲裁。通过公开仲裁,可以使广大市场主体快速、形象地看到仲裁的优势和特色,教会他们选择仲裁,同时也可以加强对仲裁庭的管理和监督,提升仲裁专业水准。

5. 关于仲裁调解工作。仲裁工作解决纠纷究竟需要什么样的专家,并不需要所谓的一把钥匙开天下锁拿万能钥匙的专家,需要的是拿特殊的一把钥匙开特定的一把锁的专家。仲裁调解工作只有始终坚持个别化原则,才能真正形成自己的特色和优势。

6. 关于继续坚持艰苦奋斗的精神。艰苦奋斗的精神必须讲,必然经常讲,这是仲裁事业的传家宝,是完成二次创业任务的精神源泉。

7. 要切实保证操守,努力提高工作质量。当前办案质量最主要的问题也是二次创业需要重点解决的问题,是实体处理的灵活性问题。仲裁与诉讼不一样。仲裁程序要严格依仲裁法办事,但实体处理只能坚持不违法原则,这样才能灵活起来,也才能体现仲裁质量的高境界。

四、2006年打算抓的几件事

1. 全国仲裁机构要认真考虑本机构二次创业的目标和措施。二次创业需要较长时间,不可能一下都想清楚了,要允许有个过程,但基本考虑得有。在做这项工作之前,建议全国各仲裁机构向成都仲裁委员会学习,先进行调查研究,搞清楚仲裁发展的潜力和需求。发展潜力是客观的,需求是主观的。

2. 专门研究中等城市、经济欠发达地区仲裁发展工作。这项工作去年已经小范围研究过,有些基础了,在二次创业中恐怕还要集中研究一下。

3. 适应我国对外开放的需要,研究开创涉外仲裁工作新局面的问题。主要任务是:(1)分析在我国加入 WTO、融入经济全球化以后,我国涉外仲裁工作面临的形势。(2)确定我国国际商事仲裁工作的指导思想。(3)研究开创我国涉外仲裁工作新局面的措施。

4. 继续进行仲裁工作检查,选择两个片区着手检查。

5. 中国仲裁协会的筹建工作。这项工作标志着我国仲裁工作进入一个新的阶段,标志着仲裁工作进入自主发展、自主开展工作的阶段。究竟具备不具备条件,一旦进入这个阶段,会面临什么样的问题,还要想清楚。

6. 仲裁机构规范化建设试点工作进一步落实。仲裁机构规范化建设已经成为二次创业的一项重要任务。全国各仲裁机构都要在这方面进行探索。没有参加试点的仲裁机构也要着手进行规范化建设。

7. 关于修改仲裁法的准备工作。修改仲裁法的大概进程,根据目前的情况,估计要在 2007 年提交全国人大。这项工作非常重要。希望同志们从我国仲裁工作长远发展的需要,认真考虑仲裁法的修改问题,提出意见。

(三)其他活动

仲裁10年法制日报特约稿——卢云华同志撰(摘录):

自 1995 年 9 月 1 日《仲裁法》实施近 10 年来,全国仲裁工作在开创中国特色社会主义仲裁事业的进程中,取得了显著成绩。仲裁机构得到重建。根据仲裁法和国务院办公厅有关文件的规定,适应建设社会主义市场经济的需要,到目前为止,在我国依法可以重新组建仲裁机构的 270 多个城市中,已先后重新组建了 183 个仲裁委员会,包括原有的中国国际经济贸易仲裁委员会和中国海事仲裁委员会在内,目前全国共有 185 个仲裁机构。全国仲裁机构依照仲裁法的规定选聘了近 3 万名仲裁员,并努力适应仲裁工作发展的要求,不断优化仲裁员队伍结构,使之更加合理化和专业化。在这些仲裁员中,既有我国大陆地区的专业人士,也有我国香港、澳门特别行政区和台湾地区的专业人士,而且还有国外的一些专家。总体来看,这些仲裁员了解经济,熟悉法律,能够比较好地运用商业惯例和行业规则依法解决纠纷。这支素质较高、能力较强的仲裁员队伍,聚集了一批社会贤良和精英,为我国仲裁事业快速健康发展,提供了有力的组织保障。

以高标准、严要求,选聘和任用仲裁委员会组成人员和工作人员。10 年来,全国仲裁机构已经建设出一支精神状态好、作风顽强、具有较好的组织协调能力和很强的开拓能力的仲裁工作队伍。公正及时处理各类民商事纠纷。全国仲裁机构严格依照仲裁法的规定，公正、及时和妥善地处理各类民商事纠纷14万件，标的额达2300多亿元，为社会主义市场经济的健康发展起到了积极的保障和促进作用。这些纠纷案件，许多涉及国计民生重要经济领域，有的与国家的改革密切相关，有的还是当地的热点问题，关系到改革、发展和稳定的大局。各仲裁机构坚持仲裁工作为社会主义市场经济建设服务的正确方向，坚持公平与效率的统一，合情合理合法地解决纠纷，既平息了纠纷又促进了合作，受到了市场主体的信赖。

仲裁机构品牌意识得到提高。全国仲裁机构不断强化精品意识和品牌意识，努力提高仲裁案件质量，使我国仲裁案件质量的总体水平不断提升，仲裁工作的整体形象处于较高的水准，仲裁事业的社会公信力有了很大增强。据不完全统计，全国仲裁机构的裁决被司法监督撤销、不予执行的平均比率低于1%。这也说明，人民法院对我国仲裁工作是支持的，仲裁事业的发展也有他们的贡献。现在，中国特色社会主义仲裁的质量不仅能够受到国内市场主体的充分信赖，也能够赢得国际市场主体的信任。

全国许多仲裁机构都在结合本地情况努力开展工作，有的地区的合同示范文本规范率已经达到80%以上。不断改革仲裁方式，仲裁“三率”普遍提高。全国仲裁机构顺应历史潮流，改革仲裁方式，大胆摆脱传统观念束缚，不断更新仲裁理念，提出并有效地实践了一系列促进企业合作、加快经济运转、降低纠纷解决成本、提高企业竞争能力的全新的仲裁方式，全国仲裁“三率”（仲裁案件的快速结案率、民商事纠纷自愿和解调解率、仲裁裁决自动履行率）普遍提高。仲裁工作通过充分发挥仲裁特色，使仲裁维护市场经济生态系统和生物链完整的独特作用正在前所未有地展现出来。

近10年的仲裁实践，已经积累了一定的经验：开创中国特色社会主义仲裁事业，必须始终坚持为社会主义市场经济建设服务的方向；必须始终坚持党的思想路线，解放思想、实事求是、与时俱进；必须始终坚持发展是硬道理；必须始终坚持走全国仲裁机构共同发展的道路。仲裁事业的发展离不开国家的支持。

开创中国特色社会主义仲裁事业，必须始终坚持为社会主义市场经济建设服务的方向，坚持并充分体现我国仲裁事业的社会主义性质。我国仲裁机构不是私人产业更不是营利性组织，必须依法承担起促进和保障社会主义市场经济健康发展的社会责任和历史使命。这是我国仲裁法明确规定的。这是方向问题，我国仲裁工作在任何时候都必须牢牢把握。

开展仲裁事业，必须始终坚持党的思想路线，解放思想、实事求是、与时俱进。几年来，全国仲裁界通过积极探索，努力寻求符合中国国情、适合我国仲裁事业发展的仲裁工作方向、路子、步子和基本方法,成功地总结出:我国仲裁工作必须坚持为社会主义市场经济建设服务的方向,必须走"推行仲裁法律制度是根本,融入市场经济是关键"的道路。鲜明地提出:中国仲裁要不断提高民商事经济合同规范率、仲裁机构约定率和仲裁案件快速结案率、民商事纠纷自愿和解调解率、仲裁裁决自动履行率,要树立正确的仲裁理念,变对抗为协商,要广泛吸收市场经济的专家参加仲裁工作,坚持用市场经济的办法解决市场经济的纠纷等,充分体现出中国特色社会主义仲裁事业的时代先进性。

开创中国特色社会主义仲裁事业,必须始终坚持发展是硬道理。仲裁事业创业初始,全国仲裁受理案件总量不大,优势不明显,特色不突出;市场主体对仲裁制度了解不多,认识不到位;有些政府机关对仲裁工作关心不够,支持力度不大;与司法监督制度的衔接还不够完善;仲裁机构的管理水平不高等,严重制约着仲裁事业的发展。另外,经济全球化形势的发展,国家经济建设和对外开放新形势提出的迫切需要,又给仲裁工作带来了巨大的客观压力。几年来,全国仲裁工作始终把发展作为主题,紧紧抓住不放,一心一意谋发展,千方百计促发展,齐心协力抓发展,走出了日益广阔的事业发展大道。2004年这一年,全国仲裁受案的件数就相当于《仲裁法》实施前5年总和的两倍。长期以来困扰仲裁事业发展的问题和困难都在发展中逐步得到了解决。

开创中国特色社会主义仲裁事业,必须始终坚持走全国仲裁机构共同发展的道路。仲裁法确定的为社会主义市场经济健康发展服务的任务,仅靠少数仲裁机构是无法完成的。从我国仲裁事业历史发展的角度看,目前,全国的仲裁机构无论是搞得好些的还是相对落后的,基本上都共处于同一个历史阶段,没有根本的质的区别,都还远远不能满足社会主义事业发展的需要。几年来,全国仲裁工作坚持团结大多数、依靠大多数、发展大多数,坚持我国仲裁事业的社会主义性质,坚定不移地走全国仲裁机构共同繁荣发展、共同进步的道路。有一批先进仲裁机构引领方向,大批发展中的仲裁机构奋起直追,造就了开创中国特色社会主义仲裁事业的万马奔腾、千帆竞进的生动局面。

仲裁事业的发展离不开国家的支持。这是由我国仲裁工作为社会主义市场经济建设服务的方向决定的。仲裁机构是由国家使用国有资产组建的。有关人民政府负有保证所组建的仲裁机构依法运行、维护国有资产权益,推行仲裁法律制度、促进仲裁事业发展的任务。这是我们和国外仲裁机构的重要区别之一。几年来,全国各有关人民政府,从建设社会主义市场经济的大局出发,注意充分发挥仲裁制度促进经济发展的作用,认真依法加强仲裁机构建设,切实保障仲裁机构依法独立仲裁,从工作方向上、管理制度上、人员配备上、后勤保障上提供有力的支持,保证了我国仲裁工作朝着正确的方向快速前进。这是我国仲裁事业具有的重要政治优势。

全国仲裁界在认真总结实践经验的基础上,提出了我国仲裁事业发展的宏伟奋斗目标:努力使仲裁法律制度成为社会主义市场经济的重要保障制度;努力使仲裁成为解决我国市场经济民商事纠纷的主要手段。

努力使仲裁法律制度成为社会主义市场经济的重要保障制度。这是由在社会主义市场经济建设这个比较长的历史时期,仲裁制度应该通过自身的独特优势对社会主义市场经济建设起到积极的促进作用决定的,也是我国仲裁制度与其他国家仲裁制度在性质和作用方面有着很大区别的地方。

努力使仲裁成为解决我国市场经济民商事纠纷的主要手段。因为根据社会主义市场经济的需要而形成的我国仲裁特色,能够充分发挥仲裁降低民商事纠纷解决的成本,实现经济效益最大化,提高我国经济在国内和国际市场的竞争能力的作用,这就决定了仲裁在我国市场经济建设中具有广阔的发展前景。

努力使我国成为世界仲裁大国,并成为能够具有国际公信力的仲裁大国。中国应该对于人类有所贡献,促进人类的和平、进步与发展。中国的仲裁也应该在维护民族经济和促进国际经济交往中发挥积极的重要作用。这个奋斗目标是全国仲裁界多年来实践经验的概括和集体智慧的结晶,反映了对我国仲裁事业发展规律的正确认识,反映了我国仲裁事业蓬勃发展最终走向辉煌的历史必然性,是不以人的意志为转移的客观规律。体现了第一代仲裁事业拓荒者对我国社会主义市场经济建设和仲裁事业发展的宏伟前景,充满信心。

为实现上述奋斗目标,全国仲裁界还进一步提出实现上述奋斗目标的“几步走”发展战略的设想。具体是:

第一步:制度生成阶段。从《仲裁法》实施至2005年,是我国仲裁法律制度的制度生成阶段。主要任务为:建立起能够满足市场经济发展需要的仲裁机构体制;建立一支符合仲裁法规定的、以市场经济专家为主的素质较好的仲裁队伍;仲裁为市场经济服务的独特优势和作用开始显现;仲裁事业的再发展能力基本具备;仲裁机构依法运行机制初步成形;符合我国社会主义市场经济规律要求的中国仲裁特色基本确定;仲裁事业发展的外部条件大致具备;我国仲裁体制在公正与效率方面树立起较好的影响力和公信力。总之,第一步任务的实现将为我国仲裁事业进入第二步的快速发展在思想、组织、发展能力、客观条件等方面奠定基础。

第二步:快速发展阶段。一个先进制度在生成后,应该有一个快速发展,这也是客观规律,是新生事物先进性的集中表现。在这个阶段,我国仲裁事业应该有一个较快速度、较大幅度的发展。主要任务为:全国仲裁机构受理的民商事案件数量在全国实际发生的民商事纠纷中,占有相当的份额;我国仲裁体制在社会经济生活和国际经济交往中产生普遍的规模效应;仲裁法律制度作为市场经济重要组成部分的地位和服务、促进作用基本确定,大体成型;中国仲裁的特色在社会经济生活中凸显,仲裁法律制度得到市场经济主体的普遍接受;我国仲裁体制结构优化的机制基本形成;仲裁机构的规范化、科学化建设有了比较大的进步,具备了持续发展的能力。

第三步:效益发展阶段。在这个阶段我国仲裁事业的发展要实现速度型向效益型、外延型向内涵型的转变,实现全面进步,协调发展。无论是对仲裁事业自身还是对社会,都是全面取得经济效益和其他社会效益的阶段。主要任务为:仲裁法律制度及仲裁体制的运行机制和有关管理制度的完善化、科学化水准达到国际先进水平;仲裁制度与其他社会纠纷解决制度形成良性互动,优势互补;仲裁工作和市场经济融为一体,能够较好地满足公正与效率有机结合的需要;受理民商事纠纷的份额进一步提高,我国仲裁特色最终形成;我国仲裁体制结构合理、高效;我国的仲裁机构有一批具有国际品牌,在处理案件的数量、质量以及机构管理等方面处于国际领先地位,享有较高的国际知名度。

第四步:基本成熟阶段。这个阶段的任务是最终实现我国仲裁事业的奋斗目标。主要内容是:充分发挥仲裁优势和特色,全面实现仲裁效益,降低民商事纠纷的解决成本,提高我国经济在国内、国际市场的竞争能力,对社会经济发展发挥出重要的促进作用;市场经济中的民商事纠纷主要采用市场经济的办法,通过仲裁方式解决;相当一批仲裁机构在国际上处于领先地位,我国仲裁机构体制受到国际信赖。

在相当长的历史阶段中,我国仲裁工作的基本矛盾是先进的仲裁制度与相对滞后的社会仲裁意识、初始的仲裁工作水平之间的矛盾。主要矛盾是仲裁工作的作用与市场经济的需求不相适应的矛盾。

我国仲裁事业的第二次创业要紧紧围绕我国仲裁工作的基本矛盾,认真解决主要矛盾,在提升仲裁服务作用上狠下功夫。尽管近10年来我国仲裁工作取得了国际仲裁界瞩目的成绩,但离仲裁法规定的保障社会主义市场经济健康发展的作用还有相当大的差距。我国仲裁事业第二次创业的主要目标是,要使目前我国仲裁为社会主义市场经济发挥的积极作用提升为重要作用。这就要求全国仲裁界继续坚持正确的仲裁工作方向,紧紧围绕党和政府的中心工作,深入贯彻实施仲裁法,不断创新仲裁发展机制,继续发扬艰苦奋斗的创业精神,大力推行仲裁法律制度,加大融入市场经济的力度,抓紧抓好仲裁机构的规范化建设,进一步改进仲裁服务方式,为构建社会主义和谐社会、改善投资环境和保障社会主义市场经济的健康发展,做出更大的贡献。

二、仲裁案件受理情况

(一)全国受理情况

全国185个仲裁委员会共受理案件47,159件,比2004年增加了8692件,增长率约为22.6%;案件标的额共计689亿元,比2004年增加了158亿元,增长率约为30%。

(二)区域受理情况

华北片区受案5961件,标的额85亿元;东北片区受案3081件,标的额31亿元;华东片区受案9165件,标的额173亿元;东南片区受案5319件,标的额45亿元;中南片区受案8275件,标的额81亿元;华南片区受案6878件,标的额110亿元;西南片区受案5438件,标的额26亿元;西北片区受案2027件,标的额13亿元;中国国际经济贸易仲裁委受理案件979件,标的额120.6亿元;中国海事仲裁委员会受案36件,标的额1.361亿元。

二〇〇六年

内容提要：

一、仲裁活动

（一）仲裁会议

1. 全国仲裁发展工作座谈会在北京召开

2. 广东省仲裁工作座谈会在广州召开

3. 华东片区仲裁区域协作会议在济南召开

4. 第二次华南区域发展工作会议在柳州召开

5. 大中华区仲裁机构的合作与发展会议在深圳召开

6. 仲裁发展机制研讨会在青岛召开

7. 全国仲裁机构规范化建设试点工作座谈会在淄博召开

8. 全国仲裁工作年会在兰州召开

9. 沪浙苏十城市仲裁委员会负责人会议在苏州召开

10. 湖南省2006年仲裁工作座谈会在长沙召开

（二）会议讲话摘要

1. 2006年2月21日，国务院法制办卢云华同志在北京作区域仲裁发展工作协调人汇报后的讲话

2. 2006年2月23日，国务院法制办卢云华同志在青岛全国仲裁工作座谈会作"仲裁发展机制市场化"的讲话

3. 2006年2月24日，国务院法制办卢云华同志在北京全国仲裁工作座谈会作"仲裁法修改研究工作"的讲话

4. 2006年2月24日，国务院法制办卢云华同志在北京全国仲裁工作座谈会作"开展严格仲裁操守，严肃仲裁纪律教育活动"的讲话

5.2006 年 9 月 4 日,国务院法制办卢云华同志在兰州全国仲裁工作年会开幕式致辞

6.2006 年 9 月 6 日,国务院法制办卢云华同志在兰州全国仲裁工作年会闭幕式致辞

7.2006 年 10 月 17 日,国务院法制办卢云华同志在北京全国部分城市仲裁工作座谈会上的讲话

(三)其他活动

2006 年,国务院法制办卢云华同志与中国仲裁网编辑的谈话摘要

二、仲裁制度建设

最高人民法院《关于适用〈中华人民共和国仲裁法〉若干问题的解释》(法释〔2006〕7号)(已修改)

三、仲裁案件受理情况

(一)全国受理情况

(二)区域受理情况

一、仲裁活动

(一)仲裁会议

1. 全国仲裁发展工作座谈会在北京召开

经国务院法制办批准,国务院法制办协调司在2006年2月20~24日于北京召开了此次会议。参加会议的有各区域仲裁发展工作协调人和仲裁机构规范化建设试点工作协调人。会议邀请中国国际经济贸易仲裁委员会、中国仲裁法学研究会和德阳仲裁委员会参加。会议特别邀请了全国人大常委会法工委备案室、民法室、中国贸促会调解中心、法制日报、中国政法大学、厦门大学法学院、武汉大学等有关领导和专家参加。会议由中国仲裁法学研究会具体承办,中国国际经济贸易仲裁委员会、大连仲裁委员会、青岛仲裁委员会、深圳仲裁委员会、西安仲裁委员会为会务工作提供了积极协助。会议的主题为:高举中国特色社会主义仲裁事业的伟大旗帜,振奋精神,开拓进取,努力夺取二次创业的辉煌成绩。

会议号召,全国仲裁机构要进一步解放思想,继续坚持仲裁工作的正确方向,坚定不移地贯彻“发展我国仲裁事业,推行仲裁法律制度是根本,融入市场经济是关键”的指导方针,不断创新“推行”和“融入”工作的方式,进一步调动社会方方面面力量,深度挖掘仲裁发展潜力,在中国特色社会主义仲裁事业二次创业的伟大历史进程中做出新的贡献。

会议讨论了13个议题:关于各区域2006年仲裁发展工作安排、如何确定仲裁机构和本区域“二次创业”的具体目标和措施、如何开展仲裁机构和本区域仲裁发展潜力和需求的调查研究工作、如何开展仲裁机构规范化建设工作、如何组织依法公开仲裁活动、如何开展仲裁发展机制市场化的探索、关于试行裁前告知措施的做法、关于中国仲裁协会章程起草工作的意见和建议、关于仲裁机构工作检查的意见和建议、关于仲裁法修改研究工作的意见和建议、关于对有关司法解释送审稿的意见、关于开创国际商事仲裁工作新局面的考虑、关于在全国仲裁界广泛开展“严格仲裁操守、严肃仲裁纪律”教育活动的意见。

会议认为,当前全国仲裁工作已经迈上二次创业的征程。二次创业,是全国仲裁界根据全国仲裁工作长期存在的先进的仲裁法律制度与相对滞后的社会仲裁意识和初始的仲裁工作水平的基本矛盾而提出的重要决策,是推进中国特色社会主义仲裁事业发展的战略举措,是实现我国仲裁工作正规化、科学化、现代化的历史必由之路。二次创业的目标是:努力把我国仲裁事业为社会主义市场经济发展和建设和谐社会发挥的积极作用提升为重要作用。基本任务是:努力实现仲裁工作体制社会化、仲裁发展机制市场化、仲裁机构建设规范化。二次创业对建设中国特色社会主义仲裁事业具有重要的奠基作用，需要全国仲裁界进一步统一思想，狠抓落实。这次会议的主要任务是把与二次创业有关的各项工作明确下来，把当前急需解决的重大事项确定下来。会议对13项议题达成一致意见。

2. 广东省仲裁工作座谈会在广州召开

2006年2月27日，广东省人民政府法制办公室主办，广州仲裁委员会协办，首次召开广东省仲裁工作座谈会。会议总结了广东省仲裁工作的开展情况，分析了在实施仲裁法过程中遇到的困难和问题，研究了如何进一步贯彻实施仲裁法，明确了二次创业的规范化管理、市场经济服务管理，肯定了仲裁在广东发展已取得的成绩，也提出了新的目标，为"朝阳事业"二次发展提供契机。

3. 华东片区仲裁区域协作会议在济南召开

2006年4月24～25日，济南仲裁委员会组织召开"华东片区仲裁区域协作会议"。会议议题：(1)传达国务院法制办2月底召开的关于"仲裁二次创业"会议的有关精神。(2)研究华东片区"二次创业"的具体目标和措施。(3)各仲裁机构交流仲裁工作经验。

4. 第二次华南区域发展工作会议在柳州召开

2006年4月26日，第二次华南区域仲裁发展工作会议在柳州市召开。来自华南区域17家仲裁机构的30名代表出席了会议(清远仲裁委员会未参加会议)。时任柳州市人民政府副市长郑俊康到会祝贺并致欢迎词。

会议主题是：如何确定华南区域仲裁机构二次创业发展工作思路、具体目标和措施。

会议分别由时任柳州仲裁委员会副主任孙凤兰、时任深圳仲裁委员会主任宋魏生主持。

区域协调人陈忠谦对华南区域仲裁展现状进行了分析、点评。区域仲裁协调人宋魏生向与会代表传达了全国仲裁工作座谈会仲裁发展工作二次创业的13个议题。区域仲裁协调人孙凤兰宣读了《华南区域仲裁发展工作二次创业基本工作思路》，与会代表提出了许多很好的意见和建议，并一致通过了《华南区域仲裁发展工作二次创业基本工作思路》。

5. 大中华区仲裁机构的合作与发展会议在深圳召开①

2006年5月26日，在深圳香格里拉大酒店举行题为"合作与发展：大中华地区仲裁机构"的研讨会。本次研讨会由中国香港仲裁司学会主办，来自中国香港特别行政区、台

① 北京仲裁委员会：《加强合作　共促发展——本会应邀参加大中华区仲裁机构的合作与发展会议侧记》，载北京仲裁委员会官网：http://www.bjac.org.cn/news/view? id =882.，最后访问日期：2017年11月5日。

湾地区、澳门特别行政区以及北京、上海、深圳、武汉、沈阳、大连、惠州、钦州等地区仲裁委员会，中国国际经济贸易仲裁委员会暨其华南分会，亚洲域名争议解决中心，辽宁省仲裁学会等大中华区的仲裁机构及有关单位、律师事务所和商事机构参加了该次研讨会。

中国香港仲裁司学会会长梁海明先生致辞表示，研讨会旨在通过交流和沟通，共同分享对仲裁事务及相关问题的看法和经验，宣传推广仲裁制度，为建立大中华区共同的仲裁平台而努力。研讨会设置了“大中华地区仲裁机构2005年度工作报告”“仲裁规则的新发展及仲裁机构对大中华地区仲裁法律改革的前瞻”“地方仲裁委员会如何管理涉外仲裁”“在大中华地区执行仲裁裁决”“仲裁机构如何提供仲裁培训服务”“如何加强大中华地区仲裁机构的合作：建议与策略”六个议题，分别由内地和港澳台地区仲裁机构的代表召集发言并主持讨论。

“在大中华地区执行仲裁裁决”的议题中，来自我国台湾地区仲裁协会的朱丽容女士、台北市立教育大学的邱锦添教授、齐伯礼律师行（Richards Butler）的李连君律师和中国国际经济贸易仲裁委员会华南分会的李海博士，分别从不同角度对内地和港澳台地区裁决在其他地区的可执行性、执行依据和途径等作了分析和介绍，引发了大家对现存执行问题的探讨。我国台湾地区仲裁协会的常务理事李念祖先生所作的内地、香港特别行政区、台湾地区三地最新仲裁规则的比较研究使大家对大中华区“仲裁规则的新发展及仲裁机构对大中华地区仲裁法律改革的前瞻”的主题讨论有了一个较为明确的基础。在加强大中华区仲裁机构合作的“建议与策略”议题中，时任上海仲裁委员会的王祖德主任、时任辽宁省仲裁学会的刘济民会长和时任北京仲裁委员会姜丽丽秘书分别作了主题发言。

最后，时任中国香港仲裁司学会副会长高浩文先生致辞表示，大中华区仲裁机构合作与发展的空间很大，研讨会议题也给了大家开放的交流空间，希望大家能够经常性开展交流研讨活动。与会者也纷纷表示愿意为大中华区的其他仲裁机构提供尽可能的便利和合作，共同推动大中华区仲裁环境的改善和仲裁制度的发展。

6. 仲裁发展机制研讨会在青岛召开

为了积极推进发展机制市场化工作，2006年7月11～12日，国务院法制办在山东省青岛市召开仲裁发展机制研讨会。会议由中国仲裁法学会、中国国际经济贸易仲裁委员会、上海仲裁委员会、广州仲裁委员会、长沙仲裁委员会、青岛仲裁委员会、中国海商法协会、法制日报共同发起并承办，全国40多家仲裁机构负责人和国内知名市场学研究和实务的有关专家学者共100多位代表参加。

会议围绕如何运用市场手段促进仲裁事业发展这一崭新课题，仲裁发展机制市场化的实施策略、方式方法和具体手段进行了广泛深入的研讨。这是仲裁界第一次跨学科、跨领域的会议。会议组织了仲裁界、市场学研究和实务方面的专家进行对话交流,为形成市场经济专家群体,建立仲裁界与市场学理论与实践的沟通渠道做了准备。仲裁界代表分别就仲裁在我国市场经济中的作用;市场主体对仲裁的认知状况;推行仲裁制度的难点和症结;推行仲裁法律制度的主要方法、效果和存在问题等做了专题发言。市场学专家就社会公共服务产品有关的市场学原理、市场营销原理、市场策划原理、市场营销的原则、市场营销的方式及用市场营销的方式发展仲裁事业的可行性进行了专题发言。

会上,仲裁界代表与市场学专家进行了界别对话,就仲裁发展的有关问题进行了探讨和交流。来自国内仲裁界的代表总结回顾了10年来全国仲裁界推行仲裁法律制度的主要方法、效果以及存在的难点和症结,提出了运用哪些市场手段和方式能有效地使市场主体更多地选择仲裁、采取市场方式促进市场主体选择仲裁需要注意哪些问题等问题。从事市场学、市场策划学、市场营销学、市场调查、市场实务等方面的专家学者向与会代表介绍了市场学、市场策划学、市场营销学的一般原理,具体介绍了社会公共服务产品运用市场手段促进自身发展的案例,就使用现代市场策划和市场营销方式发展仲裁事业的必要性和可行性进行了阐述。

会议认为,我国新的仲裁制度实施10年以来,仲裁事业得到了长足的发展,但"先进的仲裁法律制度与相对滞后的社会仲裁意识和初始的仲裁工作水平的矛盾"一直制约着仲裁事业的发展。为确保"努力把我国仲裁事业为社会主义市场经济发展和建设和谐社会发挥的积极作用提升为重要作用"目标的实现,仲裁界应挖掘自身的能力,研究新的发展模式,要运用市场学的有关理论指导仲裁发展工作的开展。要解放思想、更新观念、锐意进取,打开大门办仲裁,赢得各门学科的支持和帮助。

会议认为,仲裁发展机制市场化,既是我们全国仲裁事业二次创业的基本任务之一,也是仲裁事业健康发展的重要保障,同时还是进一步推进、完善我国仲裁工作的唯一选择。争取政府支持是完全必要的,但是依赖政府发展仲裁是走不通的,也是不可能的。所以要寻找新的增长方式,新的发展方式。发展机制市场化就是要从根本上解决这个问题,为实现仲裁工作体制社会化创造条件。

7. 全国仲裁机构规范化建设试点工作座谈会在淄博召开

仲裁机构规范化建设是仲裁事业健康发展的客观要求,是提升仲裁工作社会作用的重要措施。为了积极推进全国仲裁机构规范化建设工作,保证中国特色社会主义仲裁事业健康快速发展,2006年8月16日,国务院法制办在山东省淄博市召开全国仲裁机构规范化建设试点工作座谈会,来自全国各地的43家仲裁机构规范化建设试点单位的负责人出席了会议。各试点单位认真汇报了1年来试点工作的基本情况、主要成绩、存在问题和下一步打算。会议对试点工作进行了全面分析,对继续抓紧做好规范化建设试点工作,提高仲裁工作质量和水平,提升仲裁服务于社会主义市场经济的作用,深化仲裁制度改革,提出了具体要求。

会议认为,《仲裁法》实施10年来,全国仲裁机构在开创中国特色社会主义仲裁事业的进程中,取得了显著成绩。到目前,先后组建了185家仲裁机构,选聘了由市场经济专家、学者、法律专家等专业人士近3万名担任仲裁员。严格按照《仲裁法》的规章,公正及时和妥善地处理各类民商事纠纷14余万件,标的额达2300多亿元,为社会主义市场经济的健康发展,起到了积极的保障和促进作用。10年来,全国仲裁机构不断强化精品意识和服务意识,顺应历史潮流,创新工作方式,大胆摆脱传统观念束缚,不断更新仲裁理念,提出并有效实践了一系列促进企业合作,加快经济运转,降低纠纷解决成本,提高企业竞争能力的全新的仲裁方式,全国仲裁"三率"(仲裁案件的快速结案率、民商事纠纷自愿和解调解率、仲裁裁决自动履行率)普遍提高。仲裁的特色得以充分展现,使我国仲裁案件质量的总体水平不断提升,仲裁工作的整体形象处于较高的水准,仲裁机构的社会公信力显著增强。据不完全统计,全国仲裁机构的裁决被司法监督撤销,不予执行的平均比率低于1%。中国特色社会主义仲裁的质量不仅得到了国内市场主体的充分信赖,也赢得了国际市场主体的信任。

会议认为,为了加快推进全国仲裁事业的快速发展,全国仲裁界在《仲裁法》实施十周年之际提出仲裁工作二次创业的战略目标及实现这一目标要努力完成的三大任务。即一个目标:努力把仲裁工作保障社会主义市经济健康发展的积极作用提升为重要作用。三大任务:实现仲裁发展机制市场化、工作体制社会化、机构建设规范化。第二次创业将是我国仲裁发展史上全面进步,全面完善的重要阶段,是全国仲裁工作正规化、科学化和现代化的必然要求。

会议认为,规范化建设是全国仲裁事业实现"二次创业"宏伟目标的三大任务之一。是全面加强仲裁机构自身建设,规范仲裁行为,提高仲裁服务水平,提升仲裁在社会生活中的积极作用的重大举措。目前全国有43家仲裁机构参加了规范化建设试点工作,此次会议就是对全国仲裁机构规范化建设情况进行阶段性总结,解决规范化建设进程中遇到的问题,进一步完善规范化建设的工作内容,全面促进仲裁机构规范化建设的进程,推动仲裁事业规范、健康、快速地发展。

8. 全国仲裁工作年会在兰州召开

2006年9月4~6日,全国仲裁工作年会在甘肃省兰州市隆重召开。参加会议的有全国170多家仲裁机构、24家法制部门的代表。会议邀请了全国人大常委会法工委、环资工委、最高人民法院、国台办、中国银监会、中国证监会、全国工商联等中央国家机关、部分省级政府法制办公室的有关领导以及中国对外经济贸易大学法学院的专家出席，参会人数接近450人。

这次会议是在全国仲裁工作踏上“二次创业”征程召开的一次重要会议。会议的主题是始终坚持发展为第一要务，全力推进仲裁的二次创业。会议全面贯彻南京会议精神，紧紧围绕二次创业的目标和各项基本任务，坚持发展是第一要务，全面落实科学发展观，进一步深化仲裁制度改革，充分发挥仲裁为社会主义市场经济服务的作用，保证仲裁事业持续、快速、健康发展。

会议认为，二次创业是根据我国仲裁工作存在的先进的仲裁法律制度与相对滞后的社会仲裁意识以及初始的仲裁工作水平之间的矛盾提出的重大决策，是我国仲裁事业发展历史的必然选择，把我国仲裁事业为社会主义市场经济发展和建设和谐社会发挥的积极作用提升为重要作用，必须努力实现仲裁发展机制市场化、仲裁工作体制社会化、仲裁机构建设规范化。

会议认为，二次创业是仲裁事业的新的飞跃，必须始终坚持发展第一要务，始终坚持科学发展观统领。努力实现仲裁事业的持续发展。仲裁发展机制市场化是我国社会经济发展对仲裁事业的必然要求，是仲裁发展机制的创新。实现仲裁发展机制市场化，必须解放思想，更新观念，创新仲裁发展机制，深度融入市场经济，满足社会的需要，为社会主义市场经济的健康发展提供优质服务。仲裁机构规范化建设作为二次创业的基本任务之一，是仲裁事业健康发展的客观要求。各规范化建设试点单位经过艰苦努力，已经取得了初步成绩，推行仲裁法律制度保持了良好的势头，仲裁服务水平有了明显提高，机构管理水平上了新的台阶，领导班子和队伍建设得到了加强，硬件建设的力度也在不断地加大，仲裁机构的外在形象有了明显改善。今后一段时间，仲裁机构规范化建设试点工作的任务是：继续坚持在发展中规范，坚持为了发展而规范，逐步加强仲裁机构领导集体建设和基本制度建设，不断深化仲裁制度改革，以适应社会主义市场经济发展的要求。

关于仲裁法修改研究工作，会议认为，仲裁法修改工作应当围绕10多年仲裁实践产生的要求，以解决实际问题为主，适当前瞻，要着重考虑制度完善，充分考虑立法技术和权衡，要做到“精改”和“改精”，重视实效性。要坚持正确的政治方向，要做到基本肯定，适当修改，要把解决适应性问题作为出发点和落脚点，要着力解决“瓶颈”问题，同时，要总结成功实践经验，有组织地进行。

国务院法制办就全国仲裁工作做了部署：(1)各仲裁机构在今后相当长的时期内必须坚持发展是第一要务，必须坚持科学的发展观。全国上下要营造有利于仲裁发展的环境，修改好仲裁法，建设好仲裁队伍。(2)各仲裁机构要重视并认真抓好思想建设工作。坚持用民主的方法解决问题，把思想统一到仲裁法上来，保证在基本问题上不发生偏差。(3)认真做好仲裁法的修改和仲裁制度的改革工作。全国要继续深化仲裁制度的改革工作，改革的方向、目标均要符合仲裁法的规定，在方向问题上必须坚定不移，改革要防止操之过急，要有利于事业的发展和队伍的稳定，必须坚持改革更好地为发展服务、更好地争取政府的支持、更好地争取社会各方面的支持、更好地赢得市场主体的信任的方向。修改仲裁法和改革仲裁制度可以有超前意识，但要适当。可以借鉴外国的经验，但最终还要立足我国的国情。

这次年会开得生动、充实，取得了圆满成果。二次创业，是根据全国仲裁工作的发展现状提出的重大历史决策，是推进中国特色社会主义仲裁事业发展的战略措施。会议号召，全国仲裁机构要坚定信心，迎难而上，继续发扬艰苦奋斗的创业精神，始终坚持发展第一要务，全力推进仲裁二次创业，为开创全国仲裁工作新局面而努力奋斗。

9. 沪浙苏十城市仲裁委员会负责人会议在苏州召开

2006年10月26日，沪浙苏十城市仲裁委员会负责人会议在苏州召开。会上各仲裁委同志交流了仲裁工作的基本情况，并针对仲裁实务中有关公告送达、最高人民法院〔2006〕7号司法解释的理解与适用进行了相关交流。

10. 湖南省2006年仲裁工作座谈会在长沙召开①

2006年11月16日，湖南省人民政府法制办在长沙召开了全省仲裁工作座谈会。全省12家仲裁机构的主要负责人参加了会议。会议由时任湖南省人民政府法制办行政复议应诉处处长郑国安同志主持，省人民政府法制办党组成员、纪检组长曾国兴同志到会并作了讲话。

会上，时任长沙仲裁委秘书长黄幼园传达了全国仲裁管理体制座谈会精神，衡阳仲裁委就迪尼幼稚园承包合同效力纠纷案仲裁期间一仲裁员涉嫌私自会见当事人的有关情况作了汇报，郴州仲裁委就仲裁秘书处应列入参照公务员法管理事业单位作了发言。与会人员结合各自实际情况，围绕加强仲裁员、仲裁工作人员的管理，加强仲裁机构的规范化建设，仲裁工作的管理体制、仲裁机构的性质以及如何进一步加强与省、市法制部门的工作联系问题进行了热烈讨论。

湖南省的仲裁工作如何发展，会议一致认为：

(1)必须始终坚持科学、健康发展的基本观点。必须始终坚持为社会主义市场经济

---

① 湖南省人民政府法制办：《湖南省2006年仲裁工作座谈会在长沙召开》，载中国仲裁网：http://www.china-arbitration.com/news.php? id=478.，最后访问日期：2017年11月17日。

发展服务、为构建社会主义和谐社会服务是仲裁工作的根本出发点和落脚点，是检验仲裁工作的唯一标准；必须始终坚持长沙会议精神，推行仲裁法律制度是根本，融入市场经济是关键；必须始终坚持与时俱进、自主创新；必须始终坚持我国仲裁的社会主义性质、社会公益性和非营利性的基本特点。绝不能采取实用主义态度对待发展，不能搞仲裁承包、不能把仲裁机构搞成股份制企业、更不能利用仲裁发展谋取个人私利。

（2）必须始终坚持"两严教育"（严格仲裁操守、严肃仲裁纪律），努力建一支高素质的仲裁员、仲裁工作人员队伍。仲裁操守建设是关系到仲裁事业生死存亡的重大问题，必须严肃对待，常抓不懈。衡阳仲裁委要对迪尼幼稚园承包合同效力纠纷案仲裁期间仲裁员涉嫌私自会见当事人的有关情况组织调查，并将情况及处理意见报所在市人民政府和省政府法制办。各仲裁委要集中一段时间对所有仲裁员、仲裁工作人员开展以"两严教育"为主题的教育活动，进行自查自纠，重点是查找仲裁员、仲裁工作人员操守管理方面，在制度、工作上存在的问题。教育活动的情况书面报告省政府法制办。

（3）必须对仲裁办事机构性质有一个正确合理的定位。仲裁办事机构性质、职责、级别和管理机制应该参照山东模式全省统一，仲裁办事机构在事业单位改革中应确定为行政支持类事业单位，并参照《公务员法》管理。

（4）必须加强仲裁办事机构的规范化管理建设。要逐步做到领导决策民主化，队伍建设专业化，仲裁行为规范化，仲裁服务人性化，内部管理制度化，办公条件现代化。

（5）必须强化省市政府法制部门对仲裁工作的联系和指导，努力形成湖南仲裁的合力，打造湖南仲裁的整体品牌。

（二）会议讲话摘要

1.2006年2月21日，国务院法制办卢云华同志在北京作区域仲裁发展工作协调人汇报后的讲话

第一个问题，为什么花这么多时间、这么大精力来开这次会议。关于这次会议的开法有这样三个基本考虑：第一个考虑，二次创业是中国仲裁事业的一件大事，通过广泛交流，充分发表意见，有利于仲裁界这个群体首先统一思想，提高认识，以便能够带领全国很好地开展二次创业的实践。第二个考虑，是继续进行全国仲裁工作组织方式的探索。所谓全国仲裁工作组织方式的探索，核心就是仲裁工作的大事、重要工作部署由全国仲裁界依法自决。其他外部环境因素，如政府机关、有关部门的作用等都是支持，而不能代替，更不能非法干预。这也是奠基和创业的重要内容。所以，在考虑这次会议开会的方

式时,就确定了要让大家敞开说、充分议,把事关我国仲裁事业二次创业的重大议题交给同志们自己来决定。今天,同志们在会场上要经受这样的检验,会后也还要在二次创业的实践中经受全国仲裁机构的检验,经受市场经济的检验。第三个考虑,是仲裁工作体制社会化的一个探索。二次创业其中一项重要任务是仲裁工作体制社会化,仲裁工作体制社会化的基础是工作社会化。将来的仲裁工作,无论是案件审理也好,工作会议也好,服务项目也好,都要坚持面向社会的方针,不能封闭办仲裁,封闭讲仲裁,封闭议仲裁。我们考虑要逐步选择适当的工作会议在社会上公开召开,我们服务的对象来参加,共议仲裁事业的发展。这是这次会议开法的三个主要考虑。

第二个问题,同志们都知道,当前我国仲裁工作存在严重不平衡的状况,总结仲裁工作10年的得与失,最大的失误是什么,就是一条,仲裁法规定的不分地域提供仲裁服务的原则,没有得到很好的贯彻,以致造成仲裁资源的地区垄断性、分割性,配置的极度不公平性。同时,目前市场配置资源的基础性作用在我国目前仲裁工作中还是不存在的。市场配置资源的基础作用可以解决资源配置的有效性、合理性,但欠缺的是公平性,而我们连这点起码的都没有。中国仲裁事业的发展终究有一天要培育并建立起我国的仲裁市场,要建立起我国仲裁市场的游戏规则与竞争秩序。

第三个问题,二次创业是我国仲裁发展历史上的一个客观的必然的发展阶段。我们把这个阶段称为二次创业,这是这一代仲裁人主观认识见之于客观的结果,同时,也是对我国仲裁工作规律性认识的结果。关于二次创业的目标确定,先要找准目标,一是发展机制市场化,二是工作体制社会化,三是机构建设规范化。这三化对实现二次创业的目标有着重要的保障作用。

第四个问题,关于二次创业的时间。根据二次创业的目标和三项基本任务,从现状和可能看到的未来,大致需要15年到20年。我们要清醒地意识到,有些问题的解决需要有个客观历史过程,只能缩短,不能跨越。还要坚持历史唯物主义。

第五个问题,制订二次创业的规划必须坚持党的思想路线。党的思想路线一共12个字:实事求是,解放思想,与时俱进。对制订二次创业的规划都有指导意义,都要体现。二次创业既是党和人民的需要,也是仲裁事业发展的需要,更是历史发展的需要。

2.2006年2月23日,国务院法制办卢云华同志在青岛全国仲裁工作座谈会作“仲裁发展机制市场化”的讲话

这是一个很重要的问题,准确的提法是仲裁发展机制市场化。不是仲裁体制市场

化,简单讲“市场化”容易发生误解。仲裁发展机制市场化,既是全国仲裁事业二次创业的基本任务之一,也是仲裁事业健康发展的重要保障,同时也是进一步推进、完善我国仲裁工作的唯一选择。第一,关于许多同志提出的仲裁体制市场化的问题。从目前全国的情况看,所谓仲裁工作体制市场化不论其提法本身如何,要办这件事,是不具备主客观条件的,在全国仲裁界还未形成统一的思想。10 年来最大的失误就是仲裁法不分地域提供仲裁服务的法定原则没有得到贯彻,错误地维护了或者说不得已而为之地维护了仲裁资源的地区垄断性和分割性。在这种情况下谈仲裁工作体制市场化,既无的放矢也不符合实际,而且会造成方向性错误,对我国仲裁工作将会产生难以挽回的历史错误。希望位处中心城市的仲裁机构,以后再提这个问题时一定要慎重。

这几年我们国家的改革取得了巨大成绩,但是也应该看到,在某些所谓市场化改革中,出现了少数人受益的情况。而少数人受益的代价是大多数人的社会福利受到损害。中央提出让最广大人民群众享受到改革发展成果的要求,非常重要。从根本上说,我们不是要追求让全国的仲裁机构享受到仲裁法律制度的好处,虽然这也是一个重要的问题,但这不是我们的最终目的。我们的终极目的是让全国市场主体广泛地享受到仲裁法律制度的好处,这才是我们的根本考虑。所以,我们考虑问题都要从这个基本点出发。

第二,为什么把开展仲裁发展机制市场化作为二次创业的基本任务?仲裁发展机制市场化是我国仲裁工作体制彻底脱离行政性、全国仲裁界包括仲裁机构自主开展工作、创新仲裁发展机制、转变增长方式,实现仲裁工作体制社会化的必要条件和重要途径。在过去的 10 年,从全国来讲,发展机制大概有以下几种:一是靠国家靠政府;二是靠我们第一代仲裁人去努力,去说服政府机关,说服市场经济当事人;三是个别仲裁机构负责人采取各种手段,甚至不惜许诺去揽案子。这几种发展机制,是不能或很难保障我国仲裁事业长远健康发展的。

争取政府支持是完全必要的,但是依赖政府发展仲裁是走不通的,也是不可能的。生存靠政府,住房发工资靠政府,发展还要靠政府,什么时候才能建成真正的社会化仲裁工作体制?如果我们不迅速改变仲裁增长方式,就不可能走到真正的仲裁本质上来,也就永远解决不了许多仲裁机构存在的依赖性、寄生性、从属性问题。所以,我们要寻新的增长方式、新的发展方式。发展机制就是要从根本上解决这个问题,为实现仲裁工作体制社会化创造条件。在研究这个问题时,我们反复斟酌过提法。我们总结了盲目、不适当地提出市场化的教训,严格界定为发展机制市场化。

第三,仲裁发展机制市场化的含义。仲裁发展机制市场化是一个探索,没有现成的答案,但核心是非常清楚的,就是按照市场经济规律发展仲裁事业,而不是按照机关、企业、一般事业单位的工作方式来发展仲裁事业。按照市场经济规律发展仲裁事业的基本前提是仲裁事业应该成为我国经济生活生态系统一个重要组成部分,也应该是经济生活生物链的一个重要组成部分。现在有的人民群众反映,我们这些仲裁机构太像衙门、机关了。高高在上,官气十足,架子很大,好像市场经济的真理、是非曲直全在我们手里,那怎么可能呢?稍微懂得一点仲裁发展史的人都明白,仲裁只有裁判的作用,并不是市场经济真理的化身。通过仲裁发展机制市场化,可以迅速地架起一个能够被市场经济所接受的、仲裁工作和市场经济之间的桥梁和相互依存的生态关系。形象地说就是实现由"酒香不怕巷子深""养在深闺人未知"向"昔日王谢堂前燕,飞入寻常百姓家"的转变。

第四,这项工作,全国仲裁界都要积极探索、全面实践、百花齐放、严守底线。实际上几年下来,我们并不缺少用市场经济的办法来发展仲裁工作的实践,这项工作和实践也并不是从"南京会议"或今天才开始的。多年来,许多仲裁机构都采取了一些办法,都在进行实践,是具备一定基础的。所谓严守底线,就是说无论采取什么样的办法都不能离谱,说直白点,不能"卖"裁决书。按市场经济规律发展仲裁事业,绝不允许搞歪门邪道。市场经济不是万能的,市场经济规律也不是万能的,在实践发展机制市场化时,需要把仲裁的公益性和市场经济规律结合起来,这是一条原则,只能在这个大前提下去探索。也只有这样,我们才能够很好、有效地促进我国仲裁事业的发展,才能够有效的带动我们其他问题的解决。

总之,开展仲裁发展机制市场化,既是重要任务,也是重要的发展策略。

3. 2006年2月24日,国务院法制办卢云华同志在北京全国仲裁工作座谈会作"仲裁法修改研究工作"的讲话

第一,修改仲裁法一定要坚持正确政治方向,坚持正确指导思想。正确政治方向就是保障社会主义市场经济健康发展。首要的还是为我国经济建设服务,这其中当然包括融入经济全球化的需要。关于指导思想,一是有利于我国仲裁事业健康发展;二是有利于发挥仲裁为社会主义市场经济服务的作用。完善和加强仲裁工作的有关保障是必要的,优化仲裁工作的社会环境也是必要的。但这些与指导思想还不是一个问题,在研究这个问题的时候,还要坚持实事求是的原则。如果说,这部法有哪些需要完善的地方,也是特殊的历史阶段的局限性决定的。仲裁法的基本的、实质的、主流的东西不能否定。对需要完善的地方也要给予恰如其分的评价。坚持正确政治方向和正确指导思想,还有一条要求,既不能否定我们这一代人贯彻实施仲裁法的创业实践,也不能否定我们的社

会为贯彻实施仲裁法所做出的努力。因此,在修改仲裁法时,要严守正确指导思想、严守政治方向、严守实事求是的原则。

第二,在修改仲裁法的时候,要正确处理制度完善与工作完善的关系。不要不加区分地把工作中需要完善的问题不切实际地完善制度中来。要求仲裁法包罗万象,那也是不可能的。有些属于行业规范就能解决的,有些属于部门协调就能解决的,就不要拿到制度建设工作中来。因此,对修改仲裁法不要有不切实际的想法。

第三,要充分地考虑立法技术和权衡。仲裁法的修改,不能大改,不能搞颠覆性的。大家都有共识了可以改。

4.2006年2月24日,国务院法制办卢云华同志在北京全国仲裁工作座谈会作"开展严格仲裁操守,严肃仲裁纪律教育活动"的讲话

首先,天津仲裁委的处理是严厉的。仲裁纪律就这样严厉,吃请就除名,就全国禁入,就永不续用。仲裁就要成为纪律最严明的行业。其次,天津仲裁委的处理也是慎重的。既要严肃仲裁纪律,又要防止发生不应有的问题,天津仲裁委查明事实后,立即作出了处理决定,为了防止发生意外,他们还采取了必要的善后措施。对如何组织新闻报道,正确引导舆论等问题,也做了大量工作。因此,这件事的处理,在社会上产生的效果总体上是好的。最后,天津仲裁委的处理也是严肃的。严格依规则办理。各仲裁机构对违纪违规现象,都要像天津仲裁委这样,立场一定要坚决,方法一定要妥善,否则就会带来被动。

开展"两严"教育活动有两个基本考虑。一方面,从目前仲裁队伍的状况和存在的问题考虑,确实需要进行"两严"教育。另一方面,要充分考虑到当前我们所处的历史阶段是人情社会向法治社会转型的时期,这种事以后还会发生,绝不可能仅有几个。这里需要提醒大家的是,现在反映存在仲裁操守问题的不仅仅是仲裁员和一般仲裁工作人员,有相当一部分反映的是仲裁机构负责人员,希望引起同志们的高度重视。

关于开展"两严"教育活动,提几点要求:(1)希望各机构高度重视、认真组织。(2)坚持两面抓,既通过反面典型教育仲裁工作人员、仲裁员;又要及时发现守仲裁操守的优秀仲裁员。要认真总结优秀事迹,崇尚高尚情操,弘扬正气,抵御邪气。(3)认真研究总结对仲裁员和仲裁工作人员的管理与监督制度。现在仲裁机构不乏严厉的管理规定,但怎么落实,要形成一种机制,能够及时发现违纪,及时处理。(4)认真研究违法违纪责任承担制度,该承担民事责任的还是要依法承担,必要的连带责任也要考虑。(5)希望仲裁机

构领导同志,对本机构发生的违法违纪事件一定不要包庇、不要隐瞒,这不仅是对仲裁机构负责人的道德要求,而且也要作为一项责任制度确定下来。

最后,希望各仲裁机构接到我们批转和反映仲裁操守问题的材料,要认真查处并及时向我们报告。

5.2006年9月4日,国务院法制办卢云华同志在兰州全国仲裁工作年会开幕式致辞

《仲裁法》颁布实施11年来,在党和政府的关心支持下,在社会各界的积极帮助下,全国仲裁界努力适应社会进步经济发展的要求,艰苦创业,开拓进取,取得了创建中国特色社会主义仲裁事业的伟大成就。中国特色社会主义仲裁事业的创业成就,不仅空前地展示了中国仲裁事业光辉灿烂的发展前景,而且,也从一个重要角度昭示着我国建设社会主义市场经济的坚定信心,为我国经济融入世界经济提供了良好的保障。从这个意义上说,一个蓬勃的、富有朝气的仲裁事业对国家对社会对民族的发展和进步所产生的积极而重要的意义,无论怎么估计都是不过分的。同志们为此付出的艰辛努力是历史性的,是奠基性的。为此,我们完全有理由而且应该向在座的和没有在座的全国仲裁界的同志们表示感谢!希望你们继续肩负着对国家对社会对民族的崇高责任,继续高举中国特色社会主义仲裁事业的伟大旗帜,努力开创仲裁事业的崭新局面。

当前,我国社会经济形势发展很快也很好,全国仲裁工作的发展势头依然保持强劲。从2005年《仲裁法》实施10周年开始,全国仲裁工作迈上了二次创业的征程。这是全国仲裁界根据我国仲裁工作长期存在的先进的仲裁法律制度与相对滞后的社会仲裁意识和初始的仲裁工作水平的基本矛盾而提出的重要决策,是继续推进中国特色社会主义仲裁事业发展的重大战略举措,是最终实现我国仲裁工作正规化、科学化、现代化的历史必由之路。二次创业的目标是:努力把我国仲裁事业为社会主义市场经济建设发挥的积极作用提升为重要作用。二次创业的提出,充分显示了全国仲裁界坚定的信心和信念,显示了一代仲裁创业者的伟大创业精神和进取精神。我们期待并相信全国仲裁二次创业必将取得辉煌的成就。

中国特色社会主义仲裁事业是中国特色社会主义事业的重要组成部分。中国仲裁事业的发展是党和政府关心支持的结果,凝结着社会方方面面对仲裁工作、仲裁人的深切关爱和厚望。仲裁是现代社会生活和谐、经济生活和谐的重要机制。没有仲裁工作的完善和发展,就不会有社会和谐机制的完善和发展。因此,在中国特色社会主义事业发展新的历史条件下,加强和完善仲裁工作,是构建社会主义和谐社会的重要工作。全国仲裁界要认清新时期的新任务和新要求,把仲裁工作自觉融入构建和谐社会的伟大实践

中去，继续深化仲裁制度改革，加快推进仲裁事业发展，努力实现改革和发展的全面进步。各级人民政府也要从构建和谐社会、完善社会和谐机制的高度，采取切实可行的措施，进一步关心、支持仲裁事业的发展，为仲裁工作充分发挥作用创造良好的条件。

同志们，本次年会在金城兰州召开，使我们更加深切地体会到仲裁人金子般的奋斗赤忱和仲裁事业金子般的灿烂进程。衷心祝愿本次年会取得圆满成功，祝愿同志们在中国仲裁这条金光大道上一往无前，取得更大成绩。

6.2006年9月6日，国务院法制办卢云华同志在兰州全国仲裁工作年会闭幕式致辞

这次会议开得很圆满，很成功。这次会议的议程满足了社会进步、经济发展对仲裁工作的需求，反映了我们这一代仲裁人正在不断地走向成熟，会务的举办单位提供了很好的服务。

这次会议之所以是一次重要会议，不仅因为它是在我国仲裁事业发展的重要的关口召开的会议。这次会议的几项内容都是我国仲裁事业当前和今后相当一段时间需要认真解决的问题。主要是四个方面：一是继续推进全国仲裁事业的发展；二是认真研究创新仲裁发展机制的问题；三是仲裁机构规范化建设的探索；四是《仲裁法》修改和《中国仲裁协会章程》的起草、研究工作。这几项工作都是非常重要的，需要全国仲裁界高度重视的工作。

关于发展工作，没有发展就不可能解决根本问题。人类社会的规律就是一条，基本规律，靠发展解决问题。关于仲裁发展机制市场化探索的问题。下一个10年、下一个20年，包括二次创业的核心、目标是什么？就是要把我们为市场经济提供积极作用提升为重要作用。没有数量的飞跃就不可能有纵的提升，这是个基本道理。我们既要做精也要做大，精和大、精和强没有什么矛盾。我们要下定决心完善我们的发展机制，丰富我们的发展办法，不要一提市场，一提民事，就害怕。我们这一代人要有能力驾驭市场、控制市场、运用好市场的机制，所以希望同志们对于这个问题，对于发展机制市场化的问题，一定要高度重视，要尽快地解决思想认识问题。

关于规范化建设，规范化建设这项工作非常重要，它也是我国仲裁工作二次创业的三项基本任务之一，也是最终实现我国仲裁事业科学化、现代化、正规化的必然要求。那么规范化，这样的工作可能要碰到一些我们仲裁工作的难点问题或者"瓶颈"性问题，这个也不要紧，可以去摸索。

关于我们当前的有关工作：今后相当一个历史时期全国仲裁工作必须继续坚持发展

第一要务,必须牢固坚持科学发展观统领。我们仲裁机构到任何时候都必须坚持为社会主义市场经济服务这个指导思想。我国仲裁事业的发展不以人的意志为转移,凡是跟上发展的,就是发展的动力。每个仲裁机构都应根据10年来的发展状况认真地考虑,从发展规律、从我们做工作的动机、目的和工作方式方面,认真总结一下。要重视、并认真抓好全国仲裁工作的思想建设。但是从目前看,我们确实存在思想建设问题的必要性,它突出体现在对我国仲裁事业的发展方向究竟怎么考虑。要把全国仲裁界,包括各仲裁界负责人到仲裁工作人员的思想统一到仲裁法上来,统一到仲裁工作所担负的社会责任上来,统一到仲裁工作发展的正确道路上来,统一到我们的正确工作指导思想上来。

《仲裁法》的修改,是全国仲裁界翘头以盼,多年呼吁的重要事情。仲裁制度的改革深化,是我们仲裁制度朝着科学化的、正确化的、现代化的目标发展的必然要求。我们改革的方向、改革的最终目标,总体来说,都必须继续深化仲裁制度的改革,使我国的仲裁工作能够和国际接轨,能够满足社会主义市场经济发展的要求,能够满足我国经济融入经济全球化的要求。《仲裁法》的修改的核心问题不是具体的、专业性的问题和业务性问题,而是继续深化、努力推进我国仲裁制度改革的问题,为彻底地完成中国仲裁制度的改革提供法律依据。

对于继续推进仲裁制度改革,在方向上必须坚定不移,不能含糊。同时要很好地注意改革的阶段性、渐进性和策略的问题。那么,在我们继续推进改革的时候,就要从历史实际出发,而不是从观念出发。要从现实出发,考虑阶段性、渐进性,稳妥地处理改革中的问题。改革要服从发展,改革要服从发展的需要。我们不能为了改革而改革,我们是为了发展而改革。也就是说使中国仲裁这项事业能够更好、更全面地发展,这就是改革的目的。

《仲裁法》的修改和《中国仲裁协会章程》的起草是连着的,考虑在10月左右把全国的意见集中一下。如果要是2007年全国人大审议仲裁法的修正案,2006年国务院就要提立法计划,国务院的立法计划就要考虑。一般我们最迟就要在11月向国务院提立法计划,恐怕时间也剩的不多了。我们准备在10月集中一段时间集中讨论《仲裁法》的修改。

7. 2006年10月17日,国务院法制办卢云华同志在北京全国部分城市仲裁工作座谈会上的讲话

这次会议的内容有三项,即认真研究进一步深化仲裁制度改革和《仲裁法》修改及

《仲裁协会章程》起草工作。其中，深化制度改革是核心，是统领。《仲裁法》的修改和《仲裁协会章程》起草都要紧紧围绕这一核心来进行，都要服从于仲裁制度改革的需要。具体内容：一是要研究深化仲裁制度改革的有关事项，争取搞出几条明确的指导性意见。二是要研究并落实《仲裁法》修改的建议稿，为深化仲裁制度改革做好制度建设工作，提供法律保障，争取在这次会议上落实文字。三是要研究中国仲裁协会章程讨论稿，为深化仲裁制度改革奠定组织基础和工作制度基础。

第一，坚持仲裁制度的改革不动摇。我们现在讲的深化仲裁制度改革，就是二次创业中的第一项要求，即努力实现仲裁工作体制社会化。要注意防止几种倾向：一是不赞成改革，不支持改革，甚至反对改革；二是要防止激进的改革倾向，要实现软着陆；三是要注意随着改革的深化触动利益的问题。

第二，坚持仲裁制度的正确发展方向不改变。我国仲裁制度的改革和发展必须始终不渝地坚持仲裁为社会主义市场经济服务，这条不能变。我们的改革目的，是要有利于整体提升我国仲裁事业对社会主义市场经济服务的作用。改革要放到我国经济发展的大背景下去考虑、去研究，我们衡量每一项措施的标准就是要看是否有利于仲裁工作为社会进步和发展发挥更大、更好的作用。

第三，坚持发展第一要务不变。把发展作为第一要务，一直是我国仲裁事业的重要原则。今天继续深化仲裁制度改革，是我国仲裁事业发展的需要。在设计深化改革的方案时，必须坚持发展第一要务，必须坚持在发展中解决问题。

第四，坚持正确处理改革、发展、稳定的关系。改革是深化仲裁制度改革，发展是促进仲裁事业的发展，稳定就是指全国仲裁工作要稳定，包括思想稳定、队伍稳定、工作稳定。

第五，坚持从大局、全局出发的原则。大局是全国仲裁工作的发展方向，全局就是全国的实际情况。我们的改革不能造成全国仲裁界的思想分裂和行动混乱，要有利于全国仲裁界的整体进步。

第六，要从实践出发，考虑操作性。从指导思想上，要考虑每一步可操作性、可行性。

（三）其他活动

2006 年，国务院法制办卢云华同志与中国仲裁网编辑的谈话摘要：

多年来，我们十分关注仲裁网络建设的情况。你们的网和其他仲裁网站发表的文章（除会员栏目外）和跟帖我们都认真读了，感到不少是比较有水平和比较有见地的，提出的意见和建议对完善我国仲裁工作是有裨益的。应该说，全国仲裁网络工作者对发挥全国仲裁同人的心智,是作出了积极努力的,中国特色社会主义仲裁事业的发展也有你们的一份贡献。

按照仲裁法的规定,仲裁机构与行政机关没有隶属关系。因此,在我国仲裁工作是没有行政主管机关的。国务院法制办公室只是根据国务院办公厅文件的要求牵头组建中国仲裁协会,在这个过程中联系全国仲裁工作,并不是全国仲裁工作的行政主管机关。也就是说,与具有人权、财权、物权、事权的行政主管机关不同,我们的工作只是与全国仲裁界同人共同研究中国特色社会主义仲裁事业的创建。而且,国务院法制办公室与省、市政府法制机构之间也不存在领导和指导关系。也因此,多年来,我们的基本工作内容只能是促进仲裁事业发展,而不是进行管理;基本工作方式只能是引导,而不是领导;基本工作方针也只能是说服,而不是命令、指示等。我们提出的意见也只能是仅供大家参考的。我曾经讲过,多年来,我们做的所有工作概括起来讲就是六个字:方向、路子、步子。我们不能也难以做到约束仲裁机构一定怎么办或者一定不能怎么办。但我们始终认为,在推进我国仲裁事业发展上,我们和全国仲裁界是一致的,并为此不懈努力着。

仲裁网络是了解和认识我国仲裁界的重要视窗,是获得社会各界特别是仲裁界、法律界舆情的重要渠道,也是检验我们工作效果的重要反馈机制。通过阅读仲裁网站内容,深深地体会到全国仲裁界的同志对我们抱有很大期望,反映了同志们对我们的信任。尽管我们能够做的离大家的期望差距还较大,但听取方方面面的意见尤其是不同意见对我们是有益的。实际上,我们讲话、发言中的内容,也有受启于这些意见和建议的。之所以同意你们的要求将一些讲话登载出来,主要是让全国仲裁界的同志特别是基层的同志更多地了解情况,当然,也有就其中不当之处接受大家批评的考虑。这些讲话内容虽然也是参考性的,但大都关系到全国仲裁工作的正确发展,必须要经得起全国仲裁界实践的检验和中国仲裁事业发展历史的检验。

仲裁工作是一件很难的工作,这对我们和全国仲裁界的同志们来说都是一样的,但仲裁事业又是一项具有光辉灿烂前景的事业,值得我们为之竭尽全力去奋斗进取。困难和问题永远会有,而且以后还会很多,这就需要我们不断坚定必胜的信念,不断坚强克服困难的意志和毅力,不断提高解决问题的能力。青山遮不住,毕竟东流去。中国特色社会主义仲裁事业的发展,尽管经历曲折,但不是任何困难可以阻挡的。当然,个别同志有些急躁情绪,这是可以理解的。因为他们感受最直接、最切身。当前,同志们的意见概括起来讲,是要求加强仲裁行业管理和规范的工作,这是中国特色社会主义仲裁事业发展的必然。这个问题涉及面很宽。正是因为对事业负责,对同志们负责,就必须坚持审时度势、事缓则圆的方针和策略。不该做的做了有问题,不该现在做的做了,同样会有问题,希望全国仲裁界的同志们要始终保持清醒的头脑。

建设一个生动活泼、文明健康的聚集全国仲裁界智慧的平台,也是我们多年来的心愿。希望你们始终坚持正确的办网指导思想,坚持为创建中国特色社会主义仲裁事业服务、为一代仲裁伟业创业者服务的工作方针,努力把网络建设工作做得更好、更出色。

二、仲裁制度建设

最高人民法院《关于适用〈中华人民共和国仲裁法〉若干问题的解释》(已修改)(法释〔2006〕7号,以下简称《仲裁法解释》)已于2005年12月26日由最高人民法院审判委员会第1375次会议通过,现予公布,自2006年9月8日起施行。1995年《仲裁法》颁布以来,在此期间各地仲裁机构相继设立,且受理了较多的仲裁案件,化解了很多的社会矛盾。在维护经济关系稳定方面,发挥了极其重要的作用,其解决各类经济纠纷的独特优势,已在仲裁受理案件的实践中显现出来。但是在具体的仲裁活动过程中也存在很多问题,致使工作运作起来困难重重,其中涉及较多复杂的法律适用问题,这些问题仲裁机构和法院都亟待最高人民法院解决。最高人民法院《仲裁法解释》的出台,为仲裁机构和法院办理仲裁案件,提供了切实可行的法律依据。

三、仲裁案件受理情况

(一)全国受理情况

2006年全国185个仲裁委员会共受理案件60,955件,比2005年增加了7431件,增长率约为13.8%;标的总额为727亿元,比2005年增加了40亿元,增长率约为5.8%。

(二)区域受理情况

华北区域受理案件数量为7082件,增长19.1%,涉案标的额达138亿元,增长66.9%;东北区域受理案件数量为2890件,增长13.1%,涉案标的额达35亿元,增长35.1%;华东区域受理案件数量为9652件,增长6%,涉案标的额达110亿元,下降7.3%;东南区域受理案件数量为6055件,增长0.4%,涉案标的额41亿元,降低8.6%;中南区域受理案件数量为11,605件,增长117.1%,受理案件数量增长率为全国之首,涉案标的额达 103 亿元，增长 33.6%；华南区域受理案件数量为 7409 件，增长 6.6%，涉案标的额达 111 亿元，增长 20.2%；西南区域受理案件数量为 5168 件，减少 3.8%，涉案标的额为 27 亿元，增长 22.6%；西北区域受理案件数量为 2658 件，增长 30.3%，涉案标的额为 21 亿元，增长 73.1%，涉案标的额增长幅度居全国首位。此外，中国国际经济贸易仲裁委员会受理案件 981 件，标的额 92.34 亿元；中国海事仲裁委员会受理案件 24 件，标的额 1.3063 亿元。

二〇〇七年

内容提要：

一、仲裁活动

（一）仲裁会议

1. 全国仲裁工作座谈会在北京召开

2. 华东仲裁工作座谈会在镇江召开

3. “依法开展仲裁非公有制企业民商事纠纷试点工作会议”在北京召开

4. 东北仲裁工作座谈会在哈尔滨召开

5. 其他设区的市仲裁发展工作座谈会在珠海召开

6. 全国仲裁工作年会暨非公有制经济仲裁工作座谈会在海口召开

（二）会议讲话摘要

1. 2007 年 1 月 23 日，国务院法制办卢云华同志在 2007 年全国仲裁工作座谈会上关于贯彻党的十六届六中全会精神的讲话

2. 2007 年 1 月 24 日，国务院法制办卢云华同志在 2007 年全国仲裁工作座谈会上关于推行仲裁法律制度的讲话

3. 2007 年 1 月 25 日，国务院法制办卢云华同志在 2007 年全国仲裁工作座谈会上关于仲裁机构规范化建设的讲话

4. 2007 年 6 月 14 日，国务院法制办卢云华同志在济南仲裁委员会推行“六公开”10 周年座谈会上的讲话

5. 2007 年 7 月 24 日，国务院法制办卢云华同志在仲裁机构民间组织建设座谈会上的讲话

6. 2007 年 10 月 30 日，国务院法制办卢云华同志在部分其他设区的市仲裁机构负责人座谈会上的讲话

7.2007年12月12日，国务院法制办卢云华同志在2007年全国仲裁工作年会上的致辞

二、仲裁案件受理情况

（一）全国受理情况

（二）区域受理情况

一、仲裁活动

(一)仲裁会议

1. 全国仲裁工作座谈会在北京召开

经国务院法制办批准,国务院法制办协调司于2007年1月23~25日在北京召开了全国仲裁工作座谈会。参加会议的有全国各区域仲裁发展工作协调人。会议邀请全国工商联法律部、中国国际经济贸易仲裁委员会、仲裁法学研究会、中国国际商会调解中心、中国政法大学、厦门大学、法制日报社等有关同志参加。会议由中国国际经济贸易仲裁委员会和中国仲裁法学研究会共同承办。会议的主题是:认真贯彻党的十六届六中全会精神,努力实现仲裁事业又好又快发展。会议认真研究了全国仲裁机构贯彻党的十六届六中全会精神的具体措施,深入研究了如何进一步做好推行仲裁法律制度的工作,深入研究了全国仲裁机构规范化建设的工作。

2. 华东仲裁工作座谈会在镇江召开

2007年4月12~14日,华东仲裁工作座谈会在江苏省镇江市碧榆园宾馆召开。此次会议由镇江仲裁委员会承办。来自上海、江苏、山东地区的27家仲裁机构负责同志参加了会议。会议学习传达了全国仲裁工作座谈会纪要。代表们就贯彻落实党的十六届六中全会和全国仲裁工作座谈会的精神以及深入推行仲裁法律制度、加强仲裁机构规范化建设等议题进行了热烈的交流和讨论。时任镇江市委常委、常务副市长、镇江仲裁委员会主任江里程同志到会讲话。

3. "依法开展仲裁非公有制企业民商事纠纷试点工作会议"在北京召开

2007年6月12日,国务院法制办协调司与全国工商联法律部在京联合召开了"依法开展仲裁非公有制企业民商事纠纷试点工作会议"。出席会议的代表有河北、吉林等14个省级工商联和石家庄、长春等15个试点城市工商联、仲裁机构的相关负责同志。中央统战部五局、中国国际经济贸易仲裁委员会也应邀参加了会议。会议提出了试点工作的目标、任务和具体思路,拟定了有关工作方案。会后,双方就非公有制企业推行仲裁法律制度试点工作展开了调查研究工作,汇集试点单位有关总结材料,形成了《关于进一步做好非公有制企业民商事纠纷仲裁工作的意见(征求意见稿)》。

4. 东北仲裁工作座谈会在哈尔滨召开

2007年7月26日,东北仲裁工作座谈会在哈尔滨召开。国务院法制办公室、省市政府法制办公室的有关领导、东北三省25家仲裁委员会以及成都、承德仲裁委员会的领导参加了会议。时任哈尔滨市政府副秘书长王正邦同志到会讲话。会议传达了国务院法制办公室有关领导“关于贯彻党的十六届六中全会精神的讲话”“关于仲裁机构规范化建设的讲话”“关于推行仲裁法律制度的讲话”，以及“全国仲裁工作座谈会会议纪要”。

会议认为，党的十六届六中全会首次提出“构建社会主义和谐社会要充分发挥仲裁的作用”，这是党从新的历史条件下新的执政理念出发，决定把仲裁作为构建和谐社会的一支重要力量肯定下来，其意义是相当重大而深远的；仲裁机构要充分发挥仲裁的作用，坚持机构的规范化、现代化建设；仲裁机构要坚持“推行是根本，融入是关键”的方针，早日解决先进的仲裁法律制度与落后的仲裁意识之间的矛盾。

与会代表还就如何发展仲裁、提升仲裁公信力、规范仲裁机构等进行了广泛的交流。

5. 其他设区的市仲裁发展工作座谈会在珠海召开

国务院法制办在广东省珠海市组织召开了其他设区的市仲裁发展工作座谈会，建立了其他设区的市仲裁发展工作协调人制度。

6. 全国仲裁工作年会暨非公有制经济仲裁工作座谈会在海口召开

2007 年 12 月 10～12 日，全国仲裁工作年会暨非公有制经济仲裁工作座谈会在海南省海口市召开，参加本次会议的有全国 156 家仲裁机构和全国各省级工商联、15 个试点城市工商联。会议邀请了全国人大常委会法工委、国务院法制办、国务院台办、最高人民法院、全国工商联、司法部、中国证监会等中央国家机关、各省级政府法制办公室的有关领导出席。

会议的主题是学习贯彻党的十七大精神，总结研究中国特色社会主义仲裁发展的规律和经验，促进仲裁事业在新的历史起点上更好更快发展。

会议号召，全国仲裁机构要在党的十七大精神指引下，从构建和谐社会、建设小康社会的高度，贯彻落实党的十七大和十六届六中全会精神、贯彻落实仲裁法和国务院办公厅有关文件，进一步为仲裁事业的科学发展提供切实的保障。要解放思想，开拓创新，振奋精神，团结一心，努力开创中国特色社会主义仲裁事业的新局面。

（二）会议讲话摘要

1. 2007 年 1 月 23 日，国务院法制办卢云华同志在 2007 年全国仲裁工作座谈会上关于贯彻党的十六届六中全会精神的讲话

刚才，8 个片区协调人报告了 2006 年各区域仲裁发展工作的情况。总体来说，准备

是比较认真的，报告的内容也是实事求是的。大家认真总结了成绩，分析了存在的问题和经验教训，对2007年的工作进行了安排。全体会议代表围绕仲裁工作贯彻党的十六届六中全会精神的议题展开了热烈的讨论，提出了许多很好的意见和建议。全国仲裁界对党的十六届六中全会精神是拥护的，对决定关于发挥仲裁作用的要求，理解也是比较深刻的。这对全国仲裁界坚持党的领导，更好地贯彻党的路线、方针、政策，更充分地发挥仲裁的作用，有着积极意义。下面，我就这个议题讲两点意见，供同志们参考。

一、关于全国仲裁界贯彻党的十六届六中全会精神

党的十六届六中全会决定提出，构建社会主义和谐社会要充分发挥仲裁的作用。我们党的全体会议将发挥仲裁的作用载入决定，这还是第一次。这不是简单的一句话，而是一项重大的政治决策，是从党在新的历史条件下新的执政理念出发，从社会主义本质要求出发，通盘考虑社会主义和谐社会的构建需要作出的政治决策。决定把仲裁作为构建和谐社会的一支重要力量肯定下来，其意义是相当重大而深远的，无论是对促进社会进步还是促进仲裁事业发展来讲，怎么估计都是不过分的。我想至少有三条对全国仲裁界来说非常切实。第一，标志着充分肯定了这一代仲裁人为创建中国特色社会主义仲裁事业做出的贡献，是对全国仲裁界的极大鼓舞。没有同志们这10多年来的努力，没有同志们取得的创业成就，就不可能有这样的肯定。请大家回去后一定向同志们讲清楚这层意思。第二，把仲裁工作的作用提到了一个新的高度。构建和谐社会是我们党新的执政理念。把仲裁工作放到构建和谐社会的高度来考虑，使仲裁工作不仅仅具有一般意义上的服务作用，而且具有很强的政治作用。这就要求今后全国仲裁工作要从为构建和谐社会发挥作用这个大局来考虑，出发点、落脚点不能放偏了，不能在小处太计较了。否则，就辜负了党中央对我们的信任。第三，是党中央对全国仲裁界寄予的厚望。这三条非常重要，也正是因为这三条，使全国仲裁界在相当长的历史阶段从事仲裁工作具有一个大的政治背景。现在仲裁界有了两件法宝，法律制度上是仲裁法，政治上就是党的十六届六中全会决定。这两件法宝是仲裁工作安身立命、发挥作用、健康发展的基石。这也决定了从现在开始，衡量我们的工作就要以为构建和谐社会发挥的作用作标准，这是政治标准，也是根本标准。各位协调人、仲裁机构的领导同志、仲裁机构的工作人员无论何时何地都要把这两件法宝牢牢抓在手里，千万不可轻视了。

当前，根据充分发挥仲裁作用的要求，贯彻党的十六届六中全会决定精神要重点做好以下几件事：第一，全国各仲裁机构要普遍开展认真学习决定精神、努力实践决定精神的活动，结合仲裁工作实际和仲裁事业发展需要贯彻好决定。第二，各仲裁机构要在深刻领会决定精神的基础上认真制定在和谐社会建设中发挥仲裁作用的工作方案。讲和

谐不能是做文章。要用和谐社会建设统领仲裁工作。制定工作方案时既要考虑在构建和谐社会中如何发挥作用,又要考虑仲裁工作自身如何和谐,要把发挥社会和谐作用与本机构和谐建设有机结合起来。仲裁机构自身和谐建设要从以下几个方面考虑:一是仲裁机构和谐。要认真解决当前部分机构内部存在的严重不和谐问题。二是仲裁活动和谐。仲裁行为、仲裁方式、仲裁服务措施要能够体现文明教化,体现和谐精神,仲裁结果要尽最大可能体现仲裁特色,努力争取让双方当事人都服气、都认同。三是仲裁队伍和谐。这是全体仲裁人团结一致艰苦奋斗,为发展仲裁事业共同努力的基础。四是仲裁环境和谐。仲裁工作要与社会各界产生联系,要研究如何与社会环境友好和谐。五是全国仲裁界和谐。全国185家仲裁机构所处环境不同,发展状况不同,思想认识有差距和分歧是正常的,也是必然的。这种情况过去有、现在有、将来还会有。我们都是从事仲裁工作的,共处一个大家庭里,机构之间、同志之间都要相互尊重,相互帮助,和谐相处,千万不可相互贬损,是己非人。第三,请各仲裁机构根据党的十六届六中全会决定的要求和我们的意见,认真研究如何保障仲裁为构建和谐社会发挥作用,向所在地党委和政府提出意见和建议。这也是贯彻党的十六届六中全会决定的一项措施。这项措施要和会议后面两个议题的有关内容结合起来考虑。核心是在构建和谐社会中如何保障仲裁的作用发挥的更加充分。一个是如何发挥,另一个是如何保障,这两篇文章都要做好。全国仲裁界的同志们要充分认识到,党的十六届六中全会精神的贯彻是仲裁事业发展的重大机遇,请大家务必把这篇大文章做实做好。提出的方案和建议要具体,要充分考虑落实机制,要突出仲裁的特点,突出仲裁在促进社会和谐中的特殊作用。第四,请各仲裁机构集中一段时间抓好宣传工作,重点宣传仲裁在构建社会主义和谐社会中的特殊功能和特殊作用。

二、关于发展问题

发展是全国仲裁工作的永恒主题。社会主义市场经济条件下的中国仲裁走过了10多年的历程,经历了两个发展阶段。一是长沙会议之前,发展速度比较慢;二是长沙会议之后,全国仲裁界迈上了一个快速发展的轨道。但是从2004年、2005年开始,增长速度开始徘徊,尤其是标的额增长速度一直上不去。2006年全国仲裁受理案件的增长速度也开始下滑,标的额增长速度更是大幅下滑。特别是2005年处在全国第一位次的24家仲裁机构,其中有10家2006年受案数下降,在全国四个位次中下降的比例最高,形势十分严峻。

当前,全国仲裁工作任务很重,既要继续深化仲裁体制改革,又要全面实施仲裁二次创业,但归根结底还是要发展。改革的目的是发展,改革的结果是更好地发展。从全国仲裁工作的实际情况和仲裁事业发展的需要出发,目前阶段深化仲裁制度改革的任务主要是解决仲裁机构独立性问题,这是症结,也是深化改革的龙头,更是进一步深化改革的基础。而再下一步改革深化需要解决贯彻仲裁法不分地域提供仲裁服务的问题。我国所有的仲裁机构依法都是中华人民共和国的仲裁机构,不是隶属于任何地方的行政的仲裁机构,不能人为地去封锁、限制在固定的地域;任何地域的仲裁资源都属于全国仲裁机构,不能人为地去垄断。对仲裁而言只能有服务优势,不应有区位优势。要通过深化改革使所有仲裁机构无论所处何地都能依法平等地使用全国仲裁资源,站在同一条起跑线上,从而使仲裁法的基本精神得到全面彻底地贯彻实施。上述改革任务的完成,都要通过发展来创造条件。因此,发展永远是纲,其他都是目。2007 年仍然是发展年。

根据仲裁事业发展的客观需要,全国仲裁界要进一步提高对抓好仲裁发展工作的认识。第一,这一代仲裁人在任何时候都要始终牢记一条:发展是第一要务,离开发展讲什么都是小道理。客观形势要求我们发展,党的十六届六中全会决定要求我们发展,仲裁事业的未来要求我们发展。发展的问题关系事业成败兴衰,不容含糊。面对新时期新任务,全国仲裁界不可能再有其他选择,只能精力高度集中,全神贯注,一心一意谋发展。这里有一个问题要讲清楚。提高案件受理数量是发展的重要内容,虽然不是衡量仲裁机构工作的唯一标准,但是衡量仲裁为构建和谐社会发挥作用的基本标准。案件数量上不去,谈仲裁发挥多大作用是不现实的,也是不客观的。对此,在座的各位领导同志,头脑要始终保持清醒。当前,仲裁工作的主要矛盾是我们发挥的作用与社会需求不相适应,离党的十六届六中全会决定的要求还有相当的差距。我们要始终抓住主要矛盾不放,坚持科学发展观统领,用发展的观点统一全国仲裁界的思想和行动,争取通过努力,能够形成我国仲裁事业良性长久持续的发展机制,尽快实现我国仲裁事业规模化发展。第二,必须继续坚持长沙会议精神,解放思想落实长沙会议精神。长沙会议精神是在总结我国仲裁工作正反两方面经验教训的基础上提出的,是经过实践反复证明的,是唯一正确的仲裁工作指导思想。没有这个正确的工作指导思想就没有10 多年来我国仲裁事业的发展,也不可能解决好今后发展的问题。现在的问题是要结合新时期的新任务新要求,进一步创新长沙会议精神的落实方式。过去推行仲裁法律制度主要靠政府发文件、开会,今后,要积极探索更多更好的方法,努力实现增长方式的转变。第三,切实做好调查研究,认真摸索总结我国仲裁事业的发展规律,学会按规律发展。现在普遍存在的问题是,对我国仲裁事业的发展缺乏规律性认识,还没有实现从必然王国到自由王国的过渡,在很大程度上存在盲目性、缺少自觉性。不重视调查研究工作是个大问题,也决定了发展只能是粗放式的。各仲裁机构要在调查研究的基础上认真制定符合本地特点和自身发展需要的工作规划。没有工作规划很可怕。一个机构、一个班子、一支队伍究竟行不行,干得好不好,总是要拿出个说法来的。在贯彻党的十六届六中全会精神的过程中,要着力解决调查研究和制定科学发展规划的问题。第四,始终坚持仲裁工作的正确方向,始终坚持社会效益第一的原则。衡量仲裁工作的根本标准只能是也必须是为社会主义市场经济服务的水准、为构建和谐社会发挥作用的水平。当事人只要有仲裁需求,我们都要满足。不能只办大案子,不办小案子。不能设置任何门槛,把需要仲裁的当事人拒之门外,这种做法是违反法律的。仲裁事业发展需要标的额增长,但不能搞标的额至上。第五,继续保持并发扬艰苦奋斗的创业精神。艰苦奋斗是全国仲裁工作重要的创业经验,也是我国仲裁事业的传家宝,到什么时候都不能丢。否则,我们就不可能守住江山,也不可能开拓新的服务领域。仲裁事业发展到今天,之所以还是要讲创业,其中一个很重要的考虑就是要求全国仲裁界继续保持创业精神,保持创业心态,始终把精力放在发展事业上,千万不要放在享受发展成果上。当前一个非常值得注意的苗头是,有些同志把钱看得过重,在钱的问题上盘算太多,尽管有些话说起来很好听,但一旦落实,就全在钱上了,这是很危险的,也是极其有害的。仲裁事业的发展成果来之不易,是全国仲裁界艰辛创业的血汗结晶,要倍加珍惜。办公条件改善些,福利待遇提高些,本不为过,也是完全必要的,但欲念不可过重,否则就会走向反面。不能采取在紧抱行政性挣钱的同时又为分钱需要高喊民间性的两面策略,这是有失光明磊落的,思想作风也是有问题的。为什么有的同志在主张行政官员不能兼任仲裁委员会内设办事机构负责人的同时,又主张并实行行政官员兼任仲裁委员会领导职务呢?大概要害就在这里。民间性作为理论提法在仲裁法中有全面准确的体现,必须坚定不移、完全彻底、真心实意并审时度势地贯彻,切实保障仲裁权独立行使、仲裁机构依法独立自主管理,这是当前继续深化仲裁制度改革的主要内容;但绝不可以用来化公为私,也不能用来做仲裁机构股份化的手段。

我们这一代仲裁人注定了只能是一代仲裁伟业的创业者,绝不可以是败家子,仲裁事业只能在我们手中成就,绝不能败坏。艰苦奋斗的创业精神必须代代相传。

当前,影响仲裁事业发展的主客观原因很多,但最主要的原因我看还是主观上的原因。有的同志不认为发展是仲裁事业的第一要务,形而上学地把发展和规范对立起来,把数量和质量对立起来,把公平处理案件和促进事业发展对立起来。同志们要明白,根据党的十六届六中全会精神,只有通过发展解决好了发挥仲裁作用的问题,才是仲裁工作最大的质量,也才能说为社会做了贡献。还有的同志存在依赖心理,作风懒惰,干事业缺乏勤恳敬业态度;也有的同志事业心责任感不强,发展办法不多;有些领导同志管理信心不足,对发展有顾虑,担心案子多了管不住;有些领导同志注意力不集中,三心二意干工作等。这些问题都在严重制约着仲裁事业的健康发展,都是需要在贯彻党的十六届六中全会精神的过程中认真解决的。

总体来看,全国仲裁工作继续保持着发展势头,但与新的形势和新的要求相比还有很大的差距,我们的选择只能有一个,就是发展发展再发展。只有发展上去了,面临的所有问题才能得到很好解决。相信全国仲裁界同志们作为一代仲裁事业的创业者一定能够不辱使命,肩负起中国特色社会主义仲裁事业的创业重任,实现中国特色社会主义仲裁事业又好又快发展。

2. 2007 年 1 月 24 日,国务院法制办卢云华同志在 2007 年全国仲裁工作座谈会上关于推行仲裁法律制度的讲话

推行仲裁法律制度是全国仲裁界贯彻党的十六届六中全会精神、发挥社会和谐作用、贯彻落实仲裁法的重要基础性工作,是发展仲裁事业的根本,必须下大气力认真做好。下面,我就这项议题讲几点意见,供同志们参考。

第一,始终不渝地坚持长沙会议精神,解放思想落实长沙会议精神。长沙会议确定的“推行仲裁法律制度是根本,融入市场经济是关键”的思路,是根据中国特色社会主义仲裁事业发展需要确立的基本工作指导思想,是发展我国仲裁事业的唯一选择。当前,根据构建社会主义和谐社会对仲裁工作提出的要求,唯有继续坚持并进一步解放思想落实长沙会议精神,才有可能充分发挥仲裁的作用,舍此别无他途。因此,从现在开始,全国仲裁界要再次高奏推行仲裁法律制度的进军号,掀起新的推行工作高潮,努力实现推行工作科学化、长效化,实现我国仲裁事业的规模化发展,为建设和谐社会发挥更大更好的作用,为实现二次创业的奋斗目标奠定坚实的基础。

第二,确定正确的推行工作方针。总结 10 多年来全国仲裁界推行工作正反两方面的经验教训,为了使推行工作向深度和广度进军,今后一段时间全国仲裁界推行仲裁法律制度工作的基本方针应该是,坚持市场经济行业推行与社会基层推行相结合的原则。从构建和谐社会的需要看,大量的纠纷在基层,和谐的重点也在基层。仲裁机构设在直辖市、省会市和设区的市,但不等于就是市一级机关、市一级组织,不能因此与社会基层割断联系。不重视基层,不到基层中去发掘、拓展发展源泉,不仅无法发挥仲裁的作用,而且,对于绝大多数机构来说,生存也是难以为继的。仲裁在我国不是贵族活动。社会基层有取之不尽用之不竭的仲裁发展潜力和需求。

向社会基层进军,为基层和谐服务,既是发挥仲裁和谐作用的必然选择,也是发展仲

裁事业的必然选择。希望全国仲裁界的同志们高度重视,下决心到基层中去、到人民群众中去体现仲裁的和谐价值,获得仲裁的发展源泉。只要我们明确并坚持了市场经济行业推行与社会基层推行相结合的方针,条条抓住了,块块也深入了,推行工作就能够取得实效,而且也会有长期效应,服务作用也就会越来越充分,仲裁发展也就有了可靠保障。

第三,确定恰当的推行工作方式。贯彻市场经济行业推行与社会基层推行相结合的推行工作方针,必须转变已往推行工作中存在的"我要你仲裁"的传统观念和做法,确定与新的推行方针相适应的推行工作方式。随着我国行政管理体制改革的不断深化,更多的经济活动管理事务逐渐放给市场经济行业组织承担。这些组织与市场主体有着密切的联系,他们当中许多本身就具有调处企业纠纷、帮助企业解决矛盾的职能。虽然我国不实行行业仲裁体制,但要坚持走行业推行的道路。因为仲裁的专家在行业,仲裁的依据在行业。每个行业都具有符合自身发展规律的仲裁需求,都具有不同的仲裁潜力,推行工作只有根据不同行业的不同需求有针对性地开展,才能不断提高推行工作的科学性、有效性。所有的市场主体都位处一个特定的地域,都是社会基层的一员,良好的社会基层环境包括调分止争的机制构成了与企业发展紧密相连的生态。要使市场经济行业推行与社会基层推行相结合的推行工作方针落到实处,就要尽可能获得行业组织、社会基层组织的通力配合,努力使市场经济行业组织和社会基层组织成为广大市场主体与仲裁机构联系的纽带和桥梁。唯有此,才能使推行仲裁法律制度的工作得以深入持久并取得实际效益,也才能真正实现"昔日王谢堂前燕,飞入寻常百姓家"。为此,也为了更好地发挥和调动行业组织、社会基层组织的积极性,今后一段时间推行工作的基本方式是,仲裁机构与市场经济行业组织、社会基层组织合作,仲裁机制与调解机制结合。实际上,在《仲裁法》颁布实施不久,为数不少的仲裁机构也曾在市场经济的不同行业和企业派驻了办事机构,但之所以效果总体上不太显著,主要是两个问题:一个是基本属于"我要你仲裁"观念的产物;另一个是与行业组织的关系缺少正确布局。现在确定的推行方式不是单边的,而是双边的,体现了只有合作才有合力、只有合力方能合成的精神。合作合力合成都要以实现双赢为前提,要以满足共同需要为出发点和落脚点。只有这样,才能有效地变"我要你仲裁"为"我们都要仲裁"。各仲裁机构要彻底转变观念,开门办仲裁;进一步解放思想,合作促发展;在严格遵守仲裁法各项规定的前提下,广泛团结社会方方面面,共襄发展仲裁事业的壮举。对帽子的问题、椅子的问题以及房子、车子等物质性问题不要计较过多,要始终以事业发展为重。合作设置机构要严格根据确有必要的原则,无论谁主管都要严管理、出效益,不能砸仲裁的牌子。要坚持成熟一个搞一个,不能普遍开花。

实行新的推行工作方式要树立正确的工作指导思想,始终坚持服务宗旨。推行仲裁法律制度从原则上说就是贯彻实施仲裁法,是把仲裁制度交给当事人,是为社会和谐服务,是为人民服务。要始终从大局出发来考虑,不能搞急功近利之举。要始终坚持两条腿走路。要继续积极争取政府的支持,按照国务院办公厅22号文件的规定进一步做好修改格式合同的工作;同时,又不能完全依赖政府,要逐步学会走向市场经济、走向社会基层,挖掘仲裁发展的源泉。要根据不同行业的特点和社会基层特点制定仲裁活动规则和规范,最大限度地满足当事人的需求,充分体现和发挥仲裁的特色。要不断完善符合行业和社会基层需求的仲裁措施,针对不同的社会组织、不同行业搞出不同的办法。当然,这些规则、规范、措施和办法都不得违反法律的规定。我一直在考虑,建立仲裁裁决协助执行机制,协助当事人自动履行仲裁裁决的可能性和必要性。

第四,建立健全推行工作组织机制。各仲裁机构要把推行工作作为仲裁机构领导班子的一项主要工作,坚持不懈、持之以恒地抓下去。主要领导要亲自挂帅。要成立专门机构、建立专业队伍开展这项工作。推行工作既是一门社会性很强的工作,也是专业性较强的工作,要坚持按市场经济规律发展仲裁事业的方针,利用社会分工与市场经济专门组织合作,借用外脑外力合力开展。总之,组织落实是做好推行工作的基本保障,没有组织落实要想抓出长效实效是不可能的,也是做不到的。此外,推行工作又是一项系统工程,要有系统的规划、总体的把握、联动的效应。尤其要切实转变工作作风,提倡艰苦奋斗,绝不能用衙门作风来搞这项工作。

第五,要积极配合行业组织开展调解工作,完善调解职能,提高调解水平,努力使市场经济行业组织的调解功能不断发达,调解机制不断完善,为与仲裁机制的结合提供更多更好的可能。此外,处理仲裁案件从现在开始要从适用法律为主逐步转变为适用商业惯例为主,彻底改变仲裁的诉讼化形象。更多地适用商业惯例,是仲裁的本质优势。仲裁灵活应当主要是指仲裁依据的灵活、实体处理的灵活,这才是仲裁的灵魂,而程序的灵活是第二位的。当然,这个转变需要较长的过程。因为,我们仍处在社会主义市场经济建设的初期,很多行业还没有形成比较科学完备的行业惯例。但是,我们在与行业组织合作的时候要有意识地实现这个转变,以使我们的裁决更好地满足和符合市场经济各行各业的需要和特点,使仲裁的品牌特色更加鲜明,更具吸引力,更具适应性。我再次重申,仲裁实体处理的原则是不违法原则,实体裁决只有更多地按市场惯例办事,仲裁才能真正地灵活起来,这样的仲裁才是市场经济真正需要的仲裁,也才是最有发展前途的仲裁。

第六,2007年与2008年全国仲裁界推行工作的重点行业和领域:一是建设,二是金融,三是民营企业。总体考虑是,建设和金融这两个行业是国民经济的重要行业,自然也是纠纷的主战场。建设系统的推行主要是落实的问题。建设系统推行仲裁法律制度的工作,我们和建设部有过部署,已经几年了,但全国普遍落实的情况不够理想,长期游离在边缘,基本上都是商品房买卖,建设系统的主体产业链基本上没有打进去,现在到了需要取得突破的时候了。金融行业推行的问题,主要是依据问题。金融行业合同示范文本的修改权虽然在上面,但也并不是没有做工作的余地。这方面大家要向郑州仲裁委学习。郑州仲裁委的经验表明,在没有统一修改前,通过仲裁机构做工作是可以先行取得突破的。关键是看推行工作的质量和效率。

第七,关于在民营企业中推行仲裁法律制度工作和其他有关工作。民营企业行业分布很广,纠纷量也很大,保障相对薄弱,有利于仲裁发挥作用,也迫切需要仲裁发挥作用。对此,同志们要给予充分重视,做好深入细致的工作。

第八,有关仲裁机构特别是试点单位要认真研究涉台仲裁工作为国家涉台工作服务的问题。当前根据国家涉台工作的大局需要,各试点单位要组织得力人员专门研究涉台仲裁工作的发展和服务质量的提高问题,要努力推动涉台仲裁工作有个较快的发展。强调一下,涉港澳台、涉外仲裁员的聘任工作要慎重,要按规定报批。

第九,关于仲裁范围问题。目前,实践中出现了不少新类型的民商事纠纷的仲裁,仲裁界内部议论较多。只要不违法,就不要设框框,要允许积极探索。还是那句话,不争论,允许试,发展是硬道理。况且,只要仲裁服务方向不偏,就不要怕出错,即便错了也错不到哪去,也比较好纠正,不干才是最大的错!此外,请各仲裁机构对派出机构建设工作进行探索。

第十,关于向全国仲裁机构推荐行业推行工作实施方案和行业仲裁规则。为了更好地推动全国仲裁界推行仲裁法律制度的深入开展,我们考虑有必要请部分仲裁机构为主研究行业仲裁规则和推行工作方案。金融仲裁规则请贸仲、郑州仲裁委负责研究,建设系统推行工作方案请上海、成都仲裁委负责研究,民营企业推行工作方案请合肥、长春、石家庄仲裁委负责研究,涉台仲裁工作方案请厦门和南京仲裁委负责草拟。仲裁委员会派出机构的设置和管理意见请武汉和广州仲裁委负责研究,裁决的协助执行问题请郑州仲裁委负责研究,医疗、消费纠纷仲裁请天津、沈阳仲裁委负责研究,中等城市及经济欠发达地区推行工作方案请湘潭、赤峰、沧州仲裁委负责草拟。以上各方案要争取在2007年4月底拿出,下半年推荐给全国仲裁机构参考。

第十一,关于加强对推行工作的指导和监督。各区域协调人回去后要组织好本区域推行工作动员会,各仲裁机构要认真制定推行工作计划和方案。各区域要定期了解并汇总情况,组织本区域仲裁机构互通信息,交流经验,相互促进。建议各仲裁机构将推行工作的具体安排,写入给党委、政府关于贯彻党的十六届六中全会精神的建议报告中,争取党委和政府的支持、帮助和指导。

3. 2007年1月25日,国务院法制办卢云华同志在2007年全国仲裁工作座谈会上关于仲裁机构规范化建设的讲话

仲裁机构规范化建设是二次创业的一项基本任务,是针对我国仲裁机构建设长期以来存在的主要问题,根据实现我国仲裁事业现代化、科学化、正规化目标的需要确定的一项重要战略性任务,也是发挥仲裁社会和谐作用的重要保障性工作,必须高度重视,切实抓好。

第一,仲裁机构规范化建设要紧紧围绕提升仲裁社会公信力,提高仲裁社会作用来开展。仲裁机构规范化建设是发展仲裁事业、发挥仲裁作用、改变仲裁工作面貌的必然选择。当前,我国仲裁工作总体上还处在初始水平阶段,这是我国仲裁工作的基本矛盾决定的。仲裁的发展水平、建设水平、管理水平都处在这样一个初始水平上,仲裁还没有具备很好的社会形象,仲裁的社会公信力还没有真正地树立起来,仲裁的作用与社会进步、经济发展的要求还有相当大的差距,仲裁工作内外部环境还不尽和谐,仲裁工作还没有实现持续协调科学地发展。即便增长最快的时候,达到68%,但对社会发挥的作用也是很有限的。仲裁工作的专业水平总体上说也是比较低的,还没有完全从传统的纠纷解决模式中摆脱出来,还没有形成自己的鲜明特色和优势。仲裁机构的管理水平也是相当初始的,虽然也建立了这样那样的制度,如质量保障监督制度、财务制度、服务规范等,但由于仲裁机构的组织建设不健全,这些制度还没有发挥应有的作用。还有相当一批仲裁机构软件硬件设施配备与机构设置所必需的条件不符,不能满足依法仲裁的基本需要,公众形象差,无法正常开展工作,更谈不上发挥作用了。

这里需要特别提出的是,长期以来仲裁机构建设存在一个根本问题没有得到重视和认真解决,这就是仲裁机构根本治理制度不明确,突出体现在内部民主制度建设薄弱。既有决策不民主的问题,也有管理不民主的问题。为数不少的机构内部不和谐,上下左右关系紧张,思想混乱,步调不一;政务、事务、财务不透明、不公开;领导与被领导的关系不恰当或是不正常。这一代我国仲裁机构负责人和普通工作人员都是仲裁事业的创业人,相互之间的基本关系是事业关系、同志关系,我不赞成把它简单归结为雇佣关系。仲裁机构负责人应该是仲裁事业领头人,既不是行政首长,更不应该是资本家。我们对外说仲裁机构不是行政机关,可对内却搞行政首长负责制;对外称仲裁机构是社会公益组

织,对内又用资本家管企业的雇佣方式,这是不可以的,也是不公平的。仲裁机构应当建立科学的根本治理制度,这个制度必须以民主集中制原则为核心。无论是组织建设还是业务活动等,都要完全彻底地贯彻民主集中制原则。只有建立起这样的仲裁机构根本治理制度,才能较好地做好仲裁机构自身的建设工作,较好地解决内外部关系和谐的问题,也才能充分发挥这支队伍的战斗力。人民代表大会制度是我们国家治理的根本制度,是立国之本,任何法律的制定和实施都离不开这个根本制度。治理仲裁委员会的根本制度应当是也必须是以民主集中制为核心的委员会制,这是仲裁委员会的立委之本。当前,仲裁机构规范化建设的重心要放在仲裁机构根本制度的建设上,其他制度都要循着这个前提和基础来考虑。仲裁委员会实行民主集中制,民主的范围怎么考虑,只局限于领导层的小范围是有问题的。平等是民主的基础,平等是公平公正的前提。在仲裁机构治理上实行民主集中制的原则,首要的是平等对待所有仲裁人。所有仲裁人的主张、愿望、利益都要得到反映,都要得到平等体现,不能搞少数人"专政"。特别是在当前仲裁委组成人员兼职较多的情况下,做到这条就尤为紧要了。仲裁委员会也需要建立工会组织,保障仲裁工作人员的合法权益。现在在仲裁机构治理问题上有些奇谈怪论,有些混乱思想,有些不恰当做法,我看根源就在这里。谁想到仲裁机构来做官,谁就必然选择行政首长负责制;谁想通过仲裁事业发展获取私利,谁就必然选择做资本家做老板,主张雇佣制。凡是不能平等对待同志者必为私。这大概是一个屡试不爽的衡量标准。有的仲裁委员会聘任了几百个仲裁员,但经常办案的只有那几个,办大案的更是只有那几个。对此,其他仲裁员有反映。还有,仲裁委员会负责人自己给自己定工资,随意性大,与其他工作人员差距悬殊。合理的差距应该有,但多大适当,通过什么程序确定?我看还是要通过民主方式决定,而且也要内部透明。还有的仲裁机构在管理上人为脱节,决策的不负责,负责的不决策。仲裁委主任和内设办事机构负责人之间究竟是什么关系,是花瓶关系吗?当前,随着仲裁事业发展和仲裁机构的积累增多,要特别警惕仲裁机构的财产向私人腰包涌动,权力向少数人集中。绝不能允许以支持为名行干预仲裁活动、侵犯仲裁机构合法权益之实,也不能允许以这性那化为名,搞仲裁委员会财产私有化、权力个人化。到任何时候都要注意防止两个方面的倾向,只防一面是有问题的。在这里,我想提醒所有在仲裁机构兼任领导职务的国家机关工作人员和与仲裁机构有着这样或那样关系的行政单位,国务院法制办公室联系全国仲裁工作10多年,没有从仲裁机构收取过1分钱,希望你们也要谨慎为之。同时,也要提醒仲裁机构的所有负责人,仲裁委员会的财产是国家投入、所有仲裁人的血汗所得,是不可以妄动欲念的。

上述这些问题都要在规范化建设中着力研究解决,否则,仲裁机构就不可能是正常的、规范的、健康的。

第二，仲裁机构规范化建设是全国仲裁界贯彻党的十六届六中全会精神的重要措施和重要工作。本次会议确定在全国仲裁界开展规范化建设。同志们要充分认识到，贯彻党的十六届六中全会精神是仲裁机构规范化建设的重大契机，要紧紧抓住这个有利时机，乘势而上，争取尽快取得突破。各仲裁机构要组织全委会、全体仲裁员和仲裁工作人员根据党的十六届六中全会精神认真考虑本机构规范化建设实施方案。仲裁机构规范化建设要根据“软件硬件设施兼备、内在素质外部形象俱佳”的要求，始终坚持科学发展观统领，不断保持较高的仲裁案件快速结案率、民商事纠纷自愿和解调解率、仲裁裁决自动履行率和较低的司法监督纠正率，不断提高仲裁服务水准和当事人对仲裁工作的满意度；要认真做好仲裁需求和发展潜力的调查研究工作，不断提高推行仲裁法律制度的科学化水准，不断提高合同示范文本规范率、仲裁机构落实率水准，持续保持较快的发展速度，努力实现规模化发展，大力提升仲裁工作的社会公信力和社会和谐作用；要认真抓好仲裁队伍科学化建设，不断完善仲裁队伍结构，积极探索并努力实践仲裁员民主选荐制度，严格实施各项管理制度，努力探索并逐步实现仲裁机构领导成员专业化、专职化，积极探索仲裁工作队伍专业化、专家化建设；要认真并切实做好仲裁机构根本治理制度的建设工作；要不断改善仲裁机构财务状况，坚持仲裁收入用于仲裁事业发展这个仲裁收支管理的基本原则，进一步完善收支管理制度；要从发挥仲裁社会和谐作用的高度和严格贯彻实施仲裁法的需要出发，认真并尽快解决仲裁机构办公用房和办公设备的困难，满足仲裁机构依法仲裁的基本需求。对长期不具备基本条件、无法保证依法仲裁需要而又不能尽快解决的，要作为不具备机构设置条件的问题，认真研究依法处置的措施。

第三，仲裁机构规范化建设工作要严格依照仲裁法的规定进行，正确处理发展改革稳定的关系，同时满足发展改革稳定的需要。仲裁机构规范化建设要注意一个前提——三者关系。一个前提就是严格依照仲裁法，三者关系就是改革、发展、稳定的关系。仲裁机构规范化建设是进一步贯彻仲裁法的重要措施，必须以仲裁法的各项规定为前提，不能离开仲裁法的基本精神。要通过规范化建设更好地贯彻落实仲裁法，更严格地执行仲裁法，更充分地体现仲裁法的精神。同时，规范化建设要正确处理改革、发展、稳定的关系，满足发展、改革、稳定的需要。当前，我国仲裁制度改革还没有彻底完成，还需要继续深化。深化改革的目的是更好地促进发展，不能偏离发展的需求；发展也不能脱离了改革的要求。无论改革还是发展，都要注意维护全国仲裁界、全国仲裁队伍的稳定。只有稳定，才能为发展和改革创造良好的客观环境，才能为快速发展奠定组织基础和思想基础。只有保证使全国仲裁界共享深化改革的成果，才能做到全国仲裁工作的稳定。因此,在考虑规范化建设内容时,在考虑实施步骤时,都要同时满足这三者的需要。快点慢点不要紧,多点少点也不要紧,改革发展稳定是全国仲裁界的大局。宁可慢点,也要稳点。规范化建设重在制度建设,重在机制完善。制度建设重在根本制度的确立,机制完善在于根本制度的贯彻实施。要认真考虑实施的影响,做好权衡工作。在很多时候,对全国仲裁界来说,不是真理和谬误之争,90%以上的时候是要做好权衡。我们的任务是把真理变为现实。把真理变为现实重在正确权衡。要做好权衡,一方面要坚持原则,另一方面要正确判断形势,掌握好节奏。这10来年参加仲裁工作的同志都是中国特色社会主义仲裁事业的创业者,无论来自何处,无论现在和将来有什么样的发展要求,对这些同志都要公平对待,予以善待。简单地搞"全上来、都下去"是有问题的,也是难以办到的。操之过急,不仅于事无补,也是办不成的。面对复杂的机构、队伍和工作状况,深化改革,只能"软着陆",这才能保证改革发展稳定同时兼顾。

最后,仲裁机构规范化建设的有些问题是要通过仲裁法的修改来解决,有的是需要通过成立中国仲裁协会来解决,有些是需要通过我们自身努力去解决。属于我们自身努力可以解决的,要积极开展工作,争取社会方方面面的支持,努力创造条件,尽可能地争取有大的进展。凡是需要党委和政府支持帮助的,要把具体安排尽可能详细地向党委和政府报告,以便在党委和政府的支持下协调各方共同推动规范化建设工作。各试点单位已经做了先行探索,也取得了初步成效,精神很可嘉,经验尤重要,还是要继续试。尤其是对全国仲裁机构规范化建设的难点、热点问题要继续做好试点工作。

4.2007年6月14日,国务院法制办卢云华同志在济南仲裁委员会推行"六公开"10周年座谈会上的讲话

几年前,济南仲裁委提出"六公开"的时候,张参平同志曾经来过北京,当面给我讲了这个"六公开",几年下来看,"六公开"措施非常好。现在回过头来想这件事,我觉得"六公开"很好地体现了党的执政理念。执政为民是我们党在新时期下的执政理念,那么在仲裁工作中怎么体现,我想"六公开"做出了很积极的探索,同时,也是我们中国社会主义特色仲裁事业、仲裁为民本质的具体体现。实际上,就仲裁这个客观事物来看,仲裁在国内外的作用和影响是不一样的。围绕着如何更好地发挥仲裁的作用也有不同的意见和建议,我们讲,中国的仲裁,中国社会主义特色的仲裁,本质是为人民服务的,是为960万平方公里13亿人民服务的。《仲裁法》的颁布开宗明义地讲清了我国仲裁的基本性质和基本方向,就是要保障社会主义市场经济的健康发展,要肩负这样的任务。因此,仲裁在

我们国家不是富人俱乐部，不是贵族游戏，它要满足社会进步、经济发展的要求。也正因这样，我们党的十六届六中全会第一次在全会决定中把发挥仲裁的作用写进了全会决议中。我曾在2007年年初的全国仲裁工作会议中讲过，从此我们仲裁事业有了两件安身立命的法宝，法律上是《仲裁法》，政治上是党的十六届六中全会的决定。党的十六届六中全会的决定至少有两个意义：一个是对我国仲裁工作10年来的发展给予充分肯定，另一个是对仲裁工作在今后构建社会主义和谐社会中的作用提出了要求。无论是肯定也好，要求也好，都是希望我国的仲裁工作能过更好地为社会服务，承担更多的社会责任。今天，我们回过头来看济南仲裁委提出的“六公开”在当时是个承诺，是个特色的品牌，从今天看它的意义就不仅仅是这个意义了。

一、“六公开”措施已经成为济南仲裁的一面鲜明旗帜

10年前，我国的仲裁事业刚刚起步，仲裁工作面临许多困难，最主要的是缺少一个坚定不移的发展模式和思路。济南仲裁委员会怀着对仲裁事业强烈的使命感和创新意识，从人民群众最关心也是最担心的公正廉洁问题入手，按照“以公开保障公正，以监督保证廉政”的正确思路，制定并实施了济南仲裁依法文明办案“六公开”措施。10年来的实践充分证明，济南仲裁委始终坚持了正确的发展方向，走出了一条具有济南特色的仲裁之路，极大地促进了全国仲裁事业的健康发展，济南仲裁把公正、廉政工作向社会公开的方面在全国范围里是比较早的。自济南提出“六公开”以后，全国的许多仲裁机构纷纷学习、响应，也根据本地的实际提出了不同的对社会的承诺，这对于在全国范围内贯彻实施《仲裁法》，向广大人民群众和市场主体介绍《仲裁法》起到了很好的作用。

“六公开”措施把仲裁的制度、体制和机制全部向社会公开，增强了工作透明度，勇于接受社会各界监督，充分展示了济南仲裁人的气魄和胆识，体现了济南仲裁“全心全意为人民服务”的宗旨和“公正、廉洁、高效、优质”的工作精神。“六公开”措施从仲裁工作服务于社会主义市场经济建设的大局出发，在公开法律服务项目中创立了“星期六仲裁庭”和“流动仲裁庭”等制度，利用行业组织和社会基层组织相结合、仲裁机制与调解机制相结合的方法深入推行仲裁法律制度，这正是当前全国仲裁工作所倡导的发展方向和模式；在公开内部管理制度部分中确立的各项内部工作制度和工作体系，为加快全国仲裁机构规范化建设提供了很好的借鉴。“六公开”措施推出后，在全社会引起了很大的反响，获得了社会各界的普遍赞誉。在“六公开”措施推出后的几年里，济南仲裁的受案量连续几年都以30%的速度递增，济南仲裁一直位居全国仲裁机构的前列。2002年国务院法制办在济南召开了“全国仲裁发展工作会议”，提出了“跨越式发展”的宏伟目标，极大地促进了仲裁事业的蓬勃发展，济南会议成为中国仲裁事业发展历史上的一座里程

碑。这次会议叫“全国仲裁发展工作座谈会”,是根据我国社会经济的发展对仲裁工作的要求,在济南召开这次会议。这次会议的召开对全国仲裁事业快速发展是一次很好的动员,会议召开的第二年全国仲裁发展的增长速度达到40%,第三年达到了68%。现在我们国家已经成为世界上利用仲裁方式解决民商事纠纷最多的国家之一。济南仲裁委的发展速度和全国的发展速度是相适应的,而且要比全国平均增长速度要高。

回顾“六公开”实施10年来的发展历程,济南仲裁委以“六公开”为总抓手,造就了一支讲政治、讲大局、讲奉献的高素质仲裁队伍,突出了济南仲裁人艰苦奋斗、锐意创新的崭新形象,展现了济南仲裁“和谐、庄重、文明、民主”的鲜明风格,为构建中国仲裁文化做出了积极有益的探索,同时也为把济南仲裁委员会建设成为辐射全省、影响全国的区域仲裁中心奠定了坚实的基础。

济南仲裁工作之所以能取得这些成绩,离不开党的领导,离不开政府的大力支持,也离不开社会各界的积极协助。济南市委、人大、市政府和仲裁委领导班子能够站在中国仲裁事业发展的高度和大局,把仲裁事业作为促进社会经济发展,提高济南城市辐射力、影响力的大事来抓。仲裁是社会公益事业,它是为社会公益服务的,需要社会方方面面的支持,也只有社会方方面面的支持,才能有仲裁事业的发展。济南的“六公开”之所以有生命力、影响力,和济南的社会环境有直接的关系。济南市文明办在“六公开”措施的宣传和推广方面也给予了全力的支持。各县(市)、区政府也为宣传和推行仲裁法律制度做了大量扎实有效的工作。市政府有关部门和社会各界也都为仲裁事业的发展做了大量卓有成效的工作。

二、仲裁工作的发展形势和面临的任务

当前,我国仲裁工作的重点就是深入贯彻党的十六届六中全会的精神,为构建社会主义和谐社会发挥积极作用。我们党第一次将仲裁工作写进党的全会决议,具有十分重要的意义。这是党对一代仲裁人创建中国特色社会主义仲裁事业的充分肯定,也是对全国仲裁界的极大鼓舞,中国仲裁事业的发展面临着前所未有的历史机遇。

同时,我们也应当清醒地认识到,经过十几年的发展,我国的仲裁事业虽取得了显著的成绩,但从总体来看,我国的仲裁工作与社会经济的发展还不相适应,“先进的仲裁法律制度与相对滞后的社会仲裁意识和初始的工作水平”这一基本矛盾在相当长的时间里仍将存在,仲裁在构建社会主义和谐社会中的重要作用还没有得到充分的体现。因此,要把仲裁法律制度在构建社会主义和谐社会中的积极作用提升为重要作用,进一步促进中国仲裁事业又快又好地发展,使仲裁法律制度成为解决我国民商事争议的主要手段,应着力做好以下几方面的工作:一是全国仲裁机构要把贯彻学习党的十六届六中全会精神和促进当地党委政府的中心工作结合起来，要在深刻领会决定精神的基础上结合仲裁工作实际和仲裁事业发展需要认真制定切实可行、行之有效的工作方案，突出并重点做好仲裁在构建社会主义和谐社会中的重要作用这篇大文章。二是始终坚持“发展是第一要务”的指导思想，坚持全心全意为人民服务的宗旨，认真探索仲裁事业的发展规律，坚持仲裁工作的正确发展方向；要始终坚持“推行仲裁法律制度是根本，融入市场经济是关键”的工作指导思想，按照行业和基层推行相结合的基本方针，坚持合作、互利、双赢的原则，继续做好仲裁法律制度的推行工作；要充分发挥仲裁调解机制的作用，完善仲裁调解职能，提高调解水平，发挥仲裁制度灵活、专业的优势，更多地适用商业惯例、市场规则仲裁案件。三是要做好仲裁机构规范化建设工作。仲裁机构规范化建设要始终坚持科学发展观为统领，紧紧围绕提升仲裁社会公信力，提高仲裁社会作用来开展；要根据“软件硬件设施兼备、内在素质外部形象俱佳”的要求，建立先进的仲裁管理体制，努力提高仲裁队伍的素质，严防仲裁腐败的发生。

三、对今后济南仲裁工作的希望

这次座谈会，按照新形势新要求对“六公开”措施予以修订和完善，充分体现了济南仲裁与时俱进的创新精神。今后，希望济南仲裁能够在市委、市政府的正确领导下，认真做好以下几项工作：一是要深入贯彻党的十六届六中全会精神，按照济南仲裁委一直倡导的“和谐仲裁”理念扎实推进各项工作；二是要始终坚持“六公开”措施不动摇，在实践中不断充实和完善并狠抓落实，依靠“六公开”实现济南仲裁事业的可持续发展；刚才有几位同志讲到了仲裁质量的“三率”要求，能够根据党的十六届六中全会决定的精神，在我们的各自工作中注意发挥仲裁的和谐作用，在我们的执政工作中如果有需要运用仲裁发挥作用的地方，也能够积极地为他们创造条件，来发挥他们的作用。实际上各地有所不同，有的政府机关一方面支持仲裁事业的发展，另一方面在遇到一些社会性、民众性的问题有意识地让仲裁发挥作用，缓解政府工作的压力，同时通过仲裁这只手使社会矛盾得到缓冲，这也是些政府的工作经验，供大家借鉴。

5. 2007 年 7 月 24 日，国务院法制办卢云华同志在仲裁机构民间组织建设座谈会上的讲话

一、关于这项工作的提起

2007 年 5 月初，我们曾邀请区域仲裁发展工作协调人和部分仲裁机构负责人就全国仲裁工作的形势和存在的问题进行了座谈。会议期间，与会代表也对仲裁“民间性”问题

进行了讨论。绝大多数同志认为,"民间性"的含义和实际操作不清晰,在全国仲裁界没有形成共识。会议结束前,我在发言中提出,尽管与会代表对仲裁民间性的分歧很大,但有必要对这个问题进行探索,并建议以北京仲裁委王红松、成都仲裁委叶时雨两位同志为主,认真研究仲裁机构民间组织建设的具体设想,考虑成熟后提交全国仲裁机构讨论。鉴于这个问题比较敏感,为了维护全国仲裁界的稳定,研究工作先在内部进行。当时,对于这个建议,与会代表没有提出反对意见,但事后,仍有同志持不同意见。就在这次会议召开前,仲裁界的部分同志仍然不主张我参加会议。但越是这样,就越是反映出研究仲裁机构建设,就要研究必要性、针对性和目的性,解决对这项工作正当性的疑虑问题。因此,本次会议的任务是研究仲裁机构建设的具体设想,让全国仲裁界的同志实实在在地看到仲裁机构民间组织建设的实际做法、具体目标、实施步骤和结果,请大家共同作出抉择。无论会议是否能够形成共识,会议结果是否能够被全国仲裁界接受,但作为探索工作的开端,是有意义的。

仲裁机构建设研究工作是一项严肃的工作,也是一项实践性极强的工作,关系到仲裁机构在国家社会组织中的正确定位,关系到仲裁机构为社会进步经济发展发挥的作用,关系到我国仲裁机构建设的正确方向。因此,只能是公义之举,绝非私利所为。此时,各种口号、提法和主张本身的真理性并不重要,重要的是实践的正确性。同时,仲裁机构建设涉及的问题和方方面面的社会关系非常广泛,是一项错综复杂的系统工程,必须坚持一切从实际出发,认真研究并解决好面临的所有现实问题,切实处理好改革、发展、稳定三者的关系。任何轻忽和不切实际的做法都只会是南辕北辙,不仅难以解决问题并有所建树,而且,只会适得其反,贻害事业、贻误时机。在这方面,我们已经有过教训。

这里要特别强调的是,仲裁机构建设的方向与仲裁工作的方向是两个问题。根据仲裁法和党的十六届六中全会的决定,我国仲裁工作的任务和正确方向是保障社会主义市场经济健康发展、为构建社会主义和谐社会发挥促进作用。而仲裁机构建设的方向是根据仲裁法和国办有关文件的规定,实现我国仲裁工作体制的现代化、科学化、规范化。仲裁机构的建设必须服从并服务于仲裁工作的方向。即使我国仲裁机构建设的任务完成了,也仍然需要继续坚持仲裁工作的正确方向。事实上,唯有仲裁工作的正确方向才是仲裁机构建设工作的唯一前提。因此,仲裁机构建设的研究工作必须紧紧围绕仲裁法和党的十六届六中全会精神来进行,这也是检验研究工作及其成果的根本标准。

二、关于对会议议题的看法

仲裁机构建设问题,从本质上说,不是理论问题,而是仲裁法的贯彻实施问题。换言之,这个问题在《仲裁法》颁布时就已经明确了。当前乃至今后一个时期,全国仲裁机构建设的任务就是要结合我国仲裁界的实际情况把仲裁法的有关规定落实的更好更彻底。

《仲裁法》颁布至今已经12个年头了。有关仲裁机构性质的说法和明确仲裁机构性质的要求几乎从来就没有停止过,包括近年来的民间化主张。不同的是,在初期是经济欠发达地区的仲裁机构说得多,而现在是经济发达地区的仲裁机构说得多,只是内容不同而已。对有关学术方面的考虑我了解不多,但仲裁界的同志提出这个问题,据我了解,更多的、主要的并不在于仲裁机构的根本属性,而是希望通过明确仲裁机构在我国社会组织分类中的位属类别进而明确相关的政策。因为,国家对社会组织基本上实行的是条块结合分类管理的原则,不同类别的社会组织的管理政策、制度和方法不同,最终体现在社会组织的权益和利益上的不同,有时差别会是很大的。所以,明确了社会组织分类的位属类别,也就明确了享有的相关政策,有关利益和权益看得也就比较清楚了。同志们的这种愿望是可以理解的。而问题恰恰就在于对仲裁机构很难简单地划入我国目前社会组织分类中的某一个类别,全国仲裁机构差别又很大,许多做法也不相同,这就必然导致了对仲裁机构的类别位属和根本属性的认识不会一致。特别是随着我国仲裁事业的蓬勃发展,仲裁机构的权益和利益不断显现,由于各仲裁机构发展状况并不齐整,对仲裁机构建设的主张不同、意见分歧是在所难免的。但最终,全国仲裁界的思想认识还是会统一到仲裁法上来的,而且,也只能统一到仲裁法上来。当然,也是要统一到我国仲裁工作发展规律和社会需要上来的。

根据仲裁法规定的精神,仲裁机构不仅不是行政机关,也不是司法机关,更不是立法机关和党的机关。总之,不是国家机关。同时,仲裁机构也不是企业、不是人民团体或社团组织,也不是民办非企业单位或事业单位,不属于现行法律法规关于社会组织分类中的任何一类。关于民办非企业单位和事业单位,根据中央的有关精神,二者的界限是明确的。凡是使用民间资本举办的为社会公共服务的非营利性组织,属于民办非企业单位,不能称为事业单位;凡是由国家出资举办的为社会公共提供服务的非营利性组织,属于事业单位。如果我说的不正确或不准确,请在座的法工委和人事部的领导同志指正。我国仲裁机构在重组时,国办曾专门下发文件,要求各有关市人民政府"参照有关事业单位的规定,解决仲裁机构的人员编制、经费、用房等"。既然是"参照",就说明仲裁机构并不是事业单位,否则,就是"按照"了。而且"参照有关事业单位的规定"并不是对仲裁机构进行管理,而是解决仲裁机构的困难,属于参照办理。这种情况是比较特殊的,恐怕在全国社会组织中也是不多见的。如果抛开通过社会组织归类而获取相应政策的考虑不谈,仅就仲裁机构的性质而言的话,问题是比较简单的,也是比较容易谈清楚的,同志们相互之间也是比较好谈拢的。换句话说，只要大家依法论"性"，仅就仲裁机构的根本属性而讨论，问题远没有那么复杂和深奥。关键在于出发点。如果只从既得利益和享有的政策出发，这个问题在仲裁界是很难扯清的。我看我们有些同志在这个问题上，是有些剑走偏锋的。记得在6年前厦门召开的副省级城市仲裁机构座谈会上，我曾经针对当时仲裁界的一些想法和说法讲过，仲裁是上层建筑还是经济基础，我看还是经济基础好些。我还极而言之地讲，仲裁也是生产力。这些话虽然讲得原则了些，但意思都有了。只是此后并没有引起应有的注意。为什么当时没有讲得更直白些，主要是考虑仲裁工作不是政府管理的工作，对于仲裁机构建设这样的重要问题最好不要由政府机关来讲，由仲裁界自己通过实践加深认识效果会更好些。另外一个重要原因是涉及对民间组织的认识。正确、全面认识民间组织，对仲裁界持有不同主张的同志客观地、深入地考虑和解决仲裁机构建设问题，都有重要意义。

民间组织作为社会组织的组成部分，既具有社会组织的一般特征，又具有自身的特点；既有联系又有区别。一般地说，民间组织具有下列几条基本要点：第一，民间组织的内部事务依法实行自主管理，独立享有民事权利并承担民事责任，其合法权益不受任何非法侵犯。第二，国家对民间组织及其民事活动依法进行必要的适度干预。第三，民间组织的行业共同事务实行行业自主管理和监督。第四，民间组织有关的社会事务包括党团工妇、劳动人事组织编制以及社会保障、卫生保健、安全保卫等属于社会管理的事项，不实行级别管辖或管理，而是按照属地原则分别由党的基层组织或工作委员会、基层政权组织及其派出机构负责或办理。不仅是民间组织，就是其他社会组织包括国家机关的许多社会管理事务也是要按照属地原则办理的。以上各点，结合仲裁机构的情况究竟该怎么布局和考虑，需要作深入的研究。

譬如第一点。仲裁机构独立享有哪些民事权利，如何依法保障；需要承担哪些民事责任，承担民事责任的方式和范围；仲裁机构依法自主管理的内部事务的范围和主要事项，自主管理的基本原则和根本治理制度等。几年来，曾经有几个仲裁机构的同志先后找我谈仲裁机构在自身财力允许的情况下是否可以进行经济类经营活动的问题。当时我答复说，不要和我谈这个问题。因为我们是联系仲裁工作的，不是管理仲裁机构的。因此，既无权批准或不批准，也不能表示同意或不同意。而且，这些问题并不是仲裁工作或仲裁活动的问题，不属于我们联系的范围。如果你拿不准，把我作为仲裁工作的一员与我商量，征求意见，就像今天的会一样，我可以谈谈看法供你们参考。他们同意。我告诉他们，第一，在我们国家包括民间组织在内的所有社会组织的职能和活动的内容及范围，都是依法核定的。仲裁机构进行法定职能以外的经济类经营活动，是否需要依法核定;第二,仲裁机构通过经济类经营活动获取收入是否属于以营利为目的行为;第三,获取的收入是否需要纳税,如果纳税,该怎么考虑,如果不纳税,又该怎样认识;第四,如果获取的收入用于分配,问题该怎么考虑妥帖了。我告诉他们,所有这些问题都不是该我回答的,也不是我所能够回答的,建议与相关部门沟通协商。我现在讲这个问题,并不是说这几个仲裁机构的意见正确或不正确,而是说,如果把仲裁机构按照民间组织进行建设,对自主管理的内部事务和独立享有的民事权利的范围和程度要过细地考虑,这样才会实际些、妥善些。

又譬如第二点。国家对民事活动的干预,是社会治理的基本原则。国家对民事活动要依法进行必要的、适度的干预,但也要尽量减少干预。目前,国家对仲裁机构及其相关的活动进行干预的事项是比较多的,既有涉及内部活动的,也有属于社会活动的;既有关于机构的组建、登记、重要事项的备案等,又有关于收费标准和财务管理、组织人事编制管理等。干预的方式既有事先的审批或登记,又有事中与事后的监督。任何一个国家都不可能不对民事活动进行干预。问题在于干预的程度、干预的范围和干预的方式的必要性和适当性。国家对不同的社会组织、不同的民事活动的干预往往是不同的。研究仲裁机构建设问题,一个很重要的内容就是要具体研究对仲裁机构这种社会组织的国家干预程度、范围和方式,要具体研究哪些事项由哪些部门采取哪种方式进行管理,哪些事项、哪些活动不必进行干预。

根据10年来我们与有关部门协调的体会,研究工作要特别注意几个问题:一是要从仲裁工作的性质和社会责任出发来考虑;否则,社会不容易理解,仲裁界也难以统一,事情也很难办得下去。二是要从仲裁机构与其他类似社会组织既有相同之处又有不同之处来把握,既不宜简单类比其他,又不宜强调自身特点过多。否则,很难争取到方方面面的理解和支持。三是要同时兼顾国家干预和支持。在许多时候,国家干预往往都伴随着某种支持和保障,甚至是因为支持而产生的。例如,对仲裁机构,如果不是给予了财力、物力和人力的支持,就不会有财务、资产和编制及有关福利待遇方面的管理和监督。因此,研究工作要精心处理好国家干预和支持的关系。从理论上说,只要支持和保障、不要干预和管理是难以成立的,仲裁界的一些主张也是希望通过放弃国家的支持和保障以换取取消干预和管理的。几年前,有几个地方曾经提出过这样一种说法:政府不干预就是支持。按照辩证唯物主义的基本观点,任何事物都是在发展、在变化的,在事物发展变化的不同阶段,事物都具有质的稳定性;语言、文字作为人类对于客观事物认识的表现形式,也需要具有相对的确定性。支持就是支持,干预就是干预,是两种性质根本不同的事物,关键在于该不该干预。如果依法应当干预而没有干预,就是不作为,把不作为转换成支持,听下来勉强了些;如果依法不应当干预而干预了,就是非法干预,将没有进行非法干预表述是政府的支持,这无论如何都不像是对政府的肯定。当然我并不是说这几个地方同志们话说得不对,也不是反对同志们继续这样说,而且,我对同志们这样讲的出发点也是理解的。我的意思是说,在研究仲裁机构建设时就不宜这样简单地归结,务必要以科学严谨的态度,非常实际地考虑国家干预和支持的问题,尽量避免在泼洗澡水时,把洗澡的孩子也泼出去了。

再譬如第三点。民间组织的行业共同事务实行行业自主管理和监督。行业共同事务是涉及行业成员共同利益或根本利益的事务,当个别或部分行业成员的利益、主张或行为与行业大部分成员发生冲突或抵触时,不实行国家或社会等外部干预方式解决,而是由行业组织代表行业成员的共同意志和愿望依照行业规范来解决(触犯国家法律的除外),这是不能被称为行业行政管理的。同时,在某些时候,国家也会授权行业组织规范或管理行业活动的秩序,监督行业成员的行为。对于仲裁行业来说,首先,什么是仲裁行业的共同事务,哪些具体事项应当纳入共同事务范围,这既关乎全国仲裁界的根本利益、共同利益,又关乎每个仲裁机构自主管理内部事务的权利,要正确处理全局与局部、整体与个体的关系,精心考虑,不能片面强调某一个方面,草率为之。其次,行业组织不是行业成员的上级领导组织,而是行业成员的共同组织,因此,行业组织基本的或者说是根本的组织原则是民主集中制。不尊重民主的集中是强权主义,不服从集中的民主是分散主义,都是损害行业成员共同利益的。在这种情况下,更多的已不是简单地谬误服从真理的问题,而是少数服从多数的问题。否则,如果大家都认为只有自己才是真理而自行其是,全国就没有共同的利益和意志,也就一盘散沙了。在这个时候,全国仲裁界的团结比什么都重要都优先。问题在于,在现行体制下,仲裁界是否具备了这样做的客观条件,是否具有了足够的思想准备和心理承受能力。

再譬如第四点。关于民间组织有关的社会事务管理实行属地原则的问题。民间组织首先是民,无论是什么组织形式,本质都是民,在政治上、法律上地位都是平等的,不存在中央级、省级、市级、县级和乡级民间组织之分。而我国的仲裁机构,由于大都是有关市人民政府组建的,党团工妇、人事组织关系和财务、编制等事务大多放在市一级国家机关或由市一级行政机关管理或联系,有相当部分领导同志是市委组织部管理的干部或是培养的对象。这与其他民间组织是不同的。就目前状况而言,如果按照民间组织社会事务属地管理原则,把仲裁机构包括所有工作人员的党团工妇等组织关系以及有关的身份关系全部从市级国家机关拿出来,交由基层组织或其工作机构联系,财务、人事、编制及其他有关社会事务改由基层行政机关或基层政府派出机构管理或联系,情况会怎样,目前尚难具体预料。而这个问题,又是仲裁机构建设中难以回避的重要问题,尤其需要仔细斟酌。

最后,还有一个仲裁机构内部事务、国家干预事务、仲裁行业共同事务、仲裁机构社会事务的关系摆布问题,要注意科学设置。总原则是,无论是来自国家的、社会的、行业的,没有监督管理肯定是不行的,但是过多的监督管理也是不必要的;能够通过机构、行业内部监督管理解决的,就不要用外部监督管理的方式和手段,能够靠软监督就可以解决的,就不要用硬监督。总之,不要监督管理是不行的,太多太滥也是影响活力的。不仅对仲裁机构,就是对任何社会组织都是一样的。

此外,在考虑仲裁机构建设问题时,不要期望仲裁机构能够把各类社会组织的优势集于一身,如社会地位要像国家机关,权威要像司法机关,自主度要像企业,自由度要像中介组织,政治地位属于上层建筑,经济利益属于经济基础等。因为,这是很难办得到的。

三、关于问题的由来

仲裁机构建设问题,实际上是包括全国所有仲裁机构在内的我国仲裁工作体制的完善问题。研究清楚仲裁工作体制完善的未来走向,必须客观地回顾、总结和评价我国仲裁工作体制发展的历史。唯有此,才能找准问题的症结,摸清解决问题的途径,看准仲裁机构建设的方向。

12年前颁布的《仲裁法》对我国当时存在的行政仲裁体制进行了根本性的改革。全国依法组建的仲裁机构从根本性质上讲,都已不是行政机关,我国的仲裁也已不再是行政仲裁,这是一个基本事实。因此,现在研究仲裁工作体制完善和仲裁机构建设问题与《仲裁法》颁布前面临的情况已经完全不同了。同志们都知道,为了改革我国计划经济体制下的行政仲裁制度,仲裁法设置了由地方政府组建和登记仲裁机构的制度,这是必要的,也是当时唯一正确的选择。为了支持依法重新组建的仲裁机构能够顺利开展工作,保障仲裁法得到贯彻实施,国办曾经下发文件,要求各有关市人民政府参照有关事业单位的规定,解决仲裁机构的人员编制、经费、用房等问题,这同样也是完全必要的。在那个历史时期,许多事业单位及其工作人员特别是领导人员是列入国家行政编制的,是有行政级别的,或者享有与行政级别相应的待遇,这对退休后的养老保障等事宜也是有影响的。编制部门在核定人员编制时一个很重要的考虑就是财政部门的拨款方式,同时,对事业单位也是要依法进行登记的。而财政部门对仲裁机构参照事业单位的有关规定给予仲裁机构财政支持,总是要有具体科目的,因此,只能参照最相类似的科目解决仲裁机构的财务供给问题,同时,也就相应产生了有关管理问题。应当说,当年国办文件的规定不仅保证了我国仲裁工作体制改革的顺利进行,而且,也是受到了全国仲裁界欢迎的。但由于在实际工作中“参照”的尺度确实拿捏不易,更不好统一掌握,又是在特定的历史条件下,这就在全国范围内逐渐形成了对仲裁机构“按照”而非“参照”事业单位的规定进行管理而非办理的情况。这种情况的出现,是当年研究对仲裁工作给予支持时所始料未及的。因此,从根本上说,现在研究仲裁机构建设的起始点,并不是对行政性仲裁工作体制、对依法重新组建的仲裁机构再次进行改革,而是对现行地方政府组建并登记仲裁机构制度下的将仲裁机构作为事业单位进行管理的状况应当如何考虑。至于由于政府组建并登记仲裁机构和负责换届工作而派生的仲裁机构与行政机关的联系、国家机关工作人员在仲裁机构兼职等问题,主要是制度完善和规范问题,由于产生的原因不完全相同,与仲裁机构建设的问题并不完全等同。仲裁机构工作人员的身份问题和编制问题等有其特殊的历史成因,与仲裁机构的性质无直接、必然的联系,也只能是以仲裁机构建设问题解决为前提。这是其一。

其二,仲裁机构建设工作作为全国仲裁工作体制完善的措施,要符合我国仲裁工作体制完善的正确方向,要满足全国仲裁机构依法建设的需要,要坚持有利于充分发挥仲裁社会公益作用的原则,要维护仲裁机构非营利性的特点,目前,全国仲裁机构在仲裁机构建设问题上,意见分歧很大。不仅不同类别的仲裁机构主张很不一致,就是同一类别的仲裁机构,意见也是大相径庭。譬如,同是直辖市的仲裁机构,实际做法和主张就很不相同,省会市的仲裁机构也很不一致。在对仲裁机构建设的具体要求上,不同的仲裁机构的针对性和实际目的及期望值也不一样。就仲裁界的同志而言,不同的位置和现实存在也导致了诉求的不同。一般来说,仲裁员都是兼职的,在仲裁工作与仲裁机构中的权利义务关系比较简单,要求自然也就比较具体明了,也容易理解。仲裁机构负责人的情况要复杂些,具有行政级别身份的与不具有的、在职的与已经办理退休手续的、专职的与兼职的等,往往意见很难一致和统一。仲裁机构的普通工作人员大致可分为两类:一类是具有事业单位编制的,另一类是不具有的,前一类对仲裁机构建设关心的事项相对要多些,后一类则要简单些,虽然同在一个仲裁机构工作,但对仲裁机构建设的一些根本问题往往意见相左。社会存在决定社会意识,这是一条马克思主义的真理。在这个问题上出现的所有不同意见和主张甚至是担心和忧虑都是客观的,也是必然的,都是应当给予理解的。重要的是,在研究仲裁机构建设工作时,都要给予足够的重视,不宜简单地肯定或否定;同时,作为全局性的工作,不能仅从某类机构、某类群体的愿望来考虑,到什么时候都要尽可能兼顾各个方面。关键是明确正确的方向、妥当的步骤和衡量标准,这是全国仲裁界思想统一的前提。

综上,根据仲裁法的基本精神,仲裁机构作为社会组织,其本质是非政府组织。这是不容置疑的,也是不必讨论的。但在我国仲裁工作体制改革初期,考虑到仲裁工作社会公益的特点,为了保证仲裁法的贯彻实施和仲裁机构重组以及仲裁工作顺利开展,国家没有简单地把仲裁机构按照一般民间组织来对待,而是参照事业单位的规定给予仲裁机构人财物等方面的支持,这就使我国仲裁机构成为一种比较特殊的社会组织。或者说是一种新类型的社会组织,这是特定历史条件下形成的结果和产物。实际上社会组织的分类也是在不断发展的。这在我们国家并不是唯一的。现在提出仲裁机构建设问题,就意味着要作出选择:一是彻底作为社会民间组织建设。二是全面按照事业单位建设。三是继续作为特殊的社会组织去探索。主要内容:一是时机的把握、途径的确定、利弊的权衡和步骤的安排。二是与社会管理的关系处置。重点在于依法妥善处理人、财、物的问题。但无论作为哪种社会组织,形象地说,脐带终究是要割断的,问题在于何时割断,关键在于割断脐带后是把孩子放在床上,还是放在地上。

四、我们的工作和考虑

在《仲裁法》实施10周年时,在总结我国仲裁事业发展正反两方面经验教训的基础上,根据我国仲裁工作长期存在的先进的仲裁法律制度与相对滞后的社会仲裁意识和初始的仲裁工作水平之间的基本矛盾,我们提出了社会主义市场经济条件下的仲裁事业二次创业,并明确了二次创业的目标是将我国仲裁工作为保障社会主义市场经济健康发展、构建社会主义和谐社会发挥的积极作用提升为重要作用;明确了二次创业的三项基本任务是:努力实现仲裁工作体制社会化、仲裁发展机制市场化、仲裁机构建设规范化。为了说明继续创业的必要性、迫切性,我们又进而指出仲裁法确定的对仲裁工作体制进行改革的任务还没有彻底完成,二次创业就是要继续深化仲裁工作体制改革。二次创业与继续深化仲裁工作体制改革是一致的,针对的都是全国仲裁工作包括仲裁机构建设存在的机构附属性、管理行政性和业务地域性问题。经过与全国仲裁界的同志反复磋商,充分听取意见和建议,我们认为,今后一段时间仲裁机构建设的核心问题,是要使仲裁机构成为独立享有权利、承担责任的法人组织,为仲裁机构依法独立仲裁、公平公正处理社会经济纠纷、自主管理内部事务提供切实的制度保证。

二次创业及其三项基本任务和继续深化仲裁工作体制改革的提出具有很强的针对性和概括性,既具有明确的方向感,又具有现实的可行性,是最大限度地包含了全国仲裁界的各种主张、要求和不同利益诉求的,同时也是具有很强的策略性的。当然,对走得更快些更远些的主张和要求,我们也是理解的、尊重的,也赞成进行研究。包括近年来有些同志提出的采取市场化手段解决我国仲裁工作体制完善的问题,早几年我们也是考虑过的。只是由于在目前一个地区只能设一个仲裁机构的制度下,能否实行真正的市场化;全国仲裁机构都变成市场主体后,相互之间的竞争关系及市场秩序如何确定,把握还不是很大等原因,尚难形成实际工作方案。

同时,二次创业也好,继续深化仲裁工作体制改革也好,充分照顾了我国仲裁工作体制的不平衡性和完善工作的阶段性,是从我国仲裁工作实际出发作出的考虑。我们国家幅员辽阔、人口众多,不同地区、不同类别差异很大,这是基本国情,在我国仲裁工作体制中也有比较充分的反映,对我国仲裁机构建设也定会产生影响。因此,在研究解决仲裁机构建设问题时,要承认差异性、正视差异性,重在从差异性中去把握、去研究解决问题。没有区别就没有政策。要充分认识仲裁机构建设渐进性的客观必要性。这样,接受的面会宽些、程度大些,也稳妥些。千万不要有急躁情绪。路总是要一步步走的,饭也是要一口口吃的。正所谓其来也渐,其入也深。红军长征战略形势的扭转在四渡赤水,多一渡不行,少一渡也是不行的。凡事都要把握恰如其分、恰到好处,掌握好火候,这就是规律。

前不久,听说在南方的一个城市开了一个会,会上也谈到了有关仲裁机构建设的问题。恰恰就是这个城市的仲裁机构在1年多前主动申请并经市政府常务会议讨论决定,仲裁机构内外部事务包括所有工作人员的关系完全脱离与市政府及其部门的联系。这是全国仲裁机构建设走得最快最远的。结果是几乎全体仲裁机构的工作人员都表示反对,特别令人感触较深的是,据反映,由于仲裁机构一下子脱离出来,有关衔接工作一时还没有落实,这个仲裁机构的女同志怀孕后,竟然没有地方给发计划生育准生证,孩子生不下来。最后,由于反映强烈,问题也很突出,就在南方这个会召开前不久,市政府只好又作出决定,将这个仲裁机构收回,恢复原来的状况。这件事情的教训是十分深刻的,无论是对仲裁实务界还是理论界考虑仲裁机构建设问题,都是有借鉴作用的。由此,又引发出一个道理。理论与实践是要紧密结合的。这是党的三大作风之一,是具有重要的指导意义和保障作用的。这个机构的愿望是好的,出发点也不能说有多大问题,但做下来却出现这样的效果,令人惋惜。如果当时理论与实践两方面能够结合一下,可能对两方面效果都会好些。最近,深圳仲裁委正在开展仲裁机构建设方面的实践探索,相比之下,就慎重些了。

此外,二次创业和继续深化仲裁工作体制改革的提出,对我国仲裁工作体制完善的历史阶段性是作了较充分的考虑的。仲裁工作体制完善的历史阶段性,对每个仲裁机构都是客观的。历史形成的问题只能在历史发展过程中解决。仲裁工作体制完善是一个客观历史进程,绝不是一朝一夕就可以一蹴而就的。我们当然希望早些快些完成,但必须认识到历史进程的客观性,必须正确认识我国仲裁机构建设所处的历史阶段及其主要特点,尊重事物发展的规律,坚持主客观相统一的原则。同时,历史发展趋势是无法改变的,历史发展阶段是难以超越的,问题仅仅在于早点晚点,快点慢点,不走是不行的,走急了也是不行的,走错了更是不行的。对此,全国仲裁界的同志们要有清醒的认识。而且,历史也是不能人为割断的。我们的今天是历史发展的结果,也是历史发展的延续。因此,历史是不能否定的。我国仲裁界的历史如此,每个仲裁机构发展和建设的历史也是如此。特别是全国发展较快的众多仲裁机构更要有科学的历史观。以北京仲裁委为例,近年来北京仲裁委发展较快,但在几年前他们还在天坛南门的居民楼里工作,条件艰苦,国家财政供养着,市级政府机关在联系着管理着,行政机关的领导同志在参加管理并帮助协调着,也具有处级、局级的身份和待遇,奋斗到今天,事业有了发展,思想认识自然也会随着发展。但是不是就可以根据现在的认识,认为在北京仲裁工作发展历史上曾经存在过行政化仲裁或者是行政性仲裁机构的历史阶段呢?是不是就可以对北京仲裁委那段创业历史予以否定呢?我看是不行的,因为这不是历史唯物主义的态度。那段创业经历是北京仲裁委发展历史的不可分割的组成部分,是北京仲裁委贯彻实施仲裁法的重要实践,也是北京仲裁委机构建设必经的历史阶段,对北京仲裁工作以后的发展有着重要的奠基作用。这个道理对全国其他仲裁机构同样也是适用的。对目前还处在“天坛南门”状况的仲裁机构是不是也应该这样看待呢,是热情鼓励他们迅速发展起来,还是责怪他们走得太慢,还是采取措施把他们关闭掉,究竟哪个更好、更合情合理呢?在国际社会,落后了就要挨打,在我们自己的国家、在仲裁界也时兴这个吗?在仲裁机构建设的问题上不能搞历史虚无主义。对于全国不少仲裁机构而言,他们的今天就是北京仲裁委的昨天,而北京仲裁委的今天就是他们的明天。就历史特征而言,全国仲裁机构共处在我国仲裁发展的同一个历史阶段,彼此之间、今天和昨天没有根本的质的差别,认识到并把握住这个客观事实,是正确研究我国仲裁工作体制完善问题的基本前提。这也决定了在仲裁机构建设的问题上,全国仲裁界虽然发展状况有所不同,但思想认识最终是会统一起来的。对此,我们要能够耐得住。否则,请大家来开今天的会议就没有意义了。

仲裁机构建设工作关乎我国仲裁事业发展的大局,我们的体会是,研究这项工作必须注意三条:一是要有理论思维,二是要有战略思维,三是要有政策意识。无论是这项工作的出发点、着眼点还是最终结果,包括我们以往所阐述的,概括起来、归结起来讲都是一点,这就是中国仲裁发展的战略与策略。古人讲,治大国如烹小鲜,要轻拿轻放。研究解决全国仲裁工作的问题包括我国仲裁工作体制的完善问题,要始终坚持出手要轻、事缓则圆,仔细权衡利弊、正确把握时机、谋定而后动等策略,无论是从认识论还是方法论的角度讲,都是必要的、妥当的。

五、关于对这项工作的基本要求

第一，这项工作原则上说，要由仲裁界自主探索，要在全国仲裁实践中寻求解决办法并得到验证。政府机关的作用更多的是配合和协助。就我个人对仲裁工作的了解和认识，我认为解决我国仲裁工作体制完善的问题，从全局的角度看，首要的还是发展，关键是科学发展。同志们不妨想想，仲裁机构建设问题原本在12年前《仲裁法》颁布时就客观存在，为什么近年才突出起来了呢，这难道不是发展的结果吗？所以，没有发展，就不会产生机构完善的需求；没有发展，就不会有全国仲裁界的统一思想、统一认识、统一意志和统一步调。只有发展，才能缩小全国仲裁机构的差距；只有发展，才能减少全国仲裁界的分歧。发展，是解决我国仲裁工作体制完善问题所有办法中最根本的办法。因此，科学发展始终是全国仲裁工作的第一要务。这也是为什么我们从联系全国仲裁工作开始，就始终抓住发展工作不放的原因。靠发展解决发展中的问题，是最靠得住的，也是最能经得起历史检验的。会后，会议情况的归纳整理及继续研究工作，仍然请王红松、叶时雨两位同志为主进行，为仲裁界研究提供服务，要相信两位同志能够搞出大家都满意的设想，其他机构包括全国仲裁机构还是要一心一意谋发展，不能影响大局。

第二，仲裁机构建设研究工作内容丰富，涉及面很宽，要讲究系统论，充分考虑联动性，要尊重规律讲科学。这件事可能涉及的科学领域很多，既有法学、仲裁学，又有政治学、经济学、社会学、行政学、市场学、行为科学等一系列学科，要充分运用各学科的研究成果，开放式地、跨学科地做好研究工作。特别要注意，做的时候可以考虑轻重缓急、突出重点、先易后难、试点先行等，但在设计的时候，还是要尽可能地周全、周到、周密，防止顾此失彼、轻此重彼，这也是古人讲的“算无遗策”的道理吧。

第三，当前关于仲裁机构建设的问题，仲裁界讨论颇多。概括起来说，这是当前我国仲裁工作体制利益多元化的必然反映，也是仲裁工作体制利益多元化必然导致的仲裁发展模式多样化的客观反映。这就要求研究工作要能兼收并蓄，充分听取并认真考虑各种不同意见。无论研究也好，讨论也好，有不同意见是正常的，更是必要的。人类实践总是通过总结正反两方面的经验教训而发展的，人的认识也是要在不同意见的比较中得到提高和深化的。海纳百川，有容乃大。雅量才是做大事做正事的气度。

每种主张都可能是真理，但真理不可能总在一边，更何况我们现在的任务是把真理付诸实践，付诸为全国仲裁界的共同实践。包容性、涵盖性是起码的要求。据了解，这次座谈会上，王红松、叶时雨两位同志将把他们研究的仲裁机构民间组织建设的具体设想提交代表们讨论。无论这个设想怎样，满意不满意，同意不同意，同志们都要心平气和地讨论，多提建设性的意见和建议，少用不正确之语。要摆事实讲道理，平等公道待人待事。可以对提出的意见不赞成,但不可以对人格和权利不尊重。仲裁人要讲风范。我们是搞民商事纠纷处理的,仲裁工作是社会公益的工作,如果连对自己的同志都做不到,怎么还能指望你的案件仲裁结果能公道公正呢,怎么还能指望你对当事人能平等对待呢?既然大家都是在为事业着想,就没有理由说不该说的话,做不该做的事。否则,动机就不好考虑了;否则,外人后人该怎么看呢?家和万事兴。希望全国仲裁界的同志们共同努力,为仲裁机构建设研究工作,创造宽松、和谐的环境和氛围。

第四,端正仲裁机构建设的指导思想。仲裁机构建设研究工作必须保证我国仲裁事业发挥更大作用,保证全国仲裁机构共同发展,保证仲裁工作队伍稳定,保证全国仲裁界同志安居乐业,促进仲裁事业不断壮大繁荣。唯有此,才有可能受到全国绝大多数仲裁机构的支持和赞成,也才会让全国仲裁界的同志安心和放心。

最后,建议我们一起再次学习胡锦涛同志2007年6月25日在中央党校省部级干部进修班发表的重要讲话。胡锦涛同志在讲话中对我国改革开放以来取得的伟大成就的根本原因作出了深刻、精辟的总结,他指出:"改革开放以来我们党带领人民开辟了中国特色社会主义道路,这条道路之所以正确、之所以能够引领中国发展进步,关键在于我们既坚持了科学社会主义的基本原则,又根据我国实际赋予其鲜明的中国特色。"胡锦涛同志要求:"全党同志特别是党的高级干部,必须牢记社会主义初级阶段基本国情,认清全面建设小康社会、实现我国基本现代化、巩固和发展社会主义制度的重要性、长期性、艰巨性,增强聚精会神搞建设、一心一意谋发展的坚定性,提高想问题、办事情绝不可脱离实际的自觉性。"中国特色社会主义仲裁事业是中国特色社会主义事业的组成部分。我国仲裁工作体制的现代化、科学化和正规化是不以人的意志而转移的历史发展趋势。我们相信全国仲裁界的同志完全有能力有智慧把我国仲裁机构建设得更好,为保障社会主义市场经济健康发展、构建社会主义和谐社会做出更多、更好、更大的贡献。

6. 2007年10月30日,国务院法制办卢云华同志在部分其他设区的市仲裁机构负责人座谈会上的讲话

一、关于这次会议的成果

这次会议是《仲裁法》实施以来第一次由仲裁机构自己组织集中研究全国其他设区的市(不含直辖市、省会市和副省级城市)仲裁发展工作的会议。会议期间,各位代表认真总结和回顾了其他设区的市仲裁发展工作的历史,总结了10多年来这个群体在创建中国特色社会主义仲裁事业的历史进程中取得的成绩和宝贵经验;同时,也客观地分析

了这个群体仲裁发展工作所面临的形势、任务和存在的问题以及解决的办法。会议开得热烈，参加会议的仲裁机构负责同志本着对国家一项重要事业高度负责的精神，认真研究了这个群体的发展工作。切实做好这个群体的发展工作具有重要的战略意义和作用。国家的经济发展、社会和谐需要这个群体迅速发展起来，这是客观的、必然的。仲裁法确立的我国仲裁工作体制是从国家大局和全局出发作出的决策，事实证明是正确的。而且，将随着我国仲裁事业的发展特别是这个群体的发展得到进一步证明。会议在这些基本问题上达成共识，为进一步深入开展全国其他设区的市仲裁发展研究工作，进行了必要的思想准备。

二、关于这项工作的提起

三四年前，我们就曾与部分仲裁机构为着手研究这项工作做准备。自从长沙会议确定了我国仲裁工作的基本指导思想、济南会议确定了我国仲裁工作的发展战略后，全国仲裁工作发展很快，最高的年份受案数量增长68%。《仲裁法》实施10多年来，全国仲裁受案数年平均增长达30%。这一代仲裁人取得了辉煌的创业业绩。对仲裁工作10多年来取得的成就在国际范围内的比较，过去很少讲。主要是考虑，我们有我们国情，我们有13亿人，受案数量多些是应该的，希望同志们不要因此而骄傲，要继续努力、继续创业。当时考虑，为了使全国仲裁工作能够保持发展后劲，能够形成长效发展机制，就必须解决全国仲裁工作体制发展不平衡的问题，就需要认真研究这个群体的发展工作。此外，根据仲裁法确定的仲裁工作的任务，评价全国仲裁工作是不是成功、是不是有成效、是不是做得好，不能只在仲裁界内部出一个符合这个群体发展需要的工作方案。目前，这个稿子还不能说是成熟。但重要的是开了个头，实际上也是全国其他设区的市仲裁发展研究工作的一次动员。这项工作的核心任务是促进全国其他设区的市仲裁工作又好又快地发展。

三、关于这个方案

第一，方案要回答好其他设区的市仲裁工作发展的必要性和可能性。《仲裁法》颁布12年，实施11年多了，目前还有100多家仲裁机构年受案不到100件，原因究竟是什么？这些仲裁机构有没有存在的必要？这是一个经常遇到的问题，也是研究全国其他设区的市仲裁发展工作不能回避的问题。总判断是，绝大部分地区是有仲裁发展潜力和需求的，关键在于我们自己的努力。这个问题关系到对我国仲裁工作体制如何评价，关系到我国仲裁工作体制建设的走向。今天研究这项工作，要能够实事求是地回答好这个问题。否则，盲目地设、靠政府养，确实是有问题的。同志们要争口气。

第二，研究这项工作要正视现状，正视存在的问题。这个群体有部分仲裁机构发展速度比较慢，发挥的作用比较小，主客观原因都有。在研究这项工作时，要正视这些问题，要重在从主观上寻找原因。直辖市、省会城市仲裁发展工作也都存在问题和困难。这个群体既要客观地面对实际、客观地面对问题、客观地面对困难，又要能从主观上寻求发展思路。只有多从主观上努力，才有可能找到正确的思路，才会找到正确的发展办法。

第三，要树立信心，振奋精神。发展工作要落实，困难是很大的，要有专门的人负责、专门的队伍去做。现状一时达不到不要紧，但要求还是可以提的。关于“五率”，即仲裁特色“三率”和推行工作“两率”，特别是推行工作“两率”，建议以落实国办22号文件为抓手来写，要通篇贯彻《仲裁法》、党的十六届六中全会决定和国办文件的精神。推行工作指标还是需要的，但要注意执行问题。一是指标要有科学性、可行性，二是立足点是帮助当事人合法有效地选择仲裁，保障当事人选择仲裁的权利落到实处。关于特色问题，还是要坚持开门办仲裁。最近，与几个机构在议到金融仲裁工作时，曾经有个考虑。根据仲裁特色的要求，行业性的、专业性较强的纠纷，要从适用法律为主逐步地转为适用行业规则、商业惯例为主。审理这些纠纷，要逐步地以行业的专家为主。参加审理的法律专家要保证裁决准据不违法，仲裁活动不违法，裁决内容不违法。这个特色凸显出来，仲裁的吸引力才会更强。关于建设中国特色社会主义仲裁理论的问题，可不可以考虑加强仲裁界的思想建设问题。当前，仲裁队伍的思想建设问题比较突出。如果说创业10多年来有什么教训的话，恐怕这是重要的一条。党的十七大闭幕后，有多少仲裁委员会组织全体工作人员、仲裁员学习党的十七大文件了？（与会代表部分举手表示组织学习了）很好。现在看不抓这项工作是不行的。要在全国仲裁界深入开展中国特色社会主义主题教育活动。要高度重视并加强仲裁委员会的组成人员、工作人员和仲裁员的思想建设工作。这里，我还要特别强调，仲裁机构的根本性质是社会公益性。就其社会作用和社会责任而言，是服务于社会，造福于人民的事业，不是为个人谋取私利的事业。离开我国仲裁工作的社会主义性质，就不会有我国仲裁事业的发展。同志们是中国特色社会主义仲裁事业的一代创业人，创业很难，守成更难。如果在性质问题上不能坚定不移，如果思想基础不打牢，后果不堪设想。今天没钱的时候好办，有钱了怎么办，变不变？发展不起来时好办，发展起来后变不变？这个群体的发展要动员社会方方面面给予支持，不坚持仲裁工作的社会主义性质，就不可能得到社会各界的理解与支持。希望仲裁机构的负责同志在政治上一定要把住关。

第四，继续坚持党的领导、政府的支持和社会的帮助。中国特色社会主义仲裁事业的发展必须适应并满足中国特色社会主义事业发展的需要。离开了中国特色社会主义事业去单搞一套，是没有前途的。仲裁工作要不要接受党的领导？这是基本原则问题。在我国，党的领导是历史的选择，是人民的选择。离开了党的领导，任何一项事业都不会得到发展。党的领导是我国各项事业发展的核心力量,党的领导是国家走向幸福发达的唯一途径和根本保障。对仲裁工作来说,党的领导主要是思想上、政治上、方向上的,但绝不能因为强调仲裁工作的特殊性而否定党的领导。政府的支持要不要?我看也要实事求是地对待,不能有困难的时候就要政府,腰包瘪的时候就要政府,腰包鼓起来了就否定政府的支持。我国仲裁事业到任何时候,不管发展得怎么样,都要在政府的支持下(但不干预)开展。这次会议研究这个群体的仲裁发展工作,是全国仲裁工作贯彻科学发展观的一个重要举措。要实现全国仲裁工作全面、协调可持续发展,没有这个群体的发展、没有这个群体的崛起是不可能的。也就是说,认真地抓好这个群体的仲裁发展工作,是全国仲裁工作落实科学发展观的必然选择,也是科学发展观统领的重要体现。希望这个群体的同志要有这样的责任感,你们能不能发展起来对全国仲裁工作的科学发展有重要影响。这个群体的仲裁机构要有这样的大局观。

第五,继续坚持一切从我国国情实际出发。这是我们党的思想路线。就仲裁工作而言,什么是国情?一是仲裁工作的两条基本任务,二是社会公益的性质,三是党的领导、政府的支持、社会的帮助。这里讲的从实际出发,是指在坚持正确的方向、正确的道路的前提下,要从本地的实际情况出发去发展仲裁事业;同志们不要寄希望由上面作出“一刀切”的决定。一刀切,切一刀,这刀法很讲究,但是怎么切都是有代价和成本的。与其切不好,不如不去切。不切就有活力,不切就是从实际出发,不切就是最大的政策。多年来全国仲裁事业发展呈现出百花齐放的景象,各机构迸发出蓬勃的创业精神,创造出许许多多好的创业经验,都是从实际出发开展工作的结果。希望同志们继续从本地实际出发做好发展工作,相互借鉴。但不要相互贬损。

第六,继续坚持仲裁工作的正确方向。这个群体尤其要继续坚持。

第七,继续坚持围绕党和国家的中心工作发展仲裁事业。仲裁机构都地处特定的区域,离开了党和国家的中心工作,要想发挥作用是不可能的。仲裁工作游离于党和国家的中心工作之外,是没有前途的。事实证明,凡是发展业绩好的仲裁机构,都是通过自觉围绕党和国家的中心工作而获得发展动力和源泉的。因此,研究仲裁发展工作一个很重要的原则、一个很重要的方面就是要认真研究如何同党和国家的中心工作有机地结合起来,以争取党和国家的支持和信任,以发挥出仲裁的作用。

第八,继续坚持艰苦奋斗、自主创业的精神。中国特色社会主义仲裁事业的创业来之不易,同志们付出了很大心血,取得了显著成绩。但仍要清醒地看到离社会的需求还差得很远,还存在很多问题。我们的发展业绩还不稳定,还没有形成良性长效的发展机制;我们对仲裁事业发展的规律,认识还不是很深很准,掌握得还不是很自觉,还没有实现从"必然"到"自由"的转变,创业的任务也还没有完成。因此,还要继续创业,继续艰苦奋斗,特别是要继续发扬自主创业的精神。不能寄期望于方方面面的条件都具备了再来开展工作,这是不可能的,也是不现实的。研究这个群体的发展工作,要能很好地体现依靠自身的艰苦创业赢得客观支持的精神。

7.2007年12月12日,国务院法制办卢云华同志在2007年全国仲裁工作年会上的致辞

《仲裁法》颁布实施10多年来,在党的理论路钱和方针政策指引下,在社会各界的关心、帮助和支持下,全国仲裁界的同志们发扬艰苦奋斗、开拓进取、奋发图强的创业精神,取得了创建中国特色社会主义仲裁事业的显著成绩,很好地发挥了保障社会主义市场经济健康发展、构建社会主义和谐社会的积极作用。我国仲裁工作的社会公信力不断增强,仲裁服务水平不断提高,已经成为满足社会公益、实现社会和谐、体现社会公平、促进社会经济发展、全面建设小康社会的重要力量。为此,全国仲裁界的同志们付出了艰辛的努力,社会方方面面给予了大力支持,在此,谨向同志们致以崇高的敬意!

二、仲裁案件受理情况

(一)全国受理情况

2007年全国200个仲裁委员会共受理案件60,955件,比2006年增加了7431件,增长率约为13.8%;标的总额为727亿元,比2006年增加了40亿元,增长率约为5.8%。

(二)区域受理情况

华北片区受案6144件,标的额110亿元;东北片区受案4876件,标的额73亿元;华东片区受案11,535件,标的额108亿元;东南片区受案6705件,标的额62亿元;中南片区受案15,162件,标的额64亿元;华南片区受案7814件,标的额141亿元;西南片区受案4574件,标的额27亿元;西北片区受案2978件,标的额22亿元;中国国际经济贸易仲裁委受理案件1118件,标的额114.16亿元;中国海事仲裁委员会受案49件,标的额1.4亿元。

二〇〇八年

内容提要：

一、仲裁活动

(一) 仲裁会议

1. 全国仲裁工作座谈会在北京召开

2. 西南仲裁工作座谈会在乐山召开

3. 华北仲裁工作发展座谈会在北京召开

4. 东南片区仲裁区域合作成员全体会议在合肥召开

5. 西北仲裁工作会议在西宁召开

6. 中南三省仲裁工作会议在湘潭召开

7. 东北仲裁工作座谈会在吉林召开

8. 华东地区仲裁工作会议在日照召开

9. 华南仲裁工作座谈会在东莞召开

10. 全国部分仲裁机构负责人座谈会在杭州召开

11. 沪浙苏十城市仲裁会议在常州召开

12. 第三次全国仲裁机构规范化建设试点工作座谈会在台州召开

13. 全国仲裁工作年会在济南召开

(二) 会议讲话摘要

1. 2008 年 2 月 27 日，国务院法制办卢云华同志在 2008 年全国仲裁工作座谈会开幕式上的讲话

2. 2008 年 11 月 12 日，国务院法制办卢云华同志在 2008 年全国仲裁工作年会开幕式上的致辞

二、仲裁制度建设

国务院法制办公室与中华全国工商联合会联合下发了《关于进一步做好非公有制企业民商事纠纷仲裁工作的意见》。

三、仲裁案件受理情况

(一)全国受理情况

(二)区域受理情况

一、仲裁活动

(一)仲裁会议

1. 全国仲裁工作座谈会在北京召开

2008 年 2 月 26～29 日,经国务院法制办批准,国务院法制办协调司在北京召开了全国仲裁工作座谈会。参加会议的有全国各区域仲裁发展工作协调人、仲裁机构规范化建设试点工作协调人、其他设区的市仲裁发展工作协调人、仲裁机构思想建设工作研究组成员和仲裁工作专业化建设研究组成员。

此次会议内容为:集中学习党的十七大精神,认真研究我国仲裁事业举什么旗、走什么路、以什么样的精神状态、朝着什么样的目标继续前进的问题。会议有两项议题:一是认真研究我国仲裁事业举什么旗、走什么路的问题;二是认真研究实现我国仲裁事业又好又快发展的具体措施。会议期间,全国各区域仲裁发展工作协调人分别代表所在区域向会议报告了 2007 年区域仲裁发展工作情况。与会同志分别就我国仲裁事业举什么旗、走什么路的问题,以及实现我国仲裁事业又好又快发展的具体措施和建议作了发言。

与会同志认为,在开创中国特色社会主义仲裁事业新局面的关键时刻召开这次会议,集中学习党的十七大精神,认真研究我国仲裁事业举什么旗、走什么路的问题,具有重要意义。与会同志从我国仲裁事业发展的实际出发,深刻分析了我国仲裁工作解决举什么旗、走什么路问题的必要性、重要性和迫切性,明确提出我国仲裁事业必须高举中国特色社会主义伟大旗帜,必须坚定不移地走中国特色社会主义的发展道路,必须坚持为中国特色社会主义事业服务的正确方向。与会同志从党和国家的大局出发,充分论证了中国特色社会主义仲裁事业与中国特色社会主义事业的关系,明确提出了中国特色社会主义仲裁事业是中国特色社会主义事业的组成部分,中国特色社会主义仲裁事业要为中国特色社会主义事业服务,深刻阐述了中国特色社会主义仲裁事业在开创中国特色社会主义事业新局面的伟大历史进程中所担负的历史重任和使命。与会同志认为,党的十七大精神完全符合全国仲裁工作的实际,得到了全国仲裁界的普遍拥护。我国仲裁工作正反两方面的经验和教训已经证明并将继续证明,高举中国特色社会主义的伟大旗帜,是仲裁事业不断取得胜利的根本保证。

会议认为,目前我国仲裁事业发展到关键时刻,全国仲裁工作要继续坚持中国特色社会主义发展道路,坚持我国仲裁工作的社会主义性质,坚持党的领导、政府的支持和社会的帮助,坚持我国仲裁工作的正确方向,坚持我国仲裁工作的正确方针,坚持仲裁工作紧紧围绕党的工作开展,坚持艰苦奋斗、自主创业的精神,坚持一切从实际出发,坚持全心全意为人民服务的宗旨,坚持以发展为第一要务、以科学发展观为统领。会议号召,全国仲裁机构要认真贯彻党的十七大精神,充分发挥仲裁保障社会主义市场经济健康发展、促进社会和谐的积极作用,为实现我国仲裁事业又好又快发展做出新的贡献。

2. 西南仲裁工作座谈会在乐山召开

2008 年 4 月 21 ~ 24 日,西南仲裁工作座谈会在乐山召开,参加会议的有昆明、昭通、贵阳、重庆、成都、绵阳、德阳、巴中、遂宁、眉山、雅安、泸州、宜宾、内江、攀枝花、乐山 16 家仲裁机构负责人和四川省、贵州省政府法制办有关领导共 40 多人参加会议。西安仲裁委员会应邀参加了座谈会。时任国务院法制办袁诗鸣处长出席了会议。在会议开幕式上,时任乐山市政府副秘书长、市政府办公室主任汪树槐和时任国务院法制办袁诗鸣处长发表了致辞。会议由时任乐山仲裁委员会副主任、秘书长梁建刚主持。

这次会议是贯彻 2008 年全国仲裁工作座谈会会议精神的一次重要会议。会议的主题为:学习和贯彻党的十七大精神,传达贯彻 2008 年全国仲裁工作座谈会会议内容;讨论《全国设区的市仲裁发展工作意见》草案;以发展为第一要务,研讨制约、影响仲裁发展的因素;推行仲裁制度的方式方法,拓展仲裁案源的手段和策略;如何促进西南仲裁机构又好又快地跨越发展。

会议上,时任国务院法制办处长袁诗鸣传达成立中国仲裁协会筹备组的文件;时任贵阳仲裁委副主任李乐启、重庆仲裁委副主任兼秘书长向守谦分别传达国务院法制办卢云华同志在 2008 年全国仲裁工作座谈会开幕式和闭幕式上的讲话;昆明仲裁委秘书长李文骏传达 2008 年全国仲裁工作会纪要;时任成都仲裁委副秘书长叶时雨传达了卢云华同志对西南仲裁工作的指示和要求并总结汇报了 2007 年西南仲裁工作情况;绵阳仲裁委员会主任何咸普传达了《全国设区的市仲裁委发展工作意见》草案。

会议认为:2007 年西南仲裁机构共受案 4668 件,比 2006 年减少 504 件,增长率为 -10.37%;标的 33.3 亿元,比 2006 年减少 4.3 亿元,增长率为 -11.54%;被人民法院撤销的案件为 14 件,占受案总数的 0.29%;被人民法院不予执行的案件为 31 件,占受案总数的 0.66%。西南仲裁工作形势相当严峻,必须引起高度重视。全国仲裁工作会在开创中国特色社会主义仲裁事业新局面的关键时刻召开,对于西南仲裁工作具有积极、及时的指导意义。党的十七大精神完全符合仲裁工作的实际,西南各仲裁机构坚决拥护。西南仲裁工作的经验和教训已经证明并将继续证明,高举中国特色社会主义的伟大旗帜,是仲裁事业不断取得胜利的根本保证。目前,仲裁事业发展到关键时刻,要继续坚持中国特色社会主义发展道路,坚持仲裁工作的社会主义性质,坚持党的领导、政府的支持和社会的帮助，坚持正确的工作方向，坚持正确的工作方针，坚持仲裁工作紧紧围绕党的工作开展，坚持艰苦奋斗、自主创业的精神，坚持一切从实际出发，坚持全心全意为人民服务的宗旨，坚持以发展为第一要务，坚持科学发展观，全国仲裁界应当停止争论、共谋发展，把发展放在首位，作为第一要务。

会议明确，仲裁事业必须高举中国特色社会主义伟大旗帜，必须坚持坚定不移地走中国特色社会主义的发展道路，必须坚持为中国特色社会主义事业发展服务的正确方向。

会议要求，西南仲裁机构要认真学习和贯彻党的十七大精神，充分发挥仲裁保障社会主义市场经济健康发展、促进社会和谐的积极作用，克服发展中遇到的困难和问题，加强各仲裁机构间的团结，加强仲裁委领导班子的团结和仲裁工作队伍的团结，维护仲裁的整体形象，提高仲裁服务水平，把法律效果和社会效果结合起来，为实现我国仲裁事业又好又快发展做出新的贡献。

3. 华北仲裁工作发展座谈会在北京召开

2008 年 5 月 7 ~ 9 日，华北仲裁工作发展座谈会在北京召开，该座谈会传达了全国仲裁工作座谈会精神，进行了深入的研究和学习。

座谈会传达了国务院法制办下发的《关于成立中国仲裁协会筹备领导小组的通知》。通知依照《仲裁法》第 15 条和国务院办公厅有关文件的规定，成立中国仲裁协会筹备领导小组。中国仲裁协会筹备领导小组的任务主要是草拟中国仲裁协会章程和仲裁规则、研究中国仲裁协会成立等相关工作，统筹协调全国仲裁工作。座谈会对筹备中国仲裁协会提出了有益的建议。

4. 东南片区仲裁区域合作成员全体会议在合肥召开

2008 年 5 月 14 ~ 15 日，东南片区仲裁区域合作成员全体会议在合肥召开。来自本片区的浙、闽、赣、皖四省的 30 家仲裁机构的代表参加了会议。丽水仲裁委、衢州仲裁委因故未能派代表参加会议。会议先后由合肥仲裁委副主任李嘉乐、厦门仲裁委主任汪兴裕、绍兴仲裁委副主任周功灿主持。合肥仲裁委主任王继昊作了热情洋溢的欢迎词，国务院法制办协调司袁诗鸣处长应邀出席了会议并致辞。

此次会议的主题为：学习贯彻 2008 年 2 月 27 日于北京召开的全国仲裁工作座谈会会议精神，交流探讨推广仲裁制度的方式方法，不断促进东南片区仲裁事业又快又好发展。会议宣读了《2008 年全国仲裁工作会议纪要》，传达了《卢云华同志在 2008 年全国仲裁工作座谈会开幕式上的讲话》和《卢云华同志在 2008 年全国仲裁工作座谈会闭幕式上的讲话》，听取了 2007 年东南仲裁工作情况通报，讨论了《关于其他设区的市仲裁机构发展工作意见》。会上,30 家仲裁机构的与会代表分别就各自仲裁事业发展和一年来工作的情况,特别是推行仲裁法律制度工作的经验做法、遇到的困难、问题和下一步工作对策、发展工作计划发了言。

会议认为,2007 年东南片区各仲裁机构认真学习和贯彻 2007 年全国仲裁工作座谈会议精神,立足自身实际,扎实做好各项工作,仲裁工作的发展势头总体良好。据统计,本片区 32 家仲裁机构全年共受理案件 7052 件,同比增长 25.2%,涉案标的 67.3 亿元,同比增长 49.3%,两项指标的增长速度在全国八大仲裁区域均位居第二,成绩令人鼓舞。但是,本区域仲裁工作还存在一些问题,特别是在推行仲裁法律制度的措施和力度、仲裁案件的受理数量和涉案标的上,与全国各大片区的仲裁机构相比,还有一定差距。本片区内各仲裁机构发展工作也不平衡。形势严峻,应当引起高度重视。

会议指出,2008 年本片区各仲裁机构要认真学习党的十七大和十七届一中全会精神,高举中国特色社会主义伟大旗帜,坚定不移地走中国特色社会主义道路,按照"海口会议"对全国仲裁工作提出的要求,继续坚持中国特色社会主义发展道路,继续坚持我国仲裁工作的社会主义性质,继续坚持党的领导、政府的支持和社会的帮助,继续坚持我国仲裁工作的正确方向,继续坚持我国仲裁工作的正确方针,继续坚持仲裁工作紧紧围绕党的工作开展,继续坚持艰苦创业、自主创业的精神,继续坚持一切从实际出发,继续坚持全心全意为人民服务的宗旨,继续坚持以发展为第一要务、以科学发展观为统领。把自身当前应做好的紧要工作切实抓紧抓好。会议要求,本片区各仲裁机构要结合贯彻 2008 年全国仲裁工作座谈会的精神,认清发展形势,针对自身在发展仲裁发展工作中存在的问题和不足,虚心学习先进仲裁机构成功的仲裁发展工作经验,结合自身实际情况,采取切实措施和相应对策,不断推进自身和本片区仲裁事业又好又快、健康发展。

5. 西北仲裁工作会议在西宁召开

2008 年 6 月 3 ~ 6 日,西北仲裁工作会议在西宁召开。会议以"和谐仲裁"为主题,明确了仲裁工作在构建和谐社会中的角色定位及仲裁在建设社会主义和谐社会过程中所担负的历史责任和神圣使命。

此次会议是在全党、全国人民深入贯彻党的十七大精神,努力开创中国特色社会主义事业新局面的新形势下,西北地区仲裁机构贯彻 2008 年全国仲裁工作座谈会会议精神的一次重要会议。会议由西宁仲裁委员会负责承办。会上,时任银川仲裁委员会副秘书长赵宏宇和乌鲁木齐仲裁委员会副秘书长严荣分别传达了国务院法制办卢云华同志在 2008 年全国仲裁工作座谈会开幕式和闭幕式上的讲话;时任兰州仲裁委员会副秘书长李义科通报西北地区仲裁机构 2007 年业务统计情况。

会议上,以倡议的形式提出了“和谐仲裁”的口号,举起了“和谐仲裁”的旗帜,确立了“和谐仲裁”的主题,同时西北15家(含天水仲裁委来电表示同意)仲裁机构,向西北地区所有的仲裁工作者,向全国仲裁界的同人,发出了和谐仲裁的倡议。旨在将“和谐仲裁”定格为所有仲裁机构制度化的创新模式,成为全体仲裁工作者思维的新向标和工作的新指针。

出席会议的有国务院法制办、青海省政府法制办、西宁市委市政府等领导和参加会议的各仲裁机构负责人。时任西宁市副市长王绚就进一步做好西宁仲裁工作提出,要立足特色谋发展,建设和谐新仲裁,要用科学发展观把握仲裁工作的发展方向,要树立服务意识,要突出发挥调解作用,使仲裁在建设和谐西宁中发挥重要作用。

大家围绕仲裁如何跟上时代前行的脚步,仲裁怎样为“和谐社会”添砖加瓦,仲裁以何种方式转变自己的价值理念和工作姿态,如何在案件审理中体现和谐、贯彻和谐、落实和谐,以及目前仲裁工作中存在的与和谐尚不适应等问题进行了认真思考,展开了讨论与交流。

在大会交流中,上海、武汉、成都、淄博、徐州等仲裁委的代表都作了精彩发言。向大会提供的会议材料有天津仲裁委员会的《天津仲裁委员会友好仲裁暂行规则》《天津仲裁委员会友好仲裁员管理暂行规定》《天津仲裁委员会友好仲裁工作规程》;晋城仲裁委员会的《创建和谐仲裁,构建和谐社会》;西安仲裁委员会的《仲裁程序异议权的放弃与司法监督》;宝鸡仲裁委员会的《努力打造和谐仲裁品牌,积极促进和谐社会建设》;天水仲裁委员会的《充分发挥仲裁调解优势,努力促进社会和谐发展》等。会议热烈、生动、务实,取得了丰硕成果。

6. 中南三省仲裁工作会议在湘潭召开

2008年6月26日,中南三省仲裁工作会议在湘潭召开,国务院法制办、河南省法制办、湖南省法制办,以及来自河南、湖北、湖南三省的28家仲裁机构的代表齐聚莲城,交流仲裁工作经验,共商仲裁发展大计。

会议由中南区域仲裁发展工作第一协调人高顺龄主持,时任中共湘潭市委常委、常务副市长、湘潭仲裁委主任毛腾飞在会上致欢迎辞,时任中南区域仲裁发展工作协调人、长沙仲裁委副主任兼秘书长黄幼园传达了2008年全国仲裁工作会议精神。与会代表围绕中南三省上半年仲裁发展工作措施及发展情况,就如何贯彻落实党的十七大精神,大力推进仲裁发展工作,提升仲裁保障经济社会科学和谐发展的作用畅所欲言、交流经验。

时任湘潭仲裁委员会常务副主任兼秘书长邱昭开在会上作典型发言。他从“创新调解机制,拓展和谐仲裁”“完善仲裁规则,规范履职行为”“依托社会力量,广辟仲裁案源”

三个方面介绍了湘潭仲裁委在推进仲裁工作中所进行的一些探索和取得的成效。据悉，截至6月20日，湘潭仲裁委上半年共受案185件，标的额为12,459.8万元，分别为2007年同期的2.2倍和1.8倍，结案136件，调解结案102件，占75%，调解结案率与2007年同期持平。

7.东北仲裁工作座谈会在吉林召开

2008年7月1~3日，东北仲裁工作座谈会在吉林召开，会议以“总结交流经验，推进共同发展”为主题。国务院法制办公室、吉林省政府法制办、吉林市政府有关领导，东北三省25家仲裁机构负责人和特邀的仲裁机构负责人50多人参加了会议。

会议传达了国务院法制办卢云华同志在2008年全国仲裁工作座谈会议上的讲话精神，吉林仲裁委员会就开展交通事故损害赔偿纠纷仲裁工作介绍了有关经验。与会代表就卢云华同志的讲话进行了学习，并围绕东北仲裁工作的发展，提升仲裁工作为经济建设服务的作用进行了讨论，会议还交流了各地开展仲裁工作的经验。

8.华东地区仲裁工作会议在日照召开

2008年7月20日，华东地区仲裁工作会议在山东省日照召开，参加此次会议的主要人员有华东地区各仲裁机构的主要负责同志。国务院法制办卢云华同志、时任山东省政府法制办副主任周建青出席会议，时任日照市人民政府副市长、日照仲裁委员会主任解世增到会致辞。

会议主要传达了全国仲裁工作座谈会纪要以及国务院法制办卢云华同志在2008年全国仲裁工作座谈会上的讲话精神等，号召华东地区仲裁机构要高举中国特色社会主义伟大旗帜，始终坚持走中国特色社会主义仲裁道路，以科学发展观为统领，认清当前形势，在二次创业进程中，抓住机遇，共谋发展，继续保持中国仲裁事业持续健康快速发展。

时任山东省法制办副主任周建青在会议中充分肯定了山东省仲裁机构在发挥仲裁职能，保障市场经济健康发展和维护社会稳定等方面做出了巨大贡献，要求全省仲裁机构再接再厉，争取更大的进步。

会议中参会仲裁委相互交流了仲裁发展的成功经验和好的工作方法，并就围绕如何贯彻2008年全国仲裁工作座谈会精神，进一步推动仲裁事业健康快速的发展进行了深入的探讨。会议最后卢云华同志充分肯定华东仲裁工作取得的优异成绩，并提出了下一步华东地仲裁工作的思路。大会顺利完成了各项预定议程，取得圆满成功。

9.华南仲裁工作座谈会在东莞召开

2008年8月27日，华南仲裁工作座谈会在东莞召开。国务院法制办公室袁诗鸣处长、时任广东省法制办公室林魏副主任、时任东莞市人大常委会陈国辉副主任出席了会议。华南片区 18 家仲裁机构领导参加了会议，会议由时任深圳仲裁委员会宋魏生主任主持。

本次会议以传达国务院法制办卢云华同志在 2008 年全国仲裁工作座谈会上的讲座精神为重点，各仲裁机构就仲裁发展情况进行总结和交流，并就如何加强华南仲裁机构联系，促进华南仲裁工作发展提出意见和建议。

时任东莞市人大常委会陈国辉副主任首先致辞，他说：在中国经济发展多元化的形势下，发展仲裁制度势在必行。但在发展道路上，应该注意如下问题：(1)坚持仲裁特色，追求高效与工作；(2)开拓是仲裁发展的必由之路，需要解放思想、与时俱进、推陈出新，深挖掘、广开垦、全方位、多角度的宣传和推荐仲裁制度；(3)树立服务意识，保持良好作风。他表示，东莞市委、市政府、市人大将一如既往地支持广州仲裁委员会在东莞推广仲裁制度，并期待东莞仲裁分会的不断壮大。

时任广东省法制办公室林魏副主任从仲裁工作的机遇和挑战两个方面提出了四个"应该"：面对 2007 年仲裁工作出现负增长的严峻发展形势，应该加强机构团结，加强区域合作，整合资源优势，达成发展共识，相互促进，实现共赢；应该积极宣传开拓仲裁，加强对外交流力度，让市场主体了解仲裁，让仲裁融入市场经济；应该努力发挥仲裁优势，努力争取得到市场的认可。各仲裁机构应该珍惜和把握中国仲裁协会即将设立这一发展机遇，开创仲裁事业发展的新局面。省法制办希望各个仲裁机构能够在机遇和挑战并存的形势下，继续以服务经济发展、化解经济纠纷、彰显社会公平、追求社会效益为己任，积极推进华南仲裁事业的发展。林主任并表示将通过各种方式全力支持仲裁事业和仲裁机构，为仲裁的发展创设良好的法制大环境。

时任广州仲裁委员会陈忠谦主任传达了国务院法制办卢云华同志在 2008 年全国仲裁工作座谈会上的讲话精神。与会人员学习讲话后，纷纷提出了看法和建议：通过学习讲话认识到，仲裁应该停止争论，一心一意搞建设谋发展，发展是仲裁的第一要务；仲裁应该树立科学发展观，不仅是数量的发展，更要讲质量的发展，是全面的发展，持续的发展；仲裁发展应该强化服务意识，突出调解优势；仲裁发展路上应该加强交流，仲裁与诉讼的交流、仲裁机构间的交流、仲裁机构与行政机关的交流，交流同时也是宣传的手段，以交流促进发展；仲裁机构间应加强资源共享，建议适时成立华南仲裁法学研究会，增强学术交流，进一步完善仲裁制度；仲裁发展的当务之急在于成立全国性的仲裁协会，加强仲裁员的培训，统一仲裁程序和职业操守的标准，保证仲裁的公正性和权威性。

时任海口仲裁委员会王欣主任对会议了进行总结，他说：本次会议，各仲裁机构围绕贯彻 2008 年全国仲裁工作会议精神这一问题展开讨论，联系各自实际，交流工作情况，分析仲裁形势,对加强华南仲裁机构联系,促进华南仲裁发展提出了宝贵的意见和建议。与会人员一致认为卢云华同志的讲话回答了在改革开放发展的关键时期,在仲裁面临严重机遇和挑战的形势下,仲裁举什么旗、走什么路的问题,明确了发展中国特色社会主义仲裁事业的方向和道路,对于统一全国仲裁界的思想认识非常及时,非常重要,具有指导意义,华南各仲裁机构达成共识,就是讲团结,不争论,求发展,不畏挑战,抓住机遇,齐心协力发展仲裁。

10. 全国部分仲裁机构负责人座谈会在杭州召开

2008 年 9 月 16 ~ 19 日,由国务院法制办公室法制协调司主办的全国部分仲裁机构负责人座谈会在杭州召开。会议的议题是学习贯彻中央领导同志重要讲话,研究仲裁工作年会等相关事项。会议传达了胡锦涛同志在全国政法工作会议上重要讲话。与会人员围绕中央领导同志讲话精神进行了讨论。会议指出,中央领导同志关于促进我国政法事业发展的重要讲话,对发展仲裁事业具有意义。指导中国特色社会主义仲裁事业的是中国特色社会主义理论,要用这个思想来武装我们的仲裁队伍。会议强调,中国仲裁发展的 10 年是中国特色社会主义仲裁事业发展的 10 年,是一代仲裁人辛苦努力和刻苦实践的结果。要坚持仲裁工作的政治本色和政治方向。党的领导是仲裁事业发展的保障,仲裁工作必须接受党的领导;要正确认识中国特色社会主义仲裁事业的现状,认真研究中国特色社会仲裁事业的基本规律和特点。要从中国的国情出发,准确理解形势决定任务、国情决定政策的内涵。要把全国仲裁界的思想统一到中国特色社会主义理论上来,要对全体仲裁人进行中国特色社会主义和中国特色社会主义仲裁事业的教育。

会议认为,社会主义市场经济条件下的仲裁工作,是改革开放的成果。2008 年是改革开放 30 年,要认真总结回顾,进一步增强为改革开放服务的自觉性、坚定性,充分展示一代仲裁创业人创立中国特色社会主义仲裁事业的良好风貌。

11. 沪浙苏十城市仲裁会议在常州召开

2008 年 9 月 23 日,沪浙苏十城市仲裁会议在常州召开。

与会代表就全国仲裁机构的平等、健康、和谐发展,仲裁机构规范建设、建设工程鉴定应该把握哪些问题,一裁终局制度,仲裁条款效力等仲裁实务中遇到的问题等进行了讨论。

12. 第三次全国仲裁机构规范化建设试点工作座谈会在台州召开

2008 年 10 月 22 日,第三次全国仲裁机构规范化建设试点工作座谈会在台州召开。国务院法制办卢云华同志出席座谈会,台州副市长叶阿东致欢迎辞。

此座谈会,全国各地的仲裁机构聚在一起,互相交流学习,促进了仲裁工作进一步发展。

13. 全国仲裁工作年会在济南召开

2008 年 11 月 11 ~ 13 日,2008 年全国仲裁工作年会在山东省济南市隆重召开。会议邀请了国务院法制办公室、最高人民法院、司法部、中国证监会、中国保监会等中央国家机关、部分省政府法制办的领导、法制日报社、中国法律门户网以及专家学者出席。本次年会共有全国 162 家仲裁机构的代表参加会议。东北、华北、华东、东南、中南、华南、西南、西北的代表分别就仲裁工作取得的成就作了总结,对外经贸大学法学院沈四宝院长、南京仲裁委王有信、青岛仲裁委袁光辉、上海仲裁委汪康武、广州仲裁委陈忠谦、连云港仲裁委张晓红、台州仲裁委彭永军、扬州仲裁委李志敏、深圳仲裁委宋魏生和中国国际经济贸易仲裁委员会李虎等同志分别做了题为《中国特色社会主义仲裁事业的主要特点》《浅探中国仲裁发展的规律》《深入学习实践科学发展观促进仲裁事业发展再上新水平》《关于与市场经济组织合作推行仲裁制度》《服务基层、融入市场、实现仲裁二次创业》《融入为主、发展为先、积极服务市场、构建和谐仲裁》《深入贯彻长沙会议精神走台州特色的仲裁发展之路》《党的领导、人大和政府的支持是仲裁事业发展的根本保障》《选聘仲裁员工作的一点做法》《在线仲裁理论研究与实践》的专题发言。会上,绵阳仲裁委对汶川特大地震灾害后全国各地仲裁机构给予的无私援助,表达了诚挚的谢意。

会议指出,我国社会主义市场经济条件下的仲裁事业,是改革开放的产物。十几年前,全国人民代表大会常务委员会根据国家实施改革开放的需要颁布了《仲裁法》,为我国社会主义市场经济健康发展提供了重要保障。《仲裁法》实施以来,全国仲裁界发扬艰苦奋斗的创业精神,坚持为改革开放服务,为社会主义市场经济健康发展服务,克服重重困难,依法构建起我国现代仲裁工作体制,公正及时妥善地处理了大批民商事纠纷,很好地完成了创建中国特色社会主义仲裁事业的任务,为发展中国特色社会主义事业做出了宝贵贡献。十几年来,全国直辖市、省会市和部分设区的市共成立 200 余家仲裁机构,年收案由《仲裁法》实施第二年 100 多家仲裁机构年受理案件 2000 余件,发展到 2007 年受理案件 6 万余件,实现了较快的发展速度。全国仲裁机构共受理各类民商事案件 21.8 万件,标的额达 3447 亿元,案件当事人涉及 50 多个国家和地区,司法监督纠正率不到 1%。实践证明,全国仲裁界的同志无愧于是我国改革开放的忠实实践者,无愧于是中国特色社会主义事业的伟大建设者。

会议认为,中国特色社会主义仲裁事业的创业成果是改革开放的重要成果。中国特色社会主义仲裁事业是中国特色社会主义事业的组成部分,随着中国特色社会主义事业的发展而发展,为中国特色社会主义事业发展而服务。离开了中国特色社会主义事业就不会有中国特色社会主义仲裁事业。中国特色社会主义仲裁事业的创业经历使全国仲裁界对中国特色社会主义形成了清醒的、坚定的、深厚的政治认同、理论认同和感情认同。中国特色社会主义是中国仲裁人的共同理想,中国特色社会主义理论是指导中国仲裁事业发展的思想理论基础。正是凭借着中国特色社会主义理想信念和理论指引,全国仲裁界的同志们在极其艰苦的创业条件下,始终坚持社会主义仲裁理念,紧紧围绕党和政府的中心任务开展仲裁工作,表现出强烈的事业心和旺盛的开拓进取精神,开创了中国特色社会主义仲裁事业的崭新局面,不仅为促进经济社会发展发挥了积极作用,而且使中国仲裁事业的公信力得到越来越广泛的确认。根据党的十六届六中全会决定,中国特色社会主义仲裁事业已经成为建设社会主义和谐社会的重要力量。

会议认为,中国特色社会主义仲裁事业是以中国特色社会主义理论为指导,是在充分考虑我国国情、紧密结合我国经济社会发展需要的前提下,积极借鉴国际成功做法而建立的,具有鲜明的中国特色。在社会主义中国,包括仲裁权在内的所有权力都来自人民、属于人民;包括仲裁事业在内的各项事业都是全体人民的事业,为人民服务的事业。人民性是我国所有社会事业的根本属性,是中国仲裁事业最重要的特色,必须毫不动摇地继续坚持。衡量我国仲裁事业的根本标准,必须是也只能是仲裁事业为社会主义市场经济健康发展发挥的保障作用,为构建社会主义和谐社会发挥的促进作用,为广大人民群众的利益发挥的服务作用。仲裁事业的完善,必须立足国情实际,必须始终不渝地坚持社会主义性质,坚持人民性本质,坚持社会主义仲裁理念,绝不可以脱离我国经济社会发展要求,盲目照搬简单套用国外的理念和模式。国际做法只能借鉴不能克隆,更不能作为评判我国仲裁事业的标准。中国仲裁事业自立于国际仲裁之林的根本途径,是走出中国特色社会主义仲裁事业的发展道路。

会议指出,《仲裁法》颁布实施的十几年,是全国仲裁界锐意改革、开拓进取、艰苦奋斗的十几年来,中国特色社会主义仲裁事业取得的创业成就充分说明,《仲裁法》是贯彻改革开放精神、促进经济社会发展的重要法律,是效果显著的法律。《仲裁法》的贯彻实施既是中国特色社会主义仲裁事业的重要创业实践,也是中国特色社会主义事业的重要建设实践。《仲裁法》的贯彻实施是在党和国家的高度重视下开展并顺利进行的,党委、人大、政府给予了有力的领导和关心,各有关部门、司法机关、社会各界给予了大力支持和帮助,为创建和发展中国特色社会主义仲裁事业提供了坚强的保障。全国仲裁界的同志始终坚持为社会主义市场经济建设服务、为构建社会主义和谐社会服务的正确方向,胸怀大局、努力实践、积极探索,创造出许多鲜活的创业经验和做法。一代优秀创业者的无数感人的创业事迹和宝贵的创业经验特别是大批经济欠发达地区仲裁委员会艰苦卓绝的创业经历充分显示,《仲裁法》的贯彻实施、中国特色社会主义仲裁事业的创业实践,是中国特色社会主义理论的认识论与方法论的统一，是现实性与先进性的统一，是政治性与人民性、专业性的统一，是全国仲裁界高举中国特色社会主义伟大旗帜，坚持走中国特色社会主义道路取得的重要成果，是同志们忠于党、忠于人民、忠于法律的鲜明体现。

会议认为，全国仲裁界同志们作为改革开放的实践者、中同特色社会主义仲裁事业的建设者、中国特色社会主义仲裁事业的创建者，不仅要看到已有的辉煌，还要看到光明的未来，更要认识到肩上的历史使命和政治责任，要清醒地认识到仲裁事业的发展与经济社会发展还不相适应，还面临着许多困难和问题，无论是相对滞后的社会仲裁意识还是初始的仲裁工作水平，都还没有根本改变。《仲裁法》的贯彻实施、发展中国特色社会主义仲裁事业任重而道远。希望全国仲裁界的同志紧密团结在一起，高举中国特色社会主义伟大旗帜，深入学习、实践科学发展观，牢固树立社会主义仲裁理念，自觉把仲裁工作纳入党和国家工作的大局中去谋划，继续发扬改革开放精神，真正做到聚精会神、全神贯注、心无旁骛抓发展，出色地完成二次创业的各项任务，努力实现中国特色社会主义仲裁事业又好又快发展。

（二）会议讲话摘要

1. 2008 年 2 月 27 日，国务院法制办卢云华同志在 2008 年全国仲裁工作座谈会开幕式上的讲话

我国仲裁事业必须高举中国特色社会主义伟大旗帜，必须坚定不移地走中国特色社会主义道路，必须坚持为中国特色社会主义事业发展服务的方向。同志们从党和国家的大局出发，充分论证了中国特色社会主义仲裁事业与中国特色社会主义事业的关系，明确提出了中国特色社会主义仲裁事业是中国特色社会主义事业的组成部分，深刻阐述了中国特色社会主义仲裁事业在开创中国特色社会主义事业新局面的伟大历史进程中所担负的历史重任和使命，使我们对仲裁事业沿着正确的方向发展充满了信心。同志们学习党的十七大精神是能够联系仲裁工作实际、联系所在机构的实际、联系仲裁事业发展需要实际的，这对我国仲裁工作解决举什么旗、走什么路的问题是有益的。我国仲裁界是比较早提出走中国特色社会主义仲裁道路的。这既是对我国仲裁工作本质的揭示，也是对我国仲裁事业发展规律的认识，指导着我国仲裁事业不断发展壮大。党的十七大精神完全符合全国仲裁工作的实际，得到了全国仲裁界的普遍拥护。我国仲裁界正反两方面的经验教训将继续证明，高举中国特色社会主义的伟大旗帜，是我国仲裁事业不断取得胜利、不断前进的根本保障。同志们学习的态度认真、体会深刻、思想明确、旗帜鲜明，体现出同党的路线、方针保持高度一致，体现出我国仲裁工作队伍的政治素质，这是中国

特色社会主义仲裁事业永不变色、永续发展的重要保证。

什么是中国特色社会主义仲裁事业？我理解至少有三条：

第一条，它是国际通行做法与中国具体实际相结合的产物。不是自发产生的，是植入性的。这个国际通行的做法，我们借鉴过来，为社会主义市场经济建设服务，客观上要有个过程。移植来了以后是要能够更好地、不断地适应我国的具体情况，满足我国经济社会发展的需要。借鉴要坚持以我为主、为我所用的方针。适合的、有利的、有益的就借鉴。中国革命的基本成功经验就是把马克思主义的普遍真理与中国革命的具体实际相结合，而不是简单照搬。我国仲裁工作12年的历史说明，全体仲裁工作者为把国际通行做法与我国具体实际相结合，做出了卓有成效的努力。移植成功了并且还茁壮成长了。我们今后的任务是要继续做好这个结合工作，使其更好地满足我国经济社会发展的需要。

第二条，我国仲裁工作的基本任务是保障市场经济健康发展和构建和谐社会。离开了这条，就没有我国仲裁事业发展的前途。因此，在任何时候考虑我国仲裁工作，都必须把这条放在头等位置。我国仲裁工作发展到今天，成功的经验是什么，宝贵的启示是什么？就因为起了这个作用。

第三条，党的领导、政府的支持、社会各界的襄助。在我国，领导我们事业的核心力量是中国共产党。所以各项事业都能有比较好的发展，最坚强的政治保障就在于党的领导。这不是理论，而是历史的选择。国家的繁荣、社会的进步，都离不开这条。这是我们这个民族的主心骨、向心力。仲裁工作如果不能围绕党和国家的中心工作、不能围绕党和国家的大局来开展，就很难发展，很难得到理解和支持。一个社会组织离开了党的领导，人民是信不过的。社会对仲裁事业的真正信赖首先是因为仲裁事业是党的事业的组成部分。政府的支持也是我们的一个特色。事实上，仲裁事业的发展离开政府的支持是不行的。政府的支持从客观上是必要的，从效果上看是有成效的。当然，政府的支持是多方面的，根据不同的情况会有不同的支持方式。政府是人民的政府，政府是代表人民的，无论是哪种方式的支持，都是代表人民的支持。当然政府的支持也要随着仲裁事业的发展不断完善。仲裁工作是否需要社会各界的帮助？仲裁不能高高在上，仲裁事业的发展需要社会各界的帮助。社会主义就是公平主义。对于仲裁工作来说，体现在为全体人民服务，不能只为少数人服务。我们的工作对象是全体人民。而且，仲裁事业发展要能体现出全国仲裁机构共同发展。不能说只有发达地区有保障社会主义市场经济发展的需要，欠发达地区没有。全国都在搞市场经济，都在构建和谐社会，都有发挥仲裁作用的需要。

这次集中学习党的十七大精神，研究解决我国仲裁举什么旗、走什么路的问题，是在我国仲裁事业发展到关键时刻进行的。如何理解我国仲裁事业发展到了关键时刻？

第一，《仲裁法》颁布实施以后，我国仲裁工作体制和中国特色社会主义仲裁事业，从无到有，从小到大，取得了显著成绩。我们建立了一个比较科学、能够满足社会主义市场经济建设要求，能够符合构建社会主义和谐社会要求的仲裁工作体制；建立了一支比较好的、专业水平较高、政治素质较好、职业操守较严的仲裁员队伍和仲裁工作人员队伍；审理了大批民商事纠纷，对促进经济社会发展发挥了积极作用。同时，我国仲裁事业不断壮大、不断改善，特别是物质条件有了很大改观，一部分仲裁机构有了相当积累。是在更好的基础上、更好的条件下继续前进还是改弦易辙？客观上面临着选择。社会存在决定社会意识。在事业初创阶段，我们更多关心的是案子，没案可办是个大问题。在那种情况下，催生出我们的工作指导思想，催生出我们把发展作为第一要务，催生出长沙会议精神。现在案子多了，着重点放在哪儿？工作的着重点和服务的宗旨是否要改？

第二，2007 年全国仲裁委员会受案统计表明，受案增长率仅为 0.3%，标的额增长率为 3.9%。看起来是双增长，但这是按照 200 家仲裁机构进行统计的。如果按 185 个仲裁机构来统计，实际上是负增长。这是我国仲裁事业创业以来前所未有的。长沙会议、济南会议以后，我国仲裁事业连年保持了较高的发展速度，最高年份的增长速度曾经达到 68%，平均增长 30% 多。2007 年却出现负增长，形势相当严峻。下降幅度之大，下降速度之快不能说没有原因。重组初期那么困难，都没有出现过这种状况。仲裁发展只能从主观上、从仲裁界内部找原因。是什么原因导致仲裁发展出现了这么大的滑坡？是案件质量出问题了吗？是仲裁裁决不公正了吗？是仲裁活动不高效了吗？是仲裁员操守不严格了吗？是全国范围仲裁潜力枯竭了吗？是仲裁需求饱和了吗？原因肯定是多方面的，但根本原因是什么？有没有举什么旗、走什么路的问题？有没有精神状态的问题？有没有发展目标的问题？这么快的下降速度恐怕不是一般原因能够解释了的。改革是要促进发展的。每个机构发展的快慢固然有其特殊原因，但全国范围出现这个问题，就要从深层次找原因。是不是一心一意谋发展出了问题，第一要务出了问题，聚精会神出了问题，我看至少是精力不够集中。同志们有精力不集中的问题，我们也有。解决中国仲裁事业解决举什么旗、走什么路的问题，必须联系仲裁发展的实际。这么严峻的形势，如果再不警醒，再不采取有力措施，遏制住下降的趋势，再不把精力集中到发展上来，后果将不堪设想。

仲裁的权力是国家赋予的，仲裁的效力是由国家强制力保障的。因此，仲裁行为、仲裁工作、仲裁机构都不可能完全是民间性的。要明确仲裁活动在社会生活中的作用和社会责任,不能把仲裁等同于一般的民事活动,对仲裁要有更高更严的要求。《仲裁法》明确规定,仲裁是保障社会主义市场经济健康发展的,是“保障”不是“维护”,要比维护的分量更重。对于仲裁的地位和作用,“保障”两个字就是最好的体现,说明仲裁不是一般的服务。在我们国家,什么样的事业是起保障作用的?仲裁行为也不是一般的民事行为,仲裁活动的法律责任与一般民事责任是有区别的。仲裁的宗旨是为了国家、为了人民,不是为了仲裁人自己。全体仲裁人的福祉只有在充分发挥仲裁作用的前提下才能实现。考虑旗的问题、路的问题、目标的问题,离开了仲裁是什么、仲裁为什么、仲裁为了谁这几个基本问题,是说不清楚的。我国仲裁事业的发展到任何时候都要服从仲裁工作为社会所承担的责任和使命。

近年来,随着我国仲裁事业的快速发展,围绕仲裁机构建设的问题,存在一些争论。由于区域差异较大,仲裁发展情况不同,产生分歧是必然的。过去、现在、将来都会有。我们研究解决这个问题有个前提,那就是要有利于促进仲裁事业的发展,有利于维护仲裁界的整体形象,有利于维护仲裁界的团结。目前,对于全国仲裁工作来说,没有什么比发展更重要。

第一,要客观认识我国现行仲裁工作体制的基本状况和特征。所谓仲裁工作体制是所有仲裁机构共同组成的仲裁工作体系。我国现行的仲裁工作体制是所有仲裁机构共同组成的社会组织体系。过去研究仲裁工作,往往是把单个仲裁机构作为研究客体,很少把所有仲裁机构作为一个整体来研究。因此,个性的东西较多,共性的东西较少、全局性的东西较少,缺少普适性。全国200家仲裁机构,既有共性的东西,也有个性的东西。要正确认识我国仲裁工作的体制,就要把全国仲裁机构作为一个整体来研究,作为一个整体进行抽象和概括。围绕仲裁机构建设的问题,不同的角度、不同机构的认识是不同的。我国仲裁工作体制建设自然包括各个仲裁机构的建设。这里有个辩证关系,每个仲裁机构特殊的个性诉求要在全国仲裁工作体制建设中得到概括和反映,而全国仲裁工作体制建设的要求对每个仲裁机构建设都有普遍的指导作用。

第二,当前我国仲裁工作体制的基本状况到底是什么样呢?哪个仲裁机构是真正的民间组织,哪个仲裁机构还是行政机关,哪个仲裁机构还隶属于行政机关,哪个仲裁机构彻底脱离了与行政机关的联系?我国仲裁工作体制目前的基本状况是,依法重新组建的仲裁机构不是行政机关,也不是真正的民间组织,不隶属行政机关但仍与行政机关保持联系。也就是说,性质已变,但关系尚存。那么,这个仲裁工作体制具有哪些特征呢?一是所有重组的仲裁机构都是由所在地的市人民政府组建的,仲裁委员会的组成人员、领导成员都是由所在地人民政府决定的;二是所有仲裁机构的财产都是国家所有的,由所在地人民政府所属行政主管机关管理,只是具体收支管理办法不同;三是所有仲裁机构的组成人员、领导成员都有包括行政机关在内的国家机关领导干部兼任的情况,只是数量不同;四是大部分仲裁机构主持日常工作的秘书长由行政机关派员担任或兼任,多数享有行政级别,组织人事关系放在市一级行政机关;五是所有仲裁机构与政府机关保持着程度不同的联系。国外仲裁机构不具备这些特征,国内的一般民间组织也不具备这些特征。这些特征是我国仲裁工作体制客观存在的特征,形成的原因是多方面的,是贯彻实施《仲裁法》的产物,也是仲裁体制建设改革的产物。尽管这些特征在不同的仲裁机构有不同的表现形式,但本质是相同的。

第三,在我国并不实际存在民间性和行政化两种不同性质的仲裁机构,仲裁界也不存在民间性和行政化的根本分歧。全国仲裁机构都具有共同的基本状况和特征,性质上是相同的。社会组织的性质是由法律规定的,对仲裁机构的性质法律已经有了明确界定。无论怎么看,目前我国的仲裁机构不是行政机关,也不会是纯粹民间性的社会组织。有几个问题要注意:一是不能把发展状况作为区别仲裁机构性质的依据。全国仲裁机构发展不平衡是必然的,与各地经济发展状况的差异性等客观原因有关,也与各机构的工作有关。但是,无论是客观原因还是主观原因,无论是办案水平还是受案数量,都不是划分仲裁机构性质的依据。不能说案子多就是民间性,案子少就是行政化。二是仲裁机构的财务状况也不是区别仲裁机构性质的标准。现在仲裁机构的财务状况上有了很大改善,但也确实存在很大差异,有的仲裁机构有了一定积累,有的还靠财政支持,有的既有财政支持也有自身的灵活性,差别很大。大家都想自收自支,但这有个过程,没有必要将这个问题与仲裁机构的性质联系起来考虑。三是仲裁机构内设机构事业单位改革的分类也不是划分仲裁机构性质的标准。按照《仲裁法》的规定,具有法律地位的是仲裁委员会。仲裁机构重组时,为了解决仲裁机构的人、财、物的问题,国务院办公厅有关文件规定参照事业单位给予支持。但实际上,各仲裁机构的内设机构都是履行事业单位登记的手续,把仲裁委员会的内设机构搞成了一个事业单位法人。也就是说实行了两个登记,一个是仲裁法上的法人,另一个是事业单位管理上的法人。一个社会组织进行了两个登记。不同地区对仲裁机构事业单位内设机构改革问题,主观上的认识是不同的,需求也是不一样的。这个问题原则上是工作问题,各地可以按照自身的实际情况有组织有系统地解决,不要将仲裁机构内设机构分类不同搞成仲裁机构性质不同。

关于什么是民间性、行政化,提出这个问题的同志目前还没有明确的说法。但有一条是明确的,他们也不是要把仲裁机构建成彻底的民间组织。民间组织本质是“民”。他们并不主张改变仲裁机构由人民政府组建,也不主张行政机关领导不兼任仲裁机构的领导职务,也不主张行政机关不能派员担任仲裁机构领导职务,也不主张取消自己所具有的行政级别并把自己的组织人事关系从市级行政机关拿出来放在社会、放在街道,主要针对的还是仲裁机构的所有制、收支办法、分配办法等。这些问题不是不能研究的,但未必要与仲裁机构的性质联系起来。此外,不赞成的同志也并不是要把仲裁机构搞成行政机关或隶属于行政机关。因此,大家不存在根本分歧。

现在仲裁发展面临的问题很多,争论是不能解决问题的。关键还是发展。我希望大家停止争论,共谋发展。无论看法如何,不要再去增加分歧。可能这里有个真理是非问题,这都留给时间和历史来证明。我们当务之急是集中精力把事业发展起来,把作用更好地发挥出来,把仲裁壮大起来,坚决遏制住滑坡的势头。总之一句话,坚持不争论,求同谋发展。

2. 2008 年 11 月 12 日,国务院法制办卢云华同志在 2008 年全国仲裁工作年会开幕式上的致辞

2008 年是改革开放 30 周年。30 年来,我们党带领全国各族人民实施改革开放的基本国策,有力地推进了中国特色社会主义各项事业蓬勃发展,取得了举世瞩目的伟大成就。我国社会主义市场经济条件下的仲裁事业,是改革开放的产物。十几年前,全国人民代表大会常务委员会根据国家实施改革开放的需要颁布了《仲裁法》,为我国社会主义市场经济健康发展提供了重要保障。《仲裁法》实施以来,全国仲裁界的同志们发扬艰苦奋斗的创业精神,坚持为改革开放服务,为社会主义市场经济健康发展服务,克服重重困难,依法构建起我国现代仲裁工作体制,公正及时妥善地处理了大批民商事纠纷,很好地完成了创建中国特色社会主义仲裁事业的任务,为发展中国特色社会主义事业做出了宝贵贡献。十几年来,全国直辖市、省会市和部分设区的市共成立 200 余家仲裁机构,年收案由仲裁法实施第二年 100 多家仲裁机构年受理案件 2000 余件,发展到 2007 年受理案件 6 万余件,实现了较快的发展速度。十几年来,全国仲裁机构共受理各类民商事案件 21.8 万件,标的额达 3447 亿元,案件当事人涉及 50 多个国家和地区,司法监督纠正率不到 1%。中国仲裁事业在国家改革开放的伟大历史进程中,沐浴春风,昂首阔步向前!中国特色社会主义仲裁事业的创业成果是改革开放的重要成果。实践证明,全国仲裁界的同志无愧于是我国改革开放的忠实实践者,无愧于是中国特色社会主义事业的伟大建设者。

中国特色社会主义仲裁事业是中国特色社会主义事业的组成部分,随着中国特色社会主义事业的发展而发展,为中国特色社会主义事业发展而服务。中国特色社会主义是中国仲裁人的共同理想,中国特色社会主义理论是指导中国仲裁事业发展的思想理论基础。正是凭借着中国特色社会主义理想信念和理论指引,全国仲裁界的同志们在极其艰苦的创业条件下,始终坚持社会主义仲裁理念,紧紧围绕党和政府的中心任务开展仲裁工作,表现出强烈的事业心和旺盛的开拓进取精神,开创了中国特色社会主义仲裁事业的崭新局面,不仅为促进经济社会发展发挥了积极作用,而且也使中国仲裁事业的公信力得到越来越广泛的确认。根据党的十六届六中全会决定,中国特色社会主义仲裁事业已经成为建设社会主义和谐社会的重要力量。这是同志们长期奋斗的结果,是大家光荣的历史功绩,也是党和人民对仲裁事业的充分肯定和更高更新的要求。我们有理由相信,与中国特色社会主义事业同呼吸共命运的中国特色社会主义仲裁事业,完全可以担负起光荣而艰巨的重任。

中国特色社会主义仲裁事业是以中国特色社会主义理论为指导,是在充分考虑我国国情、紧密结合我国经济社会发展需要的前提下,积极借鉴国际成功做法而建立的,具有鲜明的中国特色。衡量我国仲裁事业的根本标准,必须是也只能是仲裁事业为社会主义市场经济健康发展发挥的保障作用,为构建社会主义和谐社会发挥的促进作用,为广大人民群众的利益发挥的服务作用。尽管仲裁事业仍需要进一步完善,但必须立足国情实际,始终不渝地坚持社会主义性质,坚持人民性本质,坚持社会主义仲裁理念,绝不可以脱离我国经济社会发展要求,盲目照搬简单套用国外的理念和模式。只有民族的才是国际的。与国际接轨是方法不是目的。国际做法只能借鉴不能克隆,更不能作为评判我国仲裁事业的标准。全国仲裁界同志们的创业成果已经证明,中国仲裁事业自立于国际仲裁之林的根本途径是走出中国特色社会主义仲裁事业的发展道路。

《仲裁法》颁布实施的十几年,是全国仲裁界锐意改革、开拓进取、艰苦奋斗的十几年。十几年来,中国特色社会主义仲裁事业取得的创业成就充分说明,《仲裁法》是贯彻改革开放精神、促进经济社会发展的重要法律,是效果显著的法律。国情决定政策,决定法律的贯彻实施。《仲裁法》的贯彻实施既是中国特色社会主义仲裁事业的重要创业实践,也是中国特色社会主义事业的重要建设实践。一个符合中国特色社会主义本质要求的法律及其实践,不仅具有鲜明的国情特色,而且具有鲜明的时代先进性。《仲裁法》的贯彻实施是在党和国家的高度重视下开展并顺利进行的,党委、人大、政府给予了有力的领导和关心,各有关部门、司法机关、社会各界给予了大力支持和帮助,为创建和发展中国特色社会主义仲裁事业提供了坚强的保障。全国仲裁界的同志始终坚持为社会主义市场经济建设服务、为构建社会主义和谐社会服务的正确方向，胸怀大局，努力实践、积极探索，创造出许多鲜活的创业经验和做法。同志们在深刻分析中国仲裁事业创建、发展客观条件的基础上，针对在社会主义初级阶段、社会主义市场经济建设初始阶段、中国特色社会主义仲裁事业初创阶段客观存在的先进的仲裁法律制度与相对滞后的社会仲裁意识和初始的仲裁工作水平的基本矛盾，提出必须坚持"推行仲裁法律制度是根本，融入市场经济是关键"的工作方针，全国上下深入持久地开展了宣传贯彻《仲裁法》的高潮，有力地促进了《仲裁法》的贯彻实施和仲裁事业蓬勃发展。在厦门、西安、天津、青岛等仲裁委员会的带动下，全国仲裁机构从国情实际出发，深入开展中国特色现代仲裁理念和仲裁文化的研究，南京等仲裁委员会深入研究中国仲裁事业发展的客观规律，为创建和发展中国特色社会主义仲裁事业奠定了思想基础。武汉等仲裁委员会率先探索加强仲裁基层基础建设工作，在全国仲裁界引起普遍反响，把仲裁工作的重点放到基层去，正在成为全国仲裁界的实践，仲裁事业获得了持续发展的源泉。上海、中国国际经济贸易仲裁委员会、中国海事仲裁委员会、昆明等许多仲裁委员会积极与市场经济行业组织合作发展仲裁事业，使仲裁为社会服务的重要作用日益得到社会的认可和支持。为了彰显中国仲裁的优势和特色，改变初始仲裁工作水平的面貌，全国仲裁机构明确提出要努力提高仲裁案件快速结案率、民商事纠纷自愿和解调解率、仲裁裁决自动履行率，烟台、湘潭、吉林等一大批仲裁委员会"三率"水平都达到了70%以上，有的达到85%以上甚至更高，很好地实现了裁决效果与社会效果的统一，高水准的"三率"特别是高水准的仲裁裁决自动履行率已经成为我国仲裁的重要特点。德阳仲裁委员会探索的"裁前预告"工作方式，天津仲裁委员会探索的"仲裁斡旋"工作方式，成都、石家庄、合肥、海口、韶关等仲裁委员会大力推行仲裁法律制度的做法，青岛仲裁委员会探索的提高仲裁当事人满意率的做法，西宁、乌鲁木齐、银川及西部地区仲裁委员会探索的和谐仲裁的做法，扬州、淄博、沧州、天水、柳州、鞍山、台州等40多家仲裁委员会根据社会主义政治规范、法律规范、道德规范和现代仲裁专业规范开展的仲裁机构规范化建设试点工作的做法，重庆、桂林等仲裁委员会实行的仲裁员履行职责遵纪守法承诺制，北京、哈尔滨等一批仲裁委员会实行的仲裁员利害关系主动披露或声明制，长沙等30多家仲裁委员会开展的按照市场经济规律发展仲裁事业的探索，济南、沈阳等8家仲裁委员会订立的仲裁为民公约等，都是着眼于民商事纠纷解决方式发展趋势进行的中国特色社会主义仲裁事业创新性实践。最近，深圳仲裁委员会改变传统的仲裁员遴选方式，向社会公开招聘仲裁员，使仲裁员选聘工作置于社会的监督之下，从源头上保证仲裁公平与公正。中国国际经济贸易仲裁委员会、上海仲裁委员会、广州仲裁委员会、西安仲裁委员会在对外经贸大学的协助下，积极开展网上仲裁的研究与实践，取得的成果使我国仲裁正在走向国际仲裁的前列。目前，全国仲裁机构正在认真回顾总结改革开放以来的仲裁工作。一代优秀创业者的无数感人的创业事迹和宝贵的创业经验特别是大批经济欠发达地区仲裁委员会艰苦卓绝的创业经历充分显示，《仲裁法》的贯彻实施、中国特色社会主义仲裁事业的创业实践，是中国特色社会主义理论的认识论与方法论的统一，是现实性与先进性的统一，是政治性与人民性、专业性的统一，是全国仲裁界高举中国特色社会主义伟大旗帜，坚持走中国特色社会主义道路取得的重要成果，是同志们忠于党、忠于人民、忠于法律的鲜明体现。全国仲裁界同志创建中国特色社会主义仲裁事业的历史功绩是不可磨灭的。

当前，全国仲裁工作面临的所有问题概括进来讲都是发展中的问题，归根结底，都要靠发展来解决。希望全国仲裁界的同志紧密团结在一起，高举中国特色社会主义伟大旗帜，深入学习、实践科学发展观，牢固树立社会主义仲裁理念，自觉把仲裁工作纳入党和国家工作的大局中去谋划，继续发扬改革开放精神，真正做到聚精会神、全神贯注、心无旁骛抓发展，出色地完成二次创业的各项任务，努力实现中国特色社会主义仲裁事业又好又快发展。

二、仲裁制度建设

为了充分发挥仲裁保障社会主义市场经济健康发展的作用，依法维护非公有制企业的合法权益，2008 年 5 月 28 日，国务院法制办公室与中华全国工商联合会联合下发了《关于进一步做好非公有制企业民商事纠纷仲裁工作的意见》。就进一步贯彻落实国务院法制办公室、中华全国工商业联合会《关于依法做好非公有制企业民商事纠纷仲裁工作的意见》提出了具体意见。

三、仲裁案件受理情况

（一）全国受理情况

2008 年全国 202 个仲裁机构共受理案件 64，160 件，同比增加了 3205 件，增长率为 5.2%；案件标的额共计 982 亿元，同比增加了 255 亿元，增长率为 35%，创历年新高。

（二）区域受理情况

华北片区受案 6699 件，标的额 189 亿元；东北片区受案 4330 件，标的额 41 亿元；华东片区受案 11, 295 件,标的额 164 亿元;东南片区受案 7221 件,标的额 68 亿元;中南片区受案 16, 811 件,标的额 103 亿元;华南片区受案 8136 件,标的额 145 亿元;西南片区受案 5010 件,标的额 33 亿元;西北片区受案 3368 件,标的额 24 亿元;中国国际经济贸易仲裁委受理案件 1230 件,标的额 209. 18 亿元;中国海事仲裁委员会受案 60 件,标的额 1. 1257 亿元。

二〇〇九年

内容提要：

一、仲裁活动

（一）仲裁会议

1. 全国仲裁工作座谈会在北京召开

2. 中南片区仲裁工作会议在张家界召开

3. 东南片区仲裁工作会议在绍兴召开

4. 全国仲裁机构规范化试点单位协调人会议在沧州召开

5. 西南仲裁工作座谈会在云南昭通召开

6. 华东地区仲裁工作会议在盐城召开

7. 东北仲裁工作座谈会在辽阳召开

8. 华南仲裁工作会议在南宁召开

9. 第四次全国仲裁机构规范化建设试点工作会议在宝鸡召开

10. 全国仲裁工作年会在天津召开

（二）会议讲话摘要

1. 2009 年 4 月 1 日，国务院法制办卢云华同志在 2009 年全国仲裁工作座谈会上议题讨论的小结发言

2. 2009 年 4 月 1 日，国务院法制办卢云华同志在 2009 年全国仲裁工作座谈会上的总结讲话

（三）其他活动

2009 年 6 月 2 日，中国香港特别行政区仲裁程序首次内地“路演”。

二、仲裁制度建设

公布实施《贸仲网上仲裁规则》（2009 年）（已修改）。

三、仲裁案件受理情况

(一)全国受案情况

(二)区域受案情况

一、仲裁活动

(一)仲裁会议

1. 全国仲裁工作座谈会在北京召开

2009年3月30日至4月1日,2009年全国仲裁工作座谈会在北京召开。国务院法制办卢云华同志出席了会议。会议邀请了时任全国人大常委会法工委民法室副主任贾东明,时任司法部法制司副司长薛春喜、处长方志,全国工商联法律部部长王援、时任法律部权益处处长岳公正出席。会议由国务院法制办公室袁诗鸣同志主持。

此次会议是在全党开展深入学习实践科学发展观活动,全国人民积极应对国际金融危机,努力保增长、保民生、保稳定的重要时刻召开的一次重要会议。会议通报了2008年全国仲裁发展工作情况,区域仲裁发展工作协调人韩庆升、李树盈、徐强、李嘉乐、高顺龄、陈忠谦、叶时雨、潘俊星同志分别代表所在区域报告了本区域2008年仲裁发展工作情况。会议就全国仲裁界继续推进仲裁事业又好又快发展的有关重要事项进行了深入研究。熊世忠同志就社会主义仲裁理念,高顺龄同志就加强仲裁基层基础建设工作,李树盈同志就仲裁斡旋工作方式,叶时雨、李嘉乐同志就仲裁邀请工作方式,张平同志就仲裁裁决自动履行工作机制,宋魏生同志就公开招聘仲裁员,徐强同志就首席仲裁员的指定,王红松同志就仲裁员相关关系披露制度,陈忠谦同志就仲裁工作人员的专业化培养及报告"仲裁大事记"编辑工作情况,袁光辉同志就仲裁委员会组织建设等议题分别作了主题发言,其他与会同志作了点评发言,卢云华同志对各个议题的讨论作了小结。

与会同志认为,发展中国特色社会主义仲裁事业必须坚持正确政治方向,必须坚持科学先进的专业发展方向。中国特色社会主义仲裁事业是中国特色社会主义事业的组成部分,必须接受中国特色社会主义理论的指导,必须服从和服务于中国特色社会主义事业发展的需要。中国特色社会主义仲裁事业是为社会主义市场经济服务的,仲裁委员会是为广大人民群众服务的,必须始终把社会效益放在首位,不能搞成以谋取经济利益为目的的营利性组织。全国仲裁界的同志应当清醒地看到,当前全国仲裁事业的发展还不能适应科学发展观的要求,受先进的仲裁法律制度与相对滞后的社会仲裁意识及初始的仲裁工作水平矛盾的制约,仲裁的优势和作用还没有得到充分发挥,发展仍然是仲裁工作的第一要务。全国仲裁工作无论在什么情况下都必须集中精力抓好科学发展的工作。同时,要开拓进取,努力创新,不断提升我国仲裁事业的专业水平。随着仲裁事业的发展,对于仲裁工作、仲裁机构建设出现的新情况、新问题,全国仲裁界的同志要努力提高从政治上分析问题、解决问题的能力。会议希望全国仲裁界进一步振奋精神,以优异的发展业绩迎接新中国成立60周年大庆。

此次会议由国务院法制办公室组织召开,中国国际经济贸易仲裁委员会和中国仲裁法学研究会共同承办。会议圆满完成了预定议题的研究和讨论,于4月1日闭会。

2. 中南片区仲裁工作会议在张家界召开

2009年4月23日,中南片区仲裁工作会议在张家界鸽子花酒店召开。会议传达全国仲裁工作座谈会议精神,研究中南片区仲裁工作发展措施,部署中南片区仲裁工作。国务院法制办处长袁诗鸣、省法制办副主任曾国兴出席会议,张家界市委常委、常务副市长、张家界仲裁委主任杜芳禄出席会议并作了致辞。

3. 东南片区仲裁工作会议在绍兴召开

2009年东南片区仲裁工作会议于5月7~8日在绍兴永和庄酒店召开,由绍兴仲裁委员会承办。国务院法制办公室卢云华同志应邀出席了会议。参加会议的有来自福建、安徽、江西、浙江的31家仲裁机构的44名代表,安庆仲裁委员会因故未到会。会议由南昌仲裁委秘书长万忠明主持。绍兴市人民政府任勇秘书长到会并致欢迎词。

会议主要议题为:传达全国仲裁工作座谈会会议精神;以科学发展观为指导,探讨交流"仲裁发展的基础工作、机构内部的规范管理、仲裁方式特色创新"的经验或工作思路。会上,区域仲裁发展工作协调人李嘉乐同志代表片区作2008年工作小结并传达全国仲裁工作座谈会纪要,汪兴裕、刘凤泉、杨钢、周功灿、邓世清等同志传达了全国仲裁工作座谈会文件精神,到会的各仲裁机构负责同志围绕如何贯彻全国仲裁工作会议精神展开热烈的讨论,并就仲裁基础工作、内部管理和制度创新等主题分别介绍了各自的经验和做法。卢云华同志在会议上作了讲话。

会议认为,中国特色社会主义仲裁事业必须坚持仲裁发展的正确政治方向,必须坚持科学先进的专业发展方向。如何践行科学发展观,破解仲裁发展难题,实现仲裁事业的快速、全面、可持续发展,是摆在我们全体仲裁人面前的非常紧迫的任务。会议要求,本片区各仲裁机构要结合自身实际情况,集中精力抓好科学发展的工作,不断提高仲裁服务质量,拓展仲裁服务领域。创新仲裁服务方式,提升仲裁管理水平。对仲裁工作、仲裁机构建设出现的新情况、新问题,要从政治上加以分析、解决,对仲裁发展的有关重要事项应进行深入研究,并积极探索实现仲裁事业又好又快发展的具体措施和途径。

4. 全国仲裁机构规范化试点单位协调人会议在沧州召开

2009年5月8~10日,全国仲裁机构规范化建设试点单位协调人会议在河北省沧州市召开。参加会议的有:时任国务院法制办协调司处长袁诗鸣,第一协调人刘强,协调人王振廷、梅菊兰、胡东泰、张平。宝鸡仲裁委员会办公室主任李智慧列席了会议，会议由沧州仲裁委员会主任王振廷主持。

会议通报了近3年来，全国仲裁机构规范化建设试点单位规范化建设的有关工作情况，并对全国仲裁机构规范化建设试点工作座谈会的有关议题进行了研究。

会议就如何开好规范化建设试点工作座谈会进行了研究，决定全国仲裁机构规范化建设试点工作座谈会在陕西宝鸡召开。并初步确定了加强仲裁机构派出机构规范化管理、仲裁机构加强党的建设及仲裁法律文书的规范等方面作为会议的座谈议题，由相关仲裁机构做好材料的准备。

时任国务院法制办协调司袁诗鸣处长对如何开好2009年全国仲裁机构规范化建设试点工作座谈会提出了明确要求：要按照规范化建设《关于全国仲裁机构规范化建设试点工作的实施意见》的要求，求真务实，精心准备，深入挖掘规范化建设具体工作中好做法，好经验，提炼出来，相互借鉴，相互学习，使这次会议更好地促进规范化建设试点工作不断向前发展，使每一个参加试点工作的仲裁机构努力成为发展的模范、规范的标杆。

5. 西南仲裁工作座谈会在云南昭通召开

2009年5月19~22日，西南仲裁工作座谈会在云南省昭通市水富召开。时任国务院法制办协调司仲裁处处长袁诗鸣、时任昭通市人民政府副秘书长王应斌、四川省法制办处长胡科健、贵州省法制办处长李勇、时任水富县人民政府副县长李煌等领导应邀出席了会议。时任国务院法制办协调司仲裁处处长袁诗鸣在会议开始和结束时作了讲话，传达了国务院法制办卢云华同志在全国仲裁工作座谈会上的小结讲话和总结讲话，结合西南仲裁工作情况强调了贯彻全国仲裁工作座谈会精神的有关工作。会议期间，有关领导分别传达了2009年全国仲裁工作座谈会的10个议题。西南区域仲裁发展工作协调人、重庆仲裁委员会副秘书长李华强传达了《2009年全国仲裁工作座谈会纪要》；昆明仲裁委员会秘书长李文骏传达了《关于社会主义仲裁理念》《关于仲裁员相关关系披露制度》《关于仲裁工作人员专业化建设》；成都仲裁委员会副秘书长叶时雨传达了《关于"仲裁斡旋"工作方式》《关于"仲裁邀请"工作方式》《关于仲裁裁决自动履行工作机制》；贵阳仲裁委员会副主任李乐启传达了《关于公开招聘仲裁员》《关于首席仲裁员的指定》；绵阳仲裁委员会主任何成普传达了《关于加强仲裁基层基础建设工作》《关于仲裁委员会组织建设》。

会议期间，时任西南区域仲裁发展工作协调人、成都仲裁委员会副秘书长叶时雨通报了2008年西南仲裁工作情况。叶时雨指出，2008年西南24个仲裁机构共受理案件5349件，同比增加了589件，增长率为12%，高于全国平均增长率；案件标的共计40亿元,同比增加了6亿元,但是同比增长率仅为18%,低于全国平均增长率。仲裁委员会发展极不平衡。

6. 华东地区仲裁工作会议在盐城召开

2009年5月26日上午,华东地区仲裁工作会议在盐城市召开。国务院法制办卢云华同志,时任盐城市委常委、常务副市长、盐城仲裁委主任陈正邦和华东地区28家仲裁机构的主要负责同志出席会议。各仲裁机构围绕“践行科学发展观,树立和谐仲裁理念”主题进行了广泛交流。

本次会议从5月25~27日共持续3天,华东地区江苏、山东及上海两省一市的仲裁机构齐聚盐城,学习国务院法制办公室2009年3月30日在北京召开的全国仲裁工作座谈会会议精神,并讨论贯彻落实的具体措施。淄博仲裁委员会在会上作关于仲裁委员会办事机构参照公务员管理的经验交流;枣庄、莱芜、聊城、淮安、宿迁等仲裁机构在大会上就践行科学发展观、树立“和谐仲裁”理念、推进保险行业仲裁、创新仲裁工作机制等方面作交流发言。

7. 东北仲裁工作座谈会在辽阳召开

2009年6月9~11日,受国务院法制办公室委托,由沈阳仲裁委员会、辽阳仲裁委员会共同主办的东北仲裁工作座谈会在辽阳市富虹国际饭店举行,东北地区28家仲裁委员会的主要负责人参加了会议。会议由沈阳仲裁委员会副主任、秘书长韩庆升同志主持,参加年初在北京召开的全国仲裁工作座谈会的东北相关仲裁委员会负责人传达了北京会议10个专题的主要精神;大连仲裁委员会的相关负责人为会议演示了用ISO 9000质量管理体系管理仲裁案件的质量管理流程;参加会议的东北各仲裁委员会负责人围绕提高仲裁案件质量和社会公信力展开了热烈的座谈讨论;时任成都仲裁委员会秘书长叶时雨应邀参加了会议并结合“仲裁邀请”作了专题发言,时任国务院法制办公室处长袁诗鸣出席了会议并代表卢云华同志发表了讲话。

8. 华南仲裁工作会议在南宁召开

2009年6月16~17日,2009年华南片区(广东、广西、海南)仲裁工作会议在广西壮族自治区南宁市召开。国务院法制办卢云华同志,时任南宁市委常委、常务副市长、南宁仲裁委员会主任刘长林,南宁市政协副主席、南宁工商联主席、南宁仲裁委员会副主任黎四龙等出席会议。华南片区18家仲裁机构有关负责人参会。

会上,时任广州仲裁委员会主任陈忠谦传达了2009年全国仲裁工作座谈会精神;华南片18家仲裁机构有关负责人分别通报了2008年的工作情况,提出了今后的工作设想,并就今后如何加强华南片仲裁工作创新及促进华南仲裁工作发展等主题进行了发言。

会议通过了2009年华南片仲裁工作会议纪要。会议决定2010年华南片仲裁工作会议在惠州召开，由惠州仲裁委员会承办。

9. 第四次全国仲裁机构规范化建设试点工作会议在宝鸡召开

2009 年 9 月 24～25 日，第四次全国仲裁机构规范化建设试点工作座谈会在陕西省宝鸡市召开。

会议由时任国务院法制办协调司处长袁诗鸣主持，此次会议主要对《关于加强仲裁委员会派出机构的指导意见》《关于加强仲裁机构党的建设的指导意见》《仲裁文书规范格式样本》三项内容进行分组讨论，并对规范化建设试点工作开展以来的工作进展统计情况做了通报，指出工作取得的进展和存在的问题。会后，国务院法制办卢云华同志作了讲话，强调了规范化建设试点工作的重要意义和作用，希望各试点机构继续做好规范化建设工作。

10. 全国仲裁工作年会在天津召开

2009 年 10 月 29～30 日，2009 年全国仲裁工作年会在天津召开。这次年会是在国务院法制办的指导下召开的，并得到全国人大常委会法工委、最高人民法院、司法部、全国工商联、中国银监会的支持。天津市人民政府以及部分省、区、市政府法制办也对年会的召开给予了大力支持和帮助。出席年会开幕式的国家相关部门有关负责人有：国务院法制办卢云华同志，仲裁处处长袁诗鸣，时任全国人大常委会法工委民法室副主任贾东明，时任最高人民法院民二庭付金联审判长、研究室处长林文学，时任司法部法制司金曼主任科员，全国工商联法律部副部长白莲湘，时任中国银监会政策法规部副主任文海兴。时任天津市人民政府副秘书长、办公厅主任杨金海，时任市政府法制办主任矫捷，以及部分省、区、市政府法制办的负责同志也应邀出席了开幕式。

年会开幕式于 10 月 29 日上午举行。时任天津市人民政府副秘书长、办公厅主任杨金海，国务院法制办卢云华同志分别致辞。在年会召开前，时任天津市人民政府副秘书长、办公厅主任杨金海会见了应邀出席年会的国家相关部门有关负责同志。

年会由时任天津仲裁委员会办公室主任李树盈主持。本次会议的主题是，认真总结仲裁法颁布实施 15 年来的经验，推进社会主义仲裁事业又好又快发展。部分仲裁机构的负责人分别就仲裁机构党的建设、思想建设和规范化建设及新的仲裁工作方式的具体做法等作了大会发言。时任武汉仲裁委员会常务副主任熊世忠作了题为“坚持社会主义仲裁理念　促进仲裁事业科学发展”的发言；中共淄博仲裁委员会办公室党组书记、副主任张景民作了题为“加强仲裁委员会党建工作　促进和保障仲裁事业健康快速发展”的发言；成都仲裁委员会副秘书长叶时雨作了题为“有关仲裁邀请工作方式具体实施的意见”的发言；德阳仲裁委员会秘书长张平作了题为“关于仲裁裁决自动履行工作机制指导意见”的发言；绍兴仲裁委员会主任周功灿作了题为“运用现代科技手段打造规范管理平台”的发言;淄博仲裁委员会秘书长、仲裁机构规范化建设试点工作协调人刘强作了题为“努力推动规范化建设进程　促进仲裁事业健康发展”的发言;天津仲裁委员会办公室主任李树盈作了题为“仲裁斡旋工作方式简介”的发言。会议还观摩了天津仲裁委员会组织的申请人为天津电力建设公司、被申请人为中国煤炭国际经济技术合作总公司之间建设工程分包合同欠款纠纷案的友好仲裁开庭活动,现场了解了“仲裁斡旋”工作方式的具体做法。上海仲裁委员会主任徐强作了申办2010年全国仲裁工作年会的发言。大会一致同意2010年全国仲裁工作年会由上海仲裁委员会承办。会议期间,时任全国人大法工委民法室副主任贾东明就《侵权责任法(征询意见稿)》的基本内容和《涉外民事法律关系法》的立法动态进行了简要介绍。时任最高人民法院研究室处长林文学发言肯定了仲裁制度在解决民商事纠纷中所发挥的重要作用,希望仲裁界与人民法院进一步加强合作,并欢迎对仲裁法司法解释的修改和完善提出意见和建议。时任中国银监会政策法规部副主任文海兴在发言中,感谢仲裁界对全国银行金融行业的支持,并表示全国银行金融业将一如既往地支持仲裁工作。全国工商联法律部副部长白莲湘代表全国非公有制企业感谢仲裁界对全国工商联工作的大力支持,并通报了今年全国工商联组织编选《仲裁案例选编》,及在非公有制企业中宣传仲裁法律制度的情况。国务院法制办卢云华同志作了讲话。

全国152家仲裁机构的负责同志和工作人员代表等共233人出席了年会。法制日报社法制网和中国法律门户网等媒体代表亦参加了会议。

(二)会议讲话摘要

1.2009年4月1日,国务院法制办卢云华同志在2009年全国仲裁工作座谈会上议题讨论的小结发言

一、关于中国特色社会主义仲裁理念

武汉仲裁委熊世忠同志就中国特色社会主义理念作了专题发言,其他同志和专家作了很好的点评。对这个问题我要稍微多说几句。我国仲裁事业的发展,客观上要求主观认识相适应。理论是实践深化的结果,也是实践发展的要求。中国特色社会主义仲裁理念的提出,集中回答一件事,就是我国仲裁事业的本质、任务、作用和发展道路乃至应当遵循的基本原则。概括起来讲,就是要解决仲裁是什么、仲裁为了谁这个基本问题。仲裁事业在我国是新兴的、具有光明前途的事业。仲裁事业的发展客观上要求主观认识的飞跃。新兴的、具有光明前途的事业也要遵循发展规律。同时,作为一项新兴事业,其内

外部在认识上有分歧是必然的,只有主客观相统一才能解决分歧。科学是客观规律的概括。中国特色社会主义仲裁理念是建立在概括中国特色社会主义仲裁事业发展规律和发展要求的基础上的,是全国仲裁界统一思想的前提。同时,仲裁作为一项重要的社会事业,有其自身的价值和作用。社会主义仲裁理念也是仲裁这项重要事业的社会品牌,也是这个社会服务品牌的根本价值所在。

我国现代仲裁制度具有三个历史渊源:一是借鉴了国外行之有效的纠纷解决方法;二是脱胎于计划经济条件下的行政仲裁制度;三是发端于涉外仲裁工作。这样的历史成因就注定了在创业初期会出现几种问题:一是简单地以国外的做法来衡量我国的仲裁;二是行政仲裁制度的某些痕迹犹存;三是简单照搬涉外仲裁的做法。涉外仲裁工作是我国仲裁的一部分而不是全部。就我国仲裁工作而言,国内仲裁是一般,涉外仲裁是特殊。目前,国内仲裁机构依法都可以受理涉外案件,但服务对象主要还是在内地,主要任务还是满足国内市场主体的需求。因此,对我国仲裁工作体制总体而言,对全国绝大多数仲裁机构而言,基本任务是做好国内仲裁工作,兼顾涉外仲裁发展。全国200多家仲裁都搞成所谓"国际化"仲裁机构既无可能也不必要。还是要脚踏实地按照自身的发展规律去发展仲裁事业,做好国内仲裁的事情。

同时,我们也要清醒地认识到,仲裁作为收费行业,容易自发地产生营利性倾向,仲裁事业越发展这个问题就越突出。2008年全国仲裁案件标的额过千亿元,增长率创历年之最,十分可喜。同时也意味着我们的收入有了大幅增长。在这种情况下,尤其要防止方向性的偏差。多年来,全国仲裁工作一直在注意防止两个方面的错误倾向:一是警惕回头,警惕行政仲裁制度的残余影响;二是防止走歪,防止仲裁事业以营利为目的。十几年来的实践说明,尽管在部分地方还存在行政仲裁制度残余的痕迹,但从根本上说,回头的可能性是没有的。而随着仲裁事业的不断发展,走偏的问题、营利性的问题是长期存在的。据反映,我们有些仲裁员不愿意办标的额小的案件,只愿意办大案;只愿意办收入高的案件,不愿意办收入低的案件。据了解这种现象还不是个别的。请大家考虑,如果任由这种现象蔓延下去,只办挣钱多的不办挣钱少的,仲裁机构岂不就成了"衙门口朝南开,有理无钱莫进来"的封建衙门。裁判权蜕变成谋利的手段,仲裁事业的社会主义性质就变了,这是很危险的。对仲裁员的使用和报酬要合理,随着事业发展予以改善也是必要的,但不能演变成事业性质的变化。解决问题要多方面考虑,合理不合理要从长远看。这不是大道理。中国特色社会主义仲裁事业的健康发展必须始终坚持同时警惕上述两种错误倾向。仲裁事业要得到社会的认可,要得到方方面面的支持,也得这么办。

现在全国200多家仲裁机构、几万名仲裁员,这么一支队伍,这么一项重要事业,没有正确的理论指导不行。这一代仲裁事业创业者不仅要给后人留下一番事业，还要奠定牢固的思想基础。因此，研究中国特色社会主义仲裁理念，也就是研究解决仲裁工作、仲裁事业发展接受正确理论指导的问题。

二、关于加强仲裁基层基础建设工作

基础不牢，地动山摇。加强仲裁基层基础建设工作不是简单地设立分支机构、派出机构问题，而是要从指导思想上解决把仲裁服务的重点放到基层去、把仲裁发展的重点放到基层去的问题。这个问题和仲裁工作体制有关。根据《仲裁法》的规定，新组建的仲裁机构都是由市人民政府组建的。但如果把仲裁机构搞成市一级组织，与市场经济距离过远，和市场主体距离过长，仲裁工作就没有基础，仲裁服务的作用就会极其有限，仲裁也就失去了发展源泉。《仲裁法》施行后，为了扩大案源，许多仲裁机构在自身管理还不健全的情况下纷纷设立派出机构、分支机构，效果不是很理想。为了解决仲裁发展基层基础建设的问题，我们曾经提出实行仲裁机制与其他纠纷解决机制相结合，仲裁机构与行业组织、基层组织相结合的考虑。现在看，要使仲裁发挥更大的作用不加强基层基础建设恐怕不行。设立分支机构、派出机构是加强基层基础建设的一个措施，但不是唯一的、全部的措施，更不能一哄而上。一是必须科学设置；二是要确有效果；三是要依法管理；四是要管得住。要确保设立一个，成功一个，管住一个。总之，这件工作关系到完善仲裁工作体制、健全仲裁发展机制，充分发挥仲裁工作作用，希望全国仲裁机构都要充分重视加强仲裁基层基础建设工作。

三、关于仲裁斡旋工作方式

天津仲裁委的仲裁斡旋工作方式是继德阳仲裁委裁前预告工作方式之后的又一项创新性探索。伴随着经济全球化的发展趋势，国际纠纷解决方式也在不断发展，包括传统的诉讼、仲裁在内的纠纷解决方式已经不能适应国际经济发展的要求，正在被新的纠纷解决方式所替代。仲裁的生命力在于能够根据新的形势发展要求不断地进行自我更新。后发的中国仲裁不是落后的仲裁。创建中国特色社会主义仲裁制度的一个很重要的要求就是要发挥好后发优势，努力站在国际纠纷解决方式发展变革的前沿，不断创新。仲裁的最大特点是灵活。天津仲裁委探索的仲裁斡旋工作方式，不仅程序灵活、准据灵活，而且当事人自主处分权益，把尊重当事人的仲裁权益与尊重当事人的根本经济利益有机地统一起来，体现了最大限度的灵活。这是一个新生事物，理念较新，符合发展趋势。希望仲裁界能有更多这样的创新。既然要创新就不要怕错，只要方向对头，错也错不到哪去。如果我们的仲裁能够有更多的更灵活的处理方式，包括裁决方式、调解和解方式、斡旋方式等，能够满足当事人的各种纠纷解决需求，我国仲裁的先进性就会更加充分地显现出来了。天津仲裁委的仲裁斡旋工作方式和本次会议其他议题,都是中国特色社会主义仲裁事业坚持科学先进的专业发展方向的具体体现。

四、关于仲裁邀请工作方式

成都、合肥仲裁委探索的仲裁邀请工作方式的核心是在仲裁活动中、两造争讼中照顾和维护更广泛的社会合法权益,体现着仲裁为民的精神。同时,是根据仲裁的特点做出的针对性很强的工作安排。仲裁与诉讼不同,不能强制第三人到庭,但在现实中,纠纷往往可能涉及多方当事人,这样可能涉及第三人的利益。如果仲裁一裁了之,对第三方利益不顾不问,当事人就有可能再度陷入另一场诉讼,那么选择仲裁不仅优势不彰,而且会产生新的诉累。仲裁要考虑社会效果。要从保护当事人利益出发来考虑。当然,这样做也会有利于推行仲裁法律制度。因此,仲裁邀请工作方式是个积极的尝试。

五、关于仲裁裁决自动履行工作机制

刚才德阳仲裁委就仲裁裁决自动履行工作机制问题作了详细介绍,专家也对做好这项工作的意义作了进一步阐述。仲裁裁决自动履行率与仲裁案件快速结案率、民商事纠纷调解和解率一起形成了我国仲裁的重要特色和优势,也是仲裁工作的主要指标。最初提出"三率"时主要有两点考虑:一是树立仲裁特色,努力与诉讼区别开来。10 多年来全国仲裁界积极实践,成果显著,"三率"水平相对较高。二是能够较好地解决仲裁裁决执行中的问题。在《仲裁法》实施之初,确实存在仲裁工作与司法工作的衔接问题,个别地方存在撤销和不予执行仲裁裁决不够谨慎的情况。如果我们把仲裁裁决的自动履行率提高了,这个问题也能在较大程度上解决。现在需要研究的是,根据科学化、规范化、专业化建设的要求,如何进一步做好仲裁裁决自动履行定型化、制度化的工作,以使仲裁裁决的自动履行率能保持在较高的水平上,使我国仲裁的优势和特点有更坚实的保障。德阳仲裁委的做法有很好的借鉴作用。

六、关于仲裁员的公开选聘

深圳仲裁委面向社会公开招聘仲裁员的做法,关键在公开,这需要勇气,需要公心,也需要自信。目前,仲裁员的产生,一是仲裁员之间的互相推荐,二是仲裁机构来选。在仲裁机构组建初期有其合理性的一面,但由于不公开,容易产生弊端。深圳仲裁委将仲裁员的选聘置于社会监督之下,变封闭为公开,既提高了选聘工作的透明度,也提高了仲裁员的社会认可度,是提高仲裁社会影响的重要举措,也有利于从源头上解决仲裁员操守和专业水准问题,对完善仲裁社会监督也具有积极意义,值得向全国仲裁机构推荐。

七、关于首席仲裁员的指定

首席仲裁员的指定是仲裁工作上台阶必须要解决的问题。现在关于首席仲裁员指定方面的反映越来越多，对有的地方首席仲裁员固定化、大案首席仲裁员专人化的反应比较强烈，对仲裁机构负责人与某些仲裁员关系对首席仲裁员指定的影响，反应也日渐增多。首席仲裁员在仲裁庭中的地位重要，作用要紧，关系利害。指定首席仲裁员应当遵循科学性、公平性、公正性、公道性的要求，充分发挥广大仲裁员的积极性和专业能力，最大限度地减少人为因素，切实防止利益关联。一是必须集体决定。一个人决定的风险太大，集体决定首席仲裁员至少可以防范凭个人好恶决定。二是由制度决定。要搞一套程序、机制，使集体决定建立在科学确定的基础上。首席仲裁员产生的客观、公正性，才能有仲裁裁决的客观、公正。上海仲裁委的做法概括起来讲，一靠制度产生，二靠集体决定，这是比较科学公道的，值得其他仲裁机构借鉴。

八、关于仲裁员相关关系的披露制度

披露是仲裁操守的重要保证措施。据了解，有的仲裁机构不仅要求仲裁员披露而且也要求仲裁秘书人员披露。多年来，我们有个愿望，仲裁要能够成为全社会操守要求最严格的行业，并将此作为仲裁的重要行业特色和比较优势。披露制度作为保持操守和操守监督的重要措施，对赢得当事人乃至社会对仲裁的信任是十分很重要的，应该成为必须承担的履职义务。对建立披露制度，一要坚决办，二要谨慎办。披露的范围要认真斟酌，具体披露事项要实事求是地确定。我不赞成把所有的东西都装进去，要抓住最根本的、最要害的、影响操守最必要的东西。披露制度也要有个逐步完善的过程，可以先抓容易的、常发的、要紧的。具体披露内容放进仲裁规则要慎重。按照有关司法解释，违反仲裁规则也是撤销和不予执行仲裁裁决的事由。如果所有内容都放在规则中，可能产生诉隙。比较理想的做法是对披露制度在仲裁规则中作原则规定，具体披露内容单行制定。北京仲裁委的做法我是赞成的。

九、关于仲裁工作人员的专业化建设

仲裁工作人员的专业化建设工作很重要，是保证我国仲裁事业健康发展的重要战略性任务。首先，要明确仲裁工作人员在中国特色社会主义仲裁事业创建中的重要作用和地位。仲裁工作人员是中国特色社会主义仲裁事业的重要创业者，是仲裁事业的宝贵财富，没有他们的辛勤努力就不会有我们今天的事业成就。要充分评价仲裁工作人员在仲裁事业发展中的历史作用。其次，要明确仲裁工作人员在发展我国仲裁事业过程中所承担的历史重任。他们是我国仲裁事业发展的未来，要把这个群体培养成为我国仲裁事业持续发展的接班人，成为全国仲裁工作的中坚力量。既是事业的创业者，又是事业的承继者。要为他们提供发挥作用的条件、专业发展的前途和适当的物质福利保障。对他们不能有简单的雇佣观点。这个问题首先需要在认识上来解决，认识提高了，下一步都好办,我相信仲裁界有智慧、有能力解决。目前,仲裁工作人员专业化建设,还处于摸索之中,广州仲裁委按照专家型的标准培养使用仲裁工作人员的做法,值得借鉴。各仲裁机构也要结合本机构的情况,积极探索。

十、关于加强仲裁机构组织建设

青岛仲裁委提出的加强仲裁机构组织建设问题是保证仲裁事业健康发展的非常重要的问题。首先,仲裁机构的名称是法定的。为什么叫仲裁委员会?既然称仲裁机构为仲裁委员会,循名责实,就要实行委员会制。什么是委员会制?仲裁委员会的称谓不只是个名称问题,更重要的是这个社会组织的根本治理制度、运行方式要实行委员会制。其次,仲裁委员会是独立的社会组织。仲裁机构组建初期,为了支持仲裁事业的发展,国务院办公厅文件规定,对仲裁机构参照事业单位给予人财物支持但在具体办理中很多机构就把仲裁委员会的内设机构搞成了事业单位法人。但我们应该明确,依法对社会承担责任的是仲裁委员会而不是内设的办公室或秘书处。仲裁裁决书盖章不盖仲裁委员会内设机构的印章而是盖仲裁委员会的印章。

仲裁机构既然称仲裁委员会,就与其他社会组织有区别。仲裁委员会不是党政机关,更不是行政机关,不应该实行首长负责制。仲裁委员会也不是企业,不能按投资比例确定决策权、决定权。同时,仲裁机构与教学科研单位、与民办非企业单位也不同,与一般的社会团体作为人合组织实行简单的少数服从多数也不尽一致。仲裁机构实行委员会制,决定了其根本治理制度是民主集中制。只有民主集中制才能保证仲裁机构依法履行职责,才能保证仲裁机构有效地承担社会责任,也才能保证仲裁机构作为一个独立的社会组织具有抵御不当干预的能力。目前,绝大多数仲裁委员会的委员多是兼职的,是事业推进型不是决策型、管理型,相当一部分仲裁委负责人也是挂名兼任的,无法有效地贯彻民主集中制,这与委员会制的要求不一致。当然,在仲裁案件不够多的情况下,客观上似没有必要由更多人来做。但这只是暂时的,不是方向。而且,这也不简单是个人员多少的问题。行使社会裁判权如果没有集体领导作保证,没有民主集中制来维护,是很困难的。从全国的情况看,有部分仲裁机构组织建设比较理想,如深圳、广州、上海、武汉、青岛等仲裁机构,主任、副主任包括秘书长、办公室主任都是专职专业的,并有健全的党的组织,能够形成集体领导和有力的政治保障,既能保证仲裁机构依法独立履行职权,也有利于很好地发挥内外作用。今天提出这个问题,为的是廓清思路,大家可以结合实际不断摸索。希望全国仲裁机构高度重视组织建设工作,逐步研究解决存在的问题,使我国仲裁工作体制有强大的、牢固的组织保障。

2.2009年4月1日,国务院法制办卢云华同志在2009年全国仲裁工作座谈会上的总结讲话

这次会议对发展中国特色社会主义仲裁事业以及做好2009年的仲裁工作都有很好的促进作用。

一、关于本次会议

本次会议,熊世忠同志作了"关于中国特色社会主义仲裁理念"的发言、高顺龄同志作了"关于加强仲裁基层基础建设的做法"的发言、李树盈同志作了"关于仲裁斡旋工作方式"的发言、叶时雨同志和李嘉乐同志作了"关于仲裁邀请工作方式"的发言、张平同志作了"关于仲裁裁决自动履行工作机制"的发言、宋魏生同志作了"关于公开招聘仲裁员"的发言、徐强同志作了"关于首席仲裁员指定"的发言、王红松同志作了"关于仲裁员披露制度"的发言、陈忠谦同志作了"关于仲裁工作人员专业化建设"的发言、袁光辉同志作了"关于仲裁委员会组织建设"的发言。会后,请熊世忠同志就中国特色社会主义仲裁理念的科学表述,请李树盈同志就仲裁斡旋规则,请叶时雨同志、李嘉乐同志就仲裁邀请规则和仲裁邀请书样式,请张平同志就仲裁裁决自动履行工作规则,请宋魏生同志就公开招聘仲裁员办法,请徐强同志就首席仲裁员的指定办法,请王红松就仲裁员披露制度作进一步研究。以上牵头的同志要切实负起责任来,认真组织本专题点评同志做好修改工作。最好上半年能拿出来提供给全国各仲裁机构。当然,这些意见不是强制性的,而是推荐性的,各仲裁机构可以根据实际情况参考借鉴。另外,建议同志们在研究时,要注意和有关科研院校进行合作,重视听取专家学者的意见。要特别注意理论与实践的结合。仲裁界要有能力、有信心在创建中国特色社会主义仲裁事业的同时,创建中国特色社会主义仲裁理论。这次会议内容丰富,希望大家回去以后认真做好会议精神的贯彻工作。要原原本本向仲裁机构传达,包括向仲裁机构组成人员、仲裁员、仲裁工作人员传达。据有些仲裁员、仲裁工作人员反映,他们对我们开会的情况知之甚少,希望尽可能让他们多了解会议精神,以便做好工作。现在看来,一些问题的出现与上情下达、下情上传不畅是有关系的。

二、关于下一步的工作

一是全国仲裁工作必须继续坚持为社会主义市场经济服务的正确政治方向,必须始终坚持科学先进的专业发展方向。对仲裁事业、仲裁工作可能有不同的认识,但我们是做具体工作的、是干事业的,精力要集中放在发展事业上,不能放偏。中国特色社会主义仲裁事业是中国特色社会主义事业的重要组成部分,是党和人民的事业,必须以中国特

色社会主义理论作指导。考虑问题、解决问题的落脚点和出发点放在什么地方,是放在自身的利益上还是放在社会的需要上?虽然仲裁工作的问题较多,但是只要坚持正确的政治方向,就不会迷失方向,就可以避免太大损失。同时,中国特色社会主义仲裁事业还要始终坚持科学先进的专业发展方向。既要体现政治上的优越性,又要体现专业上的优越性。这次会议的议题,很好地体现了科学先进的专业发展方向,体现了两者的统一,展现了新型仲裁事业蓬勃的生命力,昭示了中国仲裁不断开拓进取的创新精神。这种精神是非常宝贵和重要的。

二是要牢牢抓住发展第一要务。发展是仲裁事业不断前进的根本保证。全国仲裁界必须进一步集中精力,始终把精力放在发展第一要务上。过去没有案子要抓发展,今天案子多了还要抓发展,坚持不懈一直抓下去,风吹浪打不动摇。现在有一个值得注意的现象,有的大城市仲裁机构赶不过中小城市仲裁机构的发展速度,有的经济发达地区仲裁机构赶不过经济欠发达地区仲裁机构的发展速度。从2008年统计结果看,在第一位次的37家仲裁机构中,有省会市、直辖市22家仲裁机构,占2/3,其他设区市的十几家,占1/3。从全国8个区域看,2008年案件增长速度最快的不在发达地区,而在西北欠发达地区,标的额增长速度快的不在发达地区,而在东南地区。这与经济社会发展状况不相适应。我们应该有信心有办法实现二次创业的目标,把仲裁为市场经济发挥的积极作用提升为重要作用。希望大家要有使命感,要有政治责任感,要始终不渝地做好推行仲裁法律制度的工作,创新长沙会议精神,不断推进仲裁事业发展。创建中国特色社会主义仲裁事业,发展这个基本思路不能变,也变不起,一变了就出问题。2007年的教训已经足够了。南京会议提出"而今迈步从头越",不管年收案多少都归零,都要重新开始,同志们要不断坚定必胜的信心。遇到有争议的问题不要耗费精力去争论,也不要去搞不必要的讨论。

三是要严守仲裁工作质量。全国仲裁裁决被人民法院撤销、不予执行基本上处于较低的水平,不超过1%,有的仲裁机构甚至大大低于1%,充分反映了我们仲裁的质量是好的。但也不能盲目乐观,要充分认识到,目前我国仲裁裁决总体上处于较低水准,仲裁的优势和特色还没有发挥出来,因专业和操守原因影响案件质量的情况较为普遍地存在。因此,还要一如既往地抓好案件质量工作。

四是要正确处理发展中的问题。随着仲裁事业的发展,对仲裁工作方方面面越来越关注,尽管其中也有些是不必要的或不恰当的,但我们既要想得通,又要给予足够的重视。社会方方面面的关注是正常的,问题在于我们能不能正确面对,妥善处置。处理这些问题,建议上下多沟通,不要擅动、草率行事,不计后果,因小失大不划算,而且可能出现更大、更多的问题。这里要提醒同志们注意的是,关于仲裁工作、仲裁事业、仲裁机构和仲裁活动，要严格按照《仲裁法》的规定表述，不要随便使用内容含混不清的提法，以免造成不良的社会影响。

五是发展仲裁事业既要警惕回头，更要防止走歪。不能按照国家机关的办法管理仲裁机构，不能用居间诉讼的模式开展仲裁活动。传统的仲裁方式满足不了市场经济的需要。社会上有人认为，仲裁机构是"二法院"，主要是因为我们的仲裁目前还有很强的诉讼色彩，无论开庭方式、工作方式等都与法院没有什么区别。我们过去讲，仲裁不能搞两造对抗，现在看变化不大。后发的仲裁不是落后的仲裁。新型的仲裁制度没有历史包袱，干事更轻便，关键是我们自己行不行。10 多年来，全国仲裁界不断推出专业创新举措，效果良好。事实证明仲裁界的同志们是行的。同时，仲裁工作不能走歪。这个问题具有很高的现实可能性，不是警惕的问题，而是防止的问题。仲裁是为社会公共利益服务的，这不仅要成为仲裁界的共识，而且也要成为社会共识。如果社会上认为仲裁是营利性的，是为个人谋利的，是为小集体谋利的，只有死路一条。

六是要妥善解决仲裁界内部的分歧。发展状况不同利益诉求就不同，对如何解决发展过程出现的问题难免产生分歧。需要注意的是，仲裁事业发展的分歧是仲裁界内部的问题，最好在仲裁界内部讨论解决，不要轻易拿到社会上。把仲裁界内部分歧、不同见解端出去对解决问题没有益处，对仲裁界的整体形象没有好处，只会造成新的问题。希望全国仲裁界的同志能从维护仲裁事业大局、全局出发，提高从政治上分析问题、从政治上解决问题的能力。不管外界有什么风云变幻，我们都要稳如泰山。绝不人云亦云，绝不改弦易辙，绝不影响发展，这是对同志们的政治要求。在座的都是仲裁机构的领导同志，是引领仲裁事业向前发展的领军人物，希望同志们在政治上成熟起来。

这次会议要成为再次吹响发展进军号的会议，请同志们回去认真抓好本区域和本机构的发展工作。

（三）其他活动

2009 年 6 月 2 日，中国香港特别行政区仲裁程序首次内地"路演"。①

2009 年 6 月 2 日，由中国国际经济贸易仲裁委员会和中国香港国际仲裁中心联合主办、方达律师事务所和高伟绅律师事务所赞助的"模拟仲裁研讨会"在北京举行，此次研讨会旨在介绍中国香港国际仲裁中心的仲裁程序和规则，并通过模拟仲裁的方式使听众

---

① 王婧：《香港仲裁程序首次内地"路演"——内地企业可以自由选择内地或香港仲裁员》，载法制网：http://www.legaldaily.com.cn/zmbm/content/2009-06/04/content_1100299.htm? node=7570，最后访问日期：2017 年 12 月 28 日。

对香港国际仲裁中心仲裁规则有直观印象。据记者了解,之前中国香港国际仲裁中心在内地详细介绍过仲裁规则,但举行模拟仲裁尚属首次。

为了使中国香港特别行政区的仲裁程序更易了解,主办者以模拟仲裁的方式展示了中国香港国际仲裁中心仲裁规则的运作。模拟仲裁以英文进行,模拟仲裁的案件是涉及一家北京公司和一家美国公司的商事纠纷,中国香港国际仲裁中心主席莫石担任模拟仲裁的独任仲裁员,方达律师事务所的师虹律师、缪斌律师作为北京公司的代理人,高伟绅律师事务所的 Jim Jamison 等律师作为美国公司的代理人。双方按照中国香港国际仲裁中心的仲裁程序进行了陈述、证人质证、专家质证和总结陈词。模拟仲裁结束后,会议发言人就香港国际仲裁中心仲裁规则的特点及其对中国内地企业的吸引力作了进一步的讨论和总结,普遍认为虽然内地企业可能对中国香港特别行政区仲裁个别程序还需要逐步适应,但是中国香港国际仲裁中心已经成为解决涉华商事纠纷的重要机构之一。

中国国际经济贸易仲裁委员会副秘书长王承杰出席了研讨会并致开幕词。时任香港国际仲裁中心主席莫石、秘书长苏国良和副秘书长刘京向听众介绍了香港特别行政区仲裁的情况和香港国际仲裁中心仲裁规则。

香港是中华人民共和国的特别行政区,“一国两制”的政策为仲裁创造了有利的环境。与中国国际经济贸易仲裁委员会的规则相比,中国香港国际仲裁中心的仲裁规则有很多特点,如中国香港国际仲裁中心不采用名册制度,内地企业可以自由选择内地或香港特别行政区仲裁员;当事人可以选择中国大陆法作准据法;可以根据案件需要,自由选择内地中国律师或境外律师做代理人;另外语言也不是障碍,在其涉及内地企业的案件中,很多都是中英文双语进行的,有的甚至是中文。

参与本次模拟仲裁研讨会的听众主要是国内外知名企业的法律顾问,北京各大律师事务所的律师,以及部分学术研究机构的代表。

据记者了解,6 月 5 日中国国际经济贸易仲裁委员会和中国香港国际仲裁中心还会在香港特别行政区举办另外一场“模拟仲裁研讨会”,目的是向中国香港特别行政区法律界介绍中国国际经济贸易仲裁委员会的仲裁程序及规则。

二、仲裁制度建设

公布实施《贸仲网上仲裁规则》(2009 年)①(已修改)。《贸仲网上仲裁规则》是为了

① 中国国际贸易促进委员会:《中国国际经济贸易仲裁委员会网上仲裁规则》,载渭南市人民政府政务网:http://www.weinan.gov.cn/gk/zcfg/292427.htm,最后访问日期:2017 年 11 月 25 日。

以在线方式独立公正、高效经济地仲裁契约性或非契约性的经济贸易等争议,适用于解决电子商务争议,也适用于解决当事人约定适用本规则的其他经济贸易争议。从文件的提交、发送与传输;仲裁程序,包括仲裁申请、答辩、反请求、仲裁庭、审理、裁决;以及简易程序几方面加以规定。

三、仲裁案件受理情况

(一)全国受案情况

2009 年,全国 202 个仲裁委员会共受理案件 74,468 件,比 2008 年增加了 10,308 件,增长率为 16%;标的总额为 1015 亿元,比 2008 年减少了 33 亿元,下降了 3.36%。

(二)区域受案情况

华北片区受案 7266 件,标的额 130 亿元;东北片区受案 4038 件,标的额 39 亿元;华东片区受案 13,711 件,标的额 171 亿元;东南片区受案 8958 件,标的额 126 亿元;中南片区受案 20,111 件,标的额 113 亿元;华南片区受案 8466 件,标的额 124 亿元;西南片区受案 5592 件,标的额 90 亿元;西北片区受案 4765 件,标的额 25 亿元;中国国际经济贸易仲裁委受理案件 1482 件,标的额 173.13 亿元;中国海事仲裁委员会受案 79 件,标的额 15 亿元。

二〇一〇年

内容提要：

一、仲裁活动

（一）仲裁会议

1. 全国仲裁工作座谈会在北京召开

2. 东南片区仲裁工作会议在安徽马鞍山召开

3. 全国仲裁工作年会在上海召开

（二）会议讲话摘要

2010 年 12 月 13 日，国务院法制办卢云华同志在上海全国仲裁工作年会上的致辞

（三）其他活动

2010 年 9 月 2 日，中国首家涉侨仲裁法律服务咨询中心在西安成立

二、仲裁案件受理情况

（一）全国受理情况

（二）区域受理情况

一、仲裁活动

(一)仲裁会议

1. 全国仲裁工作座谈会在北京召开

2010年全国仲裁工作座谈会于2010年21～22日在北京召开。国务院法制办卢云华同志出席了会议。会议邀请了时任全国人大常委会法工委民法室副主任贾东明、时任司法部法制司副司长薛春喜、全国工商联法律部部长王媛出席。法制日报社经济部主任万学忠、法邦网(中国法律门户网)文道全出席了会议。会议由国务院法制办公室袁诗鸣同志主持。

此次会议是在全国深入学习贯彻"两会"精神,全面推动经济发展方式转变和经济结构调整,推进改革开放和自主创新,改善民生、保持社会和谐稳定,努力实现经济平稳较快发展的关键时刻召开的一次重要会议。会议通报了2009年全国仲裁发展工作情况,并首次对1999～2009年10年间全国仲裁机构数量、受理案件数量、案件标的额、仲裁机构与受理案件数量对比、受理案件数量与案件标的额对比等情况进行了汇总统计。区域仲裁发展工作协调人韩庆升、李树盈、方雄(受徐强委托)、李嘉乐、高顺龄、王小莉(受陈忠谦委托)、叶时雨、潘俊星同志分别代表所在区域报告了本区域2009年仲裁发展工作情况。会议仍然采用全国仲裁机构民主自决的方式就我国仲裁事业发展的基本形势、基本规律、基本特点及应采取的主要措施深入开展了讨论和研究。刘强同志就加强仲裁机构规范化建设的若干问题,孙德润同志就建立仲裁委员会工作报告制度,武汉仲裁委刘健勤同志就《仲裁建议函》,冯守成同志、于健龙同志就开展当事人满意率调查等议题分别做了主题发言,其他与会同志做了重点发言,卢云华同志对各个议题的讨论作了小结。

与会同志认为,当前我国仲裁事业发展的基本形势是好的。2009年度全国受理案件数量平均增幅15%,再创发展新高度。仲裁服务不断创新,仲裁特色愈加凸显,仲裁斡旋、裁前告知、仲裁邀请、网上仲裁得到推广和应用,快速结案率、和解调解率、自动履行率、当事人满意率进一步提高,仲裁机构规范化建设不断取得新的成果,一批仲裁机构的软硬件设施建设已经取得了显著成绩。同时,与会代表也清醒地认识到发展中仍然存在许多问题,案件增长幅度仍然徘徊在历史较低水平,案件标的额仍然在增长与负增长间交错出现,经济发达地区发展速度持续减缓,东西部发展不平衡问题依然突出,仲裁发展仍未能实现由必然王国向自由王国过渡。总之,发展仍不稳定,基础仍不牢靠。

针对当前我国仲裁事业发展的形势和存在的问题,与会代表一致认为,必须牢固树立发展为第一要务的工作指导思想，必须主动接受党对仲裁工作的领导，必须积极争取政府的支持，必须继续发扬艰苦奋斗的创业精神，必须继续贯彻长沙会议精神，必须紧紧围绕服务经济社会发展的大局规划本地区、本单位的发展目标，努力创建中国特色社会主义仲裁理论。

针对会议研讨的议题，与会代表认为，《关于加强仲裁机构规范化建设若干问题的意见》构建了我国仲裁工作和仲裁机构的规范化建设框架，结构完整，内涵丰富，可在掌握原则的前提下灵活运用。建立仲裁委员会工作报告制度是仲裁委员会接受党的领导、争取政府支持的重要工作方式，既是仲裁机构应当遵循的组织原则和遵守组织纪律的义务，也是仲裁机构独立反映情况的权利。采取《仲裁建议函》的方式是宣传推行仲裁，创新服务方式，放大仲裁功能，积极参与社会综合治理的一项新的尝试和探索。在仲裁机构内部开展当事人满意率调查工作，既体现了仲裁对党和政府负责、对法律负责、对当事人负责的原则，也是创建仲裁品牌的一项重要措施。会议希望全国仲裁界在我国经济发展的关键时刻，抓住机遇、开拓进取，振作精神、奋力拼搏，再创仲裁“二次创业”新业绩。

会议期间，正值全国哀悼日，与会代表于 2010 年 4 月 21 日上午 10 时整在北京国际会议中心与全国人民一道向玉树地震遇难同胞默哀 3 分钟。

此次会议由国务院法制办公室协调司组织召开，中国国际经济贸易仲裁委员会和中国仲裁法学研究会共同承办。会议圆满完成了预定议题的研究和讨论，于 2010 年 4 月 22 日闭会。

2. 东南片区仲裁工作会议在安徽马鞍山召开

2010 年 5 月 27～28 日，东南片区仲裁工作会议在安徽马鞍山召开。参加会议的有浙江、安徽、福建、江西四省的 30 家仲裁机构的近 60 名代表。时任国务院法制办政府法制协调司处长袁诗鸣出席了会议。时任安徽省政府法制办副主任胡孔胜、时任马鞍山市政府副市长金庆丰、时任安徽省仲裁研究会会长李星等有关领导出席了开幕仪式。南京、成都等仲裁委有关领导应邀到会。宿州、滁州、湖州、丽水、舟山等部分仲裁委因事请假。开幕式上，时任马鞍山市委常委、市政府副市长金庆丰致欢迎辞；时任国务院法制办协调司处长袁诗鸣、时任安徽省政府法制办副主任胡孔胜分别作了讲话。会议由时任南昌仲裁委秘书长万忠明主持。

本次会议是根据 2010 年全国仲裁工作座谈会精神，在全国深入学习贯彻“两会”精神，推进改革开放和自主创新，改善民生、保持社会和谐稳定，努力实现经济平稳较快发展的关键时刻召开的。会议的主题为：传达贯彻 2010 年全国仲裁工作座谈会精神，以科学发展观为指导，研究和讨论新形势下仲裁事业发展的基本形势、基本规律、基本特点及应采取的主要措施，交流仲裁工作经验和工作思路。

会议总结了2009年东南片区仲裁工作，传达了2010年全国仲裁工作座谈会精神。合肥仲裁委徐芳受李嘉乐同志的委托代表本片区通报了2009年东南片区仲裁工作情况；厦门仲裁委汪兴裕同志传达了《2010年全国仲裁工作座谈会纪要》；绍兴仲裁委周功灿同志传达了《关于加强仲裁机构规范化建设若干问题的意见（征求意见稿）》；马鞍山仲裁委杨钢同志传达了《关于仲裁建议函》，杭州仲裁委刘凤泉同志传达了《关于当事人满意率》；福州仲裁委邓世清同志传达了《关于建立仲裁委员会工作报告制度的意见》等全国仲裁工作座谈会议材料；嘉兴仲裁委顾尧年同志传达了全国其他设区的市仲裁发展工作座谈会精神；成都仲裁委叶时雨代表西南片区介绍了该区域仲裁工作情况。

会上，厦门仲裁委就关于构筑解决两岸经贸纠纷的重要平台，绍兴仲裁委就关于运用现代科技手段打造规范管理平台，台州仲裁委就关于推行仲裁法律制度的几点体会，泉州仲裁委就关于激活仲裁机制、推动泉州仲裁发展，芜湖仲裁委就关于涉案标的38亿元案件调解结案的情况分别作了重点发言和经验介绍。与会的各仲裁机构负责同志围绕我国仲裁事业发展的基本形势、基本规律、基本特点及应采取的主要措施开展了讨论，并就加强内部管理和制度创新、做好今年的仲裁工作、保持仲裁事业健康持续发展，分别交流了经验和做法。

3. 全国仲裁工作年会在上海召开

2010年全国仲裁工作年会于2010年12月13日在上海召开。会议邀请了国务院法制办公室、全国人大法工委、最高人民法院、最高人民检察院、国台办、司法部、中国证监会、中国银监会、中国保监会、全国工商联等有关领导，及内蒙古、江苏、四川等11家省级政府法制机构的代表出席。全国共有150余家仲裁机构的近300名代表参加了此次年会。上海市人民政府姜平秘书长、国务院法制办卢云华同志出席开幕式并致辞。

本次会议在总结研究中国特色社会主义仲裁事业发展规律和经验的基础上，探讨了新形势下推进仲裁工作的新举措。

会议认为，当前和今后一个时期，是国家全面建设小康社会的关键时期，是深化改革开放、加快经济发展方式转变的攻坚时期。随着经济体制深刻变革、社会结构深刻变化、利益格局深刻调整、思想观念深刻变化，现有发展方式的不平衡、不协调、不可持续的问题还有待解决，人民内部各种具体利益矛盾还不可避免地会经常大量表现出来。依法处理好民商事纠纷是正确处理人民内部矛盾的必然要求，是仲裁工作的神圣职责。最近，中央提出“扎实做好正确处理人民内部矛盾工作，为经济社会发展创造良好的社会环境”。全国仲裁工作要按照中央的要求，迅速行动起来，充分发挥仲裁工作解决民商事纠纷的独特优势和促进社会经济生活和谐、民事活动和谐的独到作用，多出力出好力，为社会主义市场经济建设、构建社会主义和谐社会提供切实的保障。

会议指出，党的十七届五中全会通过的《中共中央关于制定国民经济和社会发展第十二个五年规划的建议》，站在历史的高度，从战略全局出发，描绘了我国在21世纪第三个五年经济社会发展的宏伟蓝图，令人十分振奋。仲裁作为国家一项重要的社会事业，应当承载起推动和促进经济社会发展的责任。全国仲裁界应当认真学习、深刻领会党的十七届五中全会精神，更加清醒地认识到肩上的重任，更加坚定地坚持中国特色社会主义仲裁事业的正确政治方向和科学先进的专业服务方向，始终以社会主义仲裁理念为指导，继续坚持长沙会议确定的“发展我国仲裁事业，推行仲裁法律制度是根本，融入市场经济是关键”的工作方针，继续保持并发扬艰苦奋斗的创业精神，持续不断地加大推行仲裁法律制度的力度和广度，坚持发展第一要务不动摇、不松气，千方百计地多办案办好案，想方设法妥善解决社会民商事纠纷，努力改进并不断创新各项仲裁服务措施，切实抓好仲裁案件质量和仲裁队伍操守管理工作，以优异的仲裁工作业绩报效国家、报效社会、报效人民。

（二）会议讲话摘要

2010年12月13日，国务院法制办卢云华同志在上海全国仲裁工作年会上的致辞：

仲裁是市场经济的基本标志，也是市场经济建设的重要内容。建设中国特色社会主义仲裁事业是建设中国特色社会主义市场经济的重要目标。仲裁法实施的5年，在党和国家的关心支持下，在社会各界的积极帮助下，全国仲裁界的同志们始终坚持了坚定正确的仲裁工作的政治方向和科学先进的专业发展方向，紧紧围绕党和政府的中心工作，自觉服务于经济社会发展的迫切要求，艰苦奋斗，锐意进取、胜利地完成了创建中国特色社会主义仲裁事业的历史重任，并在二次创业的伟大历史征程中，继续高歌猛进，奋勇向前，不断开创了中国特色社会主义仲裁事业的崭新局面。在今天的中国，伴随着国家的兴旺发达和经济社会的科学发展，仲裁已经成为解决民商事纠纷的重要手段，我国已经成为采用仲裁方式处理民商事纠纷最多的国家之一，我们有一批仲裁机构的建设取得了世人瞩目的成就，仲裁已经成为保障社会主义市场经济健康发展、构建社会主义和谐社会的重要力量。一代仲裁事业的创业者为国家为民族同时也为世界仲裁事业的发展，做出了宝贵贡献！

当前和今后一个时期，是国家全面建设小康社会的关键时期，是深化改革开放、加快经济发展方式转变的攻坚时期。随着经济体制深刻变革、社会结构深刻变动、利益格局深刻调整、思想观念深刻变化，由于发展不平衡、不协调、不可持续的问题在短期内还难以解决，人民内部各种具体利益矛盾难以避免地会经常地大量表现出来。胡锦涛同志指出，“人民内部矛盾是全体人民根本利益一致基础上的矛盾”。在社会主义国家，市场经济中的纠纷，总体上说是人民内部矛盾，不是根本利益的冲突，既是应该妥善解决的，也是能够妥善解决的。最近，中央提出，要“扎实做好正确处理人民内部矛盾工作，为经济社会发展创造良好的社会环境”。全国仲裁工作要按照中央的要求，迅速行动起来，充分发挥仲裁工作解决民商事纠纷的独特优势和促进社会经济生活和谐、民事活动和谐的独到作用，为社会主义市场经济建设、构建社会主义和谐社会提供切实的保障。

希望全国仲裁界同志们要更加清醒地认识到肩上的重任，要更加坚定地坚持中国特色社会主义事业的政治方向和科学先进的专业发展方向，要始终坚持社会主义仲裁理念的正确指导，要继续坚持长沙会议确定的“发展我国仲裁事业，推行仲裁法律制度是根本，融入市场经济是关键”的正确工作方针，继续保持并发扬艰苦奋斗的创业精神，持续不断地提高推行仲裁法律制度的力度和广度，千方百计地多办案、办好案，想方设法妥善解决社会民商事矛盾，努力完善各项仲裁服务措施，切实抓好仲裁案件质量和仲裁队伍操守管理工作，以优异的仲裁工作业绩报效国家、报效社会、报效人民！

（三）其他活动

2010年9月2日，中国首家涉侨仲裁法律服务咨询中心在西安成立。该中心的成立，丰富了涉侨法律服务手段，加强了对华侨华人和归侨侨眷权益的保护力度。

西安涉侨仲裁法律服务咨询中心是由西安市政府外事侨务办公室及西安仲裁委员会办公室共同发起，著名法律专家、仲裁员组成，旨在提高机关服务水平，提高归侨侨眷和海外侨胞的仲裁法律意识，依法维护归侨侨眷和海外侨胞的合法权益，保障各类涉侨案件的高效圆满处理。系中国第一家涉侨仲裁法律服务咨询中心。

西安市现有外资企业2448家，70%为侨资企业。有归侨侨眷、华侨华人眷属13万余人，海外华侨华人12万余人，主要分布在四大洲62个国家和地区。目前，海外留学人员来西安创业和工作的人员有1200余人，主要集中在西安留学生创业园和省属大专院校。其中，西安留学生创业园累计引进留学人员744人，创办580家留学生企业。

近年来，此间涉侨经济案件逐年增多，2010年上半年，西安市侨办已接到较大的涉侨经济纠纷投诉16起，仲裁作为解决民商事纠纷的重要方式，具有充分尊重当事人的意愿、独立仲裁、一裁终局、保密性强、公正及时、高效等方面的独特优势，利用仲裁方式解决好侨商投资纠纷，对于维护华侨华人、港澳同胞、归侨、侨眷的合法权益和开展侨务引资工作都具有重要的意义。

西安涉侨仲裁法律服务咨询中心将在以下方面体现对华侨侨眷及海外侨胞权益的保护：建立涉侨仲裁法律服务领导小组联席会议机制；建立日常咨询服务通道；引导涉侨企业达成及完善仲裁协议，并在仲裁协议的基础上预先介入，预先调解，提供法律咨询服务；对法律关系复杂且协调不成的涉侨案件，启动涉侨仲裁法律服务工作平台；对不同属性的涉侨课题进行分析研究等。

二、仲裁案件受理情况

（一）全国受理情况

2010 年全国 209 个仲裁委员会共受理案件 79,373 件，比 2009 年增加 4112 件，增长率为 6.59%；标的总额为 943 亿元，比 2009 年减少了 72 亿元，下降了 7.09%。其中，受理案件数增加的有 105 个仲裁委员会，占总数的 50%；案件标的额增加的有 119 个仲裁委员会，占总数的 57%。

（二）区域受理情况

从区域受理案件数量来看，第一是中南片区受案数 21,738 件，占比 27%，第二是华东片区受案数 14,908 件，占比 19%，第三是华南片区，受案数 8497 件，占比 11%，第四是东南片区受案数 8395 件，占比 11%，第五是华北片区受案数 8100 件，占比 10%，第六是西南片区受案数 5776 件，占比 7%，第七是西北片区受案数 5446 件，占比 7%，第八是东北片区受案数 5107 件，占比 6%。

从区域受理案件标的额看，第一是华东片区，标的额 182 亿元，占比 22.90%，第二是华南片区，标的额 138 亿元，占比 17.30%，第三是华北片区，标的额 136 亿元，占比 17.10%，第四是中南片区，标的额 122 亿元，占比 15.30%，第五是东南片区，标的额 90 亿元，占比 11.30%，第六是西南片区，标的额 51 亿元，占比 6.40%，第七是东北片区，标的额 50 亿元，占比 6.30%，第八是西北片区，标的额 27 亿元，占比 3.40%。

此外，中国国际经济贸易仲裁委员会受理案件 1352 件，标的额 137.49 亿元；中国海事仲裁委员会受案 54 件，标的额 4.736 亿元。

二〇一一年

内容提要：

一、仲裁活动

（一）仲裁会议

1. 国务院法制办在北京组织召开涉外仲裁工作会议

2. 中国仲裁法学研究会 2011 年秘书长工作会议在西安召开

3. 全国仲裁工作年会在贵阳召开

4. 全国仲裁机构规范化建设工作会议在安阳召开

（二）会议讲话摘要

1. 2011 年 7 月 26 日，时任全国人大法律委员会主任委员杨景宇在全国仲裁工作年会上的讲话

2. 2011 年 7 月 26 日，国务院法制办卢云华同志在全国仲裁工作年会上的讲话

二、仲裁制度建设

（一）创新巡回仲裁模式

（二）拓宽仲裁服务领域

（三）提供延伸仲裁服务

三、仲裁案件受理情况

（一）全国受理情况

（二）区域受理情况

一、仲裁活动

(一)仲裁会议

1. 国务院法制办在北京组织召开涉外仲裁工作会议

2011 年 5 月 9 ~ 10 日,国务院法制办在北京组织召开的仲裁工作专题会议,国务院法制办卢云华同志出席了会议。会议首先通报了 2010 年全国仲裁机构受理案件情况,重点介绍和分析了涉外案件的受理情况。其后就将在贵阳召开的 2011 年全国仲裁工作会议的议题进行了研讨。会上,国内各仲裁机构结合各自仲裁工作经验、仲裁领域新的发展趋势问题作了主题发言。此次会议由中国仲裁法学研究会具体承办。

2. 中国仲裁法学研究会 2011 年秘书长工作会议在西安召开

2011 年 5 月 18 日,中国仲裁法学研究会 2011 年秘书长工作会议在西安召开。研究会顾问卢云华、时任贸仲委副秘书长冷海东和其他分部秘书长出席了此次会议。时任研究会秘书长高菲简要汇报了 2011 年研究会工作计划。其后,就拟定在广州召开的第五届“中国仲裁与司法论坛暨研究会 2011 年年会”的筹备工作进行商议。会议围绕着中国案例选编和成立研究会调解委员会的两个议题进行了研究。此次会议由中国仲裁法学研究会召集,由西安仲裁委员会承办。

3. 全国仲裁工作年会在贵阳召开

2011 年全国仲裁工作年会于 2011 年 7 月 26 日在贵阳召开。会议邀请了国务院法制办公室、全国人大法工委、最高人民法院、国务院台办、国务院港澳办、全国工商联、中国银监会、中国保监会等中央国家机关有关领导出席,全国共 108 家仲裁机构的近 280 名代表参加了本次年会。贵州省人民政府副秘书长吴跃,贵阳市委常委、市人民政府常务副市长、贵阳仲裁委主任(兼)马常青出席开幕式并致辞;原国务院法制办公室主任、第十届全国人大法律委员会主任委员、中国仲裁协会筹备领导小组顾问杨景宇同志,国务院法制办公室卢云华同志作了讲话。

围绕本次年会主题,贵阳仲裁委员会副主任兼秘书长卜贵荣、中国国际经济贸易仲裁委员会副主任兼秘书长于健龙、广州仲裁委员会主任陈忠谦、厦门仲裁委员会主任汪兴裕、对外经贸大学法学院院长沈四宝、中国仲裁法研究会秘书长高菲分别作了题为“科学规范的宣传推介是仲裁发展第一要务”“贵阳仲裁委员会开展涉外仲裁工作实施方案”“贸仲委涉外仲裁工作总结”“广州仲裁委员会涉外仲裁工作总结汇报”“适应对外开放新形势,加强涉外仲裁工作”“境外仲裁的利弊及对策”“中国企业境外仲裁的问题及对策”的专题发言；上海、深圳、济南、淄博、郑州仲裁委向大会递交了书面交流发言材料。会上，贵阳仲裁委员会对纪念贵阳仲裁成立15周年评选的优秀仲裁员代表进行了颁奖。

会议认为，杨景宇同志的讲话，系统阐述了当前我国经济社会发展的基本形势，深刻分析了新的历史条件下社会矛盾的成因，充分肯定了中国仲裁事业取得的成绩和全国仲裁界十几年的创业努力，从国家发展大局全局需要的战略高度，明确提出了关键时期仲裁工作的使命和责任，对做好仲裁工作、发展仲裁事业具有很强的针对性和指导性。全国仲裁界的同志们要认真学习领会，积极贯彻落实。

卢云华同志在讲话中提出四点要求：

一是要始终坚持中国特色社会主义仲裁事业坚定的正确的政治方向。中国特色社会主义仲裁事业是中国特色社会主义事业的重要组成部分，绝不是私人产业。中国特色社会主义仲裁事业的发展在任何时候都必须服从并服务于中国特色社会主义事业的发展要求。我国仲裁工作必须牢固树立社会主义仲裁理念，坚定为人民服务的宗旨，自觉把仲裁事业的发展纳入党和政府的工作大局和国计民生的需要中去谋划，充分发挥仲裁造福人民、公益社会的重要责任。在仲裁事业取得显著发展和重要进步的时候，更要始终坚持中国特色仲裁事业政治本色，这是我国仲裁事业发展总战略和总策略的基石，到任何时候都不能动摇。

二是要始终把发展作为中国特色社会主义仲裁事业的第一要务。中国仲裁事业是靠发展起家、靠发展翻身、靠发展赢得世人认可的。长沙会议精神是全国仲裁界对仲裁事业发展规律正确认识和科学总结的结果。当前，全国仲裁发展形势越来越严峻，增速明显减缓，发展的劲头有所下降，我国仲裁工作的主要矛盾还没有得到根本解决，离“二次创业”提出的把仲裁为促进经济社会发展发挥的积极作用提升为重要作用的目标还差得很远。胡锦涛同志在庆祝建党90周年大会上指出的“发展仍然是解决我国所有问题的关键”完全符合全国仲裁的实际，总书记指出的精神懈怠的危险、能力不足的危险、脱离群众的危险、消极腐败的危险在仲裁事业发展中同样存在。目前，全国仲裁工作存在的问题，都是发展中的问题，归根结底都要靠发展才能得到根本解决。全国仲裁界的同志们要进一步振奋精神，端正工作指导思想，继续发扬艰苦创业的光荣传统，坚持发展第一要务不动摇，坚持把发展作为检验仲裁工作的根本标准，不断开创我国仲裁事业崭新的局面。

三是要大力开展中国特色社会主义仲裁事业社会公信力建设。仲裁是由国家强制力保障的，但不是靠国家强制力发展的，归根结底仲裁是靠社会公信力生存的，社会公信力是仲裁事业发展的本钱。随着我国仲裁事业的发展，全面开展仲裁事业社会公信力建设条件正在逐步具备。全国仲裁界的同志们要高度重视社会公信力建设,要紧紧围绕建设社会公信力这个中心开展仲裁机构的各项建设工作,包括仲裁机构软硬件建设、机构管理和案件管理制度建设、仲裁队伍建设、仲裁服务和仲裁形象建设、精神面貌和作风素养建设以及仲裁社会生态环境建设等;要积极研究和探索我国仲裁的核心价值,要对仲裁的特色和优势作出与时俱进的总结和概括,努力寻找最适合我国市场主体接受的表现方式,构筑社会对仲裁事业的政治信赖、专业信赖和品质信赖;要努力使我国仲裁形成裁决、调解、斡旋三位一体的系统性优势;要把仲裁服务品牌建设和仲裁社会公信力建设紧密结合起来,让全社会和广大市场主体认识到仲裁是一种平等的纠纷解决方式、民主的纠纷解决方式、专业的纠纷解决方式、注重效益的纠纷解决方式。只要坚持不懈地做好仲裁社会公信力工作,仲裁的优势和特色就能够得到充分展现,就一定能够把仲裁事业建设成党和国家信任、社会各界信赖、广大市场主体信服的宏伟事业,胜利实现二次创业的发展目标。

四是把涉外仲裁工作作为发挥仲裁作用,发展仲裁事业的重点,是根据国家改革开放深入开展出现的新形势、新情况、新问题和对仲裁工作提出的新要求提出的一项重要举措。发展涉外仲裁是一项政策性很强的工作,工作指导思想一定要端正、工作目标一定要搞清、工作对象一定要找准、工作策略一定要对头。涉外仲裁工作的基本任务和指导思想是,维护国家利益、民族利益,保障国家经济安全,防范境外仲裁风险,保障改革开放顺利进行。工作目标和主要工作对象是,要努力使参与国际经济交往的我国市场主体尽可能地主动选择中国仲裁,使分享我国改革开放成果和市场建设利益的境外市场主体接受中国仲裁。当前,重点要做好国有企业的工作。要让国有企业的管理者经营者认识到,纠纷解决方式的选择也是企业经营的重要组成部分,纠纷解决方式的选择风险也是企业经营的重要风险之一,由于纠纷解决方式选择不当造成国有资产损失的,要依法承担责任。对其他涉外经济市场主体,也要告诉他们,选择中国仲裁、选择中国法律仲裁不仅可以有效防范境外仲裁风险、维护自身合法权益,而且也是遵守我国有关涉外经济法律的表现和要求。要遵循涉外市场经济规律,充分利用合同优势和市场引力做好选择中国仲裁的工作。具体工作措施为:要针对涉外仲裁工作的特点,创造性地做好长沙会议精神的贯彻落实;要认真做好调查研究工作,对所在地区涉外经济的情况包括企业项目、投资人、行业间纠纷解决方式的选择等进行深入细致的了解,制订切实可行的开展涉外仲裁工作具体实施方案;涉外仲裁工作事关大局全局,要向党委、政府做好请示汇报,积极争取党委、政府的支持,并根据党委、政府的指示开展工作,不要擅动;要主动协助有关政府部门深入做好落实工作;要确保涉外仲裁案件质量,努力提高涉外仲裁工作的服务水平，不断加强涉外仲裁工作队伍建设，对中外仲裁当事人要坚持在中国仲裁面前一律平等，平等适用法律、平等适用仲裁规则、平等提供仲裁服务。

4. 全国仲裁机构规范化建设工作会议在安阳召开

2011年10月13~16日，第五次全国仲裁机构规范化建设工作会议在河南省安阳市召开。全国30家规范化建设试点机构和42家特邀机构共136名代表参加了本次会议。各试点单位认真汇报了试点工作的基本情况，主要成绩和下一步打算。会议部署安排了2012年仲裁及"两化"试点任务。①

（二）会议讲话摘要

1. 2011年7月26日，时任全国人大法律委员会主任委员杨景宇在全国仲裁工作年会上的讲话

新的仲裁制度依据《仲裁法》从1995年9月起逐步建立，在实践中不断发展，如今已经走过了16年。迄今为止，全国已经陆续建立起仲裁委员会209个，共有仲裁员5万多人，截至2010年年底累计收案50多万件，涉及标的额7000多亿元，成绩显著，可喜可贺。

落实《仲裁法》，推动新的仲裁制度进一步健康发展，从组织架构讲，还有一件事情要做，就是适时组建中国仲裁协会。为此，国务院法制办牵头，已经成立了筹备领导小组，做了不少基础性工作。最近，法制办报经国务院领导同意，要我做筹备领导小组的顾问。所谓"顾问"，不外就是"顾一顾、问一问、帮一帮"，参与研究一些问题。

一、形势出任务，出方针政策

做好仲裁工作，离不开大的形势。当前我国大的形势是什么？胡锦涛同志指出："当代中国正经历着空前广泛的社会变革。这种变革在给我国发展进一步带来巨大活力的同时，也必然带来这样那样的矛盾和问题。"事实正是这样。改革开放32年来，我国经济社会发展取得了举世瞩目的巨大成就。

同时，伴随经济体制深刻变革、社会结构深刻变动、利益格局深刻调整、思想观念深刻变化，在前进发展中也积累了深层次的矛盾和问题。法律调整社会关系，是讲求平衡的。从这个角度看，我们面临的矛盾和问题，似可概括为以下几个方面不同程度地存在"失衡"：一是城乡之间、地区之间、经济社会发展失衡，发展水平拉大；二是公共资源配

① 安阳仲裁委员会：《第五次全国仲裁机构试点建设会议在安阳召开》，载安阳仲裁委员会官网：http://www.ayrbs.com/news/2011-10/14/content_361191.htm，最后访问日期：2017年10月14日。

置、国民收入分配失衡，分配差距拉大；三是权力与权利的关系在现实生活中失衡，对行使权力的制约与监督乏力，权力非理性地自我膨胀，权力"寻租"时有发生，由此产生消极腐败；四是社会心理失衡，功利主义蔓延，非理性、无直接利害冲突的违法犯罪增多。

正是基于对形势的准确判断，我们党才明确地指出改革发展到了关键时期。所谓到了"关键时期"，也可以说改革发展到了一个"坎儿"。迈过去这个"坎儿"，就会迎来"柳暗花明又一村"。这个"坎儿"怎样才能迈过去？以胡锦涛同志为总书记的党中央已经提出了一整套明确的战略思想，作出了一系列具体的战略部署。进一步完善仲裁制度、做好仲裁工作，是加强社会主义法制建设的重要组成部分。因此，从事仲裁工作的同志们面临的形势与任务，也是我们为建设中国特色社会主义尽心尽力的社会责任。

二、落实中央战略部署，解决前进发展中的问题

实现社会关系各方面的平衡，就要按照党的十六大、十七大要求，发展社会主义民主政治，以人民当家作主为社会主义民主政治的本质和核心，把坚持党的领导、人民当家作主和依法治国有机统一起来。这样，才能从根本上逐步解决前进发展中已经不可避免地产生并且还将继续产生的这样那样、错综复杂的矛盾和问题，才能实现国家长治久安。

当前我们在前进发展中面临的诸多矛盾和问题，大量的属于人民内部矛盾，说到底是反映不同利益诉求的不同意见之间的碰撞。民主的过程就是反映不同利益诉求的不同意见之间博弈的过程。推进社会主义民主政治，有两个思想障碍要排除：一是怕麻烦。彭真同志讲过一句很通俗的话，他说："民主就是麻烦。要民主，就不能怕麻烦。"只有经过民主程序这种麻烦，才能保证所作出的决定比较正确，比较合乎民意，执行起来比较顺畅，从而避免大的麻烦。个人专断倒是简单，不过，一旦失误，结果可能会有大的麻烦。二是"替民作主"。胡锦涛同志一再强调："我们必须立党为公、执政为民，做到权为民所用、情为民所系、利为民所谋。"要做到这一点，首先思想上要明确：我国的人民代表大会制度是国家的根本政治制度。全国人民正是通过这样一种适合我国基本国情的社会主义民主政治制度行使管理国家的权力的。按照这种民主政治制度，我们这些国家公职人员手中的权力是人民通过法定程序授予的，它本质上是人民管理国家的权力，我们只不过是人民的公仆，而不是人民的"父母官"。因此，我们行使权力，也就只能体现为由人民当家作主，对人民负责，受人民监督，不能体现为替人民当家作主。"替民作主"只不过是《七品芝麻官》中唐成的清官形象，所谓"当官不为民作主，不如回家卖红薯"。我们的干部总不能满足于当唐成吧！

这个道理同样适用于仲裁工作。第一，我国的仲裁法在中国特色社会主义法律体系中属于诉讼与非诉讼程序法(部门)，它所设定的新的仲裁制度是一种化解经济纠纷、促

进社会和谐的制度,是社会主义民主政治制度的组成部分。第二,仲裁权作为法律赋予的一种权力,是不能盈利的,绝不允许权力"寻租",不能以权谋私。第三,仲裁工作与司法工作有共同性,办理案件都要"以事实为根据,以法律为准绳";同时,又有它的特殊性,要在仲裁制度内更多地引进调解机制、民主机制,化解经济纠纷,促进社会和谐。

三、发展社会主义民主政治,包括完善仲裁制度、做好仲裁工作,必须自觉坚持中国特色社会主义政治发展道路,正确处理三个关系:

一是坚持党的领导,正确处理贯彻党的方针政策与严格依法办事的关系。

在我国,中国共产党是执政党,在国家政治生活和社会生活中居于领导地位。这是宪法规定的。邓小平同志指出:"从根本上说,没有党的领导,就没有现代中国的一切。"胡锦涛同志指出:"办好中国的事情,关键在党。"因此,做好任何工作,包括仲裁工作,必须自觉坚持党的领导。这是坚持正确政治方向的根本保证。在我国,讲党、人民与法的关系,就是三句话:党领导人民制定宪法和法律,党又领导人民遵守、执行宪法和法律,党自己也必须在宪法和法律的范围内活动。这里,既有立法活动,又有执法活动。总体来看,党的主张是政治原则,通常是以方针政策的形式表现出来的;法律是制度设定,通常是以活动规范和行为准则的形式表现出来的。在立法活动中坚持党的领导,就要经过法定程序,充分发扬民主,把党的主张与人民的意见统一起来,成为国家意志,作为全社会一体遵循的活动规范和行为准则,并最终依靠国家强制力保证其实施。实践证明,在立法活动中正确处理坚持党的领导和充分发扬民主、严格依照法定程序办事的关系,有利于把党的主张同人民的意见更好地统一为国家意志,有利于把对党负责与对人民负责更好地统一为依法治国。既然我们的宪法和法律(包括仲裁法)体现了党的主张和人民的意见的统一,那么,国家机关也好,仲裁机构也好,严格依照法定的权限和程序履行职责,本身就是坚持党的领导,也是遵从人民意志。

二是坚持全心全意为人民服务的宗旨,正确处理各方面的利益关系。胡锦涛同志指出:"以人为本、执政为民是我们党的性质和全心全意为人民服务根本宗旨的集中体现,是指引、评价、检验我们党一切执政活动的最高标准。"法律的功能是调整社会关系的,归根结底,是调整社会利益关系的。权利和义务的关系,可以说就是相关利益关系在法律上的表现。32年来,随着改革的深化、开放的扩大和社会主义市场经济的发展,我国的社会经济成分、组织形式、就业方式、分配方式和利益关系日益多样化,社会关系和社会利益格局已经发生并且还在继续发生深刻变化,各方面各阶层的利益诉求不仅都会反映到立法决策中来,而且都会反映到执法活动(包括仲裁活动)中来。在我国,人民的根本利益是一致的,但也存在个人利益和集体利益、局部利益与全局利益、当前利益与长远利益的矛盾。因此,如何更好地维护最广大人民的根本利益和统筹兼顾好各方面的利益关系,充分调动各方面的积极性,形成推动经济社会发展和维护社会稳定的强大力量,就成为立法工作和执法工作(包括仲裁工作)必须解决好的一个重大课题。

在这种形势下,在工作(包括仲裁工作)中,必须在经济社会发展的基础上,在社会主义民主法制的轨道上,正确认识和妥善处理最广大人民的根本利益、现阶段群众的共同利益和不同群体的特殊利益的关系,正确反映各方面群众的共同利益,统筹兼顾不同群体的特殊利益,调节好人民内部的各种利益关系,最广泛最充分调动一切积极因素,不断形成和壮大建设中国特色社会主义的合力。

三是坚持加强制度建设,正确处理业务建设与队伍建设的关系。胡锦涛同志指出:“政治路线确定之后干部就是决定因素。坚持五湖四海、任人唯贤,是我们党性质和宗旨的必然要求。”“要坚持把干部的德放在首要位置,选拔任用那些政治坚定、有真才实学、实绩突出、群众公认的干部,形成以德修身,以德服众、以德领才、以德润才、德才兼备的用人导向。”

在工作(包括仲裁工作)实践中培养、造就一支好的队伍,才能做好工作。胡锦涛同志指出:“在世情、国情、党情发生深刻变化的新形势下,提高党的领导水平和执政水平、提高拒腐防变和防御风险能力,加强党的执政能力建设和先进性建设,面临许多前所未有的新情况新问题新挑战,执政考验、改革开放考验、市场经济考验、外部环境考验是长期的、复杂的、严峻的。精神懈怠的危险,能力不足的危险,脱离群众的危险,消极腐败的危险,更加尖锐地摆在全党面前。面临这样的新形势新问题新挑战,加强队伍(包括仲裁队伍)建设,关键在于慎用权、用好权。”

现在,全国仲裁事业应该说已经有了一个比较好的基础。但是,与它应该承担的社会责任相比,与人民群众对它的期望相比,与党和国家对它的要求相比,是不是还有很大差距呀?如果答案是肯定的,那么,主题就应该放在谋发展上,并且是有比较大的发展潜力(差距就是潜力)的。发展靠什么?靠仲裁的公信力。怎样提高公信力?靠仲裁质量,合法、公正、便捷。怎样提高仲裁质量?关键在于完善制度、遵守制度、维护制度,包括在仲裁体制内、体制外对行使仲裁权的制约和监督制度,造就一支政治坚强、作风过硬、业务精良的队伍,廉洁、公道、正派的队伍。

2. 2011 年 7 月 26 日,国务院法制办卢云华同志在全国仲裁工作年会上的讲话

在全国仲裁界的支持下,在贵州省贵阳市政府的关心、帮助下,在贵阳仲裁委员会的

辛勤努力下,2011 年全国仲裁工作年会在美丽宜人的贵阳隆重举行。会议取得了成功,即将圆满闭幕。明天,同志们将肩负着发展我国仲裁事业的重任,踏上开创中国特色社会主义仲裁事业崭新局面的新的征程。下面我就今后全国仲裁工作的若干问题讲几点意见,供同志们参考。

一、始终坚持中国特色社会主义仲裁事业坚定正确的政治方向

对一项社会事业来讲,方向决定命运。我国仲裁工作必须牢固树立社会主义仲裁理念,不断坚定为人民服务的宗旨,自觉把仲裁事业的发展纳入党和政府的工作大局和国计民生的需要中去谋划,充分发挥仲裁造福人民、公益社会的重要作用。这是我们和国外仲裁机构的根本区别,是中国仲裁人创业经历的重要启示,是仲裁事业安身立命的基础,是我们的事业蓬勃发展持续进步的根本保证。我们只有让整个社会、全体人民知道仲裁事业是党和国家的事业,知道仲裁人是与党和人民同呼吸共命运的,仲裁工作才能得到党和国家的高度重视,才能得到社会的充分依赖,才能得到市场主体的信任和选择,才能获得恒久旺盛的发展源泉,最终才能充分发挥仲裁的作用。在仲裁事业取得显著发展和全面进步的时候,强调方向问题有着特殊的意义。

二、始终把发展作为中国特色社会主义仲裁事业的第一要务

"长沙会议"精神是全国仲裁界对中国仲裁事业发展规律正确认识和科学总结的结果,是同志们刻苦实践、坚忍不拔探索的结果。"发展我国仲裁事业,推行仲裁法律制度是根本,融入市场经济是关键",作为"长沙会议"精神的概括,发展、推行、融入三个动词一体,有着深刻的内在联系。发展是龙头,推行、融入两个车轮驱动,带动着中国仲裁事业滚滚向前。当前,全国仲裁发展形势越发严峻,增速明显减缓,发展劲头有所下降,全国还有 80 多家仲裁机构年收案不到 100 件,仲裁的社会作用发挥不充分,与社会的需求严重不相适应(一方面社会需求在增加,另一方面我们的发展劲头在下降),我国仲裁工作的主要矛盾还没有得到根本解决,离"二次创业"提出的把仲裁为促进经济社会发展发挥的积极作用提升为重要作用的目标,还差得很远。因此,我们还没有骄傲的理由和资本。胡锦涛总书记在庆祝建党 90 周年大会上指出,"发展仍然是解决我国所有问题的关键",完全符合全国仲裁工作的实际。总书记指出的"精神懈怠的危险,能力不足的危险,脱离群众的危险,消极腐败的危险"在仲裁事业发展中同样存在。当前全国仲裁工作存在很多问题,但我们脑子要清醒,这些问题概括起来说都是发展中的问题,都是需要靠发展才能根本解决的。

三、大力开展中国特色社会主义仲裁事业社会公信力建设

仲裁是有国家强制力保障的,但不是靠国家强制力发展的。归根结底,仲裁是靠社

会公信力吃饭的,社会公信力是仲裁事业发展的本钱。从全国范围看,由于较好地坚持了我国仲裁工作坚定正确的政治方向和科学先进的专业发展方向,仲裁机构的软硬件条件正在得到改善,仲裁案件质量有了比较好的保证,仲裁队伍建设不断加强,仲裁服务水平不断提高,仲裁机构管理能力不断完善,仲裁特色和优势不断显现,仲裁服务社会的作用显著增加,社会对仲裁的认知有了明显提高,仲裁的社会形象发生了很大改观,为开展仲裁社会公信力建设提供了主客观条件。同时我们也要看到,随着受理案件的增加,对仲裁工作的负面评价也在出现。我们不能等着问题形成趋势蔓延全局再抓。因此,从现在着手开展仲裁社会公信力建设,也是保障我国仲裁事业健康发展的未雨绸缪之举。

全国仲裁界的同志要高度重视社会公信力建设,要紧紧围绕建设社会公信力这个中心开展仲裁机构的各项建设工作,包括仲裁机构软硬件建设、机构管理案件管理制度建设、仲裁队伍建设、仲裁服务和仲裁形象建设、精神面貌和作风素养建设以及仲裁社会生态环境建设等。要积极研究和探索我国仲裁的核心价值,要对仲裁的特色和优势作出与时俱进的总结和概括,努力寻找最适合我国市场主体接受的表现方式,构筑社会对仲裁事业的政治依赖、专业信赖和品质信赖。要不断创新和完善纠纷处理方式,努力形成我国仲裁裁决、调解、斡旋三位一体的系统性优势。

这里需要特别强调的是,全国仲裁界是一家,对任何问题我们都有办法也有能力自己解决好。绝不要再发生贬损其他仲裁机构抬高自己以致损害全国仲裁社会公信力的情况。

四、把涉外仲裁工作作为发挥仲裁作用发展仲裁事业的重点

(一)关于发展涉外仲裁工作的客观必要性

形势决定任务,决定方针政策。第一,在改革开放初期,主要目的是引进资金、引进项目、引进技术和人才,我们有求于人的地方比较多,因此,在纠纷解决方式选择上话语权不多,往往迁就外方当事人意志选择境外仲裁。这在当初的情况下是难以避免的。现在,改革开放已经30年了,特别是我国加入世贸组织之后,情况发生了很大的变化。随着我国经济的蓬勃发展,对外开放程度的提高,巨大的富有潜力的中国市场吸引着成千上万境外商家来到中国,分享着我们改革开放和市场建设的成果。这时的涉外经济市场利益格局已经不再是简单的引进,更不是单边的有求于人的状况了,我们的涉外经济主体在纠纷解决方式选择上不仅话语权大大增加,而且已经开始具有自主选择的能力和可能了。第二,在改革开放初期,由于我们涉外经济市场主体对境外仲裁缺乏了解,加上一些片面介绍造成的对境外仲裁的误读,他们并不清楚选择境外仲裁究竟意味着什么。也由于当时签订的合同还没有形成纠纷,普遍对境外仲裁风险没有切身体会。随着涉外经

济纠纷的逐渐形成,境外仲裁经历的增加,境外仲裁风险开始显现,为我国涉外经济主体选择境外仲裁提出了警示,也使我们对国外仲裁的认识趋于客观、深刻。第三,在我国仲裁事业创建初期,广大市场主体对仲裁的认知度较低,对我国仲裁工作涉外仲裁能力更是缺乏了解。以上三点说明,现在把涉外仲裁作为工作重点,是改革开放的需要,是维护我国涉外经济市场主体合法权益的需要,也是充分发挥仲裁保障社会主义市场经济健康发展重要作用的需要。既是必要的,也是可能的,是已经具备了条件的。

(二)关于涉外仲裁工作的任务和指导思想

根据国家改革开放深入发展出现的新形势新情况、新问题和提出的新要求,我国涉外仲裁工作的任务也好、指导思想也好,必须是也只能是:维护国家利益民族利益,保障国家经济安全,防范境外仲裁风险,保障改革开放顺利进行。并不是要把我国仲裁机构送到世界上去管别人事情,输出中国仲裁,这不是我们的任务和目的。国际化的提法既不科学也不可能做到。

(三)关于涉外仲裁工作的目标和主要对象

目标是由任务决定的。根据我国涉外仲裁工作的任务和指导思想,涉外仲裁工作的目标这样考虑比较适宜和实际,即要努力使参与国际经济交往的我国市场主体尽可能地主动选择中国仲裁,努力使分享我国改革开放成果和市场经济建设利益的境外当事人接受中国仲裁。一个是主动选择,另一个是接受即可。

需要特别强调的是,工作对象不要放在与中国涉外经济无关的境外市场主体上,工作措施也不要放在迎合境外市场主体的口味上,更不能以他们满意不满意、高兴不高兴作为涉外仲裁工作的检验标准。中国仲裁是以国家昌盛为后盾的,是以我国市场繁荣为支撑的,绝不是靠取悦别人而发展的。中国仲裁人要有志气、有担当。到我国获取利益就要按照我国的规矩办。对国际上的东西要做到尊重而不迎合。

关于涉外仲裁工作的主要对象。一般来说,工作对象和工作目标是紧密联系的。根据涉外仲裁工作的目标,涉外仲裁工作的主要对象是参与国际经济交流与交往的我国市场主体和与我国涉外经济有关的境外市场主体。对前者主要是帮助他们正确认识我国仲裁的优越性和境外仲裁的风险,充分发挥纠纷解决方式选择的话语权,争取境外合作伙伴接受中国仲裁;对后者要通过市场作用和展现我国仲裁公平公正形象相结合的方式,使他们正确认识我国仲裁、接受我国仲裁并最终同意选择我国仲裁。当前,从全局角度、从策略上考虑,可以把国有企业作为主要工作对象,作为全面推进涉外仲裁工作的重要突破口。理由:(1)国有企业与国计民生关系密切。(2)国有企业防范境外仲裁风险、选择中国仲裁,与保障我国经济安全关系直接。(3)有利于争取党委政府和社会各方面的重视和支持。(4)有利于凸显仲裁的社会作用。

要使所有国有资产的管理者、经营者认识到，纠纷解决方式的选择也是企业经营活动的重要组成部分，纠纷解决方式的选择风险也是企业经营的重要风险之一，由于纠纷解决方式选择不当造成国有资产损失的，要依法承担责任。同时，对其他涉外经济的市场主体也要告诉他们，选择中国仲裁、选择中国法律仲裁，不仅可以有效防范境外仲裁风险、维护自身合法权益，而且也是遵守我国有关涉外经济法律的表现和要求。

总之，要从发展和维护我国国家利益和民族利益、保障我国经济安全的高度，帮助我国市场主体在国际经济交流交往中，学会并善于充分利用合同优势和市场引力，促使外方当事人接受我国仲裁，接受以我国法律为依据仲裁。

要高度警惕利用仲裁方式逃避国家涉外经济管理的现象发生，包括利用合同利益利诱或胁迫去境外仲裁，或以外国法律作仲裁准据等。

(四)关于全国范围发展涉外仲裁工作的必要性和可能性

不能认为只有大城市、经济发达地区才存在发展涉外仲裁工作的必要性和可能性。全国设立仲裁机构的地区普遍存在程度不同的涉外经济，而且随着我国经济的蓬勃发展、改革开放的进步实施，各地区特别是经济欠发达地区涉外经济也会逐步发展，涉外仲裁的需求、保障经济安全的需要都会增加。因此，都有发展涉外仲裁工作必要性，也有可能性。至于案件数量多少并不是最主要的问题，重要的是把作用显现出来。

此外，也不能认为只有发展状况好的仲裁机构才有发展涉外仲裁工作的必要性和可能性。根据涉外仲裁工作的任务、目标和主要工作对象，我国涉外仲裁工作对象主要是境内的中外市场主体，适用的是中国法律，使用的是中国语言，遵循的是中国仲裁机构制定的规则，无须多复杂、多国际、多高端的条件，也无须提供超国民的物质条件、服务待遇。因此，大部分仲裁机构都是具备条件的。做好这件工作，有利于提升仲裁的社会作用，当这个作用受到社会认可后，对发展仲裁事业和完善仲裁机构建设也会有促进作用。

(五)关于发展涉外仲裁工作的具体措施

具体措施的前提是“四个一定要”：指导思想一定要端正，工作目标一定要搞清，工作对象一定要找准，工作策略一定要对头。

1. 要始终坚持“长沙会议”精神，针对涉外仲裁工作的特点，创造性地做好长沙会议精神的落实工作。要解放思想，破除迷信。

2. 要认真做好调查研究工作，要对所在地区涉外经济的情况，包括企业、项目、投资人、行业间纠纷解决方式的选择等情况，进行深入细致的了解。要在调查研究的基础上制定发展涉外仲裁工作的具体实施方案。

3. 涉外仲裁工作事关大局全局，要向党委、政府作好请示汇报，积极争取党委、政府的支持。要根据党委、政府的指示，经批准后开展工作，不要擅动。要在党委、政府的统一领导下，主动协助有关政府部门深入做好落实工作。

4. 要确保涉外仲裁案件的质量，努力提高涉外仲裁服务水平，不断加强涉外仲裁队伍建设。对中外仲裁当事人要坚持在中国仲裁面前一律平等，平等适用法律、平等适用仲裁规则、平等提供并享有仲裁服务。坚决反对仲裁风险，也不对任何国家、任何地区当事人搞仲裁风险。

二、仲裁制度建设

2011 年全国仲裁机构在仲裁工作中，积极参与纠纷处理，进一步完善仲裁制度建设，在仲裁服务方式、仲裁服务领域、服务对象上实施了有益的改良式创新。

（一）创新巡回仲裁模式

盐城仲裁委借鉴人民法院巡回办案方式，添置商务车，贴上“巡回仲裁庭”的醒目标识，实行流动办理仲裁案件。把仲裁庭开到了街道社区、乡镇及田间地头，就地审理，就地解决纠纷。同时，充分利用镇（街道）司法所、村及社区调解组织三位一体的调节网络，合理借助当事人在当地的各种社会关系等外界力量开展调解工作，实行裁调对接相结合。“巡回仲裁庭”最大限度地实现和维护了人民群众的合法权益，被誉为亲民、便民、惠民的“移动庭”。2011 年，在固定巡回点审结 70 件，深入村组巡回审结 45 件，深入企业巡回审结 15 件，深入社区巡回审结 50 件。

（二）拓宽仲裁服务领域

宝鸡、吉林仲裁委员会在交通损害赔偿纠纷解决上引入仲裁机制；北京、武汉仲裁委员会通过开展“建设工程争议评审中心”来解决建设工程领域纠纷；太原、深圳等仲裁委员会通过仲裁方式解决医患纠纷。仲裁机制的引入为有效解决特殊领域的纠纷作出了重要贡献。例如，太原仲裁委员会设立的医患纠纷仲裁院，已经成功结案 500 余件；同时，专门在电台开通法律仲裁服务热线，在太原各大周刊上设有医事专题期刊，使广大市民了解参与和选择医事仲裁。深圳仲裁委员会也专门设立了医患纠纷仲裁院，该院成立以来，短短一年时间内共接待来访和电话咨询 210 余次，受理医患纠纷 29 件，且已结案件中无一信访投诉。厦门、济南、重庆、长春等仲裁委员会积极与市场经济行业组织合作发展仲裁事业，也使仲裁为社会服务的重要作用得到社会的认可和支持。①

（三）提供延伸仲裁服务

延伸仲裁服务将仲裁服务前置，预防纠纷发生，是仲裁机构的又一创新实践。作为全国创新社会管理试点城市的德阳，其仲裁委在调解中心增设了预防纠纷职能，与住建局联合设立“建设纠纷预防与调解中心”，为建设各企业的纠纷预防系统提供指导和帮助，在避免群体性纠纷等方面发挥着重要作用。另外针对中小微型企业实力相对薄弱，内部管理不健全，企业抗法律风险小，规避合同风险和应收账款的能力不足及其所呈现出的高发案率、高败诉率、低执行率的特点，德阳仲裁委员会为中小微型企业提供多种免费法律服务：一是在工商部门向企业提供的“公司章程”“股权变更协议”等法律文本中植入仲裁条款；二是制作企业风险提示资料，由工商部门在向企业发放营业执照时一并赠送，让企业在成立之初就感受到仲裁服务；三是参与工商部门对守合同重信用企业的评审验收，深入了解企业指导建立企业合同管理制度；四是协助工商部门审查备案合同；五是对经营不善的企业免费提供延伸仲裁服务，促进了经济发展，最大限度地避免产生纠纷，取得了良好的社会效果。

三、仲裁案件受理情况

（一）全国受理情况

2011年全国各仲裁机构共受理案件89，284件，比2010年增加9911件，增长率超过10%，达12.49%，再创历史新高，平均受案数411件，比2010年增加34件，增长率为9%。

全国仲裁机构受理案件的标的额自2008年来再过千亿元，达到1101亿元，比2011年增加158亿元，增长率达16.76%。

另外，2011年全国仲裁机构以调解和和解方式结案的50，919件，占57.6%。其中调解和解数超过500件的有23个，占总数的11%，调解和解率超过80%的有27个，占总数的13%。2011年，全国仲裁委员会被人民法院撤销仲裁裁决134件，占案件总数的0.15%；被裁定不予执行仲裁裁决76件，占案件总数的0.09%。相较于2010年被人民法院撤销和裁定不予执行的仲裁裁决261件，减少了51件，所占比例下降20%。全国

① 沈四宝、于健龙：《中国仲裁年度报告》，法律出版社2013年版，第9页。

215 个仲裁委员会中,没有仲裁案件被法院撤销或不予执行的有 129 个仲裁委员会,占总数的 60%;被法院撤销或不予执行案件数超过 5 件的有 9 个仲裁委员会,占总数的 4%。

(二)区域受理情况

从各区域受案数来看,受案数最多的是中南片区 24,059 件,占比 27%;第二是华东片区 18,643 件,占比 21%;第三是华北片区 9760 件,占比 11%。下面依次是,东南片区 9721 件,占比 11%;华南片区 8478 件,占比 10%;西南片区 6077 件,占比 7%;东北片区 5635 件,占比 6%;西北片区 5398 件,占比 6%。

从各区域案件标的额来看,最高的是华东片区 187 亿元,占比 20.10%;第二是华北片区 179 亿元,占比 19.20%;第三是华南片区 137 亿元,占比 14.70%;下面依次是,中南片区与东南片区受案标的额均达 128 亿元,占比 13.70%;东北片区 64 亿元,占比 6.90%;西南片区 63 亿元,占比 6.80% 和西北片区 45 亿元,占比 4.80%。

此外,中国国际经济贸易仲裁委员会受理案件 1435 件,标的额 156.789 亿元;中国海事仲裁委员会受案 78 件,标的额 5.87 亿元。

二〇一二年

内容提要：

一、仲裁活动

（一）仲裁会议

1. 全国仲裁工作座谈会在北京召开

2. 五城市 2012 年仲裁工作座谈会、中国仲裁法研究会 2012 年秘书长工作会议在大连召开

3. 西北、华南区域仲裁发展工作座谈会在西宁召开

4. 全国仲裁工作年会在郑州召开

5. 华东、西南片区仲裁工作座谈会在青岛举行

（二）会议讲话摘要

2012 年 9 月 19 日，国务院法制办卢云华同志在 2012 年全国仲裁工作年会上的讲话。

二、仲裁制度建设

《民事诉讼法》修改涉及 6 个仲裁条文。

三、仲裁案件受理情况

（一）全国受理情况

（二）区域受理情况

一、仲裁活动

(一)仲裁会议

1. 全国仲裁工作座谈会在北京召开

2012 年全国仲裁工作座谈会于 4 月 22 ~ 24 日在北京市召开。参加会议的有区域仲裁发展工作协调人、仲裁机构规范化建设试点工作协调人、其他设区的市仲裁发展工作协调人、仲裁机构思想建设研究组成员、仲裁工作专业化建设研究组成员和部分仲裁机构负责同志。国务院法制办公室卢云华同志出席了会议。会议由国务院法制办公室袁诗鸣同志主持。

2012 年是实施"十二五"规划承上启下的重要一年,是党的十八大召开之年。此次会议是在全国深入学习贯彻两会精神,全面建设小康社会的关键时期和深化改革开放、加快转变经济发展方式的攻坚时期召开的一次重要会议。会议通报了 2011 年全国仲裁发展工作情况,围绕持续推进仲裁事业发展的问题及对策和仲裁案件的受理范围、仲裁解决纠纷的方式、2012 年全国仲裁年会议题,以及其他有关问题进行了讨论。卢云华同志对各个议题的讨论作了小结。

2011 年在全国仲裁界的共同努力下,仲裁事业取得了显著成绩。全国 215 个仲裁委员会(2012 年新增 6 个仲裁委)共受理案件 88,473 件,比 2010 年增加 9550 件,增长率为 12.1%。案件标的总额达到 1133 亿元,比 2011 年增加 201 亿元,增长率为 21.6%,全国各仲裁委员会平均受案数 411 件,比 2010 年增加 34 件,增长率为 9%。受理案件数超过 500 件的有 52 个,占总数的 24%;超过 50 件不足 200 件的有 63 个,占总数的 29%;不足 50 件的有 48 个,占总数的 23%。受案数增长有 136 个,占 63%。其中,受案数增加 300 件以上有 9 个。受理案件标的额增加的有 137 个,占 64%。受案数和标的额双下降有 35 个,占 16%。215 个仲裁委共受理涉外案件 1413 件,占 1.6%,与 2011 年基本持平。全国仲裁委以调解和解方式结案的 50,919 件,占 57.6%。其中,调解和解数超过 500 件的有 23 个,占总数的 11%。调解和解率超过 80% 的有 27 个,占总数的 13%。全国仲裁委员会被人民法院撤销裁决 134 件,占案件总数的 0.15%;被裁定不予执行仲裁裁决 76 件,占 0.09%。相较于 2011 年被人民法院撤销和裁定不予执行的仲裁裁决 261 件,减少了 51 件,所占比例下降 20%。没有仲裁案件被法院撤销或不予执行的有 129 个,占总数的 60%;被法院撤销或不予执行案件数超过 5 件的有 9 个,占总数的 4%。

会议认为,2011 年全国仲裁工作保持了较好发展势头。一是受理案件数和标的额实现了双增长，而且增幅较大，受案数增幅超过了10%，再创历史新高，标的额增幅超过了20%，特别是标的额自2008年来再过千亿元，并有望持续保持在千亿元以上。二是增长面比较宽。受案数、标的额增长的仲裁机构超过60%，两项均增长的占44%。三是全国8个区域呈现普遍增长的势头，这是近年来不多见的。四是经济欠发达地区增长势头比较突出，特别是东北地区，受案数增长率居第三位，标的额增长居全国各区域第一位，高达84%。五是其他设区的市仲裁业绩显著。在受案数超过300件的仲裁机构中，其他设区的市有33家，占60%以上，对全国仲裁事业发展产生重大积极影响。六是司法监督纠错率继续保持较低水平，比2011年更低。对仲裁发展工作中存在的突出问题，与会代表提出：一是受案不足200件的机构还有111家，占机构数的52%；二是受案数和标的额下降的机构均占机构总数的1/3，与全国仲裁工作的发展形势不符；三是案件的调解和解比例不高，仅占处理案件的50%左右；四是涉外仲裁工作进展缓慢。此外，与会同志还就事业单位分类改革、民事诉讼法修改、司法监督、仲裁收费、仲裁机构自身建设等问题进行了讨论。

会议提出，从近年来的发展情况看，并非经济发达地区的仲裁工作发展就快、业绩就好，也不一定经济欠发达地区仲裁工作发展就一定差。因此，要逐步摸索和正确认识我国仲裁工作发展的基本规律，增加自觉性、减少盲目性，要继续坚持依靠主观努力克服客观困难的工作指导思想。我国仲裁工作发展的基本矛盾是先进的仲裁法律制度和相对滞后的社会仲裁意识与初始的仲裁工作水平之间的矛盾，这个基本矛盾将长期制约仲裁事业发展，对此要有充分的认识。二次创业提出的奋斗目标是将仲裁为经济发展、社会进步发挥的积极作用提升为重要作用。根据这个目标的要求，仲裁处理的纠纷要占所在地民商事纠纷总量的1/3，目前来看还有相当的差距。因此，我国仲裁工作在相当长的历史时期内都要始终坚持发展为第一要务，多办案、办好案，这是我国仲裁事业承担的社会责任和历史使命。会议要求，全国仲裁机构要想尽一切办法统一领导班子和全委工作的思想和行动，切实做到一心一意谋发展，集中精力谋发展，心无旁骛谋发展。

会议认为，关于仲裁案件的受案范围，近年来全国部分仲裁机构积极进行消费纠纷赔偿、交通事故赔偿、医疗事故赔偿纠纷仲裁的探索，在社会上引起了广泛的反响，效果是好的，引起了党和国家的重视。这些仲裁机构围绕党和政府的工作大局，不计经济利益得失，努力促进社会和谐，出发点值得肯定。推进仲裁事业发展要从更多更好地发挥仲裁服务作用的大局出发，努力创新。对实践中出现的新的事物、新的实践、新的探索要多研究、少评论、不轻易褒贬。会议要求，在探索中应把握以下几个原则：一是要严格依法办事，不能违反法律规定受理和处理案件；二是要有把握，对于矛盾尖锐、对抗性强的争议,需要在人员素质、党和政府的支持等方面有充分的把握;三是要以调为主,着眼于化解纠纷,力避简单一裁了之;四是要平和处理,力争达到双赢的结果;五是要统筹兼顾,将这些探索作为仲裁机构工作的一部分,与其他工作统筹兼顾;六是要不失本色,仲裁应坚持民商事纠纷解决方式的本色。

关于仲裁解决纠纷的方式,部分同志介绍了所在地的做法,会议对此进行了认真讨论。会议认为,研究探索斡旋、谈判、专家评估等多种争议解决方式,是全国仲裁界实践的结果,这些做法丰富了中国特色的仲裁实践,也符合国际纠纷解决方式的发展潮流,有必要认真总结。会议认为,研究探索仲裁解决纠纷的方式,要认清形势,着眼于仲裁发展的大局。随着司法监督的改善、仲裁外部环境的逐渐宽松,随着大调解逐步形成,各种解决纠纷方式并存,要注意防止仲裁成为风险最大、成本最高的纠纷解决方式。如果仲裁搞不出自己的特色和优势,发展就会遇到很大的困难。形势决定任务,决定方针、政策。要根据发展的需要努力探索,争取最大限度地满足不同当事人的纠纷解决需要,更好地赢得市场主体的依赖。仲裁解决纠纷要贯彻个别化原则,这是仲裁的灵魂和魅力所在。当前研究发展工作,很重要的一个问题是深入研究市场主体解决纠纷的不同需要,探索适合对路的解决办法,最终实现平和、高效地化解矛盾、解决纠纷。会议要求,对各种纠纷解决方式,要继续积极努力探索,程序内程序外的都可以,但要注意不能违法。要注意总结,凡是新类型、新方式或重大案件,要主动撰写案例,供全国仲裁界交流和参考。

此次会议由国务院法制办公室协调司组织召开,中国国际经济贸易仲裁委员会和中国仲裁法学研究会共同承办。会议圆满完成了预定议题的研究和讨论,于 2012 年 4 月 24 日闭会。

2. 五城市 2012 年仲裁工作座谈会、中国仲裁法研究会 2012 年秘书长工作会议在大连召开①

2012 年 6 月 27 日,“五城市 2012 年仲裁工作座谈会”在大连召开。大连、郑州、武汉、成都、贵阳仲裁委员会办事机构负责人参加了会议。国务院法制办卢云华同志出席会议并作了讲话。会议由大连仲裁委员会办公室主任徐文主持。

座谈会上,五城市仲裁委员会办事机构负责人相继介绍了本单位一年来仲裁工作开展情况,并就宣传推行仲裁法律制度的经验进行了交流。郑州仲裁委员会根据 2011 年在武汉市首次召开的“五城市仲裁工作座谈会”精神制定了跨越式发展的规划方案,并主

① 《五城市 2012 年仲裁工作座谈会、中国仲裁法研究会、2012 年秘书长工作会议在大连召开》,载中国仲裁网:http://www.china-arbitration.com/news.php?id=2478,最后访问日期:2017 年 11 月 19 日。

动与政府有关部门取得联系，在招商引资、政府大项目建设的论证及担保等方面全方位提供仲裁法律服务。武汉仲裁委员会加强机构内部建设，调整部门职能，完善汇报、奖惩等规章制度；以广播电视、报纸杂志及网络等媒体为平台，形成立体化仲裁法律宣传格局。贵阳仲裁委员会主动寻求新领域仲裁服务的切入点，深入房管局、工商局、商业银行、融资性投资担保公司开展专题研讨；成立省律协仲裁工作委员会；加强新型社区的仲裁法律服务，取得显著成效。成都仲裁委员会重建金融仲裁院；设立知识产权联络处；开展服务基层、服务农村活动；将仲裁格式条款纳入房屋拆迁及置换合同文本；与当地高校法学院广泛合作，建立大学生实习基地，为仲裁发展培育人才。

大连仲裁委员会办公室主任徐文通报了近期工作开展情况。大连仲裁结合全市开展的“软环境建设年”活动，积极开展仲裁法律服务工作。一是向市政府提出《关于进一步发挥仲裁在软环境建设中积极作用的建议》，得到市领导的高度重视，在市领导关心指导下，在相关部门领导的大力支持下，先后参加市外经贸局组织的 11 个区市县的政策宣讲和国资委组织的企业海外并购说明会，为 2000 余家企业提供义务法律咨询。二是成立了大连国际航运仲裁院，为东北亚国际航运中心和物流中心的建设提供高端法律服务。三是创新宣传推行方式，首办大型访谈活动，在电台、电视台创办新栏目，开通大连仲裁博客、微博，开创宣传推行的新局面。四是设立了仲裁调解中心，实现仲裁与调解有机结合，对没有仲裁协议的当事人无偿提供法律服务，满足当事人多元化纠纷解决的需求，取得了良好社会效果。

3. 西北、华南区域仲裁发展工作座谈会在西宁召开①

西北、华南区域仲裁发展工作座谈会于 2012 年 8 月 16 日在青海省西宁市召开。参加会议的有西安、宝鸡、铜川、渭南、延安、兰州、天水、嘉峪关、乌鲁木齐、克拉玛依、银川、石嘴山、西宁、广州、深圳、珠海、汕头、清远、惠州、韶关、佛山、江门、梧州、桂林、玉林、南宁、绍兴、海南等仲裁委员会的领导和代表。国务院法制办协调司副司长、中国仲裁协会筹备领导小组办公室主任袁诗鸣，青海省政府法制办副主任贾小煜，时任西宁市人民政府副秘书长李盛华，时任西宁市法制办主任施永新出席了会议。会议由西北区域仲裁发展工作协调人、西安仲裁委员会副主任兼秘书长潘俊星主持。

本次会议的主题是传达贯彻落实 2012 年全国仲裁工作座谈会精神，就仲裁工作面临的新形势和新问题，交流工作情况，研究进一步加快西北、华南区域仲裁工作发展的措施。

---

① 《2012 年西北、华南仲裁工作座谈会纪要》，载中国仲裁网：http://www.china-arbitration.com/news.php?id=2625，最后访问日期：2017 年 11 月 17 日。

会上，时任西宁市人民政府副秘书长李盛华代表西宁市人民政府致辞，对会议在西宁召开表示欢迎和祝贺。国务院法制办协调司副司长袁诗鸣对西北、华南的仲裁工作给予充分肯定，针对仲裁事业发展的形势和仲裁工作的基本矛盾，强调了仲裁发展工作的指导思想、工作方向、工作要求等有关工作，并就今后区域仲裁发展工作提出了希望。西安仲裁委员会副主任兼秘书长潘俊星传达了2012年全国仲裁工作座谈会会议精神，宝鸡、海南、西宁、深圳仲裁委的代表作了主题发言，介绍了各自在仲裁发展工作上的经验和探索，与会代表结合各自的发展状况和工作实际进行了交流和讨论。华南区域仲裁发展工作协调人、广州仲裁委员会主任陈忠谦对会议作了小结。

会议指出，2011年西北、华南两个区域仲裁工作发展势头良好，共有14家仲裁委员会实现了案件数量及标的额的双增长。案件数量增长超过50%的有5家，其中渭南、铜川仲裁委员会增长分别达到689%、290%。标的额增长超过50%的有15家，其中铜川、兰州、梅州、惠州、玉林仲裁委均实现了300%以上的增长。广州、西安、深圳、海南、西宁等仲裁委始终处于全国或区域仲裁工作的前列。两个区域各仲裁机构应充分借鉴其他机构的经验和做法，结合自身特点，抓住历史机遇，百尺竿头，更进一步。

会议明确了下一步的工作：一是要认真贯彻2012年全国仲裁工作座谈会精神，结合实际，把落实会议精神作为下一步的主要工作来抓。始终坚持仲裁发展第一要务，把发展工作抓好、抓实，多办案，办好案。二是要坚持走中国特色的社会主义仲裁道路。在新的历史条件下，要继续坚持仲裁工作的正确政治方向和科学先进的专业发展方向，继续坚持正确的发展道路，不断丰富中国特色社会主义仲裁的实践特色、理论特色、民族特色、时代特色。三是要围绕党和政府中心工作抓仲裁发展，做好仲裁工作。牢固树立为党和政府中心工作服务的发展理念，为发展经济、构建和谐、创新管理服务，更好发挥仲裁工作在解决经济纠纷、化解社会矛盾、促进社会和谐中的作用。

此次会议首次以两个片区联合召开的形式举行，主题鲜明，形式新颖，交流充分。会议由西安仲裁委员会、广州仲裁委员会主办，西宁仲裁委员会承办，会议圆满完成了预定议题的研究和讨论。

4. 全国仲裁工作年会在郑州召开

2012年9月19日，全国仲裁工作年会在河南省郑州市召开。会议邀请了国务院法制办公室、全国人大法工委、最高人民法院、最高人民检察院、国台办、司法部、中国银监会、中国证监会、中国保监会等有关领导出席，全国各家仲裁机构以及部分省、自治区、直辖市的政府法制办负责同志340余人参加了本次年会。国务院法制办协调司副司长袁诗鸣，时任郑州市人民政府副市长张学军出席开幕式并致辞；国务院法制办卢云华同志出席会议。

此次会议的主题是“努力为社会管理创新提供优质仲裁法律服务”。郑州、武汉、北京等12家仲裁机构的负责人分别就服务社会管理创新的具体思路、做法以及经验作了大会发言。时任上海大学法学院院长沈四宝教授在大会上作了题为《ADR的由来及在当代中国的发展》的发言，就“非诉讼纠纷解决程序”的有关内容为与会代表作了深入介绍。国务院法制办协调司副司长袁诗鸣作了总结讲话。

会议指出，《仲裁法》颁布以来，新型的仲裁制度得以确立，我国的纠纷解决体系迎来了鲜活的新生力量。《仲裁法》实施17年来，在党和政府及社会各界的关心支持下，全国仲裁界肩负起推行仲裁制度、建设仲裁机构、服务市场经济的重任，坚持正确的政治方向，坚持发展第一要务，进行了艰苦卓绝的创业和发展，克服了重重困难，走出了具有中国特色的发展道路，取得了显著的发展成绩。全国仲裁从1995年受理案件2000余件，发展到2011年受理案件88,473件，翻了40多倍。截至2011年，全国共有仲裁机构215家，共受理各类经济案件100多万件，涉及案件标的总额6860多亿元，仲裁被列入党的十六届六中全会决定，成为建设社会主义和谐社会的重要力量。17年的创业发展，为中国特色社会主义仲裁事业奠定了坚实的理论基础、制度基础和物质基础，也极大地丰富了世界仲裁的理论与实践。

会议认为，我国正处在社会转型期和矛盾凸显期，面对国内外形势的新变化、新特点，中央提出要针对当前社会管理中的突出问题，着重研究加强和创新社会管理，最大限度激发社会活力，最大限度增加和谐因素，最大限度减少不和谐因素。我国的仲裁事业是中国特色社会主义事业的重要组成部分，积极参与创新社会管理，维护社会和谐稳定，是全国仲裁界的义不容辞的责任，也是发展仲裁事业的重要措施。仲裁机构参与创新社会管理，就是要在仲裁服务领域、服务方式、服务对象上多想办法，多搞创新。近年来，全国涌现出一批受理案件多、仲裁质量好、服务水平高的仲裁机构，这些仲裁机构积极探索、创新仲裁服务，取得了显著成绩。盐城仲裁委创建巡回仲裁模式，武汉仲裁委率先探索加强仲裁基层基础建设工作，把仲裁服务延伸到基层，充分体现了仲裁为民的服务理念。宝鸡、吉林等仲裁委通过仲裁方式解决交通事故赔偿纠纷，深圳、太原等仲裁委通过仲裁方式解决医患纠纷，都是在拓宽仲裁服务领域方面的有益尝试，同时也取得了良好的社会效益。长沙、滨州等仲裁委设立调解中心，通过仲裁确认、无仲裁条款调解、庭前调解构建仲裁大调解格局。西安、西宁及西部地区仲裁委探索和谐仲裁，盐城仲裁委建立企业家仲裁庭，北京仲裁委引入建设工程争议评审机制，贸仲、西安等仲裁委积极研究探索网上仲裁，这些做法为丰富仲裁解决纠纷的方式，向当事人提供多元化的仲裁服务，提升仲裁服务的广度和深度作出了尝试和创新。德阳仲裁委以中小型企业为重点突破，着力融入中小型企业，为仲裁事业的发展创造持续发展的源泉。广州、上海等仲裁委建立金融、知识产权等仲裁院，加强专业领域的专门仲裁工作机制建设。武汉、大连、郑州、贵阳、成都仲裁委积极抓住发展机遇，“高举发展旗帜，再攀发展高峰”。厦门、济南、重庆、长春等众多仲裁委积极与市场经济行业组织合作发展仲裁事业，使仲裁为社会服务的重要作用日益得到社会的认可和支持。全国仲裁机构近年来的探索都是着眼于民商事纠纷解决方式发展趋势进行的中国特色社会主义仲裁事业创新性实践，极大地促进了仲裁解决经济纠纷、化解社会矛盾、促进社会和谐作用的发挥，为创新社会管理，完善我国民主法治建设做出了积极而卓有成效的贡献。

会议指出，在总结成绩的同时，我国仲裁事业仍然存在不少问题，面临很多困难。总体来说，社会的仲裁意识依然薄弱，仲裁机构的工作水平依然较为初始，先进的仲裁法律制度与相对滞后的社会仲裁意识和初始的仲裁工作水平的基本矛盾仍然没有改变。全国仲裁机构受理案件数量仅占法院受理民商事纠纷案件数量的1%左右，还远未达到“二次创业”提出的把仲裁为促进经济社会发展发挥的积极作用提升为重要作用的目标。有相当一部分仲裁机构年受案数量不足100件，仲裁服务经济建设和社会发展的作用还基本未发挥出来。仲裁员的操守管理还有待进一步加强。影响仲裁机构公信力的各种因素还依然存在。我国仲裁机构的品牌建设还有待提高，在提升仲裁机构的整体形象上还有很长的路要走。仲裁事业面临的问题和困难，只能靠发展和创新，在发展中解决问题，在创新中突破困难。

会议提出，在我国进一步深化改革开放、全面建设小康社会、社会经济结构转型、社会矛盾凸显的大背景下，中国仲裁事业面临前所未有的机遇和挑战。全国仲裁界将以昂扬向上、奋发有为的精神状态，进一步振奋精神，扎实工作，以仲裁事业发展和公信力建设的新成绩迎接党的十八大的胜利召开。

5. 华东、西南片区仲裁工作座谈会在青岛举行①

2012年11月1日，华东、西南片区仲裁工作座谈会在青岛举行。上海、重庆等50余家仲裁机构负责人围绕服务和推进社会管理创新，丰富仲裁多元化纠纷解决机制等问题，交流了贯彻2012年全国仲裁工作座谈会和全国仲裁年会精神的措施及设想。

会上，南京仲裁委员会主任王有信通报了2011年华东、西南片区仲裁工作情况。重庆、成都、贵阳、昆明、苏州、镇江、济南、滨州、青岛9家仲裁委员会代表做了典型发言，介

① 《2012年华东、西南片仲裁工作座谈会在青岛召开》，载中国仲裁网：http://www.china-arbitration.com/news.php? id=2681，最后访问日期：2017年11月11日。

绍了各自单位在构建多层次、立体化、广覆盖的发展格局,创新发展仲裁工作体制和工作领域,推行仲裁法律制度,提高办案质量和效率,提升仲裁服务水平和社会公信度等方面的经验做法和有益尝试。各仲裁委还就自身发展中遇到的情况和希望能通过国务院法制办协调解决的问题进行了交流和探讨。国务院法制办协调司副司长袁诗鸣参加了预备会议并作了讲话。时任山东省法制办副主任张敬亮、青岛市人民政府副市长黄龙华参加了会议并致辞。国务院法制办协调司石海处长作了总结讲话。

(二)会议讲话摘要

2012 年 9 月 19 日,国务院法制办卢云华同志在 2012 年全国仲裁工作年会上的讲话。

2012 年全国仲裁工作年会在郑州顺利召开,郑州市人民政府的领导专门到会祝贺,对与会代表表示欢迎,充分表达了地主之谊。全国人大、最高人民法院、最高人民检察院、银监会等中央国家机关的领导同志,站在党和国家工作的大局,从关心仲裁、支持仲裁的角度提出了宝贵的意见,并对新时期如何更好做好仲裁工作提出了许多建议和要求。著名教授沈四宝对 ADR 的由来和在国内的发展,作了非常生动、清晰的阐述,对开阔我们的视野,在新的历史条件下做好纠纷解决工作有很大的帮助。有关仲裁机构的代表也作了精彩的发言。现在我想重点就本次会议的任务和要解决的核心问题,以及仲裁工作质量、仲裁发展机制等问题谈谈我的意见。

一、当前仲裁工作的任务、核心问题和对策

在这次年会上,郑州、武汉、厦门、盐城、深圳、太原、宝鸡、吉林、北京、长沙、滨州、德阳等仲裁委,介绍了他们在工作中的一些经验、做法和体会。尽管这些做法不一定都很成熟,但总的工作指导思想是端正的,社会反响是不错的,创新精神也是可嘉的。为什么要请这些单位来介绍经验呢?为什么这次会议要这样一个开法呢?实际上,全国有很多仲裁机构都有很好的经验,为什么要介绍这些经验和做法呢?这和我们这次会议的任务和要解决的核心问题有关。

这次会议的任务,我认为就是 5 句话 20 个字:“认清形势,统一思想,振奋精神,探索对策,再铸辉煌。”这个任务,是在新的时期,新的历史条件下来根据新的形势确定的。

(一)认清形势,统一思想

这次会议要解决的核心问题是什么?就是要解决在新的形势下我国仲裁工作的发展战略问题,要确定发展战略。我国仲裁工作的基本指导思想就是长沙会议精神。在当前新的历史条件下，特别是新的形势下，在长沙会议精神指导下，我们要共同研究出我们的发展战略。

形势决定任务，形势决定方针政策。今天乃至今后我们要干什么，要从客观形势出发当前我国仲裁工作面临的基本形势是什么？我认为要辩证地从正反两面来分析。

一方面，说是机遇也行，起积极作用的，能对我们有推动力的主要有两个因素：(1)我国仲裁事业继续保持良好的发展势头。从2011年看，我国仲裁机构案件数增长12.1%，标的额增长21.6%。特别是标的额大幅增长，应该说非常喜人。(2)国际、国内经济形势不稳定的状况在继续。一般来说，经济形势发展得好，经济运行顺畅，有关法律纠纷就较少。经济形势发生了困难，资本链断裂，就会像击鼓传花似的，发生连锁反应，法律纠纷数量就会增多。但是这对仲裁事业发展来说，却能发挥正面作用。

另一方面，大调解格局、多元化纠纷解决机制的逐步形成，司法监督放宽，对仲裁的影响和风险还需要我们深入研究。当前"大调解""多元化"的呼声很高，相关实践也比较活跃。大调解中的调解活动都不收费，只有仲裁调解是收费的。近年来仲裁的司法监督也逐渐宽松，仲裁界的许多同志都认为是件好事，我却不那么特别乐观。为什么？对当事人来说，他们纠纷解决的风险加大了。根据全国统计，虽不精确，但也差不太多，平均每年的司法纠正率不到1%。但是，我们如果为了这个"不到1%"，损失了那99%，划得来吗？仲裁事业是干实事儿的。面子要紧不要紧？要紧，但是里子是第一的，里子是最要紧的。当前的形势，有可能使仲裁成为各种纠纷解决方式里面成本最高、风险最大的解决方式。因此，当今形势之严峻是仲裁法实施以来前所未有的。这种形势对各地来说可能有早晚，虽然不见得马上能感觉到，但是必须提前考虑，尽快拿出对策来，拿出破局的招数来。如果真有那么一天，全社会都认识到仲裁是纠纷解决方式里面成本最高、风险最大的，我们要想再挽回来，弯子拐得就太大了，代价太大了。

（二）振奋精神，摸索对策

如果我们不摸索正确的对策，我们的精神也很难振奋起来，振奋了也会熄火。面对上述形势和问题，在征求部分同志意见后，我们有一个考虑，恐怕需要有针对性地采取措施。有关措施可以叫作"两化"：一个是多样化，另一个是多元化。多样化指什么？就是纠纷受理多样化。再准确地说，就是纠纷受理以商事为主，各种民事纠纷为辅的纠纷受理多样化。要求既不能失本色，也必须针对新形势有应对之策。另一个叫作多元化，就是处理纠纷多元化，即以裁决、调解为主要处理方式，其他纠纷解决方式为辅。这次会议上，大家介绍的各种经验实际都是围绕着这个"两化"进行的，其目的都是着眼于当前形势下，怎么保持我国仲裁事业的持续发展这一角度考虑的。

我国各仲裁机构的受理范围究竟是应该是宽一些，还是窄一些？处理纠纷类型是专一些，还是更广泛一些？处理纠纷手段是单一一些，还是综合一些、多样化一些？这值得我们认真思考。由此我想到美国的ADR。它最初产生的动机是为司法减负，但后来得到蓬勃发展，最终的结果是满足了社会对不同的纠纷解决需要。因为社会对纠纷解决需求是不一样的，不同的商人、不同的案件类型都不一样。今天会议上听取的经验，基本上都属于多样化、多元化方面的考虑。我们仲裁是否可能在当前的形势下，在社会还没有形成多元化之前，先把多样化、多元化搞起来呢？这样可以更好地发挥仲裁的作用，同时也使我们仲裁事业的发展源泉更广阔、不枯竭。

需要讨论的是，如何在社会还没有形成多元化之前，实现仲裁处理纠纷的多元化。简单的方法就是借鉴，综合借鉴国际通行、有效的、多样的纠纷处理手段。各仲裁机构可以用这样的方式尝试破局，着重解决仲裁业的自身发展问题。同时，正确对待提升标的额和为社会服务的关系，以社会需要为导向，为社会进步经济发展做出贡献。

在全国仲裁发展战略层面，有关多样化、多元化问题也应该尽快加以研究和实施。这是全国仲裁界面临的一个选择。应该及早在全国仲裁界开展这项发展战略的研究，在有把握的前提下，也可以根据情况有不同的选择。

二、关于仲裁工作的质量

关于仲裁工作质量与一般的仲裁案件质量有所区别，是指以仲裁的本质和作用为出发点，衡量仲裁工作在发挥仲裁法律制度独特优势方面的程度。衡量我国仲裁工作质量的标准与人民法院工作质量也有区别。概括来讲，严格依法办事就是司法的质量标准，如二审对一审评价事实清楚、证据确实、程序合法、适用法律正确等。仲裁工作的质量标准是什么？我想首先可以从仲裁本质的角度来考察。仲裁，从本质上讲，是解决资本关系的，而不是解决财产关系的。只有财产投入到生产、经营领域才叫资本。仲裁从本质上是解决财产投入到生产、经营领域以后产生的纠纷。仲裁在调整资本关系、解决资本纠纷过程中，要能够服从资本的目的，利于实现资本的目的。资本的目的是什么？就是资本效益最大化。因此，仲裁的许多特征都是由此而引发出来的。

在社会主义市场经济条件下，仲裁必须有利于实现资本的经营目的，尊重资本的运行规律，这正是仲裁的作用，也是我国借鉴、引进国际通行仲裁法律的重要原因。因此，仲裁应该是市场经济本身自我完善的一种机制，是市场经济自身发展起来的、市场经济自我保护的一种机制，而不是国家的干预机制。我们过去曾经提出，仲裁应该是市场经济生态系统的重要保障机制。保障的正是市场经济的顺畅运行。因此，检验我们仲裁工作的标准就与此有关，这也是我们在20世纪90年代广州会议提出“三率”（快速结案率、和解调解率、自动履行率)的原因。通过仲裁工作,不仅要给发生纠纷的当事人,即资本的所有者一个说法,更重要的是要能够使当事人继续合作,维护市场经济的“生物链”不因为个别的纠纷而发生断裂。如果能起到这个作用就说明我们理解了仲裁的灵魂,发挥了仲裁的特色和优势。所以,“三率”是衡量仲裁工作的重要标准。

在现在的形势下,应该想尽办法把这套做法和特色凸显出来。要让企业家参加到仲裁程序中来,让企业家更直观地感受到仲裁的特点。当纠纷对他们来说不可避免的时候,参加仲裁对他们来说也是一次更好的商务谈判,更好的合作开始,而不是合作的结束。只有请企业家来,他们才能深刻地感受到仲裁的独特魅力。过去,我们在“走出去”方面付出过很多的努力,今后我们还要在“引进来”方面下更大功夫。总之,在今后一段时间,如果仲裁发展形势比较严峻的话,除了我们要找到正确的发展战略之外,我们还要努力在发挥仲裁特色、优势上下功夫。如果仲裁与诉讼差不太多的话,没有自己的特色,没有自己的品牌,要想在市场经济中站住脚、发展起来,是做不到的。

三、关于仲裁发展机制

我们在南京会议上曾提出二次创业的目标,就是把我国仲裁事业对经济社会发展由积极作用提升为重要作用。这是一个定性说法,但是中间还包含了定量的含义,所谓“重要作用”,当时想的是三分天下有其一,即经过努力,仲裁机构所解决的纠纷要占到法院的1/3。武汉能做到的,全国经过努力也都可以做到,但是需要时间。这不是任务,但要做到这一条,就必须有完善的发展机制和坚实的发展基础。现在我们的发展机制和发展基础,应该说还是比较薄弱的,还不能说很牢靠。我国仲裁事业基本上还处在“必然”阶段,还没有进入“自由”阶段,我们对发展仲裁事业规律性的认识也还不足。

特别是我们当前的发展机制依靠政府的成分还比较多。依靠政府本身没有问题,但是过度依赖就是缺陷了。目前我们推行仲裁法律很大程度上还是机关化的工作方针,这需要我们认真研究加以解决。有没有可能在发展机制上搞“两手”?即一手依靠党委政府,一手运用、借鉴市场科学。现在的问题是什么?就是社会。我们过去讲的基本矛盾,即先进的仲裁法律制度与相对滞后的社会仲裁意识之间的矛盾,其中“相对滞后的社会仲裁意识”,用老百姓和商家的话说,就是人家不认可,没人买你的产品或服务。过去我们提出的有关“市场化”的问题,就是要让大家运用、借鉴市场科学,包括质量学、广告学、传媒学、营销学等。市场学要解决的一个核心问题就是如何使产品或服务能快速地、充分地被最终消费者认可、接受、购买,以及产品或服务在什么情况下能被最终消费者认识、认可、购买,此外还包括市场导向、客户导向、细分市场等一系列问题。这些市场科学的道理实际上对我们努力推行仲裁法律制度有很大的借鉴作用。

要运用、借鉴市场科学绝不是卖裁决，只是借鉴市场科学的核心，把握消费心理、受众心理。譬如说，如果产品或服务对象是老年人，那所有的手段都是针对老年人的；如果针对年轻人的，那所有的方式方法都是针对年轻人的，要想老少咸宜就会很困难。希望有关领导同志多加强市场学的学习，得到一些启发。从事仲裁工作一定要开放，向所有的门类、科学成果开放，以开放的胸怀接受所有的包括上层建筑和经济基础、方方面面的科学成果，为仲裁事业发展提供丰富的实践经验。

最后，我还想附带强调一下纪律问题。一方面是仲裁年会的纪律问题、参加一年一度的交流会机会难得，要发扬民主，还要加强组织原则、组织纪律，组织观念。另一方面是仲裁员的纪律问题。为贯彻国家的仲裁法律制度，我们的仲裁机构要对社会承担起责任。如果对仲裁员队伍不强调组织原则、不讲组织纪律恐怕是不行的。具体怎么做，建议大家对此进行研究。对仲裁员队伍不进行思想建设不行，对仲裁员队伍不讲组织纪律不行，不讲组织观念不行。仲裁委和仲裁庭是什么关系？是依法办事的关系。我国实行机构仲裁制度，仲裁机构对有明显错误的裁决不采取任何措施是不负责任的，也是在害仲裁员。仲裁员也是人，如果脱离了组织观念，脱离了组织纪律，他们难免会有疏漏。所以，在仲裁员队伍中，加强思想建设，加强组织观念和组织纪律的教育和约束，是对仲裁员爱护、对仲裁事业爱护的表现。包括对仲裁委员会领导干部队伍，工作人员队伍和仲裁员这三支队伍，都要加强思想建设，以及组织观念和组织纪律的教育。实际上，现在很多问题出现，本质问题都是组织原则问题。所以，如果不解决组织原则、组织纪律、组织观念问题，我们的事业干得再好，发展得再好，恐怕也很难得以持久。

二、仲裁制度建设

2012 年 8 月 31 日，第十一届全国人民代表大会常务委员会第二十八次会议审议通过了全国人民代表大会常务委员会《关于修改〈中华人民共和国民事诉讼法〉的决定》，这是继 2007 年全国人大常委会修改《民事诉讼法》后对《民事诉讼法》的第一次全面修改。本次修改共涉及 6 个仲裁条文，充分说明了立法机关对运用仲裁程序解决民事纠纷的重视程度，主要涉及的方面包括：(1)仲裁证据保全；(2)仲裁财产保全；(3)恶意仲裁；(4)可仲裁纠纷类型的表述；(5)不可以上诉的裁定书种类；(6)申请不予执行国内仲裁裁决和申请撤销国内仲裁裁决的审查条件。此次《民事诉讼法》修改完善司法监督仲裁体制，在撤销制度与不予执行制度具体条文规定上完成了统一。同时本着更加尊重当事人意思自治的原则，更加坚持以程序审查为监督重心的原则，与国际接轨，对仲裁过程的私法审查更趋宽松，为市场与当事人创造了更加公平的纠纷解决环境。

三、仲裁案件受理情况

（一）全国受理情况

全国219个仲裁委员会（当年新增4个仲裁委员会）共受理案件97,074件，比2011年增加7790件，增长率为8.72%；受理案件标的总额1280亿元，比2011年增加179亿元，增长率为16.26%。

（二）区域受理情况

全国8个区域（不含贸仲、海仲）仲裁机构受理案件的情况，从受案数来看，稳居第一的是中南片区受案数23,412件，占比24%；第二是华东片区受案数20,655件，占比21%；第三是东南片区受案数11,197件，占比12%；第四是华北片区受案数10,186件，占比10%；第五是华南片区受案数9967件，占比10%；第六是东北片区受案数8597件，占比9%；第七是西北片区受案数6174件，占比6%；第八是西南片区受案数5763件，占比6%。

从受理案件的标的额来看，最高的是华东片区258亿元，占比23.50%；第二是东南片区受案标的额185亿元，占比16.90%；第三是华南片区175亿元，占比16%。下面依次是中南片区161亿元，占比14.70%；华北片区148亿元，占比13.50%；西南片区65亿元，占比5.90%；东北片区63亿元，占比5.70%；西北片区41亿元，占比3.70%。

此外，中国国际经济贸易仲裁委员会受理案件1060件，标的额154.7257亿元；中国海事仲裁委员会受案81件，标的额14.06亿元。

二〇一三年

内容提要：

一、仲裁活动

（一）仲裁会议

1. 全国仲裁工作座谈会在北京召开

2. 省级政府法制机构联系仲裁工作座谈会在厦门召开

3. 全国仲裁年会在厦门召开

（二）会议讲话摘要

1. 2013 年 8 月 6 日，国务院法制办卢云华同志在深圳华南、西北仲裁片区会上的讲话

2. 2013 年 8 月 26 日，国务院法制办卢云华同志在东北、华北片区第一次仲裁工作座谈会上的讲话

3. 2013 年 9 月 26 日，国务院法制办卢云华同志在武汉中国仲裁法学研究会 2013 年年会暨第六届“中国仲裁与司法论坛”上的讲话

4. 2013 年 11 月 21 日，国务院法制办卢云华同志在厦门法制机构联席仲裁工作座谈会上的讲话

二、仲裁案件受理情况

（一）全国受理情况

（二）区域受理情况

一、仲裁活动

(一)仲裁会议

1. 全国仲裁工作座谈会在北京召开①

2013年4月23～24日,国务院法制办协调司在北京组织召开了2013年全国仲裁工作座谈会,全国50多家主要仲裁机构的负责人70余人参加了会议,卢云华同志到会并作了讲话。

会议通报了2012年度全国各仲裁委员会受理案件的情况。根据统计,2012年全国219个仲裁委员会(含当年新增的4个仲裁委员会)共受理案件96,378件,比上年增加7905件,增幅为9%;标的总额为1315亿元,比上年增加182亿元,增幅为16%。总体上看,全国仲裁工作稳中求进,保持了《中华人民共和国仲裁法》(以下简称《仲裁法》)实施以来连续17年增长的势头。

会议围绕仲裁界贯彻党的十八大精神,以如何开展国办发〔1996〕22号文件有关修改格式合同情况的调查了解工作、如何贯彻落实综治委〔2011〕10号文件有关推行仲裁调解制度工作为主要议题,开展了深入的讨论和研究,拟定了相关的工作措施。会议还对将于2013年年底在厦门召开的全国仲裁工作年会的主题及有关安排征求了与会代表的意见。

2. 省级政府法制机构联系仲裁工作座谈会在厦门召开

2013年11月21日,国务院法制办公室政府法制协调司在福建省厦门市召开省级政府法制机构联系仲裁工作座谈会。参加会议的有时任新疆维吾尔自治区法制办主任李伟、时任黑龙江省法制办副主任张波、福建省法制办副主任黄岩生、江西省法制办副主任凌云、山东省法制办副主任张敬亮、河南省法制办副主任王海云、四川省法制办副主任彭矛、西藏自治区法制办副主任罗旺次仁、陕西省法制办副主任闫三选、湖南省法制办纪检组长龚大明、时任贵州省法制办行政复议办专职副主任高煜明以及省级政府法制机构负责联系仲裁工作的有关同志,共45人。国务院法制办卢云华同志、政府法制协调司副司长袁诗鸣出席会议并讲话。会议由国务院法制办公室政府法制协调司处长石海主持。

会议就2013年以来各省级政府法制机构联系仲裁工作的情况进行了交流和总结,对下一步工作作了研究与部署。与会代表认为,刚刚闭幕的党的十八届三中全会,是在

① 《国务院法制办召开2013年全国仲裁工作座谈会》,载无锡市人民政府法制办公室:http://fzb.wuxi.gov.cn/doc/2013/05/09/114063.shtml,最后访问日期:2017年11月25日。

我国改革开放新的重要关头召开的一次重要会议，是我们党坚定不移高举改革开放大旗的重要宣誓和重要体现，是全面深化改革的又一次总部署、总动员。本次会议对深入学习贯彻党的十八届三中全会精神，推动省级政府法制机构联系仲裁工作，推进政府法制工作和仲裁工作的发展，有着重要的意义。省级政府法制机构要认真学习贯彻党的十八届三中全会精神，紧紧抓住全面深化改革这一前所未有的历史机遇，积极推动仲裁事业的持续、快速、健康发展，为全面深化改革提供优质仲裁服务，为社会主义市场经济健康发展提供重要保障。

会议认为，继2013年在北京召开联系仲裁工作座谈会后，各省级政府法制机构（以下简称省办）高度重视，召开党组会议、主任办公会议进行专门研究，明确了负责处室和具体联系人，积极开展各项工作。其中，天津、山西、吉林、江苏、浙江、江西、重庆、云南、青海等省（市）办组织召开全省仲裁工作会议传达会议精神，结合实际部署落实工作。辽宁、黑龙江、湖南、广西壮族自治区等省办成立调研组到省内各仲裁机构调研。内蒙古、山东、河南、广东、四川等省办印发文件对有关联系仲裁工作事项进行了安排。山东、河北等省办将仲裁工作列入各市依法行政考核指标，促使当地政府加大对仲裁工作的支持力度。内蒙古自治区法制办与自治区高级人民法院联合举办“全区仲裁暨仲裁司法审查业务培训班”，为仲裁机构创造良好的司法环境。辽宁、吉林等省办积极与省编办等部门沟通，研究全省仲裁机构事业单位改革分类工作。湖南省办针对仲裁案件收费标准不统一、未按相关文件执行的情况，主动帮助仲裁机构协调当地物价部门，明确全省仲裁收费标准，受到仲裁机构的欢迎。山东、江苏省办在全省仲裁工作会议上表彰先进仲裁机构和工作人员，树立典范，引导正确发展方向。安徽省办成立“安徽仲裁研究会”、陕西省成立“陕西省仲裁法研究会”，作为省办联系、指导全省仲裁工作的平台，起到了沟通交流的桥梁作用。江西省办制定的《江西省仲裁员仲裁工作人员自律十不准》规定，强化了仲裁岗位风险预警防控。部分省办制定了联系仲裁工作方案与措施，把联系工作制度化、长效化。从工作开展情况看，各省办联系仲裁工作总体上是好的，但也有重视不够、存在畏难情绪、未能有效开展工作等问题。

会议指出，长期以来制约我国仲裁事业发展的先进的仲裁法律制度与相对滞后的社会仲裁意识与初始的仲裁工作水平这个基本矛盾没有变，仲裁发挥的作用与经济社会发展的要求不相适应仍然是全国仲裁工作的主要矛盾，这两个矛盾在相当长的历史阶段影响着仲裁事业的发展，同时也指明了在当前和今后较长的一段时间内政府法制机构联系仲裁工作的指导思想、着力点和基本任务。仲裁事业作为党和国家的一项重要事业，得到了各级政府的大力支持，对促进仲裁事业发展起到了重要作用。其中政府法制机构的支持非常重要,尤为突出。我国仲裁机构用十几年的时间走过了发达国家几百年的发展道路,根本办法是坚持发展第一要务方针,坚持长沙会议确定的"发展我国仲裁事业,推行仲裁法律制度是根本,融入市场经济是关键"的工作指导思想,动员全社会支持仲裁事业的发展,支持和保障仲裁工作更多更好地发挥促进经济社会发展的重要作用。

会议强调,《仲裁法》的有效贯彻实施是仲裁机构所在地政府的责任,省级政府法制机构既有义务也有责任做好各项落实工作。会议研究了政府法制机构联系仲裁工作的方向、路子、步子,提出了"赢得信任、展现作用、抓住关键、联系根本"的工作方针。建议各省办以召开年度会议、深入仲裁机构调研等方式加强联系工作,通过做好修订格式合同、抓好调解工作、总结经验、表彰先进等方式深入仲裁工作,定期地将本省(区、市)的仲裁工作情况向省(区、市)人民政府进行汇报。省办要加强与仲裁机构所在地市人民政府的联系,主动会同仲裁机构所在地市人民政府共同做好换届工作,在仲裁机构领导班子建设和仲裁员队伍建设上发挥作用。

会议对下一步工作进行研究部署:

第一,各省办要结合本省(区、市)仲裁发展工作的实际制定有针对性的联系仲裁工作方案,形成促进仲裁事业发展的长效常态机制,从支持、帮助、服务仲裁出发,加强对本行政区域内各仲裁机构的联系和指导,研究解决本省(区、市)仲裁工作的共性问题,充分发挥"促发展、保方向"的作用。各省办每年应召开一次联系仲裁工作会议。

第二,按照《关于报送合同文本修订有关情况的通知》(国法协函〔2013〕31 号),抓紧调查了解工作,按时报送书面材料。在掌握基本情况的基础上,督促有关合同文本制订单位按照国务院办公厅文件的要求修订合同争议解决条款,依法保障当事人选择仲裁方式解决纠纷的权利。

第三,按照《关于深入推进矛盾纠纷大调解工作的指导意见》的要求,积极推行仲裁调解制度,指导仲裁机构建立完善仲裁调解工作机制和制度,发展仲裁调解队伍,从仲裁人员职责、仲裁程序等环节落实调解工作内容。

第四,继续做好仲裁委员会换届审核工作。对到期未换届的仲裁机构,省办要主动联系所在市人民政府和仲裁委员会,按照《国务院法制办公室关于恢复仲裁委员会换届工作的通知》要求,尽快完成换届工作。

第五,继续认真做好仲裁案件受理情况的统计工作。一是要严格按规定时间上报,二是要确保上报数据准确,防止错漏。考虑到 2014 年是《仲裁法》颁布 20 周年,对各仲裁机构成立以来至 2013 年年底的受案情况进行统计,对 2014 年 1 ~ 6 月的受案情况单独统计。为保证统计数据真实准确,受案统计以仲裁机构受理案件和裁决书编号为依据并附报。

第六,2014 年是仲裁法颁布 20 周年。各省办要组织本行政区域内的仲裁机构做好组建以来的工作总结。每个仲裁机构都要对仲裁发展工作的经验、成绩以及不足和教训等,进行一次全面的总结,并提出今后的发展目标、工作规划。《仲裁法》颁布 20 周年的纪念活动,既要隆重,也要简朴务实,要严格遵守中央八项规定精神。

3. 全国仲裁年会在厦门召开①

2013 年 11 月 23 日,全国仲裁工作年会在厦门宾馆召开。时任厦门市委常委、副市长康涛,国务院法制办协调司副司长袁诗鸣出席会议并致辞。

会议主题是"仲裁公信力的建设"。会上,厦门、北京、吉林、南京、长沙、成都等地 10 余家仲裁机构的负责人分别就加强仲裁公信力建设的意义、思路、举措以及经验等作了大会发言。

近年来,厦门仲裁委紧密围绕全市发展大局,着力加快仲裁事业改革创新,不断提升服务我市综合配套改革、统筹城乡发展和深化改革开放的能力和水平,在公信力建设、专业化建设、品牌建设等方面取得了显著成绩。厦门仲裁委已连续多年实现仲裁办案零投诉,近 3 年受理案件标的总额为 70.32 亿元,相当于前 15 年受理案件标的额的总和。越来越多外地甚至境外当事人都愿意选择在厦门仲裁。

（二）会议讲话摘要

1. 2013 年 8 月 6 日,国务院法制办卢云华同志在深圳华南、西北仲裁片区会上的讲话

（1）华南、西北仲裁发展成绩显著,为全国做了贡献

2012 年全国 219 个仲裁委员会共受理案件 96,378 件,比 2011 年增加 7905 件,增长率为 9%;案件标的总额 1315 亿元,比 2011 年增加 182 亿元,增长率为 16%。全年各仲裁委员会共受理涉港澳台案件和其他涉外案件 1521 件。华南、西北两个片区的仲裁工作发展势头良好,在 37 家仲裁机构中,2012 年有 18 家实现了受案数和标的额的双增长,其中华南片有 9 家,分别是广州、深圳、珠海、佛山、韶关、肇庆、梧州、贵港、海南,西北片有 9 家,分别是渭南、庆阳、咸阳、乌鲁木齐、延安、西安、汉中、宝鸡、天水。2012 年受案数量超过 500 件的 7 家分别是广州、宝鸡、深圳、西安、海口、乌鲁木齐、惠州。从整体来看,2012 年华南区域各仲裁机构的受案数平均增长率为 17.1%,西北区域为 15.8%,排在全

① 李晓平:《2013 年全国仲裁年会在厦门召开》,载中国仲裁网:http://www.china-arbitration.com/news.php?id=2998,最后访问日期:2017 年 11 月 25 日。

国8个片区的第二位、第三位，高出全国平均增长率8.9%一倍左右，说明华南、西北2个区域的仲裁发展速度很快，发展成效很好。从案件标的额来看，华南、西北两个片区2012年案件标一额增长率超过100%的有5家，分别是贵港、梧州、石嘴山、渭南、汉中。其中，贵港仲裁委从2011年的853万元，猛增到2012年的18.5亿元，增长了近216倍，增长率居全国之冠。石嘴山仲裁委和渭南仲裁委2012年的标的额增长率也达到7倍左右，增长非常迅速。在此希望增长较快的仲裁机构认真做好经验总结，把总结材料提供给我们，以便在全国宣传推广。

仲裁机构这些年来取得的所有成绩，都是坚持不懈抓发展，一心一意抓发展，心无旁骛抓发展的结果，是坚持融入市场经济，推行仲裁法律制度的结果。华南、西北片区的仲裁机构经过十几年的发展，历经一次创业和二次创业的艰辛，探索、总结、积累了很多很好的推行仲裁法律制度、发展仲裁事业的经验和方法，给全国提供了宝贵的经验。如广州仲裁委和深圳仲裁委，在发展基础较好的情况下，仍然坚持发展第一要务，探索成立金融仲裁院，将仲裁服务融入市场经济的重要领域，为仲裁的专业化作出有益尝试。西安仲裁委一直以来坚持抓和谐仲裁以及仲裁文化的建设和推广，在培育仲裁机构品牌上下功夫。在拓宽仲裁服务领域方面，宝鸡仲裁委从2008年开始进行了在道路交通事故损害赔偿争议解决中引入仲裁机制的实践和探索。深圳仲裁委成立了医患纠纷仲裁院通过仲裁方式化解医患纠纷，为政府和人民群众分忧解难，取得了良好的社会效果。延安、天水等仲裁委积极争取当地党委和政府的支持，通过市人民政府印发关于加强仲裁法律制度推行工作的通知，借此基础在各行各业的合同示范文本中载入仲裁条款，使仲裁的影响逐步扩大。海南仲裁委高规格建制，加强仲裁机构内部组织建设和制度化建设，大大提升了仲裁机构形象，有效促进了仲裁工作的发展。西宁仲裁委根据实际需要，在经济发达、企业集中的工业园区建设仲裁联络站，近距离地为企业服务，为园区服务，贴近市场主体，把推行仲裁工作做到第一线。我们各家仲裁机构都从加强机构建设、提高仲裁员队伍和工作人员队伍素质、拓宽仲裁服务领域、优化仲裁服务方式、提升仲裁影响力等各个角度，各个方面探索和实践着融入市场经济，推行仲裁法律制度的道路，吃了很多苦头，也积累了宝贵的经验。希望华南、西北两个片区的仲裁机构负责人及全体工作人员能够再接再厉，奋勇拼搏，在新的历史征程中再创仲裁事业的新辉煌。同时，也希望大家积极吸收和借鉴其他机构好的经验和做法，不断改进和完善自身的仲裁发展工作。大家也要将自己的好的经验和做法形成书面材料，报送给我们，以便在全国范围内宣传推广，共同推动中国的仲裁事业的前进。

(2)新时期继续坚持发展第一要务仍是重中之重

首先,继续坚持抓发展第一要务是经济社会发展需要决定的。西北、华南两个片区的经济社会发展有着自身独特的优势,正处在旺盛的增长期,这对我们仲裁事业的发展而言既是重要机遇又是重大挑战。早在2000年中央就提出了西部大开发战略,要逐步形成中国西部有特色的跨行政区域的经济带,有步骤、有重点地推进西部大开发,努力实现西部地区经济又好又快发展。我们西北片区的所有地区都属于西部大开发战略的一部分。同时,自1992年以来经国务院批复设立的6个国家级新区中,西北、华南片区就占了2个,一个是兰州新区,另一个是广州南沙新区。按照规划,兰州新区将建成为西北地区重要的经济增长极、国家重要的产业基地、向西开放的重要战略平台和承接产业转移示范区。而广州南沙新区、深圳前海合作区、珠海横琴新区被共同写进国家"十二五"规划,成为广东推进粤港澳合作的三颗战略"棋子",将建设成为粤港澳优质生活圈和新型城市化典范、以生产性服务业为主导的现代产业新高地、具有世界先进水平的综合服务枢纽、社会管理服务创新试验区,打造粤港澳全面合作示范区。在广西,中国东盟自由贸易区的设立也为其经济社会发展提供了新的引擎。作为继欧盟、北美自由贸易区之后形成的世界三大区域经济合作区之一的东盟自由贸易区,是世界上人口最多、由发展中国家组成的最大自由贸易区,发展潜力巨大。而海南是全国最大的经济特区,也是唯一的省级经济特区,享受特惠的国际旅游岛政策、关税政策以及边贸等政策,有着得天独厚的发展优势。应该说,西北、华南区域的经济发展拥有极强的政策优势和极大的发展潜力,未来将面临新一轮的发展高潮,高速的经济发展势必要求我们仲裁工作也要跟上这种节奏,要通过不断地发展来顺应经济社会快速发展对纠纷解决方式的高要求。

其次,继续坚持发展第一要务是仲裁机构自身发展需要决定的。《仲裁法》颁布以来,我们仲裁事业取得了显著成绩,这是全国仲裁界艰难创业的成果,是坚持不懈抓发展的成果。同时,我们也要清醒地认识到,我们年受案数量虽然达到9万多件,累计达到100多万件,但详细计算起来,年受案数量9万多件也仅相当于法院的1%,数字并不乐观。从各个方面分析,我国虽是仲裁大国,但还不是仲裁强国。我国经济总量现在是世界经济大国,位居世界第二,但目前仲裁发展状况与我国的世界经济大国的地位还不相称,这是客观事实。我国仲裁工作对经济和社会发展虽起到了积极作用,但还未起到足够重要的作用。具体就我们华南、西北片区的仲裁机构本身而言,我们应该看到虽然有发展得比较好的,但仍然有少数机构还远没有发展起来,还存在年受案数不足50件的,年受案和标的额双下降的也还存在,这都充分说明我们的发展还远远不够,往后走的可能性是有的,因此发展这个频道不能变。我认为,无论是发展好的还是发展的不够好的仲裁机构都仍然要坚持抓发展。发展较好的仲裁机构要力争在当地的纠纷解决体系中占据半壁江山甚至更大份额,使仲裁成为解决纠纷的最主要手段。发展得还不够好的仲裁机构要主动学习成功机构的经验,积极挖掘发展潜力,寻找切入市场的突破口,尽快把仲裁的作用发挥出来,把仲裁事业发展起来。

最后,继续坚持发展第一要务是建立多元化纠纷解决体系的要求决定的。我国正处在社会转型和各种矛盾凸显期,纠纷解决机制多元化的提出和实施、大调解格局的形成,既给我们仲裁提供了机遇,也增加了压力。在各种矛盾凸显的情况下,党和政府提倡和要求多元化的纠纷解决方式,如果我们仲裁机构不利用好这个机会,就有可能会被其他纠纷解决途径所替代,甚至面临着被淘汰。但利弊相伴而生,如果抓住这个机遇,积极有为地投身多元化纠纷解决机制,将会掀起仲裁发展的高潮。

总的来说,不管从哪方面的形势来看,机遇和挑战并存。从深层次来看,如果我们主观上不努力,很可能就会挑战大于机遇,如果不乘势而上,以一个更新的姿态、更快的步伐发展,我们就可能掉队,错过了发展期黄金期再想发展就很难了。所以,我们要清醒地认识到,现在面临的形势很严峻、任务很艰巨,希望大家能够认真思考这个问题。这也是一个仲裁发展方向、发展战略的问题,是我们共同面临的大事,大家要有充分的思考和认识。我们仲裁事业还是初创时期,处在起步阶段,现在的仲裁人是中国仲裁事业的创始人,都是通过十几年的摸爬滚打、辛辛苦苦、呕心沥血才发展到今天,绝不能在这种严峻形势下使我们的事业发展受到影响。我们第一代仲裁人要有这种使命感、责任感和紧迫感,切实把仲裁工作当作一项事业而不是单纯当作工作来做,这是我们的历史责任,希望通过我们的努力少走弯路,发展得越来越好。新时期,抓仲裁发展,就是要在仲裁服务领域、服务方式、服务对象上多想办法,多搞创新,要不断创新仲裁制度,要深入市场经济的各个领域、各项经济活动、各个经营项目,要贴近市场主体、了解市场需求,改进仲裁服务的质量和效率,要不断加强融入市场经济的广度和深度,使仲裁真正成为社会主义市场经济服务的先锋。

(3)下一步具体落实的几项工作

①了解国办发〔1996〕22号文件执行情况

为了保障我国《仲裁法》的正确实施,1996年国务院办公厅下发《关于贯彻实施〈中华人民共和国仲裁法〉需要明确的几个问题的通知》(国办发〔1996〕22号),规定有关行政机关对其在《仲裁法》施行前制定的标准(格式)合同、合同示范文本中合同争议解决方式条款依照《仲裁法》的规定予以修订。这个文件是国务院贯彻仲裁法的重要举措,也是对有关行政机关贯彻实施仲裁法提出的明确要求,既依法保障了当事人选择仲裁方式解决纠纷的权利，也有利于促进仲裁事业发展。文件下发至今已经十几年，根据各地的反映，全国执行情况不够平衡，有的地方较好，有的地方不够理想。为了更充分地发挥仲裁为经济社会发展服务的作用，保障广大市场主体依法选择仲裁方式解决纠纷的权利，更好地贯彻实施《仲裁法》，有必要进一步抓好国办发〔1996〕22 号文件的落实工作。根据仲裁座谈会上大家的意见，我们决定，这项工作由省级政府法制机构牵头，各有关市政府法制机构和仲裁委员会配合，这对摸清情况、及时解决问题有好处。在 2013 年 5 月召开的省办仲裁工作联系会上，我们已着手布置由各省级法制机构牵头对本行政区域内执行国办发〔1996〕22 号文件的情况进行了解，对正在使用的由行政机关制定的标准(格式)合同、合同示范文本进行一次彻底清理。

②推进仲裁调解工作

2011 年中央社会治安综合治理委员会、最高人民法院、最高人民检察院、国务院法制办、司法部等 16 家中央国家机关《关于印发〈关于深入推进矛盾纠纷大调解工作的指导意见〉的通知》(综治委〔2011〕10 号，以下简称《指导意见》)，要求政府法制机构"积极推行仲裁调解制度，指导仲裁机构建立完善仲裁调解工作机制和制度，发展仲裁调解队伍，从仲裁人员责任、仲裁程序等环节落实调解工作内容"。从近年全国仲裁案件统计情况看，仲裁案件调解率逐年提高，最近几年均保持在 60% 左右，个别仲裁机构的调解率甚至高达 90% 以上，仲裁调解在化解矛盾维护当事人合法权益、促进双方继续保持经济合作关系方面发挥了特有的作用。但各地仲裁机构仲裁调解工作的开展也是参差不齐的，全国仲裁调解的总体情况和作用与《指导意见》的要求，还存在较大差距。《指导意见》是第一次在中央级文件中明确仲裁调解的提法，对进一步开展仲裁调解工作提出了具体要求，并首次明确了政府法制机构"积极推行"和"指导"仲裁调解工作的任务。为了贯彻执行好《指导意见》，鉴于过去法制机构参与仲裁工作尚缺少实践，我们决定先从掌握仲裁调解工作情况着手，逐步深入推动仲裁调解工作的开展。具体工作已部署各省级政府法制机构配合本行政区域内各仲裁委员会来实施。

③仲裁机构换届复核工作

2011 年 12 月国法办下发《关于恢复仲裁委员会换届工作的通知》(国法〔2011〕72 号)，规定任期届满的仲裁委员会要将换届工作方案经本省(区、市)政府法制机构报国法办复核。通知下发后，全国已有 52 个仲裁委员会依法顺利换届。但仍存在一些问题，主要有：个别任期届满的仲裁委员会没有按照相关规定和通知要求进行换届；个别仲裁委员会未按照规定履行复核程序自行换届；有的报送换届工作材料不齐全、不规范、不及时等。今后一段时间内，全国还将有 170 多个仲裁委陆续届满，请大家严格遵守换届纪律，规范换届行为，保证换届工作严格依法进行。

2.2013年8月26日，国务院法制办卢云华同志在东北、华北片区第一次仲裁工作座谈会上的讲话

这次东北、东南片区仲裁工作座谈会开得很好，协调人考虑得周到全面，主办单位会务工作做得好，各仲裁机构积极参加。大家的发言正能量多，感觉到大家对仲裁工作有事业心、责任感。仲裁事业是很难的事业，近20年的艰苦创业包含着许许多多的辛苦。怎么办？要抱团取暖、互相鼓励，把事业开创好、发展好。下面，我就今后仲裁工作发展的问题谈几点意见，供大家参考。

(1)充分认识东北、东南仲裁工作在全国仲裁工作中的重要地位，充分认识做好东北、东南仲裁发展工作对促进全国仲裁事业发展的重要意义

东北、东南地区共有66家仲裁机构，占了全国仲裁机构总数的1/3，所在城市既有位处沿海经济发达地区，也有位处相对欠发达地区，比较能够反映我国仲裁工作体制的整体情况，是全国的缩影。多年来，东北、东南片区仲裁事业取得了显著成绩，不仅为做好本地区的仲裁工作发挥了才智，同时也为创建和发展我国仲裁事业做出了宝贵贡献。感谢东北、东南地区仲裁机构为全国仲裁工作做出的贡献，以及对国务院法制办工作的支持。同时，牢固树立全国仲裁大局观，在今后的发展中取得更大的成绩。当然，和全国情况一样，东北、东南仲裁工作也存在发展不平衡的状况，需要认真加以解决。但不管是目前发展业绩好的还是暂时不理想的仲裁机构，都为我国仲裁事业发展做出了贡献。对暂时发展业绩还没有上来的仲裁机构要给时间给余地，要为他们奋起直追提供宽松的客观环境。多表扬、多鼓励。

(2)始终坚持发展第一要务不动摇，集中精力拓发展

我国仲裁事业十几年到今天，应该说存在的问题不少，大问题、中问题、小问题都有，既有内部问题也有外部问题。怎么办？是停下先解决问题然后再发展，还是把问题暂时搁置等发展以后再解决？我们认为，发展是解决一切问题的根本办法，没有发展就没有问题的根本解决。仲裁事业在中国是新兴事业，没有现成的经验，发达国家的做法不适合我国国情，只能靠自己。我们仲裁事业的有些问题现阶段解决不了，只能采取模糊数学原理应对。比如，全国仲裁机构级别不同，局级、正处、副处、科级都有，要把级别都统一起来可行吗？往哪个级别上统一？事实上统一不了。所以说，如果把精力放在这，我们的仲裁事业可能就没有今天了，而且问题也未必能解决。我们是来促进仲裁事业发展

的,不是来解决问题的。有些问题是要解决,但要考虑是否具备解决条件,要考虑解决问题的成本和时机。“治大国如烹小鲜”,要轻拿轻放,“一刀切”肯定会有损失,要坚持事缓则圆,即使看准了也要反复掂量。仲裁最需要的是这项事业能造福于民。一定要坚持发展,事业搞上去了,造福社会了,我们的仲裁事业就成功了。要解决好发展中的问题;一方面,要解决主观上对发展的客观性、迫切性认识不足的问题;另一方面,在客观上,大调解及多元化纠纷解决机制工作的推开,会对仲裁事业产生冲击。如何应对,我们认为还是要坚持发展。一方面我国正处在经济转型、结构调整期,这是仲裁发展的机会。当经济发展很顺畅的时候,纠纷往往较少。经济处在调整期的时候,纠纷往往较多,因此现在的经济形势对仲裁发展而言是个机会。另一方面从国际上看,仲裁发展并不乐观,我国仲裁事业蓬勃向上。当前对我国仲裁事业而言,既有机遇也有挑战。

解决发展的问题,要有信心、有责任感,要坚持靠主观努力解决客观困难。我国仲裁事业的基本矛盾仍然是,先进的仲裁法律制度与相对滞后的社会仲裁意识和初始的仲裁工作水平之间的矛盾。这个基本矛盾不仅高度概括了我国仲裁事业的状况,也指出了我们需要长期坚持的工作方针和着力点。就是要着力在提高社会仲裁意识、转变初始的仲裁工作水平上下功夫。目前,我们的困难一是在我们自己内部,总体上说还不能完全满足我们事业发展的要求。二是社会仲裁意识虽然有了显著提高,但总体上说还不能适应市场经济建设的需要。要解决社会相对滞后的仲裁意识,靠等不行,要靠仲裁人自己的主观努力去解决客观困难,这是我们在发展中需要始终坚持的。

长沙会议提出“推行仲裁制度是根本,融入市场经济是关键”,这个思想是针对现实和长远发展需要总结出来的。我国现行法律几百部,没有一部法律的贯彻实施像《仲裁法》一样提出了推行仲裁制度是根本。也没有哪个国家像中国这么支持仲裁事业。推行仲裁制度是全社会的义务,仲裁事业是社会公益事业,调动方方面面的力量把仲裁事业搞上去是社会公益的需要,因此政府才这么支持。在新的历史条件下还是要继续坚持这一条。各个政府部门都动员起来了。过去我们主要是在“推行”上下力气,当前,贯彻长沙会议精神要转至“融入”上来,要接地气。我们的服务对象是市场主体,融入市场经济就是要融入市场主体。怎么“融入”,我认为有几件事大家可以考虑:

第一,要把握党委、政府的重大经济活动,对本地区的重大经济活动没有把握是不行的。

第二,深入对重大经济活动进行管理的有关政府部门,如土地、建设、发改、规划等部门,重大经济活动都要经过这些部门审批,我们要通过这些部门掌握重大经济活动情况。

第三,把握重大经济活动中的重大经济项目。要把握所有经济项目的合同。例如,一个20万平方米的房地产开发项目,这其中的合同应该有多少,我们要掌握好从规划到建设到装修再到销售等各个环节,问问有多少合同,把合同拿来看看,问一下有多少合同约定的仲裁。这样才能真正融入市场经济。我们搞仲裁的同志要成为经济专家,要成为经济和法律的复合型人才,这是非常必要的。希望大家先从本市、本地区的重大经济项目开始抓融入市场经济的工作。

第四,融入就是要融人,所有的事都是人办的,要大胆吸收市场经济专业人士担任仲裁员,在这一点上希望大家解放思想。我举个例子,法国有个商事法院,专门负责审理经济纠纷,这个法院的所有法官都是商人。在法国,绝大多数经济案件都由商事法院解决,通过仲裁途径解决的非常少。商人担任法官,使用的准据大量是市场规则和商业惯例,审理的程序也与严格的司法程序有很大区别。我们的仲裁工作水平处在初始阶段其中一个很大的原因就是我们的仲裁员队伍搞法的太多了,搞经济的太少了,使我们的仲裁缺乏自身特色。大家要想办法,打开门户、解放思想,找市场经济、政府部门、行业协会、企业中的行家里手来解决经济纠纷,充分利用这些市场经济专家的广泛示范效应。我们在全国仲裁工作会上曾经专门研究过仲裁的公开审理,仲裁是保密的,但是经过双方当事人的同意也可以公开审理。那我们要不要搞一些来减轻仲裁的神秘感。经过当事人同意,通过市场经济专家来做仲裁员公开审理,起到一个示范作用,在这个方面,大家可以积极探索。

第五,把我们仲裁的发展自觉与党和政府的中心工作结合起来。任何一个地区的仲裁事业,如果长期脱离当地党委、政府中心工作的话,想发展是很困难的。所以大家在这个问题上要有自觉性,要把仲裁的发展自觉纳入党和政府的中心工作中去谋划,这样才容易得到党和政府的支持。2011年,仲裁界提出了受理案件多元化、处理纠纷多样化,现在全国各仲裁机构受理案件种类非常多,除了典型的民商事案件外还有交通事故赔偿、医疗纠纷等案件。对这些问题怎么看,全国仲裁界的意见不一致,我们的意见是不争论。关于从全国仲裁事业发展看仲裁受理案件类型是搞宽点好还是窄点好,目前看大多数的意见是宽一点好。在欧洲,相对窄一些,在美国,则宽一些。在我国,从有利于仲裁发展和发挥仲裁服务社会发展作用的角度说,还是考虑受理案件的范围宽一些好。处理案件多元化,要求我们仲裁机构处理案件不能只是一裁了之,这对当事人来讲是有极大风险的,因此要尽可能多做工作,多解扣子少敲锤子。要尽可能地多做工作,把裁决调解、斡旋、和解、谈判等各种方式都运用起来,尽量让仲裁的处理方法灵活多样,满足市场主体不同的纠纷解决需求。

第六,要用市场科学的办法来解决仲裁发展问题。仲裁终究是一个社会服务部门,为社会提供公共服务产品。在前十几年,我们更多的是要靠政府多方面支持,我们自己要在逐渐形成品牌以后,用市场科学的办法来增厚发展潜力,这样我们就有两手,一手靠国家支持,一手靠市场科学。市场科学是研究如何使一项产品能更快更有效地被消费者所接受的科学,仲裁也面临如何更快更好地被仲裁服务的消费者所接受的问题。希望各仲裁机构领导同志多看几本关于市场经济的书,包括市场调查学、广告学的书,必然会受到启发。

第七,积极开展仲裁建议工作。仲裁全国会议上介绍过武汉仲裁委在仲裁过程中发现了企业重大问题向有关部门提出建议的例子。开展仲裁建议工作实际是延伸和深化仲裁工作作用的一个措施。建议大家考虑一下,在办案过程中就地区重大经济问题向党和政府积极提出仲裁建议。

(3)仲裁机构要坚持组织原则和纪律

重大问题不要自作主张,认真研究以后再做决定,该请示的需请示。

3. 2013 年 9 月 26 日,国务院法制办卢云华同志在武汉中国仲裁法学研究会 2013 年年会暨第六届“中国仲裁与司法论坛”上的讲话①

这次研究会年会和论坛开得很好,会议准备充分,会务工作细致,论文收集广泛,会风会纪端正,专家学者和仲裁机构代表积极参加,反映出同志们对仲裁理论研究和仲裁事业的责任心。借此机会,我对长期以来支持仲裁事业发展的教学科研单位的同志们表示感谢,对长期坚持在仲裁事业发展第一线的同志们表示慰问。下面,讲几个问题供同志们参考。

(1)关于全国仲裁工作

《仲裁法》颁布以来,全国已组建 219 家仲裁机构,包括贸仲和海仲在内,我国现代仲裁工作体制基本形成,能够满足仲裁法确定的保障社会主义市场经济健康发展任务的需要。《仲裁法》实施以来,全国仲裁机构累计受理案件突破 100 万件,受案标的达到 8000 亿元,今明两年有望突破 1 万亿元,全国仲裁工作连续十几年保持良好的发展势头。从近年的情况看,三北地区受案数量增长明显,说明经济欠发达地区、仲裁发展落后地区加快仲裁发展是有可能的。全国仲裁机构共同发展、共同繁荣的局面正在形成,全国仲裁

① 《卢云华同志在中国仲裁法学研究会 2013 年年会暨第六届中国仲裁与司法论坛上的讲话》,载中国仲裁网:http://www.china-arbitration.com/news.php? id = 3036,最后访问日期:2017 年 11 月 25 日。

工作体制整体进步显著。

(2)关于会议讨论的重点问题

第一,仲裁实践中存在以鉴代裁。在20世纪中叶国外刑事审判实践中就存在过类似问题,即所谓的“科学判决”问题。主要是指在刑事案件审理中简单以检验结论直接作为案件判决的依据。从证据学的角度讲,检验结论包括其他证据,作为证明事实的载体,都无法完全复原案件真实,只能接近事实,并非100%,都必须由审判案件的法官来进行甄别和审查,去伪存真,这是案件裁判者的重要工作内容和职责。简单按照鉴定结论作裁决是很危险的,也是不负责任的。

第二,要适应金融创新的需要创新金融仲裁工作。长沙会议提出,发展我国仲裁事业,推行仲裁法律制度是根本,融入市场经济是关键。正确把握融入市场这个关键,就需要仲裁机构能够更快地适应经济形势的发展,包括国内、国际经济形势的变化,熟悉国民经济各个领域的发展状况,比较好地把握市场经济各领域的焦点、热点问题及纠纷产生点,比较快地研究并提供有针对性的仲裁服务措施,这样才能满足不断发展和变化的纠纷解决需求。仲裁机构工作人员特别是负责人不能做市场经济的门外汉。金融领域纠纷仲裁专业性尤其强,特别是考虑到金融衍生物层出不穷,有关纠纷的仲裁就更需要制定与之相适应的仲裁服务措施,更需要懂金融的专家参加。融入市场经济一个很重要的措施,就是要更多地吸收市场经济各行各业的专家参加仲裁工作。从现在的情况看,普遍比较重视法律专家的作用,这是必要的,同时也要更加重视发挥各行各业专家的作用。在仲裁员队伍组织构成上要多想办法。

第三,仲裁与司法的区别。这是一个老问题,也是一个非常重要的问题,关系到仲裁的安身立命,既具有理论性又具有实践性。关于仲裁与司法的区别,大家都提到仲裁程序的灵活性。仲裁程序的灵活性确实很重要,但程序的灵活只能是有限的,不能无限,仲裁还是需要有基本的程序要求的,否则难以保证案件质量。在程序保障上,仲裁与诉讼有区别,但没有根本的区别。仲裁的灵活在于裁决准据的灵活性和广泛性。就目前我国仲裁工作包括工作制度机制来看,无论在工作方法上还是案件处理流程上,很多地方都在模仿司法,这也是我国仲裁工作仍处在初始水平阶段的重要表现。大家提到仲裁诉讼化问题是一个重要问题,需要认真去解决。但也要客观地看到,我国仲裁毕竟是社会主义市场经济初始阶段的仲裁,缺少完善的商业惯例和游戏规则的准据基础,因此,仲裁准据灵活还不具备充分的客观条件,并非仲裁机构想灵活就能灵活的。这是在市场经济初始阶段我国仲裁与司法还不能截然分明的重要原因。相信随着我国市场经济的进一步发展和健全,这个问题是能够逐步解决的,但这需要一个过程,我们也要允许有这样一个过程。这是问题的一面。问题的另一面是,仲裁工作者要能正确把握司法与仲裁的准据适用原则。司法是司掌法律的,要严格依法办案,而仲裁不是司掌法律的,实行不违法主义。严格依法主要解决的是公平正义问题。许多人说法律是社会的最后防线,这是很难做到的。准确地说,法律彰显的社会公正仅仅是社会的底线。仲裁处理纠纷符合公平正义的要求是最起码的,但这还是不够的,仲裁的最终目的是解决问题。因此,就要在不违反社会公平正义的前提下,寻找妥善处理纠纷的办法,这才是仲裁。事实上也是如此。市场主体解决纠纷的需求是不尽相同的,也正是在严格依法与不违法之间存在的广阔空间,给我们提供了满足各种纠纷解决需求的余地和可能,给广大市场主体提供了实现各自纠纷解决意愿的充分选择。仲裁工作要充分利用这个空间,按照个别化的原则(而不是千案一律的)针对不同的纠纷解决需求,妥善处理好每一个案件。这才是仲裁真正的专业性。须知,仲裁的专业性特点不是指仲裁人的专业性,而是解决纠纷方法和结果的专业。

第四,提高司法支持水平。从多年来全国仲裁工作的实际情况看,司法监督纠正率不到1%,这有力地证明了两个问题:一是全国仲裁案件的质量是比较好的,二是人民法院对仲裁事业是支持的,少一个都不会有这1%。现在的问题是,几乎每次会议都会为了这个不到1%的司法监督问题占用大家很多时间。对这个问题我们要有一个实事求是的态度,对的坚持,错的要允许改正,司法监督纠正率为零是不可能的。从根本上讲,要以对事业发展有利作为出发点考虑这个问题。就目前情况看,司法监督是宽松点好还是严格点好?如仲裁一裁终局,都认为是优势,但对当事人来说,如果败诉就谈不上是优势,反而成劣势了,正如对有的当事人讲是一裁到底。司法监督作为一裁终局的救济方式,如果尺度放得过宽,是否会带来当事人选择仲裁的风险提高的问题,会不会影响当事人继续选择仲裁,以致影响仲裁事业持续发展呢?如果我们的宽松意味着当事人仲裁风险增加,那么用不到1%的宽松去换取仲裁事业长期发展的风险,是否值得?这要反复权衡,不能意气用事。从这个意义上讲,司法监督与支持的问题首先不是理论问题,而是策略问题。在研究这个问题时要努力找到一个平衡点,既要使仲裁司法监督保持适度,又要不影响当事人对仲裁的信赖和选择,这样的平衡点会更有利于仲裁事业的发展。

第五,仲裁协议的限制放宽。这个问题是仲裁界关注已久的问题,要求通过修法和司法解释解决对仲裁协议选定仲裁机构的限制,刚才有仲裁员提出能否考虑当仲裁协议发生分歧时,在处理上做到效力认定花落仲裁。我觉得大家提出这些主张的出发点是好的,但我要说的是,这个问题并不是法律规定本身的问题。大家都知道,根据《仲裁法》的规定,我国仲裁工作体制的构成由直辖市、省会市和其他设区的市组建仲裁机构,如果不要求仲裁协议明确选择哪家仲裁机构,就无法确定到底由谁来解决纠纷,就难免会造成仲裁机构之间出现受理管辖的争议,而且也缺少依据解决。因此,《仲裁法》的这项规定是具有仲裁机构案件管辖意义的规定。但需明确的是,既然是仲裁机构案件管辖的规定,无论是哪个仲裁机构管辖,都是应当由仲裁管辖,不能因此否定了当事人选择仲裁的意愿。现在的问题是,当这种争议提交司法监督后,对不符合法律规定的,法院无法决定由哪个仲裁机构受理,只能判定仲裁协议无效。最后的结果往往是由法院解决纠纷,致使当事人选择仲裁的意愿落空,这种结果与立法本意是不一致的。我考虑对这样的问题应当由仲裁界的组织机构而非司法监督来解决,因为这是仲裁界的"家务事"。仲裁协会成立了就可以承担这个工作。

第六,仲裁案件中认定合同无效过多。这个问题相当重要,甚至紧要。仲裁处理的纠纷大多是合同纠纷,合同纠纷是市场经济的合作纠纷。仲裁是保障市场经济健康发展的重要机制,市场经济是信用经济,合同轻易无效,对市场经济发展和当事人利益影响很大也很不好。我们在工作指导思想上要明确是鼓励合作还是鼓励拆台,要千方百计地维护合作、促进合作,不能鼓励和支持不尊重合同、随意违反和撕毁合同的情况。这里需要对仲裁机构的负责同志特别说一下,要切实防止和认真解决就案办案的问题,对仲裁案件中关乎大局的、普遍性的、倾向性的问题,要加强对仲裁庭、仲裁员处理案件特别是适用法律和其他准据进行必要的政策指导,以确保仲裁案件取得良好的社会效果。

第七,仲裁与调解。任何一种纠纷解决方式都有两面性,在鼓励一面的时候也要注意防止另一面。在波兰最大的社会调解组织办公室悬挂着一幅张贴画,图案是一只狼与一只羊相互拥抱。这幅画反映了他们的调解理念,即通过调解工作使狼与羊能够和谐共处。2012 年全国仲裁工作座谈会提出,从现在开始,仲裁工作实行受理案件多样化、处理纠纷多元化,并将此作为当前发挥仲裁服务作用促进经济社会发展的重要措施。仲裁的范围是宽点好还是窄点好,解决纠纷的方式是多点好还是少点好,在不同的国家做法是不一样的。在我们国家该如何考虑?在早期,有些仲裁机构为了发展的需要、为了扩大影响的需要,仲裁范围包括了商事纠纷以外的民事纠纷;有的采取其他方式解决纠纷,仲裁界内有些不同看法。经过几年的观察和思考,从国际纠纷解决发展趋势看,从与大家商量的情况看,特别是从我国经济社会发展的需要看,基本形成共识:受理案件的范围可以宽一些,不仅限于传统的商事纠纷,处理纠纷的方法手段可以多一些,不仅限于裁决方式。只要当事人有需求,我们都要千方百计地提供仲裁服务,各种解决纠纷的方法包括调解、斡旋等都可以尝试,太单、太纯未必有利。

(3)关于研究会的工作

第一,研究建立中国仲裁学。长期以来关于什么是仲裁,一般采用的都是形式描述的定义,而不是本质的概括。当然,从仲裁法学的角度,对仲裁的形式描述也并非不可以。仲裁法学是关于仲裁行为与活动的规范的科学,而仲裁学是关于仲裁行为和活动的科学。两者既有联系又有区别,后者为基础、前提,就如同经济法学与经济学。仲裁学回答的问题是什么是仲裁、为什么仲裁、怎么仲裁?而仲裁法学研究的是为什么和怎样规范仲裁的行为与活动。如果不能从本质上阐释仲裁的根本特征,就很难阐述仲裁的特色和优势,进而很难阐述仲裁的社会意义和与其他纠纷解决方式的比较优势。不了解什么是仲裁也是很难正确考虑怎么规范仲裁的。现在只讲仲裁法学的比较多。在《仲裁法》颁布七八年后我们曾提出,随着我们仲裁创业实践的发展,要考虑建立我们自己的仲裁学。有些考虑在这里与大家做个交流。仲裁从本质上说是解决资本关系纠纷的,与解决财产关系纠纷是有区别的。仲裁主要解决的是财产投入到生产、经营、流通、消费等领域的过程中产生的纠纷,不是或比较少的是财产所有权纠纷。既然仲裁解决的是财产通过投资行为变为资本以后产生的纠纷,就要有利于实现资本的目的。资本的目的是什么?就是效益最大化。仲裁的出发点和客观要求是与资本效益最大化紧密联系的。我们通常讲的仲裁的形式特点和优势,也都是与有利于实现资本效益最大化相联系的,都源于此。实现资本效益最大化的两条基本途径是竞争与合作。而仲裁解决的是合作纠纷,比较少的是竞争纠纷。对这些合作纠纷,仲裁应该怎样考虑?对此,应该更多地促进继续合作,维护资本联系这个市场经济生物链的完整。自然界生物界普遍存在自愈机制,而仲裁就是市场经济生态系统的自愈机制,是市场经济的自愈机制。仲裁这种纠纷解决机制的生命力归根于市场经济本身,归根于市场经济内在的需求和土壤,而非来自市场经济外部的强加机制。要更多地从这个根本考虑仲裁的行为和活动。在这个意义上我曾经极而言之地说过,仲裁也是生产力,就是提醒大家要准确、深刻地认识仲裁的本质,不要与市场经济渐行渐远,搞成上层建筑了。仲裁的根本出路在于回归市场经济。当前全国仲裁工作要从推行为主,逐步转为推行与融入并重,就是要让仲裁荣归故里。随着我国仲裁事业的发展,这一代仲裁人的认识也在深化,创建中国特色社会主义仲裁学是可能的,作为理论框架的基本范畴也是具备的。

第二,继续坚持理论与实践相结合的优良作风和基本原则。我国仲裁事业发展到今天,固然有了很好的创业成就,但在理论建树上还有很大欠缺。如果仲裁事业要持续发展再上台阶,需要一个符合我国仲裁事业实际的并且有先进的科学引领方向的仲裁理论指导。几年前曾提出,全国仲裁工作一要坚持坚定正确的政治方向,二要坚持科学先进的专业发展方向。这就需要从中国仲裁的发展实际和我国经济社会发展对仲裁事业的要求出发,做好促进事业发展和理论建设工作。借鉴国外的先进经验、成熟做法是必要的,但根本的是要坚持以我为主、为我所用的方针,盲目照搬和拒绝借鉴都是有害的。现在的问题是,一段时间以来对国外情况介绍的全面性不够,准确度也需要提高,结合上过于简单机械,一定程度上存在知其然不知其所以然的情况。研究会要研究好实际,包括中国的实际和外国的实际。把握实际要全面、准确,不要道听途说。要在正确的指导思想下,以严谨科学的学术态度,准确把握国际、国内仲裁的发展规律,从我国仲裁发展实际出发,在结合点上研究、探索,这才能实现我国仲裁学术研究的繁荣。无论是把握实际还是研究结合都不能简单化。

第三,继续发展符合我国仲裁实际的仲裁法学理论。仲裁法学理论作为仲裁活动和行为规范的一门科学,对研究仲裁工作有序进行是有重要作用的。但在指导思想上、立意上不能为了规范而规范。当前我国仲裁事业正处在创业阶段,市场经济的发展对仲裁工作有很大的期待,这个时期的仲裁工作必须是也只能是坚持发展是第一要务,多办案、办好案。因此,对仲裁行为和活动的规范从政策上讲、从指导思想上讲,要始终坚持有利于仲裁事业的发展,有利于仲裁工作发挥更多更好的社会服务作用的方针。规范的着眼点要放对地方。从仲裁的社会作用看,我们与国外确实存在不一样,我国仲裁的社会公益性较强。在发展仲裁事业方面,我们采取推行仲裁法律制度是根本、融入市场经济是关键的方针,发动全社会支持仲裁事业,这在国外仲裁是很难做到的,而国外仲裁的发展办法对于我们又未必都适合。我们在研究仲裁规范时,既要适应维护我国经济社会稳定和谐的需要,又要兼顾国际纠纷解决发展的趋势,不能因循守旧、故步自封。现在国内、国际形势发展非常快,只有积极应对才能获得快速发展。此外,在仲裁学术研究时,是否也要将国内仲裁和涉外仲裁作适当区别。不能将国际仲裁或涉外仲裁的做法简单套用到国内仲裁中。《仲裁法》是将国内仲裁与涉外仲裁进行区分的。在现实中,国内仲裁与涉外仲裁也确实有区别,尤其是准据适用上的区别。国内仲裁参考、学习借鉴涉外仲裁的做法是可以的,就是在发达国家国内仲裁与国际仲裁的做法也难说是100%一样的,分开研究还是有必要的。仲裁法学理论研究还有一个重要问题提请同志们考虑。与《仲裁法》颁布前相比,现在的情况已经发生了很大变化。在没有市场经济条件下的仲裁实践情况下,借鉴成分多一些是必然的。现在则不同了,我们已经有了近20年的仲裁创业实践,并已取得了长足的实践发展,也有了一定的认识深化。在这种情况下研究仲裁法律制度的完善,就要更多地以中国仲裁实践为基础,以总结为主,这才有可能完善符合中国仲裁事业发展需要的法律制度。

第四,研究会要成为中青年学术精英脱颖而出的平台。我国仲裁实践刚刚起步,仲裁研究也刚刚起步,全国仲裁机构绝大多数领导干部都是中青年,对仲裁事业有感情、有研究能力和真知灼见的,也都是这些中青年同志。研究会要给他们创造脱颖而出的平台,让他们迅速在学术和工作中展现出来、发挥出来。这次论坛的论文都很专业,要多鼓励、多支持。一要鼓励精神,二要肯定水准。这是政策的需要,也是事业发展的需要。相信研究会能吸引越来越多的中青年干部、学者专家参加研究工作,使仲裁学术尽快繁荣起来。

4. 2013 年 11 月 21 日,国务院法制办卢云华同志在厦门法制机构联席仲裁工作座谈会上的讲话

这次会议的精神概括起来,就是根据我国经济社会发展的要求,根据仲裁事业发展的需要,进一步发挥省级政府法制机构的重要作用,促进和保障仲裁事业健康发展。对于使用“促进”和“保障”这两个词,这跟在新的历史条件下如何更好发挥省级政府法制机构的作用有关。当前形势下,如何进一步发挥省级政府法制机构的作用,有两个问题要解决:

一是要正确评价省级政府法制机构在创建和发展我国仲裁事业中的重要历史作用,其实是要高度评价的,政府法制机构在《仲裁法》颁布后,在仲裁机构重组过程中,起到了重要的推手和操盘手的作用。因此,政府法制机构是中国特色社会主义仲裁工作体制的组织者、建设者。没有我们的努力和工作,就不可能有中国现在的仲裁工作机制。而且,正是由于我们的工作,才平稳地实现了历史性的过渡。一个性质完全不同的体制能实现这样平稳的转换是很不容易的。另外,我们的仲裁工作制度和国外的仲裁制度有很大不同,国外的仲裁制度有很强的源发性,先有市场经济后有仲裁制度,仲裁是市场发展的结果而不是市场经济发展的原因。可我国的仲裁制度是植入性、移植性的,是伴随着市场经济建设几乎同步进行的,所以它有很强的融入性问题。我国仲裁的基本矛盾也是对这个原因的基本概括,即先进的仲裁法制制度与相对滞后的社会仲裁意识和初始的仲裁工作水平之间的矛盾,这个基本矛盾将长期存在并制约我国仲裁事业的发展,也在相当长的历史阶段规定着我国仲裁事业的基本任务和基本工作指导思想。它告诉我们,仲裁法律制度是先进的,社会仲裁意识是相对滞后的,仲裁工作水平也是初始的,仲裁工作水平和仲裁意识是不适应仲裁法律制度的,我们不能削足适履,而是要下最大努力去提升社会仲裁意识,提高仲裁工作水平,以适应先进的仲裁法律制度的要求。因此,才有了长沙

会议、济南会议精神,才有了仲裁事业必须始终坚持的发展第一要务。在这个过程中,全国的法制机构不仅一手组织和建设起来现行仲裁工作体制,同时也为实现仲裁事业发展不断地创造良好的社会环境,包括政府发文、与行业组织联系、与法院建立关系,帮助仲裁机构解决想办却办不到的事情。同时,仲裁事业遇到困难时,法制机构帮他们树立信心,端正指导思想,明确发展方向,保证我国仲裁事业既能实现快速发展,也能实现健康发展。对政府法制机构在仲裁事业中的作用,自《仲裁法》颁布后就有不同认识和说法,但事实胜于雄辩,政府法制机构关心、支持、帮助仲裁事业,没有私利,大家付出的都是汗水。

二是要充分认识在新的历史条件下,继续发挥省(区、市)级政府法制机构作用的重要性和必要性。过去十几年是我国仲裁事业初始时期,大家都很困难,我们的作用更多是表现在帮助他们发展起来,解决他们的温饱问题。在这个阶段,大家观点容易一致,思想容易统一。随着仲裁事业的发展,出现了新问题和苗头。一方面,我们的发展还不平衡,仲裁发展的主要矛盾是仲裁事业总体上发挥的作用不能满足经济社会发展的要求。任何时候,我们都应该清醒地认识到,从政治上说,仲裁是保障社会主义市场经济健康发展的重要工作。但讲其客观属性时,必须清醒地认识到,它是一个收费行业,其投入产出比高于很多其他行业,从而自发地就会产生某些不正确的现象,所以我们脑子要清楚。从现在到今后的相当长的历史阶段里,我们联系仲裁工作的基本任务是两件事:一是促发展,二是保方向。如果我们的仲裁事业发展起来是为个人谋利的,是为一小部分人谋利的,不是造福社会的,我们有必要支持其发展吗?我们支持仲裁事业的全部理由就是因为它是为社会服务的。自长沙会议、济南会议以后,仲裁事业迈上快速发展轨道,甚至有一年增长速度达到68%。这么多年,在社会各方面的支持下,在政府法制机构的帮助下,经过全国仲裁界的艰苦努力,我国的仲裁无论数量还是质量都是世界闻名的。在这个时候,仲裁界部分同志提出仲裁委的资产不是国有资产,仲裁委要搞股份制,还有人说当年是国有资产现在我还,所谓的民间化、反对行政化,实际上在很大程度上就是反对监督管理,是有私心杂念的,这个苗头是需要高度警惕的。如果仲裁事业变成私人产业,变成为个人谋利的事业,我们支持就没有任何意义了。保持我国仲裁事业人民仲裁的政治本色不能变,保证中国特色社会主义仲裁事业的政治本色不能变,中国特色社会主义仲裁事业才是有发展前途的仲裁事业。从全国总体情况看,今后有两项基本任务,促发展和保方向,前一项任务是要下大气力的,后一项任务是要高度警惕并防止的。全国仲裁事业发展过程中,很多问题概括起来说都在这,也是我们从本质上认识仲裁工作问题的一把很重要的钥匙和线索。我们政府法制机构要有高度政治责任感,完成好这两项基本任务。

关于政府法制机构在我国仲裁事业中发挥的作用，在我国仲裁工作中出现的一些问题与政府法制机构是有关系的，个别仲裁机构负责人是从政府法制机构出去的，但这是个别的，是局部的。要理直气壮开展工作。理已经直了，现在就是要气壮。

为什么布置这几项工作？16部委的文件内容是中央国家机关文件中第一次讲到仲裁调解，第一次讲到政府法制机构与仲裁的关系，也是第一次把政府法制机构与仲裁工作的关系讲得这么具体的。山东省政府法制机构联系仲裁工作效果很突出，其在仲裁界享有很好的口碑、很高的威信。山东经验其中有一条就是省级政府法制机构联系仲裁工作，不能只有联系仲裁机构一手，必须迅速建立起另外一手，建立起与仲裁机构所在地市政府的联系。不将该联系建立起来，这项工作就比较难。既然我国仲裁机构由所在地市政府组建，所以省级政府法制机构必须两手抓。山东还有一个做法将仲裁工作列入市政府依法行政考核内容，要求省级政府法制机构对任期即将届满的仲裁委，要积极配合所在地市人民政府做好换届工作和新一届仲裁委组成人员的聘任工作，对换届工作中出现的问题主动会同当地政府研究解决。希望省级政府法制机构加强与当地政府联系，积极配合市政府做好换届工作和新一届仲裁委组成人员聘任工作。

省级政府法制机构联系仲裁工作虽然重要，但是也不用牵扯精力太多，要抓到要紧处，抓到要害处。

二、仲裁案件受理情况①

（一）全国受理情况

2013年全国225家仲裁委员会共受理案件104,257件，比2012年增加7898件，增长率为8%；案件标的总额为1646亿元，比2012年增加331亿元，增长率为25%。全国各仲裁委员会平均受案数463件，比2012年增加23件，增长率为5%；平均受案标的额为7亿元，比2012年增加1亿元，增长率为17%。仲裁案件仍以国内争议为主，全年共有55家仲裁委员会受理涉港澳台案件和涉外案件共计1596件，占案件总数的2%，与2012年持平。

---

① 国务院法制办政府法制协调司：《2013年全国各仲裁委员会受理案件情况》，载山东仲裁网：http://www.sdad.org.cn/view.aspx? aid=48587de8-2f91-4f49-9a06-29acd4ab7e65&tid=9caa330d-2905-421b-b422-8e1de91b9277，最后访问日期：2017年11月25日。

（二）区域受理情况

全国8个区域受理案件情况如下：

从各区域受案数来看，受案数最多的是中南片区24,865件，第二是华东片区22,610件，第三是东南片区12,175件，后面依次是华南片区10,538件、东北片区10,108件、华北片区9900件、西北片区6428件、西南片区6240件。

从各区域案件标的额来看，最高的是华东片区302亿元，第二是华南片区239亿元，第三是中南片区227亿元，后面依次是华北片区223亿元、东南片区190亿元、西南片区86亿元、东北片区83亿元、西北片区38亿元。

此外，中国国际贸易仲裁委员会受理案件1256件，标的额243.9493亿元；中国海事仲裁委员会受案137件，标的额15.99亿元。

二〇一四年

内容提要：

一、仲裁活动

（一）仲裁会议

1. 全国仲裁工作"两化"试点工作座谈会在武汉召开

2. 全国仲裁工作座谈会在北京召开

3. 全国仲裁"两化"试点工作座谈会在哈尔滨召开

4. 全国仲裁工作年会在常州召开

5. 中国仲裁法学研究会年会在北京召开

（二）会议讲话摘要

1. 2014 年 6 月 6 日，国务院法制办卢云华同志在全国仲裁工作座谈会上的讲话

2. 2014 年 7 月 30 日，国务院法制办卢云华同志在全国仲裁"两化"试点工作座谈会上的讲话

3. 2014 年 11 月 14 日，国务院法制办卢云华同志在常州全国仲裁工作年会上的讲话

4. 2014 年 12 月 2 日，国务院法制办卢云华同志在北京中国仲裁法学研究会 2014 年年会暨第七届中国"仲裁与司法"论坛上的讲话

（三）其他活动

2014 年 12 月中国政法大学与 13 家仲裁机构共建仲裁研究院。

二、仲裁案件受理情况

（一）全国受理情况

（二）区域受理情况

一、仲裁活动

(一)仲裁会议

1. 全国仲裁工作"两化"试点工作座谈会在武汉召开①

经报国务院法制办公室,全国仲裁工作案件受理多样化、纠纷处理多元化(以下简称"两化")试点工作座谈会于2014年2月24~25日在湖北省武汉市召开。参加会议的有各试点仲裁委员会负责人。国务院法制办卢云华同志、协调司处长石海出席会议。会议由时任武汉仲裁委员会常务副主任刘健勤主持。

会议根据党的十八届三中全会精神和全面深化改革的要求,对全国仲裁工作开展"两化"试点进行了认真讨论,研究制定了《全国仲裁工作案件受理多样化纠纷处理多元化实施意见》。

会议认为,仲裁工作实行案件受理多样化、纠纷处理多元化是根据仲裁法的基本原则,贯彻落实十八届三中全会精神,推进仲裁事业阔步前进,努力使我国仲裁工作站在国际纠纷解决发展趋势前沿的重要举措,对提升仲裁的服务作用、改善仲裁的社会地位、提高仲裁的公众认知,具有重要作用。

会议提出,试点工作的主要内容:一是案件受理多样化。在继续加大受理商事纠纷力度的同时,积极面向社会各个领域广泛受理涉及财产权益的民事纠纷,尽可能多地解决社会矛盾。也可以探索与司法机关、行政机关、信访部门和行业组织等合作,将具有财产权益争议的诉讼案件、行政调解案件等先行引入仲裁处理。二是纠纷处理多元化。树立少敲锤子、多解扣子的纠纷处理观念,全面开展调解和解、仲裁确认、友好仲裁、工程评审、争议评估、仲裁斡旋和谈判等各种纠纷解决方法的实践,努力提高"三率"(民商事案件快速结案率、纠纷调解和解率、裁决自动履行率)水准,避免靠简单裁决方式解决矛盾,尽最大可能化解纠纷,让争议双方当事人都能满意。

会议确定了哈尔滨、长春、吉林、石家庄、青岛、合肥、武汉、深圳等19家仲裁委员会作为试点单位。

2. 全国仲裁工作座谈会在北京召开

2014年全国仲裁工作座谈会于6月5~6日在北京召开。国务院法制办卢云华同

① 武汉市仲裁委:《全国仲裁工作案件受理多样化 纠纷处理多元化试点工作座谈会在汉召开》,载武汉市仲裁委网站:http://www.whac.org.cn/index.php/News/details/type/26/id/310.html,最后访问日期:2017年12月10日。

志、中国政法大学黄进校长及46家仲裁机构的负责同志出席了会议。

会议就"仲裁案件受理多样化、纠纷处理多元化"的"两化"试点工作、加强仲裁员队伍建设工作、2014年全国仲裁工作年会议题等进行了为期两天的研讨。葛建伟主任在会上发表了三点意见:第一,"两化"试点工作符合党的十八届三中全会精神,符合社会转型期多发性和多样性,符合人民心中的期盼,当前推动"两化"工作,符合党委、政府中心工作的要求,代表了发展的方向;第二,在全国推行"两化"试点工作一定要从实际出发,根据自身的机构类型,结合各自的实际来搞,办法要多样化,途径要多元化;第三,全国各仲裁机构在发展仲裁事业时,一定要研究仲裁法的基本要求和原则,明确定位,在当地发挥仲裁独特的作用。

3. 全国仲裁"两化"试点工作座谈会在哈尔滨召开

全国仲裁"两化"试点工作座谈会于2014年7月30~31日在哈尔滨召开。国务院法制办卢云华同志和国务院法制办协调司处长石海出席了会议,会议由"两化"试点工作协调小组负责人刘健勤同志主持。

会议对试点工作开展近半年来的情况进行了总结研究。与会单位汇报交流了"两化"试点工作的进展情况、存在的问题、工作体会以及下一步打算。卢云华同志发表了讲话。

会议认为,"两化"试点工作成果初步显现。第一,各试点单位深化了对"两化"工作的认识,进一步认识到"两化"试点工作对服务经济社会发展、推动仲裁事业发展的重要意义,为今后工作开展打下了思想基础。第二,"两化"试点工作赢得了党委政府的高度重视和大力支持。第三,取得了社会各界对仲裁工作的进一步理解和认可。第四,促进了仲裁工作水平的提高。

会议指出,目前"两化"试点工作存在的主要问题有:一是试点工作不平衡。有的试点单位工作开展得好一些,有的试点单位步子迈得慢一点。二是试点内容不平衡。"案件受理多样化"搞得快,"纠纷处理多元化"开展得慢。

会议强调,目前仲裁事业发展面临的困难仍然没有根本改变,社会主义初级阶段的仲裁环境仍然没有根本变化,仲裁工作的整体社会地位还没有显著提升,长期以来,制约我国仲裁事业发展的先进的仲裁法律制度与相对滞后的社会仲裁意识和初始的仲裁工作水平之间的基本矛盾还依然存在,仲裁事业发展与经济社会发展不相适应仍然是我国仲裁工作的主要矛盾。试点工作要有的放矢、因地制宜地开展。为了破解仲裁事业发展的难题,要充分运用"案件受理多样化、纠纷处理多元化"的工作方式,把仲裁工作置身于社会生活中,把仲裁事业的发展融入党和政府的中心工作中去,尽可能多地解决社会矛盾,广泛满足社会纠纷解决需求。只有这样,仲裁工作才有生命力,才能树立仲裁正确处理人民内部矛盾、妥善解决社会纠纷的特色品牌,才能充分发挥仲裁促进经济社会发展的重要作用。"两化"工作关系着我国仲裁事业的前途与命运,要深入、细致地切实搞好试点工作。

会议要求各试点单位,一是高度重视"两化"试点工作,进一步提高认识,要从服务经济社会发展、推动仲裁事业发展的高度来认识"两化"试点工作。二是牢固树立必胜的信心,充分认识"两化"是历史发展的必然,是世界纠纷解决方式的发展趋势,不断坚定做好"两化"试点工作的信念。三是扎实做好组织落实工作。"两化"试点工作是一项前所未有的挑战,各试点单位要认真抓好各项落实工作。四是边学习、边探索、边研究、边实践。要进一步解放思想,勇于创新,始终保持较高的眼界、较宽的视野,全面推进仲裁事业发展。

4. 全国仲裁工作年会在常州召开

2014 年 11 月 14 日,在纪念《中华人民共和国仲裁法》(以下简称《仲裁法》)颁布实施 20 周年之际,全国仲裁工作年会在江苏省常州市举行。卢云华同志出席会议并发表了讲话。国务院法制办政府法制协调司副司长袁诗鸣,时任江苏省政府法制办副主任周福莲,时任常州市委常委、常务副市长韩九云出席会议并致辞。全国人大法工委、最高人民法院、最高人民检察院、司法部、住房城乡建设部、中国银监会、中国证监会、中国保监会、全国工商联等国家机关及 22 个省、自治区、直辖市政府法制办的有关负责人应邀出席会议。全国 184 家仲裁机构负责人参加会议。

出席会议的中央国家机关有关领导对本部门、本单位支持仲裁工作的开展发表了意见和建议。会议指出,2014 年是《仲裁法》颁布 20 周年。经过 20 年的发展,我国已有 235 家仲裁机构,从 1995 年到 2013 年年底,全国仲裁机构共受理民商事案件 80 多万件,标的额达到 11,200 多亿元,司法监督纠正率不到 1%,中国特色社会主义仲裁事业取得了巨大发展的成就,实践证明,《仲裁法》适应了时代发展需要,也为我国仲裁事业的发展提供了广阔的发展空间和坚实的法律基础。《仲裁法》的实施和仲裁工作的开展,对建立健全与社会主义市场经济相适应的纠纷解决体系、保护市场主体的合法权益、促进经济社会发展发挥了不可替代的重要作用。为解决我国经济领域出现的各类争议发挥了重要作用。20 年前,全国人大常委会根据国家实施改革开放的需要颁布了《仲裁法》,为社会主义市场经济健康发展提供了重要保障。《仲裁法》实施以来,党和国家高度重视,各级党委、人大、政府给予了有力的领导和关心,各有关部门、司法机关、社会各界给予了大力支持和帮助,为创建和发展中国特色社会主义仲裁事业提供了坚强的保障。全国仲裁界的同志们始终坚持为改革开放服务，为社会主义市场经济发展服务的正确方向，克服了重重困难，胸怀大局、努力实践、积极探索，公正、及时、妥善地处理了大批民商事纠纷，很好地完成了创建中国特色社会主义仲裁事业的任务，为发展中国特色社会主义仲裁事业做出了宝贵的贡献。

此次年会的主题确定为推进仲裁“案件受理多样化、纠纷处理多元化”工作和加强仲裁员队伍建设，提供仲裁在解决经济纠纷中的地位和作用，具有很强的针对性和重要的现实意义。仲裁事业要想保持良好的发展势头，需要源头活水，需要发掘新的动力，需要保持内在动力。仲裁事业发展到今天，不仅要看到已有的辉煌，还要看到光明的未来，更要认识到肩上的历史使命和政治责任，要清醒地认识到仲裁事业的发展与经济社会的发展还不相适应，仲裁发挥的作用还不够充分，仲裁工作的发展潜力、发展空间都还很大。在这种情况下，推进“两化”工作就是广泛地满足社会纠纷解决的需求，尽可能地解决社会矛盾，最广泛地引起社会对仲裁的信任和信赖。同时，能清醒地认识到，仲裁员队伍建设是仲裁公信力建设的重中之重，加强仲裁员队伍建设，不断提高仲裁服务水平，提升仲裁公信力，必将树立仲裁正确处理社会矛盾的特色品牌，为全面深化改革提供更优质的仲裁服务。

面向未来，面对新形势、新任务，仲裁工作如何谋划、如何推进、如何发展要靠全体仲裁员的共同努力。形势决定任务，全国仲裁届的同志们作为改革开放的实践者，作为中国特色社会主义事业的建设者，作为中国特色社会主义仲裁事业的创建者，必须坚定信心、凝聚共识、以更大的勇气和智慧，更有力的措施和办法，不断地推进仲裁事业的发展，解决面临的问题和困难。加强仲裁理论研究，注重实践总结，在求实、务实、落实上下功夫，团结一致，共同推进全国仲裁事业的整体发展。以高度的政治责任感，奋发有为的精神状态和严谨务实的工作作风扎实推进各项工作，不断开创中国特色社会主义仲裁事业的新局面。

5. 中国仲裁法学研究会年会在北京召开

2014 年 12 月 2 日，中国仲裁法学研究会 2014 年年会暨第七届中国仲裁与司法论坛在北京召开。中国法学会党组书记、常务副会长陈冀平，时任最高人民法院副院长贺荣、中国国际贸易促进委员会会长姜增伟出席会议并讲话。江平、梁慧星等著名法学家出席会议。

陈冀平书记对仲裁法学研究会自 2004 年成立 10 年来的成绩给予了充分的肯定。他指出，仲裁法学研究会组织开展了大量的学术活动，举办年度学术研讨会、召开专题研讨会、专题论坛，以及国际仲裁大会，积极为国内仲裁界与国际仲裁界交流开辟渠道和创造机会,特别是连续举办“中国仲裁与司法论坛”,至2014年已是第九届;编辑出版研究会会刊《中国仲裁与司法》中英文版、“仲裁法学研究文库”和仲裁裁决书选编文集、创办“中国仲裁网”;参与《仲裁法》修改、最高人民法院《关于适用〈中华人民共和国仲裁法〉若干问题的解释》和《中国仲裁协会章程》起草工作并承办相关活动;与著名法学院校合作,共同培养仲裁专业硕士生、举办国际商事仲裁模拟仲裁庭辩论赛;等等。

会议指出,党的十八届四中全会确定了全面依法治国的总目标、总路线和基本遵循,描绘了法治国家的新蓝图,为全党全国人民、各行各业指明了努力的方向。仲裁法学研究会的各位理事,不管是仲裁员、仲裁机构负责人、法官、律师等从事仲裁实务或者与仲裁实务直接相关的专家,还是从事仲裁法学理论研究或教学的学者,都是“法治工作队伍”的重要组成部分,要深入学习、准确领会,切实把思想和行动统一到党的十八届四中全会和习近平总书记系列讲话精神上来,带头成为社会主义法治的忠实崇尚者、自觉遵守者和坚定捍卫者。

会议强调,仲裁法学研究会要紧紧围绕党的十八届四中全会关于仲裁工作的新要求、新任务和新举措组织开展研究及相关活动。要“健全社会矛盾纠纷预防化解机制,完善调解、仲裁、行政裁决、行政复议、诉讼等有机衔接、相互协调的多元化纠纷解决机制”;要“完善仲裁制度,提高仲裁公信力”。这既说明了仲裁在构建和完善我国多元化纠纷解决机制中具有非常重要的地位,也说明了中央对仲裁事业的高度重视,更是中央对仲裁界提出的重大任务和殷切希望。仲裁法实践和理论工作者应当加大对仲裁制度研究的力度,大胆创新,不断丰富和发展我国的仲裁理论,为完善仲裁制度,进一步突出仲裁在多元化纠纷解决机制中的地位和作用,提供理论指导和学理支持。建议仲裁法学研究会成立若干个课题组包括“《仲裁法》修改专家建议稿”课题组,尽快着手对党的十八届四中全会所确定关于仲裁工作的新要求、新举措组织研究,拿出理论扎实、切实可行的方案,供中央决策部门参考。

会议提出,仲裁法学研究会把繁荣仲裁法理论和实践研究作为仲裁法学研究会工作的重中之重。要继续办好中国仲裁与司法论坛等学术交流平台。评价学术年会是否成功,一看专家参与的广度和深度;二看年会论文的数量和质量;三看成果转化。研究会要在这个三个方面做文章。要把《中国仲裁与司法》和“中国仲裁”“一刊一网”成果展示平台办好。仲裁法学研究会是一个学术共同体,需要一个常态性的理论交流阵地,为广大这个学术共同体提供一个理论成果发表或开展学术交流的平台。要想方设法提高研究会理论研究的整体水平。研究会可以制定仲裁法学理论研究的评价体系,引导仲裁机构和教学科研单位更加重视仲裁理论的研究。要在组织队伍建设上充分强调学术性和多学科交叉研究。仲裁的行业性比较强，但是不能把仲裁法学研究会办成行业协会。既要大幅提高学者的比例，也要增加法官、律师、企业法务人员的比例；而且还要严格任职条件，确保研究会作为“国家队”的水准；同时还要注意与民事诉讼法学研究会、国际私法学会之间的交流与合作，更好地融入整个法学法律界大家庭。

此次年会暨第七届中国仲裁与司法论坛进行了换届选举。大会选举中国国际贸易促进委员会副会长尹宗华担任仲裁法学研究会会长，选举中国国际经济贸易仲裁委员会副主任兼秘书长于健龙担任常务副会长，选举陈忠谦、付洋、黄进、李浩、梁慧星、刘健勤等为副会长。

来自全国人大常委会法工委、最高人民法院、商务部、司法部、国务院法制办、国台办、中国法学会等中央单位有关部门负责同志和全国各仲裁机构负责人、仲裁员、知名律师事务所律师、知名专家学者共300余人参加了会议。

（二）会议讲话摘要

1. 2014年6月6日，国务院法制办卢云华同志在全国仲裁工作座谈会上的讲话

第一，关于“两化”工作。在2014年2月全国“两化”试点工作开过一个座谈会，这个试点是全国的试点，不仅是试点单位的试点，对全国工作有影响，考虑由试点单位向我们在座的各位代表做试点工作报告，请同志们考虑这项工作有没有必要开展，有没有必要在全国逐步往前推。就“两化”工作，我想说说我们的一些考虑。到2014年《仲裁法》颁布20年了，在全国仲裁界的共同努力之下，我国仲裁事业取得了显著的创业成就，20年以来拉出来一个大账，怎么看这20年？就整个国际仲裁界来说，我国仲裁事业的发展速度是显著的。就国内各种纠纷解决方式比较而言，仲裁事业的发展也是显著的，为国家的经济建设、经济社会的发展，发挥了很好的促进作用。全国仲裁界的同志，不畏艰辛克服了许许多多的困难，很好地完成了我国现代仲裁事业创业任务。全国仲裁界的同志很好坚持并实践了“发展我国仲裁事业，推行仲裁法律制度是根本，融入市场经济是关键”的指导思想。全国仲裁界的同志很好地坚持了仲裁事业为我国经济社会发展服务的正确发展方向，提供了优质的仲裁服务，得到了社会的认可。

全国仲裁界始终坚持发展是第一要务，坚持了正确的仲裁发展道路。20年前，仲裁法实施的第二年，全国100多家仲裁机构受理案件只有三四千件，应该说我们有了长足的进步、较好的发展，赢得了社会的承认和认可。但是我们应该清醒地认识到，长期以来制约我国仲裁事业发展的先进的仲裁法律制度与相对滞后的社会仲裁意识和初始的仲

裁工作水平，这个基本矛盾没有变，那么，我国仲裁工作不能适应和不能很好地适应我国社会发展的主要矛盾也没有变，因此坚持发展是第一要务也不能变。这两年的发展势头一直不错，标的额、受案量年年创新高。但是，如果我们更深层次地考虑一下，更实际地看，我们面临的困难仍然没有根本的改变，我们在社会主义初级阶段的仲裁环境没有根本性改变，仲裁的整体社会地位还没有得到显著的提高，仲裁要发挥应有的作用还是勉为其难的，在这种情况下，如何考虑我国仲裁工作，要从更高的起点来考虑。“两化”一定和受案有关，但是“两化”绝不仅仅是受案，它的意义远远超出了受案，它关系到我国仲裁事业发展的方向，关系到仲裁事业发展的道路，关系到全国仲裁工作的指导思想。

有的同志讲，“两化”是长沙会议精神的延续和发展，我非常赞同。这100年应该是人类历史发展最快的100年，那么这30年又是我们国家、我们民族发展最快的30年。伴随着社会的快速发展，诞生了大量的社会矛盾。纠纷解决方式要服从纠纷解决的需要。因此我们今天讨论我国仲裁发展的方向，要把我国仲裁自身的发展需求与经济社会的发展需要，和社会纠纷解决的需要有机地结合起来考虑，这和我们当初搞发展是有所不同的。我们现在所说的“两化”，从某种意义来说，就是在市场经济条件下正确处理人民内部矛盾的积极探索。

随着现代经济社会发展，用诉讼的方式，仅仅以法律为依据解决经济社会矛盾是走不通的。我们在考虑纠纷解决方式的发展，考虑仲裁的发展时，要考虑到人类社会、世界纠纷解决发展的趋势，对时代、对潮流、对趋势要有正确的感悟。那么，在传统的法治国家，他们已经认识到的、大量的、多发的社会矛盾仅靠依法解决、靠法律机构解决是不行的，他们都在考虑更灵活的方式。我们不能再考虑单一的模式。比较全世界纠纷解决的整体状况来看，我们可以体会到，搞太单了、太纯了恐怕是有问题的。纠纷解决方式可以专业化，但是太专门化恐怕是不行的，这是一个发展趋势。归根结底，纠纷解决方式要服从纠纷解决的需要，你不能让纠纷解决的需求来服从你，那就是本末倒置了。要适应世界纠纷解决的发展潮流，要使我们国家的仲裁事业，后发的仲裁事业，能站在世界纠纷解决的发展前沿，一个是坚持正确的政治方向，另一个是科学先进的发展方向。那么还有一个考虑，我们前20年仲裁工作的发展，主要靠推行仲裁法律制度、服务市场经济，主要解决的是相对滞后的社会仲裁意识。长沙会议精神，发展、推行、融入是我们仲裁事业发展的总战略、总策略。今天，“两化”对我国仲裁事业的发展有很重要的战略意义、策略意义。希望大家能够从更高的视野、更宽的视野认识“两化”的作用和意义，把工作规模化。我们在一个时期做必要的、侧重的强调，也不说是错的，在一段时间我们重点做好某一个社会群体的工作，有针对性地开展也是必要的，但从总体、从全国范围来说，我们的仲裁是民商事仲裁，采取正确的发展战略和策略来解决我们的发展需要问题，是我们永恒的任务，根据不同的情况来解决发展的实际问题是我们基本的工作要求。当今世界纠纷解决方式、纠纷解决的办法不可能是一种办法，靠一种纠纷解决办法包打天下是不行的。作为仲裁来说，应该纳入更多的纠纷解决方法，为什么？对仲裁最大的挑战不是司法，是多元化纠纷解决方式。尽可能多地把其他纠纷解决方法融合进来。如果你只有一种手段，找你的人就越来越少。我总说一裁终局不是优点，对胜者来说是好的，但是对败者来说就不好了。我们的战略和策略是要扬长避短，要通过其他纠纷解决方式来弥补本身的短项。在这个问题上，现在是试点，试点是什么意思，全国仲裁界在这个问题上还是有不同认识的，我实事求是地说，对医疗、交通事故，很长时间我未表态，说行还是不行，我不是从这件事本身来考虑，而是从仲裁事业发展的战略来考虑，是推好还是限制好。现在从社会治理的高度认识仲裁的作用，要深入研究人类社会、我国纠纷解决的基本需求和特点。无论我们的发展战略如何考虑，要从客观需求去讲，要从客观规律去考虑，充分发挥仲裁解决社会纠纷的强大功能，广泛受理民商事纠纷，使仲裁的作用前所未有地展现出来，使仲裁的地位得到前所未有的提高。那个时候不仅是我国仲裁事业的福音，也是我国社会的福音。

希望同志们高度认识到民事、商事没有高低贵贱之分，能做哪个就做哪个，适合做哪个就做哪个，只要能把我们的事业做上去。在这个问题上要解放思想，积极开展工作，即使有小瑕疵也错不到哪去，探索的价值远远超过某一个案子、某一个事本身的是非。现在全社会、全世界都在积极探索究竟用什么办法才能解决好快速发展的社会矛盾，多元化也不是万能之药，仲裁要树立信心，积极实践。试点最后要看结果，试点什么时候能成很难说，但肯定不会都不成。非试点单位也可以实践，不受试点束缚。

第二，这项工作关系到全局，建议同志们一定向当地党委政府做好汇报，在当地党委政府的领导下开展工作，我相信绝大多数党委政府一定会重视、支持。越是作用发挥突出的时候，越是要注意向党委政府做好报告。

第三，要严格依法进行。试点工作并不是改变和扩大《仲裁法》的范围，而是严格按照《仲裁法》的规定，全面受理民商事案件，更多更好地发挥仲裁作用。无论受理什么纠纷，恐怕还要以财产性纠纷为限，与财产权益无关的暂时还是不要搞，这方面还是要控制的。用多种方式解决纠纷，在出具仲裁文书的时候，最好都以仲裁调解书的方式出具，这些都可以归为大的调解概念，用其他非调解方式解决的纠纷也尽量不要以仲裁裁决书制作。解决纠纷的方式可以多种多样，但是出去的法律文书还是要以仲裁调解书为好。

第四，对"两化"这件事，如果全国不作统一规定，允许不同认识的同志等一等、想一想、看一看。即便有不同的认识,要允许大家有个过程去想去看,可以讨论,不要去争论,尽管有的机构要多干一些商事案件,也不要互相贬损,我们要保护全国仲裁界去探索,要多想多看多了解。

第五,坚持实事求是精神,具体工作方案要因地制宜,从实际出发。因什么地,怎么制宜,我说两条供大家考虑。一个是本地需求,另一个是自身能力。办不到不要去吹,不要大包大揽,能办到的不要等、不要拖,客观上没有需求的不能制造需求,要把这两条结合起来。用"两化"的精神、"两化"的原则、"两化"的办法,做好"两化"的试点工作,不管干还是不干,我国仲裁事业发展的总体战略要求我们仲裁工作要向社会各个领域发挥仲裁的作用,从根本上改变初始仲裁工作面貌。

第六,要做好各种纠纷的解决方法和信息收集、学习和培训工作。我到美国欧洲看过,美国人也说调解是借鉴中国,欧洲也是借鉴中国。但是实践证明,外国的调解、斡旋的专业化程度高于咱们,所以需要我们积极探索各种纠纷解决方式,掌握多种纠纷解决方法,这也倒逼我们仲裁员队伍建设,目前我们的队伍还不是很强,敲锤子的能力有一些,解扣子的能力欠缺,要从根本上解决这个问题,就要提高解扣子的能力,用多种纠纷解决办法来提高解扣子的能力,做好各种纠纷解决方法、信息收集、学习和培训工作。最后,要认真研究和创建我国的仲裁学,从根本上解决仲裁是什么,仲裁为什么,怎么仲裁的问题。

2. 2014 年 7 月 30 日,国务院法制办卢云华同志在全国仲裁"两化"试点工作座谈会上的讲话

一、"两化"试点工作取得了显著成绩

第一,深化了对"两化"工作的进一步认识。各个试点单位都认识到"两化"试点工作对服务经济社会发展、推动仲裁事业发展具有重要意义,这为今后工作的开展打下了很好的基础。很多单位在体会中都对"两化"试点工作提出了很好的意见,同志们这些认识的深化对我本人来说也是一次学习。"两化"工作的意义是长久的、是历史性的,对中国仲裁事业的发展具有深远影响。"两化"是全国仲裁界实践的结果,我们对"两化"的认识,也有一个"实践—认识—再实践—再认识"的过程,大家认识水准的提升使我们对仲裁事业的发展更加有了信心。

第二,受到了党和政府的高度重视和大力支持。各试点单位都向当地党委和政府汇报了工作,尽管各地情况有所不同,但毫无例外地都受到了重视。有的城市把各个部门

组织起来成立了“两化”试点工作领导小组，有的城市得到了市委和市政府领导的批示，有的城市把仲裁工作写进党委、政府文件，等等。这个重视程度是前所未有的，难能可贵。试想，如果把“两化”试点工作在全国铺开，取得的成果恐怕是无法估量和想象的，这将迎来仲裁事业发展的重要时期。大家务必要牢记，我们是给全国做试点，做好了就能在全国推开，我们就是榜样。因此，同志们务必要把“两化”试点工作做好，回去要好好总结。

第三，赢得了社会各界对仲裁工作的进一步理解和认可。“两化”是用社会能听懂的语言和方式让社会各界明白了仲裁工作。据大家反馈回来的信息，各单位普遍开展了一次走访和调研活动，并且根据调研结果有的放矢地开展了工作。过去我们也不止一次走访调研，但是社会各界没看懂。现在党委和政府也听懂了，市场经济主体也明白了。总之，各单位认真开展的这次社会性工作非常好。大家一定要学会做群众工作。如果没有更多的人选择仲裁制度，那仲裁制度就被抛弃了，仲裁事业想发展也是不可能的。多年来，我们一直强调要重视调查研究，就属这一次搞得最好。我们要心中有数，采取措施扩大仲裁知名度，提升仲裁社会影响力。大家要始终牢记，我们要发展，源泉在市场经济。

第四，促进了仲裁工作水平的提高。本次开展的“两化”试点工作与我们的日常工作联系非常密切。在不同的历史条件下，仲裁工作有不同的抓手，“两化”工作是当前仲裁工作的一个引领，我们要把“两化”试点工作融入全局大局，把仲裁工作置身于社会，这对现阶段仲裁工作具有很强的针对性。因为只有融入社会，仲裁事业才能发展起来。可以说，能否积极有效地开展群众工作决定了仲裁能否发展。“两化”试点工作开展以来，各单位的受理案件数量有了增长，涉及的案件类型明显增多。案件数量的增加、标的额的增长和案件类型的增多，使仲裁的社会地位也得到了提高。提高仲裁社会地位是在武汉“两化”试点工作部署会议上首次提出的，现在看来“两化”工作效果已经初步显现，提升仲裁社会地位的目标也有望全面实现。现阶段仲裁地位的提高主要是靠我们自己的努力得来的。我认为，仲裁社会地位的提高，不仅是仲裁人的福音，而且是全社会的福音，反之，仲裁社会地位低下，不仅是我们仲裁人的悲哀，而且是全社会的悲哀。

总的来看，5 个月的“两化”试点工作中，各单位的态度是积极的、认真的，成绩是显著的、突出的，我们的“两化”试点工作取得了一些成果。我最满意的是一个字“实”。可以说，前期取得的成绩为试点工作的深入开展打下了坚实的基础。

二、存在的问题和下一步工作部署

对于试点工作取得的成绩，大家要正确地评价。一方面，不能把好事都算在“试点”工作的账上。“两化”试点工作发端于各仲裁机构的仲裁实践，本次确定的试点内容有许多是在试点工作开展前一些仲裁机构就已经开始的。另一方面,要客观正确地评价试点工作取得的成绩,既不能估计过高也不能过低,要恰如其分。同时,还要正视"两化"试点工作中存在的问题。问题突出表现在两方面:一是试点单位之间不平衡的问题。有的试点单位工作开展得非常好,有的试点单位步子迈得慢一点,有的试点单位考虑得深入一些,有的试点单位考虑得少一点。二是试点内容不平衡。大部分试点单位都存在"受理案件多样化"开展得快一些,"纠纷处理多元化"开展得慢一些,多样化开展得多一些,多元化实践得少一些。但我觉得这两种不平衡是正常的,也是暂时的,是在所难免的,"两化"工作是件要紧的大事情,意义重大,不可能一步到位,一蹴而就,立竿见影。截至目前,我感觉还没有不可以克服的困难。如果没有问题就不用试点了,就直接在全国推开了。"试点"工作的目的就是发现问题并解决问题。"试点"工作在精神上,就是通过主观努力克服客观困难。所以,大家不能过多地强调困难,要多研究攻坚克难的办法。我相信随着我们"两化"试点工作的推进,一定能找到解决问题的办法,推动仲裁事业不断发展。

下一步工作中应当注意的问题。一是高度重视"两化"试点工作。同志们要从服务经济社会发展、推动仲裁事业发展的高度来认识"两化"工作。二是牢固树立"两化"试点工作必胜的信心。要不断地坚定我们能够做好"两化"试点工作的信念。要认识到"两化"试点工作是历史的必然,是符合世界纠纷解决发展趋势的,"两化"试点工作的前途就是中国仲裁的前途。三是扎实做好组织落实工作。"两化"试点工作是一项前所未有的挑战,各试点单位要继续按照方案抓好落实,同时要解放思想,敢于创新,保持较高眼界,较宽的视野,努力提高解决客观困难的能力,推进仲裁事业发展。

3. 2014年11月14日,国务院法制办卢云华同志在常州全国仲裁工作年会上的讲话

第一个问题,关于本次会议的背景。一是《仲裁法》颁布20周年,二是四中全会决定,三是当前我国仲裁事业、全国仲裁工作正处在一个新的发展起点。关于20周年,本来我们是有资格搞一个比较热闹的庆祝活动的,但中国仲裁事业发展到今天,我们这一代仲裁人应不以20年的成就而过喜,而应站在一个新的历史发展起点上,用更好的实践、更宝贵的经验来纪念《仲裁法》颁布20周年。我认为这种纪念形式意义更深远、更实际。在这个背景下,有一个基本问题要考虑,就是我国仲裁事业的发展方向、发展道路和基本发展要求。本次会议请了十几个和仲裁工作有关的中央国家机关、法制日报社、中国政法大学的有关领导同志参会,并发表了很好的讲话。这些国家机关都是有一定社会管理权的,但是他们在会上发表讲话时很少讲与他们掌握行政权力有关的管理事项和管

理要求,而是讲如何支持我国仲裁事业发展得更好更快。据我所知,在我国还没有哪一项社会事业能够聚集这么多中央国家机关的支持和关心,让这么多国家机关从支持和发展仲裁事业的角度来参会。这表现了我国仲裁事业的发展得到了党和国家的支持,具有巨大的政治优势。我国仲裁事业之所以能取得如此令人瞩目的创业成绩,离不开党和国家的支持,这是一条基本经验。我们希望这些中央国家机关今后能一如既往地支持仲裁工作,也希望能把这种支持更好地转化为仲裁的发展力。也请大家想一想,这些国家机关的工作任务并不要求支持仲裁事业的发展,那他们为什么会满腔热情地支持仲裁事业呢?全国人大法工委根据我国建设社会主义市场经济和改革开放的需要,自己组织调查研究,提出了仲裁法立法草案,并提交全国人大常委会决定。经过我国20年的仲裁实践证明,仲裁法无论从立法动机、立法措施和立法效果,都是一部好法,是我国现代仲裁制度的基石,也是我国在新的历史条件下正确处理人民内部矛盾、妥善解决社会纠纷的一块很重要的基石。没有仲裁法就没有我们今天,也没有我们这项事业。立法后,他们几乎年年跟踪、年年参加仲裁界的活动、了解《仲裁法》的实施情况。全国人大法工委像这么关注一部法律的实施是非常少的。我为什么要强调这一点?在一段时间以来,有一种声音开始对《仲裁法》持否定态度,认为《仲裁法》不符合仲裁事业发展的需要了,这种说法是值得研究的,是不符合实际的。当然,在这20年中,全国仲裁界也提出了不少完善仲裁法律制度的意见和建议,这些建议是都是完善性的、补充性的、技术性的,没有颠覆性的、根本否定性的。从实际效果看,《仲裁法》从总体上说没有根本性的问题。《仲裁法》颁布20年没有修改是我们的福祉,是我们的成绩。这个问题我今天提出来,请同志们再考虑。我们政府机关有贯彻国家法律的义务,也有维护国家法律的义务,当前我国仲裁事业最主要的问题是如何更好地贯彻实施《仲裁法》,而不是推倒重来。党的十八届四中全会也提到完善仲裁法律制度,要完善的方面很多,不能简单、机械地把一部法律推倒重来。法律的生命力在于法律的贯彻实施,其创新力和时代感也在于法律的贯彻实施,而不在于没完没了的修订。我们在座都是干具体事业和本职工作的,要让我们创新性的实践不断赋予这部法律时代感,使它的生命力永葆鲜活。全国人大法工委给我们立了一部好法,我们一定要把这部法贯彻好、执行好,而且我们有能力、有可能贯彻执行得更好,使我国仲裁事业发展得更快更好。我国法院特别是最高人民法院长期以来对仲裁的态度是非常开明的,无论是对待仲裁的基本政策问题还是具体案件问题,这些年有的仲裁机构也有将具体案件中遇到的问题报给我们的,我们都转给了最高人民法院,他们都进行了认真研究。在司法支持与监督方面,我认为在我国仲裁事业发展过程中他们是以支持为主的,也正因为有了他们开明、正确、妥善的司法解释、监督实践,为民诉法修改和司法监督制度化提供了很好的基础,创造了条件。我们的司法监督纠错率只有1%,这是什么概念?二审法院对一审法院的纠错率在30%以上。这说明一是我们的案件质量是好的,二是人民法院是支持的。正因为有这两条,我们才具备条件集中精力抓发展,集中精力展现仲裁的作用和魅力,去打造我们的品牌。如果我们的案件质量一塌糊涂,怎么可能去抓发展?所以从某种程度上,我们要感谢人民法院帮我们看住了家门,全国仲裁界才能心无旁骛地、集中精力地抓发展。我们搞《仲裁法》是要搞一个适应改革发展需要、适应经济社会发展需要的纠纷解决方式,不是给全社会立一个司法标杆,我们要明白自己的存在价值和意义。在这方面,我们要正确认识司法监督和支持。总的来说,在司法监督方面,我相信今后会越来越宽松。但是司法监督的宽松给我们提出了新的任务,我们自己要越来越严。希望同志们明白,不能想着一个案子都不要改,那是不可能的,也不现实。还有一个问题,仲裁毕竟是一裁终局,如果没有救济体制,还有多少当事人会选择仲裁?我们考虑问题不能只从主观愿望、眼前利益和局部利益出发,要从发展需要、发展全局出发,所以,保持适当的司法监督,无论对仲裁事业的发展还是对树立仲裁的公信力都是非常必要的。在这方面还是要感谢人民法院对我们特别是在仲裁事业初始阶段对我们的大力支持。当然在个别地区可能存在司法监督不当的问题,但这是个别问题,不是体制问题也不是全局性问题。建设部曾与国法办联合发文,当时在做这件事的时候他们的领导非常开明,建设部是全国建设市场的行政主管单位,他们的主要职责是管理,但是他们能够更新观念,严格按照《仲裁法》的规定和发展我国仲裁事业的要求,和国务院法制办发了一个支持仲裁事业发展的文件。到今天我都很感念。这说明我们的行政机关在支持仲裁事业方面是有很高的境界。大家都知道这份文件是好的,但是由于主客观条件限制,我们在建设领域推进仲裁法律制度还有很大的潜力。相信有这份文件,我们还会在建设领域有更大的发展。保险领域是第一个开展推行仲裁工作的领域,与保监会的合作为以后十几年开展行业仲裁工作作了积极的尝试。从目前来看,保险系统推行仲裁法律制度还有需求,我们可以召开专门的会议研究怎么满足保险领域纠纷解决需求,完善仲裁工作措施。工商联对仲裁的支持,上午陈主席已经介绍,我就不多说了。国法办与工商联发文是破天荒的,为了推动我国仲裁事业的发展,都解放了思想,效果很好,但是潜力还很大,下一步也要研究如何根据全国工商系统非公经济领域纠纷解决需求提供适销对路的仲裁服务措施。法制日报是从《仲裁法》颁布起就跟着仲裁事业往前走的中央媒体,就此一家。全国仲裁界能有好的社会形象,与法制日报的努力有很大的关系。对台仲裁工作是我们和台办共同干的,为对台工作做出了积极贡献。所以我们的仲裁工作不仅是专业性工作,在某些时候社会性很强,在某些领域,政治性、政策性都很强。还有我们的港澳仲裁工作。我们要感谢这些中央国家机关对全国仲裁工作的支持，今天取得的成绩有他们的努力和贡献。

第二个问题，在我国仲裁发展已经整20周年的时候，我们该如何面对成绩、面对未来。全国仲裁界艰苦奋斗20年，成绩是显著的。当年常州开会全国110家仲裁机构，年受理案件几千件，谁想到今天能受理10万件？10万件是什么概念？是当年的100倍！但我们对中国仲裁事业发展的规律性认识还不够，要认真总结20年的发展经验。我们用20年时间走过了发达国家几百年的仲裁发展道路，成为世界上用仲裁方式解决民商事纠纷最多的国家之一，现在的任务是要从仲裁大国变成仲裁强国。

一是必须要继续坚持我国仲裁事业公益社会、造福人民的方向。要非常清醒地明白仲裁只有越来越多的当事人选择才能发展，而中国国情是中国的当事人由于长期传统纠纷解决方式的影响，对仲裁不知道、不了解，更谈不上信赖。在这种情况下，一定要让我国当事人认识到仲裁事业是党和国家的事业，是公益社会的事业，不是乘人之危、敛人钱财的行当，这是我国仲裁国情决定的。我们想再发展、再进步，方向是不能改变的。

二是继续坚持发展是第一要务。我是1997年开始联系全国仲裁工作的，当时全国仲裁工作继续往前走靠什么？是全国人大制定《仲裁法》，希望它起到保障社会主义市场经济健康发展的作用，要达到这个任务，要有相当的数量级，除了发展别无他法。今天我们有10万件了，是否可以考虑别的了？我看还是不行。我们曾经提出两个矛盾，先进的仲裁法律制度和相对滞后的社会仲裁意识与初始的仲裁工作水平之间的矛盾是我国仲裁事业的基本矛盾，这个基本矛盾将在相当长历史阶段制约我国仲裁事业的发展，在这个历史阶段，我国仲裁工作的着力点都要放在解决和克服基本矛盾的制约上。主要矛盾是我国仲裁事业所起的作用和经济社会发展不相适应的矛盾。今天我们发展到10万件、1600亿元，还是没有改变这个主要矛盾。二次创业提出的目标是将仲裁对经济社会发展发挥的积极作用提高到重要作用，还有相当长的路要走。所以，要在相当长一段时间内坚持发展是第一要务不能变。什么是发展？就是多办案、办好案，真正发挥出仲裁法规定的保障社会主义市场经济健康发展的作用。

三是继续坚持长沙会议精神。长沙会议精神是全国仲裁界在总结了我国仲裁工作正反两方面经验基础上提出来的，作为全国仲裁工作的指导思想，长沙会议精神提出后，全国仲裁工作才迈上一个快速发展轨道。长沙会议精神中“发展、推行、融入”三个动词，使全国仲裁工作找到了方向、找到了动力、找到了途径。概括来说，就是要发挥我国仲裁的政治优势，争取社会方方面面的支持，争取党委政府的领导和帮助，集全国之力支持仲裁事业的发展。也正是因为对长沙会议精神的深入贯彻执行，才有了今天的成绩。这次提到的“两化”是在新的历史条件下对长沙会议精神的安排，从根本上讲，仍然是长沙会议精神。

四是继续坚持全国仲裁机构、整个仲裁工作体制共同发展、共同繁荣。《仲裁法》确立的仲裁工作体制是从我们的国情出发、从改革发展需要出发确立的。全国经济社会发展不平衡，仲裁的发展也不平衡，但是从总体上说这个工作体制的设立是科学的，能够满足人民群众就近解决纠纷的需要。全国范围内都有市场建设任务，都有仲裁服务的需求，有个别仲裁机构的发展一时上不来是可以理解的。搞得好的要想办法进一步发展，一时落后的要想办法跟上来，要共同发展、共同繁荣、共同进步。“两化”在很大程度上也是在考虑全国共同发展、共同繁荣、共同进步，逐渐解决20年来存在的结构不合理的情况。希望同志们在理解工作措施时，也从这个角度去理解。

五是要继续坚持仲裁工作围绕党和政府中心工作开展，自觉把仲裁发展放到党和政府全局性、大局性考虑中。离开了党和政府的中心工作，想找到自己的发展是不可能的。干一项社会工作，不想为社会做贡献是不可能发展起来的。事实证明，哪个地区的仲裁工作能和党和政府中心工作紧密结合在一起，哪个地区的发展就快。“两化”工作既是我们的发展战略，也是很重要的发展策略。宋魏生同志讲的他们在没搞医疗事故仲裁之前，商事仲裁无论政府机关，还是社会都了解不多，但是搞了医疗事故仲裁之后，市委简报上登了，决定里也写了，反而仲裁知名度提高了。一般地说商事仲裁，可能很多人不了解，但是如果说将我国仲裁解决社会矛盾的强大功能推向社会各个领域，为党委政府稳定一方服务，大家就都理解了。绝不能因为我们发展了，就和党和政府中心工作渐行渐远，要更加紧密，更加自觉。离开了党和政府的全局性、大局性，我国仲裁工作是没有前途的。实际上，我国仲裁事业发展20年有很多很好的经验，各地也创造了很多很好的经验，但是从全国来说，这几条是需要我们认真总结并继续发扬的。

第三个问题是“两化”问题。仲裁作为纠纷解决方式，社会矛盾的发展趋势、性质决定纠纷解决方式，所以我们要认真研究社会矛盾、社会纠纷。ADR是新的纠纷解决理念和方式，是根据美国社会矛盾发展状况提出的。归根结底是因为社会矛盾的发展起了变化。大量和平时期产生的经济纠纷，即非对抗纠纷要靠非对抗纠纷解决方式来解决。我们改革开放后，经济主体大量增加，经济利益冲突大量增加，而人民内部矛盾都是非对抗性的，不能用对抗性的方式来解决。为什么法院执行难，在仲裁就不难了呢？归根结底是两种纠纷解决方式境界不一样、文化不一样。在新的历史条件下，发展我国仲裁事业，要有更高的起点，要有更有针对性的措施。“两化”工作一定会增加案源，但其基本考虑是让我国仲裁事业能够适应国际纠纷解决发展潮流，适应我国经济社会发展的需要，发挥更好的作用。

再说两件事。一是有些仲裁机构离开本地区域到其他地方设分会，这不符合《仲裁法》的规定，是不合适的，是扰乱全国仲裁秩序的。各仲裁机构要在当地党委政府的领导下，为人民群众就近解决纠纷提供服务。二是党的十八届四中全会把仲裁工作写进全会决定，有关领导同志作了很好的努力，但最重要的是我们这代仲裁人做的努力，你们将这项事业做到这个份上了，给了社会一份很好的答卷，已经没有人可以无视仲裁事业的发展了，我们应该有一种历史责任感，要把仲裁事业干得更好。至于具体的工作，还是要发展。建立仲裁公信力也好，完善仲裁法律制度也好，归根结底在发展，要创新实践、发展事业。我们相信有光荣的20年创业历史的全国仲裁界，一定能够创造更辉煌的业绩。

4. 2014年12月2日，国务院法制办卢云华同志在北京中国仲裁法学研究会2014年年会暨第七届中国“仲裁与司法”论坛上的讲话

20年来，全国仲裁界始终把发展作为仲裁工作的第一要务，推动仲裁事业从无到有，不断前进壮大。但在发展道路选择上，是经历了一个艰苦探索过程的。《仲裁法》的实施是社会主义市场经济建设和改革开放的重要实践，没有现成经验。而且仲裁与司法不同，只有当事人选择才能受理纠纷，只有越来越多的当事人选择仲裁事业才能发展。与国外情况不同的是，由于我国市场经济体制建立时间较短，市场主体因长期受计划经济体制和传统纠纷解决观念的影响，对仲裁这种市场经济的纠纷解决方式普遍不了解不习惯不认同不选择，仲裁事业一度举步维艰、十分困难。仲裁界的同志经过反复实践认识到，在中国发展仲裁事业，要从我们自己的实际出发，不能简单照搬国外仲裁发展的办法。经过近20年的创业发展，中国仲裁事业已经奠定了坚实的理论基础。大家都看到了，这20年我国仲裁事业取得的显著成绩。原因很多，其中一条至关重要的原因是有一系列正确理论指导的正确实践。否则，这个成绩就是不可思议的。这些理论已经被实践证明是符合实际的，行之有效的。现在的问题是需要进行科学梳理和总结，以进一步指导今后的实践。这些理论主要有：

一是关于全国仲裁界在《仲裁法》实施不久提出的我国仲裁国情的理论。关于三个历史阶段的理论。我国仲裁国情是个什么国情，是社会主义初级阶段、社会主义市场经济初始阶段、仲裁事业初创阶段。这三个阶段的论述是什么呢，就是说我们的仲裁作为市场经济纠纷的解决方法，客观环境并不是成熟的市场经济环境。这就是我国仲裁的客观基础，同时这个市场经济的市场主体也还不完全适应这种方式，也不是很成熟的市场

主体。不成熟的市场经济和不成熟的市场主体带来的必然结果是什么呢？就是没有成熟的市场秩序和市场规律可以为仲裁解决纠纷提供必要的客观支撑。这就是中国仲裁在这个历史阶段的国情。为我国仲裁发展在制定发展战略，明确工作指导思想，提供了理论依据。

二是关于两个组成部分的理论。全国仲裁界在《仲裁法》颁布3年左右的时间，提出仲裁法律制度是我国社会主义法律制度的重要组成部分。这条理论把仲裁的社会意义和社会本质解释出来了，同时也把仲裁事业发展需要社会支持和帮助的必要性也解释出来了，这对仲裁事业以后的发展起了很重要的影响。第二个组成部分，如果说我国的仲裁法律制度只解决你这法律制度一部分的话那么这还是不完全的。为什么呢？仲裁和诉讼不一样，诉讼有原告，就可以强制被告到席，但是仲裁不行，仲裁需要双方的选择，这个时候就需要一个概括的理论来解决市场主体认可的问题。第二个组成部分就是仲裁制度也是我国社会主义市场经济的重要组成部分。要解决市场主体的认知问题，同时也明确说明了仲裁作为一种纠纷解决方式，它今后的方向不是上层建筑不是国家机器，要运用市场经济的办法来解决市场纠纷，要靠市场经济的专家来做这件事情。

三是关于基本矛盾和主要矛盾的理论。全国仲裁界认为，在我们国家长期实行的是计划经济，无论是经济体制也好，交易习惯也好，市场主体也好，对仲裁这种市场经济的纠纷解决方式是不了解、不习惯、不选择的，在相当长的一段时间是这样的。仲裁事业的基本矛盾是先进的仲裁法律制度和相对滞后的社会仲裁意识与初始的仲裁工作水平的矛盾。这个矛盾在相当长的历史阶段都会长期存在，决定着制约着我国仲裁事业的发展。同时也说明在相当长的一个历史阶段全国仲裁工作的着力点必须在如何更好地提升社会仲裁意识，如何更好地解决初始的仲裁工作大案的问题。关于主要矛盾。这个主要矛盾是在《仲裁法》颁布10周年时候提的。10周年时候全国仲裁界受理案件1万多件，那个时候也就觉得不得了，比当年的1000件翻了10倍了，那时候还想不到今天还能上了10万件，但尽管这样大家已经感觉到成绩比较大了，但全国仲裁工作的主要矛盾是仲裁工作发挥作用与经济社会发展不相适应的矛盾，仍然是主要矛盾。那么到今天10万件要适应了吗？我看这点与经济社会发展的要求仍然是不适应的。因此今后一段时间，仍然要在解决主要矛盾方面下功夫，不能因为我们有了10万件了，有了1600亿元就要改方向了，那是不行的。我们还要把我们的作用搞得更多更大，因为我们不是为我们自己挣钱吃饭的，我们是为社会公益服务的。

四是关于工作指导思想的理论。全国仲裁界在2000年长沙会议的时候，根据基本矛盾和主要矛盾的理论，提出了全国仲裁工作的指导思想“发展我国仲裁事业，推行仲裁法律制度是根本,融入市场经济是关键”,三个动词:发展、推行、融入。发展当龙头,推行、融入当轮子。我们要采取各种各样方式,把仲裁方式推向社会各个领域。全国仲裁界要放下身段,要融入市场经济,能够更多满足市场经济方面的需求。我国仲裁事业真正的发展就是从长沙会议开始的,最高年份增长达到68%。这个理论实际上成为仲裁事业发展的总战略、总策略、总政策。

五是关于仲裁本质的理论。仲裁的本质是解决资本的关系,和解决财产关系还是不同的。仲裁的使命是要维护整个资本链的完整,要维护市场经济的生态系统,要考虑这个资本效益最大化。实现资本效益最大化有两条:一条是合作,另一条是竞争。仲裁很少有竞争纠纷,大部分是合作纠纷。在处理合作纠纷时的理念就要尽可能地继续合作,要维护资本链的完整,维护社会主义市场经济的生态系统。

六是关于仲裁特色三个灵活的理论。仲裁的灵活就是仲裁的灵魂。灵活有三个部分,第一个是程序的灵活,这是很有必要的,但是也是有限度的;第二个灵活是准据的灵活,准据的灵活给仲裁一个很大的解决问题的空间的;第三个灵活就是解决方式的灵活。不能只靠一裁了之,只靠敲锤子,还要用开放的心态把多元化纠纷解决多种方法的优点都吸收进来。只有做到三个灵活,我们才能做到真正实现仲裁是民主的纠纷解决方式。大家都讲意思自治,意思自治就是在解决纠纷的过程中,不是靠别人来主宰,而是靠自己意志的力量和自己对权利的处分和让步来妥善解决纠纷,以获得今后的发展前途。

七是关于两个方向的理论。全国仲裁界很多年一直在坚持我国仲裁事业的公益社会造福人民的工作方向,还有一个方向是科学先进的专业发展方向。虽然我们的仲裁是后发的仲裁,但一定不是落后的仲裁。因此我们考虑什么事情一定要考虑到纠纷解决发展趋势,在这方面,全国仲裁界在这方面做了很多实践的创新。比方说仲裁握斡、裁前告知、仲裁邀请等。

八是关于仲裁“三率”的理论。在广州会议上,还有在厦门会议上,提出了我国仲裁工作一个很重要的标准,就是民商事案件快速结案率、民商事纠纷自愿和解调解率和仲裁裁决的自动履行率,把这三率作为我们的工作要求,作为我们的检验标准。全国仲裁界实践的结果,有的非常高,有的案件裁决自动履行率达到80%。人民法院长期存在执行难问题,他们执行难并不是刑事案件执行难而是民商事案件执行难。为什么仲裁处理民商事案件就不存在或者没那么严重的执行难呢,不在于到仲裁的当事人都是君子,到法院的都是小人,没那么简单,也不是仲裁比法院的水平有多高,而是在于两种不同纠纷解决方式的文化不同、境界不同、理念不同。

九是关于仲裁发展机制市场化的理论。我们在《仲裁法》颁布10周年的时候,就提出了我国仲裁事业二次创业。二次创业的目标是把我国仲裁为经济社会发展作出的积极作用提升为重要作用,这是有一个量的考虑的。量的考虑是什么呢?至少仲裁这种纠纷解决方式解决的社会纠纷要三分天下有其一。如果跟人民法院同口径比,至少得七八十万件甚至上百万件。2014年才10万件,还有很多工作要做,还有很长时间。发展第一要务不能变,一定不能变频道,变的赶紧变回来,这个频道是最要紧的。同时提出了仲裁工作体制社会化、仲裁机构建设规范化、发展机制市场化三项任务。就是在过去的10年,推行仲裁法律制度很重要的是靠政府支持。政府固然要支持,但是只有政府支持这一条,发展基础是不牢固的,也是不完善的,仲裁要能够运用市场科学的办法来解决发展的基础问题、发展的机制问题。有的同志说这个理论不是变成营销仲裁了吗,营销仲裁不是卖裁决吗?没有那么简单。我曾经给他们讲过,市场营销很重要,不要小看市场科学,它的基因是哲学和数学。在国外连政府都在营销,并不是卖政府。所谓市场科学是研究如何使产品尽快送到消费者手中,从这个意义上讲我们为什么不能借鉴它的原理,让我们的仲裁尽快到仲裁消费者的手里呢?这说明我们思想上还有"框框"。

关于下一步研究会的工作要在充分肯定《仲裁法》贯彻实施的基础上去搞理论研究、搞学术研究,要立足发展,尽快建立起仲裁学来。什么是仲裁学?仲裁学是关于仲裁活动和行为的科学,仲裁法学是关于规范仲裁行为和规范的科学,这好比经济法学和经济学一样,既有很密切的联系,又有很大的区别。如果我们不知道仲裁学,我们要研究规范学、仲裁法学是很困难的。所以在仲裁法学方面的一些不同看法和没有仲裁学,是有很大的关系的。这个问题我讲过几次了,2013年在武汉讲得比较多,今天想再说一次,如想把仲裁法学搞好的话,不想清楚仲裁学这是很难做到的。

(三)其他活动

2014年12月19日,在中国政法大学举办了"纪念《仲裁法》颁布20周年高端论坛暨中国政法大学仲裁研究院共建签约仪式"。中国政法大学校长黄进、终身教授江平、全国人大法工委民法室主任贾东明、国务院法制办政府法制协调司副司长袁诗鸣、时任最高人民法院民四庭庭长罗东川、国务院法制办卢云华同志,以及20余家仲裁机构的领导应邀出席,部分专家学者、律师、社会团体、企事业单位等各界嘉宾共百余人参会。

此次论坛由中国政法法学法律硕士学院院长费安玲教授主持。中国政法大学校长黄进与时任武汉仲裁委员会常务副主任刘健勤分别致辞。

中国政法大学校长黄进介绍,仲裁研究院的目标和宗旨是以研究院为平台,推动中国仲裁理论界与实务界紧密结合,协同创新,打造我国一流的仲裁研究机构、一流的人才培养基地、一流的纠纷解决智库。研究院首先要对仲裁理论实践进行深入研究，推动建立一支理论功底深厚，熟悉中国仲裁实践的高水平的专家学者队伍。其次是要着力培养综合素质全面，职业能力强，职业道德水准高的仲裁专门人才，特别是要培养一批能够参与国际规则制定的、善于处理涉外事务的涉外法律人才。再次要针对仲裁行业发展的实际需要，提供仲裁行业培训，专家咨询、评估、宣传推介等综合服务。最后要促进仲裁领域的国际交流与合作，积极参与国际仲裁规则的制定。推动通过仲裁依法处理涉外事务，增强我国在国际仲裁领域的话语权和影响力。他特别指出，仲裁研究院将以商事仲裁的人才培养和科研为主，但传统商事仲裁之外的其他仲裁，如华盛顿公约下的国际投资争端仲裁、WTO 争端解决机制、体育仲裁、海洋争端仲裁、国际常设仲裁院下的国际争端仲裁等均在研究院的研究范围。

时任武汉仲裁委员会常务副主任刘健勤表示，推动仲裁研究院的建立，仲裁机构责无旁贷。通过搭建这样一个高端的专业化平台，可以促进中国仲裁理论界和实务界作出更加深入的交流和更加紧密的合作，从而形成全国性的仲裁理论研究基地、仲裁人才培养基地、国内外学术交流基地、科研资料汇集查询基地，以及专业问题的咨询基地。

“纪念《仲裁法》颁布 20 周年高端论坛”共设 5 个主题，分别为“中国仲裁事业发展的思考”“《仲裁法》立法 20 周年回顾”“《仲裁法》实施以来仲裁事业发展情况报告”“仲裁与司法的互动发展”，以及“中国仲裁国际化的道路选择”。

高端论坛结束后，中国政法大学国际法学院院长孔庆江主持了中国政法大学仲裁研究院共建签约仪式。中国政法大学校长黄进与 13 家参与共建仲裁机构负责人，共同签署了《共建协议书》。

国务院法制办政府法制协调司副司长袁诗鸣表示，20 年来仲裁机构始终把发展作为第一要务，走出了一条与国外不同的仲裁发展道路。仲裁作为一项新的工作，不可避免地具有这样那样的成长性问题，但是最根本的还是发展问题。发展问题最核心是要争取社会更广泛的信赖。解决的根本途径是继续深入贯彻《仲裁法》，认真执行国务院办公厅有关文件，紧紧依靠各地的党委政府，坚持做好提高仲裁的社会认知度和自愿选择率的工作。

二、仲裁案件受理情况

（一）全国受理情况

2014 年全国仲裁受案数和标的额再创历史新高，全国 235 家（新增 10 家）仲裁委员会共受理案件 113,660 件,比 2013 年增加 9403 件,增长率为 9%;案件标的总额为 2656 亿元,比 2013 年增加 1010 亿元,增长率为 61%,创历史最大增幅,增长率同比增长 36%。全国仲裁委员会以调解和解方式结案的案件数为 74,200 件,占案件总数的 65%,较 2013 年的 60,112 件 58% 的调解率,案件数增长了 53,548 件,调解率上升了 7%。全国仲裁委员会被人民法院裁定撤销仲裁裁决 203 件,占案件总数的 0.18%;被裁定不予执行仲裁裁决 106 件,占案件总数的 0.09%。全国共有 61 家仲裁委员会受理涉港澳台案件和其他涉外案件 1785 件,占案件总数的 2%,与 2013 年持平。

1. 各仲裁委员会受理案件数

超过 500 件的有 62 家仲裁委员会,占全国仲裁机构总数的 26%;超过 200 件不足 500 件的有 54 家,占总数的 23%;超过 50 件不足 200 件的有 70 家,占总数的 30%;不足 50 件的有 49 家,占总数的 21%。

在超过 500 件的 62 家仲裁委员会中,有 1 家中国国际商会设立的仲裁委员会,4 家直辖市设立的仲裁委员会,16 家省、自治区人民政府所在地的市设立的仲裁委员会和 41 家其他设区的市设立的仲裁委员会。

2. 各仲裁委员会受案数与全国平均值比较

超过全国平均受案数 483 件的有 62 家仲裁委员会,占全国仲裁机构总数的 26%,共受理案件 87,926 件,占受案总数的 77%;低于平均受案数的有 173 家仲裁委员会,占全国仲裁机构总数的 74%,共受理案件 25,734 件,占受案总数的 23%。

3. 各仲裁委员会 2014 年与 2013 年的受案情况对比

受理案件数增加的仲裁机构有 163 家,占总数的 69%,与 2013 年占总数 70% 的 157 家相比,下降了 1%;

案件标的额增加的仲裁机构有 180 家,占总数的 77%,与 2013 年占总数 66% 的 149 家相比,上升了 11%;

受理案件数和案件标的额均上升的仲裁机构有 132 家,占总数的 56%,与 2013 年占总数 52% 的 117 家相比,上升了 4%。

受理案件数减少的仲裁机构有 70 家,占总数的 30%,与 2013 年占总数 29% 的 65 家相比,上升了 1%;

案件标的额减少的仲裁机构有 53 家,占总数的 23%,与 2013 年占总数 34% 的 76 家相比,下降了 11%;

受理案件数和案件标的额均下降的仲裁机构有 22 家,占总数的 9%,与 2013 年占总数 15% 的 34 家相比,下降了 6%。

(二)区域受理情况

从各区域受案数来看,受案数最多的是中南片区 27,402 件,第二是华东片区 22,758 件,第三是东南片区 13,569 件,后面依次是华南片区 12,681 件、华北片区 11,519 件、东北片区 10,134 件、西南片区 7563 件、西北片区 6305 件。

从区域内各仲裁委员会平均受案数来看,中南片区平均受案 741 件、华东片区平均受案 734 件、华南片区平均受案 576 件,均高于全国平均受案数 483 件。华北片区平均受案 411 件、西北片区平均受案 350 件、东南片区平均受案 339 件、东北片区平均受案 327 件和西南片区平均受案 291 件低于平均受案数。

从各区域案件标的额来看,最高的是华南片区 448 亿元,第二是华东片区 442 亿元,第三是华北片区 431 亿元,后面依次是中南片区 302 亿元、东南片区 276 亿元、西南片区 180 亿元、东北片区 119 亿元和西北片区 58 亿元。

从各区域 2014 年与 2013 年的对比情况来看,受案数增长率由高到低排列,依次是西南片区 21.2%、华南片区 20.3%、华北片区 16.4%、东南片区 11.4%、中南片区 10.2%、华东片区 0.7%、东北片区 0.3%和西北片区 -1.9%。案件标的额增长率依次为西南片区 110.5%、华北片区 93.3%、华南片区 87.5%、西北片区 55.3%、华东片区 46.7%、东南片区 45.8%、东北片区 44.6%和中南片区 33.6%。各区域受案数平均增长率为 9.8%,案件标的额平均增长率达 64.4%。华北片区、华南片区和西南片区的受案数和案件标的额的增长率均高于全国平均水平,东北片区、华东片区和西北片区两项指数均低于全国平均水平。

二〇一五年

内容提要：

一、仲裁活动

（一）仲裁会议

1. 武汉召开“互联网 +仲裁”专题工作会议

2. 全国仲裁“两化”试点工作座谈会在北京召开

3. 全国仲裁工作座谈会在北京召开

4. 中国仲裁法学研究会年会召开

5. 全国仲裁工作年会在合肥隆重召开

（二）会议讲话摘要

1. 2015 年 6 月 10 日，时任国务院法制办副司长袁诗鸣同志在全国仲裁年会上的讲话

2. 2015 年 10 月 15 日，国务院法制办卢云华同志在中国仲裁法学研究会年会开幕式上的致辞

（三）其他活动

1. 2015 年 12 月纪念《仲裁法》实施 20 周年仲裁公信力论坛暨颁奖典礼举行

2. 2015 年 10 月长三角 31 家仲裁机构率先建立仲裁员互任取证送达执行协作机制

3. 国务院法制办卢云华同志访谈记录

4. 各地积极开展试点工作，推进“两化”建设

二、仲裁制度建设

最高人民法院发布《关于认可和执行台湾地区仲裁裁决的规定》（法释〔2015〕14 号）。

三、仲裁案件受理情况

（一）全国受理情况

（二）区域受理情况

一、仲裁活动

(一)仲裁会议

1. 武汉召开“互联网+仲裁”专题工作会议①

为充分发挥互联网发展新形态对仲裁工作的积极作用,更快适应正在改变传统的“互联网+”的新模式,根据国务院法制办的要求,2015年5月22日,长春、重庆、广州、合肥、杭州、上海、深圳、武汉、厦门、西安10家仲裁机构负责人在武汉市出席“互联网+仲裁”座谈会,国务院法制办卢云华同志出席会议并作讲话。会议由武汉仲裁委员会常务副主任、仲裁办党组书记、主任刘健勤主持。

会上,广州仲裁委员会主任陈忠谦介绍了广仲转型为互联网仲裁委员会的具体做法。时任武汉仲裁委员会常务副主任刘健勤介绍了武仲在信息化建设方面的工作及设想。本次会议认为,仲裁机构、跨区域仲裁机构、企业与高校之间需要实现网络对接,形成一个高效的仲裁法律共同体,决定在内地发展互联网仲裁,加强仲裁法律共同体建设,并确定2015年年底在广州成立互联网仲裁联盟。中国互联网仲裁联盟是一个集仲裁实务、网络技术及研究理论为一体的开放平台,联盟成员以仲裁机构、高校、技术团队、律师协会专业委员、互联网金融企业和电商等成员构成。该联盟将会统一互联网仲裁程序规则,规范互联网争议法律适用,促进仲裁机构之间在互联网纠纷解决方面的合作和共享,共建案例大数据,低成本地解决互联网争议,促进电子商务、互联网金融等市场的健康有序发展。

参会的其他仲裁机构负责人也在会上就在仲裁工作中运用互联网思维,仲裁与互联网的融合等开展了热烈的讨论。

卢云华同志在最后总结讲话中指出,从目前国内、国际经济形势看,进入了大数据时代,我们探索“互联网+仲裁”这种方式作为我们的工作手段,以达到发展仲裁事业、拓宽仲裁领域、提升仲裁工作水平,意义深远。我国仲裁事业的发展之所以能够从小到大,根本的经验是仲裁事业为经济发展服务,适应并满足经济发展的要求。概括了20多年来我国仲裁事业快速发展的经验,除了我们的创业精神之外,就是仲裁能够比较好地适应经济发展的要求,能够坚持自觉地、主动地、积极地适应经济社会新发展、新形势、新要求。离开了经济社会发展的要求,仲裁事业就没有发展前途,也发展不起来。“互联网+

① 参见武汉仲裁委员会官网:http://www.whac.org.cn/index.php/Search/details/id/1676/type/1.html,2015年6月5日发布,最后访问日期:2017年12月28日。

仲裁”首先表现为，能够适应我国在这个历史阶段经济社会发展的基本特点，能够适应和满足现阶段经济发展的要求，不管在这个路子上走得晚或早、快或慢，只要坚持这一条，我们就能成功，我们还要有更多更好的创新。他强调，“互联网 + 仲裁”，首先观念上要更新，思想上要领先，思想不解放，实践就很难。从整体来看，重点应放在改善仲裁服务措施，拓展服务领域上。

2. 全国仲裁“两化”试点工作座谈会在北京召开

2015 年全国仲裁“两化”试点工作座谈会于 2015 年 6 月 9 日在北京召开。国务院法制办卢云华同志、国务院法制办协调司副司长袁诗鸣出席了会议，会议由“两化”试点工作协调小组负责人刘健勤同志主持。

会议认为，试点工作开展一年多以来，试点工作成效主要体现在四个方面：第一，“两化”试点工作受到了当地党委和政府的高度重视和大力支持；第二，“两化”工作的开展提升了仲裁的社会影响力，试点单位以“两化”工作为突破口，通过各种形式的宣传调研，使仲裁的社会影响力不断扩大；第三，以“两化”促发展，积极拓宽仲裁服务领域，许多涉及财产权益的民事案件逐渐进入仲裁程序，仲裁受理案件类型进一步丰富；第四，充分整合社会资源，搭建工作平台，为“两化”工作的深入开展打下了坚实的基础。同时会议指出，目前“两化”试点工作存在的主要问题：一是工作主动性要进一步加强；二是解决纠纷的方法还比较单一；三是仲裁工作队伍“两化”能力需要加强。会议还强调，各试点单位要结合党的十八届四中全会对仲裁工作的要求，以提高仲裁公信力为核心，以“两化”试点工作为契机，实施好、发展好仲裁制度。

最后会议要求各试点单位，一是进一步提高思想认识，“两化”工作是贯彻党的十八届四中全会精神的根本途径，只有实现了“两化”，仲裁才有公信力。二是不断增强“两化”试点工作的必胜信心，密切关注今后新生的经济领域，不断提高仲裁工作能力和水平，推动仲裁工作迈向新的台阶。三是要重视“两化”试点的理论建设工作，以案例宣传为指导，为“两化”开展持续的宣传报道。四是要重视总结“两化”试点经验，编写专题经验总结。五是要高度关注社会对“两化”的反映，适时加以引导，为“两化”创造良好的社会环境。六是要进一步统一仲裁员、仲裁工作人员对“两化”的思想认识。七是做好“两化”的智库建设，延揽解决纠纷的专门人才，共同做好仲裁工作。八是要建立“两化”试点工作现场会议制度。九是在有条件的试点单位开展“互联网 + 仲裁”的探索。十是要通过“两化”把仲裁工作重心下移到基层，使仲裁更多地为基层、为群众服务。十一是要注意处理好巩固和发展的关系、民事和商事的关系。

3. 全国仲裁工作座谈会在北京召开

2015 年全国仲裁工作座谈会于 2015 年 6 月 10 日在北京召开。国务院法制办卢云华同志、国务院法制办公室政府法制协调司副司长袁诗鸣同志出席了会议,会议由政府法制协调司处长石海同志主持。

会议根据党的十八届四中全会精神对全国仲裁工作的重要事项进行了研究。会议通报了 2014 年全国仲裁工作有关情况、贯彻落实党的十八届四中全会《关于依法治国若干重大问题的决定》的有关工作情况、全国仲裁工作案件受理多样化、纠纷处理多元化试点工作情况、"互联网 + 仲裁"座谈会情况,并围绕实施仲裁法在工作制度方面存在的问题和具体完善意见、仲裁公信力方面存在的问题和具体解决意见等事项进行了讨论。卢云华和袁诗鸣同志分别作了讲话。

本次会议集思广益、务实高效。与会代表一致认为,会议的召开和下一步工作的开展,将对仲裁工作开创新的局面,产生了积极影响。

4. 中国仲裁法学研究会年会召开①

在中国法学会研究部的悉心指导下,2015 年 10 月 15 ~ 17 日,中国仲裁法学研究会主办的 2015 年年会暨第八届中国仲裁与司法论坛在青岛隆重召开。

出席开幕式的还有研究会会长、中国贸促会副会长尹宗华同志,司法部法制司副司长周辉斌同志和山东省法学会副会长王彤宇同志等。

2015 年研究会年会得到了最高院、国务院法制办、司法部、中国贸促会、中国法学会等各界领导的高度重视。此次年会实现了仲裁领域"三个"第一:会议规模第一、学术含金量第一、仲裁界影响力第一。来自我国仲裁领域的仲裁机构代表、中外知名仲裁专家学者、律师行业精英代表等 400 余名出席此次年会,其中各地方仲裁机构 100 余家,法学院校 50 余所,国内优秀律师事务所 100 余家,基本涵盖了仲裁行业的中坚力量。国内 20 余家主流媒体和网站如中央电视台、法制日报、中国贸易报等对此次会议全程直播宣传、后续报道。研究会 2015 年年会的成功举办在仲裁领域引起了广泛强烈的反响,为我国仲裁事业的宣传推广做出了突出贡献。

5. 全国仲裁工作年会在合肥隆重召开②

2015 年是《中华人民共和国仲裁法》(以下简称《仲裁法》)实施 20 周年,全国仲裁工

---

① 中国仲裁法学研究会:《中国仲裁法学研究会 2015 年年会综述》,载中国法学会官网:https://www.chinalaw.org.cn/Column/Column_View.aspx? ColumnID = 83&InfoID = 18049,最后访问日期:2017 年 12 月 10 日。

② 合肥微生活:《仲裁法实施二十周年 全国仲裁工作年会在合肥隆重召开》,载今日头条:https://www.toutiao.com/i6218739038677893633/,最后访问日期:2017 年 12 月 10 日。

作年会在合肥隆重召开。从中央到地方及每个仲裁机构都非常重视此次会议,参会人员约450人,到会领导包括:国务院法制办卢云华同志,国务院法制办公室政府法制协调司副司长袁诗鸣,17家中直机关领导及相关人员,全国各省法制办相关领导,全国178家仲裁机构负责人等。时任合肥市委常委、常务副市长韩冰和安徽省法制办副主任蒋传华到会致辞。

（二）会议讲话摘要

1. 2015年6月10日,时任国务院法制办副司长袁诗鸣同志在全国仲裁年会上的讲话①

2015年,是《仲裁法》实施20周年,今年的年会,既是总结纪念,也是全面回顾、交流借鉴,更要推进事业发展。

贯彻落实党的十八届四中全会精神,回顾《仲裁法》实施20年来我国仲裁事业发展的艰苦历程,展现仲裁事业发展的辉煌成就,总结仲裁事业发展的宝贵经验,展望仲裁事业发展的光明未来。

《仲裁法》实施后,在党和国家的关心支持下,在各地党委政府的领导下,在社会各界的积极帮助下,在全国仲裁界同志们的共同努力下,我国的仲裁事业取得显著成绩:妥善化解了大量民商事纠纷,为民商事活动的有序开展,为经济社会和谐稳定贡献了一份力量;仲裁工作体制不断健全完善,仲裁机构从少到多,基本满足了市场主体就近解决民商事纠纷的需要;专业的仲裁员与仲裁机构工作人员队伍已经形成,从“人”的因素上,保证了仲裁裁决的公正;各仲裁机构在实施《仲裁法》的过程中,结合自己的实际情况,不懈努力与创新,走出了独特的适合自己的发展道路,积累了许多赢得社会公信力的宝贵经验等。

（一）《仲裁法》的实施,为解决日益增多和复杂化的民商事经济纠纷提供了一个重要解决渠道,为保障和促进我国社会主义市场经济健康发展发挥了重要作用。自1995年《仲裁法》实施起,每年通过仲裁解决的纠纷数量持续增长,年均增长率超过30%。从1995年的全国各仲裁机构共受理案件1048件,到2014年增长至113,660件,是1995年的108倍。受理案件标的总额也从1995年的2亿元,到2009年首次突破1000亿元,再到2014年增长至2656亿元。值得一提的是,2014年仲裁受案数和标的额都再创历史新高,标的额实现历史最大增幅。这份成绩来之不易,是全国仲裁界共同奋斗的结果,是全

① 袁诗鸣:《在2015年全国仲裁年会上的讲话》,载石家庄仲裁委员会官方网:http://www.sjzzc.gov.cn/html/news/2015/1120/2324.html,最后访问日期:2017年12月10日。

体仲裁人扎实工作的结果。预计2015年全国仲裁机构累计受理案件数将突破100万件，案件标的额将超过15,000亿元。案件数量与标的总额的连续攀升，也是仲裁在国家民商事纠纷化解机制中，角色加重与地位提升的过程。

此外，仲裁解决纠纷的质量始终维持在高水平。20年来，全国仲裁界始终把依法公正、及时仲裁纠纷、平等对待当事人，作为一项重要工作来抓，制定和完善了仲裁工作质量保障和监督制度，保证了仲裁活动严格依照《仲裁法》的规定进行。仲裁工作水平不断提高，以和解调解方式结案的比例一直很高。据每年的统计，司法纠错率始终低于1%，充分显现出仲裁在新的历史条件下妥善解决社会纠纷的强大功能，赢得了越来越广泛的社会认可和信赖。

（二）《仲裁法》的实施，建立健全了与我国的社会主义市场经济相适应的纠纷解决体系，仲裁工作体制基本形成。20世纪90年代初，我国行政仲裁机构数量多达3000多家，有经济合同仲裁机构，还有房地产仲裁机构、技术合同仲裁机构等。根据《仲裁法》第79条第2款规定，本法施行前设立的不符合本法规定的其他仲裁机构，自本法施行之日起终止。这意味着，3000多个行政仲裁机构在一年之内全部终止。如今，仲裁工作体制基本形成。在我国依法可以重新组建仲裁机构的290个城市中，已重新组建233个仲裁委员会，包括原有的贸仲和海仲在内，全国共有235个仲裁委员会，这种格局彻底改变了原来按行业设立仲裁机构的行政仲裁体制，形成了全国统一的仲裁工作体制。《仲裁法》实施后的仲裁机构，坚持为改革开放服务、为社会主义市场经济发展服务的正确方向，克服了重重困难，胸怀大局、努力实践、积极探索，公正、及时、妥善地处理了大批民商事纠纷，很好地完成了创建中国特色社会主义仲裁事业的任务。

（三）《仲裁法》的实施，培育出初具规模、专业敬业的仲裁员及仲裁机构工作人员队伍。比较世界各国立法对于仲裁员资格的规定，可以看出我国仲裁法对于仲裁员资格的规定比较严格，从政治素质、专业能力及学历、资历、品行等多个方面均有要求。这就决定了我国仲裁员的素质从总体上而言，是有保证的。而随着仲裁机构依照《仲裁法》的设立，并致力于不断提升自己服务能力的工作中，又吸引了一批热爱仲裁事业的专业人士的加入，作为其专职工作人员，使得仲裁人队伍不断壮大，整体素质持续提高。据统计，目前我国的仲裁员队伍已增加到4万多名，仲裁机构专职工作人员近5000多名。他们以敬业的态度、专业的能力，保证了仲裁裁决的公正，为我国仲裁事业的良性发展做出了贡献。

（四）《仲裁法》的实施，形成全国仲裁繁荣发展的景象，全国各仲裁机构努力创业创新，取得了各具特色的发展成绩，品牌效应已经显现。目前，一批仲裁机构无论是办案数量还是软硬件建设已经赶上或超过许多国外知名仲裁机构。仲裁社会影响日益扩大，仲裁理论研究逐步深化。我国用了20年的时间走过了发达国家几百年的仲裁发展道路，已经成为运用仲裁方式解决民商事纠纷最多的国家之一，已经成为仲裁大国，并且正在向仲裁强国努力。大量优秀的仲裁机构涌现，无论是受案数量超过500件、标的额超过50亿元的仲裁机构，还是经济欠发达地区的仲裁机构，都在竭尽全力，并以自己的优秀成绩为全国仲裁事业的发展做出了贡献。在这个过程中，我们积累了丰富的经验。

为推动《仲裁法》的顺利实施，国务院办公厅先后发布了4个文件，对重新组建仲裁机构、依法开展仲裁活动作了统一部署和安排，保证了《仲裁法》顺利有效实施，至今对全国仲裁工作仍有重要指导意义。为推行仲裁法律制度，促进仲裁事业发展，贯彻国务院办公厅22号文件，国务院法制办先后与建设部、中国证监会、全国工商联等多个中央国家机关联合发文，有效地推进仲裁法律制度的实施，促进了仲裁事业的健康快速发展。立法机关、司法机关、行政机关对仲裁工作中遇到的困难，始终在支持帮助、协调解决，保证了《仲裁法》得到正确贯彻实施。每年的仲裁工作年会，都能邀请到这么多的中央国家机关的同志参加，就是一个重要体现。这种情况，在其他行业是不多见的。

20年来，贯彻实施《仲裁法》的工作主要是由各地党委、政府承担。各地党委、政府以及人大、司法机关严格依照仲裁法和国务院办公厅文件的规定，采取各种有力措施，积极做好组建仲裁机构、大力推行仲裁法律制度、支持仲裁机构独立依法仲裁、促进仲裁事业健康快速发展等工作，成绩显著。

全国仲裁的快速发展是从2000年开始的。在仲裁事业创建最困难的时候，国务院法制办在长沙市召开全国推行仲裁法律制度现场会，宋大涵主任到会作了讲话，长沙会议提出了“发展我国仲裁事业，推行仲裁法律制度是根本，融入市场经济是关键”的工作指导思想，在此后的仲裁发展实践中，被仲裁机构所认同，成为全国仲裁工作的指导思想。在仲裁不断发展的实践中，全国仲裁界认真分析仲裁国情，根据我国仲裁事业客观存在的先进的仲裁法律制度和相对滞后的社会仲裁意识与初始的仲裁工作水平之间的基本矛盾，始终坚持长沙会议精神，结合各地的实际情况，一切从实际出发，一心一意谋发展，走出了一条与国外不同的仲裁发展道路。从我国仲裁事业20年保持增长势头不变的实际来看，选择这样一条发展道路，是正确的、有效的。

从整体上看，仲裁事业从无到有，不断向前顺利推进并日见壮大；但是，就每一个仲裁机构的发展情况来看，都在成立初期经历过一个艰苦探索的过程。仲裁与司法不同，只有当事人选择才能受理纠纷，只有越来越多的市场主体选择仲裁，仲裁事业才能发展起来。与国外情况不同的是，由于我国市场经济体制建立时间较短，市场主体因长期受计划经济体制和传统纠纷解决观念的影响,对仲裁这种市场经济的纠纷解决方式,普遍不了解、不习惯、不认同、不选择。因此,20年来仲裁界的同志们经过反复实践,都认识到发展中国的仲裁事业,要从中国的实际出发,不能简单照搬国外仲裁发展的办法。要始终坚持发展是第一要务,在没有现成经验的情况下,只有艰苦努力,才能解决不发展这一最大的问题。仲裁工作发挥作用与经济社会发展不相适应这个主要矛盾,仍将长期存在,只是在各地的表现形式和复杂程度有所不同。

我国的市场经济是政府主导型经济,党和政府的中心工作决定着市场经济工作的重点,因此,每一个仲裁机构自成立之后,只要围绕党和政府的中心工作,就发展了事业,发挥了作用。仲裁工作做好了,也是所在地的一张"名片",有利于优化市场和社会环境,降低解决纠纷的成本,真正为市场主体解决实际问题。仲裁的作用发挥得越好,党和政府就更加重视和支持,仲裁事业也就有了更加快速健康的发展。

中国特色社会主义,决定了我国仲裁工作的社会公益性质,也符合国情实际。《仲裁法》实施20年来,全国仲裁界始终坚持仲裁工作的社会公益性质,更加注重社会效益,而不是追求经济效益、追求盈利,仲裁因此赢得了越来越广泛的认可和信赖,公信力显著提升。

在看到《仲裁法》实施成绩的同时,我们也要清醒地看到存在的问题和困难。例如,一些仲裁机构对于发展的重要性认识还不足,发展不起来的问题还存在,仲裁的作用没有得到发挥;一些仲裁机构发展不可持续的问题仍然突出;一些仲裁机构对于当事人的仲裁需求还不能做到充分满足,只办大案不办小案的现象不同程度地存在,仲裁机构不应把需要仲裁选择仲裁的当事人拒之门外;此外,仲裁的保全与执行、文书送达等协调机制还有完善;等等。对这些问题,我们必须共同努力,切实加以解决。

在新的历史起点上,全国仲裁界要认真贯彻落实党的十八大,十八届四中、五中全会精神和习近平总书记系列重要讲话精神,以改革创新的精神,全面推进《仲裁法》的贯彻实施,努力开创仲裁事业的新局面,促进仲裁事业的大繁荣大发展,为我国由仲裁大国向仲裁强国继续奋斗。仲裁事业未来的发展,可以概括为三个关键词,那就是坚守、发展、创新。

一是要坚守。坚守那些已被实践证明是正确的行之有效的指导思想与发展理念及具体做法。《仲裁法》的实施推动了仲裁事业过去20年的发展,今后仲裁事业的发展仍然离不开《仲裁法》的继续深入贯彻实施。仲裁机构要继续坚持正确的政治方向和科学先进的专业发展方向,服从并服务于经济社会发展大局,始终要为所在地的党和政府的中心工作服务,发挥出应有作用。要继续坚持长沙会议精神,创新长沙会议精神,把仲裁法律推向社会各个领域,不断拓展纠纷解决新方式、纠纷解决新领域。要继续坚持仲裁"三率"的工作标准,即快速结案率、自愿和解调解率和裁决的自动履行率,要把"三率"作为我们的工作要求和检验标准来提高仲裁案件质量,增强仲裁服务社会的作用,为开展仲裁社会公信力建设提供强有力的主客观条件。还要坚守老一代仲裁人热爱仲裁并为之奉献的优良传统。在坚守中,自我加压,调高标准。

二是要发展。发展是全国仲裁工作的永恒主题。要认识、尊重、顺应仲裁发展规律。继续保持创业精神,保持创业心态,始终把精力放在发展事业上,不要放在享受发展成果上。尽管全国仲裁工作继续保持着良好的发展势头,但与新的形势和新的要求相比,依然有差距,仲裁的功能发挥仍具有较大空间,在此情况下,除了发展,别无选择,发展是基础,不发展,一切无从谈起。全国200多家仲裁机构,在努力完成《仲裁法》赋予的保障社会主义市场经济健康发展的任务的同时,要不断完善仲裁机构自身发展,实现中国特色社会主义仲裁事业又好又快发展。

需要特别指出的是,各仲裁机构在发展中,要精诚协作与团结一致、共谋发展、共同发展。实践告诉我们,发展是一个不断变化的过程,发展环境在变化,发展条件在变化,发展理念也要变化。全国仲裁界是一个整体,全国仲裁界需要肩负起历史责任、坚定信心、共同努力、相互支持、相互帮助,共同推进全国仲裁事业的整体发展,把仲裁工作的作用发挥得更好。

三是要创新。党的十八届四中全会提出了"完善仲裁制度,提高仲裁公信力"重要举措,为进一步推动仲裁事业的发展带来了机遇和挑战。党的十八届五中全会提出:"坚持创新发展,必须把创新摆在国家发展全局的核心位置,不断推进理论创新、制度创新、科技创新、文化创新等各方面创新,让创新贯穿党和国家一切工作,让创新在全社会蔚然成风",将创新发展提到了一个新的高度。这也为仲裁事业确立了新的发展路径与方向。全国仲裁界要根据国家经济社会发展的要求,紧跟时代步伐,积极探索、勇于创新、开拓进取,创造仲裁事业更加辉煌的未来。

在创新上,仲裁界正在推进的"案件受理多样化,纠纷处理多元化"工作,就是很有价值的创新举措,也是未来仲裁事业发展的总战略。全国各仲裁机构要在《仲裁法》的规范下,不断创新受案种类与纠纷解决方式,广泛满足社会纠纷解决的需求,尽可能多地解决社会矛盾,让仲裁的独特优势得到最大限度的发挥。

创新还要结合当前的互联网时代大背景进行。2015年7月,国务院正式发布了《关于积极推进"互联网+"行动的指导意见》,明确要求建立多元化互联网纠纷解决机制。国务院办公厅《关于加快电子商务发展的若干意见》也明确提出,要推动我国网络仲裁等方面的法律服务与法律保障体系建设。目前,全国仲裁界正在研究探索"互联网+仲裁"工作。每一个仲裁机构都应该积极行动起来。通过互联网技术与仲裁机制的深度融合,创新仲裁方式,是对国家提出的"互联网+"行动计划的具体贯彻落实。全国仲裁界要紧紧把握时代特征,富有成效地开展互联网仲裁、互联网金融仲裁和电子商务仲裁等一系列新型仲裁的实践探索,以全新的、灵活多样的纠纷解决方式,向新的民商事领域进军。

仲裁的宣传推行也要创新。经过20年的宣传、推行、融入,社会对仲裁已经有了一定认识,但对于仲裁优势与特点的了解还不够。20年的形势变化,决定了仲裁宣传推行工作的重点要适应情况变化、掌握规律,讲究方法。比如,早期主要靠平面媒体,现在是移动互联网时代,更要注重在微信、微博、新闻客户端等媒介上彰显仲裁。

在坚守、发展、创新的同时,仲裁公信力的建设要常抓不懈。公信力是仲裁的生命,这一点已经成为共识。要加强仲裁员队伍建设,不断提高仲裁服务水平,提升仲裁公信力,树立仲裁妥善处理社会矛盾的特色品牌,为全面深化改革提供更优质的仲裁服务。

还要补充的是关于2015年要完成的一项重点工作。大家都知道,为落实党的十八届四中全会决定任务,就做好《仲裁法》贯彻实施情况的了解工作,我办专门召开会议并下发文件,请各省级政府法制机构要抓紧时间完成,请各仲裁机构要积极配合做好有关工作。我们的基本考虑为:对全国各地贯彻实施《仲裁法》的情况和贯彻四中全会决定有关内容的情况以及有关仲裁制度和社会公信力存在的问题,进行一次全面调查了解,并将需要研究和解决的问题梳理出清单。在明后两年,将会同有关团体、仲裁界对仲裁制度、仲裁公信力存在的问题,逐个研究提出解决方案,逐步推进实现。目标是建立科学的仲裁制度体系,树立与经济社会发展需要相适应的仲裁社会公信力,促进仲裁事业发展。另外,请各仲裁机构要继续做好案件受理统计工作,要确保上报数据真实准确,防止错漏。到期应换届的仲裁委要抓紧按要求和程序完成换届工作。

2.2015年10月15日,国务院法制办卢云华同志在中国仲裁法学研究会年会开幕式上的致辞①

在《仲裁法》实施20周年之际,中国仲裁法学研究会召开这次年会,推动仲裁理论建设,对进一步贯彻实施《仲裁法》,促进仲裁事业发展,具有重要意义。我谨代表国务院法制办公室对年会的召开表示热烈祝贺!

《仲裁法》的贯彻实施是我国社会主义市场经济建设和改革开放的重要实践。《仲裁

① 卢云华:《社会矛盾和纠纷的解决也是推动历史发展的动力 今明两年全国仲裁收案量标的额还会较大幅度增长》,载仲裁百草堂:http://mp.weixin.qq.com/s/P4rIMUE1NEZhMuOSecSXFg,最后访问日期:2017年12月10日。

法》实施20年来,全国仲裁界在认真分析我国仲裁国情的基础上,根据我国仲裁事业客观存在的先进的仲裁法律制度与相对滞后的社会仲裁意识和初始的仲裁工作水平之间的基本矛盾,确立了"发展我国仲裁事业,推行仲裁法律制度是根本,融入市场经济是关键"的根本工作指导思想,经过艰苦努力,克服重重困难,走出了一条符合我国国情实际的仲裁发展道路,取得了显著的创业成就。《仲裁法》刚实施不久的1996年,全国100多家仲裁委员会年受案1000多件,到2014年全国200多家仲裁委员会年受案11万多件,是当初的100倍,并连续十几年保持受案数和标的额增长势头不变,年均增长率高达30%以上,累计受理案件近百万件,标的额13,000多亿元,大部分案件采取调解和解方式解决,司法监督纠正率不到1%,显现出仲裁在新的历史条件下正确处理人民内部矛盾、妥善解决社会纠纷的强大功能,赢得了越来越广泛的社会认可。

目前,我国有一批仲裁机构无论是办案数量还是软硬件建设已经赶上或超过国外知名仲裁机构,我国用了20年时间走过了发达国家几百年的仲裁发展道路,已经成为运用仲裁方式解决民商事纠纷最多的国家之一,正在由仲裁大国向仲裁强国努力。我国现代仲裁发启于涉外仲裁。以中国国际经济贸易仲裁委员会和中国海事仲裁委员会为代表的我国涉外仲裁工作,肩负着促进国家对外经济交往、维护国家经济安全的重任。他们经过长达半个多世纪几代仲裁人的不懈努力,特别是近几年来,收案量屡创历史新高,以骄人的发展业绩成为国际仲裁界享有盛誉的仲裁机构,为国家的对外开放,为树立中国良好国际形象,发挥了重要作用。今天,在我们热烈而深情地回顾《仲裁法》实施20年取得的辉煌成就的时候,全国仲裁界的同志们深深地感到,所有这些成绩都是党和国家、社会方方面面支持、关心和帮助的结果。借此机会,我代表全国仲裁界对各位领导、各位专家,对你们长期以来对全国仲裁工作的支持表示衷心的感谢!

纵观人类历史,矛盾与纠纷无时无刻地存在,生生不息,绵延不绝。只能妥善解决,不可能彻底消灭。伴随着经济社会的发展,民商事纠纷迅速增长已成趋势。任何一种纠纷解决方式的发展,首先要服从人类社会纠纷解决的需要,而不是相反。我国仲裁20年为经济社会发展发挥的重要保障作用说明,社会矛盾和纠纷的解决也是推动历史发展的动力。在《仲裁法》颁布10周年时,全国仲裁界提出二次创业,通过实现仲裁工作体制社会化、仲裁发展机制市场化、仲裁机构建设规范化,努力把仲裁为促进国家经济社会发展发挥的积极作用提升为重要作用。今天,全国仲裁界正站在新的历史发展起点上,以更高的发展境界,更宽远的发展视野,谋划和立志打造中国仲裁升级版。他们根据国家经济社会发展的要求,结合世界纠纷解决方式的发展趋势,提出要树立"少敲锤子多解决扣子"的新的纠纷解决理念,全面实施"受理案件多样化、处理纠纷多元化"的发展战略,努力把仲裁在国家社会治理、妥善处理纠纷、维护经济社会稳定的软手段、巧实力的功能，全面推向经济社会各个领域。随着互联网时代的到来，互联网商事活动的出现和大量应用，建立在传统商事基础上的传统商事仲裁，已经不能完全适应大数据、云计算条件下的现代商事纠纷解决需要。全国仲裁界紧紧把握时代特征，富有成效地开展互联网仲裁、互联网金融仲裁和电子商务仲裁等一系列新型仲裁的实践探索，以全新的、灵活多样的纠纷解决方式，向新的民商事领域进军。这也使我国仲裁站在了国际仲裁发展的前沿。这些措施的落实、目标的实现，将使我国仲裁事业有更快更好的发展。今明两年，全国仲裁收案量和标的额还会实现较大幅度增长，丰收在望。

中国仲裁法学研究会是在我国仲裁事业艰苦创业的历史进程中成立的，是为创建中国特色社会主义仲裁事业提供了宝贵的思想理论和专业支持的。20年来我国仲裁事业的发展是一系列符合国情实际的仲裁理论指导的结果。正确的理论指导了事业的成功，事业的成功验证了理论的正确。希望研究会和各位专家继续发扬密切联系实际的优良传统，为打造我国仲裁事业升级版，为实现二次创业的目标，提供更加有力的专业学术支持，共襄中国仲裁发展伟业壮举！

（三）其他活动

1. 2015年12月纪念《仲裁法》实施20周年仲裁公信力论坛暨颁奖典礼举行①

2015年12月30日，由中国政法大学与法制日报社主办的纪念《仲裁法》实施20周年首届仲裁公信力论坛暨颁奖典礼在北京举行，这是仲裁界20年来的首次评奖。

评奖设如下奖项：十大创新奖、开拓进取奖、特别贡献奖、卓越贡献奖、优秀仲裁秘书奖、特别终身成就奖、美誉仲裁员奖、仲裁20年坚守奖。其中，既有针对仲裁机构的，如十大创新奖，也有为个人设置的，如美誉仲裁员奖；既有对过去20年奉献于仲裁事业的褒奖，如仲裁20年坚守奖，也有对为未来仲裁事业注入更多活力的激励，如开拓进取奖。

最终，十大创新奖由西安仲裁委的“和谐仲裁模式与品牌的探索和实践”项目、重庆仲裁委的“鉴定工作机制创新”项目等十个项目获得，特别终身成就奖由卢云华同志荣获，终身成就奖由北京仲裁委原主任江平等5人摘得，卓越贡献奖由中国国际经济贸易仲裁委员会副主任兼秘书长于健龙等8人荣获，时任厦门仲裁委秘书长林建文等21人荣获仲裁20年坚守奖，青岛仲裁委等14家仲裁机构获得开拓进取奖。此外，中国仲裁法学

① 《“纪念仲裁法实施20周年仲裁公信力论坛暨颁奖典礼”举行》，载法制网：http://www.legaldaily.com.cn/index/content/2015-12/30/content_6425279.htm，最后访问日期：2017年12月10日。

研究会的“中国仲裁与司法论坛”等19个项目获得特别贡献奖,武汉仲裁委仲裁员覃有土等14人被评为美誉仲裁员,时任郑州仲裁委办案秘书买涛等24人获优秀仲裁秘书奖。

2.2015年10月长三角31家仲裁机构率先建立仲裁员互任取证送达执行协作机制①

2015年10月23日,长三角31家仲裁机构讨论通过了《长三角仲裁机构协作发展框架协议》(以下简称《协议》)。这意味着,长三角这31家仲裁机构有望在全国率先实现区域性的仲裁员互任,以及调查取证与文书送达等多个方面的顺畅协作。此举旨在“更好地促进长三角地区仲裁机构共同发展,发挥长三角仲裁机构在服务经济发展与社会稳定中的积极作用”。

长三角地区地缘相近、人缘相通,为这一地区仲裁机构的合作打下基础。据悉,此前,这31家仲裁机构已经达成如下共识:各仲裁机构发展应坚持社会化、市场化导向,完善仲裁机制体制,逐步实行一体化发展,最大限度地发挥仲裁机构的职能作用。

一体化要求各仲裁机构要加强联系协作,开展业务互帮互助、信息资源互通,其归根结底是为了为各仲裁机构开展仲裁活动提供便利,为当事人申请仲裁提供便利。

《协议》明确,推动建立长三角仲裁机构建立协作机制,明确仲裁协作事项,规范仲裁协作流程,促进仲裁协作活动。这些仲裁业务协作主要涉及仲裁员推荐、调查取证配合、文书送达配合、法院执行沟通方面、选派人员实习等。

根据《协议》,长三角各仲裁机构在增聘调整仲裁员时,可提出仲裁员选聘条件与要求,请有关仲裁机构予以协助推荐;也可以请有关仲裁机构在仲裁员名册中推荐专业对口、聘任所需的仲裁员,以促进长三角仲裁机构仲裁员的互聘互任。

《协议》要求,探索建立长三角仲裁机构调查取证配合机制,提高调查取证的效率与成效。探索建立长三角仲裁机构仲裁送达配合机制,提高文书送达的效率与成效。各仲裁机构对长三角其他仲裁机构重要裁决文书在本地法院的执行积极予以沟通,并及时反馈结果。

长三角仲裁机构对口业务检查制度也在《协议》中予以确立。根据该制度,长三角仲裁机构将分片或分组对仲裁业务进行检查观摩,以相互取长补短、促进共同提高。

《协议》明确建立经费补助制度。“必要时,可以为协作机制建立经费补助制度,弥补协作经费不足。鼓励直辖市、省会城市仲裁机构和业绩突出仲裁机构在建立协作机制方面承担更多的责任。”

国务院法制办卢云华同志对长三角仲裁机构的通力合作,及由此形成的“局部仲裁

① 张维:《长三角31家仲裁机构率先实现区域合作》,载新华网:http://news.xinhuanet.com/legal/2015-10/23/c_128348636.htm,最后访问日期:2017年12月10日。

小气候”予以肯定，“对于刚刚完成二次创业的中国仲裁机构而言，合作远比竞争重要。”他指出，长三角仲裁机构有条件创建成一个全国仲裁界的发展的“领军群体”。

3. 国务院法制办卢云华同志访谈记录

2015 年 9 月 1 日是仲裁法实施 20 周年。20 年来，中国仲裁事业蓬勃发展，年受案量从 1995 年的千余件增长至 2014 年 11 万余件，年受案标的额从几十亿元增长至 2600 亿元。与此同时，仲裁裁决的质量一直维持在较高水平。以 2014 年为例，仲裁裁决被法院裁定撤销的仅占全国仲裁案件总数的 0.18%，被裁定不予执行的仅占案件总数的 0.09%。

中国仲裁事业突飞猛进的发展，离不开正确的方向引导和科学的理论指导。20 年有哪些经验值得总结？有哪些感性认识应该上升为理性认识？国务院法制办卢云华同志，长期联系、指导全国仲裁工作，在《仲裁法》实施 20 周年前夕接受了《法制日报》记者万学忠的专访。

《仲裁法》是良法关键在实施

记者：20 年后回头看，你如何评价《仲裁法》这部法律？

卢云华：《仲裁法》是一部好法、良法！《仲裁法》是在我国建设社会主义市场经济初期，最大限度借鉴国际商事仲裁通行做法，对我国民商事纠纷解决制度进行的一项重大改革和完善，是一部至今仍保持先进性的法律。长期以来，我在很多场合反复强调，《仲裁法》实施的实践证明，《仲裁法》并没有根本性的问题，为保障我国社会主义市场经济健康发展、妥善解决社会矛盾发挥了重要作用，是我国仲裁事业发展的基石，功不可没。

记者：我们注意到学界和实务界有人士不断呼吁修改《仲裁法》，对此你怎么看？

卢云华：学界、实务界对《仲裁法》进行研究、提出意见和建议是好事，是仲裁事业发展的需要。目前提出的具体修改意见，多是技术性的，还不是法律制度层面的。一些事业发展过程中不可避免会出现的成长性问题，不宜过早地归结为法律问题，也不是简单靠修改法律就能解决的。对一部已经被实践证明立法效果很好的法律，即使有个别增减完善需求，也应待实践逐渐成熟后再着手。法乃国之重器，还是慎重些好。

记者：你如何理解关于完善仲裁制度的要求？

卢云华：党的十八届四中全会决定提出的完善仲裁制度，充分体现了党对仲裁工作的高度重视。完善仲裁制度意义重大，含义广泛，着眼的是更好地贯彻实施《仲裁法》，充分发挥仲裁促进经济社会发展的重要作用。完善仲裁制度是手段，提高仲裁公信力是目的，根本途径是贯彻实施《仲裁法》。从目前全国仲裁工作的实际看，所有的问题概括起来讲，都是《仲裁法》贯彻实施的问题，是具体贯彻实施工作制度不健全、不完善、不到位的问题。从全社会的情况看，也还没有建立起一套行之有效的工作制度，保证更好更快地提高对仲裁的认知和仲裁公信力。因此，进一步贯彻实施好《仲裁法》是全国仲裁工作落实四中全会决定的重要任务。

基本矛盾和主要矛盾没变

记者：你认为20年来，仲裁事业发展得如何？

卢云华：总体不错，但还很不够。在这20年，我一直强调“发展是硬道理”——如果仲裁事业不发展，每年争议解决量就那么一点儿，无论如何不能说这部法律实施得好，更谈不上仲裁是社会主义法治体系的重要组成部分。

记者：当前仲裁受案数量和标的额都在迅猛增长，全国出现了一批年受理案件标的过百亿元的仲裁机构，这能否说明《仲裁法》实施比较到位了？

卢云华：应当肯定这20年来，我们在推行仲裁法律制度方面付出了巨大努力，取得了显著成绩，确实产生了一批工作业绩和软硬件建设都赶上甚至超过国内外同行的仲裁机构。但我一直强调，我国仲裁发展的“基本矛盾”和“主要矛盾”并没有改变。

记者：“基本矛盾”和“主要矛盾”指的是什么？如何理解？

卢云华：“基本矛盾”指的是“先进的仲裁法律制度和相对滞后的社会仲裁意识与初始的仲裁工作水平的矛盾”。它是在《仲裁法》实施不久提出的，是对我国仲裁国情作出的分析和概括。这个“基本矛盾”将在相当长的历史阶段存在，制约着我国仲裁事业的发展。这一判断，确定了全国仲裁工作的着力点要放在提升社会仲裁意识、努力提高仲裁工作水平这两方面，为最终确定我国仲裁工作指导方针提供了理论基础。

“主要矛盾”是在《仲裁法》颁布10周年时提出的，指的是“仲裁工作发挥的作用与经济社会发展不相适应的矛盾”。2004年全国仲裁年受理案件达到1万多件，当时已经觉得很了不起了，还想不到今天会超过10万件。“主要矛盾”的分析，警醒全国仲裁界不能骄傲，要有更高的追求，要有“而今迈步从头越”的干劲。那么现在仲裁工作就适应经济社会发展的需求了吗？我看仍然是不适应的。我们搞工作、做研究仍然要注意到“基本矛盾”的现实，仍然要在解决“主要矛盾”上下功夫，不能因为超过10万件了，标的额有2600多亿元，就自满了。

记者：该如何解决“基本矛盾”和“主要矛盾”？

卢云华：根据“基本矛盾”和“主要矛盾”的判断，我们在2000年的长沙会议上提出了全国仲裁工作的指导思想，即“发展我国仲裁事业，推行仲裁法律制度是根本，融入市场经济是关键”。这被仲裁界称为“长沙会议精神”。其精神实质是号召全国仲裁界放下

“身段”采取各种方式,把仲裁法律制度推向社会各个领域,融入市场经济,更多更好地满足市场经济方方面面的需求。

记者:这样“放下身段谋发展”的效果如何?

卢云华:实际上我国仲裁事业的真正发展就是从“长沙会议”开始的。我记得从那开始,全国仲裁界才真正迈上跨越式发展轨道,年受案量增长最高时达到68%!这个理论实际上成为仲裁事业发展的总战略、总策略、总政策。我在与国外仲裁人士交流时,他们了解到中国仲裁事业能够如此快速发展都非常吃惊。我跟他们说,国情不同,这个办法我们能办,你们办恐怕有困难。长沙会议精神是要一直坚持下去的。

发展路径不能照搬国外

记者:你经常讲“国情不同”。那么,我国仲裁事业发展的“国情”是什么?

卢云华:我在《仲裁法》实施初期提出了“仲裁国情理论”,用“三个阶段”来描述的。即我国仲裁的“国情”是社会主义初级阶段、社会主义市场经济初始阶段和仲裁事业初创阶段。仲裁在我国作为市场经济纠纷的解决方法,它的客观环境并不是成熟的市场经济环境。这就注定了在这个历史阶段,市场经济、市场主体和市场纠纷解决方式都不够成熟,很少有人知道更谈不上选择仲裁解决纠纷,仲裁作为市场经济条件下解决纠纷的方式,生存、发展环境是比较严峻的。

记者:这样的“国情”对于《仲裁法》实施意味着什么?

卢云华:在这样的“国情”下,创业初期,仲裁制度需要政府推动,需要政府领头带动社会方方面面包括市场主体给予支持。但有了一定基础以后,仲裁界要学会运用市场的办法来解决发展问题。我在《仲裁法》颁布10周年的时候,提出了仲裁二次创业的三项基本任务——仲裁工作体制社会化、仲裁机构建设规范化、仲裁发展机制市场化。主要考虑是,在《仲裁法》实施的第一个10年,推行仲裁法律制度主要靠政府支持。但是只有政府支持的话,发展基础是不牢固的,是不完善的,也是不能长久的。仲裁界要学会运用市场的办法来解决发展问题。20年的发展说明,没有政府的支持就没有仲裁事业的发展;但只靠政府的支持,仲裁事业不会持续和更快地发展。

仲裁本质是解决资本关系

记者:10年前你应邀到对外经济贸易大学法学院与博士生交流,当时曾阐述过仲裁的“本质”?

卢云华:对,我专门提过仲裁“本质”的理论。我认为仲裁的“本质”是解决“资本关系”的,与解决“财产关系”不同。资本是投入到生产、经营、流通的财产。仲裁的使命是维护整个资本链的完整,维护市场经济的生态系统,实现资本效益最大化。实现资本效益最大化一靠合作,二靠竞争。仲裁大部分是解决合作纠纷的,处理合作纠纷的理念是要尽可能地促进继续合作,维护资本链的完整。这样仲裁的作用和社会价值就大了。我说过"仲裁是市场经济的自愈机制,少敲锤子多解扣子,仲裁也是生产力,不是上层建筑",都源于此。正是基于这些考虑,几年前我建议全国仲裁界与科研教学单位合作共创仲裁学,现在已经有了进展。

记者:仲裁解决市场经济纠纷,要体现哪些特色?

卢云华:仲裁的特色是"三个灵活"——程序灵活、准据灵活、解决方式灵活。仲裁是"民主"的纠纷解决方式,从根本上不是由社会威权定分止争,而是靠双方当事人对自己权利的处分和让渡来解决纠纷。仲裁的纠纷解决文化是民主文化,是合意文化,不是辩争文化。

记者:实践中,仲裁的上述特色是如何体现的?

卢云华:我们在很早就提出并把仲裁"三率"作为衡量全国仲裁工作的一个重要标准。"三率"即民商事案件"快速结案率""自愿和解调解率""裁决自动履行率"。仲裁界这些年"三率"整体走高,有的机构裁决自动履行率达到80%。仲裁自动履行率这么高,基本不存在执行难问题。

记者:听你讲述仲裁20年的发展史,给我一个印象,那就是每一步发展都有阶段性任务,每一阶段性任务的完成都有理论指导。

卢云华:是的,经过20年的创业发展,中国仲裁事业成就斐然,其中一条至关重要的就是有正确理论的指导。这些理论来自实践,根植于中国国情,体现市场经济发展需求,是全体仲裁人的智慧成果。随着仲裁事业的发展,一定会产生更多更好的理论,服务于仲裁实践,服务于市场经济。

4. 各地积极开展试点工作,推进"两化"建设

2015年全国19个地区的仲裁委根据国务院法制办的要求,继续推进"两化"试点工作。各仲裁委认真贯彻全国仲裁"两化"试点工作座谈会精神,紧密围绕党和政府的中心工作,坚持"推行仲裁法律制度是根本,融入市场经济是关键"的指导方针,积极探索运用调解和解、仲裁确认、友好仲裁、仲裁斡旋和谈判等方法解决纠纷,充分发挥仲裁化解社会矛盾、规范社会主义市场经济秩序、彰显社会公平正义的重要作用。

武汉仲裁委提出了加强领导,落实责任,健全试点工作机制,规范运行、夯实基础,推进案件受理多样化,创新方法、优化服务,探索纠纷处理多元化三个核心指导方针。并根据区位优势在涉外仲裁、金融仲裁和知识产权仲裁三个方面进行重点建设。

青岛仲裁委在进行深入调研后,在道路交通赔偿仲裁和农村产权纠纷仲裁方面取得

了重大进展。并建立了中德知识产权仲裁院、企联仲裁调解中心等派出机构，就地就近化解矛盾纠纷。

长春仲裁委以“纠纷处理多元化”为指导，树立“少敲锤子，多解扣子”的纠纷处理理念，在仲裁制度、仲裁程序、仲裁员选拔培训等方面进行了针对性的改革，成效显著。

淄博仲裁委秉承“专业立会、服务立会、诚信立会”理念，坚持倡导温和、双赢的理念，结案方式上更加注重调解，彰显仲裁亲和力。在常规案件、交通事故、金融领域、医疗纠纷领域、仲裁调解服务等领域积极推进仲裁“两化”试点，取得了新进展。

驻马店仲裁委结合驻马店内陆地区、地幅广、人口多、农业城市、经济欠发达的实际情况，积极探索仲裁为经济社会服务的有效路径，通过坚持争取党委政府重视、进一步宣传、把握试点工作大方向等创新的仲裁工作方式方法，办理了一批仲裁案件，化解了矛盾，取得了明显成效。

石家庄仲裁委通过“切实推进受理多样化”“不断创新处理多元化”的主要方式，充分发挥仲裁为全面深化改革服务、改进社会治理方式中的作用，及时化解社会矛盾，促进仲裁事业的健康发展，对“两化”工作不断提高认识、加强领导、大胆探索、扎实推进，取得了一定的进展和突破。

绍兴仲裁委自“两化”试点以来，设计了“1 + X”的机构模式，即一个仲裁委员会总部，加上若干个专业机构、分支机构和办事机构的模式，逐步形成仲裁机构的规模化。还积极探索以“2 + X”为主要模式的多种解纷手段，即在调解、裁决两种基本方式基础上，探索仲前调解、争议评审、中立评估、仲裁确认等方式。借助试点契机，推动了仲裁事业持续、快速、健康发展。

娄底仲裁委对“两化”试点工作重新进行了全面的分析，在将“两化”工作与化解社会矛盾、“两化”试点工作纳入娄底市委、市政府贯彻落实党的十八届三中、四中全会精神的总体部署中，不断加大仲裁宣传的广度和深度，在多个领域开展仲裁“两化”试点工作等方面发挥出了“两化”工作的特色。

吉林仲裁委抓住“两化”这一促进仲裁工作发展的机遇，积极主动地开展工作，取得了一定的工作成绩，受理案件领域不断扩大，涵盖了小额金融贷款、房屋征收、消费纠纷、土地收储、民事偶发事件等10余个领域。同时，在处理纠纷中采取多元化，以调为主，包括立案时、庭前、庭审中、庭后调解，第三人参与调解、专家咨询、庭外谈判等多种方式解决纠纷，化解矛盾，都取得了较好的效果。

惠州仲裁委自推行“两化”试点以来，扎实推进多项举措，不断加大宣传推广仲裁制度，通过“抓重点”“抓创新”“抓宣传”“抓队伍”“抓品牌”的主要方式，努力打造惠州仲裁品牌，使仲裁“两化”试点工作扎实推进，取得了明显的成效，收获了一些经验。

合肥仲裁委认真贯彻落实仲裁“两化”试点会议精神，在宣传仲裁“两化”试点工作、提高仲裁服务主动性和加强规范化建设方面做了大量卓有成效的工作。公共“专题汇报”“广泛宣传”“积极试点”“主动服务”的做法引导，合肥仲裁“两化”试点取得了初步成效。

哈尔滨仲裁委大力推进仲裁“两化”试点工作，不断提升仲裁社会公信力，将仲裁化解社会矛盾的功能逐渐深入和拓展到社会生活的多个领域。充分利用广播、电视、报纸等传统媒体，及微信、微博、传媒网络等新媒体深入持久地宣传仲裁法律知识，使更多的市场主体认识到仲裁制度的优越性，推动仲裁“两化”工作成果惠及更多市场主体。

东营仲裁委在“两化”试点工作中，通过多措并举，探索创新，积极参与多元化解决纠纷机制。为了采取多种纠纷解决方式化解矛盾，加强与人民法院对接、司法行政调解部门对接、政府信访部门对接、东营市住房和城乡建设局对接，取得了实际效果。

常州仲裁委始终坚持“推行仲裁法律制度是根本，融入市场是关键”的工作方针，强化“规范意识、责任意识、纪律意识、品牌意识”，努力改进并不断创新仲裁服务措施，在新领域进行一些尝试。如建立“物业服务纠纷仲裁新机制”、成立“婚姻服务行业仲裁调解中心”、组织开展“行业系统法律风险防范培训会”，坚实推进“两化”工作向前发展。

各仲裁委结合本地特色，锐意创新积极进取，在仲裁案件受理数和标的额以及社会满意度上取得了明显的进步。“两化”是新形势下提出的全新仲裁发展理念，各地“两化”试点的实践证明，“两化”能充分发挥仲裁的服务功能，彰显仲裁的社会价值，提高仲裁公信力。未来我们将继续以党的十八届四中全会精神为指导，按照完善仲裁法律制度、提高仲裁公信力的要求，全面推进“两化”试点工作，拓展仲裁受案领域，创新纠纷解决方式，实现仲裁事业在新形势下跨越式发展。

二、仲裁制度建设

最高人民法院发布《关于认可和执行台湾地区法院民事判决的规定》和《关于认可和执行台湾地区仲裁裁决的规定》（法释〔2015〕14 号）。① 这两个司法解释将于 2015 年 7

① 李想：《最高法出台司法解释　扩大认可与执行台湾裁判范围》，载正义网：https://zm8.sm-tc.cn/?src = l4uLj8XQ0JGaiIzRlZyNndGckJLQlYeMiNDNz87Kz8jQi83PzsrPyM% 2FOoM7Kzc7LycbRl4uSkw% 3D% 3D&uid = 1ac1e123ff7e2760b24331cc7e9098c1&hid = ce23d5eaf08eb1bd3f7a5aba6453db3d&pos = 10&cid = 9&time = 1512105257211&from = click&restype = 1&pagetype = 0000104000008402&bu = structure _ web _ info&query = % E5% 8F% B0% E6% B9% BE% E4% BB% B2% E8% A3% 81% E6% 9C% 80% E9% AB% 98% E6% B3% 95&mode = &v = 1&uc_param_str = dnntnwvepffrgibijbprsvdsdichme，最后访问日期：2017 年 12 月 10 日。

月1日起施行。

1998年以来,最高人民法院就台湾民事裁判在大陆的认可和执行,先后发布了4个司法解释,有效减轻了两岸当事人诉累,为两岸经贸和人员往来提供了法律制度保障。

认可和执行我国台湾地区民事判决的规定共23条,与此前有关人民法院认可和执行台湾地区民事判决的4个司法解释相比,适度拓宽了可申请认可和执行的台湾法院民事判决范围,扩大了此类案件管辖连结点,适度放宽此类案件的受理条件,更加注重办案的程序正当性,明确了人民法院程序中的受理优先原则,审查结果的设置更加科学,增加了程序救济途径,调整了申请认可和执行的期间等。

认可和执行我国台湾地区仲裁裁决的规定共22条,其特色内容主要在于:扩展了申请认可和执行的我国台湾地区仲裁裁决的范围,明确了仲裁优先的原则,规定了认可我国台湾地区仲裁裁决的审查期限及内部报审程序,明确了不予认可仲裁裁决的理由,规定了在当事人申请认可后在我国台湾地区法院又进行的撤销仲裁裁决程序对人民法院认可和执行程序的影响,增加了不予认可后的救济途径等。

三、仲裁案件受理情况

(一)全国受理情况①

2015年全国244家仲裁委员会共受理案件136,924件,比2014年增加23,264件,增长率为20%;案件标的总额4112亿元,比2014年增加1456亿元,增长率为55%。全国各仲裁委员会平均受案数561件,比2014年增加78件,增长率为16%;平均受案标的额为17亿元,比2014年增加6亿元,增长率为55%。仲裁案件仍以国内争议为主,全年共有62家仲裁委员会受理涉港澳台案件和涉外案件共计2085件,占案件总数的1.5%,与2014年基本持平。

2015年以调解和解方式结案的案件数为56,659件,占受案总数的41%,较2014年的74,200件65%的调解率,案件数减少了17,541件,调解率下降了24%。2015年,被人民法院裁定撤销仲裁裁决209件,占案件总数的0.15%,与2014年的203件0.18%的撤销率相比略有下降;被裁定不予执行仲裁裁决84件,占案件总数的0.06%,与2014年的106件0.09%的不予执行率相比也略有下降。在全国244家仲裁委员会中,没有仲裁案

① 石家庄仲裁委员会:《2015年全国受理仲裁案件136924件增20%》,载法制网:http://www.legaldaily.com.cn/Arbitration/content/2016-03/29/content_6545612.htm,最后访问日期:2017年12月10日。

件被法院裁定撤销或不予执行的有 163 家仲裁委员会，占仲裁机构总数的 67%；被法院裁定撤销和不予执行案件数超过 5 件的有 20 家仲裁委员会，占仲裁机构总数的 8%。

（二）区域受理情况

从各区域受案数来看，受案数最多的是华东片区 27, 693 件，第二是中南片区 26, 595 件，第三是东南片区 20, 940 件，后面依次是华南片区 20, 162 件、华北片区 12, 728 件、东北片区 11, 197 件、西南片区 8404 件、西北片区 7101 件。

从各区域案件标的额来看，最高的是华北片区 726 亿元，第二是华南片区 699 亿元，第三是华东片区 606 亿元，后面依次是东南片区 593 亿元、中南片区 511 亿元、西南片区 219 亿元、东北片区 217 亿元和西北片区 102 亿元。

二〇一六年

内容提要：

一、仲裁活动

（一）仲裁会议

1. 全国仲裁“两化”工作座谈会在吉林召开

2. 全国仲裁工作座谈会在北京召开

3. 中南、西北片区仲裁会议在十堰召开

4. 西南、华南片区仲裁工作会议在东莞召开

5. 中国仲裁高峰论坛在武汉召开

6. 全国仲裁工作年会在重庆召开

（二）会议讲话摘要

1. 2016 年 10 月 19 日，国务院法制办卢云华同志在全国仲裁工作年会上的讲话

2. 2016 年 10 月 19 日，国务院法制办赵振华同志在全国仲裁工作年会上的讲话

3. 2016 年 9 月 29 日，国务院法制办卢云华同志在中国仲裁高峰论坛上的讲话

（三）其他活动

各地积极开展试点工作，推进“两化”建设。

二、仲裁制度建设

（一）最高人民法院发布《关于进一步推进案件繁简分流优化司法资源配置的若干意见》（法发〔2016〕21 号）

（二）司法部《关于印发〈关于规范和加强仲裁机构登记管理的意见〉的通知》（司发通〔2016〕55 号）

三、仲裁案件受理情况

（一）全国受理情况

（二）区域受理情况

一、仲裁活动

(一)仲裁会议

1. 全国仲裁"两化"工作座谈会在吉林召开

为深入贯彻落实党的十八届四中、五中全会精神,推进仲裁"案件受理多样化,纠纷处理多元化"工作,推动仲裁事业科学发展,2016 年 3 月 24 ~ 25 日,全国仲裁"两化"试点工作座谈会在吉林召开。国务院法制办卢云华同志、国务院法制办政府法制协调司仲裁处处长石海、全国首批 19 家试点仲裁机构,及新增 54 家试点仲裁机构的代表参加了座谈会,会议由时任"两化"工作协调小组负责人、武汉仲裁委员会常务副主任刘健勤主持。

首先,刘健勤主任通报了首批 19 家试点单位仲裁"两化"工作的开展情况。其次,部分试点单位的负责人在会上分别介绍了其仲裁"两化"工作中在政府合同、建设领域农民工维权、小额金融贷款、交通事故调解等领域的做法,以及函告和解、裁前告知和仲裁邀请等有关情况。再次,试点仲裁机构的代表还进行了分组讨论,就仲裁"两化"工作提出了各自的意见和建议。最后,卢云华同志作了总结发言。他明确了当前仲裁在第二次创业阶段的三项基本任务:仲裁工作体制社会化、仲裁发展机制市场化、仲裁机构建设规范化。同时他强调,仲裁"两化"发展战略遵循了我国仲裁事业发展的内在规律,各仲裁机构要牢固树立起信心,共同推动我国仲裁事业发展,为促进我国经济社会发展发挥积极作用。①

2. 全国仲裁工作座谈会在北京召开

2016 年 6 月 23 ~ 24 日,在国务院法制办的主持下,2016 年全国仲裁工作座谈会在京召开。仲裁机构的廉政建设与"案件受理多样化 纠纷处理多元化"(以下简称"两化")是本次座谈会的主题。显然,"初初长成"的中国仲裁,已经开始了内在品性的积极完善与规模效益的持续增长的内外兼修的新征程。

仲裁界自身优势明显、持续发力。据国务院法制办的统计,2015 年全国 244 家仲裁委员会共受理案件 136, 924 件,比 2014 年增加 23, 264 件,增长率为 20% ;案件标的总额 4112 亿元,比 2014 年增加 1456 亿元,增长率为 55% 。全国仲裁已连续 20 年实现了收案数量和标的额的增长,年均增长率高达 30% 以上。

---

① 石家庄仲裁委员会:《2016 年全国仲裁"两化"工作座谈会在吉林召开》,载法制网:http://www.legaldaily.com.cn/Arbitration/content/2016 - 04/19/content_6592829.htm? node = 79488,最后访问日期:2017 年 12 月 10 日。

“两化”发展战略的确立，为仲裁发展注入了新的动力。以深圳仲裁委员会为例，其在医患纠纷解决方面的出色表现，已使近两年医患双方选择仲裁方式的数量已超过中级人民法院。医疗机构与患方自行协商解决的纠纷，事后反悔的较多。通过仲裁这种第三方平台解决纠纷，当事人的信任心理大大增强。

仲裁的“廉洁性”无疑是保障公信力的基石。直接关系仲裁事业能否真正实现科学发展、健康发展，直接关系人民群众对党和政府公信力的认同，直接关系到我们党执政能力的增强和执政地位的巩固，加强仲裁廉政建设，仲裁委员会是责任主体，同时也负有监督责任。

此外，仲裁界紧随“互联网+”时代的到来，在这方面进行了有益探索。2015 年 9 月 24 日，中国互联网仲裁联盟在广州成立。仲裁从线下转向线上的趋势可见一斑。为了解决网上仲裁涉及的电子证据难题，深圳仲裁委还尝试打造了“网上仲裁+电子证据固化”服务平台，共同为深圳乃至全球用户提供绿色、效率、安全、开放的网上仲裁及证据固化存储等云服务。①

3. 中南、西北片区仲裁会议在十堰召开

按照国务院法制办的要求，2016 年 8 月 24～26 日，在湖北省十堰市召开了“中南、西北片仲裁工作会议”。会议由时任中南仲裁工作片区召集人、武汉仲裁委常务副主任（兼党组书记）刘健勤同志主持。武汉、西安等中南、西北片区 37 个城市仲裁委共 60 人参加了会议。国务院法制办卢云华同志委托石海处长到会并作了讲话。

会议的主要内容：一是传达贯彻 2016 年全国仲裁工作座谈会精神；二是组织学习了武汉、吉林“两化”试点的经验；三是通报了中南西北片区各仲裁机构 2015 年年度案件受理情况。会议还组织对“如何按照中央全面依法治国方针做优做大仲裁工作”及“如何更好地推进中南西北片区仲裁工作‘两化’试点”等议题进行了讨论。会议要求两片区仲裁委员会按照“两化”要求并结合自身仲裁工作实际进行落实。②

4. 西南、华南片区仲裁工作会议在东莞召开

2016 年 9 月 1 日，西南、华南片区仲裁工作会议在中国广州仲裁委员会东莞分会召开，国务院法制办公室、广东省政府法制办公室有关领导以及广东、广西、海南、四川、重庆、贵州、云南 7 省市的 48 家仲裁机构代表参加了会议。会议由时任中国广州仲裁委员会主任陈忠谦主持。南宁仲裁委员会秘书处派发展联络部、审理部两名负责人参加了会议。

---

① 南通仲裁委：《2016 年全国仲裁工作在京召开》，载南通仲裁委官微：https://weibo. com/3842850212/DChZeysxh? type = comment，最后访问日期：2017 年 12 月 10 日。

② 株洲仲裁委：《2016 年度中南、西北片区仲裁会议在十堰召开》，载株洲仲裁委官网：http://zcw. zhuzhou. gov. cn/articles/2867/2016 - 8/110228. html，最后访问日期：2017 年 12 月 10 日。

会上国务院法制办公室政府法制协调司石海处长传达“两化”试点工作座谈会上的讲话精神并作了讲话。他强调,“两化”试点工作对全国仲裁事业发展具有重要战略意义,要进一步提高认识,埋头苦干,把“两化”试点工作全面推向深入。①

5. 中国仲裁高峰论坛在武汉召开

2016年9月29日,中国仲裁高峰论坛在武汉召开,该论坛由中国政法大学与武汉仲裁委员会联合主办。300余名来自华中地区及长江经济带的专家学者、仲裁机构代表、仲裁员和企业代表汇聚一堂,共同探讨“长江经济带”发展中的仲裁问题。

6. 全国仲裁工作年会在重庆召开

2016年10月19日,由国务院法制办主办,重庆仲裁委承的办2016年全国仲裁工作年会在重庆市召开。各地仲裁机构代表就“两化”(仲裁受理案件多样化,纠纷处理多元化)试点工作、“互联网+仲裁”工作、仲裁廉政建设工作等议题进行交流发言。②

(二)会议讲话摘要

1. 2016年10月19日,国务院法制办卢云华同志在全国仲裁工作年会上的讲话

本次年会是在全国仲裁界经过21年的艰苦奋斗,取得创建中国特色社会主义仲裁事业辉煌创业成就的时刻召开的,也是中国仲裁站在新的发展起点上以更宽远的境界、向更高远的发展目标前进的时刻召开的,同时也是全国仲裁工作已经迈入了第二次创业的跨越式发展时期召开的。会议研究的两项重要工作关系到我国仲裁事业眼前和长远的发展,决定着我国能不能由仲裁大国发展成为仲裁强国,因此对本次会议的重要性要有恰如其分的估计。在座的同志们都是事业中人,对我们的事业发展要有准确的把握和准确的历史感悟力。下面,我就全国仲裁工作今后的两个重要问题讲点想法,和大家一起商量。

在此之前,我就仲裁机构的廉政建设问题先说几句。从《仲裁法》颁布以后、我国仲裁机构重组以来,全国各仲裁机构普遍比较重视廉政建设工作,也制定了不少制度。20年来,我们整体行业出现的问题不是很多,但还是不能麻痹。仲裁工作掌握着社会经济利益予夺的裁判权,在现在的历史条件下,对仲裁员队伍和仲裁工作人员队伍来说,对我们的领导干部队伍来说,都是一项高风险的工作。这些高风险不是现在才有的,从我们

① 南宁仲裁委员会:《2016年西南、华南片区仲裁工作会议在东莞召开》,载南宁仲裁委员会官网:https://rc.mbd.baidu.com/wn5ggt1,最后访问日期:2017年12月10日。

② 罗璨:《2016年全国仲裁工作年会在渝召开》,载西政新闻网:http://news.swupl.edu.cn/zhxw/205037.htm,最后访问日期:2017年12月10日。

开始仲裁事业的那一天就有。许多同志讲“仲裁是一块净土、一片蓝天”,我看这是我们的奋斗目标,不是眼前的实际。我们对仲裁工作廉政建设要有清醒的认识,不能等出了问题再去总结教训。我国仲裁事业才刚刚创业,还很弱小,经不起出这样的问题。所以,廉政建设这件事对我们来说怎么讲都不过分,常讲常新。希望我们在抓发展的同时,一定要把这件事牢牢抓住,在这个问题上不能出闪失。

下面,我讲两件事。

第一件事,关于“二次创业”和“二次创业”的目标。当前我国仲裁工作正处在“二次创业”时期,第二次创业是在2004年《仲裁法》颁布10周年的时候提出的,当时提出“二次创业”的主要考虑有:

第一,长期以来制约我国仲裁事业发展的先进的仲裁法律制度与相对滞后的社会仲裁意识和初始的仲裁工作水平的矛盾,这个基本矛盾仍然存在,而且会长期制约我国仲裁事业的发展。虽然经过全国仲裁界的辛勤努力,取得了显著的创业成就,但在我国相对滞后的社会仲裁意识没有根本改变,仲裁工作水平仍然处在初始阶段,因此我们还需要用创业的精神去解决好,去提升、去改变相对滞后的社会仲裁意识和初始的仲裁工作水平。

第二,仲裁工作虽然取得了成绩,但所发挥的作用与经济社会发展的要求不相适应,仲裁工作的主要矛盾仍然突出存在。从全国范围讲,不管是直辖市、省会市,还是设区的市,东西南北中,还没有哪一个地方的仲裁工作可以说满足了所在地经济社会发展的需要,这个主要矛盾决定了我国仲裁工作的任务。这两个矛盾典型地、充分地说明,仲裁事业的创业任务还没有完成。国家颁布《仲裁法》是为了给经济社会发展提供保障,我们还没有创建出一个符合要求、满足法律规定的事业,因此要动员全国仲裁界继续保持高昂的斗志,保持艰苦奋斗的创业精神,继续前进,完成好中国特色社会主义仲裁事业的创业重任。在明确“二次创业”的同时,我们提出了“二次创业”的目标:“要把我国仲裁工作为经济社会发展提供的积极作用上升为重要作用。”这个目标的表述是定性的表述,但有定量的含义。当时经过反复斟酌,把这个目标用定性的表述来讲,但实际考虑的是仲裁在解决社会纠纷的份额中做到“三分天下有其一”才能叫重要作用,只有我们达到了重要作用的等级,才可能说把国家一项事业创建成功,也只有达到了这个目标,才可能说由我们亲手创建的这项事业将在我们的国家和社会长久地存在、发展下去,为经济社会发展提供稳定的保障作用。经过全国仲裁界的艰苦努力,在二次创业提出以后,我们由当初的年受案38,000多件到达去年13万多件,受案数涨了300%;标的额由当时的500多亿元到了现在的4000多亿元,涨了近800%。也就是说,全国仲裁界在第2个10年里,保持了昂扬的创业精神，取得了优异的创业成果。从前3年开始，我们已经跨入了第二次创业的跨越式发展时期，我们应该乘势向前，奋勇而起。今天，我们站在一个新的历史高度来考虑打造中国仲裁事业的升级版，怎么升级？关于目标，想跟大家商量一下，争取用几年的时间，迈上年受案50万件的台阶，向100万件挺进，这个目标的确定是必要的，也是可能的。我们的创业步伐不仅要考虑到自身的发展需要，更重要的是要考虑到经济社会发展对我们提出的不断增长的要求。大家都说我们是仲裁大国，“仲裁大国”是在2001年在济南召开的全国仲裁发展工作座谈会上提出来的。这个会是为了贯彻长沙会议精神召开的，长沙会议确定的会议精神是“发展我国仲裁事业，推进仲裁法律制度是根本，融入市场经济是关键”。这个精神的三个动词：发展、推行、融入，要解决中国仲裁事业的创业问题，这是全国仲裁界确定的一个正确工作指导方针，也是中国仲裁在创业初期确定的一个发展战略，同时也有很强的策略性。为了把长沙会议精神贯彻好，第二年在济南开了发展工作座谈会，就是要告诉全国，中国仲裁事业的创业要始终坚持发展是第一要务，千问题万问题不能停下发展来解决，只能通过发展来解决。事实证明，当年的很多问题都随着我们20年来的发展得到了解决，解决发展问题是解决创建我国仲裁事业所有问题的“总把手”。召开济南会议时，全国仲裁界的总量大概是13,800件，在那个会议上提出了三个努力：努力使仲裁法律制度成为我国社会主义市场经济的重要保障；努力使仲裁成为我国解决民商事纠纷的重要手段；努力使我国成为仲裁大国，并成为具有国际公信力的仲裁大国。这“三个努力”的提出，反映了对我国仲裁事业的信心，反映了对我国仲裁事业发展规律的认识，极大地鼓舞了全国仲裁界创业的信心。我不敢说这个目标有多科学，但它肯定是有作用的，今天它实现了。在考虑之后的目标时，要怎么考虑呢？我们是一代创业人，肩负的是历史的、社会的责任，我们应该有更高远的目标、更宽阔的视野，来考虑、谋划我们的未来，目标在很大程度上有激励作用。我国仲裁界20年的辛勤努力，已经证明了我们是有能力创建这一番事业的，所以这个目标经过我们的努力也是能够实现的。实际上，我担心的不是能不能实现这个目标，而是就算达到了这个目标，也未必能很好地满足经济社会发展的要求。同志们，让我们一起共同努力，实现这个目标。法制办是联系仲裁工作，而不是领导仲裁工作，在这里是给大家提供一个参照，使各仲裁机构参照这个目标，结合本地实际，安排好各自的工作。我对实现这个目标充满了信心，而且认为时间不会很长。

第二件事，是关于“两化”战略。“两化”准确地讲是受理案件多样化、处理案件多元化。其实还有一句话，叫“少敲锤子多解扣子”。在《仲裁法》颁布20周年之前，我们就在考虑我国仲裁事业要想完成二次创业的任务，实现二次创业的目标，靠什么？目标有了，任务有了，战略是什么？这需要我们很好地进行总结。虽然我们经过20年的艰苦奋斗取得了辉煌的成就，颁布20年、实施20年，我们搞了很多活动，向社会各界比较充分地展示了仲裁创业者良好的精神风貌和成就。但我们还是要实事求是地、认真地寻找自己的不足，以便不断地完善自己、发展自己。我国仲裁在20年时间里，由于创业时间比较短，我们在改变相对滞后的社会仲裁意识方面取得的成绩是比较显著的，但是在改变初始的仲裁工作水平方面，步子还不够大，变化也不够大。我国仲裁受传统商事仲裁的影响比较深，也不可避免地存在传统商事仲裁的三个短板。

第一个短板，仲裁作为一种社会服务，还仍然是小众服务产品，仲裁争议解决方式已经服务和可能服务的都是小众的。20年来，我们取得了显著的创业成就，但仲裁地位并没有显著提高、社会认可度没有显著提高，党委政府的重视度也没有显著提高。这是客观现实。原因是什么？这可能和我们提供的只是小众服务产品有关。

第二个短板，仲裁作为一种解决社会矛盾的方式，解决的还不是影响社会稳定最主要的矛盾。我们社会有很多矛盾纠纷，纠纷解决方式要求的是为经济发展、社会稳定服务，为经济社会发展提供保障，如果我们解决的不是主要纠纷、主要矛盾，我们的作用就很难彰显出来，地位就很难提升，要求方方面面重视也是勉为其难的。

第三个短板，过去20年采取的纠纷解决方式基本还是传统商事活动的结果，已经不能满足现代商事活动解决纠纷的需要。现在新的商事领域越来越多，矛盾纠纷越来越多，很多传统商事领域已经被新型商事领域所替代，而我们还在用传统的方式解决矛盾纠纷。

概况来说，也就是我们解决的纠纷单一，解决纠纷的方式也比较单一，如果只搞商事，仅用裁决一种方式，要想把仲裁纠纷解决方式的作用充分发挥出来的难度是很大的，不仅不能获得广泛的发展领域和潜力，也不能很好地适应经济社会对我们的要求。要寻找一种办法，使仲裁能够更广泛地发挥作用，充分体现仲裁特殊的纠纷解决方式的价值，我们要考虑仲裁的三种价值：

一是仲裁在整个社会纠纷解决中的专业价值。随着互联网的出现，工业化社会以后，社会分工越来越细，专门化、专业化的趋势有所改变，社会分工的边际开始模糊，开始向综合化方向发展，如阿里巴巴，电子商务发生的纠纷已经不再提交给在社会分工中专门的纠纷处理组织，而是自己设置机制来解决，它既是电子商务活动组织，也是电子商务纠纷解决的组织。

二是要鲜明地体现出仲裁的社会价值。这需要有相当的量才能体现出来，如果我们处理的纠纷就是“仨瓜俩枣”，想体现出仲裁的社会价值，想让社会认可，获得比较高的社会地位，那是不可能的。

三是要能够体现出仲裁的政治价值。仲裁事业要能够在国家经济社会发展中有全局性、大局性的意义，发挥全局性、大局性的作用，需要有较高的量和较高的质，是质、量结合的体现。

因此，这三个价值是我国仲裁事业发展所要追求的。这三个价值的实现要靠新的方法，仅仅靠传统商事纠纷裁决办法，仅仅靠裁决一种手段，是实现不了的。这既是从仲裁事业发展战略角度考虑，也是从仲裁工作的指导思想、理论基础考虑。

在座的同志们大多是学法的，仲裁和法律有没有关系？确实有关系，但仲裁是一个独立的客观事物，不是简单适用法律的活动，也不是司法活动。仲裁作为一种纠纷解决方式，是一种社会纠纷解决工作和活动，因此，搞仲裁的同志们应该更多地研究社会矛盾和纠纷的产生发展，研究摸索如何解决好社会矛盾和纠纷。这里我想跟大家共同分享几条有关人类社会矛盾纠纷产生和矛盾纠纷解决的关系的基本想法。

第一，人类社会是矛盾性和统一性并存的，不可避免地存在社会个体间的利益矛盾，同时也存在整体利益的趋同，具备矛盾产生和解决的客观必然性。2015 年在青岛我讲过，纵观人类社会，矛盾与纠纷生生不息，绵延不绝。这是我们搞纠纷解决的同志做这项工作最起码需要掌握的一条。

第二，人类社会的矛盾和纠纷只能妥善解决，不可能彻底消灭。对一个社会来说，对待社会矛盾和纠纷的基本态度，不是消灭掉，而是要妥善解决，妥善解决社会矛盾也是人类社会发展的一个重要标志。

第三，人类社会发展得越快，社会矛盾纠纷就会越多，而不是相反。人类社会快速发展带来的是利益主体的增加、利益关系的增加、利益活动的增加、利益纠纷和矛盾的大量增加，不同的、新的、前所未有的利益实现方式的大量增加，因此解决纠纷的需要和需求就越高，纠纷解决方式的发展潜力就越大。改革开放 30 多年来，我国经济社会发展取得了显著成就，也产生了大量的纠纷，这是正常的、也是必然的；同时在客观上也对整个社会纠纷解决体制提出了更高的要求，要求整个社会纠纷解决体制能够更快、更多、更好地解决社会矛盾。仲裁作为社会纠纷解决体制中的一种方式，应该更好地应对。

第四，社会矛盾和纠纷解决需要是第一性的，纠纷解决方式是第二性的，任何纠纷解决方式的发展必须适应社会矛盾和纠纷的发展趋势，必须服从并服务于社会矛盾纠纷解决的需要，而不是相反。这是发展我国仲裁工作的理论基点。

第五，社会矛盾纠纷的性质决定着纠纷解决的方式，决定着纠纷解决的发展，非对抗的社会矛盾和纠纷要坚持用非对抗的纠纷解决方式来解决。近几十年我国的矛盾纠纷很多,但概括来讲,都是我们国家和社会在发展中的纠纷和矛盾,是在发展的大前提下的利益纠纷和矛盾,不是根本性、对抗性的矛盾和纠纷。因此,这些纠纷应该尽可能多地用非对抗的纠纷解决方式来解决。仲裁是一种非对抗的纠纷解决方式,对经济、对社会有极强的融合性,因此我国矛盾发展情况,对仲裁来说应该是一个很大的发展机遇。问题就在于,我们在处理纠纷的时候是不是都用了非对抗的方法和方式。

第六,我曾在厦门座谈会上讲过,从仲裁对经济社会发挥的作用来看,仲裁也是生产力。实际上,好的纠纷解决方式也是生产力。2015 年在青岛我又讲,社会矛盾和纠纷的解决也是推动人类历史发展的重要动力,它与经济发展、与社会文明建设一样,也是社会进步的重要引擎,这也是一个最基本的道理。纠纷解决对于社会来说,对整个社会的发展起了重要的推动作用。在当今世界,无论从国内国外看,社会矛盾纠纷正处在多发时期,大家都讲诉讼爆炸,实际上诉讼不会爆炸,是社会纠纷和矛盾爆炸。我们一定要清醒地认识到,这个时期既是社会矛盾纠纷的多发时期,更是纠纷解决方式的变革时期。在这个时候,“顺者昌、逆者亡”,我们要迅速地进行变革,打造一个新型的、现代的中国仲裁,符合我国仲裁事业发展的客观需要,满足经济社会对我们的客观要求。这几条是对“两化”的指导思想和理论基础的基本考虑。“两化”需要把 20 年已经被我们这一代仲裁人证明了的仲裁在新的历史条件下正确处理人民内部矛盾、妥善解决社会纠纷、在我们国家社会治理中的巧实力、软手段的作用推向社会各个领域。过去,商事仲裁是商人之间的游戏,是富人俱乐部,如今把它打造成公众仲裁、社会仲裁、人民仲裁,“昔日王谢堂前燕,飞入寻常百姓家”。要更多更好地解决社会矛盾和纠纷,以便壮大我们、发展我们,最终完成创业任务,更好、更充分地满足经济社会对我们的要求。我们有些同志可能一时还不能理解,这不要紧,思想慢慢通,但我们会经常讲。

做好“两化”工作有几个重点,希望同志们认真抓好。

第一个重点是汇报。搞“两化”工作在某种意义上讲就是让仲裁进大局、进全局,不进大局、不进全局就没有作用,没有地位。仲裁要进大局、进全局,关键是要向当地党委政府做好汇报。案件受理多样化、纠纷处理多元化、少敲槌子多解扣子,这些语言党委政府一听就懂,就能明白这项工作有多重要的意义。仲裁要向社会各个领域进军,如果没有党委政府的支持,没有社会各个部门的支持,是很难办到的。一定要在党委政府的领导下,争取党委政府重视和支持。事实也证明,“两化”工作能得到党委政府的重视和支持。这里有很多鲜活的例子,深圳仲裁委搞了“两化”,党委政府就前所未有的对仲裁工作重视，通过“两化”工作对仲裁工作给予了重视。所以，这是前提性、基础性、首要的工作。大家别闷头干，我们是在为社会服务，是满足经济社会发展的要求，要先请示、先报告，争取支持、争取重视，很多仲裁机构已经有了成功的经验，大家可以相互借鉴。

第二个重点是制作一个好方案，把方方面面动员起来。工作方案要能体现出“两化”是大局、全局的工作，是要动员方方面面支持的工作。

第三个重点是要解决思想认识问题。干任何事情思想第一，但也不能等思想问题都解决了再干，能认识到什么程度就先干到什么程度，随着实践的不断深化，认识也会不断地深化。

第四个重点是要让仲裁员成为能解扣子的仲裁员，有更多解扣子的本事，不能光是敲锤子，敲锤子的本事固然重要，但可以增加一些本事。譬如，能够制定出双方都能接受的方案，组织双方当事人像谈判一样谈谈纠纷的解决。仲裁不是第三方主宰当事人命运的纠纷解决方式，而应该成为在第三方的参与下，通过调动当事人对自身民事权益处分的权利来解决纠纷这样一种方式。在贵阳会议上我说过“仲裁是民主的纠纷解决方式”，就是这个意思。不是有纠纷了将自己的权益交给第三方去主宰，而是要能启发当事人认识到共同平和解决纠纷的必要性、利益性，从而使他们能够自觉自愿地利用他们对自身民事权益的处分权利来平和地解决纠纷，这是最重要的。所以我们的专家应该是能够靠解扣子解决纠纷的专家。

总之，我们已经确定了“两化”战略作为实现二次创业的基本战略，希望大家努力探索。在这个过程中，要允许出错，但我想在这个大方向下不会出什么大错，因为我们着眼的是为经济社会发展服务。由于时间关系，我就讲到这。我相信我国仲裁事业的创业任务最终一定能够完成，“两化”在当前来说是我们的发展战略，对今后来说，它很可能是我们的社会纠纷和矛盾解决的一条正确道路。沿着这条道路，会不断走向中国仲裁事业发展的辉煌。①

2. 2016年10月19日，国务院法制办赵振华同志在全国仲裁工作年会上的讲话

在重庆市委市政府的关心支持下，在重庆市法制办、重庆仲裁委的精心筹备下，在仲裁界的共同努力下，2016年全国仲裁工作年会顺利完成各项议程，即将圆满闭幕。这次

① 重庆委员会：《卢云华同志在2016年全国仲裁工作年会上的讲话》，载重庆委员会网：http://www.zzac.org/llyd/381417.shtml，最后访问日期：2017年12月10日。

会议主题突出、组织紧凑，开的很有成效。十几个中央国家机关的有关领导同志以及全国20多家省级政府法制机构的负责同志应邀参加会议，充分体现了党和国家、各地政府对仲裁工作的重视和支持。会议期间，有关单位经过精心准备，着眼于全国仲裁工作的全局和大局，针对仲裁"两化"战略的实施和仲裁机构廉政建设等，提供了很好的经验介绍和工作意见，反映了仲裁界同志们高度负责的工作态度和敬业精神。会议交流发言各有侧重、各具特色，很有借鉴意义，希望对与会同志都有所启发。

2016年是《仲裁法》实施第21年。过去的20年，全国仲裁界的同志们始终坚持为改革开放服务、为社会主义市场经济服务的正确方向，克服重重困难，胸怀大局、努力实践、积极探索，公正及时妥善地处理了大批民商事纠纷，很好地完成了创建中国特色社会主义仲裁事业的任务，走出了中国特色的仲裁发展道路。20年来，全国先后成立244家仲裁机构，年受案由《仲裁法》实施第二年100多家仲裁机构年受理案件1000余件，发展到2015年受理案件13.7万件，是过去的130多倍，并连续20年保持了受案数量和标的额增长，年均增长率高达30%多，累计受理民商事纠纷100多万件，标的额17,900多亿元；大部分案件采取调解或和解方式解决，司法监督纠错率不到1%，显现出在新的历史条件下正确处理人民内部矛盾、妥善解决社会纠纷的强大功能，赢得了越来越广泛的社会认可。我国用了20年的时间走过了发达国家几百年的仲裁发展道路，已经成为运用仲裁方式解决民商事纠纷最多的国家之一。全国仲裁工作的快速发展，为促进经济社会发展做出了重要贡献，也为加快发展我国仲裁事业打下了良好基础。

自党中央提出"四个全面"战略布局以来，各级党委、政府努力在新的起点上谋划推进经济社会发展。如何发挥好仲裁工作在服务经济社会发展中的重要作用，需要同志们认真思考、积极谋划。形势决定任务，决定方针、政策。考虑在新的历史条件下全国仲裁工作的发展思路和指导思想，需要我们对现阶段仲裁工作的基本形势和发展规律有一个科学判断和把握。总的来看，发展我国仲裁事业，机遇与挑战并存。

党中央、国务院一直高度重视仲裁工作，特别是党的十八大以来，针对仲裁工作作出了一系列重大决策部署。党的十八届四中全会明确提出"完善仲裁制度，提高仲裁公信力"，为仲裁工作指明了方向。"十三五"规划纲要将仲裁纳入社会治理的总体布局，提出要完善包括仲裁在内的法定诉求表达机制和多元化纠纷解决机制，这既是对全国仲裁工作的肯定，又为拓宽仲裁服务领域、推动仲裁事业发展提供了强大动力。

另外，随着国家各项改革的不断深入，社会利益冲突不断涌现，新形式的矛盾复杂多样，社会对化解矛盾纠纷的需求非常强烈，对解决矛盾纠纷的能力也提出更高要求。从实践看，仲裁处理案件的种类和范围仍主要集中于普通的商事案件，解决纠纷的方式、手段还比较单一,化解矛盾的能力明显不足,仲裁解决纠纷、化解矛盾作用的发挥还远不适应经济社会发展的迫切需要。长期以来制约仲裁发展的先进的仲裁法律制度与相对滞后的社会仲裁意识以及初始的仲裁工作水平之间的矛盾,仲裁工作发挥的作用与经济社会发展要求还不相适应的矛盾没有得到有效解决。仲裁的优势和特点尚未完全发挥出来,仲裁工作的发展潜力和发展空间都还很大。

针对全国仲裁工作面临的新形势,仲裁界在总结我国仲裁发展实践,研究我国仲裁发展规律和当今国际上纠纷解决方式发展趋势的基础上,提出了仲裁受理案件多样化、纠纷处理多元化的发展思路,立足于通过仲裁的广泛发展,大幅提高仲裁的社会作用,确立仲裁在我国经济社会中的社会地位。"两化"的提出和实践,取得了初步成效。2014年开展仲裁"两化"试点工作,先后有74家仲裁机构加入试点,部分仲裁机构虽未加入试点,但也在积极进行"两化"探索。各仲裁机构无论是在受理案件方面,还是案件处理方面进行的探索实践,都取得了显著的成效。绝大多数仲裁机构的受案数量有了较大增加,仲裁的服务领域不断拓宽。实践证明,"两化"符合我国仲裁工作的实际,契合经济社会发展的要求,能充分彰显仲裁在处理人民内部矛盾中的专业价值、社会价值和政治价值,是我国仲裁事业今后发展的方向,是引领我国仲裁事业发展的总战略,也是促进我国仲裁事业发展的总策略。

关于"两化"工作,我再谈三点意见,供同志们参考:

第一,充分认识"两化"工作的重要性。近年来,党中央坚持以民为本、以人为本的执政理念,把民生工作和社会治理工作作为社会建设的两大根本,高度重视、大力推进。习近平总书记明确指出,国家治理体系和治理能力现代化是一个国家的制度和制度执行能力的集中体现。仲裁作为社会治理体系的重要组成部分,要积极适应经济发展新常态和结构性改革新要求,服务经济社会发展,服务党和国家大局,站位要高。"两化"适应新时期解决各类矛盾纠纷的现实需要,致力于把仲裁软手段巧实力的功能全面推向社会各个领域,树立"少敲槌子,多解扣子"的纠纷解决理念,充分借鉴各种纠纷解决方式的优势,公正仲裁案件,积极化解纠纷,促进和好合作,能够最大限度地发挥仲裁的优势和特点,在更广泛的领域、采用更丰富的手段化解矛盾、解决纠纷,对促进经济社会发展、完善国家治理体系、推进治理能力现代化,都具有重要意义。仲裁界要深刻理解"两化"含义,充分认识"两化"对促进经济社会发展的深远意义,进一步统一思想,把"两化"工作摆在推动国家事业发展的战略位置,使仲裁工作与国民经济和社会发展的需求相适应,与党和国家大局相适应,与实现全面建设小康社会奋斗目标要求相适应。

第二,认真总结经验,大胆探索实践。“两化”工作的探索性、实践性都非常强。各仲裁机构要把仲裁工作规律与各地实际密切结合,探索符合当地实际的工作模式和发展路子;要在继承和坚持过去好的经验和做法的基础上,努力探索矛盾纠纷出现的新领域新问题,积极使用“少敲锤子多解扣子”的方式化解矛盾、处理纠纷,进一步拓展仲裁服务领域,提高仲裁服务水平;要积极收集、学习国际国内各种矛盾纠纷解决方式进行的探索实践,提高自身化解矛盾、解决纠纷的能力;要加强学习交流,已经进行探索实践的仲裁机构要做好工作方法和典型案例的收集编写工作,积极总结推广经验,推动全国仲裁共同发展;要把“两化”作为推动仲裁事业发展的内在动力,不断提高仲裁在社会矛盾纠纷化解体系中的位置,提升仲裁的社会地位和社会作用。

第三,最大限度地发挥“两化”在仲裁跨越式发展中的重要作用。我国仲裁事业经过20年的发展,取得了辉煌的创业成就,但离“二次创业”确立的“把我国仲裁事业为社会主义市场经济建设发挥的积极作用提升为重要作用”的目标还有相当大的差距。传统的商事仲裁服务范围比较窄,解决的纠纷主要集中在商事领域,处理矛盾纠纷的手段和方式也比较单一,难以应对复杂多样的社会矛盾纠纷,不能在很大范围内满足社会纠纷解决需求,这决定了仅靠商事仲裁解决不了仲裁社会作用提升的问题,更解决不了仲裁地位的确立和巩固。仲裁要提升作用、巩固地位,必须扩大服务范围,丰富解决纠纷的手段,从而获得我们的社会价值,获得发展的动力和源泉。“两化”旨在继续加大受理商事纠纷的同时,积极面向社会各个领域广泛受理涉及财产权益的民事纠纷,最广泛地满足社会主体的需求,用最灵活多元的方式化解社会矛盾纠纷,把仲裁的对象和影响扩大到全社会,巩固和提升仲裁在全社会的地位,是实现仲裁“二次创业”宏伟目标的重要举措,对实现仲裁事业跨越式发展具有战略意义。

一项事业的发展,方向是根本,队伍是关键。我国仲裁事业之所以能在短短20年的时间内取得如此辉煌的成就,一是坚持了正确的工作指导思想和发展方向,二是有一支不畏艰难、敢于担当、迎难而上、勇于奋斗的仲裁工作队伍。在我国仲裁事业20年的创业历史中,我们这支队伍表现出很好的事业心、责任感,表现出很好的奋斗精神,表现出很好的吃苦耐劳的精神,经过20年不懈努力,创建了中国特色社会主义仲裁事业。

党的十八大以来,以习近平同志为总书记的党中央立足对国家民族前途命运的深刻把握,把全面从严治党纳入“四个全面”战略布局,深入推进廉政建设和反腐败斗争,取得了显著的成效,得到了全党全国人民的衷心拥护。党和国家的建设对包括仲裁事业在内的社会主义各项事业的发展都具有重要意义。仲裁作为推动国家经济社会发展的重要方式和手段,是联系社会各方、服务千家万户的公益性、服务型行业,与人民群众的根本利益密切相关,其行风建设始终得到社会各方面的高度重视。做好仲裁机构廉政建设,建设风清气正的仲裁行业,将直接关系仲裁事业能否真正实现科学发展、健康发展,直接关系人民群众对党和政府公信力的认同,直接关系我党执政能力的增强和执政地位的巩固。

《仲裁法》实施以来,全国仲裁机构在各级党委政府的领导下,高度重视廉政建设,在仲裁队伍建设、廉政文化建设和惩防体系构建等方面采取了一系列措施,取得了较好效果。20年来,我国仲裁工作没有出现大的问题,总体上说是比较好的。随着我国仲裁事业发展,仲裁纠纷解决方式将在社会稳定的大局和全局中发挥越来越重要的作用,对仲裁工作提出了新的更高要求。但与之相对应的,我国仲裁队伍的政治历练还不够,政治经验还需要提高,党内政治生活经历、经验都有待进一步加强,仲裁行业反腐败标本兼治的长效机制还不够完善,行之有效的新思路、新方法、新措施还不多,从源头上治本的措施和手段相对薄弱,同时,随着我国经济社会发展环境发生深刻变化,领导干部遭受腐蚀的现实危险性不断增加,加强仲裁机构廉政建设显得尤为重要和紧迫。

全国仲裁界应高度重视仲裁机构廉政建设,在思想上、行动上与党中央反腐倡廉的战略决策保持高度一致,在当地党委政府的领导下,严格按照党中央廉政建设的要求,认真做好仲裁机构廉政建设的各项工作,全面提升仲裁发展软实力。一要加强组织领导,全面落实主体责任。要坚持把廉政建设与业务工作一同谋划、一同部署,建立主体责任清单,完善责任考核体系。二要从严从实管理,强化干部队伍建设。严格规范选人用人关键环节,健全仲裁员和仲裁工作人员的监督管理和考核机制,全面提高仲裁队伍的政治素养和业务能力。三要抓住关键环节,强化廉政风险防控。要构建决策科学、执行坚决、监督有力、制约有效的权力运行体系,抓好惩防体系建设,坚持抓早抓小,把问题发现和解决在萌芽状态。四要弘扬新风正气,不断深化作风建设。要引导仲裁队伍牢记使命、勇于担当、勤勉敬业、主动作用,始终保持风清气正、干事创业的良好作风。

另外,借此机会,有几项具体工作需要强调一下:

一是关于区域仲裁工作会议。2016年年初座谈会后,各参会单位积极贯彻落实会议精神,作了大量工作。各区域协调人也组织区域内仲裁机构召开了区域仲裁工作会议,往年都有1~2个联片会议因各种原因未能召开,今年4个联片会议全部召开了,并且还有不少创新的做法,比如:东南、东北区域开展了仲裁工作特色奖评比活动,并签署了《加强仲裁机构廉政建设、提升仲裁公信力倡议书》,希望继续保持。区域仲裁工作会议是每年年初全国仲裁工作座谈会的延续,是传达全国仲裁工作部署、总结仲裁工作情况、交流仲裁工作经验的重要会议,各仲裁机构要高度重视。各片区协调人和承办单位要认真准备、精心组织,各仲裁机构的主要负责同志都要参加会议,有特殊情况不能参会的同志要向我办请假并说明理由。

二是关于仲裁案件受理情况的统计工作。每年各仲裁机构都要通过省级政府法制机构报送当年受理案件情况。从往年执行的情况看,部分仲裁机构报送的数据存在少报、漏报的情况,这将影响我们客观准确地了解全国仲裁工作情况,影响对仲裁工作形势的正确判断,请各仲裁机构继续做好仲裁案件受理情况的统计工作,一要确保上报数据准确,二要严格按规定时间上报。

三是关于年度工作总结和来年工作安排的报送工作。为了更全面了解全国仲裁工作情况,加强经验交流和推广,推动全国仲裁共同发展。从2016年开始,请各仲裁机构在报送统计数据的同时,将当年工作总结和来年工作安排一并上报。我办届时也将发通知进行布置,请各仲裁机构做好准备,按通知要求做好此项工作。

同志们,全面建成小康社会的时间已经很紧,作为担负维护社会稳定、促进经济发展重任的仲裁界,使命光荣而艰巨。让我们以昂扬向上、奋发有为的精神状态,进一步统一思想、凝聚力量、攻坚克难、奋勇向前,不断谱写仲裁工作新篇章,开展仲裁发展新局面,为全面建成小康社会、实现中华民族伟大复兴的中国梦,做出新的更大贡献!①

3. 2016年9月29日,国务院法制办卢云华同志在中国仲裁高峰论坛上的讲话

很高兴参加本次中国仲裁高峰论坛,与大家一同观察和分享中国仲裁事业发展20年的成就以及新时期仲裁事业的发展方向。

《仲裁法》的贯彻实施是我国社会主义市场经济建设和改革开发的重要事件。从1995年仲裁法实施至今,经过近20年的发展,我国仲裁事业到长足发展,发展水平显著提高。在《仲裁法》实施之初,全国仲裁界在认真分析我国仲裁国情的基础上,根据我国仲裁事业客观存在的先进的仲裁法律制度与相对滞后的社会仲裁意识和初始的仲裁工作水平之间的基本矛盾,确立了“发展我国仲裁事业,推行仲裁法律制度是根本,融入市场经济是关键”的根本工作指导思想,豪迈地提出,努力使仲裁法律制度成为社会主义市场经济的重要保障制度,努力使仲裁成为解决我国民商事纠纷的主要手段,努力使我国

① 重庆委员会:《赵振华同志在2016年全国仲裁工作年会上的讲话》,载重庆委员会网:http://www.zzac.org/llyd/381417.shtml,最后访问日期:2017年12月10日。

成为世界仲裁大国,并成为具有国际公信力的仲裁大国。20年来,经过全国仲裁界的艰苦努力,克服重重困难,走出了一条符合我国国情实际的仲裁发展道路,取得了显著成就。我国仲裁过去20年的发展成就,主要体现在以下几个方面:

第一,1995年《仲裁法》的实施,实现了从“行政仲裁”向现代商事仲裁“制度上”的转变,仲裁成为经济领域内与诉讼并行的、独立的纠纷解决制度。

第二,实现了“仲裁机构体系”的重新构建:《仲裁法》实施前成立的各类经济合同仲裁机构从其所属的行政主管部门撤销,国内仲裁从之前按照不同行业部门,以及行政级别设立的“仲裁机构体系”,转变为按照地域,即“设区的市所在地”为基本框架设立的当前的“仲裁机构体系”。

第三,国际、国内仲裁按照不同制度并行:一方面,中国国际商会早在仲裁法产生前设立的涉外仲裁机构(贸仲、海仲),与各地政府牵头组建的仲裁机构在《仲裁法》框架下共同发展;另一方面,涉外/国际仲裁与国内仲裁,在仲裁法及相关法律、制度中均被区分对待。

第四,仲裁机构数量及其处理纠纷的数量和标的额逐年增长,且近几年增长迅猛。《仲裁法》刚实施的1996年,全国100多家仲裁委员会年受案1000件,到2015年全国244家仲裁委员会年受案13万多件,是当初的130倍,并连续实十几年保持受案数和标的额增长势头不变,年均增长率高达30%,累计受理案件近百万件,标的额13,000多亿元。大部分案件采取调解和解方式解决,司法监督纠正率不到1%,显现出仲裁在新的历史条件下正确处理人员内部矛盾、妥善解决社会纠纷的强大功能,赢得了越来越广泛的社会认可。

第五,仲裁机构成为主导我国仲裁发展的力量,但机构之间发展还不够平衡。2015年全国仲裁机构平均受理案件561件,超过这个平均数的仲裁机构只有62家;全国仲裁机构平均标的额17亿元,超过这个平均数的只有51家,分别占全国的25%和20%,也就是说,还有大约3/4的仲裁机构低于全国发展的平均水平。这种状况并不是说发展较慢的仲裁机构拖了全国仲裁发展的后腿,而是进一步说明了我国仲裁机构的发展还严重不足,发展的潜力巨大。

目前,我国有一批仲裁机构无论是办案数量还是软硬件建设已经赶上国外知名仲裁机构,我国用了20年的时间走过了发达国家几百年仲裁发展道路,已经成为运用仲裁方式解决民商事纠纷最多的国家之一,正在由仲裁大国向仲裁强国努力。

今天,在我们热烈而深情地回顾《仲裁法》实施20年取得的辉煌成就的时候,全国仲裁界的同志们深深地感到,所有这些成绩都是党和国家、社会方方面面支持、关心和帮助的结果。借此机会,我代表全国仲裁界对各位领导、各位专家,对你们长期以来对仲裁工作的支持表示衷心的感谢!

实践证明,仲裁发展工作在中国并无先例可循,国外的经验也不能生搬硬套,唯有各仲裁机构结合自身特点,不断解放思想,不断创新服务方式,解决受案局限性的问题,才能为仲裁的发展赢得更加广阔的空间。

武汉仲裁委员会自1997年成立以来,始终秉承“敢为人先,追求卓越”的武汉城市精神,坚持“发展是第一要务,走创新驱动、科学发展”的道路,积极融入市场经济,主动为市场主体服务,不断解放思想,不断创新服务方式和工作机制,坚持走专业化、规范化的道路,不断加强案件管理质量,努力提升自身的公信力。经过近20年的不懈努力,武汉仲裁委员会已经发展成为全国仲裁机构的“排头兵”,其受案数量连续14年全国排名第一,其发展模式、管理方式成为全国仲裁机构竞相学习的目标,武汉仲裁委员会是中国仲裁事业发展的一面旗帜。

纵观人类历史,矛盾与纠纷无时无刻地存在,生生不息,绵延不绝。只能妥善解决,不可能彻底消灭。伴随着经济社会发展,民商事纠纷迅速增长已成趋势。任何一种纠纷解决方式的发展,首先要服从人类社会纠纷解决的需要,而不是相反。仲裁是解决经济社会矛盾的专业平台,经济社会越发展,对矛盾纠纷解决的需求就越迫切,仲裁理应适应这种需求,发挥应有的作用。

我国经济正处在加速转型期,经济发展速度放缓,各项社会管理改革步步深入,环境问题、民生问题等日益突出,各种社会矛盾纠纷大量产生,种类繁杂,社会对矛盾纠纷解决处理的需求强烈。面对这种形势,我国多元化解决矛盾纠纷的主体不断增加,机制正在逐步完善,但仲裁机构受理案件的种类、范围,还是主要集中于传统的商事案件,解决纠纷的方式、手段还比较单一,化解矛盾的能力明显不足,仲裁解决纠纷、化解矛盾作用的发挥还远不适应经济社会发展的迫切需要,仲裁的社会地位还没有显著的提升。

近年来,随着改革开放的不断扩大深入,特别是“长江经济带”“一带一路”等战略的提出和实施,我国经济与世界经济的交往和依存度越来越高,一些国际上知名的仲裁机构正采取各种各样的方式想方设法进入我国的仲裁市场,来自国外仲裁机构的竞争是我国仲裁界面临的既现实又长远的挑战。要应对这种挑战,从根本上要靠我们自身的快速健康发展,这是我们没有选择的选择。

我认为,我国仲裁机构在今后相当长的一段时间里,仍然要坚持“案件受理多样化、纠纷处理多元化”这个仲裁发展的总战略,尽可能地多办案、办好案。实施“两化”的目的是通过仲裁的大力发展、广泛发展,大幅提高仲裁的社会作用,牢固确立仲裁在我国经济社会中的社会地位，既满足经济社会纠纷解决的需要，同时也把仲裁的独立品牌树立起来。

我们坚持“两化”战略是我国仲裁发展的现实情况所决定的，当前我们面临的形势是：

第一，长期制约我国仲裁事业发展的矛盾仍然是先进的仲裁法律制度与相对滞后的社会仲裁意识以及初始的仲裁工作水平之间的矛盾，仲裁工作发挥的作用与经济社会发展要求还不相适应的矛盾还没有得到有效地解决。主要表现在：一是社会仲裁意识薄弱，我国仲裁制度借鉴国外的制度，具有移植性，当时我国制度长期处在计划经济情况下，当时不需要市场经济主导。仲裁制度一夜之间变为自主解决纠纷的机制，缺乏市场主动选择的过程，因此缺少当事人自主选择的过程。经过20多年的努力及党和政府的支持，仲裁事业得到很大发展，但是仍需要继续努力。二是我国仲裁工作也不适应现行体制的要求，表现为初始阶段的仲裁工作水平，仲裁的品牌优势在各种纠纷解决机制中还没有完全建立，与其他纠纷解决方式没有本质的区别。《仲裁法》颁布实施20多年来，先进的仲裁法律制度与相对滞后的仲裁意识及初始的仲裁水平的矛盾在今后相当一段时间内仍然存在，严重制约了我们仲裁工作的发展。

第二，从我国的政治经济形势考虑，党的十八届三中全会作出全面深化改革的要求，提出国家治理能力和社会治理方式。大体有两件事：一是促进发展，二是解决矛盾。仲裁担负的职责就是解决矛盾，无论是中央还是当地政府，解决矛盾历来都是党和政府高度重视的。我们要重新正确认识仲裁在新的历史时期的作用，也要让社会认识到仲裁的优势，这些事情需要通过一定的方式将强大的功能做出来、展现出来。现在用“两化”的方法是否可以充分些，不能只敲锤子不解扣子，如果仲裁只是提供是非标准和是非判断，靠判断谁对谁错吃饭，最终不能长远。对仲裁来说，公正是前提，仲裁要公正但不能止于公正，还需要解决问题。仲裁的目的是解决问题，让双方当事人都满意，这才是仲裁的境界，仲裁具有处理社会矛盾的强大功能。全国仲裁一年作出的裁决中，被撤销的比例比人民法院上级法院对下级法院作出判决重审、改判的比例低得多，说明仲裁可以让双方当事人更满意，因此具有处理社会矛盾的这个功能。

第三，从国际解决纠纷的趋势考虑，我国仲裁与世界仲裁有着千丝万缕的联系，虽然我国仲裁是后发的，但一定不能是落后的，我们要有雄心、志气和信心充分发挥后发优势，站在国际纠纷解决的前沿。经过20年的发展，我们的成绩世界瞩目。有人说中国已是仲裁大国，无论是发达国家还是发展中国家，无论是专门处理国内仲裁还是处理国际仲裁的机构，都对中国仲裁表示赞许。但我们仍然要看到，我们的仲裁与国际发展趋势及速度相比，还需要发展再快些，现在仲裁的主要优势体现在数量上，在内涵上有一定的特点。我们用20年走过发达国家几百年走过的路，要想让我国仲裁继续走得更远更好，不仅能为我国经济发展服务，同时让使我国仲裁让全世界瞩目，我们要再加把劲。

第四，"两化"并不是谁的主观愿望和想象的产物，而是中国仲裁20年来实践的总结。当前，多元化已经成为国际上的矛盾纠纷解决主体和方式的发展趋势和方向。在美国和欧洲国家，解决矛盾纠纷的主体已不单靠法院和仲裁机构，解决纠纷的方式也不单是判决和裁决。尤其在美国，多元的解决主体和多元的解决方式已很普遍，我们中国人发明的调解，在美国运用得非常好。因此"案件受理多样化、纠纷处理多元化"是一个必然选择。"两化"的实践和多元化纠纷解决机制在美国的出现有着异曲同工之效。美国多元化纠纷解决机制的最初动机是为司法减负，得到的结果是促进经济社会的发展。其结果意义远远大于最初的动机。在我国，有相当一部分仲裁机构已经开始"两化"的实践，有交通肇事、医疗事故、城中村改造和确权等。这样尝试的结果，在新的历史条件下，仲裁在一定程度上解决了人民的内部矛盾。有些仲裁机构与政府机关合作，使仲裁在行政争议中发挥作用，在党和政府负担最重的信访案件中发挥作用，仲裁的功能已经进入党和政府的服务领域，这些大有前途。

2014年2月，国务院法制办召集19家仲裁机构的代表在武汉专门开会对"两化"问题进行了研究讨论，得到了普遍的赞同和认可，在这次会议上决定开展"两化"试点工作，鉴于武汉仲裁委员会多年来在"两化"工作中的示范引领作用，会议明确武汉仲裁委为全国"两化"试点工作牵头单位。

试点工作一是案件受理多样化。在继续加大受理商事纠纷力度的同时，积极面向社会各个领域广泛受理涉及财产权益的民事纠纷，尽可能多地解决社会矛盾。积极探索与司法机关、行政机关、信访部门和行业组织等合作，将具有财产权益争议的诉讼案件、行政调解案件等先行引入仲裁处理。二是纠纷处理多元化。全面开展调解和解、仲裁确认、友好仲裁、工程评审、争议评估、仲裁斡旋和谈判等各种纠纷解决方法的实践，努力提高"三率"：民商事案件快速结案率、纠纷调解和解率、裁决自动履行率，避免靠简单裁决方式解决矛盾，尽最大可能化解纠纷，让争议双方当事人都能满意。

两年多的试点工作实践证明，产生于仲裁实践的"两化"符合我国仲裁工作的实际，适应我国经济社会发展对仲裁工作的需要，得到仲裁界的普遍认可。"两化"符合我国仲裁事业发展的方向，是今后我国仲裁事业发展的总战略，是仲裁事业发展的必由之路。

2016年于中国仲裁界而言，是一个新的起跑线。近日，在国务院法制办的主持下，2016年全国仲裁工作座谈会在京召开，确定了进一步推进"案件受理多样化、纠纷处理多元化”的发展方向,将试点成果转变为全国性成果的“两化”发展路径。

今天,中国仲裁界正站在新的历史发展起点上,以更高的发展境界,更宽远的发展视野,谋划和立志打造中国仲裁升级版。他们根据国家经济社会发展的要求,结合世界纠纷解决方式的发展趋势,提出要树立“少敲锤子多解扣子”的新的纠纷解决理念,全面实施“受理案件多样化、处理纠纷多元化”的发展战略,努力把仲裁在国家社会治理、妥善处理纠纷、维护经济社会稳定的软手段、巧实力的功能,全面推向经济社会各个领域。

(三)其他活动

2016年是全国仲裁“两化”试点改革工作落实与推进的第3年。各仲裁委继续落实国务院法制办有关文件会议精神、市委市政府和市委改革办的工作要求与部署,深入推进仲裁“两化”试点改革工作任务。全国各仲裁委试点单位围绕“两化”试点积极探索,创新推出了一批好经验、好做法,为仲裁发展提供了鲜活的样板和可操作的路径。仲裁事业是全面推进依法治国战略的重要组成部分,“两化”试点工作适应并契合了当前我国经济社会发展需求,同时“两化”试点发展战略也是中国未来仲裁事业的发展方向,是一项系统工程。全国仲裁机构应不断认真学习,发挥仲裁在互联网、高科技、金融、房地产、证券等新领域的作用,为经济社会发展提供更好的仲裁服务,推动仲裁工作上新台阶。

石家庄仲裁委坚持把仲裁“两化”工作融入发展、融入改革、融入民生。为此积极筹建金融仲裁院,加强与银行等金融领域对接,并开展知识产权、建筑行业仲裁院的探讨调研工作,为了进一步简化仲裁程序,降低金融企业化解纠纷风险维权成本,在认真总结经验的基础上,借鉴外地仲裁机构先进做法,推出了新型仲裁服务产品“仲裁确认”,并组织召开工作座谈会,制定规范流程,明确优惠政策,把仲裁确认落到实处。

哈尔滨仲裁委以仲裁“两化”战略为指引,积极开展仲裁“两化”试点工作,为了加强宣传力度,创办了《哈尔滨仲裁》简报并与黑龙江省及哈尔滨市法学会联合创办了《仲裁视点》专刊;为了健全纠纷化解平台,办公区域进行了合理划分并成立了多个分支机构,通过多种渠道、运用多种方式化解市民和市场主体的矛盾。

惠州仲裁委继续落实国务院法制办有关文件会议精神、市委市政府和市委改革办的工作要求与部署,制定与执行了《惠州仲裁委员会落实〈惠州市全面深化改革2016年工作要点任务分解表〉施工方案》等文件,仲裁“两化”试点改革工作任务全面出色完成,其中“函告和解”、金融仲裁等仲裁“两化”试点改革具体工作经验广泛关注与领导的充分肯定。

淄博仲裁委通过持续推进仲裁法律制度宣传、不断提升仲裁案件办案质量和效率、全面强化仲裁队伍建设等主要方式,扎实推进全国“两化”试点工作,并且大胆探索,勇于创新，彰显仲裁制度灵活便捷、专业高效的优势特点，积极融入多元化解纠纷机制，为当地经济社会发展保驾护航，“两化”试点工作再上新台阶。

榆林仲裁委以被列为“两化”试点为契机，成立试点工作领导小组、制定仲裁制度宣传方案、重视多元化纠纷解决机制，不断扩大仲裁受案范围，丰富仲裁处理方式，加强仲裁业务建设，推广仲裁法律制度，从而使仲裁发挥推动发展、化解矛盾、维护稳定的重要作用。

宜昌仲裁委紧紧围绕市委市政府中心工作和大城建设的目标，不仅积极探索创新仲裁多元化解社会矛盾纠纷的机制，还坚持依法公正办理案件，不断提升仲裁公信力，特别是扎实开展“两学一做”，严守党的各项纪律规矩，从而不断提高办案质量和服务水平，推动仲裁工作全面发展，积极为宜昌的经济建设和社会和谐稳定做出新的贡献。

盐城仲裁委以“区别层次、确定目标、分解任务”为工作手段，以“多点联动、以点带面、点面结合”为工作方法，充分利用仲裁制度宣传的效果推动仲裁“两化”试点工作，用创新手法克服传统推介手段和方式的不足，以扩大仲裁“两化”试点工作覆盖面和加大推介工作市场化投入为重点，不断创新仲裁“两化”试点宣传与推介工作思路和机制。

烟台仲裁委紧紧抓住发展机遇，努力发挥工作职能，全面推进“两化”试点工作，除了健全仲裁组织网络，夯实“两化”工作根基，还成立仲裁中心，搭建专业化服务平台，此外，还从思想政治教育、仲裁能力提高、纪律作风规范等方面入手，加大仲裁员培训与管理力度。不断深入推进“两化”试点工作，为烟台经济社会发展做出更大的贡献。

襄阳仲裁委作为全国仲裁“两化”试点单位，将“两化”工作重点放在了提升社会仲裁意识与提升仲裁工作水平上。不仅加强仲裁工作的宣传，扩大仲裁影响力，还坚持以过硬的案件质量打造仲裁服务品牌，重视仲裁机构公信力建设。襄阳仲裁委着力打造“公平及时、方圆有致”的服务品牌，使仲裁事业发展的基础进一步加强，社会仲裁意识进一步提高，仲裁法律服务领域进一步扩大。

天水仲裁委在推进仲裁“两化”试点工作中，主要采取主动作为、市党政主要领导带头引导宣示、分管领导直接参与督办、有关部门积极配合、自上而下、上下联动的方式，取得了良好的开局效果。

泰安仲裁委自试点以来，加大宣传推行力度，组建各县市区仲裁网络体系，广泛受理案件，开辟新的业务领域，多元化处理纠纷，努力打造“公信如泰山”仲裁服务品牌，试点工作取得了初步成效，仲裁办案数量大幅增长，办案质量稳步提升。

遂宁仲裁委避免靠简单裁决方式解决矛盾，积极探索运用调解和解、仲裁确认、友好仲裁等解决纠纷，努力提高“三率”（仲裁案件快速结案率、民商事纠纷调解和解率、仲裁裁决自动履行率）水准，尽最大可能让争议双方当事人都能满意，从而促成“两化”基本框架的形成。

松原仲裁委在推行“两化”工作过程中，不忘及时汇报，注重加大投入，全方位、多渠道，推介仲裁法律制度，将宣传推行仲裁法律制度作为法治政府建设的重要内容，还与法院建立了仲裁与诉讼有机衔接工作机制，积极与市社会信用体系建设促进会合作，扩大仲裁工作影响力。

深圳仲裁委在全国仲裁“两化”试点工作协调小组的指导下，坚持立足自身发展、紧跟上级部署、洞悉市场需求，认真吸取同行新经验，分析研究仲裁发展战略和策略，不断拓宽仲裁服务领域，延伸仲裁服务职能，在多元化受理案件、多元化解决纠纷方面做了一些工作，较好地发挥了仲裁在社会治理中的作用，促进了传统仲裁主业的发展。

宁波仲裁委通过科学筹划、加强宣传推广、重点突破、强化联动联调工作衔接等工作方式，积极推行“两化”试点工作，在当地影响的扩大和公信力的提高取得了较为显著的成绩，在受理案件数量、标的额增长幅度以及仲裁参与化解矛盾纠纷的领域、地域拓展广度呈现良好的发展势头。

辽源仲裁委成为试点一年以来，严格按照国务院法制办提出的“案件受理多样化、纠纷处理多元化”的指导思想，创新发展仲裁事业，在提升业务素养、增添硬件设施、扩大仲裁认知范围等方面，努力彰显仲裁的地位和作用，取得的成绩得到了当地党委政府及社会各界的一致好评。

连云港仲裁委认真贯彻落实“两化”工作会议精神，抓住机遇，积极主动地开展工作，探索仲裁案件受理的新领域，创新仲裁化解纠纷的新方法。连云港仲裁委开通了“连云港仲裁”微信和连云港发布客户端“仲裁之窗”专栏，充分利用新媒体提高仲裁宣传的效应和层次，传递相关仲裁法律信息，实现仲裁宣传工作与仲裁业务工作的“双赢”。

宝鸡仲裁委在“两化”工作推进中，立足于“抓亮点、固品牌”“寻不足、补短板”“强素质、提效能”的主要方式，勇于克服工作中面临的种种困难和问题，使“两化”工作取得较好的成就。

安阳仲裁委认真安排部署了仲裁“两化”试点工作，在仲裁界首创九段法，并应外地市仲裁机构邀请进行培训交流。“防控法”依托于仲裁理论，立足于仲裁实践，直观化地集中体现仲裁程序中易忽视、易发生风险的程序节点及风险点，对仲裁秘书的日常工作具有很好的规范指导作用，保证了“两化”工作在案件办理过程中的有效开展。

今后，各仲裁委将继续以党的十八大和党的十八届三中、四中、五中、六中全会精神和国务院法制办开展全国仲裁“两化”试点工作座谈会精神为指导，围绕中心，服务大局，进一步以全国仲裁“两化”试点工作为平台、为抓手，进一步巩固与深化仲裁“两化”试点工作的成果，进一步向全国先进仲裁机构学习与推广改革经验，深耕细作，提质扩面，不断拓展仲裁服务领域，为社会全面协调发展贡献更大、更新、更多的力量。

二、仲裁制度建设

（一）最高人民法院发布《关于进一步推进案件繁简分流优化司法资源配置的若干意见》（法发〔2016〕21号）

为进一步优化司法资源，提高司法效率，促进司法公正，减少当事人诉讼成本，维护人民群众合法权益，根据《民事诉讼法》《刑事诉讼法》《行政诉讼法》等法律规定，结合人民法院工作实际，最高人民法院于2016年9月13日，就进一步推进案件繁简分流、优化司法资源配置，发布了《关于进一步推进案件繁简分流优化司法资源配置的若干意见》（法发〔2016〕21号），其中第20条规定：完善多元化纠纷解决机制。推动综治组织、行政机关、人民调解组织、商事调解组织、行业调解组织、仲裁机构、公证机构等各类治理主体发挥预防与化解矛盾纠纷的作用，完善诉调对接工作平台建设，加强诉讼与非诉纠纷解决方式的有机衔接，促进纠纷的诉前分流。促进诉前分流意味着将有更多的案件通过仲裁、调解等替代性纠纷解决方式进行处理，同时也意味着仲裁效能将得到进一步的发挥。①

（二）司法部《关于印发〈关于规范和加强仲裁机构登记管理的意见〉的通知》（司发通〔2016〕55号）

为贯彻落实党的十八届四中全会关于“完善仲裁制度，提高仲裁公信力”的重要部署，规范和加强仲裁机构登记管理工作，2016年6月14日，司法部发布了《关于印发〈关于规范和加强仲裁机构登记管理的意见〉的通知》（司发通〔2016〕55号），其主要内容为：（1）规范和加强仲裁机构登记管理工作的重要性。（2）指导思想和基本原则。（3）主要任务和措施。具体来说，进一步规范仲裁机构登记工作、进一步规范仲裁机构变更备案、进一步加强仲裁机构监督管理、进一步完善仲裁机构登记管理制度。（4）加强组织领导。总之，随着我国经济社会快速发展和法治建设全面推进，仲裁工作还存在登记审查不规范、监督管理不到位等问题。党中央、国务院高度重视仲裁工作，对规范和加强仲裁机构

---

① 最高人民法院《关于进一步推进案件繁简分流优化司法资源配置的若干意见》，载最高人民法院网：http://www.court.gov.cn/zixun-xiangqing-26061，html，最后访问日期，2017年12月10日。

登记管理工作提出了明确要求。规范和加强仲裁机构登记管理工作,是贯彻落实中央关于仲裁工作重要部署,贯彻实施依法行政要求,提高仲裁公信力,充分发挥仲裁工作职能作用的重要举措。各级司法行政机关要充分认识规范和加强仲裁机构登记管理工作的重要意义,切实增强责任感和紧迫感,采取有效措施,依法全面履行登记管理职责,确保中央关于仲裁工作重要决策在司法行政系统得到不折不扣的执行,促进仲裁事业稳步发展。①

三、仲裁案件受理情况

(一)全国受理情况

2016 年全国 251 家仲裁委员会共受理案件 208, 545 件,比 2015 年增加 71, 621 件,增长率为 52%;案件标的总额 4695 亿元,比 2015 年增加 583 亿元,增长率为 14%。其中,受理案件数增加的有 161 家仲裁委员会,占总数的 64%;案件标的额增加的有 140 家仲裁委员会,占总数的 56%。受理的案件中以调解、和解方式结案的有 121, 527 件,占案件总数的 58%。自 1995 年《仲裁法》实施以来,全国仲裁工作连续 20 多年保持受理案件数和标的额增长,年均增长率超过 30%,累计受理民商事纠纷 120 多万件,标的额 22, 600 多亿元,司法监督纠错率始终不到 1%。2016 年受理案件数和标的额再创历史新高。②

(二)区域受理情况

从各区域受案数来看,受案数最多的是华南片区 67, 162 件,第二是中南片区 45, 856 件,第三是华东片区 29, 369 件,后面依次是东南片区 21, 886 件、华北片区 13, 243 件、东北片区 11, 393 件、西南片区 10, 269 件、西北片区 7117 件。从区域内各仲裁委员会平均受案数来看,华南片区平均受案 2316 件、中南片区平均受案 1207 件、华东片区平均受案 918 件,均高于全国平均受案数 831 件。东南片区平均受案 521 件、华北片区平均受案 473 件、西南片区平均受案 380 件、东北片区平均受案 356 件、西北片区平均受案 339 件,均低于全国平均受案数。从各区域案件标的额来看,最高的是华南片区 1146 亿元,第二

---

① 司法部关于印发《关于规范和加强仲裁机构登记管理的意见》的通知,载中华人民共和国司法部网:http://www.moj.gov.cn/index/content/2016 - 09/23/content_7012366.htm? node = 85623,最后访问日期:2017 年 12 月 10 日。

② 山东仲裁委:《2016 年全国各仲裁委案件受理情况》,载山东仲裁委员会官网:http://www.paadsdp.org/view.aspx? aid = 2fccbee5 - 663d - 4923 - 9b58 - bcd624f4c28f&tid = 9caa330d - 2905 - 421b - b422 - 8e1de91b9277,最后访问日期:2017 年 12 月 10 日。

是华北片区705亿元，第三是华东片区627亿元，后面依次是东南片区518亿元、中南片区511亿元、西南片区306亿元、东北片区167亿元和西北片区116亿元。从各区域2016年与2015年的对比情况来看，受案数增长率由高到低排列，依次是华南片区233.1%、中南片区72.4%、西南片区22.2%、华东片区6.1%、东南片区4.5%、华北片区4.0%、东北片区1.8%、西北片区0.2%。案件标的额增长率依次为华南片区63.9%、西南片区39.7%、西北片区13.7%、华东片区3.6%、中南片区0.0%、华北片区-2.9%、东南片区-12.6%、东北片区-23.0%。各区域受案数平均增长率达43%，案件标的额平均增长率为10%。华南片区受案数和案件标的额的增长率高于全国平均水平，华北片区、东北片区、华东片区、东南片区、西南片区、西北片区两项指数均低于全国平均水平。

下　　编

第一章　中国仲裁的历史沿革

《仲裁法》由第八届全国人大常委会第九次会议于1994年8月31日通过，自1995年9月1日起施行。这是适应社会主义市场经济发展的需要，与国际上通行的仲裁制度接轨，用于解决经济纠纷的一部重要法律。依照《仲裁法》的规定，仲裁机构应独立于行政机关，与行政机关没有隶属关系；现有仲裁机构应当依照《仲裁法》的有关规定重新组建。

从新中国成立到1994年《仲裁法》颁布，我国仲裁事业经历了"只裁不审""又裁又审""可裁可审"和"或裁或审"等发展阶段。新中国成立后到20世纪70年代末为"只裁不审"阶段，这一期间的经济合同不是交由法院审查，而是交给经济委员会仲裁解决。从70年代末到1981年是"又裁又审"阶段，这个时期工商局或者经济委员会享有对经济合同纠纷的专属管辖权，一方当事人不服仲裁裁决，可以向上一级主管部门申请复议，对复议决定不服，可以向人民法院起诉，法院审理案件实行两审终审。① "可裁可审"是指发生纠纷时，任何一方当事人既可以向法律规定的经济合同仲裁委员会申请仲裁，也可以向法院起诉。但一方当事人或双方对仲裁裁决不服的，可以在收到裁决书之日起15日内向法院起诉。因此，"可裁可审"实际上就是"裁审自择"和"一裁两审"制度。1981～1991年新《民事诉讼法》施行前，即适用该制度。90年代初《民事诉讼法》的修订确立了我国"或裁或审"制度，仲裁进入第四个阶段。

具体来说，中华人民共和国的仲裁制度，自中华人民共和国成立后至改革开放前是区分中国仲裁和涉外仲裁两种情况的。关于涉外仲裁，1956年4月2日中国国际贸易促进委员会根据中央人民政府政务院1954年5月6日《关于在中国国际贸易促进委员会内设立对外贸易仲裁委员会的决定》，设立对外贸易仲裁委员会（中国国际经济贸易仲裁

① 陈忠谦：《论仲裁裁决的撤销与不予执行——兼谈中国〈仲裁法〉的修改》，载《仲裁研究》2006年第2期。

委员会的前身),中国拥有了自己的涉外仲裁机构。① 由当时的对外贸易仲裁委员会受理对外贸易契约和交易中发生的所有争议,尤其是外国商号、公司或其他经济组织与中国商号、公司或其他经济组织之间的争议。其余的仲裁事项由有关行政机关设立的机构解决纠纷,实行强制管辖。这些做法与世界通行做法相距甚远,无法与国际接轨。② 在这一阶段,由于中国国内经济不发达、法制不健全,所以仲裁事业发展极其缓慢。改革开放后,中国进入了一个新的历史发展时期。随着市场经济体制及法制的不断发展完善,中国的仲裁立法从无到有,由分散到统一,最终制定了单行的仲裁立法,确立了中国仲裁制度的基本框架。

《仲裁法》制定前,中国有 14 部法律、82 个行政法规及 190 个地方性法规涉及仲裁的规定,其内容相互冲突之处并不少见。一方面,《仲裁法》的实施对规范和统一国内仲裁制度、促进我国国内仲裁制度与国际上通行的仲裁制度接轨起到了积极作用。另一方面,当时中国的国内仲裁机构附属于行政机关,多不实行协议管辖,所作裁决也不具有终局性。《仲裁法》彻底改变了这些做法,使仲裁的本来面目得到恢复。③

1994 年 11 月 13 日国务院办公厅又下发《关于做好重新组建仲裁机构和筹建中国仲裁协会筹备工作的通知》(国办发〔1994〕99 号)。该通知强调,为适应社会主义市场经济发展的需要,与国际上通行的仲裁制度接轨,现有仲裁机构应当依照《仲裁法》的有关规定重新组建,先在北京市、上海市、天津市、广州市、西安市、呼和浩特市和深圳市试点。该通知还确定由国务院法制办牵头,国家经贸委、国家体改委、司法部、国家工商总局、贸促会、全国工商联参加,由国务院法制办在适当时机召开试点城市会议。重新组建仲裁机构的工作和筹建中国仲裁协会的工作分两步进行,先进行重新组建仲裁机构的工作,在此基础上再筹建中国仲裁协会,并规定除上述 7 个试点城市外,其他省、自治区政府所在地的市和需要设立仲裁机构的设区的市的人民政府及其有关部门也要认真学习《仲裁法》的有关规定,并按照本通知的精神研究提出重新组建仲裁机构的意见,送国务院法制办。在总结试点经验并研究各地方提出的意见的基础上,由国务院作出统一部署后,依法需要设立仲裁机构的市再按照统一规范着手重新组建仲裁机构。

中国仲裁从 1995 年开始历经了两次创业时期,自 2014 年进入"案件受理多样化,纠

---

① 关于中国国际经济贸易仲裁委员会(以下简称贸仲委)的成立,参见陶春明、王生长编著:《中国国际经济贸易仲裁——程序理论与实务》,人民中国出版社 1992 年版,第 2 页。贸仲委于 1959 年 1 月 22 日成立了海事仲裁委员会(中国海事仲裁委员会前身)。关于中国海事仲裁委员会的成立,参见高菲:《中国海事仲裁的理论与实践》,中国人民大学出版社 1998 年版,第 1 ~ 22 页。

② 参见贵阳仲裁委员会编:《仲裁理论与实务》,贵州人民出版社 2001 年版,第 12 页。

③ 参见宋连斌、赵健:《关于修改 1994 年中国〈仲裁法〉若干问题的探讨》,载《国际经济法丛论》2001 年第 10 期。

纷解决多样化”的“两化”发展时期。本章将总结这三个时期内关于仲裁的制度建设成果以及理论发展，展示我国仲裁制度的发展历程。

第一节　一次创业时期（1995～2004年）

一、1995～1999年

（一）建设成果

在《仲裁法》生效的最初5年内，国家多个机关部委单独或联合发布了数十个法律文件，其中大部分为最高人民法院的司法解释性文件。这些文件对《仲裁法》颁布后，仲裁机构的组建以及组建后的各事宜做了明确安排，还确立了涉外仲裁的“内部报告”制度。而且，根据1996年6月8日国务院办公厅发布的《关于贯彻实施〈中华人民共和国仲裁法〉需要明确的几个问题的通知》（国办发〔1996〕22号），新组建的仲裁机构开始受理国际性仲裁案件，而贸仲委也开始受理国内案件。最重要的是，1999年5月26日最高人民法院颁布《关于人民法院认可台湾地区的有关法院民事判决的规定》的司法解释，该司法解释规定同样适用于认可和执行台湾地区仲裁机构作出的仲裁裁决。其中，明确规定了为保障我国台湾地区和其他省自治区、直辖市的诉讼当事人的利益，认可台湾地区民事判决和仲裁裁决的程序。另外，按照国务院有关机构的安排，上海仲裁委员会、厦门仲裁委员会、广州仲裁委员会、重庆仲裁委员会和中国国际经济贸易仲裁委员会率先试点聘请台湾地区专业人士担任仲裁员。拟聘任的台湾仲裁员，应当具备从事仲裁工作所需要的资历和水平，在台湾地区有一定的代表性，并能够到大陆实际履行仲裁员的职责。1999年年底试点聘任的台湾仲裁员共有16名。

在仲裁机构层面，《仲裁法》生效后，按照该法有关设置仲裁机构的规定①以及国务院办公厅等下发的关于仲裁机构组建的法律文件，截至1999年12月31日，全国共设立152家仲裁机构，当年共受理案件7401件，案件标的额共167万元。其中，受案数量超过100件的仲裁委员会有23家，占15%，它们分别是广州仲裁委员会、北京仲裁委员会、深圳仲裁委员会、上海仲裁委员会、鞍山仲裁委员会、武汉仲裁委员会、青岛仲裁委员会、厦门仲裁委员会、天津仲裁委员会、大连仲裁委员会、济南仲裁委员会、淄博仲裁委员会、潍

① 参见《仲裁法》第10条。

坊仲裁委员会、成都仲裁委员会和西安仲裁委员会。①

（二）特点

1. 法律制度特点

1994 年《仲裁法》作为中国第一部仲裁法的重要性不言而喻，它为我国仲裁制度定下了一个基调，使我国仲裁制度具有以下基础特征。

（1）尊重当事人的意思自治。当事人意思自治是仲裁的基石。这就意味着，当事人参加仲裁程序应该是自觉自愿、善意合作的。在这种理想的情形下，当事人通常能就仲裁程序达成一致。只要双方当事人达成一致意见，不论仲裁过程或长或短，只要不损害公共秩序，都是符合程序公正和效率的。

而当事人的“意思”的最直接体现就是仲裁协议。当事人将任何争议或分歧提交仲裁的协议是仲裁的基础，是仲裁中最重要的前提。仲裁要有效，首先必须存在当事人合意达成的有效的仲裁协议，这一点是每个国家国内法以及国际条约都认可的。

仲裁协议通常以“仲裁条款”的形式在主合同中作出约定，但也可以单独的“仲裁协议”的形式作出约定。但无论哪种形式，都必须有仲裁协议，且仲裁协议必须以书面形式体现。就何为“书面”，各国国内法以及国际条约存在差别，如纽约公约中规定“书面协议”包括当事人所签署的或者来往书信、电报中包含的合同中的仲裁条款和仲裁协议。当然，在通信方式快速发展的今天，许多合同还通过电传、传真或电子邮件的形式传递。在《纽约公约》之后，《国际商事仲裁示范法》（以下简称《示范法》）于 1985 年通过，对“书面”作出了一个比较全面的定义，包括了通过“提供协议记录”的任何电讯手段达成的协议；当事一方声称有协议而另一方不否认的申诉书和答辩书的交换以及在书面合同中对包含“仲裁条款”的文件的援引。

我国《仲裁法》第 4 条和第 5 条规定当事人自愿选择仲裁解决纠纷。其次，《仲裁法》第 16 条规定：“仲裁协议包括合同中订立的仲裁条款和以其他书面方式在纠纷发生前或者纠纷发生后达成的请求仲裁的协议。仲裁协议应当具有下列内容：（一）请求仲裁的意思表示；（二）仲裁事项；（三）选定的仲裁委员会。”所以，我国要求当事人对仲裁事项的约定至少要包括仲裁事项和确定的仲裁委员会。同时，据统计，最高人民法院在《仲裁法》颁布实施后的 5 年期间发布了 20 余个关于仲裁协议相关问题的司法解释性文件，其中，大部分司法解释的内容涉及如何处理当事人在仲裁协议中没有约定或约定不明，导

① 参见山东仲裁网：http://www.sdad.org.cn/view.aspx?aid=e407bdba-7aba-4405-8264-5b912ee03731&tid=9caa330d-2905-421b-b422-8e1de91b9277，最后访问日期：2018 年 8 月 16 日。

致在发生纠纷时难以确定的问题。

综上,我国仲裁制度努力保护当事人的意思自治。

(2)仅允许机构仲裁。"机构"仲裁是由专业的仲裁机构依其自身的仲裁规则管理的仲裁,此种仲裁形式下的当事人根据双方仲裁协议,将纠纷提交给约定的某一常设仲裁机构进行仲裁。这些仲裁机构的规则倾向于遵循类似的模式,是为由相关机构管理的仲裁而制定的,并且,通常是依据当事人所签协议中的机构仲裁条款而发生作用。例如,国际商会有如下条款的规定:所有产生于或与本合同有关的争议均应按照国际商会调解和仲裁规则,由依该规则委任的一名或数名仲裁员最终解决。

有明确的仲裁规则是机构仲裁的一大优点。仲裁机构的仲裁规则通常是由专家制定的,或是在长期的仲裁实践过程中经过检验修正,或是吸收其他国家、其他仲裁机构的经验,具有相当的科学性、实用性和普遍性。例如,假设当事人对仲裁员提出回避,理由是缺乏独立性和公正性;或者假设仲裁应由三名仲裁员组成的仲裁庭进行,但被申请人不愿意进行仲裁并拒绝委任一名仲裁员。该仲裁机构的仲裁规则将对这种情形作出规定。仲裁规则在任何一方当事人具有其他不作为情况时,如一方当事人缺席的情况下,相当重要。

机构仲裁的另外一个重要优点是,大多数的仲裁机构会提供训练有素的工作人员管理仲裁。仲裁机构会确保仲裁庭得到委任、有关仲裁员报酬和费用的预付款得到支付、时限得到遵守。概括地说,仲裁机构本身使仲裁尽可能顺利进行。如果不是以这种方式管理仲裁,则管理工作将由仲裁庭自己承担。另外,机构仲裁因其机构性和正规性,其所作出的仲裁裁决更能得到司法机关的信任,且在缺乏有效仲裁协议的情况下,仲裁机构经仲裁申请可先对仲裁协议效力进行逐步或最终认定,能有效减少当事人多余的支出,及时寻求另外的解决方式。

我国《仲裁法》第 4 条、第 10 条和第 16 条明确了我国仲裁活动由仲裁委员会进行,且国家在《仲裁法》生效后开始大力在国家各地设立仲裁机构,至 1999 年时,我国已经设立了 152 家仲裁机构。这些充分说明,我国在当时只允许机构仲裁,拒绝临时仲裁。这源于当时我国的仲裁尚处于起步阶段,而显然临时仲裁制度对国家法制环境要求较高,机构仲裁虽然程序规则不如临时仲裁弹性灵活,但我国仲裁制定建立初期的重要诉求是"稳定",若我国当时在《仲裁法》中确立"临时仲裁"制度,势必将使我国的仲裁活动再度混乱,抹杀《仲裁法》为我国仲裁所带来的进步。

(3)在机构设置上体现仲裁的社会性特点。中华人民共和国成立之初原有的仲裁机构大多数设置于行政机关之内并依附于行政机关,由于其在人员配备、经费来源和日常管理等方面受到行政机关的制约,仲裁机构缺乏独立性。这种仲裁实际上是一种行政裁决制度,不具有民间仲裁的特点。

我国《仲裁法》确立的仲裁制度改变了原来的做法,力求体现出仲裁的民间性。如《仲裁法》第 8 条规定:“仲裁依法独立进行,不受行政机关、社会团体和个人的干涉。”第 10 条第 1 款规定:仲裁委员会“不按行政区划层层设立”;以及第 14 条规定,“仲裁委员会独立于行政机关,与行政机关没有隶属关系。仲裁委员会之间也没有隶属关系”,等等。

在构思建立仲裁制度时,国家刚明确要建立社会主义市场经济体制。因此,在《仲裁法》中所规定的仲裁制度,从中国的实际出发,也借鉴了国际上采用的通行规则。这种蕴含着改革精神的变化为仲裁机构依法独立运行提供了法制保障。当然,即便要保证仲裁机构的独立,在仲裁机构组建初期,政府的支持必不可少。因此,在政府的支持下,我国迅速建立了 100 多家仲裁机构,随着工作的逐步推进,仲裁机构本身也在努力提高自身服务质量,如此才吸引越来越多的人选择仲裁作为他们的纠纷解决方式,仲裁的受案量和标的额才逐年上升。

(4)司法监督严格。前文提到,仲裁本身相较诉讼具有程序简便、灵活的优点,同时,因为仲裁制度建立初期实践经验过少,国家在初期对仲裁的司法监督较严格。1994 年《仲裁法》关于仲裁监督的规定,一个最显著的特点是实行“双轨制”,内外有别。这主要表现在两个方面:一来,对国外仲裁实行“报告制度”,不仅在程序上更慎重,而且可以避免基层法院在认定仲裁协议效力、撤销或拒绝执行仲裁裁决等方面的随意性;二来,在仲裁裁决的监督上,法院对国际裁决的审查仅限于程序事项,甚至不涉及公共秩序保留。而对于国内裁决,法院审查不仅及于程序事项,而且涉及案件实体。我国法院对仲裁的司法监督,从所涉及的形式上看,既有仲裁效力的审查和确认制度,又有财产和证据的保全制度,还有撤销仲裁裁决和不予执行制度。从范围上看,法院对仲裁的司法监督涉及仲裁的全部程序和各个阶段,即从仲裁的受理到仲裁的进行直至仲裁裁决的履行全过程。

就我国而言,根据我国《仲裁法》第 58 条、第 63 条以及《民事诉讼法》第 237 条第 2 款的规定,我国法院在符合法律规定的情况下,主要通过裁定撤销仲裁裁决与裁定不予执行仲裁裁决两种途径对仲裁进行司法监督。一裁终局是各国民商事仲裁中的普遍做法。中国《仲裁法》也规定了一裁终局的制度,这意味着仲裁裁决一经作出,即发生法律效力,当事人不能就同一纠纷再向仲裁委员会申请仲裁,也不能向人民法院起诉。一裁终局制度的确立,充分体现了支持仲裁和尊重仲裁的原则。然而,由于受到各种因素的影响,有些仲裁裁决可能出现不同程度的偏差或错误。为了维护国内执法的统一性,《仲裁法》中设置了申请撤销仲裁裁决的程序。这一仲裁的司法监督机制,对确保仲裁裁决的合法性和公正性,具有非常重要的意义。

仲裁裁决撤销程序是中国《仲裁法》新增加的司法监督机制,与不予执行程序一起,形成了对仲裁的双重监督。这两种司法监督都设置了较严格的适用条件,使在更好保护当事人合法权益的同时,也能维护仲裁的公信力。与原来的单一监督相比,双重监督无疑更有利于平衡仲裁效力与当事人的合法权益,是完善中国仲裁法的重大举措。

2. 仲裁工作发展特点

(1)支持仲裁

在《仲裁法》生效的初期,国家一方面通过支持仲裁机构的建设来支持仲裁,另一方面也在努力加强仲裁员队伍的建设以支持仲裁的发展。如为了进一步推动重新组建仲裁机构的工作,保证仲裁工作的连续性,国务院办公厅于 1995 年 5 月 26 日发布了《关于进一步做好重新组建仲裁机构工作的通知》(国办发〔1995〕38 号);1995 年 7 月 28 日国务院办公厅发布关于印发《重新组建仲裁机构方案》《仲裁委员会登记暂行办法》《仲裁委员会仲裁收费办法》的通知(国办发〔1995〕44 号)以及《仲裁委员会章程示范文本》,对重新组建仲裁机构作了统一规范和部署,同时,在章程示范文本中规定了仲裁委员会的组成、办事机构、仲裁员的相关条件与职业规范以及仲裁委员会财务等;1995 年 10 月 4 日最高人民法院发布了《关于认真贯彻仲裁法依法执行仲裁裁决的通知》(法发〔1995〕21 号);司法部于 1995 年 10 月 11 日发布了《关于仲裁委员会登记工作有关问题》的通知(司发通〔1995〕111 号),要求仲裁委员会严格按照《仲裁法》和《仲裁委员会登记暂行办法》的规定办理登记,并且通知登记机关应当对仲裁委员会设立登记、注销登记予以公告;1996 年 4 月 29 日首批重组的 7 个仲裁委员会(北京、上海、天津、广州、西安、呼和浩特、深圳)第二次秘书长联席会议在天津召开。会议重申,在重新组建仲裁机构工作中,需要注意坚持以下几条原则:一是全面、准确地把握《仲裁法》的精神,严格依照《仲裁法》和国务院的统一规范组建;二是要体现全心全意为人民服务的宗旨,保证仲裁能够按照公正、及时的原则解决经济纠纷;三是要从实际情况出发,根据需要与可能进行组建;四是要统一认识,加强领导,调动各方面的积极因素。会议提出,重新组建仲裁机构要着重抓好以下几项工作:一是做好仲裁委员会组成人员的聘任工作;二是设置精简、高效的仲裁委员会办事机构;三是建立一支公道正派、业务过硬的仲裁员队伍;四是根据当地实际情况,按照勤俭办事的原则落实、解决仲裁委员会的经费、用房等问题;五是依法做好仲裁委员会的登记。1996 年 6 月 8 日国务院办公厅下发《关于贯彻实施〈中华人民共和国仲裁法〉需要明确的几个问题的通知》(国办发〔1996〕22 号)。其中,特别强调了《重新组建仲裁机构方案》中规定的新仲裁机构与原有仲裁机构受理案件衔接问题、仲裁财产保全问题等;以及 1998 年 8 月 4 日国务院法制办公室发布的《关于做好仲裁委员会换届工作的通知》(国法〔1998〕27 号)中明确了仲裁委员会换届选举程序,为第一次仲裁委员会换届做好了制度准备,等等。另外,通过支持仲裁协议的效力来支持仲裁,如国办发〔1996〕22 号文件第 1 条将国办发〔1995〕44 号第 5 条第 2 项①修改为:《仲裁法》施行前当事人依法订立的仲裁协议继续有效;原仲裁协议选定或者按照《仲裁法》施行前国家有关仲裁的规定由直辖市或者省、自治区人民政府所在地的市或者其他设区的市范围内原各级仲裁机构仲裁的,分别由原仲裁机构所在地的直辖市或者省、自治区人民政府所在地的市或者其他设区的市新组建的仲裁委员会受理;原仲裁机构所在的地方依法不能组建或者可以组建但未组建仲裁委员会的,由省、自治区人民政府所在地的市新组建的仲裁委员会受理。凡当事人双方达成新的仲裁协议、选定其他新组建的仲裁委员会仲裁的,由双方选定的新组建的仲裁委员会受理;凡当事人双方协议放弃仲裁、选择诉讼方式解决纠纷、向人民法院起诉的,由人民法院受理。

(2)对涉外仲裁裁决的承认与执行监管严格

1997 年 12 月 26 日最高人民法院《关于北京市第一中级人民法院不予执行美国制作公司和汤姆·胡莱特公司诉中国妇女旅行社演出合同纠纷仲裁裁决请示的批复》(京高法他〔1997〕35 号)中表明:“在演出活动中,美方演员违背合同协议约定,不按报经我国文化部审批的演出内容进行演出,演出了不适合我国国情的‘重金属歌曲’,违背了我国的社会公共利益,造成了很坏的影响,被我文化部决定停演。由此可见,停演及演出收入减少,是由演出方严重违约造成的。中国国际经济贸易仲裁委员会〔94〕贸仲字第 0015 号裁决书无视上述基本事实,是完全错误的。人民法院如果执行该裁决,就会损害我国的社会公共利益。依照《中华人民共和国民事诉讼法》第二百六十条第二款的规定,同意你院对该仲裁裁决不予执行的意见。”最终以损害我国公共利益为由拒绝执行仲裁裁决。

在司法领域,整体上,法院高度重视对仲裁尤其是国际商事仲裁的支持和监督工作。但由于《仲裁法》生效不久,执法人员仲裁法律知识、观念和经验的缺陷,有些法院在处理与仲裁有关的事务时,往往秉着从严的标准,对涉外仲裁尤其如此。

---

① 当事人在现有仲裁机构依法终止前达成仲裁协议,在现有仲裁机构依法终止之后又达成补充协议选定新的仲裁委员会的,可以依照《仲裁法》向重新选定的仲裁委员会申请仲裁;当事人达不成补充协议的,原仲裁协议无效。

(三)评价

仲裁作为解决争议的一种方式是适应人民群众在生产和生活中解决纠纷的需要而自发产生和发展起来的,其性质属于"私力救济"的范畴,而非"公力救济"手段。西方各国的仲裁制度,无一不是以仲裁属于"私力救济"手段的认识论为基础而建立起来的。我国《仲裁法》也试图改变原有的行政仲裁体制。除前面所述,在《仲裁法》第8条、第10条第1款、第14条中对此作了一些相关规定外,还在第12条第2款规定,"仲裁委员会的主任、副主任和委员由法律、经济贸易专家和有实际工作经验的人员担任。仲裁委员会的组成人员中,法律、经济贸易专家不得少于三分之二",等等。

二、2000~2004年

(一)建设成果

继认可我国台湾地区的民事判决后,最高人民法院于2000年公布了内地与香港特别行政区相互认可仲裁裁决的安排。为了贯彻落实《仲裁法》,国务院法制办公室于2000年11月13日至15日在湖南省长沙市召开了"全国推行仲裁法律制度现场会"。参加会议的有全国各省、自治区、直辖市政府机构联系仲裁工作的处以上负责人,各仲裁委员会的主要负责人,湖南省、长沙市的许多行业和大中型企业的市场经济专家。全国人大常委会法工委、国家经贸委、建设部、国土资源部、司法部、科技部、交通部、外经贸部、铁道部、水利部、农业部、中国人民银行、证监会、保监会、国家知识产权局、国家旅游局、国家工商总局、全国工商联和最高人民法院19个中央国家机关的有关负责人也参加了会议。这是在我国仲裁事业初期极其困难的时候召开的一次重要会议。会议的目的在于,根据党的十五届五中全会精神,总结交流《仲裁法》实施5年来推行仲裁法律制度的情况和经验,为下个世纪全国仲裁事业的发展打下基础,会议明确了"发展我国仲裁事业,推行仲裁法律制度是根本,融入市场经济是关键"的工作指导思想。以"长沙会议"为标志,中国仲裁走上了中国特色社会主义仲裁事业发展的道路。2001年,为进一步推动仲裁制度在建设系统发展,建设部和国务院法制办公室提出了修改建设合同争议解决条款、聘任专业建设人员担任仲裁员等建议。2002年,国务院法制办公室对仲裁员队伍的廉洁性等提出了严格要求,同时,扩大了聘任台湾地区仲裁员的试点范围;同年4月1日至4日,全国仲裁发展工作座谈会在济南召开,该次会议确定了我国仲裁事业的三个奋斗目标:努力使仲裁法律制度成为社会主义市场经济的重要保障,努力使仲裁成为解决我国市场经济民商事纠纷的主要手段，努力使我国成为世界仲裁大国，并具有国际公信力的仲裁大国，并提出了“四步走”的发展战略：第一步，制度生成阶段。从《仲裁法》实施到2005年，也就是到《仲裁法》实施10周年，大约10年的时间，是我国仲裁法律制度的制度生成阶段，第一步任务的实现将为我国仲裁事业进入第二步的快速发展在思想、组织、发展能力、客观条件等方面奠定基础。第二步，快速发展阶段。一个先进的制度生成后，应该有一个快速的发展，这也是客观规律，是新生事物先进性的集中表现。在这一步中，我国仲裁事业应该有一个较快速度、较大幅度的发展。第三步，效益发展阶段。我国仲裁事业的发展要实现速度型向效益型、外延型向内涵型的转变。无论是对仲裁事业自身还是对社会，这都是全面取得经济效益和其他社会效益的阶段。第四步，基本成熟阶段。这个阶段的主要任务，是最终实现几步走发展设想关于仲裁法律制度成为社会主义市场经济的重要保障制度，仲裁成为解决民商事纠纷的主要手段，我国成为世界仲裁大国的奋斗目标，并成为能够具有国际公信力的仲裁大国。济南会议后，我国仲裁实现了跨越式发展的局面。另外，2004年1月18日，国务院法制办公室中国证券监督管理委员会发布了《关于依法做好证券期货合同纠纷仲裁工作的通知》（国法〔2004〕5号），明确了关于证券、期货合同纠纷的仲裁范围，在证券、期货中依法订立仲裁协议的方式，依法选聘证券、期货专业人士参加仲裁工作的程序，并提出了依法开展证券、期货合同纠纷仲裁工作的要求等问题。

在仲裁机构层面，到2004年，全国设立185个仲裁委员会，受理案件37,304件，比2003年增加了8469件，增长率为29.4%；案件标的额共计515亿多元，比2003年增加了94亿元，增长率为22.3%。[①] 受案量较1999年的7401件增长了4倍，标的额较1999年的167亿元增长了2倍。

（二）仲裁工作发展特点

在一次创业时期的后半部分，我国仲裁法律制度并无变化，但在仲裁工作方面取得了一些进展。

1. 仲裁适用范围不断扩大，开始提高仲裁的专业性。按照利伯曼（M. Lieberman）的定义，所谓“专业”应当满足如下基本条件：（1）范围明确，垄断地从事社会不可缺少的工作；（2）运用高度的理智性技术；（3）需要长期的专业教育；（4）从事者无论个人、集体均

① 参见山东仲裁网：http://www.sdad.org.cn/view.aspx? aid = 0b99c8c5-0a8c-4665-9d41-f9b73044f44b&tid = 9caa330d-2905-421b-b422-8e1de91b9277-2905-421b-b422-8e1de91b9277，最后访问日期：2018年7月17日。

具有广泛的自律性;(5)在专业的自律性范围内,直接负有作出判断、采取行为的责任;(6)非营利性,以服务为动机;(7)形成了综合性的自治组织;(8)拥有具体化的伦理纲领。①

现代社会的一个特征是社会分工日趋精密,客观上技术分工和专业化的发展要求专业化市场的存在和发展,经济发展也要求专业化市场存在。市场经济日益发达,交易规则日趋复杂,各种纷繁复杂的、技术性极强的专业化法律纠纷层出不穷,市场经济使社会关系趋于复杂,社会分工越来越细,正是这种社会分工的专业化导致了社会纠纷的专业化。面对日益复杂和陌生的专业领域,仅靠原有的法律知识和生活经验已很难对纠纷作出正确的判断,这就需要本领域的专家对涉及该领域的专业问题作出权威解释,再辅之以相关法律规定,才能公平合理地解决当事人之间的纠纷。

对仲裁专业化我们还可以从两个方面来作进一步的理解:一是仲裁机构的专业化,即仲裁机构自身的业务呈现出某种专业化,如伦敦海事仲裁,其业务范围集中在与船舶和船舶活动以及航海贸易有关的一系列海事争议。正如有学者所指出的,伦敦海事仲裁的基本特点就是海事仲裁的专业特色,②而我国基本上都是综合性常设仲裁机构,可以审理各类案件,但普通民商事案件占极大比例。二是仲裁员知识结构的专业化。按照我国《仲裁法》对选任仲裁员条件的规定来看,③只有具有专门知识和精通业务的专家和知名人士才能担任仲裁员,此规定正是从仲裁专业化的角度考虑的。

2000~2004年5年间国家吸纳对各行业专业人员进入仲裁员队伍,以及推动仲裁在证券等行业的发展体现出我国仲裁的专业化是已然和必然趋势,仲裁机构应当有自己的专业定位和发展方向,如金融、证券、知识产权、电子商务、房地产、医疗事故、体育竞技等。就广州仲裁委员会而言,近几年受案数量逐年增长,2003年全年共受理各类民商事案件2682件,争议标的金额达到了35.0329亿元,已具备了相当发展规模。在2003年受理的案件中,买卖合同纠纷1669件,占总数的62.4%;租赁合同纠纷58件,占总数的2.2%;建设工程合同纠纷49件,占总数的1.86%;承揽合同纠纷48件,占总数的1.84%;借款合同纠纷55件,占总数的2.1%;委托合同纠纷、运输合同纠纷及其他纠纷794件,占总数的29.6%;港澳台及涉外案件28件。④ 总体来看,案件类型与前几年相比已呈现出一定的多样化,但受理案件主要还是以普通的民商事纠纷为主,尤其是买卖合同纠纷案件

---

① 参见钟启泉:《教师"专业化":理念、制度、课题》,载中国教育和科研计算机网:www.edu.cn/20011231/3015967.Shtml,最后访问日期:2018年7月7日。

② 参见邓杰:《伦敦海事仲裁制度研究》,法律出版社2002年版,第1页。

③ 修订前的《仲裁法》第13条第2款规定,"仲裁员应当符合下列条件之一:(一)通过国家统一法律职业资格考试取得法律职业资格,从事仲裁工作满八年的;(二)从事律师工作满八年的;(三)曾任审判员满八年的;(四)从事法律研究、教学工作并具有高级职称的;(五)具有法律知识、从事经济贸易等专业工作并具有高级职称或者具有同等专业水平的"。

④ 参见陈忠谦:《仲裁专业化问题初探》,载《仲裁研究》2004年第1期。

占了绝大多数，而有关证券、知识产权、电子商务、医疗事故等专业化纠纷所占数量微乎其微。因此，作为一个颇具规模的仲裁机构，广州仲裁委员会开始在金融、证券、电子商务、体育竞技、医疗事故等领域进行仲裁专业化的尝试。

2. 对程序的公正性投以更多关注。公正是程序永恒的生命。从过程和结果两个方面分别考察，公正大概有两个标准，一是通过一定的过程，每个人得到了他应当得到的或同等情况下的人们都得到了同等对待的结果。这一般被称为“实体的正义”或“实质的正义”(Substantive justice)。二是从考虑程序自身的存在理由以及区分合乎正义与不合乎正义的程序角度，把冲突的解决过程置于优先评价的视野，是为“程序的正义”，或称为“程序的公正”(Procedural justice)。① 程序公正的实质是排除恣意因素，保证决定的客观正确。它总是与结果公正联系在一起的，为实现实质正义，需要程序正义来保障。通过公正程序得到的结果也因此获得了正当性。② 程序的公正，首先是作为一种抽象的目标，它在为纠纷当事人予以适用时，自身必然具备合理性价值；其次是仲裁程序的过程具有为当事人提供平等机遇的平等性保障价值。前者表现为仲裁人的中立、法律适用的自由裁量权和可选择权、事实的发现及其制度保障，后者则表现为静态和动态的平等性保障。③

关于仲裁公正，最重要的以及我国《仲裁法》中有较明确规定的便是仲裁员的公正性。《仲裁法》第 34 条规定：“仲裁员有下列情形之一的，必须回避，当事人也有权提出回避申请：(一)是本案当事人或者当事人、代理人的近亲属；(二)与本案有利害关系；(三)与本案当事人、代理人有其他关系，可能影响公正仲裁的；(四)私自会见当事人、代理人，或者接受当事人、代理人的请客送礼的。”仲裁程序要求仲裁员中立，反映了自然正义观的要求。自然正义观有两个重要原则：(1)任何人都不能审理与自己有利害关系的案件；(2)任何一方的证词都要被听取。根据前一项原则，仲裁制度应当为当事人提供公正的仲裁庭，而且任何人都不应当在自己的案件中充当仲裁人，否则，应当回避；根据后一项原则，在当事人双方进行争讼时，仲裁人应给予双方平等的陈述己见的机会，并同等地看待他们的意见。

与回避制度相联系的，是仲裁员的披露义务，即仲裁员认为自己与案件有利害关系，应向仲裁组织、当事人公布存在利害关系的事实。很显然，披露制度对于增强仲裁员情

---

① 参见[美]罗尔斯：《正义论》，何怀宏等译，中国社会科学出版社 1988 年版，第 79 页；柴发邦：《体制改革与完善诉讼制度》，中国人民公安大学出版社 1991 年版，第 39 页。

② 参见季卫东：《法律程序的意义》，载《中国社会科学》1993 年第 1 期。

③ 参见肖建华：《仲裁程序的公正观与主体性价值》，载《河南省政法管理干部学院学报》2002 年第 1 期。

况的透明度有积极意义，有助于回避制度的有效施行，是保障仲裁员恪守中立的重要途径。不过，不同的仲裁规范对披露制度的规定存在差异。例如，如在披露对象的规定上，国际商会（International Chamber of Commerce，ICC）仲裁规则①要求将信息披露给当事人，而伦敦国际仲裁院（London Court of International Arbitration，LCIA）仲裁规则②将披露对象扩大至当事人和其他仲裁员，贸仲委③的仲裁规则要求向仲裁委员会和当事人披露。

3. 不断扩大我国仲裁的影响力。一旦仲裁庭作出裁决，仲裁庭的职责即履行完毕。但是，仲裁庭的裁决将产生重要和持续性的法律后果。虽然这是私人协议的结果，并且是由私人仲裁庭作出的，但是，就当事人之间的争议而言，裁决构成有约束力的决定。如果裁决不能得到自动履行，则可以通过法律程序在本地（裁决作出地）和国际上得到强制执行。④

有一些重要的地区和国际条约、公约涉及外国仲裁裁决的执行。其中，最重要并得到最广泛使用的是《纽约公约》。《纽约公约》规定了承认和执行外国仲裁裁决应遵循的程序，并对缔约国可以拒绝承认和执行此类裁决规定了有限的理由。这个公约是联合国自成立以来，⑤所采取的有助于国际商事仲裁发展的重大举措之一。中国仲裁和《纽约公约》的交汇点在1986年。当年，第六届全国人民代表大会常务委员会第十八次会议决定加入《纽约公约》。1987年1月22日，中国提交了批准书，作了互惠保留和商事保留声明。3个月后，1987年4月22日，公约对中国生效。除此之外，1999年5月26日最高人民法院颁布《关于人民法院认可台湾地区的有关法院民事判决的规定》的司法解释，于2000年公布了内地与香港特别行政区相互认可仲裁裁决的安排。从国家的这些举动，可以看出，我国在努力地提高我国仲裁在国内外的影响力。

4. 司法监督渐渐放松。在经过过去10年的发展，我国仲裁机构品牌意识得到提高，全国仲裁机构不断强化精品意识和品牌意识，努力提高仲裁案件质量，使我国仲裁案件质量的总体水平不断提升，仲裁工作的整体形象处于较高的水准，仲裁事业的社会公信

---

① 第11条第2款规定："在任命或确认其任命前，仲裁员候选人应当签署一份独立声明，向秘书处披露在当事人看来可能影响仲裁员独立性的任何事实或情况。秘书处应将此信息书面通知各当事人，并规定期限要求他们予以评论。"

② 第5条第3款规定："如果发生足以影响其公正与独立的情况，仲裁员应当立即将这种情况告知仲裁员以及当事人各方。"

③ 被选定或指定的仲裁员应签署声明书，披露可能引起对其公正性和独立性产生合理怀疑的任何事实或情况；在仲裁程序中出现应披露情形的，仲裁员应立即书面披露；仲裁员的声明书或披露的信息应提交仲裁委员会仲裁并转交各方当事人。

④ 参见［英］雷德芬、亨特等：《国际商事仲裁法律与实践》（第4版），林一飞、宋连斌译，北京大学出版社2005年版，第11页。

⑤ 联合国于1945年6月26日成立。

力有了很大增强。据不完全统计,全国仲裁机构的裁决被司法监督撤销、不予执行的平均比率低于1%。[①] 这个数据说明,人民法院对我国仲裁工作是支持的。现在,中国特色社会主义仲裁的质量不仅能够受到国内市场主体的充分信赖,而且能够赢得国际市场主体的信任。

（三）评价

在仲裁制度发展的第一个10年内,我国仲裁工作取得了不可磨灭的成绩。第一,全国建立了185家仲裁机构;第二,全国拥有数万名素质较高的仲裁员;第三,仲裁为市场经济服务的独特优势和作用开始显现;第四,仲裁机构依法运行的机制初步形成;第五,仲裁事业再发展能力基本具备;第六,仲裁事业发展的外部条件大致确立;第七,我国仲裁机构在公正与效率方面树立了较好的影响力和公信力。这些成绩的取得离不开党和各级人民政府的正确领导,离不开社会各方面的大力支持,离不开全国仲裁机构和仲裁人的努力奋斗。从最直观的数据方面来看,经过"一次创业"期间的发展,我国全国仲裁机构受案量从1995年的1046件发展至2004年时,年受案量已有37,304件,增加近35倍;年仲裁案件总标的额在1995年时仅有2亿元,至2004年时达到515亿元,增长近257倍,这种发展不可谓不惊人。

1995~2004年被称为我国仲裁的"一次创业"时期。所谓"创业",就是指"创办事业",自1995年《仲裁法》实施以来,仲裁人草创仲裁事业已近10个年头。我国国内仲裁制度具有明显的植入性,普通民众对仲裁几无所知,各地仲裁机构在过去10年里最重要的一项工作就是利用各种媒体,举办各种宣传活动以及散布在各个行业和部门的仲裁员大力宣传《仲裁法》,扩大仲裁法律知识的普及面和仲裁机构的社会影响力和公信力,仲裁事业取得了较大发展。国务院法制办公室提出,从《仲裁法》实施到2005年,是我国仲裁法律制度的生成阶段。[②] 我国仲裁创业的前10年,即一次创业,是我国仲裁法律制度的生成阶段。我们认为,衡量各地仲裁机构是否完成"一次创业"最基本的几个指标如下:(1)仲裁机构体制的构建是否能够满足市场经济主体解决纠纷的需要;(2)仲裁机构是否建立起一支符合《仲裁法》规定的、以市场经济专家为主的素质较好的仲裁队伍;(3)仲裁机构受案数量和标的额是否达到一定规模;(4)仲裁机构是否具备再发展的能力;(5)仲裁机构在公正与效率方面是否树立起较好的影响力和公信力。[③] 由于各地社

① 参见卢云华:《中国仲裁的特色与发展》,载《法制日报》2005年5月11日网络版。
② 同上。
③ 参见陈忠谦:《二次创业:中国仲裁发展的必由之路》,载《仲裁研究》2005年第3期。

会经济条件的差异，我国仲裁地区发展极不均衡，2004 年全国仲裁机构全年受案共计 37,304 件，标的额近 515 亿元。其中，受案数量超过 1000 件的只有 5 家，占总数近 3%。这 5 家仲裁机构受案量共计 12,381 件，占全国受案总量的 34%；案件标的 191.19 亿元，占全国总标的额的 37%。[①] 也就是说，全国 3% 的仲裁机构占有全国仲裁市场的近一半份额。因此，依据上述五项衡量指标，只有部分仲裁机构完成了所谓"一次创业"，而相当数量的仲裁机构依然还徘徊在这一阶段。

因而，对于全国绝大多数仲裁机构来说，今后 10 年的首要任务仍是创业，而不是"守业"。"二次创业"对处于不同发展水平和阶段的仲裁机构提出了不同要求。受案数量较小、受案标的不大，起步较晚的仲裁机构在二次创业阶段的工作重点是继续完成一次创业阶段尚未完成的任务；基本完成"一次创业"的仲裁机构，一方面要继续强化"一次创业"的成果，另一方面要在"二次创业"时有新的突破和发展。

第二节　二次创业时期(2005～2014 年)

一、2005～2009 年

(一)建设成果

2005 年 1 月 17 日，国务院法制办公室便和全国工商联合会就非公有制企业民商事仲裁工作开展提出了意见(国法〔2005〕3 号)，进一步扩大仲裁适用的范围，在非公有制企业中宣传和推行仲裁制度，依法订立仲裁协议，聘请民营经济专业人士参加仲裁工作等问题。同年 1 月 18 日至 20 日，为期三天的全国区域仲裁发展工作会议在北京酒店召开。全国人大法工委民法室副主任贾东明、国务院法制办卢云华同志和全国 34 个仲裁机构区域协调人单位的负责人及有关人员共 70 余人参加了会议。会上，卢云华同志作了总结发言。他说，经过 10 年的发展，仲裁发展的不平衡性越来越突出，我们现在最主要的任务是采取必要的措施，使仲裁发展呈橄榄形(两头小，中间大)。根据目前仲裁工作的发展，要考虑三个着眼于：(1)着眼于全国仲裁发展；(2)着眼于全国仲裁工作逐步走自我开展工作；(3)着眼于妥善进行仲裁机构结构优化。卢云华同志指出："在取得了十年创业成绩的今天，全国仲裁界应该从头开始，进行二次创业"。10 月 13 日，在重庆召开

① 参见国务院法制办政府法制协调司编：《2004 年全国各仲裁委员会受理案件情况》，载中国商事仲裁网。

了“中—澳商事仲裁制度研讨会”，澳大利亚仲裁员与调解员协会首席执行官莎利文、澳大利亚仲裁员与调解员协会主席提彼德出席，双方就中国仲裁法律制度、仲裁员办案经验及澳大利亚仲裁制度情况进行研讨；2007 年最高人民法院发布了与澳门特别行政区互相执行仲裁裁决的安排，至此，内地与港澳台地区就仲裁裁决相互认可均有了相关规定。同年 6 月 12 日，国务院法制办公室政府法制协调司与全国工商联法律部在京联合召开了“依法开展仲裁非公有制企业民商事纠纷试点工作会议”，出席会议的代表有河北、吉林等 14 个省级工商联合会和石家庄、长春等 15 个试点城市工商联合会、仲裁机构的相关负责同志。中共中央统一战线部五局、贸仲委也应邀参加了会议。会议提出了试点工作的目标、任务和具体思路，拟定了有关工作方案。会后，双方就非公有制企业推行仲裁法律制度试点工作展开了调查研究工作，汇集试点单位有关总结材料，形成了《关于进一步做好非公有制企业民商事纠纷仲裁工作的意见（征求意见稿）》。会议认为，在非公有制企业中推行仲裁法律制度，引导非公有制企业了解仲裁、选择仲裁、接受仲裁，使仲裁真正成为非公有制企业平息民商事纠纷、维护自身合法权益的私权救济主要渠道，充分发挥仲裁为非公有制企业提供服务和保障的作用，既是构建社会主义和谐社会的客观要求，也是促进非公有制经济健康发展、切实履行工商联的政府助手作用、完善工商联商会职能的一项重要举措，并要求各试点城市工商联、仲裁机构要全力抓好落实工作。要加大工商联与仲裁的合作力度，把试点工作不断推向深入，要加大试点的示范带动力度，通过试点的示范借鉴作用，使在非公有制企业中推行仲裁法律制度工作得到全面落实；2008 年最高人民法院发布的司法解释性文件中开始大量涉及外国当事人、涉外仲裁裁决，在审查承认与执行时也开始利用国际条约，①这在反映我国经济发展的同时，也表明我国仲裁制度得到了外国当事人的认可；2009 年的仲裁的国际性继续加强，②且从当年发布的关于仲裁的司法解释性文件的说理中可以看出来，我国仲裁员对涉外仲裁的处理水平有了提升。

在仲裁机构层面，至 2009 年，全国共设立了 202 个仲裁委员会，全年数量共受理案件 74, 811 件，比 2008 年增加了 9737 件，增长率为 15%；标的总额为 961 亿元，比 2008 年减

---

① 最高人民法院《关于马绍尔群岛第一投资公司申请承认和执行英国伦敦临时仲裁庭仲裁裁决案的复函》（〔2007〕民四他字第 35 号）、最高人民法院《关于不予承认日本商事仲裁协会东京 04 - 05 号仲裁裁决的报告》的复函（〔2007〕民四他字第 26 号）等。

② 最高人民法院《关于 GRD Minproc 有限公司申请承认并执行瑞典斯德哥尔摩商会仲裁院仲裁裁决一案的请示的复函》（〔2008〕民四他字第 48 号）、最高人民法院《关于对兖州浩珂伟博矿业工程有限公司与伟博公司（A. WEBER S. A.）、索菲浩勒公司（SOFIROL. S. A.）解除合同纠纷一案中仲裁条款效力问题的请示的复函》（〔2009〕民四他字第 19 号）等。

少了60亿元,下降了5.9%。[1] 与2005年相比,仲裁机构增加了17个,全年受案量增加了26,472件,增长率为54.8%,标的额增加207亿元,增长率为46.9%。

(二)仲裁工作发展特点

前文已提到,二次创业时期的目标仍在于"创业",而非"守业"。此时,我国仲裁制度处在建设阶段,缺乏经验,因此,在第二次创业时期的前期,我国的仲裁活动仍然只能在1994年《仲裁法》确立的仲裁制度基本框架上慢慢细化自身的各方面标准以及提高自身的水平。

从2005~2009年我国仲裁发展简介中可以看出,我国仲裁在这5年内开始进一步推动仲裁在国内的影响力和认可度,同时,也尝试着学习国外先进的仲裁制度和仲裁经验,把我国的仲裁推向世界。

自"第一次创业时期"结束后,有学者指出,中国仲裁界应力图改变制度创新乏善可陈的形象。[2]《仲裁法》颁布之初,新组建仲裁机构由于规模有限,缺乏办理涉外案件的经验,长期以来受理涉外案件数量有限,涉外业务发展缓慢。经过10年的发展,以广州仲裁委员会、北京仲裁委员会等为代表的新组建仲裁机构已在涉外业务的开拓方面取得初步成效。以广州仲裁委员会为例,该仲裁机构在2004年时受理的涉外案件已占总受理案件的10%。这固然是一个可喜的成绩,但与实现国际知名仲裁机构的目标相比,仍有很大差距。我国已加入世界贸易组织(World Trade Organization,WTO),中国经济与世界经济的一体化进程大大加强,可以预见,在未来10年,涉外纠纷将呈现出大幅增长之势。

2007年6月12日,国务院法制办公室政府法制协调司与全国工商联法律部在北京联合召开了"依法开展仲裁非公有制企业民商事纠纷试点工作会议"。会议认为,在非公有制企业中推行仲裁法律制度,引导非公有制企业了解仲裁、选择仲裁、接受仲裁,使仲裁真正成为非公有制企业平息民商事纠纷、维护自身合法权益的私权救济主要渠道,充分发挥仲裁为非公有制企业提供服务和保障的作用,既是构建社会主义和谐社会的客观要求,也是促进非公有制经济健康发展、切实履行工商联的政府助手作用、完善工商联商会职能的一项重要举措,并要求各试点城市工商联、仲裁机构要全力抓好落实工作;另外,自2000年长沙会议以来,国务院法制办公室多次在全国仲裁工作会议上强调,"当前

[1] 参见山东仲裁网:http://www.sdad.org.cn/view.aspx?aid=cc7be4a4-2529-4c6f-bf84-c32f3e25643d&tid=9caa330d-2905-421b-b422-8e1de91b9277,最后访问日期:2018年8月16日。

[2] See Jerome A. Cohen,"Time to fix China's Arbitration",*Far Eastern Economic Review*,2005,p. 31.

发展我国仲裁事业，推行仲裁法律制度是根本，融入市场经济是关键”的指导方针。这些努力和经验推动了我国仲裁事业的快速发展。

在我国完善市场经济体制的今天，从社会分工的角度分析，商事仲裁服务作为一种服务行业已为人们所接受，其服务性的属性和特征将逐渐被认识。在商事仲裁活动中，仲裁机构提供服务是基于争议当事人向其支付仲裁费，双方的关系是商品交易关系。从这个意义上讲，为当事人提供解决纠纷服务的仲裁机构无疑也是一个参与法律服务市场的市场主体。因此，在二次创业过程中，仲裁机构要牢牢把握自己是市场主体而不是权力机关的角色，绝不能坐等要靠，而要积极参与法律市场竞争，融入市场经济，在为市场经济服务的过程中不断壮大。

仲裁机构融入市场经济的关键在于向市场主体推广仲裁理念，使其在了解和认识仲裁的基础上，认同仲裁作为解决民商事纠纷的重要方式，从而选择这种运用市场的专家解决市场问题的纠纷解决机制。从推广的内容上讲，应包括仲裁制度、仲裁机构以及知名仲裁员，三者的推广相互联系，相辅相成。① 经过前 10 年的仲裁法律宣传，市场主体对仲裁虽开始有所了解和认识，市场主体更充分认识仲裁的特色和优势，从而选择仲裁作为解决他们纠纷的方式，进而加强他们对仲裁机构和仲裁员的了解和认识，树立仲裁机构和仲裁员的威信。

过去 10 年的经验表明，在市场主体所签订的格式合同中加入仲裁条款是宣传仲裁并为市场主体提供仲裁服务的一种最有效的方式。② 作为仲裁机构受理案件依据的仲裁协议包括合同中订立的仲裁条款和以其他方式订立的仲裁协议书。③ 双方当事人在纠纷发生后由于利益对立等原因很难达成事后的仲裁协议，由此，事前在合同中订立的仲裁条款就成为仲裁机构受理案件的主要依据。因此，二次创业的 10 年，仲裁机构要更重视在金融、保险、证券、期货、房地产等专业领域的格式合同中加入仲裁条款的工作，使市场主体所签订的合同中尽可能多的出现仲裁条款，这不仅可起到宣传仲裁的作用，还可增强市场主体选择仲裁作为纠纷解决方式的可能性，从而更好地使仲裁融入市场经济，为市场经济服务。

---

① 参见陈忠谦：《论现代仲裁发展理念》，载高菲主编：《中国特色社会主义仲裁理论研究文集》，法律出版社 2004 年版，第 66 页。

② 如国务院法制办公室《关于转发中国保险监督管理委员会〈关于在保险条款中设立仲裁条款的通知〉的通知》（国法〔1999〕50 号）、关于对《城市供用水合同》等合同示范文本中的合同争议解决方式条款依法进行修改的《关于修改合同示范文本有关条款的通知》（建法〔2000〕252 号），建设部、国务院法制办公室《关于在全国建设系统进一步推行仲裁法律制度的意见》（建法〔2001〕91 号），国务院法制办公室、中国证券监督管理委员会《关于依法做好证券期货合同纠纷仲裁工作的通知》（国法〔2004〕5 号）。

③ 参见《仲裁法》第 16 条。

(三)评价

经不完全统计,2005~2009 年,最高人民法院针对仲裁相关事项共发布司法解释性文件 70 余个,且其中绝大部分是针对涉外个案的复函。这方面体现出我国仲裁员的仲裁水平仍需提高。

根据我国《仲裁法》的规定,仲裁委员会"独立于行政机关,与行政机关没有任何隶属关系";根据仲裁院的选任规定,仲裁员均是兼职,从法律和经济贸易领域中的专家、学者中选聘,与仲裁机构没有隶属关系;仲裁员由当事人选定或当事人委托仲裁委员会主任指定;仲裁裁决由仲裁庭独立作出等。这种仲裁机构与行政机关、仲裁员与仲裁机构之间彼此独立的关系,仲裁庭审裁统一、权责一致的模式,以及当事人对仲裁员、仲裁员机构的选择和制约,形成仲裁所独有的运行机制。其中,仲裁庭独立仲裁是运行机制中最关键、最核心的环节,而仲裁员素质与当事人对仲裁制度的信赖、对裁决效力的尊重与否有着重要联系。

"对正义的实现而言,操作法律人的质量比操作法律的内容更重要""仲裁的好坏取决于仲裁员"(Arbitration is only as good as arbitrators)是国际仲裁界的经典格言。"在某种意义上,仲裁员是仲裁吸引力之所在,是活的仲裁法,是仲裁的水源","没有当事人满意的仲裁员制度,绝不会有令人满意的仲裁制度"。因此,能否建立当事人满意的仲裁员制度,能否发现培养一批德才兼备胜任仲裁工作的仲裁员,也是衡量仲裁制度改革是否成功、仲裁制度是否健康成熟的重要标志。

为了保障仲裁员素质,《仲裁法》特别规定了仲裁员的任职资格,确立了仲裁员专业化原则。我国实行机构仲裁,因此,建立健全仲裁员的制度,选拔培养仲裁人才既是仲裁机构不可推卸的责任,也是仲裁机构保持自己的竞争力、信誉的客观要求。由于仲裁正日益成为解决国际经济贸易纠纷的重要方式,随着中国融入世界经济的加快和对外贸易摩擦的加剧,选拔培养高素质仲裁人才,具有长远的经济发展战略意义。

二、2010~2014 年

(一)建设成果

2010 年全国首家涉侨仲裁法律服务中心在西安成立,在保护侨胞权益的同时,也丰富了我国仲裁制度。2011 年 4 月 22 日中央社会治安综合治理委员会、最高人民法院、司法部等 16 部门联合印发《关于深入推进矛盾纠纷大调解工作的指导意见》(节选)中强调了要将调解与诉讼、仲裁等方式结合、衔接力求高效地解决矛盾纠纷。2012 年 8 月 31 日根据《关于修改〈中华人民共和国民事诉讼法〉的决定》,《民事诉讼法》进行了第二次修正,对涉及仲裁的条款进行了顺序调整以及增删等。主要涉及的方面包括:(1)新增仲裁前证据保全(《民事诉讼法》第 8 条第 2 款);(2)新增仲裁前财产保全(《民事诉讼法》第 10 条);(3)禁止通过仲裁方式逃避履行法律文书确定的义务(《民事诉讼法》第 113 条);(4)强化仲裁协议排除法院管辖权(《民事诉讼法》第 124 条第 2 款);(5)撤销仲裁裁决适用裁定的方式(《民事诉讼法》第 154 条第 1 款第 9 项);(6)统一国内仲裁裁决撤销与不予执行的条件(《民事诉讼法》第 237 条第 2 款第 4 项、第 5 项)。同时,本着更加尊重当事人意思自治的原则,更加坚持以程序审查为监督重心的原则,与国际接轨,对仲裁过程的司法审查更趋宽松,为市场与当事人创造了更加公平的纠纷解决环境。

2014 年为仲裁制度又一个转折点,全国仲裁工作案件受理多样化、纠纷处理多样化(以下简称"两化")试点工作座谈会于 2014 年 2 月 24 日至 25 日在湖北省武汉市召开。会议认为,仲裁工作实行案件受理多样化、纠纷处理多样化是根据仲裁法的基本原则,贯彻落实党的十八届三中全会精神,推进仲裁事业阔步前进,努力使我国仲裁工作站在国际纠纷解决发展趋势前沿的重要举措,对提升仲裁的服务作用、改善仲裁的社会地位、提高仲裁的公众认知,具有重要作用。试点工作的主要内容一是案件受理多样化。在继续加大受理商事纠纷力度的同时,积极面向社会各个领域广泛受理涉及财产权益的民事纠纷,尽可能多的解决社会矛盾。也可以探索与司法机关、行政机关、信访部门和行业组织等合作,将具有财产权益争议的诉讼案件、行政调解案件等先行引入仲裁处理。二是纠纷处理多样化。树立少敲锤子多解扣子的纠纷处理观念,全面开展调解、和解、仲裁确认、友好仲裁、工程评审、争议评估、仲裁斡旋和谈判等各种纠纷解决方法的实践,努力提高"三率"(民商事案件快速结案率、纠纷调解和解率、裁决自动履行率)水准,避免靠简单裁决方式解决矛盾,尽最大可能化解纠纷,让争议双方当事人都能满意。大会最终还确定了哈尔滨、长春、吉林、石家庄、青岛、合肥、武汉、深圳等 19 家仲裁委员会作为试点单位。会后,卢云华同志明确指出,"两化"将是新时期我国仲裁事业发展的总战略和总策略。

同年 10 月 23 日,党的十八届四中全会《中共中央关于全面推进依法治国若干重大问题的决定》(节选)(中国共产党第十八届中央委员会第四次全体会议通过)将"健全社会矛盾纠纷预防化解机制,完善调解、仲裁、行政裁决、行政复议、诉讼等有机衔接、相互配合的多样化纠纷解决机制"正式确定为国家治理的发展目标,仲裁的地位得到进一步确认。党的十八届四中全会还作出"完善仲裁制度,提高仲裁公信力"的重要部署,为进一步健全完善中国特色社会主义仲裁制度指明了方向。

在仲裁机构层面，至 2014 年，全国共设立 235 家仲裁委员会，共受理案件 113,660 件，比 2013 年增加 9403 件，增长率为 9%；案件标的总额 2656 亿元，比 2013 年增加 1010 亿元，增长率为 61%。全国各仲裁委员会平均受案数 483 件，比 2013 年增加 20 件，增长率为 4%；每个仲裁机构平均受案标的额为 11 亿元，比 2013 年增加 4 亿元，增长率为 57%。仲裁案件仍以国内争议为主，全年共有 61 家仲裁委员会受理涉港澳台案件和其他涉外案件共计 1785 件，占案件总数的 2%，与 2013 年持平。① 与 2010 年相比，仲裁机构新增 26 家，受案量增加 34,737 件，增长率为 44%，标的额增加 1724 亿元，增加了 1.8 倍。

(二)发展特点

1. 仲裁法律制度特点

司法监督慢慢放松。随着仲裁制度的完善和仲裁业务的熟练，2012 年《民事诉讼法》修改后本着更加尊重当事人意思自治的原则，更加坚持以程序审查为监督重心的原则，与国际接轨，对仲裁过程的司法审查更趋宽松，这对我国仲裁制度的健康发展十分有利。

2. 仲裁工作发展特点

纠纷解决多样化。2010 ~ 2014 年，"纠纷解决多样化"成为仲裁的另一发展特征。如 2011 年 4 月 22 日中央社会治安综合治理委员会、最高人民法院、司法部等 16 部门联合印发《关于深入推进矛盾纠纷大调解工作的指导意见》(节选)中强调了要将调解与诉讼、仲裁等方式结合、衔接力求高效地解决矛盾纠纷；2011 年 4 月 22 日中央社会治安综合治理委员会、最高人民法院、司法部等 16 部门联合印发《关于深入推进矛盾纠纷大调解工作的指导意见》(节选)中强调了要将调解与诉讼、仲裁等方式结合、衔接，力求高效地解决矛盾纠纷；2014 年 2 月 24 日至 25 日在湖北省武汉市召开的全国仲裁工作"两化"试点工作座谈会再次提及将仲裁与调解、和解、仲裁确认、友好仲裁、工程评审、争议评估、仲裁斡旋和谈判等各种纠纷解决方法用于解决社会纠纷；2014 年 10 月党的十八届四中全会《中共中央关于全面推进依法治国若干重大问题的决定》将"健全社会矛盾纠纷预防化解机制，完善调解、仲裁、行政裁决、行政复议、诉讼等有机衔接、相互配合的多样化纠纷解决机制"正式确定为国家治理的发展目标，仲裁的地位得到进一步确认。

① 参见山东仲裁网：http://www.sdad.org.cn/view.aspx?aid=a323f99e-8593-459c-a94d-00310326edd2&tid=9caa330d-2905-421b-b422-8e1de91b9277，最后访问日期：2018 年 8 月 16 日。

（三）评价

2004年时提出二次创业的主要考虑以下两点：第一，长期以来，制约我国仲裁事业发展的先进的仲裁法律制度与相对滞后的社会仲裁意识和初始的仲裁工作水平的基本矛盾当时仍然存在，而且会长期制约我国仲裁事业的发展。第二，仲裁工作虽然取得了成绩，但所发挥的作用与经济社会发展的要求不相适应，这个仲裁工作的主要矛盾当时仍然突出存在。“二次创业”的目标是“要把我国仲裁工作为经济社会发展提供的积极作用上升为重要作用”。这个目标的表述是定性的表述，但含义是定量的含义。①

在第二次创业的10年内，我国仲裁的受案量由48, 339件到113, 660件，增长率达到135%，标的额由654亿元到2656亿元，增长率更是高达306%。这个数据足以证明，我国仲裁第二次创业成功了，我们已经跨入了第二次创业的跨越式发展时期。显然，因为政府和仲裁机构自身的努力，人们的仲裁意识逐渐提升，无论是年受案量的增长还是标的额的迅猛增长，都说明仲裁渐渐成为更多人们青睐的纠纷解决方式；同时，仲裁机构本身也在进行内部建设，不断提高其自身仲裁水平，随着社会经济的发展，其本身的市场化程度也在不断提高，再加上自上而下的仲裁推广，我国仲裁制度在慢慢拓展它的“版图”，开始进入普通民商领域以外的其他更具专业性的领域，并最终形成了“案件受理多样化，纠纷解决多样化”的纠纷解决理念，全国仲裁界齐心协力在第二次创业期间取得了优异的成果。

从第二次创业时期的介绍可以看出，在过去的20年间很多仲裁实际操作问题都得到了解决、仲裁制度进一步发展，仲裁的影响力较一次创业时期得到大幅提升。若说第一次创业时期时，我国的仲裁制度初生如婴儿，而后经过初期10年的发展慢慢学会了独立前行，那么第二次创业时期的仲裁制度则成了一个少年人，他充满生机，充满活力，他不再人云亦云，而有了自己的思考。一方面，他开始迅速吸收外界的知识并转化为自己所有，在所学的基础上结合自己已有的资源设想出适合自己的具有特色的前进方向；另一方面，他在向前迈进的过程中也在自省自己存在的“过错”。随着“年龄”的增长，他明白有些枷锁不再需要，若再继续背负这些枷锁反而会影响到自身的发展，因此应大胆解开锁链。

我国仲裁的二次创业的发展成果为我国仲裁制度的继续深度、广度发展打下了坚实的基础。因此，2014年对仲裁制度建设和仲裁队伍建设落后的仲裁水平提出了要求，我

① 参见《卢云华同志在2016年全国仲裁工作年会上的讲话》，载重庆仲裁委员会网：http://www.cqac.org.cn/Fast/2016qgzcgznh/2016/1124/04181031.html，最后访问日期：2018年7月8日。

国仲裁也进入了“两化”发展时期。

第三节　“两化”发展时期(2015年至今)

前文提到,“两化”指案件受理多样化,纠纷处理多样化。在这一时期,我国仲裁制度在之前20年的发展成就基础上,在国家自身强大的经济实力的支持下,在构建“人类命运共同体”的国际环境氛围中,发展迅速。因此,本节关于进入“两化”发展时期后的介绍将以两年为一阶段。

一、2015~2016年

(一)建设成果

2015年3月广州仲裁委员会率先成立了全国首个互联网仲裁平台,并组建成立了广州网络仲裁院。到目前为止,广州仲裁委员会已经自主研发了服务律师平台、案件管理系统、网络视频庭审系统等13大系统,能够与网站、微信公众平台、服务律师平台、自动化办公平台(Office Automation,OA)等综合运用,实现数据共通。

为充分发挥互联网发展新形态对仲裁工作的积极作用,更快适应正在改变传统的“互联网+”的新模式,根据国务院法制办公室的要求,2015年5月22日长春、重庆、广州、合肥、杭州、上海、深圳、武汉、厦门、西安10家仲裁机构负责人在武汉出席“互联网+仲裁”座谈会,决定在全国发展互联网仲裁,并推举广州仲裁委员会负责牵头协调全国互联网仲裁工作,卢云华同志出席会议并作重要讲话。本次会议认为,仲裁机构、跨区域仲裁机构、企业与高校之间需要实现网络对接,形成一个高效的仲裁法律共同体,决定在内地发展互联网仲裁,加强仲裁法律共同体建设,并确定2015年年底在广州成立中国互联网仲裁联盟。该联盟将会统一互联网仲裁程序规则,规范互联网争议法律适用,促进仲裁机构之间在互联网纠纷解决方面的合作和共享,共建案例大数据,低成本地解决互联网争议,促进电子商务、互联网金融等市场的健康有序发展。

“今年7月,国务院正式发布了《国务院关于积极推进“互联网+”行动的指导意见》,明确要求要建立多样化互联网纠纷解决机制。国务院办公厅《关于加快电子商务发展的若干意见》也明确提出,要推动我国网络仲裁等方面的法律服务与法律保障体系建设。”中国政法大学校长黄进认为,通过互联网技术与仲裁机制的深度融合,创新仲裁方式,是对国家提出的"互联网+"行动计划的具体贯彻落实,互联网与仲裁的结合绝非"偶遇""闪婚",也并非简单的相加,而是必然,是自然而然。"仲裁程序中的各种文件、证据,仲裁庭和当事人相互之间可以通过互联网实现即时交换。在由多个仲裁员组成仲裁庭的情况下,仲裁员们可以各自在不同地点,通过互联网技术,同时对仲裁案件进行讨论、听证、审理、合议,并最终作出仲裁裁决,甚至通过得到认证的电子签名在裁决书上签字,既节省了时间,又提高了效率。"黄进这样表示。

2015年9月24日,由广州仲裁委员会牵头发起的中国互联网仲裁联盟在广州成立。"中国互联网仲裁联盟汇聚了全国法学法律、金融、知识产权、网络技术等多领域的优秀机构与专家,通过互联互通,共享资源,交流合作,优势互补,致力于打造互联网仲裁领域的高端智库。它必将成为这一领域的新高地,一定能够为更快、更好地满足我国在互联网仲裁发展中的新需求,也肯定会引领国内、国际仲裁的新发展。"黄进在联盟成立大会上表示。

2015年10月23日,长三角31家仲裁机构讨论通过了《长三角仲裁机构协作发展框架协议》(以下简称《协议》)。这31家仲裁机构已经达成如下共识:各仲裁机构发展应坚持社会化、市场化导向,完善仲裁机制体制,逐步实行一体化发展,最大限度地发挥仲裁机构的职能作用。这要求各仲裁机构要加强联系协作,开展业务互帮互助、信息资源互通,其归根结底是为了为各仲裁机构开展仲裁活动提供便利,为当事人申请仲裁提供便利。《协议》明确,推动建立长三角仲裁机构建立协作机制,明确仲裁协作事项,规范仲裁协作流程,促进仲裁协作活动。这些仲裁业务协作主要涉及仲裁员推荐、调查取证配合、文书送达配合、法院执行沟通方面、选派人员实习等。①

"廉政"与"两化"无疑是中国仲裁2016年的年度主题词,在国务院法制办公室2016年参加的各个仲裁工作会议上,这两方面均被作为关注与研讨的重大话题。

2016年6月23日至24日,在国务院法制办公室的主持下,2016年全国仲裁工作座谈会在北京召开,座谈会主题为"仲裁机构的廉政建设与'案件受理多样化纠纷处理多样化'"。2016年10月19日,2016年全国仲裁工作年会在重庆召开。在年会上,国务院法制办公室政府法制协调司司长赵振华强调"加强仲裁机构廉政建设显得尤为重要和紧迫"。

2016年,国家还出台了多个涉及仲裁的法律文件。②

2016年6月28日,最高人民法院《关于人民法院进一步深化多样化纠纷解决机制改

① 参见张维:《长三角31家仲裁机构率先实现区域合作》,载《法制日报》2015年10月23日,第6版。

② 司发通〔2016〕55号、法发〔2016〕14号、法发〔2016〕21号、法释〔2016〕22号、国法〔2016〕81号等。

革的意见》(法发〔2016〕14 号)发布,该意见目的在于合理配置纠纷解决的社会资源,完善和解、调解、仲裁、公证、行政裁决、行政复议与诉讼有机衔接、相互协调的多样化纠纷解决机制。要求各级人民法院要将诉调对接平台建设与诉讼服务中心建设结合起来,建立集诉讼服务、立案登记、诉调对接、涉诉信访等多项功能为一体的综合服务平台。对诉至法院的纠纷进行适当分流,对适宜调解的纠纷引导当事人选择非诉讼方式解决;开展委派调解、委托调解;办理司法确认案件;负责特邀调解组织、特邀调解员名册管理;加强对调解工作的指导,推动诉讼与非诉讼纠纷解决方式在程序安排、效力确认、法律指导等方面的有机衔接,健全人民调解、行政调解、商事调解、行业调解、司法调解等的联动工作体系。其后第 10 条更是特地对诉讼机制与仲裁机构的对接作了说明。①

最高人民法院于 2016 年 9 月 13 日的发布《关于进一步推进案件繁简分流优化司法资源配置的若干意见》(法发〔2016〕21 号),其中第 20 条再次强调完善多样化纠纷解决机制。推动综治组织、行政机关、人民调解组织、商事调解组织、行业调解组织、仲裁机构、公证机构等各类治理主体发挥预防与化解矛盾纠纷的作用,完善诉调对接工作平台建设,加强诉讼与非诉纠纷解决方式的有机衔接,促进纠纷的诉前分流。促进诉前分流意味着将有更多的案件通过仲裁、调解等替代性纠纷解决方式进行处理,同时,也意味着仲裁效能的将得到进一步的发挥。

随后,2016 年 12 月 30 日最高人民法院《关于为自由贸易试验区建设提供司法保障的意见》(法发〔2016〕34 号,以下简称《意见》)第 8 条中鼓励运用仲裁、调解等多样化机制解决自贸试验区民商事纠纷,进一步探索和完善诉讼与非诉讼相衔接的矛盾纠纷解决机制。支持仲裁机构、人民调解委员会、商事和行业调解组织的创新发展,为多样化解决自贸试验区民商事纠纷提供司法便利。另一具有突破性的发展是,我国首次允许在自贸区内注册的企业相互间在内地特定地点、按照特定仲裁规则、由特定人员对有关争议进行仲裁。

在仲裁机构层面,2015 年,全国 244 家仲裁委员会共受理案件 136,924 件,仲裁案件仍以国内争议为主,全年共有 62 家仲裁委员会受理涉港澳台案件和其他涉外案件共计 2085 件,占案件总数的 1.5%,与 2014 年基本持平。② 2016 年,全国 251 家仲裁委员会共

① 加强与仲裁机构的对接。积极支持仲裁制度改革,加强与商事仲裁机构、劳动人事争议仲裁机构、农村土地承包仲裁机构等的沟通联系。尊重商事仲裁规律和仲裁规则,及时办理仲裁机构的保全申请,依照法律规定处理撤销和不予执行仲裁裁决案件,规范涉外和外国商事仲裁裁决司法审查程序。支持完善劳动人事争议仲裁办案制度,加强劳动人事争议仲裁与诉讼的有效衔接,探索建立裁审标准统一的新规则、新制度。加强对农村土地承包经营纠纷调解仲裁的支持和保障,实现涉农纠纷仲裁与诉讼的合理衔接,及时审查和执行农村土地承包仲裁机构作出的裁决书或者调解书。

② 参见山东仲裁网:http://www.sdad.org.cn/view.aspx? aid = 645c6e33-b7f7-4227-819b-3505fdd75f93&tid = 9caa330d-2905-421b-b422-8e1de91b9277,最后访问日期:2018 年 8 月 16 日。

受理案件 208,545 件,比 2015 年增加 71,621 件,增长率为 52%;案件标的总额 4695 亿元,比 2015 年增加 583 亿元,增长率为 14%。全国各仲裁委员会平均受案数 831 件,比 2015 年增加 270 件,增长率为 48%;平均受案标的额为 19 亿元,比 2015 年增加 2 亿元,增长率为 12%。仲裁案件仍以国内争议为主,全年共有 62 家仲裁委员会受理涉港澳台案件和其他涉外案件共计 3141 件,占案件总数的 1.5%,与 2015 年持平。①

(二)发展特点

1. 仲裁法律制度特点

对仲裁的监管渐渐放松,允许更多形式的仲裁;随着 20 多年来仲裁制度的不断完善,整个社会法制环境的不断改善,仲裁人员工作经验的不断增长、工作水平的不断提升,民众对仲裁形式的接受度上升以及我国所处的国内外环境的变化,我国开始放开对仲裁活动的监管,更加尊重仲裁中当事人的意思自治。

2. 仲裁工作发展特点

(1)自 2014 年至 2016 年,随着仲裁制度、仲裁人员、仲裁水平等仲裁各方面建设日趋稳定,仲裁所展示出的特点也愈发明显。除前述所列特点外,又产生了一些新的发展趋势,如信息化、远程化。当今世界已处于信息化时代,电脑和因特网成为信息化时代的两大标志。在仲裁制度建设尚未十分完善时,办案人员的大量时间都耗费在了文字书写过程中,办案效率较为低下,而且无法对办案情况进行更精确和全面的统计。而 2015 年 3 月,广州仲裁委员会率先成立了全国首个互联网仲裁平台,并组建成立了广州网络仲裁院。当事人可就仲裁庭的组成甚至于仲裁程序的进行作出自己的选择,现代远程电子传输技术的发展为仲裁远程办案提供了充分技术保障,使仲裁异地远程办案成为一种可能。网络化远程办案的推行有助于节省仲裁开支,降低仲裁费用,对于跨地区甚至跨国的当事人无疑具有很大的吸引力。

"通过网络仲裁受理网络案件共 70,079 件,标的额 35.61 亿余元,其中互联网金融案件占 85%。"这是 2017 年中国广州仲裁委员会在网络仲裁领域交出的成绩单。

广州仲裁委员会网络仲裁流程为:第一步,网上申请与受理;第二步,被申请人网上答辩;第三步,网上组成仲裁庭;第四步,网上交换证据;第五步,网上质证、审理;第六步,庭后提交代理词;第七步,仲裁庭作出裁决。

通过网络仲裁系统申请仲裁,能够实现交易平台的数据直接对接仲裁系统,仲裁系

① 参见山东仲裁网:http://www.sdad.org.cn/view.aspx?aid=2fccbee5-663d-4923-9b58-bcd624f4c28f&tid=9caa330d-2905-421b-b422-8e1de91b9277,最后访问日期:2018 年 8 月 16 日。

统自动审核案件，全程线上进行。目前，案件类型主要包括 P2P 网络借贷纠纷、消费金融纠纷、供应链金融纠纷、融资租赁纠纷、债权转让合同纠纷、网络借贷中介服务纠纷、互联网银行借贷纠纷等。

从已受理的互联网金融案件中，广州仲裁委员会总结出此类案件具有以下主要特点：(1)数据海量化，一批案件通常是几千上万件的规模；(2)证据电子化，大部分的交易流程在网上进行，合同、支付凭证等均为电子证据；(3)同一类型互联网金融产品的案件呈现出仲裁请求、仲裁证据组成、处理方式同质性、类型化的特点。① 基于互联网金融参与主体众多、地域跨度大、电子证据为主的特点，传统的纠纷解决机制已难以应对高频多发的法律风险和纠纷。相比之下，网络仲裁为互联网民商事交易提供了更方便、高效的纠纷解决方案。

(2)社会整体仲裁意识得到大幅提升。意识是人的头脑对客观物质世界的反映，是感觉、思维等各种心理过程的总和，其中，思维是人类特有的反映现实的高级形态。存在决定意识，意识又反作用于存在。② 而人们的社会仲裁意识则是人们对仲裁这种纠纷解决方式的各方面的主观印象，或者此处更直接指的是，人们在遇到纠纷时，选择仲裁来解决问题的倾向性有多强。

在《仲裁法》实施的第一年，全国共设立 10 多家仲裁机构，仲裁机构全年受案量仅仅 1048 件，标的额仅仅 2 亿元。这些数据显示出我国初期仲裁制度构建的一大障碍——社会接受度不高。不仅普通民众，甚至当时的机关工作人员对仲裁究竟是什么，仲裁活动怎么进行都不甚了解。而在仲裁制度建立之初，国家忙于仲裁各方面制度建设，对《仲裁法》在民众中的普法教育不太重视，导致相当行业的市场经济主体不知道仲裁是一种纠纷解决方式，可以用于解决纠纷。他们甚至认为仲裁只是一个调解机构，对仲裁的印象停留在之前新中国成立之初"行政仲裁"的也不在少数。未能做到仲裁制度"内外兼修"，初期《仲裁法》的推行实施情况并不乐观。

但从 2000 年开始，国家开始向各行业推行仲裁制度，如为了进一步贯彻《仲裁法》和国务院办公厅《关于贯彻实施〈中华人民共和国仲裁法〉需要明确的几个问题的通知》(国办发〔1996〕22 号)、大力推行仲裁法律制度，充分发挥仲裁法律制度为社会主义市场经济服务的作用，推动仲裁事业的发展，经国务院法制办公室与建设部、国家工商行政管理局共同研究，建设部、国家工商行政管理局于 11 月 3 日联合下发的关于对《城市供用

① 参见《广州网络仲裁受理案件 7 万件，涉及金额 35 亿》，载《法治周末》2018 年 3 月 10 日。
② 参见高菲：《中国特色社会主义仲裁理论研究文集》(第 1 卷)，法律出版社 2004 年版，第 1367 页。

水合同》等合同示范文本中的合同争议解决方式条款依法进行修改的《关于修改合同示范文本有关条款的通知》(建法〔2000〕252 号)。该通知中对建设部与国家工商行政管理局共同发布的合同示范文本中的合同争议解决方式条款进行了修改,具体内容为建设部与国家工商行政管理局发布的《城市供用水合同》第 10 条、《城市供用气合同》第 10 条、《城市供用热力合同》第 10 条、《建设工程施工合同》第三部分第 37 条、《建设工程委托监理合同》第三部分第 49 条、《建设工程勘察合同(一)》第 9 条、《建设工程勘察合同(二)》第 13 条、《建设工程设计合同(一)》第 8 条第 8.7 项、《建设工程设计合同(二)》第 11 条、《物业管理委托合同示范文本》第 38 条修改为:本合同在履行过程中发生的争议,由双方当事人协商解决,协商不成的按下列几种方式解决:(1)提交 × × × 仲裁委员会仲裁;(2)依法向人民法院起诉;2004 年 1 月 18 日,国务院法制办公室、中国证券监督管理委员会《关于依法做好证券期货合同纠纷仲裁工作的通知》(国法〔2004〕5 号)中明确了关于证券、期货合同纠纷的仲裁范围,在证券、期货中依法订立仲裁协议的方式,已发选聘证券、期货专业人士参加仲裁工作的程序,并提出了依法开展证券、期货合同纠纷仲裁工作的要求等问题;2005 年 1 月 17 日,国务院法制办公室、中华全国工商业联合会《关于依法做好非公有制企业民商事纠纷仲裁工作的意见》(国法〔2005〕3 号)中规定了在非公有制企业中宣传和推行仲裁制度,依法订立仲裁协议,聘请民营经济专业人士参加仲裁工作等问题;2007 年 6 月 12 日,国务院法制办公室协调司与全国工商联法律部在京联合召开了"依法开展仲裁非公有制企业民商事纠纷试点工作会议",形成了《关于进一步做好非公有制企业民商事纠纷仲裁工作的意见(征求意见稿)》;2010 年 5 月 28 日,国务院法制办公室与全国工商联联合下发了国务院法制办公室、中华全国工商业联合会《关于进一步做好非公有制企业民商事纠纷仲裁工作的意见》,就进一步贯彻落实国务院法制办公室、中华全国工商业联合会《关于依法做好非公有制企业民商事纠纷仲裁工作的意见》提出了具体意见。

这所有的努力使我国的仲裁机构数量从 1995 年的十几家增加到 2016 年的 251 家,全年受案量从 1048 件增加到 208, 545 件,标的额从 2 亿元增加到 4695 亿元,每个仲裁案件平均标的额从 19 万元增加到 220 多万元。这 251 家仲裁机构在我国各地遍地开花,仲裁机构本身的建设以及其仲裁人员的工作使人们意识到了仲裁相较于其他纠纷解决方式的优点。第一,仲裁是一种契合市场经济特点和规律的非诉讼争议解决机制,它顺应了市场主体自主自治的愿望和对争议解决方式多样化的期待,有利于各种矛盾纠纷得到及时有效的化解。同时,仲裁过程气氛和谐,且程序简便,更有利于争议的双方达成和解。第二,仲裁是一项没有行政权力参与运行的社会公共服务活动,随着仲裁制度的健全,仲裁对解决社会纠纷的作用逐渐发挥出来,政府的负担减轻,降低行政成本。在此种情况下,政府职能可以顺利转变,对经济生活的直接干预减少,同时节省司法资源。

仲裁是一个国家法制环境的重要组成部分,是重要的投资"软环境",在经济全球化、区域一体化的宏观背景下,仲裁作为国际通行的民商事争议解决方式,已成为市场经济发达程度、对外开放程度和社会文明程度的标志之一。幸运的是,我国仲裁制度经过20年的建设,相较于最初的情况,年度受案量和标的额的跨越式增长反映出我国民众对仲裁这种纠纷解决方式的接受程度越来越高,仲裁公信力有了很大的提升,许多标的额较大的案件甚至会更青睐仲裁这种纠纷解决方式。

(3)仲裁与调解、和解、诉讼等方式结合运用于解决纠纷。我国仲裁进入"两化"发展时期后,"多样化纠纷解决机制"越来越多地见于国家机关发布的法律文件中。如前所述,"多样化纠纷解决机制"是目前我国由社会"管理"转为社会"治理"的政治背景下,面对经济发展新常态带来的新挑战以及人民对诉讼的期待过高,却未能认识到诉讼的局限性,导致在司法资源紧缺的情况下,推动仲裁纠纷解决方式发展所设计的"中国方案"。仲裁与调解、和解、行政复议、诉讼等灵活方式结合用于解决纠纷,可以充分发挥各个纠纷解决方式各自的优点,又能避免在某种解决方式不足以解决纠纷时,及时换用另一方式,有效提高纠纷解决效率。

(三)评价

进入"两化"时期的前两年,我国仲裁制度迅速出现了新发展,即信息化。信息化与自仲裁第二次创业后期以来国家倡导的将仲裁与调解、和解、诉讼等其他纠纷解决方式结合运用于处理纠纷的发展趋势充分体现了我国仲裁机构对"两化"理念的践行。且2016年我国仲裁的突破性发展不少,如2016年3月3日,新加坡国际仲裁中心(以下简称新仲)正式宣布在上海自贸区成立代表处并开展业务,这是外国仲裁机关首次在我国内地落户,[①]以及有条件地允许临时仲裁形式等。可以说,2016年对于中国仲裁界来说,是一个新的起点。同时,2016年全国仲裁工作座谈会的主题显示,少年时期的中国仲裁制度,已经开始了内在品性的积极完善和规模效益的持续增长的内外兼修的新征程。

国务院法制办卢云华同志说:"两化战略和少敲锤子多解扣子的理念,既是仲裁发展总攻略,也是社会仲裁服务供给侧改革,是创新现代纠纷解决方式的重要举措,对克服仲

---

① 就外国仲裁机构在中国内地仲裁的相关问题参见李庆明:《境外仲裁机构在中国内地仲裁的法律问题研究》,载《环球法律评论》2016年第3期。

裁的三个短板具有根本意义。”仲裁受案量与标的额的不断增长,①无疑是仲裁界获得发展的主要指标。但卢云华不断提醒,规模效益不应当是仲裁界在新时期的唯一目标,尤其是结合当下反腐斗争的背景,“希望我们的仲裁机构能够受得住政治考验”。

仲裁的廉洁性无疑是保障仲裁公信力的基石。在当前部分仲裁机构改制为自收自支的企业化管理的法律服务机构的情况下,更要把握好仲裁工作的性质和方向,更要坚持仲裁工作的公益性、非营利性组织的性质。天津仲裁委员会办公室主任翟国良认为,仲裁庭独立办案是仲裁得天独厚的制度优势,但同时也是劣势,仲裁委员会对仲裁案件的管理多集中在事后、事前,事中的监督手段较少,因此,在过程中只能依靠仲裁员个人操守。福州仲裁委员会主任薛海玲建议,应构建仲裁案件流程管理体制、案件质量效率评估和评查机制,同时有效建立仲裁员、仲裁工作人员与当事人之间预防腐败的“隔离带”。

廉政建设,已经毫无悬念地成为仲裁2016年的关键词。在2016年7月29日召开的第四次东南、东北片区仲裁工作会议上,《加强仲裁廉政建设　提升仲裁公信力倡议书(审议稿)》(以下简称《倡议书》)获得参会代表的悉数通过。《倡议书》提出要强化制度。进一步规范仲裁工作管理制度,建立健全立案、审理等业务管理和人事、财务等行政管理的仲裁内控制度,形成用制度规范行为、按制度办事、靠制度管理人的有效机制;明确要有效监督。制定切实可行的措施,形成仲裁庭与仲裁办事机构有机协调、相互监督局面,重视当事人和社会各界对仲裁工作的反映,自觉接受各方面监督,树立仲裁机构的良好社会形象。

二、2017~2018年

(一)建设成果

据国务院法制办公室统计,2016年全国受理的208,545件仲裁案件中,“两化”试点仲裁机构“贡献巨大”,这些仲裁机构2016年共受理案件8.7万件,鉴于“两化”试点的成功,国务院法制办公室决定于2017年在全国全面推进“两化”工作。

2017年仲裁制度建设方面有如下进展:

2017年3月9日,《关于开展知识产权纠纷仲裁调解试点工作的通知》②中为深入贯彻党的十八大和十八届四中、五中、六中全会精神,积极落实国务院《关于新形势下加快

① 以2015年为例,当时“两化”试点的19家仲裁机构中,受理案件增加的有15家,占总数的78.9%;案件标的额增加的试点单位有14家,占总数的73.6%。

② 参见《关于开展知识产权纠纷仲裁调解试点工作的通知》(国知办函协字〔2017〕122号)。

知识产权强国建设的若干意见》要求,深入实施《"十三五"国家知识产权保护和运用规划》,充分发挥仲裁与调解在协调解决知识产权纠纷中的重要作用,探索形成知识产权纠纷多样化解决机制,为权利人提供更多的争议解决途径和维权选择,决定开展知识产权纠纷仲裁调解试点工作。工作内容包括持续规范知识产权纠纷仲裁调解业务,加强行业性知识产权纠纷调解组织和专业性知识产权仲裁机构的培育工作,加快构建知识产权纠纷仲裁调解人才培训、选拔工作体系,探索构建知识产权纠纷仲裁调解专家库,提高专业化水平。推动建设知识产权信息交流及案件受理平台,建立健全知识产权纠纷仲裁调解工作机制,实现知识产权仲裁、调解、行政执法、司法保护之间的高效衔接,积极推动专利、商标、版权、商业秘密等知识产权纠纷仲裁调解工作。试点单位要在全面掌握本地区工作现状的基础上开展工作,充分调动各方面积极性,全面推动试点工作开展。

人力资源和社会保障部、中央社会治安综合委员会办公室、最高人民法院、司法部、财政部、中华全国总工会、中华全国工商业联合会、中国企业联合会/中国企业家协会于2017年3月21日发布实施的《关于进一步加强劳动人事争议调解仲裁完善多元处理机制的意见》(人社部发〔2017〕26号)和人力资源社会保障部、最高人民法院于2017年11月8日发布实施的《关于加强劳动人事争议仲裁与诉讼衔接机制建设的意见》(人社部发〔2017〕70号)中都再次强调了各种纠纷解决机制衔接、结合使用以高效解决纠纷的问题。此种做法对促进社会公平正义、维护劳动人事关系和谐与社会稳定具有重要意义,同时也能促进包括仲裁在内的各种纠纷解决机制的发展。为公正及时处理劳动人事争议,人力资源和社会保障部还于2017年5月8日发布了《劳动人事争议仲裁办案规则》(2017年)①和《劳动人事争议仲裁组织规则》(2017年),②详细规定了劳动人事争议仲裁的程序及仲裁庭组织,为处理劳动人事争议提供了具有针对性的标准。

于2017年9月1日通过公布,自2018年1月1日起施行的全国人大常委会《关于修改〈中华人民共和国法官法〉等八部法律的决定》第6条对《仲裁法》作出修改,将第13条第2款第1项修改为"(一)通过国家统一法律职业资格考试取得法律职业资格,从事仲裁工作满八年的";将第3项修改为"(三)曾任法官满八年的"。经此,1994年8月31日通过的《仲裁法》经过了第二次修正,对仲裁员的专业性要求更高。

另外,随着中国企业"走出去"步伐加快,对外经贸投资活动日趋频繁,投资"一带一路"沿线国家迫切需要专业化、国际化、便利化的投资争端仲裁服务,以更好维护企业的合法权益。国际投资仲裁是解决投资者与东道国之间投资争端的主要方式,但2017年

---

① 人力资源和社会保障部令第33号。
② 人力资源和社会保障部令第34号。

我国仲裁机构尚无受理投资争端的实践，也没有专门适用于国际投资争端的仲裁规则。因此，2017年9月19日，贸仲委《投资仲裁规则》在中国仲裁高峰论坛上正式发布，并自2017年10月1日起施行。该会议特别设计了“一带一路”与国际投资仲裁的相关议题，邀请了来自国际投资仲裁领域的专家学者以及法律工作者展开深入讨论，并具体介绍了贸仲委《投资仲裁规则》的制定及内容。

为贯彻《中共中央关于全面依法治国若干重大问题的决议》提出的“完善仲裁制度，提高仲裁公信力”的任务，2018年上海国际仲裁周高峰论坛于3月10日在中欧国际工商学院中欧会堂成功举办；2018年3月15日国家知识产权局办公室发布的《关于开展知识产权仲裁调解机构能力建设工作的通知》（国知办发协字〔2018〕7号）中明确为了加强行业性、专业性人民调解组织建设，完善仲裁制度，健全知识产权纠纷多样化解机制，积极构建知识产权大保护工作格局，加强知识产权仲裁机构和纠纷调解机构建设，决定开展知识产权仲裁调解机构能力建设工作，遴选部分知识产权纠纷仲裁调解机构加强能力建设，有效强化仲裁调解机构知识产权纠纷解决能力。并在其中制定了2018年工作安排，明确规定了遴选机构申报要求、申报程序和评审确定程序。这些都是“两化”阶段开始以来仲裁领域的成果，无不体现着国家和社会对仲裁制度的重视，以及仲裁机构为发挥仲裁应有作用、更好服务社会所做的努力。

在仲裁机构实践方面，2017年与2018年的年仲裁案件受理情况尚未公布，但自1995年仲裁法实施以来，全国仲裁工作连续20多年保持受理案件数和标的额增长，年均增长率超过30%，累计受理民商事纠纷120多万件，标的额22,600多亿元，[①]2016年全国仲裁机构受案量更是实现了历史最大增量，国务院法制办公室政府法制协调司司长赵振华认为，“这不仅反映出经济社会发展与日俱增的纠纷解决需求，更能反映出仲裁在化解社会矛盾纠纷中与日俱增的重要作用”。

（二）仲裁工作发展特点

在之前短短的两年时间内，我国仲裁法律制度并未改变，但仲裁实践却随着社会经济的迅速发展以及所处国际环境的变化而不断迸发着新的活力。

1. 仲裁的专业化提高。从2017年和2018年我国仲裁制度的发展来看，国家致力于推动仲裁在除普通民商事以外的其他领域发挥更大的作用，如证券领域、知识产权领域、劳动争议领域等。随着2022年北京张家口冬奥会的临近，体育仲裁制度的构建也已经

① 参见《中国国际商事仲裁年度报告（2016）》，载中国国际贸易仲裁委员会官网：http://www.cietac.org.cn/index.php？m = Article&a = show&id = 14501，最后访问日期：2018年3月30日。

纳入决策者视野。"建立体育纠纷仲裁制度,是成功举办重大体育赛事的重要制度前提。"中国政法大学校长黄进说。国家体育总局委托中国政法大学仲裁研究院开展了"体育仲裁与反兴奋剂法治"专项研究。

2. 面对"一带一路"的新形势,中国仲裁事业迎来了难得的机遇。自2013年启动"一带一路"倡议以来,中国计划投资的基础设施项目总计约9000亿美元,其中包括:在斯里兰卡和巴基斯坦修建港口,在非洲、东南亚和中亚融资修铁路,铺设穿越亚洲大陆的石油和天然气管道。这是迄今为止世界上最大的基础设施项目。随着支出的增长,围绕投资或投资项目,中国公司面临的风险也在不断增加。以"一带一路"(中国)仲裁院(以下简称仲裁院)为例,该仲裁院由武汉仲裁委员会于2016年10月组建,是中国仲裁界首家服务"一带一路"倡议的专业仲裁院,主要受理"一带一路"建设工程和商事项目的争议或纠纷,致力于妥善处理中国企业在海外的项目投资、工程承发包和总分包之间的纠纷,保障"一带一路"沿线项目的顺利进行。该院成立近一年有余,已受理"一带一路"沿线国家的商事纠纷5起,总标的额6亿元人民币,涉及利比亚、科威特、越南3个国家。"一带一路"(中国)仲裁院院长刘健勤表示,仲裁院下一步将加大宣传推广力度,有计划地深入走访企业,把脉企业发展痛点,了解企业海外投资信息,发挥仲裁优势,全方位服务"一带一路"倡议。

3. 案件受理多样化,纠纷解决多样化进一步推行。为了推动仲裁在普通民商事以外的其他领域的作用,2017年3月9日国家知识产权办公室发布的《关于开展知识产权纠纷仲裁调解试点工作的通知》,人力资源和社会保障部、中央综治办、最高人民法院、司法部、财政部、中华全国总工会、中华全国工商业联合会、中国企业联合会/中国企业家协会于2017年3月21日发布实施的《关于进一步加强劳动人事争议调解仲裁完善多元处理机制的意见》以及人力资源和社会保障部、最高人民法院于2017年11月8日发布实施的《关于加强劳动人事争议仲裁与诉讼衔接机制建设的意见》中都再次强调了各种纠纷解决机制衔接、结合使用以高效解决纠纷的问题,此种做法对促进社会公平正义、维护劳动人事关系和谐与社会稳定具有重要意义,同时,也能促进包括仲裁在内的各种纠纷解决机制的发展;除此之外,2018年3月15日国家知识产权局办公室发布的《关于开展知识产权仲裁调解机构能力建设工作的通知》(国知办发协字〔2018〕7号)中也决定开展知识产权仲裁调解机构能力建设工作,有效强化仲裁调解机构知识产权纠纷解决能力。

(三)评价

显然,我国对一个制度的推行基本上都是采取"上行下效"的方式,自上而下的推行有其优点。从1994年《仲裁法》颁布到现在,仲裁制度在国家政府的大力支持下经过了初期10年。待仲裁制度基本完善后,仲裁机构开始注重自身建设,开始提高自身仲裁工作水平,在此阶段,政府为其保驾护航,大力向各行各业推行仲裁制度,在两方努力下,人们的仲裁意识得到慢慢提高,仲裁在整个社会中的作用也逐渐提升。在仲裁制度终于站稳脚跟后,国家开始为其赋予中国特色:将其与我国目前的国家政策、社会现状等相联系,进行仲裁廉政化建设和公信力建设等。

仲裁制度从第一次创业时期到第二次创业时期再到“两化”发展时期,发展不可谓不惊人。“两化”发展时期的仲裁成绩更是不俗,2016年,就受理案件数而言,试点单位所受理案件几乎占到了全国仲裁案件总数的半壁江山。据国务院法制办统计,74家试点单位共受理案件87,826件,占全国受案总数的42.1%;案件标的额1325亿元,占全国案件标的总额的28.2%。各试点单位平均受案数1187件,比全国平均受案数高356件。各试点单位受案总数比2015年增长18,369件,增长率为26%;标的总额比2015年增长30亿元,增长率为2%。在74家试点单位中,受理案件数增长的有43家,占试点单位总数的58%;哈尔滨仲裁委员会、武汉仲裁委员会等多家仲裁机构的受理案件数增长率达到50%以上;案件标的额增加的仲裁机构有40家,占试点单位总数的54%,石家庄仲裁委员会、安阳仲裁委员会等仲裁机构的标的额增长率达到50%以上。从各试点单位案件受理数来看,受理案件数超过1000件的有19家,占试点单位总数的26%;超过500件,不足1000件的有17家,占试点单位总数的23%;超过200件不足500件的有19家,占试点单位总数的26%;案件数不足200件的有19家,占试点单位总数的25%。①

显然,“两化时期”的仲裁不仅在规模上有了大幅增长,而且对仲裁机构、仲裁人员的内在品质提出了要求,至此,我国仲裁制度进入了无限可能的青年时期,我们可以合理地期待他的未来:他将会努力修养自身,赢得更多人们的拥护,站上更大的舞台。

第四节　结　　语

从前述仲裁史可以看出,中国仲裁一直在发展。除了一如既往地强调对仲裁机构及其工作人员的管理,逐渐提高仲裁工作人员的廉洁性以及《仲裁法》实施前遗留下来的仲裁工作人员较弱的自律性②外,自2005年全国仲裁界开始“二次创业”后不久,仲裁界提

① 参见《仲裁“两化”或正式进入官方文件》,载《法制日报》官网:http://www.xinhuanet.com/legal/2017-04/05/c_1120750784.htm,最后访问日期:2018年7月21日。

② 参见袁发强等:《中国仲裁机构往何处去——国内部分仲裁机构运行情况调研报告》,载《北京仲裁》2010年第1期。

出了创建中国仲裁学,意在为中国仲裁变革打下思想基础。尔后,由武汉等几十家仲裁机构带头开展了树立"少敲锤子多解扣子"的现代纠纷解决理念和"受理案件多样化、解决纠纷多样化"试点,并迅速成为全国仲裁界普遍的变革实践,取得了丰硕成果,引导并推动我国仲裁事业迈进20年创业历史上第二次跨越式发展阶段。"两化"成为继"发展我国仲裁事业,推行仲裁法律制度是根本,融入市场经济是关键"之后,又一个发展总战略和总策略。几乎同时,由广州等10家仲裁机构率先并带领全国100多家仲裁机构开展了"数字仲裁"的试点,为我国仲裁现代化建设并跨上国际纠纷解决实践的前沿,作出了重要探索。无论"两化"还是"数字仲裁",还是我国仲裁界的其他变革探索,都是根据我国社会纠纷大量产生、新类型纠纷不断出现的实际情况和特点,针对传统仲裁"小众服务产品、非主要社会纠纷解决方式、传统商事活动产物"的短板而采取的社会适应性变革。变革的结果扩大了纠纷解决的领域,适应了新兴民商事活动解决纠纷的需要,丰富了纠纷解决的具体办法,提高了纠纷解决的灵活性和广泛性,满足了社会纠纷解决的各种需求,扩大和提升了仲裁方式解决纠纷的社会作用,成为打造我国仲裁升级版的重要引擎。①

就"两化"继续深入发展来说,仲裁在化解社会矛盾纠纷中作用的提升,与国务院法制办公室自2014年以来进行的"两化"试点工作密不可分。以2016年为例,占比不到1/3的"两化"试点仲裁机构受案总数量达到全国案件综述的42%,平均受案数1187件,包括证券、期货、保险、银行、小额贷款等金融领域纠纷,电子商务、P2P等互联网纠纷,道路交通事故损害、医疗事故赔偿、安全事故赔偿,学校、旅游、消费、物业、婚庆等纠纷,仲裁服务领域越来越宽。一些试点单位主动将仲裁服务触角延伸至基层,在农村设立"两化"工作站,为村民解决土地承包经营权流转、"四荒"土地使用权、种养殖合同争议,得到了广大群众的赞誉。② 除"受理案件多样化"外,国家为了支持"解决纠纷多样化"也出台了许多法律文件,甚至将"完善多样化纠纷解决机制"确定为国家治理发展目标。赵振华说,"实践证明,'两化'工作已经提升并将全面提升我国仲裁工作的整体水平,'两化'符合我国仲裁工作的实际,契合经济社会发展的要求,能充分彰显仲裁在处理人民内部矛盾中的专业价值、社会价值和政治价值,是实现国家治理体系和治理能力现代化的重要举措,是我国仲裁事业今后发展的方向"。

① 参见卢云华:《关于中国仲裁基础理论和发展方向的两点意见》,载法制网:http://www.legaldaily.com.cn/Arbitration/content/2018-01/08/content_7441821.htm,最后访问日期:2018年3月30日。

② 参见张维:《"两化"试点今年"转正"将推向全国占比不到三分之一的试点机构受案量达全国总数的42%》,载《法制日报》2017年5月4日,第6版。

第二章　中国仲裁的理论基础

1994 年颁布、1995 年生效的《仲裁法》代表了当代中国仲裁规制框架的确立，表明国家立法对仲裁市场和事业的重视，其内蕴的原则和理据反映了改革开放思想解放、法制进步的成果。它的实施，特别是历次普法运动对它的宣传，让国人的仲裁意识得到了树立和增强。从法律文化的内部观点和外部观点区分视角看，仲裁行业内的法治观念明显带动了外部主体的思想转换，自下而上地通过仲裁解决商业、合同争端的需求，又不断催促仲裁人的观念革新。以《仲裁法》的颁行为节点，本章通过历史梳理总结相关文化、思想、理论的变迁和发展，试图折射出改革开放 40 年，尤其是改革攻坚期当代中国法理世界的深层结构。

第一节　民族文化与中国仲裁

吉尔兹认为，“法律也是一种需要‘深度刻画’的区域性文化”。① 换言之，现实社会的任何法律体系都不能独立于特定的文化环境。若想良性发展，法律体系必须善于表达民族情感，遵守民族传统习惯，即把民族文化的内涵和特质熔铸于法律规范和法治精神中。就纠纷解决机制而言，调解、仲裁或者诉讼萌生于特定的民族文化之中，并随着民族文化的演进而日渐成熟。② 不同民族的人们对于纠纷解决机制的认知不同，从而导致他们选择不同的解决方式。比如，西方的法律传统建构在市民法和商人法基础上，注重明

---

① 张波：《论当代中国法律文化的多样性及中国特色法治文化的生成》，载《南京社会科学》2001 年第 11 期。

② 参见樊堃：《仲裁在中国：法律与文化分析》，法律出版社 2017 年版。

确市场交易主体的平等地位,而中国的法律传统受强调避讼和平的儒家思想影响,商人们处理纠纷的经验绝非“打官司”,而是“以和为贵”。因此,将纠纷机制的选择放置于民族文化环境中予以考量,有助于我们更好地理解其渊源与效用。本节内容将着重探究民族文化的传统价值、特点及其演进,从文化发展的视角探究非对抗性的民族文化如何影响中国与国际仲裁的立法与实践。

一、中国传统文化中的避讼和平思想

传统中国是一个熟人社会,人与人之间的交往有着既定规则,代代教化使规则内化为习惯,人们自幼熟习——重修身,致良知,谨遵礼法,止诉息争。讼师之流几无社会地位。当然,偶有不礼不法之人,因其私利,逾越规矩,破坏伦常,滋生纠纷。对此,理想的解决方式是负责地方秩序的父母官(或宗族,或行会等)予以教化、调解,而非折狱。中国古代之所以轻诉讼,重调解,原因有二:以和为贵的哲学文化;事业社群内部规范的救济与教化。

(一)以和为贵的哲学文化

中国的“和”文化源远流长。3000 多年前的甲骨文和金文中已现“和”字。春秋战国伊始,儒道两家确立了“和”之意识形态。儒家重礼乐之和,道家向往天乐之和。“礼之用,和为贵”;[①]“天时不如地利,地利不如人和”;[②]“与人和者,谓之人乐;与天和者,谓之天乐”。[③] 儒道两家相辅相成,互为补充,“和”成为中国传统文化的核心,也构成中国古代轻诉讼,重调解的思想基础。

“道之以政,齐之以德,民免而无耻。道之以德,齐之以礼,有耻且格”,[④]儒家认为,君子慎独,只有不礼不法的恶人才需借助外在力量(诉讼、刑罚等)约束自身行为。当纠纷发生后,明确谁的权利被侵犯以及谁的权利应该得到保护并非问题的关键,用道德教化双方当事人,使其羞于违背伦常、破坏礼法,维持社会和谐才是最终目的。这种化解纠纷的方式蕴含中庸之道,调解既好过彼此直接冲突,也好过双方对簿公堂,耗费司法资源。因为一国资源有限,地方政府的财政预算需要应付各类开支,依赖大量非诉讼手段解决纠纷就可以节约司法花销,将财政余额用于其他地方建设。再者,如果人与人之间

① 《论语·学而》。
② 《孟子·公孙丑下》。
③ 《庄子·天道》。
④ 《论语·为政》。

发生太多纠纷，双方为赢官司而不惜以时间、金钱、资源为代价，这会导致社会生产力下降。总之，调解是缓和纠纷双方之间矛盾的一种“中间道路”，其本质是知足知止，为而有度。其优点可概括为：第一，为当事人提供了一种“社会所普遍接受的息诉的一种方式”。因为中国传统的、普遍的社会价值是看重面子，让纠纷双方相互妥协，各让一步，也有益于日后彼此的再次合作。第二，避免了诉讼的危险性与不确定性。封建专制下司法专横，有的是糊涂官断糊涂案，有的是明白人装糊涂，妄自裁判。重口供，动辄刑讯；主观擅断，不尊重案件事实；法外定做，唯上司意志是从。行政兼理司法的体制，彻底排除了司法的独立性和中立性。贪官因受贿或徇私而偏袒一方，制造冤案。专制体制下的司法腐败具有普遍性、疯狂性和一定程度的公开性。百姓寄希望于清官，但是“天下乌鸡一般黑”，“青天大老爷”太少，而且清官也忠于皇权，维护现行体制，从根本上来说是靠不住的。① 第三，诉讼外调解减少了政府的工作量，并帮助减少了诉讼中地方官员、百姓和组织之间的摩擦。

（二）事业社群内部规范的救济与教化

传统中国的基本构成不是西式“团体社群”，而是“事业社群”，具有家族意涵，其内部是一个个家庭，家庭成员接受儒家思想教化，听命于长者，多数民事关系都受制于族规或礼法，“凡是做事业的社群，纪律是必须维持的，纪律排斥了私情”。② 一己之利通常让步于集体之利。

在家庭中，家庭的领导者——父亲或祖父（家长）控制并监督家庭事务。家庭之间的冲突通常由家长决定，他们的权力是绝对的。然而，通常认为家长也寻求对纠纷进行调解，所谓“故乐在宗庙之中，君臣上下同听之，则莫不和敬；闺门之内，父子兄弟同听之，则莫不和亲；乡里族长之中，长少同听之，则莫不和顺”，③大部分家庭成员间的争议在家庭内部解决。

宗族被视为家庭的延伸。宗族规范通常将促进宗族成员间合作与和谐作为他们的目标。宗族首领的主要任务就是保护宗教内部的和谐。通常，族规、族约要求宗族内部纠纷一般先由族长调处，不得轻易向官府提起诉讼。国家也肯定了宗族在解决内部事务方面的职权，并对家法族规中的惩罚措施加以认可，明确承认宗族法的效力。清代更是以法令形式将宗族调处纳入国家司法体系之中，《皇朝经世文编》记载：“凡劝道风化，以

---

① 参见颜明：《从格言谚语看古人厌讼惧讼》，载《中国审判》2010 年第 11 期。
② 费孝通：《乡土中国》，中华书局 2013 年版，第 51 页。
③ 《荀子·乐论》。

及户婚田土争竞之事,其长(族长)与副先听之,而事之大者,方许之官。”并赋予宗族缉拿不法的职权,“凡遇族姓大小事件,均听族长绅士判断。(族中)如有不法匪徒,许该姓族长绅士捆送州县审办”。①

行会是一种商人集体组织,相比较诉讼,他们更喜欢用内部途径来解决纠纷。传统行会“理案”之职能是载于明文法律中的,并通过制定专门的理案章程和特定程序规则,配置专职理案人员来处理商事行业内特定的纠纷。行会对商事纠纷的调处,其本质属于诉讼程序之外的民间调处,区别于官府正式司法程序下的调处,只有当行会调解不了的,才移交官府审理。

简言之,传统中国的地方组织在百姓的日常生活中发挥着“非正式统治”的作用,其往往通过内部规范对纠纷双方予以道德教化,帮助消除彼此之间难以避免的摩擦。

二、中国仲裁发展中的民族文化因素

仲裁制度起源于古罗马商业发达时期,之后传播到世界许多国家和地区。在国际经贸交往中,仲裁成了解决纠纷的主要方式。但是,就中国而言,仲裁是典型的舶来品。晚清之前,由于商品经济、民事关系欠发达,此类纠纷较少,解决方式也很简单,如上文所述的官员调解、宗族教化或行会规范,严重的才交由官府以刑罚手段来解决。

晚清时期,国门被迫大开,商品经济随之发展,仲裁制度传入了中国。1904 年,第一个商会(现代意义上的商人协会)形成且被赋予调解和仲裁发生在中国商人之间、中外商人之间商事纠纷的权利和义务。商会建立不久便有了建立特殊商业仲裁机构的讨论。商议仲裁机构的权力在 1913 年的《商事公断处章程》中得到明确:“对于商人间商事之争议,立于仲裁地位,以息讼和解为主旨。”②然而,对于从西方移植而来的仲裁制度,近代中国很难认同其裁判功能与结果的终局性,因而一再将其本土化——除非令纠纷双方接受,否则公断作出的决定不具有强制执行力。

1949 年后,仲裁制度在中国内地延续下来,经历了四个不同的发展阶段。③ 第一,1949 ~ 1966 年的“只裁不审”阶段。随着合同制度的推广,仲裁被确定为解决经济合同纠纷的唯一方式,法院不受理经济合同纠纷案件,故称为“只裁不审”阶段。当时,国内仲裁

---

① 郭星华:《无讼、厌讼与抑讼——对中国传统诉讼文化的法社会学分析》,载《学术月刊》2014 年第 9 期。

② 《商事公断处章程》第 17 条、第 18 条。

③ 参见陈绍方:《仲裁及其在中国的发展——世纪之交的回顾与展望》,载《学术探索》2001 年第 1 期。

实行的是二裁终局制，专区为一级仲裁，省、自治区、直辖市为二级仲裁。涉外仲裁则为一裁终局制。第二，1979 ~ 1982 年的"先裁后审"阶段。"文化大革命"十年，仲裁制度被废止。"文化大革命"后，随着全国工作重点转移到经济领域，注重用经济、法律手段管理经济，仲裁制度得到恢复和发展。1979 年 9 月 8 日，国家经济贸易委员会、工商行政管理总局、中国人民银行联合下发《关于管理经济合同若干问题的联合通知》，其中规定：经济合同纠纷应当先由各业务主管部门、各级经委或各级工商行政管理部门进行仲裁。仲裁分为二级，当事人对一级仲裁不服，可在法定期限内向上一级仲裁机构申请复议。如果对复议不服，还可在法定期限内向法院起诉。因此，这时的仲裁是提起诉讼的必经程序，故称"先裁后审"。第三，1982 ~ 1995 年的"又裁又审"阶段。1982 年颁布《经济合同法》，其中对仲裁制度作了重要改革，主要是当事人既可以选择仲裁，也可以直接选择诉讼，仲裁不再是诉讼的必经程序。仲裁实行一级制，当事人对裁决不服，还可向法院起诉。第四，1995 年至今的"或裁或审"阶段。其标志是 1994 年 8 月颁布、1995 年 9 月 1 日施行的《仲裁法》。在此之前，中国内地没有单独的、系统的仲裁法，有关仲裁制度的法律规定分散在某些法律、法规当中，既零散又粗浅。

中国传统文化的诸多因素在当今社会仍然存在，并且深刻地影响着仲裁实践，尤其注重友好解决和仲裁内调解的广泛应用。中国以和为贵、避免冲突的哲学思想与事业社群内部规范的救济、教化一起开创了独特的法律文化——止讼息争，如遇纠纷则往往寻求非诉讼的方式解决。晚清以降，虽然中国人与外国人交易频繁，签订了大量合同，但是多数商事纠纷仍然向事业社群内部寻求解决。从中国移植仲裁制度的历程可知，外来的概念受到了本土文化的巨大挑战。身处司法体系之外，仲裁是具有审判功能的半正式体制，它可以产生具有约束力的结果。就这一点而言，中国本土文化很难接受，因为后者向来是为和谐解决纠纷提供坚实基础的。即便当前，中国现存的法院之外的地方解决纠纷机构同样属于内部解决机制的一部分。纠纷裁决者作出的决定虽然基于社会压力而受到纠纷双方自愿遵守，但在法院认可之前仍然没有法律约束力。换言之，仲裁制度本应具有的审判功能依然只归法院享有。再者，中国本土文化并没有在调解员与仲裁员之间划出清晰的界限。时至今日，家庭的长者、宗族的首领、行会的会长或者其他纠纷裁决者依然为帮助纠纷双方达成满意结果一致而努力着。至此，中国传统文化中的调解与西方仲裁概念相结合，一项新型法律体制正在逐渐形成——调解与仲裁的融合。

朝代更迭，统治变换，民族危机，改革开放，中国社会发生了翻天覆地的变化，但是国人对调解制度的偏爱有增无减。1978 年之后，中国由计划经济体制向社会主义市场经济体制迈进，公民的权利意识和法治观念日益增强，正式纠纷解决机制逐步建立。20 世纪八九十年代,中国进行了严格的民事司法改革,重点强调使用法律、诉讼和法院机构来解决民事纠纷。但是,自2003年始,调解率重拾升势,法院开始从裁判优先转回调解优先。除去政治因素,樊堃认为,随着社会和经济结构的急剧变化,中国企业虽然已经习惯与陌生人打交道,但非正式的商议网络在其商贸往来中仍然重要,维持一个持续的"关系"比一味主张权利更加划算。因此,为保持长期关系,中国人更倾向寻求友好解决纠纷的方式。现实中,尽管正式程序已经启动,法官/仲裁员仍旧坚持促进当事人之间达成和解,而大部分当事人也做好了接受和解的准备。①

总而言之,法律体系的构建始终需要平衡不同社会群体之间的利益,任何一项法律制度的变革必然伴随着政治、经济、社会和文化演进,尤其是传统文化的兼容并包。思想观念不加改变,舶来的法律制度很难在本土文化之内生根发芽、开花结果。所以,对法律制度的接受不仅意味着吸纳法条的字面含义,更应该将其与本土文化和社会实际整合起来,从而使新的法律制度真正立于人们的社会生活之中。

三、文化多元与仲裁的观念

全球化已然成为当今时代最重要的特征。随着全球化的逐步深入,世界范围内的法律文化交流与冲突进一步加剧,每个国家和民族都面临着法律文化的选择和重构问题。自近代始,西方法律文化随着列强的坚船利炮开启了中国的大门,中国传统法律文化遭到了巨大冲击和挑战,传统的法律秩序遂被动摇并开始向现代转型。及至20世纪80年代,伴随改革开放,特别在加入世界贸易组织后,中国开始以"对话者"之姿进入世界场域之中,中西法律文化的交流和冲突也随之加剧,无论是在广度还是在深度上,都比过往有了质的变化。就仲裁制度的发展而言,中国虽然保留了传统文化中的调解制度,但仲裁机构的设立和相关法规依然借鉴了国际上较为先进的理念。

中国加入世界贸易组织后所受到的影响是多方面和多层次的。其中,从法律层面上来说,对中国在国际民商事纠纷解决机制方面提出了更高的要求——既要遵从世界贸易组织的相关条约和内部规则,又要符合中国的实际情况,并有利于维护本国利益。作为纠纷解决机制之一的仲裁制度无疑就要面临调整和完善。

众所周知,中国仲裁制度的发展与西方迥然不同。对于国外的仲裁程序,学术界通过以由早期到晚期的时间脉络为序,在国际商事仲裁程序诉讼化方面作过细致入微的观察与思考。从整体来看,西方纠纷解决体系中的仲裁程序基本是先有仲裁,再有诉讼。

① 参见樊堃:《仲裁在中国:法律与文化分析》,法律出版社2017年版。

其商事仲裁的历史源远流长,甚至可溯源至古希腊和古罗马时期,以至有日本学者提出国家审判制度源于仲裁。仲裁制度乃是原始社会私力救济向国家审判制度发展的中间过渡形态。现代化的商事仲裁制度在中国的发展脉络则恰恰相反。仲裁程序几乎长期"先天不足",公权力赋权的色彩太过浓重。这种状况直至1994年《仲裁法》的颁布、施行方有所改观。在这种现状下,国内一些代表性的仲裁机构在办理仲裁案件的过程中不断总结经验,探索规律,适时地去评估仲裁程序运作过程是否符合商事仲裁活动的特点与规律,并着力发挥商事仲裁自身的优势特色。

四、传统仲裁文化的创造性转化与创新性发展

中国传统的解决纠纷方式是追求一种非正式的、友好的调解,不同于西方的仲裁机制,前者是非形式主义的,后者是形式主义的。然而,恰恰是两种不同的价值观才有可能碰撞出"火花",出现一种不断交替变化的发展趋势。在西方司法土壤中培植出的仲裁制度,其本身具有诸多缺陷:伴随着纠纷双方对权利的程序性的需求不断提升,仲裁制度变得愈发昂贵、效率低下,以及过于司法程序化。这一趋势必然催生出与其迥然不同的纠纷解决模式——注重保护纠纷双方权益,能够维持或重塑当事人之间友好关系的中国式仲裁调解制度。这一非形式化的纠纷解决模式是非正式的、去司法程序化的,它以人为本,注重维持和谐的人际关系,强调变通,极富灵活性。中西仲裁制度的交汇融合使中西方传统解决纠纷方式由单一向结合转变,既集中体现了传统仲裁文化的创造性转化与创新性发展,又成为中西方法律文化交汇融合的结点之一。

依前文所述,传统仲裁文化的创造性转化与创新性发展具体体现在两个方面:首先,随着全球化不断深入,中国进行了积极的法律改革,使传统的以调解为主的纠纷解决方式向仲裁制度和案例的国际化标准迈进;其次,中国传统文化和司法实践逐渐对世界的其他国家、地区的仲裁制度与实践产生了潜移默化的影响。西方仲裁制度源起于商人对利益最大化和成本最低化的不懈追逐,与其他纠纷解决方式相同,仲裁制度也会受到历史、社会、经济、政治以及宗教信仰等多种有形或者无形因素的影响。但是,某些因素产生的影响远远大于其他因素。比如,因为仲裁制度集中解决商人之间或商事集团之间的争议,相比较理论而言,在实践中,商人或商事集团更加注重效率与成本。因此,在西方仲裁制度的发展过程中,效率和成本一直是重要因素。中国在建构仲裁制度和发展仲裁实践过程之中,巧妙地将颇具中国特色的调解、传统文化和中华智慧融入其中,并取得了良好效果。就国际仲裁而言,这是可以借鉴的"中国经验"。当下,随着"一带一路"不断

推进，中国仲裁制度与实践发展再度迎来极大的机遇，未来的国际仲裁将会更加重视“中国经验”的作用。

第二节　市场经济与中国仲裁

市场经济观念对中国仲裁制度的建立和发展，起到了至关重要的支撑作用。可以说，现代仲裁制度能在中国生根发芽、茁壮成长，在很大程度上取决于经济体制的成功转型。这个过程充满艰辛，本节主要从历史叙事的角度对之加以回顾和反思。

一、市场经济体制建立前的中国仲裁

早在20世纪50年代，我国就建立了涉外经济贸易和海事仲裁制度，从80年代起，我国又相继建立了经济合同仲裁、劳动争议仲裁、技术合同仲裁、房地产纠纷仲裁等制度。当时，国内仲裁制度的理论基础主要依附于计划经济体制，缺乏对市场经济条件下仲裁制度的科学规定，流弊较多。

第一，缺乏统一立法，仲裁规则相互冲突。由于《仲裁法》至今尚未出台，《民事诉讼法》对仲裁又缺乏操作性规定，每个仲裁机构只能依据自己制定的仲裁规则办案。仲裁机构设立的时间、经济条件不同，其仲裁规则不尽相同，甚至相互冲突。其中，以涉外仲裁、技术合同仲裁为代表。仲裁规则比较科学合理，符合国际惯例。顺应市场经济的需要；以经济合同仲裁、劳动争议仲裁为代表，仲裁规则未能反映仲裁的本质（如有愿性、终局性等），不符合市场经济发展的要求。

第二，仲裁机构设置混乱，各种性质犬牙交错。贸仲委和中国海事仲裁委员会（以下简称中国海仲）这些涉外仲裁机构，属于民间性质。而经济合同仲裁机构、技术合同仲裁机构、劳动争议仲裁机构、房地产纠纷仲裁机构都是设在相应的行政主管部门内，仲裁机构与行政机关的职能机构甚至是“一套人马，两块牌子”，挂仲裁之名，行行政裁决之实，这与国际上的通行做法（仲裁机构属于民间性质）大相径庭。

第三，强制色彩浓厚，对当事人意愿缺乏尊重。对经济合同争议（《经济合同法》修改前）、劳动争议、房地产纠纷等，只要一方当事人提出申请，仲裁机构就可受理，仲裁制度的基石——仲裁协议可有可无，而且当事人只能向法定的仲裁机构申请，无权协议选择管辖。仲裁员由仲裁机构指定，当事人无权选定。

第四,仲裁与诉讼分工不明,仲裁裁决缺乏终局性。由于有些仲裁无须仲裁协议,就会出现一方当事人向仲裁机构申请仲裁、另一方当事人向法院提起诉讼,仲裁机构与法院都予受理、都有管辖权的两难局面。同时,对仲裁裁决不服,当事人可以上诉,不仅耗费当事人的时间、精力,增加成本,而且有损仲裁机构处理经济纠纷的权威,不利于仲裁制度的发展。①

二、社会主义市场经济体制初步建立时期的中国仲裁

仲裁是市场经济的产物,为维护市场秩序、市场信用、促进市场经济健康发展服务。1992 年党的十四大明确提出了建立社会主义市场经济体制的战略决策,1993 年党的十四届三中全会进一步作出了《关于建立社会主义市场经济体制若干问题的决定》,决定指出:“发展市场中介组织,发挥其服务、沟通、公证、监督作用。当前要着重发展会计师、审计师和律师事务所,公证和仲裁机构,计量和质量检验认证机构,信息咨询机构,资产和资信评估机构等。”这表明,市场中介组织包含仲裁机构,或者说仲裁机构属于市场中介组织。决定还指出,“中介组织要依法通过资格认定,依据市场规则,建立自律性运行机制,承担相应的法律和经济责任,并接受政府有关部门的管理和监督”。正是在党的十四大精神确立的重大战略思想指导下,我国经济体制由计划经济向社会主义市场经济转轨,《仲裁法》也于 1994 年 8 月 31 日应运而生。②

在市场经济条件下人们的经济关系和社会关系都趋于复杂化——更直接地与利益关系及利益冲突相关,不仅经济纠纷数量显著增加且解决难度增大,而且传统的民事纠纷,乃至民间纠纷以及行政纠纷,都因往往跟人们的物质利益休戚相关也增多了发生的概率和提升了解决的难度。同时,人们对纠纷的解决更渴望高效率低费用及意思自治。在这种情况下,主要靠法院审判这种纯司法途径解决纠纷的模式和机制越来越显现其局限性。为此,除了需要加强对审判制度自身的建设、改革和完善外,还必须拓展非诉讼的或审判外的纠纷解决的合法方式和途径,这已不仅是一种世界性的潮流,而且是我国发展市场经济进程中刻不容缓的事情。由此可见,市场经济本身的发展就需要多渠道、多层次的纠纷解决方式,这是社会关系、经济关系复杂化,纠纷增多和难度增大,要求纠纷解决机制的结构和功能趋向多重性、多元化的必然结果。《仲裁法》产生的深刻的社会、

① 参见茆荣华:《市场经济与仲裁制度改革》,载《政治与法律》1994 年第 5 期。

② 参见胡建平:《谈谈民商事仲裁机构在我国经济和社会发展中的角色定位问题》,载《北京仲裁》2008 年第 2 期。

时代背景和历史必然性也就在于此,它正是适应了我国发展市场经济条件下经济纠纷的繁难性,因而需要建立和健全多层次、多渠道的纠纷解决机制,尤其是需要拓展和完善审判外的非诉讼解决方式,以有利于纠纷解决机制向着民主性、公正性、专业性、效率性等方向发展完善。① 1994 年的《仲裁法》正是在这种思想的指导下,确立了以下市场经济的基本原则:

第一,契约自由与意思自治。市场经济离不开契约,契约自由是市场经济的基本特点,实现契约自由必须首先实现主体自由。在市场经济条件下,主体是多元化的,每个主体基于其独立的经济利益进行独立的生产经营决策和市场选择,只有主体拥有对自己行为进行选择的自由,才能充分实现主体自身的自主性、能动性和创造性。契约自由要求仲裁必须充分尊重当事人的意思自治,即当事人对于仲裁具有极大的自主权,可以对仲裁中的许多事项自由进行约定。

第二,公平竞争与追求公正。市场经济的重要法则之一是公平竞争,它要求进行经济活动的当事人在法律面前平等,参与经济活动的机会均等,竞争的条件相等,享受的权利和承担的义务对等。仲裁作为解决当事人纷争的一个重要手段,理应将追求公正作为首要目标,并且仲裁真正永恒的生命基础就在于它的公正性,公正性要求必须平等地对待双方当事人。

第三,利益优先与讲究效益。追求最大利益是市场经济的最高信条,也是经济主体的生命。在市场经济条件下,人们行为的选择总是与行为结果的功利相联系,以求用最小的代价换取最大的利益。因此,仲裁要为市场经济服务,就必须在公平裁决的前提下,重仲裁效率,讲仲裁效益,简化程序,降低仲裁成本。②

1999 年国务院法制办公室卢云华同志在第四届全国百市仲裁工作经验交流会议上的讲话中指出:仲裁制度为社会主义市场经济的健康发展起到积极的促进作用,3 年多来,各重新组建的仲裁委员会共受理各类经济民事案件 11,000 多件,标的额达 170 多亿元。其中,有许多是涉及国计民生重要领域的案件,有的与国家的改革密切相关,有的还是当地的热点问题,关系国家和地方的经济发展和社会稳定。各仲裁委员会在案件仲裁中,坚持从维护社会主义市场经济秩序的大局出发,坚持质量、效率、社会效益的有机统一,坚持严格依法仲裁,坚持合情合理合法地解决争端,既平息了纠纷,又促进了双方进一步合作,使市场主体之间的交往、交流不因纠纷的产生而中断,使市场经济的运行不因暂时的、个别的、局部的利益冲突而梗阻。这种保障经济秩序、化解经济纠纷、润滑经济

---

① 参见文正邦:《〈仲裁法〉与市场经济裁判制度的改革》,载《中国法学》1995 年第 6 期。
② 参见吴士元、吕文江:《市场经济与中国的仲裁立法》,载《山东法学》1995 年第 3 期。

机制的作用已通过案件的仲裁得以较好的体现，并将伴随着仲裁事业的进一步发展得到更加充分的显现。

同时，随着我国依托于市场经济而建构的新仲裁制度的产生，我国贸仲委也开始了对其规则的修改。1994 年 6 月 1 日，贸仲委新规则正式实施。新规则进一步参考国际上的通行做法，进一步体现国际化，将现行规则中的受案范围“解决产生于国际经济贸易中的争议”，修改为“解决产生于国际或涉外的契约性和非契约性的经济贸易等争议”。同时对不符合新颁布的《民事诉讼法》有关规定的内容也做了修订。1995 年 9 月 4 日，为了贯彻《仲裁法》，贸仲委于 1995 年 10 月 1 日颁布实施了第三次修订的仲裁规则，新规则主要增加了《仲裁法》规定的内容。到 1998 年，随着市场经济的逐步发展，市场主体的需求越趋向于复杂化和多样化，因此，1998 年版规则再次有限度的将受案范围扩大到主要受理国际和涉外仲裁案件，同时也受理涉及、自然人或其他经济组织利用外资、技术或服务进行项目融资、招投标、工程建筑等活动产生的特定种类的国内仲裁案件。2000 年版规则将贸仲委的受案范围进一步扩大到即受理国际、涉外争议也同时受理国内争议。《仲裁法》实施以后，新组建的仲裁机构在受案范围上不受国内案件的限制，贸仲委在受案范围方面也应当和国内其他仲裁机构享有同等的主体地位，在市场经济体制下公平竞争。

随着市场经济的发展，金融争议与日俱增，为了快速公正的解决金融争议的社会需求，进一步在金融领域内推广仲裁服务，贸仲委在 2002 年年初决定制定专门适用于金融案件的特殊的仲裁规则，并设立专门的金融仲裁员名册。2003 年 4 月 4 日，贸促会通过了金融规则草案，并决定金融规则自 2003 年 5 月 8 日起施行。2005 年 3 月 7 日，根据贸仲委 2005 年版仲裁规则，贸仲委又对金融规则的部分条文做了相应修改，使其与 2005 年版主规则在相关内容上保持一致。①

2002 年，党的十六大关于仲裁改革的讲话为市场经济发展大潮中的仲裁改革提供了明确的指导。

第一，仲裁服务化的观念。仲裁机构在一定意义上是因为当事人的意思自治即公民自治的一种而存在，民众即仲裁客户，服务乃是仲裁的本质所在。在日益强调经济社会协调发展的今天，仲裁作为具有社会公益功能的社会事业，更要强调仲裁为经济贸易、为社会发展、为市场主体服务的“小机构，大服务”的观念。

第二，仲裁社会化的观念。仲裁是社会纠纷解决的重要途径，必须克服我国传统的

---

① 参见国务院法制办公室、广州仲裁委员会：《中国仲裁大事记——1994 ~ 2009》，广东人民出版社 2010 年版，改革创新篇。

"重法院、轻仲裁"的观念，着眼于培养多元化的纠纷解决机制，为纠纷的合理解决设计出一个可有多种选择的社会方案，提高仲裁在公共服务社会化中的影响和地位，实现仲裁的"小机构，大服务"。

第三，仲裁高效化的观念。仲裁服务从本质上要求仲裁机构应该奉行经济原则，以适应市场经济竞争效率的内在要求，必须克服仲裁机构"高价、低效"的不良倾向，强化仲裁机构及其仲裁员的效率意识，塑造"低价、高效"的中国仲裁形象。此外，还要树立公平正义观念，仲裁竞争观念，仲裁开放观念，仲裁跨行政区域、跨行业系统，跨所有制性质、跨国别界限的观点，等等。只有形成一个新的仲裁"观念群"，才能使中国的仲裁发展拥有构建自身体系的基础。①

三、社会主义市场经济体制迅速发展时期的中国仲裁

市场经济不是一种单一化的经济，而是一种由许多纵横交错的经济要素构织而成的网络。在这种经济秩序中，各种活动并不受到某种单一化的目的序列的支配，它为之服务的乃是所有分立的个人所具有的各种分立且彼此不可通约的目的。因此，我们可以设想，如果每一个当事人都拥有精通的法律知识，在驾驭法律规则上游刃有余，对专业用语和文字的甄别和选择有精深的造诣，对问题重点的把握精准而全面，对信息的掌握和应用达到充分的程度，那么今天我们将看到的是由当事人为自己量身设计的截然不同、风格迥异，并且充满个性化色彩的程序和规则外套。然而事实上，在法律的需求方面，当事人通常不可能且越来越无法做到自给自足，其导致的结果是设计规则和引导程序的工作无以避免地移交给了法律职业者。这使在仲裁领域，一种类似于市场服务领域中供求关系的模式正在形成：当事人扮演着需方的角色，在决定使用和启动程序的问题上拥有充分的意识自主权；由于对信息和专业技术依赖性的日益强化，仲裁庭、仲裁员扮演着供方的角色，承担着提供规则范本和引导程序进行的角色；双方在"交易"互动中，追求供求关系的彼此契合和满足程度的最大化；同时，市场固有的激励机制进一步带领着仲裁机构之间悄然兴起同业竞争的意识和风气。正如经济规律推动着 IT 产业学会对市场作出迅捷而准确的反应一样，今天我们可以合理地预见：在市场经济的大背景下，仲裁关系的供需双方在寻求契合的过程中，客观存在的多元化客户和差异性的个体需求势必进一步激发着仲裁规则和程序朝着多样化和精细化的方向发展。在市场秩序的指引下，不同的偏好与需求才可能得到满足和尊重的最大可能性。因此，随着市场经济的发展，我国的仲

① 参见吕勇、黄志勇：《WTO 与中国仲裁机构的改革》，载《法制日报》2005 年 11 月 1 日，第 12 版。

裁制度也在不断地发展。

目前,这一趋势在实践中已初现端倪:一些在国际和国内范围内颇具影响力的仲裁机构已注意到根据案情难易程度和标的大小设计不同程序和规则的价值,并付诸实践。例如,增设快速仲裁程序、友谊仲裁制度以简化程序、提高效率。除了一般的商业性纠纷,人们开始关注为消费领域、建筑业、投资业、船运业、保险及运输领域等设计专门的程序和规则,以弥补诉讼救济可能存在的忽视和不足。有些仲裁机构致力于发展并完善书面仲裁,有些根据文化背景的特点将调解和仲裁巧妙地结合运用,这些应时而生的发明和创新均取得了卓然显著的成效。仲裁实务操作者曾经这样评论:仲裁的灵活性是其在经济领域取得成功的要旨,也是其在国际经济争端解决机制中颇得人心的重要原因。①

国务院法制办公室提出,"从仲裁法实施到 2005 年,是我国仲裁法律制度的生成阶段"。我国仲裁创业的前 10 年,即一次创业,是我国仲裁法律制度的生成阶段。然而,初步形成的仲裁机制依旧存在诸多不完善之处,因此,对于我国的仲裁事业来说,今后的首要任务仍是创业,而不是"守业"。"二次创业"对于处于不同发展水平和阶段的仲裁机构提出了不同要求。受案数量较小、受案标的不大,起步较晚的仲裁机构在二次创业阶段的工作重点是继续完成一次创业阶段尚未完成的任务;基本完成"一次创业"的仲裁机构,一方面要继续强化"一次创业"的成果,另一方面要在"二次创业"时有新的突破和发展。"二次创业"既是"一次创业"的继续和延伸,又是仲裁的一次新的飞跃和发展。

2005 年 9 月 1 日,天津仲裁委员会实施的《友好仲裁暂行规则》中所确立的友好仲裁与国际上的友好仲裁可谓异曲同工,并取得较好的效果。在我国的国际商事仲裁中确立友好仲裁制度,不仅是国际商事仲裁实践的需要,而且可以促进中国国际商事仲裁制度与国际通行实践进一步地融合与接轨。此外,网上仲裁(仲裁程序的全部或主要环节均在 Internet 上进行)是在电子商务的发展浪潮中,随着网上电子商务纠纷的激增,为适应有效地解决网上争议而产生的。贸仲委自 2001 年起在国内外率先采用网上仲裁的方式,为网络域名及通用网址等争议提供快捷高效的网上争议解决服务。截至 2008 年年底,其网上争议解决中心已受理并审结各类争议 1000 多件,积累了丰富的网上仲裁经验。目前,中国国际商会为适应当事人以快捷方式解决电子商务等纠纷的需要,充分利用网上解决域名争议的经验,针对电子商务纠纷及其他经济贸易争议,于 2009 年 1 月 8 日通过了《中国国际经济贸易仲裁委员会网上仲裁规则》(2009 年 5 月 1 日施行)。该规则与我国已经颁布实施的与电子商务有关的法律、法规密切衔接,充分保证了网上仲裁与我国法律体系的兼容性,势必会进一步促进我国电子商务和网络经济的健康发展。

① 参见邱冬梅:《市场经济下的仲裁制度及其发展趋势》,载《法律适用》2003 年第 12 期。

四、社会主义市场经济体制全面完善时期的中国仲裁

对外开放的深化和贸易投资的增长加速了我国仲裁事业发展。我国仲裁机构的受案量已连续22年保持增长，年均增长率超30%。除了受理案件总数，标的总额、调解和解率和涉外案件数量等其他几项指标也均有显著提高。涉外案件数量大幅增长，其中，2016年全国共有62家仲裁委员会受理涉外及涉港、澳、台地区案件3141件，同比增长51%，创20多年来最大增量和增幅；除涉港、澳、台地区案件外，其他涉外案件1546件，占比49%，涉及全球57个国家和地区。①

2016年，广东省人民代表大会常务委员会制定了《中国（广东）自由贸易试验区条例》，该条例于2016年7月1日起生效实施，其中第2条第2款明确规定了广东自贸区由广州南沙新区片区、深圳前海蛇口片区、珠海横琴新区片区三部分组成。根据该条例及国务院的相关批文，横琴发布了《广东自贸试验区珠海横琴片区改革创新发展总体方案》，其中专门提到："发展完善国际仲裁机制……积极推动中国自由贸易试验区仲裁联盟的发展建设……在商事纠纷解决机制上全方位与国际接轨。"

近年来，我国通过积极立法和加入相关国际公约初步建立起一套较为完善的仲裁机制，在涉外仲裁方面，《仲裁法》设立专章为其提供法治保障；《纽约公约》《华盛顿公约》等公约的加入为涉外仲裁的承认与执行奠定了基础。在"一带一路"倡议下，我国涉外仲裁案件的数量大幅增长，这为我国仲裁制度的发展与创新带来了新的机遇和挑战。

国际知名仲裁机构纷纷将目光聚焦在中国仲裁市场。国务院在2015年上海自贸区扩区时宣布"支持国际知名商事争议解决机构入驻"后，以国际商会仲裁院（ICC）、新加坡国际仲裁中心（SIAC）、香港国际仲裁中心（Hong Kong International Arbitration Center，HKIAC）为代表的知名机构陆续在我国上海开设分支机构，建立办事处，在短时间内迅速登陆中国内地，引领了国际仲裁机构进驻我国新的发展潮流。随后，各机构开展一系列国际仲裁的推广活动，同时强调快速程序、简易程序等更适合中国当事人的规则和指引，并开展一系列国际仲裁的推广活动，扩大国际仲裁机构在中国的影响力，努力争取中国仲裁的市场份额。

① 参见杜玉琼、帅馨：《"一带一路"背景下中国仲裁制度的完善》，载《宜宾学院学报》2018年第3期。

第三节 仲裁法治观念的发展

争端解决是法治社会过程中的重要环节,是实现社会公平正义的最后屏障。仲裁是当事人通过合意,自愿将争议提交给仲裁员或公断人审理,由其依据法律或公平正义原则作出裁决,并承诺自觉履行该裁决所决定的义务的一种制度,它体现了当事人的意思自治。作为排斥国家司法权力介入民间争议解决的一种方式,仲裁体现了政治国家与市民社会的互动均衡,反映了现代法治的核心原则。

一、当代中国仲裁法治观念的成长背景

(一)中国《仲裁法》的正式施行

中国《仲裁法》于 1994 年 8 月 31 日第八届全国人民代表大会常务委员会第九次会议通过,自 1995 年 9 月 1 日起施行。这部法律在总结我国仲裁工作实践经验的基础上,适应社会主义市场经济发展的需要,参考、借鉴国外通行的仲裁制度,对原有的仲裁制度作了较大改革,新的仲裁制度有三个显著特点。

第一,完全摆脱了行政色彩。过去的仲裁制度实际上是行政仲裁,是依附于行政机关的,而且不同性质的仲裁案件要提请不同专业的仲裁机构仲裁,其中最大的仲裁机构是设在工商局的经济合同仲裁委员会。新的仲裁机构不依附于任何行政机关。仲裁不再是两裁,而是一裁终局。仲裁机构不是一般的市场中介服务机构,不是法院,不是行政机关,仲裁裁决也不同于过去的行政裁决、行政调处。

第二,没有地域管辖和级别管辖。新的仲裁委员会虽然是由市政府组织有关部门、组织组建的,但它并不是政府的一个组成部门。新的仲裁委员会没有级别管辖,也没有地域管辖。即使将来成立仲裁协会,它也只是行业自律组织,并不干涉各个仲裁委员会依法办案。

第三,新的仲裁制度自始至终坚持当事人自愿的原则。经济纠纷发生后,是选择仲裁还是选择诉讼,由当事人自主决定;选择哪个仲裁委员会以及选择哪个仲裁员,也由当事人自主决定。原有的仲裁制度从原则上讲,也是采取当事人自愿原则的,但多少受到制约。因为不同种类的仲裁案件要到不同专业的仲裁委员会去仲裁,而且还有一个由仲裁委员会指定仲裁员的问题,这同新的仲裁制度是不同的。

因此,《仲裁法》所确定的新仲裁制度对公正、及时地依法解决经济纠纷,保护当事人的合法权益,保障社会主义市场经济健康发展,有着重大意义,是一项重要的法律制度。

(二)仲裁机构的依法重组

按照《仲裁法》的规定,到 1996 年 9 月 1 日,原有的仲裁机构全部终止,仲裁职能由新的仲裁机构承担。在重新组建仲裁机构工作中,有以下几条原则:一是全面、准确地把握《仲裁法》的精神,严格依照《仲裁法》和国务院的统一规范组建;二是要体现全心全意为人民服务的宗旨,保证仲裁能够按照公正、及时的原则解决经济纠纷;三是要从实际情况出发,根据需要与可能进行组建;四是要统一认识,加强领导,调动各方面的积极因素。

重新组建仲裁机构要着重抓好以下几项工作:一是做好仲裁委员会组成人员的聘任工作;二是设置精简、高效的仲裁委员会办事机构;三是建立一支公道正派、业务过硬的仲裁员队伍;四是根据当地实际情况,按照勤俭办事的原则落实、解决仲裁委员会的经费、用房等问题;五是依法做好仲裁委员会的登记。按照《仲裁委员会登记暂行办法》的规定,仲裁委员会设立登记的性质就是履行法律手续,是程序审查,而不是实质审查;仲裁委员会公告应当由省、自治区、直辖市的司法机关;公告的报刊由仲裁委员会自己选择,公告费由仲裁委员会直接交付给报社,司法行政部门不收公告费。

二、依法治国与中国仲裁法治观念

1997 年 9 月中共十五大上提出依法治国方略,就是广大人民群众在党的领导下,依照宪法和法律规定,逐步实现社会主义民主的制度化、规范化、程序化。《仲裁法》规定,仲裁应当根据事实,符合法律规定,公平合理地解决纠纷。高质量的仲裁应当是事实清楚、程序合法、简便、裁决合法、公平合理。同时,又要重视在仲裁过程中摆事实、讲道理、讲法律,重视调解的作用。在解决纠纷时,从实际出发,尽可能把双方当事人的经济损失都减少到最低限度,使双方当事人心悦诚服。如何依法、公正仲裁,提高仲裁质量,需要在实践中不断摸索,总结经验。总的要求是,全面、准确贯彻《仲裁法》的精神,严格依照《仲裁法》办事,同时始终坚持全心全意为人民服务的宗旨,这两个方面是统一的。《仲裁法》的立法目的和宗旨是保证仲裁能够公正、及时地解决经济纠纷,保护当事人的合法权益,说到底,就是要全心全意为人民服务。仲裁是解决经济纠纷的渠道、方式,不是营利的手段;仲裁委员会不是营利性组织,不能以营利为目的。因此,仲裁工作必须把社会效益放在首位,把提高质量放在首位。只有这样,仲裁工作才能取得人民群众的支持,才能得到长远发展。如果只顾眼前的经济利益,把目光放在如何拉案子、如何创收上,仲裁就会走入死胡同。提高仲裁质量,在以当事人意思自治为基本原则的前提下,还需要注意以下几个问题。

(一)以社会公平正义为价值取向,合理地解决经济纠纷

《仲裁法》规定,仲裁应当依据事实,符合法律规定。这是仲裁解决经济纠纷应当遵循的基本准则。根据事实,就是要求在仲裁过程中,客观、全面、深入地查清与案件有关的事实情况,分清是非曲直,为正确适用法律、确定当事人的权利义务奠定基础。合法,不仅要求仲裁的程序要符合法律规定,裁决也要符合法律的原则、精神和具体规定,还可以参照经济贸易活动中的商业惯例,从实际出发,尽可能把双方当事人的损失都降低到最低限度。但是,不能违反法律、随心所欲,不能损害公共利益、社会利益、他人合法利益。公平合理,就是要求在仲裁过程中公正、平等地对待双方当事人,给双方当事人提供一个公平的环境。仲裁庭还需要通过摆事实、讲道理,使当事人心悦诚服、互相谅解,自愿作出让步,既解决纠纷,又促进双方当事人进一步经济交往。

(二)以监督制约权力运行为内在机制,依法加强对仲裁员的监督

《仲裁法》和国务院办公厅的文件对仲裁员的违纪行为的监督主要作了以下规定:一是仲裁员是本案的当事人或者当事人、代理人的亲属的;与本案有利害关系的;与本案当事人、代理人有其他关系,可能影响公正仲裁的;私自会见当事人、代理人,或者接受当事人、代理人的请客送礼的,仲裁委员会有权决定仲裁员回避。二是仲裁员在仲裁过程中,私自会见当事人、代理人,或者接受当事人、代理人的请客送礼,情节严重的,或者仲裁员在仲裁案件时有索贿受贿、徇私舞弊、枉法裁决行为的,应该依法承担法律责任,仲裁委员会应当将其除名。三是仲裁员隐瞒应当回避的情形,对案件仲裁产生不良影响的;无正当理由不到庭仲裁案件的;有不宜继续担任仲裁员的其他情形的,仲裁委员会应当予以解聘。各仲裁委员会应当严格按照这些规定,加强对仲裁员的监督。同时,还需要在实践中进一步完善对仲裁员的监督制度,比如,建立当事人对仲裁员的评价、反馈制度,仲裁员守则,仲裁员办理案件的保密制度,仲裁员办案规则等;不能让个别仲裁员的违法、违纪和不良行为,影响仲裁事业的健康发展。对仲裁员的监督宁严勿宽,要执法如山,以免积重难返。

(三)以提高仲裁队伍的素质为首要工作,树立仲裁队伍的法治思维

仲裁员素质、水平的高低,直接关系到仲裁的质量。因此,仲裁委员会需要采取有效

措施,狠抓仲裁员队伍的思想作风、职业道德、执业纪律建设,提高仲裁员的政治素质和业务水平。仲裁员的业务水平当然是很重要的,但最重要的是公道、正派。如果仲裁员弄权谋私、吃请受贿,成为一方当事人的代理人,那就根本不可能公正,更谈不上高质量的仲裁。因此,在仲裁员队伍建设方面,可以确立这样一个工作思路:既要提高仲裁员的业务素质,又要提高仲裁员的政治素质,重在提高仲裁员的政治素质;既要提高全体仲裁员的整体素质,又要提高首席仲裁员的素质,重在提高首席仲裁员的素质,真正建立一支政治可靠、品德高尚、办事公道、作风正派、业务精干的仲裁员队伍。把好仲裁员选聘关,严格按照《仲裁法》选聘仲裁员。加强对仲裁员的培训、教育,提高仲裁员的道德、业务水平。

(四)正确处理仲裁委员会与仲裁庭的关系

《仲裁法》规定,仲裁委员会在仲裁过程中的主要职责是:(1)受理仲裁案件;(2)决定仲裁委员会主任的回避;(3)应当事人请求,对有异议的仲裁协议的效力作出决定;(4)在仲裁裁决书上加盖印章;(5)依法对仲裁员予以解聘、除名。根据以上规定,仲裁委员会不仅具有组织仲裁并为仲裁提供服务的义务,而且有对仲裁庭进行监督的权力。总之,正确处理仲裁委员会与仲裁庭的关系,既要保证仲裁庭独立仲裁案件,又要保证仲裁委员会对仲裁庭依法实施必要的监督,维护仲裁委员会的声誉,保证仲裁庭公正、及时仲裁案件。具体需要把握以下几点:第一,《仲裁法》规定,仲裁由仲裁庭进行,仲裁决定由仲裁庭作出,仲裁委员会不能越俎代庖,代替仲裁庭,作出裁决;第二,仲裁委员会可以对仲裁庭仲裁案件的程序是否符合《仲裁法》和仲裁规则的规定进行审查监督,发现仲裁程序违法的,可以要求其纠正;第三,仲裁庭在仲裁过程中遇到的重大疑难问题,意见不一致或者拿不准的,仲裁委员会可以交由专家咨询,咨询意见仅供仲裁庭参考。

三、加入 WTO 后中国仲裁法治化的改革方向

2001 年我国加入世界贸易组织(World Trade Organization, WTO),对我国各方面产生了重大的影响和冲击。从法律层面上讲,首先,中国在经济发展、贸易政策等领域进行的立法,必须符合 WTO 奉行的全球贸易政策,在许多领域给予外国人国民待遇和最惠国待遇。其次,加入 WTO 对我国外贸的积极影响是显而易见的,与此同时,国际商事争议的发生也更加频繁和复杂,它涉及的利益是多层次的,这就对争议解决制度提出了更高的要求,仲裁即在其中。最后,我国在加入 WTO 后,要受其条约和组织内部规则的约束,

而该组织的争端解决机制必然对我国的相关制度产生重要影响。

在自由和公平贸易政策的指导下,作为国际贸易争议解决方式的仲裁必然要体现其公平的价值取向。因此,加入 WTO、融入经济全球化的进程,就要求我国在仲裁方面尽可能考虑适用国际上的一些通行做法。这是仲裁制度本身的自治性、国际性所要求的,而我国的仲裁制度是在并不完全适合自由贸易和经济全球化的条件下建立起来的,必须加以改革。

(一)深化仲裁机构的专业化建设

从仲裁机构受理案件类型和性质的范围来讲,仲裁有一般性机构仲裁和专业性机构仲裁之分。一般性的常设仲裁机构并不区分行业性质而普遍受理各种不同种类的仲裁案件,如美国仲裁协会、伦敦国际仲裁院、贸仲委等。专业性的常设仲裁机构只受理与其行业有关的各种不同种类的仲裁案件,如伦敦海事仲裁协会、俄罗斯海事仲裁协会、中国海仲等。

至于仲裁机构的专业化问题,为人们所熟悉的主要涉及海事仲裁领域。而对其他领域的专业化仲裁,我国不太重视,这些专业化的仲裁机构主要涉及一些农产品贸易领域,如伦敦谷物贸易协会、汉堡谷物贸易协会、国际橡胶贸易协会、国际橄榄贸易协会等,它们都设立了专业化的仲裁机构,以处理本行业的贸易争议。专业化仲裁比一般性仲裁在处理一些较为专业性的争议时具有明显的优势。

首先,在一些专业化仲裁领域,如海事仲裁领域,技术性问题较难处理,且需要特别丰富和熟练的专业知识,而不只是具有法律和贸易领域的经验和知识就够了。因为仲裁案件的审理涉及事实判断和法律判断两个方面,无论是事实判断,还是法律判断,都需要有关专业领域的知识和经验。因此,由专业化的仲裁机构处理某些特殊领域的争议问题,更能作出公正和合理的裁决,维护当事人双方的信赖利益。

其次,有些领域,如农产品贸易领域,受到各国贸易政策以及对这些政策进行国际协调的影响较为明显,且自然条件变化带来的影响也很大。而仲裁制度相对于诉讼制度的一个不同之处就在于,它并不完全拘泥于成文法的具体规定,而是要体现对双方当事人都公平合理的理念。而公平合理情势的实现并不是完全可以通过字面解释的,需要将它置于具体的语境中来解释。

(二)确立合理的仲裁员责任制度

仲裁员责任制度涉及多方面的问题。首先,对于仲裁性质的确定,如果我们适用不同的理论，如契约理论、司法权理论、混合理论等，都会影响仲裁员责任制度的确立。其次，如果仲裁员应当承担责任，其归责原则应该采取什么形式，亦较难处理，是过错原则，还是无过错原则，或者推定过错原则？也没有定论。最后，仲裁员责任的内容也难以确定，是承担民事责任，还是刑事责任，抑或行政责任，或者兼而有之？

理论上主要存在两种不同观点：一种观点认为，仲裁员与当事人之间是一种契约关系，仲裁员为当事人提供仲裁服务，当事人向仲裁员支付一定的报酬。既然如此，这种契约关系与医生、工程师等提供劳务的民事法律行为没有差异，在仲裁员未能如约完成义务时，就应当承担法律责任，如赔偿损失等。另一种观点认为，要求仲裁员承担法律责任是不明智的，也是不恰当的。因为除非免除他们的责任，仲裁员是不会接受任命指定的。

我国对此问题虽没有作出明确规定，但事实上对仲裁员是免除责任的。不过，对该问题的争论仍然存在。有人认为，在中国，裁决功能已经得到国家立法机关的授权，所以在免责问题上不存在任何疑问。对此，我们并不对其结论作深层次考察，我们只是认为，这种推论是否能够成立，其中的因果关系是否确切等问题仍需进一步研究。所以，解决这个问题的第一步仍然是要确立关于仲裁性质的基本理论，以此来确定仲裁员责任制度的出发点。有学者认为，如果不是采取一种极端观点，仲裁的契约性应该占据主导地位，当然也存在一些司法因素。当事人将其争议交由仲裁员解决，而不是法院，他所注重的更多的是效益，而不是公正，因为法院本身也正是维护公正和正义的机关。当事人在追求效益的同时，其可能承担的风险因素也应在其中。此外，对于仲裁员责任制度的确立，从国家发展仲裁制度的政策、利益角度来考虑是鼓励而不是控制。所以，对于确立仲裁员责任制度的立法政策，应从严格限制仲裁员承担责任的角度出发。最后，从有利于仲裁制度的发展来看，我国的仲裁立法应当对此问题作出明确规定，以免仲裁员的责任处于不确定状态可能造成的司法实践中无法可依、相互冲突的情况。同时，要作一些制度创新，使仲裁员的责任制度落到实处。①

四、新时期的中国仲裁法治观念

自党的十八大以来，中国进入全面发展的新时期，人民权益要靠法律保障，法律权威要靠人民守护。仲裁作为解决争议的高效机制，要鼓励人民了解仲裁，有问题依靠仲裁来解决。一方面，在解决争议的各种手段中，仲裁发展出独特的属性，这主要表现在三个方面：(1)仲裁机构是非官方机构；(2)仲裁应当以仲裁协议为基础，而仲裁协议是双方当

---

① 参见肖永平、胡永庆：《加入 WTO 与我国仲裁制度改革》，载《中国法学》2001 年第 2 期。

事人意思自治的法律表现形式；(3)仲裁是国家立法承认的一种解决争议的手段，一定范围的法律争议是仲裁的对象，仲裁的过程是使用法律的过程，仲裁机构结局争议的结果具有法律效力。

(一)仲裁法治观念之首要价值目标——公正

根据法哲学的一般原理，仲裁的公正性体现在两个方面：一是仲裁规范的公正；二是仲裁实践的公正。前者从属于法哲学中的“实体公正”，即法律制定过程中的公正；后者从属于法哲学中的“程序公正”，即法律适用过程中的公正。它们分别要求设定权利义务的仲裁规范和适用仲裁规范的实践活动必须体现公正的精神。按照这一标准，学者们总结出以下结论。①

首先，民商事仲裁规范应当具有统一性。行为规范的统一与规范对象的平等有着不可分割的联系。属于同一范畴的主体如果分别受制于不同的行为规范，他们就不可能有平等的法律地位。因此，制定统一的《仲裁法》才能保证仲裁规范平等地适用与每一个民商事争议的主体，才能保证仲裁规范的公正性。

其次，仲裁规范应当具有开放性。公正要求平等，而平等的一个重要表现就是机会的公平分配。在解决民商事争议的程序体系中，仲裁有极大的灵活性和便利性。对于民商事争议的当事人来说，可以申请仲裁就意味着，具有一种良好机会。剥夺争议主体寻求仲裁保护的机会就意味着，其他民商事争议的主体从仲裁规范中获得了一种无形的特权。

再次，仲裁申请人与被申请人的地位应当具有平等性：(1)在仲裁条件中，当事人地位的确定具有“随机性”，而不具有“恒定性”；(2)我国仲裁规范在为申请人、被申请人设定平等的权利是，应当从防止一方当事人滥用权利的角度为对方当事人设定对抗权利，使双方当事人的权利不仅具有静态的平等性，而且具有动态的平等性；(3)从维护社会成员的共同利益出发，我国仲裁规范在为当事人设定权利义务时有必要采取适度的倾斜政策，个别条款为当事人设定的权利义务可以在语意上表现出不平等；(4)仲裁组织必须严守中立；(5)必须强调仲裁员的中立性，防止仲裁员出现偏私。

最后，科学地确定仲裁裁决的根据。在仲裁国内纠纷时，裁决的实体依据应当依下列顺序确定：(1)国家法律(包括基本法律和普通法律)；(2)法规(包括行政法规和地方性法规)；(3)行政规章(包括中央规章和地方性规章)；(4)公平合理原则。在仲裁国际商事纠纷时，裁决的实体依据可分为以下两个体系：如对纠纷实行“依法仲裁”，仲裁裁决

---

① 参见张烨：《论防止仲裁程序的拖延和破坏》，载《仲裁与法律》2001年第5期。

的实体依据包括国内立法、国际条约和国际惯例；如对纠纷实行“友好仲裁”，裁决的依据应当是仲裁庭认可的公平与善良原则。

（二）仲裁法治观念之第二价值目标——效益

市场经济作为一种对社会资源进行高效、合理配置的经济模式，除了渴求一种以公正作为基本价值目标的裁决机制以外，还要求这种裁决机制具有与市场经济相契合的新价值，以提高资源优化配置的水平。这个新的价值目标被概括为“效益”。仲裁规范和仲裁实践都必须体现效益性，原因主要有以下两点：首先，仲裁直接作用于市场交往行为，以平等主体之间的合同纠纷和其他财产权益纠纷为裁决对象，它的基本价值目标必须与市场经济的要求保持一致，而市场经济运行的基本要求是提高资源优化配置的水平，使有限的资源尽可能产生最大的效益，为此，仲裁必须充分地体现效益意识。其次，高效地解决纠纷是仲裁跻身于冲突解决机制体系的一个重要原因。倘若失去了效益性，仲裁必将因其固有的缺陷而丧失与诉讼并肩存在的基础。

（三）仲裁法治观念之特有目标——意思自治

从法哲学、法律社会学层面理解，意思自治是指“每一社会成员依自己的理性判断管理自己的实务，自主选择、自主参与、自主行为，自主负责”。将意思自治确定为仲裁法治观念之特有目标，主要有以下理由：第一，市场经济是意思自治的经济，意思自治是市场经济法律活的灵魂；第二，意思自治以主体地位平等，机会平等为确立的前提；第三，意思自治以竭力保障权利、救济权利的权利本位观为基础，而仲裁作为一种由非官方机构禁止性的仲裁，正是权利本位观的产物。将意思自治的这一基本含义运用到民间仲裁领域，可以引申出以下命题：首先，仲裁协议是仲裁的基石；其次，国际民商事仲裁适用的程序规则和实体规范原则上应当由双方当事人约定；最后，决定仲裁程序中的主要事项应尊重当事人的意愿。

第四节　中国特色仲裁理论的形成与完善

仲裁理论和实践在西方产生和发展的历史由来已久，我国的仲裁理论起始于国外。近代仲裁制度从民国开始建立，而现代仲裁制度，则始于1956年我国建立第一个仲裁机构——对外贸易仲裁委员会，隶属于中国国际贸易促进委员会。自此，我国的仲裁制度开始形成并得到了长足发展。1994 年《仲裁法》的出台,标志着我国较为完备的现代仲裁制度已经形成。与此同时,我国的仲裁理论在吸收借鉴发达国家先进仲裁理念和最新成果经验并结合我国的基本国情的基础上,以邓小平理论、"三个代表"重要思想、科学发展观等重大战略思想在内的中国特色社会主义理论体系以及习近平总书记系列重要讲话为指导,不断推陈出新,发展完善,仲裁的本土化特征日益突出并日臻成熟,仲裁事业从无到有,从小到大,逐渐兴起和形成了中国特色社会主义仲裁理论,成为我国社会主义法治理念的重要组成部分。"中国特色社会主义仲裁"的概念已被中国仲裁法学研究会章程明确使用。①

我国社会主义仲裁理论和事业,是改革开放的产物。党的十七大指出:高举中国特色社会主义伟大旗帜,最根本的就是要坚持中国特色社会主义道路、坚持中国特色社会主义理论体系。"中国特色社会主义理论"是指导全国各族人民思想的理论基础;各行各业一切事业,都必须要长期坚持和不断发展中国特色社会主义道路和中国特色社会主义理论体系。仲裁事业作为我国社会主义伟大事业重要组成部分,其发展也当然必须坚持中国特色社会主义道路和中国特色社会主义理论体系。此外,党的十八大以来,习近平总书记围绕坚持和发展中国特色社会主义、实现中华民族伟大复兴的中国梦发表了系列重要讲话,成为新时期中国特色仲裁理论的重要思想来源。在中国特色仲裁理论形成、发展和完善过程中,邓小平理论、"三个代表"重要思想、科学发展观和习近平新时代中国特色社会主义思想是其重要指引和根本遵循,是贯穿于中国特色仲裁理论、制度和实践全过程的重要指导思想,并将长期引领中国特色仲裁理论的发展方向。因此,梳理和总结自邓小平同志以来党和国家领导人重要思想中对中国特色仲裁理论的形成与完善具有指引作用的部分,具有重要的理论和实践意义,有助于推动中国特色社会主义仲裁理论和实践稳步向前发展。

一、邓小平理论

党的第十一届三中全会明确提出,将全党的工作重点和全国人民的注意力转移到社会主义现代化建设上来。实现我国社会主义现代化的关键是实现法制的现代化,在法制的现代化进程中,仲裁理论的发展和完善扮演着重要的角色。邓小平理论对我国特色仲裁理论的形成和仲裁实践的发展完善具有重要的指引作用。他曾在多个场合提出"解放思想,实事求是,团结一致向前看""发展才是硬道理""实践是检验真理的唯一标准"等

① 参见熊世忠、唐云峰:《关于我国仲裁发展的思考(下)》,载《仲裁研究》2006 年第 3 期。

重要论断,不仅是党治理国家的重要方针政策,而且是其法制思想的重要体现。中国特色社会主义仲裁理论,从产生到发展完善,再到最终形成,始终都遵循邓小平理论的指导,遵循邓小平法制思想的价值内核。

(一)解放思想,实事求是

"解放思想,实事求是"是邓小平同志在1978年中央工作会议闭幕会上所作题为"解放思想,实事求是,团结一致向前看"的讲话时首次提出的,强调在社会主义的发展道路问题上,要走自己的路,不照搬外国模式,以实践作为检验真理的唯一标准。① 作为邓小平理论的基本观点,"解放思想,实事求是"不仅是邓小平"走自己的路,建设有中国特色的社会主义"科学论断②的方法论,而且是应对改革开放之初,我国社会主义法制体系不健全、法学理论研究被忽视的理论对策。认识到社会主义法制建设层面也应当从我国实际出发,邓小平在1980年中央召集的干部会议上的讲话中提出:"坚持民主和法制,这是我们党坚定不移的方针。但是实现民主和法制,同实现四个现代化一样,不能用大跃进的做法。"③"解放思想,实事求是"在法治层面的体现,一方面是认识到法制体系建设的不健全,另一方面是认识到法治队伍建设的薄弱,"干部构成不合理,专业能力的干部太少。比如现在我们能担任司法工作的干部,起码缺100万"。④

中国特色社会主义仲裁理论发展的全过程都始终紧紧围绕"解放思想,实事求是"的基本精神。改革开放后,认识到中国仲裁理论的不足,根据中国仲裁理论的实际特点不断推进和完善。⑤ 一方面,加紧研究制定出了《仲裁法》,对仲裁制度和程序等做了较为全面的规定。《仲裁法》的颁布是中国特色社会主义理论的认识论和方法论的统一,也是中国特色仲裁理论的创业实践。另一方面,推出了具有中国特色的仲裁程序,如根据我国国情首创了仲裁调解相结合的仲裁程序,这也是我国仲裁与国外仲裁机构的重要区别和明显优势。国务院法制办卢云华同志在《仲裁法》实施初期提出了"仲裁国情理论",即根据仲裁理论和实践均处于社会主义初级阶段、社会主义市场经济初始阶段和仲裁事业初创阶段的基本事实,仲裁制度最初主要由政府推动,在市场纠纷解决方式逐渐成熟后,再依靠市场经济的模式发展仲裁事业。⑥ 改革开放多年来,中国特色仲裁理论始终以邓

---

① 参见蒋传光:《邓小平法制思想概论》,人民出版社2009年版,第8页。

② 同上书,第14页。

③ 中共中央文献研究室编:《三中全会以来重要文献选编(上)》,人民出版社1982年版,第325页。

④ 同上书,第332页。

⑤ 同上书,第21页。

⑥ 参见万学忠:《仲裁法实施20年的理论与实践》,载《法制日报》2015年9月2日,第6版。

小平理论为指导,2006 年全国仲裁发展工作座谈会强调,全国仲裁机构要进一步解放思想,继续坚持仲裁工作的正确方向,坚定不移地贯彻“发展我国仲裁事业,推行仲裁法律制度是根本,融入市场经济是关键”的指导方针。

(二)发展才是硬道理

“发展才是硬道理”是 1992 年年初邓小平同志在“南方讲话”中提出的简单而深刻的真理和命题,是邓小平“解放思想,实事求是”的理论主张的集中体现和具体要求,也是邓小平创造性思想的重要体现。“发展才是硬道理”是针对我国处于社会主义初级阶段,人民群众日益增长的物质文化需求和落后的社会生产力构成当时社会主要矛盾的实际情况下提出的有关怎样建设社会主义的认识论和方法论主张。“发展”的内涵即指必须要抓住时机,发展自己。① 邓小平所主张的发展不仅包括经济发展,要求在经济上要大力发展生产力,实现长远发展,也包括理论发展,不断完善和创新发展理论。“硬道理”即指解决中国实际问题的关键因素,实现社会发展最终的决定性力量。②

中国特色仲裁理论始终以“发展才是硬道理”为指导思想,国务院法制办卢云华同志在《仲裁法》颁布实施 20 年接受《法制日报》记者采访时表示,在开展仲裁事业的全过程中,他强调仲裁事业要始终贯彻“发展才是硬道理”的指导方针。在这一理论的指导下,我国仲裁实践在受案量、仲裁“三率”(包括快速结案率、自愿和解调解率和裁决自动执行率)等各方面均有较大的提高,“20 年来,受案量从 1995 年的千余件增长至 2014 年 11 万余件,年受案标的额从几十亿元增长至 2600 亿元。与此同时,仲裁裁决的质量一直维持在较高水平”。加强仲裁队伍建设,全国各地的仲裁机构和仲裁科研机构如雨后春笋般迅速扩大,中国法学会也成立了专门的仲裁法学研究会;专业仲裁员数量稳步增加;专门从事仲裁研究的专家学者、仲裁法学人才数量以及有关仲裁理论的科研成果喜人。③ “发展才是硬道理”成为我国仲裁事业发展前景的动力。2005 年全国仲裁工作年会在总结《仲裁法》颁布实施 10 年来我国仲裁工作的经验时指出,开创中国特色社会主义仲裁事业,必须始终坚持解放思想、实事求是、与时俱进,坚持一切从中国社会进步、经济发展的实际需要出发,坚持自主创新发展。必须始终坚持发展是硬道理,坚持发展第一要务,坚

---

① 参见胡锦涛:《在邓小平同志诞辰 100 周年纪念大会上的讲话》,载《人民日报》2004 年 8 月 23 日。

② 参见金鑫:《发展是中国特色社会主义永恒的主题——对邓小平“发展是硬道理”意蕴解读》,载《南京中医药大学学报》(社会科学版)2004 年第 3 期。

③ 参见万学忠:《仲裁法实施 20 年的理论与实践》,载《法制日报》2015 年 9 月 2 日,第 6 版。

持科学发展观统领。① 2006 年全国仲裁工作年会主题是始终坚持发展为第一要务，全力推进仲裁的二次创业。② 2009 年全国仲裁工作座谈会指出，认识到受先进的仲裁法律制度与相对滞后的社会仲裁意识及初始的仲裁工作水平基本矛盾的制约，仲裁的优势和作用还没有得到充分发挥，发展仍然是仲裁工作的第一要务。③

二、"三个代表"思想

2000 年 2 月 25 日江泽民同志在广东省考察时，首次对"三个代表"重要思想进行了较为全面的阐述。从时代背景和意义上讲，"三个代表"重要思想是着眼于党在新时代所面临的机遇和挑战，顺应时代发展潮流，解决新时代党的建设，即"建设一个什么样的党，怎样建设党"而提出的重大战略性纲领。④ 其具体指"始终代表中国先进生产力的发展要求；始终代表中国先进文化的前进方向；始终代表中国最广大人民的根本利益"。"代表中国先进生产力的发展要求"，即要坚持"发展是第一要务"，以经济建设为中心，大力发展生产力。"代表中国先进文化的前进方向"，要求必须坚持以马列主义、毛泽东思想、邓小平理论和"三个代表"重要思想为指导，弘扬中华民族优秀文化传统，努力实现文化创新。"代表中国最广大人民的根本利益"要求必须坚持把人民的根本利益作为出发点和落脚点，兼顾不同群体的利益，在此基础上实现人民利益最大化。在 21 世纪之初，中国特色仲裁事业也开始进入快速发展的关键时期。"三个代表"重要思想在这一时期作为仲裁事业的根本指导思想，为我国仲裁理论和事业向前推进指明了方向和道路。

（一）"三个代表"思想与仲裁调解理论

仲裁作为一种替代性纠纷解决方式之一，其所具有的制度优点，在很大程度上节约了社会管理资源，提高了社会管理的效能，其制度建立的本身就体现了人民的利益。我国的仲裁制度在结合本国的历史传统和自身实际情况的基础上，以"三个代表"重要思想为指导，建立了具有中国特色的仲裁制度，最具代表性的就是仲裁调解制度。仲裁调解制度是应对正处于社会转型期的我国所面临纠纷形式复杂多样，为有效化解社会矛盾而建立的仲裁制度。仲裁调解制度，顾名思义，指仲裁与调解相结合制度，理论上包括仲裁

① 参见国务院法制办公室、广州仲裁委员会编：《中国仲裁大事记（上）》，广东人民出版社 2009 年版，第 20 页。

② 同上书，第 24 页。

③ 同上书，第 36 页。

④ 参见秋石：《论"三个代表"的科学内涵》，载《求是》2002 年第 5 期。

程序外调解和仲裁程序内调解制度。① 调解作为我国解决民间纠纷十分有效的本土经验,与仲裁制度相结合,贡献了国际仲裁的“东方经验”。我国《仲裁法》第51条规定:“仲裁庭在作出裁决前,可以先行调解。当事人自愿调解的,仲裁庭应当调解。调解不成的,应当及时作出裁决。调解达成协议的,仲裁庭应当制作调解书或者根据协议的结果制作裁决书。调解书与裁决书具有同等法律效力。”此条不仅对仲裁调解的主体、程序、条件进行了规定,还对仲裁调解协议的效力及救济进行了明确规定。目前,世界上大多数国家都借鉴了我国的仲裁调解的理论和实践经验,在本国的仲裁法律中对仲裁中调解制度进行了规定。

仲裁调解制度不仅在除商事仲裁领域内得以广泛运用,在其他领域内也发挥其应有的功能,如土地承包经营权纠纷。作为我国的独创,农村土地承包经营权制度在充分发挥我国的土地效用和价值,提高农用地的使用效率,维护农民的利益具有重要的作用。为了有效解决土地承包经营权纠纷,建立符合我国实际的农村土地承包纠纷仲裁制度,2010年1月1日,《农村土地承包经营纠纷调解仲裁法》开始施行。这是中国特色仲裁理论发展的重要成果,标志着符合我国国情、适应我国“三农”工作、有中国特色的农村土地承包经营纠纷仲裁调解制度确立。作为中国特色的纠纷解决方式的调解制度,融入中国独创的土地承包经营权纠纷的仲裁制度中,具有“双重特色”。该法在具体规定上也切实考虑到人民的根本利益,体现出合理、公平、人性化的特点。例如,在仲裁受案范围上,最大限度地为农民解决纠纷提供服务,在仲裁受理条件上从方便农民出发,实行仲裁申请,不要求当事人订立书面仲裁协议,在仲裁程序上适当简化,允许当事人口头申请、答辩等。②

(二)“三个代表”思想与仲裁原则

江泽民同志指出:“纵观全局,21世纪头20年,对我国来说,是一个必须紧紧抓住并且可以大有作为的重要战略机遇期。”同样也符合仲裁事业实际。国务院法制办卢云华同志多次在不同场合强调坚持和贯彻“三个代表”重要思想,把“三个代表”作为仲裁事业的根本指导思想,开拓创新,奋发进取。在新时期中国特色仲裁理论的发展过程中,指导仲裁活动全过程的基本原则不断确立和完善,如自愿原则、仲裁独立原则、根据法律公平合理仲裁原则、司法支持与监督原则。就仲裁机构和仲裁员而言,以全心全意为人民服

---

① 参见邓建民、曾青:《仲裁程序若干问题研究》,民族出版社2014年版,第3~4页。

② 参见郭晓宇:《农村土地承包经营纠纷仲裁法草案首次提请审议　有中国特色的仲裁制度有望确立》,载《法制日报》2008年12月23日,第4版。

务为宗旨。这些原则、理念、宗旨的内涵集中体现了“三个代表”重要思想的精神价值并在其指导下不断丰富和完善。自愿原则，就是指遵照当事人意思自治的原则，对是否采用仲裁方式、仲裁机构和仲裁庭成员的选择、仲裁的形式以及是否愿意达成和解、进行调解等均由当事人决定。① 仲裁独立原则，指仲裁依法独立进行，不受行政机关、社会团体和个人的干涉，②包括仲裁机构独立和仲裁庭、仲裁员独立，目的是保证仲裁的公平公正，维护人民的切实利益，提供仲裁的效率。根据法律公平合理仲裁原则，一方面，要求仲裁员在仲裁过程中以事实为依据，以法律为准绳，依法进行仲裁裁决。另一方面，在严格适用法律规范可能导致裁决结果不公或没有明确法律规范时，仲裁庭应当根据公平合理的原则，在不违背法律的禁止性规定的情况下作出裁决，防止裁决不公情况发生。符合“三个代表”重要思想，“代表最广大人民的根本利益”。司法支持与监督原则是立足于我国仲裁的性质和发展特点确立的，一方面，由于仲裁权来源于当事人，若没有司法权力的支持，仲裁裁决很难得到有效的执行；另一方面，为防止仲裁权力过大，法院对仲裁需要进行司法审查，包括法院对仲裁程序的监督以及法院对仲裁裁决的审查。归根结底，司法支持与监督原则是为了保障当事人的合法权利和利益而设置的。上述仲裁原则集中体现了“三个代表”重要思想的要求，并将其作为中国特色仲裁理论发展的指导思想。

三、科学发展观

科学发展观是中国特色社会主义理论体系的精髓，党的十六届三中全会提出：“坚持以人为本，树立全面、协调、可持续的发展观，促进经济社会和人的全面发展。”科学发展观中关于“发展”的含义，在党的十七大报告中有集中体现：“科学发展观，第一要义是发展，核心是以人为本，基本要求是全面协调可持续，根本方法是统筹兼顾。科学发展观坚持以经济建设为中心，坚持经济社会协调发展，坚持城乡协调发展，坚持区域协调发展，坚持可持续发展，坚持改革开放，坚持以人为本；坚持社会主义物质文明、政治文明和精神文明的协调发展，强调在经济发展的基础上，促进社会全面进步和人的全面发展；更加注重宏观调控，更加注重统筹兼顾，更加注重改革创新，着力解决经济社会发展中的突出矛盾，解决关系人民切身利益的突出问题。”

科学发展观是对邓小平理论和“三个代表”思想的继承和升华，邓小平理论所提出的“发展才是硬道理”强调在经济发展层面注重生产力的发展，他指出：“在社会主义国家，

① 参见刘敏、陈爱武主编：《现代仲裁制度》，中国人民公安大学出版社 2002 年版，第 45 ~ 46 页。
② 参见朱志国、张运所编著：《中国仲裁基础》，警官教育出版社 1997 年版，第 27 页。

一个真正的马克思主义政党在执政以后,一定要致力于发展生产力,并在这个基础上逐步提高人民的生活水平。"这是在我国改革开放初期百业待兴、生产力发展较为落后的实际情况下提出的符合我国国情的科学论断。科学发展观立足于新世纪中国社会发展的新情况和新问题,强调以经济建设为中心,实现全面协调可持续的发展,提出"五个统筹发展"的新要求。这标志着党对社会主义现代化建设规律的认识更加深入、全面。卢云华同志在2005年全国仲裁工作座谈会上的讲话中指出:"这对我国仲裁事业的发展同样适用,中国的仲裁事业经过快速发展后会得到科学的发展,因此要考虑协调发展、全面发展、可持续发展。"中国特色仲裁事业和仲裁理论以科学发展观为指导,在仲裁实践中逐渐形成了更成熟的仲裁思想和发展理念。

(一)科学发展观与和谐仲裁理念

胡锦涛同志提出,要构建以人为本、科学发展的和谐社会。党的十六届六中全会决定首次提出,构建社会主义和谐社会要充分发挥仲裁的作用。根据全会决定,中国特色社会主义仲裁事业是建设社会主义和谐社会的重要力量。① 中国特色社会主义仲裁事业在科学发展观提出后开始进入新的发展阶段,国务院法制办公室提出,"从仲裁法实施到2005年,是我国仲裁法律制度的生成阶段"。② 这一阶段为中国仲裁的第一次创业,此后进入二次创业时期。二次创业以融入和服务市场经济、树立仲裁品牌、开拓国际市场等为目标。仲裁机构融入市场经济的关键在于向市场主体推广仲裁理念。③ 中国特色仲裁理论在科学发展观的指导和中国特色仲裁实践的基础上,将和谐社会建设和仲裁自身的和谐建设相结合,逐渐总结和形成了和谐仲裁理念。

和谐仲裁理念来源于我国悠久的历史文化传统,如儒家提出"礼之用,和为贵",《中庸》提出:"中也者,天下之大本也;和也者,天下之达道也。致中和,天地位焉,万物育焉。"和谐内包含着多元、差异和矛盾,但最终会达成更高层次的统一与协调,异质的协调和对立的消解,即为和谐,和谐思想长期以来在纠纷解决过程中发挥了重要的作用。科学发展观提出的"以人为本"的理念同样植根于我国的历史传统。和谐仲裁理念重视仲裁过程中的人文关怀,强调仲裁的非对抗性和双方当事人对仲裁裁决的自愿和善意接受,立足于方便当事人,突出仲裁的服务功能。这既是对仲机构和仲裁庭的基本要求,也

---

① 参见国务院法制办公室、广州仲裁委员会编:《中国仲裁大事记(上)》,广东人民出版社2009年版,第33页。

② 卢云华:《中国仲裁的特色与发展》,载《法制日报》2005年5月11日。

③ 参见陈忠谦:《二次创业:中国仲裁发展的必由之路》,载《仲裁研究》2005年第3期。

是制定仲裁法和仲裁规则的出发点。[①] 和谐仲裁理念体现在仲裁活动的全过程中，如仲裁庭及成员的选择、仲裁审理的方式等，集中体现出仲裁与诉讼相比所具有的灵活、高效、便民等优势，符合科学发展观“以人为本”的发展理念。

对于和谐仲裁的建设，卢云华同志在2007年全国仲裁工作座谈会上的讲话中指出，仲裁机构自身和谐建设要从以下几个方面考虑：一是仲裁机构和谐，要认真解决当前部分机构内部存在的严重不和谐问题；二是仲裁活动和谐，即仲裁行为、仲裁方式、仲裁服务措施要能够体现文明教化，体现和谐精神，仲裁结果要尽最大可能体现仲裁特色，努力争取让双方当事人都服气、都认同。[②] 我国各地如济南、沈阳等仲裁委员会订立了仲裁为民公约等，均为和谐仲裁理念在仲裁活动规则中的具体实践。

（二）科学发展观与社会效益优先原则

杨景宇同志在《仲裁法》实施1周年座谈会上的讲话中就已提出，要树立正确的指导思想，以全心全意为人民服务为宗旨，要把社会效益放在首位，使仲裁公正、及时解决当事人的经济纠纷。此后，在全面协调可持续的科学发展观的指导下，我国仲裁理论和实践在发展完善的过程中总结出“社会效益优先”原则，其内涵也不断丰富完善。卢云华同志指出，中国特色仲裁事业在科学发展观的指引下，从快速发展阶段逐渐过渡到效益发展阶段，这一阶段的任务是实现从速度型向效益型的转变，实现全面进步、协调发展。汪永清同志强调，要保证把社会利益放在第一位，保证新设立的仲裁机构能够按照《仲裁法》所规定的程序办事，坚持公正、及时原则来解决纠纷。2007全国仲裁工作座谈会强调，要始终坚持我国仲裁工作的正确方向，坚持社会效益第一的原则，继续发扬艰苦奋斗的精神。2007年卢云华同志在全国仲裁工作座谈会上关于贯彻党的十六届六中全会精神的讲话提出，始终坚持仲裁工作的正确方向，始终坚持社会效益第一的原则。2009年全国仲裁工作座谈会强调，仲裁委员会是为广大人民群众服务的，必须始终把社会效益放在首位。

社会效益优先原则不仅关注仲裁的效率，更关注仲裁裁决的公正合理，关注仲裁的质量和社会效益。仲裁机构作为带有公益性职能的服务机构，其目的不仅在于提高经济效益，还包括其他方面的社会效益。就仲裁事业本身而言，仲裁的社会效益体现在仲裁事业的全面、协调发展，与其他纠纷解决方式的良性互动和有效衔接，通过不断强化质量

---

① 参见李凤琴：《现代化的仲裁理念探析——兼论我国商事仲裁制度的改革》，载《法治研究》2010年第11期。

② 参见国务院法制办公室、广州仲裁委员会编：《中国仲裁大事记（上）》，广东人民出版社2009年版，第26页。

管理，提高仲裁在民商事纠纷解决中的比例，提升仲裁裁决水准，实现规模化发展，继而赢得市场主体的青睐和信任，并在市场竞争中树立起自己的品牌。就社会而言，社会效益优先原则强调“以人为本”，突出其服务功能，要求仲裁工作队伍以全心全意为人民服务为宗旨，在仲裁过程中为当事人营造一种和谐宽松的气氛，比诉讼更理性，更有人情，在此基础上作出公平、合理的裁决结果，使双方当事人信服，产生良好的社会效果，在仲裁领域内实现全面、协调、可持续的发展。

四、习近平新时代中国特色社会主义思想

习近平新时代中国特色社会主义思想不仅是马克思主义理论中国化的最新成果，而且是新时代下解决我国发展所面临困境的科学方法。在党的十九大开幕式上，习近平总书记对我国当前社会的主要矛盾作出了全新判断：进入中国特色社会主义新时代，我国社会主要矛盾已经转化为“人民日益增长的美好生活需要和不平衡不充分的发展之间的矛盾”。与改革开放发展初期，我国社会主要矛盾为“人民日益增长的物质文化需要同落后的社会生产之间的矛盾”相比，社会主要矛盾变化为从“物质文化需要”转变为“美好生活需要”，从“落后的社会生产”转变为“不平衡不充分的发展”。针对我国现阶段的主要矛盾，习总书记提出了“一带一路”战略，“依法治国”基本方略、“中国梦”的执政理念、“人类命运共同体”思想、“新发展理念”等，为新时期我国社会主义现代化建设指明了方向。长期以来，我国仲裁工作的主要矛盾是仲裁工作的作用与市场经济的需求不相适应，①因而需要在服务市场经济层面加以改进。仲裁事业是社会主义事业的重要方面，党的十八届四中全会《关于全面推进依法治国若干重大问题的决定》明确提出“完善仲裁制度，提高仲裁公信力”，充分体现了党对仲裁工作的高度重视，同时也指出了我国仲裁理论建设的发展方向。解决当前中国特色仲裁事业的主要矛盾和问题，需要以习近平总书记重要讲话精神为指引，构建新时期具有中国特色的仲裁理论和仲裁制度。

（一）“一带一路”战略与中国特色仲裁理论

我国加入 WTO 以后，仲裁事业得到了极大的发展，中国特色仲裁理论和实践开始走向世界，扩展了国际视野，中国仲裁机构的国际知名度获得了很大提高。《中共中央关于全面推进依法治国若干重大问题的决定》明确提出将“完善多元化纠纷解决机制”作为法治社会建设的重要内容。仲裁作为多元化纠纷解决机制中的重要一环，其重要性和优越

① 参见宋魏生：《“二次创业”与后现代仲裁的中国化》，载《法制日报》2005 年 11 月 29 日。

性得以凸显。2013 年习近平同志提出建设“新丝绸之路经济带”和“21 世纪海上丝绸之路”的合作倡议，即“一带一路”战略，为我国特色仲裁理论的发展提供了前所未有的机遇和挑战。

为适应“一带一路”倡议的实施，公正合理地解决投资者与东道国政府间国际投资争端，2017 年贸仲委制定了《投资仲裁规则》。作为中国特色仲裁理论的成果，《投资仲裁规则》的出台填补了我国国际投资仲裁领域的空白，丰富和发展了我国投资仲裁实践。此外，在中国特色仲裁实践上，2016 年 10 月我国成立了首个“一带一路”(中国)仲裁院，这是我国仲裁事业的一次创新，对提高我国仲裁在国际市场的竞争能力、打造中国仲裁的品牌具有重要的意义。

(二)新发展理念与中国特色仲裁理论的创新性思维

理念是行动的先导，一定的发展实践都是由一定的发展理念来引领的。① 习近平同志指出：经济建设为中心是兴国之要，发展仍是解决我国所有问题的关键。② 因此，为解决目前我国发展的实际问题，党的十八届五中全会通过的《中共中央关于制定国民经济和社会发展第十三个五年规划的建议》提出：“实现‘十三五’时期发展目标，破解发展难题，厚植发展优势，必须牢固树立并切实贯彻创新、协调、绿色、开放、共享的发展理念。”此即五大发展理念或新发展理念。五大发展理念是在深刻总结国内外发展经验教训和国内外大势的基础上提出的，分别聚焦发展动力、发展不平衡、人与自然关系和谐、发展内外联动、社会公平正义的问题。③ 中国共产党第十九次全国代表大会上，习近平同志在大会报告中多次强调新发展理念的重要性：“坚持新发展理念。发展是解决我国一切问题的基础和关键，发展必须是科学发展，必须坚定不移贯彻创新、协调、绿色、开放、共享的发展理念。”④他指出“坚持新发展理念”是新时代坚持和发展中国特色社会主义的基本方略之一，不仅是解决正处于社会转型期，我国社会发展所面临困境的出路，而且是中国特色仲裁理论在“完善仲裁制度，提高仲裁公信力”、更好地服务于市场经济的指导思想。

---

① 参见习近平：《以新的发展理念引领发展，夺取全面建成小康社会决胜阶段的伟大胜利》，载中共中央文献研究室编：《十八大以来重要文献选编》，中央文献出版社 2016 年版，第 824 ~ 825 页。

② 参见中共中央文献研究室编：《习近平关于社会主义经济建设论述摘编》，中央文献出版社 2017 年版，第 3 页。

③ 参见习近平：《以新的发展理念引领发展，夺取全面建成小康社会决胜阶段的伟大胜利》，载中共中央文献研究室编：《十八大以来重要文献选编》，中央文献出版社 2016 年版，第 825 ~ 827 页。

④ 《决胜全面建成小康社会　夺取新时代中国特色社会主义伟大胜利——在中国共产党第十九次全国代表大会上的报告》，载中国政府网：http://www.gov.cn/zhuanti/2017-10/27/content_5234876.htm，最后访问日期：2017 年 11 月 10 日。

中国特色仲裁理论的发展应当以新发展理念为指导，确立创新、协调、绿色、开放、共享的发展理念。在创新理念上，习总书记强调要不断推进理论创新、制度创新、文化创新、科技创新等各方面创新。在仲裁领域内，完善仲裁制度和理论需要与时俱进，把握我国仲裁发展面临的新问题、新挑战，如根据国际社会和我国目前电子商务快速发展的现状和需求，拓宽仲裁发展领域，创新仲裁方式。为应对国际电子商务纠纷，贸仲委出台了《网上仲裁规则》，引起了国际仲裁界的广泛关注，网上仲裁制度在我国开始建立。在协调发展理念上，注重仲裁作为一项多元化纠纷解决方式所发挥的整体效能，强调仲裁与其他争议解决方式的良性互动和有效衔接以及仲裁理论内部的整体性。中国特色仲裁理论也应当坚持绿色发展理念，注重仲裁的社会效益，通过完善仲裁理论，提高为民服务的职能，使仲裁活动的效果更有利于节约成本和资源。我国特色仲裁理论起步较晚，但发展速度令人瞩目，并向世界贡献了一系列理论和实践成果，无论对我国还是对国际社会都具有重要的理论和实践价值。

第三章　中国仲裁的制度建构

自《仲裁法》颁布实施，特别是党的十八届四中全会明确提出“完善仲裁制度，提高仲裁公信力”以来，仲裁制度在化解社会矛盾、构建和谐社会中显现出强大力量，仲裁事业获得了飞跃式发展。本章围绕中国仲裁的制度建构这一主题，从中国仲裁制度的渊源和体系入手，阐述仲裁制度的主要内容并对仲裁制度的运行效果进行分析。

第一节　中国仲裁制度渊源与体系

一、中国仲裁制度的渊源

长期以来，仲裁理论界和实务界往往从仲裁的历史发展中探寻中国仲裁制度的渊源。无可否认，仲裁的思想在中国有着深厚的文化背景和悠久的历史积淀。但就仲裁制度而言，作为舶来品的现代仲裁在本质上与中国传统社会的调解以及清末民初的近代仲裁有着根本区别。

《仲裁法》的颁布和施行确立了中国现代仲裁制度的框架和雏形，2010 年颁布的《涉外民事关系法律适用法》以及 2012 年修订的《民事诉讼法》则进一步补充和完善了中国仲裁制度。国务院出台的行政法规和规范性文件明确了仲裁机构的组建、登记、管理、收费和工作机制以及仲裁员和仲裁工作人员的管理问题，为中国仲裁制度的发展奠定了基础。最高人民法院发布的函件、批复和司法解释在一定程度上弥补了立法的不足，厘清了一些不明确的规定，成为当前中国仲裁制度不可缺少的一部分。① 各仲裁机构制定并不断修订的仲裁规则使《仲裁法》中一些过于刚性的规定有所变通，一些缺乏可操作性的规定得到细化，应予规定而未规定或未明确规定之处得到弥补，亦对我国仲裁制度的发展有着重要的促进作用。②

（一）全国人大及其常委会制定的法律

全国人大及其常委会制定的涉及仲裁的法律是中国仲裁制度的首要渊源。一方面，1994年颁布并于1995年施行的《仲裁法》确立了中国仲裁制度的框架和雏形；另一方面，《涉外民事关系法律适用法》和《民事诉讼法》等相关法律中关于仲裁的规定则进一步补充和完善了中国仲裁制度。

在《仲裁法》颁布前，我国虽然已有多部法律、法规对仲裁作出了规定，③但由于立法分散，相互之间不协调，多头仲裁、各自为政的混乱局面依然存在。④《仲裁法》的颁布和实施确立了现代仲裁制度的框架和雏形，主要表现在以下五个方面：第一，明确了仲裁范围，将仲裁的范围限于平等主体的公民、法人和其他组织之间发生的合同和其他财产权益纠纷，对于婚姻、收养、监护、扶养、继承纠纷和依法应当由行政机关处理的行政争议则不能仲裁。同时，由于劳动争议纠纷和农业集体经济组织内部的农业承包合同纠纷不同于一般经济纠纷，《仲裁法》规定对这两类纠纷的仲裁另行规定。第二，实行或裁或审和一裁终局制度。《仲裁法》颁布之前，仲裁的裁审机制经历了“只裁不审”“又裁又审”和“可裁可审”等不同阶段，但这些机制均无法充分发挥仲裁解决纠纷及时的优点。《仲裁法》通过第5条和第9条之规定正式确立了或裁或审和一裁终局制度，对于规范仲裁制度的适用、充分尊重当事人的意愿、提高纠纷解决的效率，都有积极的促进作用。⑤ 第三，确立自愿原则并将其体现在仲裁的各个方面。仲裁法颁布前，由于我国实行计划经济体制，在仲裁法律制度中解决纠纷的原则主要不是当事人自愿，而是行政机关和司法机关的强制，当事人自愿原则一直未在仲裁制度中完全确立。《仲裁法》不仅将当事人自愿作

---

① 参见宋连斌：《中国仲裁二十年之制度回顾——以1994年〈仲裁法〉为起点》，载《仲裁与法律》第134期。

② 同上。

③ 据不完全统计，截至1994年6月底，我国已有14部法律，82部行政法规和190部地方性法规作出了有关仲裁的规定。参见全国人大常委会法制工作委员会民法室编著：《中华人民共和国仲裁法全书》，法律出版社1995年版，第152页。

④ 有研究者将仲裁法颁布前仲裁制度存在的问题概括为：仲裁的范围十分广泛，种类繁多，程序制度极不统一，大多数仲裁机构依附于行政机关，带有很强的行政仲裁色彩，体现不出仲裁的民间性、契约性特点和当事人意思自治原则的精神，而且涉外仲裁与国内仲裁的性质截然不同，程序各异。参见谭兵：《我国仲裁制度的反思和完善》，载《法学家》2004年第4期。

⑤ 参见潘剑锋：《我国仲裁法的新突破》，载《中外法学》1994年第6期。

为仲裁的基本原则之一予以确立，更是在仲裁的各个方面予以全面体现。其一，当事人发生纠纷是否选择仲裁由当事人自己决定；其二，仲裁机构和仲裁地点由当事人协商一致；其三，仲裁事项由当事人双方约定；其四，仲裁员由当事人选定或仲裁机构主席指定；其五，仲裁过程中当事人可以和解和自愿调解。① 第四，《仲裁法》确立的新的仲裁制度改变了原来仲裁机构大多设置于行政机关内的做法。《仲裁法》第14条明确规定："仲裁委员会独立于行政机关，与行政机关没有隶属关系，仲裁委员会之间也没有隶属关系。"第五，完善了法院对仲裁的监督；《仲裁法》规定法院对仲裁的监督主要表现在两个方面，一是不予执行，二是撤销裁决。同时，《仲裁法》还对不予执行和申请撤销的程序作了具体规定，明确什么情形下的仲裁裁决可以不予执行，什么情形下的仲裁裁决可以撤销。

在《仲裁法》之外，《涉外民事关系法律适用法》和《民事诉讼法》中对关于仲裁的规定则进一步补充和完善了仲裁制度。② 比如，《仲裁法》并未规定涉外仲裁协议的法律适用问题，最高人民法院于2006年颁布的《关于适用〈中华人民共和国仲裁法〉若干问题的解释》（法释〔2006〕7号）第16条虽然规定："对涉外仲裁协议的效力审查，适用当事人约定的法律；当事人没有约定适用的法律但约定了仲裁地的适用仲裁地法律；没有约定适用的法律也没有约定仲裁地或者仲裁地约定不明的，适用法院地法律。"但这一规定是最高人民法院出台的司法解释，效力层级较低。《涉外民事关系法律适用法》第18条规定："当事人可以协议选择仲裁协议适用的法律。当事人没有选择的适用仲裁机构所在地法律或者仲裁地法律。"将这一问题从司法解释上升至法律层面，完善了我国涉外仲裁协议的法律适用制度。再如1991年颁布的《民事诉讼法》虽有多项涉及仲裁的条款，③但却存在与《仲裁法》规定不一致的情形，导致实践中出现诸多问题。在这一背景下，2012年修订的《民事诉讼法》一方面在撤销仲裁裁决与裁定不予执行的具体条文规定上完成了统一；另一方面在仲裁的证据保全、仲裁的财产保全、恶意仲裁、可仲裁纠纷类型的表述、不可以上诉的裁定书种类五个方面作出了补充规定。这些修改和补充进一步丰富和完善了我国仲裁制度，对我国仲裁制度的发展影响深远。

（二）国务院出台的行政法规和规范性文件

《仲裁法》颁布伊始，国务院就相继出台了多部行政法规和规范性文件，对仲裁机构

① 参见潘剑锋：《我国仲裁法的新突破》，载《中外法学》1994年第6期。

② 事实上，除《涉外民事法律关系适用法》和《民事诉讼法》外，《刑法修正案（六）》和《合同法》中亦有关于仲裁的规定。但鉴于《刑法修正案（六）》新增"枉法仲裁罪"对中国仲裁制度的发展是否具有积极意义争议较大，而《合同法》中关于仲裁的规定在《仲裁法》中大多已有体现，在此不作具体阐述。

③ 1991年《民事诉讼法》第111条、第140条、第217条、第257～261条、第266条均为涉及仲裁的条款。

的组建、登记、管理、收费、工作机制以及仲裁员和仲裁工作人员的管理问题等进行规定。这些规定推动了仲裁委员会的组建和管理，完善了仲裁工作机制，保证了仲裁员和仲裁工作人员规范进行仲裁活动，在中国仲裁制度的确立和发展方面发挥了重要作用。

首先，在行政法规方面，国务院于1995年7月28日发布了《仲裁委员会仲裁收费办法》和《仲裁委员会登记暂行办法》，明确了仲裁委员会的登记机关、登记程序以及仲裁委员会仲裁费用的收取，将仲裁费用分为案件受理费和案件处理费两部分，并规定了每部分的具体内容。

其次，在规范性文件方面，国务院及国务院各部门自1995年起先后出台了多份规范性文件对仲裁委员会的组建、仲裁工作机制的建立、仲裁员和仲裁工作人员的管理以及仲裁制度的推行等方面进行了具体规定。

第一，就仲裁委员会的组建而言，1995年5月26日国务院办公厅发布了《关于进一步做好重新组建仲裁机构工作的通知》（国办发〔1995〕38号），要求各省、自治区人民政府根据需要与可能，在对《仲裁法》规定的可以设立仲裁机构的设区的市的实际情况进行分析的基础上，作出本地区分期分批重新组建仲裁机构的具体安排，并负责协调、指导、落实；要求京津沪等7个试点城市在试点工作的基础上，进一步完善重新组建仲裁机构方案，抓紧落实重新组建仲裁机构的有关准备工作，确保在《仲裁法》施行前成立新的仲裁委员会。1995年7月28日，国务院办公厅又发布了《重新组建仲裁机构方案》对重新组建仲裁机构进行统一部署。同时，还发布了《仲裁委员会章程示范文本》对仲裁委员会的组建予以章程上的指导。此外，在仲裁委员会的管理方面，国务院办公厅于1996年下发的《关于贯彻实施〈中华人民共和国仲裁法〉需要明确的几个问题的通知》（国办发〔1996〕22号）对仲裁委员会的主要职责进行了明确。2003年外交部、国务院法制办公室联合下发的《关于加强仲裁委员会外事活动管理的通知》以及2016年司法部印发的《关于规范和加强仲裁机构登记管理的意见的通知》（司发通〔2016〕55号）亦均涉及加强仲裁委员会管理的内容。

第二，就仲裁工作机制的建立而言，1999年1月25日国务院法制办公室发布《关于建立全国仲裁工作年度报告制度的通知》（国法电〔1999〕2号）要求自1999年开始，建立全国仲裁工作年度报告制度，各省、自治区、直辖市人民政府法制机构在每年2月底前完成报送工作。随后，为了做好上情下达、下情上传工作和及时了解各仲裁委员会的工作状态，研究仲裁工作中的普遍性问题，并做好中国仲裁协会的筹建准备工作，国务院法制办公室政府法制协调司向各省级政府法制机构发出《关于确定仲裁工作联系人的通知》，要求各省级政府法制机构确定了联系仲裁工作的负责人和承办人。

第三，就仲裁员和仲裁工作人员的管理而言，为加强对仲裁员、仲裁工作人员的管理工作，保证仲裁员、仲裁工作人员遵纪守法、清正廉洁；加强纪律作风，规范仲裁活动。国务院法制办公室于2002年7月11日下发了《关于进一步加强仲裁员、仲裁工作人员管理的通知》（国法〔2002〕55号），要求：（1）各仲裁委员会要高度重视、切实加强对仲裁员、仲裁工作人员的管理工作；（2）进一步加强对仲裁员、仲裁工作人员依法管理的制度建设；（3）严格财务管理和审计；（4）建立重大违法违纪事件报告制度。

第四，就仲裁制度的推行而言，为在全国范围内大力推行仲裁制度，充分发挥仲裁法律制度为社会主义市场经济服务的作用，推动仲裁事业的发展，国务院法制办公室与其他部门共同研究、联合发布了多份规范性文件以推动仲裁制度在各行业的适用。比如，1999年8月30日国务院法制办公室与中国保险监督管理委员会向全国各保险机构下发了《关于在保险条款中设立仲裁条款的通知》，要求各保险公司自接到通知之日起，在拟订或修订保险条款时，设立的保险合同争议条款，应当采用固定格式。[①] 2000年11月3日建设部、国家工商行政管理局联合下发了《关于修改合同示范文本有关条款的通知》（建法〔2000〕252号）。国务院法制办公室转发了该通知并要求各省级政府法制机构会同当地建设主管部门和仲裁委员会，认真调查研究，提出切实可行的落实方案。2004年1月18日国务院法制办公室、中国证券监督管理委员会联合发出《关于依法做好证券、期货合同纠纷仲裁工作的通知》（国法〔2004〕5号）。其主要内容包括：（1）关于证券、期货合同纠纷的仲裁范围；（2）关于在证券、期货合同中依法订立仲裁协议；（3）关于依法选聘证券、期货专业人士参加仲裁工作；（4）关于依法开展证券、期货合同纠纷仲裁工作；（5）关于加强证券、期货合同纠纷仲裁工作的指导和监督。此外，2008年5月28日国务院法制办公室还与全国工商联联合下发了国务院法制办公室、中华全国工商业联合会《关于进一步做好非公有制企业民商事纠纷仲裁工作的意见》，对落实非公有制企业民商事纠纷仲裁工作提出了具体意见。国务院法制办公室与其他部门联合发布的这些规范性文件有力推动了仲裁制度在全国各行业的适用，为仲裁制度在中国的建设和发展奠定了基础。

（三）最高人民法院发布的函件、批复和司法解释

司法解释伴随着《仲裁法》的施行而出现。在仲裁法生效之初，最高人民法院即发布

---

① 根据该通知，格式要求如下："合同争议解决方式由当事人在合同约定从下列两种方式中选择一种：（一）因履行本合同发生的争议，由当事人协商解决，协商不成的，提交×××仲裁委员会仲裁；（二）因履行本合同发生的争议，由当事人协商解决，协商不成的，依法向人民法院起诉。"在订立具体的保险合同时，保险合同双方当事人应当对上述两种争议解决方式作出选择。如果选择仲裁方式，应当载明具体的仲裁机构名称。

了《关于认真贯彻仲裁法依法执行仲裁裁决的通知》(法发〔1995〕21 号),以解决原仲裁机构及其受理案件的过渡问题。2006 年 8 月 23 日最高人民法院进一步公布了《关于适用〈中华人民共和国仲裁法〉若干问题的解释》(法释〔2006〕7 号),对《仲裁法》的相关规定进行了补充和完善。这些司法解释弥补了立法的不足,厘清了一些不明确的规定,成为当前中国仲裁制度不可缺少的部分,亦应视为中国仲裁制度的渊源之一。①

具体而言,最高人民法院发布的函件、批复和司法解释对中国仲裁制度的建构表现在以下几个方面:第一,仲裁协议效力的认定。整体而言,最高人民法院相关函件、批复和司法解释对仲裁协议的效力持肯定态度,仲裁协议即使有瑕疵,只要可以执行,就不应当认定为无效。② 第二,仲裁裁决的撤销。在仲裁裁决的撤销方面,司法解释对中国仲裁制度的发展和完善主要体现在以下四个方面:首先,规定《仲裁法》第 58 条(国内仲裁裁决的撤销)和《民事诉讼法》第 258 条(涉外仲裁裁决的撤销)中所规定的撤销事由为穷尽性的,防止一些法院试图在法律规定的事项之外扩大审查仲裁裁决的意图;其次,对《仲裁法》第 58 条中"没有仲裁协议"和"违反法定程序"的内涵进行界定;再次,明确重新仲裁的具体事由以及处理;最后,对撤销仲裁裁决程序中的几个问题进行明确。③ 第三,仲裁裁决的执行。2006 年最高人民法院《关于适用〈中华人民共和国仲裁法〉若干问题的解释》(法释〔2006〕7 号)第 25 条至第 29 条对仲裁裁决的执行问题作出了规定。此后,2018 年最高人民法院发布了《关于人民法院办理仲裁裁决执行案件若干问题的规定》(法释〔2018〕5 号)并明确此前发布的司法解释与该规定不一致的以该规定为准。比较而言,2018 年的规定与 2006 年的解释变化不大,只是在两个方面的问题上增加了例外规定。其一,申请执行仲裁裁决的案件虽依然由被执行人住所地或者被执行财产所在地的中级人民法院管辖,但对于符合条件的可以由中级人民法院指定基层人民法院管辖;其二,不予执行仲裁裁决申请被裁定驳回后,再次提出申请的,人民法院不予审查,但有新证据证明存在《民事诉讼法》第 237 条第 2 款第 4 项、第 6 项规定情形的除外。第四,港澳台地区仲裁裁决的认可与执行。首先,在港澳地区仲裁裁决的认可与执行方面;最高人民法院先后于 1999 年和 2007 年发布了《关于内地与香港特别行政区相互执行仲裁裁决的安排》和《关于内地与澳门特别行政区相互认可和执行仲裁裁决的安排》,对内地

---

① 参见宋连斌:《中国仲裁二十年之制度回顾——以 1994 年〈仲裁法〉为起点》,载《仲裁与法律》第 134 期。

② 参见最高人民法院《关于同时选择两个仲裁机构的仲裁条款效力问题的函》(法函〔1996〕176 号);最高人民法院《关于实施〈中华人民共和国仲裁法〉几个问题的通知》(法发〔1997〕4 号);最高人民法院《关于确认仲裁协议效力几个问题的批复》(法释〔1998〕27 号);最高人民法院《关于适用〈中华人民共和国仲裁法〉若干问题的解释》(法释〔2006〕7 号)等文件均反映了这一精神。

③ 参见刘健勤、胡秀娟、唐云峰:《中国仲裁发展的成就与展望——谨以此文献给中国〈仲裁法〉颁布 20 周年》,载《商事仲裁》2014 年第 1 期。

与港澳地区仲裁裁决的认可和执行问题作出规定；其次，在我国台湾地区仲裁裁决的认可与执行方面；最高人民法院于2015年发布了《关于认可和执行台湾地区法院民事判决的规定》（法释〔2015〕13号），对认可和执行台湾地区仲裁裁决的条件作出了具体规定。

（四）各仲裁机构制定并不断修订的仲裁规则

仲裁规则就其性质而言，无论是由有关当事人在其仲裁协议中直接约定的，还是有关仲裁机构或有关国际组织所制定的，都不是严格意义上的法律。① 但作为与《仲裁法》紧密联系的一种仲裁程序规则，仲裁规则在与《仲裁法》的强制性规定保持一致的前提下，可视为仲裁程序法的具体化。在这一意义上，《仲裁法》与仲裁规则均为一国仲裁制度的重要组成部分。② 各仲裁机构制定并不断修订的仲裁规则亦可视为中国仲裁制度的渊源之一。

《仲裁法》第15条第3款规定："中国仲裁协会依照仲裁法和民事诉讼法的有关规定制定仲裁规则。"第73条规定：涉外仲裁规则可以由中国国际商会依照《仲裁法》和《民事诉讼法》的有关规定制定。同时，考虑到中国仲裁协会尚未成立，《仲裁法》第75条进一步补充规定："中国仲裁协会制定仲裁规则前，仲裁委员会依照本法和民事诉讼法的有关规定可以制定仲裁暂行规则。"在这一背景下，各仲裁委员会相继制定并不断修订自己的仲裁规则，使《仲裁法》一些过于刚性的规定有所变通，一些缺乏可操作性的规定得到细化，应予规定而未规定或未明确规定之处得到弥补，从而更加贴近实践的需要。③ 其中，比较有代表性的有贸仲委的仲裁规则、北京仲裁委员会的仲裁规则、武汉仲裁委员会的仲裁规则等，这些仲裁规则对我国仲裁制度的发展和完善有着极大的促进作用。④

事实上，除以上四点外，中国仲裁制度的渊源还包括最高人民法院作出的代表性判决和裁定以及中国加入和承认的国际公约等，它们共同建构了中国现代仲裁制度的框架并一步步补充和完善。可以说，时至今日，我国已经建立了相对完善的现代仲裁制度。

二、中国仲裁制度的体系

如何概括中国仲裁制度的体系，在仲裁理论界和实务界尚不存定论。有研究者认为

---

① 参见刘健勤：《仲裁规则的法律界定》，载《商事仲裁》2006年第1期。

② 参见宋连斌：《中国仲裁二十年之制度回顾——以1994年〈仲裁法〉为起点》，载《仲裁与法律》第134期。

③ 同上。

④ 参见刘健勤等：《中国仲裁发展的成就与展望——谨以此文献给中国〈仲裁法〉颁布20周年》，载《商事仲裁》2014年第1期。

中国仲裁制度的体系包括国内民商事仲裁制度,涉外民商事仲裁制度,劳动争议仲裁制度,竞技体育、公用事业、医疗、教育纠纷仲裁制度,中国港澳台地区仲裁制度五个部分。①也有研究者认为,中国仲裁制度体系包括国内仲裁制度、涉外仲裁制度和外国仲裁制度三类。②

笔者认为,基于对仲裁的理解以及对仲裁制度的界定不同,中国仲裁制度体系自然也不尽相同。就广义的仲裁而言,中国仲裁制度的体系当然应包括民商事仲裁、劳动争议仲裁甚至体育仲裁。但考虑到《仲裁法》将仲裁的范围限于"平等主体的公民、法人和其他组织之间发生的合同纠纷和其他财产权益纠纷",若将中国仲裁制度限于民商事仲裁领域,中国仲裁制度的体系自不包括劳动争议仲裁和体育仲裁的内容。事实上,新中国成立后,我国的仲裁制度亦是以国内仲裁制度和涉外仲裁制度两种情况分别建立的。

(一)国内民商事仲裁

所谓国内民商事仲裁主要是指当事人、争议的法律事实、标的物所在地等所有因素都在中国境内,且仲裁程序在中国国内进行的仲裁。具体而言,国内民商事仲裁制度包括仲裁协议、仲裁机构、仲裁程序、仲裁的撤销、仲裁执行、仲裁的法律责任等内容。

(二)涉外民商事仲裁

涉外民商事仲裁是指在中国境内进行的具有"涉外因素"的仲裁,其中"涉外因素"包含以下三个方面:第一,当事人一方或双方是外国人、无国籍人、外国企业或组织;第二,当事人之间民事法律关系的设立、变更、终止的法律事实发生在国外;第三,诉讼标的物在国外的民事案件。③

涉外民商事仲裁制度的主要内容与国内民商事仲裁制度的主要内容基本相同,但亦有区别。相比国内民商事仲裁制度,涉外民商事仲裁受到的限制更少,主要表现在以下三个方面:第一,当事人拥有的自主选择权更大;国内民商事仲裁的当事人在仲裁机构和仲裁适用法律的选择上被限于中国仲裁机构和中国实体法,而涉外民商事仲裁的当事人则无此限制。第二,涉外民商事仲裁不受法院的实体审查;人民法院对涉外仲裁裁决的审查仅限于程序问题和公共秩序,而对于国内仲裁裁决的审查还包括实体内容。虽然2012年《民事诉讼法》修订后,这种实体审查的范围已被较大限缩,但涉外民商事仲裁和

---

① 参见叶青主编:《中国仲裁制度研究》,上海社会科学院出版社2009年版,第15~18页。
② 参见樊堃:《仲裁在中国:法律与文化分析》,法律出版社2017年版,第28页。
③ 参见最高人民法院《关于适用〈中华人民共和国民事诉讼法〉若干问题的意见》第304条。

国内民商事仲裁区别对待的情形依然存在。第三,涉外民商事仲裁不予执行、撤销裁决和重新仲裁适用报告制度。对涉外仲裁裁决不予执行、撤销裁决和重新仲裁的情形,法院需报请本辖区所属高级人民法院进行审查。如果高级人民法院同意不予执行、撤销裁决或通知仲裁庭重新仲裁,应将其审查意见报最高人民法院。待最高人民法院答复后,方可裁定不予执行、撤销裁决或通知仲裁庭重新仲裁。

第二节　中国仲裁制度的主要内容

自《仲裁法》颁布以来,经过20多年的不断发展,中国的仲裁制度日益完善。仲裁制度的发展完善,是中国仲裁事业不断取得进步的一个重要标志,仲裁制度的建构也同时撑起了中国仲裁事业的主体躯干。因此,对于20多来年在实践中不断发展的仲裁制度进行理论上的总结,意义深远。概括而言,中国仲裁制度的主要内容包括以下五种基本制度。

一、协议仲裁制度

协议仲裁制度是指当事人依据合同约定的仲裁条款和事后达成的书面仲裁协议将纠纷提交仲裁机构仲裁的制度。协议仲裁制度的一个最大特点是以当事人自愿为基础,包括在协议中约定仲裁事项、选择仲裁机构、仲裁地点和指定仲裁员等。仲裁协议主要发挥以下三个方面的作用:第一,仲裁协议能约束当事人。既然仲裁协议是在双方当事人之间达成的,当事人就必须自愿受其约束。在纠纷发生时必须将其提交仲裁,如有任何一方不按仲裁协议规定提交仲裁,而向法院起诉,另一方则有权请求法院终止诉讼程序。第二,仲裁协议是仲裁机构受理案件的依据。仲裁协议都必须指定仲裁机构,被当事人合法指定的仲裁机构即取得该案件的管辖权,应予以受理。第三,仲裁协议能排除法院的管辖权。①

协议仲裁制度从最狭义的层面来看,是当事人双方协议是否将纠纷提交给仲裁机构仲裁的制度。从最广义的层面来看,它还包括当事人协议约定仲裁事项、仲裁机构、仲裁地点、指定仲裁员,乃至对是否开庭审理等都可以纳入协议仲裁中。我们认为,应当从最广义的层面来理解协议仲裁制度,即仲裁制度中所有体现当事人意识自治精神的,都应当视为协议仲裁制度的一部分。因此,协议仲裁制度具体包括以下方面。

① 参见沈木珠:《论我国仲裁制度的新发展》,载《法学评论》1995年第4期。

第一,是否选择仲裁作为纠纷的解决方式,由当事人之间协议决定并以书面表示。这就是说,双方当事人在订立合同时,如果约定将未来发生的纠纷提交仲裁的,则应当在合同中写明仲裁条款;如果当事人在订立合同时就仲裁问题未达成协议而在纠纷发生后双方约定将其提交仲裁的,则应签订独立的仲裁协议。没有仲裁协议,一方申请仲裁的,仲裁机构不予受理。第二,如《仲裁法》第 4 条规定,“当事人采用仲裁方式解决纠纷,应当双方自愿,达成仲裁协议。没有仲裁协议,一方申请仲裁的,仲裁委员会不予受理”。[①]第三,仲裁地点和仲裁机构,由当事人协议确定。当事人应当在合同的仲裁条款或者单独的仲裁协议中明确仲裁地点和仲裁机构。第四,具体仲裁的事项及其范围由当事人约定,没有约定的仲裁事项和超出法律规定的事项,不得仲裁。第五,仲裁员由当事人约定或者委托选定。当事人不但可以选择或委托指定仲裁员,还可以约定由 3 名或由 1 名仲裁员组成仲裁庭。当事人如果约定由 3 名仲裁员组成仲裁庭的,应当各自选定或者各自委托仲裁委员会主任指定 1 名仲裁员,第三名仲裁员即首席仲裁员由当事人共同选定或者共同委托仲裁委员会主任指定。当事人如果约定由 1 名仲裁员成立仲裁庭的,则必须共同选定或者共同委托仲裁委员会主任指定仲裁员。第六,仲裁是否开庭与公开进行,由当事人协议。《仲裁法》规定仲裁应当开庭审理,但当事人可以协商不开庭审理。同时,《仲裁法》规定仲裁以不公开进行为原则,当事人协议公开为例外,但涉及国家秘密的除外。第七,在仲裁过程中,当事人可以自行和解和自愿调解。第八,当事人可以协议,裁决书中是否写明争议事实和理由。

可以说,协议仲裁制度是仲裁的起点,也是所有仲裁制度的基础,它是当事人意识自治原则在仲裁中最集中的体现。当事人通过达成合意,自愿选择是否将纠纷提交给仲裁机构裁决,进而选择适用怎样的仲裁程序,使当事人能够参与到纠纷解决程序的设计与选择中来,最大限度地尊重当事人的意识自治,从而保证仲裁裁决的公平公正。

二、“或裁或审”制度和“一裁终局”制度

“或裁或审”制度是指当事人有权选择仲裁或诉讼的方式解决纠纷的制度。在这种制度下,当事人如果选择仲裁解决纠纷,就必须在合同中约定有仲裁条款或者在纠纷发生后订立仲裁协议将纠纷提交仲裁,仲裁机构受理案件的依据是仲裁协议。法院只受理

① 参见《仲裁法》(2017 年),载无讼网:https://www.itslaw.com/search/lawsAndRegulations/lawAndRegulation?searchMode=lawsAndRegulations&lawAndRegulationId=304ab34d-2f8a-4b6e-9a84-516cebe848dc&conditions=searc,最后访问日期:2018 年 6 月 2 日。

没有仲裁协议的案件。一裁终局制度是指仲裁机关对当事人提交的案件作出裁决即具有终局的法律效力。在这项制度下,仲裁机关作出的裁决,对双方当事人均有约束力,双方必须自动履行,而不得要求该仲裁机关或其他仲裁机关再次裁决或向人民法院起诉,也不得向其他机关提出变更仲裁裁决的请求。

"或裁或审"制度和"一裁终局"制度之间是密切联系的,这两个制度对于充分体现当事人的意思自治、增强仲裁的公信力和提高仲裁的效率方面都起着十分重要的作用。在《仲裁法》颁布之前,我国仲裁领域的裁审机制经过了多次变革。尤其是经济合同仲裁,在实行或裁或审制度之前,它经历了只裁不审、又裁又审和可裁可审等阶段。只裁不审是指经济合同发生纠纷后,只能报有关主管机关裁决,而不可向法院起诉。自新中国成立至 1978 年,经济合同纠纷的解决就适用了这项制度。又裁又审是指经济合同发生纠纷,当事人只能先提交仲裁,对仲裁机关的裁决不服的,当事人才可向法院起诉。1978 ~ 1981 年,经济合同纠纷的解决就是适用这项制度。可裁可审是指经济合同发生纠纷时,任何一方当事人既可以向法律规定的经济合同仲裁委员会申请仲裁,也可以向法院起诉。但当事人一方或双方对仲裁裁决不服的,可以在收到裁决书之日起 15 天内,向法院起诉。因此,可裁可审制度实际上也就是"裁审自择"和"一裁两审"制度。1981 ~ 1991 年新《民事诉讼法》施行前,即适用该项制度。

上述的裁审机制与"或裁或审"制度、"一裁终局"制度相比,虽然表面上看来可以更好地保护当事人利益。例如,当事人对纠纷解决拥有了更多的选择方式,在对仲裁结果不满意的时候还可以向法院提起诉讼来维护自己的权益。但是,这种裁审机制实际上违背了商业仲裁的基本规律,尤其是严重影响了仲裁的公信力,仲裁的纠纷解决功能被严重削弱甚至形同虚设。此外,当事人之所以选择仲裁,是因为仲裁相比诉讼,可以最大限度地尊重当事人的意思自治,且仲裁比诉讼更加经济便捷。但是,上述的裁审机制没有完全体现出对当事人意思自治的尊重,且极大地增加了纠纷解决的时间成本和经济成本,没有发挥出仲裁制度的优势。

在我国经济合同仲裁实行可裁可审制度的同时,技术合同仲裁和著作权合同仲裁就已实行了"或裁或审"和"一裁终局"制度。这两项制度的全面确立和适用是在《仲裁法》颁布之后。我国《仲裁法》第 5 条规定:"当事人达成仲裁协议,一方向人民法院起诉的,人民法院不予受理……"①该法第 9 条规定:"仲裁实行一裁终局的制度。裁决作出后,

---

① 《仲裁法》(2017 年),载无讼网:https://www.itslaw.com/search/lawsAndRegulations/lawAndRegulation?searchMode = lawsAndRegulations&lawAndRegulationId = 304ab34d - 2f8a - 4b6e - 9a84 - 516cebe848dc&conditions = searc,最后访问日期:2018 年 6 月 2 日。

当事人就同一纠纷再申请仲裁或者向人民法院起诉的,仲裁委员会或者人民法院不予受理。”①至此,“或裁或审”制度和“一裁终局”制度得以全面适用,对于我国仲裁事业的发展起到了极为重要的促进作用。

三、仲裁证据制度

仲裁中的证据是指在仲裁程序中依据法律认定案件事实的一切客观材料。② 不言而喻,仲裁证据对仲裁庭查明案件事实、正确进行裁决、维护当事人合法权益都具有十分重要的意义。事实上,整个仲裁活动无非就是进行两种判断:事实判断和法律判断。其中,正确的事实判断是进行法律判断的基本前提,而事实判断又以正确查明和适用证据为前提。③ 因此,仲裁证据制度在整个仲裁制度中的地位和作用非常重要。我国的仲裁证据制度主要体现在《仲裁法》和有关仲裁规则当中。《仲裁法》对仲裁的一系列证据制度进行了较为简单的规定,同时《仲裁法》第75条规定:“中国仲裁协会制定仲裁规则前,仲裁委员会依照本法和民事诉讼法的有关规定可以制定仲裁暂行规则。”④应当说,仲裁的证据制度与民事诉讼当中的证据制度有许多共同的地方,如同样适用“谁主张,谁举证”的举证原则等。但是,仲裁作为与诉讼不同的纠纷解决机制,其在证据制度上也有自己的特征。

(一)仲裁举证规则

1. 举证责任的分配

举证责任是指当事人对自己所主张的事实负有的提出证据加以证明以及如果不能证明,则应当承担不利后果的责任。⑤ 在我国民事诉讼领域,主要有两种举证责任的配置方式,即法定配置(“谁主张,谁举证”、举证责任倒置)和酌定配置。仲裁领域的举证责任分配,在“谁主张,谁举证”这一方面与民事诉讼中相差不大,在另外两点上则体现出了其

① 《仲裁法》(2017年),载无讼网:https://www.itslaw.com/search/lawsAndRegulations/lawAndRegulation?searchMode=lawsAndRegulations&lawAndRegulationId=304ab34d-2f8a-4b6e-9a84-516cebe848dc&conditions=searc,最后访问日期:2018年6月2日。

② 参见张斌生:《仲裁法新论》,厦门大学出版社2004年版,第251页。

③ 参见汪祖兴:《完善我国仲裁证据制度若干问题思考——以民事诉讼证据制度为参照》,载陈光中、江伟主编:《诉讼法论丛》(第10卷),法律出版社2005年版,第464页。

④ 《仲裁法》(2017年),载无讼网:https://www.itslaw.com/search/lawsAndRegulations/lawAndRegulation?searchMode=lawsAndRegulations&lawAndRegulationId=304ab34d-2f8a-4b6e-9a84-516cebe848dc&conditions=searc,最后访问日期:2018年6月2日。

⑤ 参见常英主编:《仲裁法学》,中国政法大学出版社2001年版,第82页。

独特性。

首先,“谁主张,谁举证”原则。该原则堪称举证责任制度的基石,其历史传统十分悠久。提出主张者有义务对自己的主张进行举证,这符合自然公正的理念。在仲裁过程中,申请人和被申请人都有义务对自己的主张加以证明,仲裁自产生以来一直按照这样的理念运行。我国《仲裁法》第 43 条第 1 款规定,“当事人应当对自己的主张提供证据”。①

其次,举证责任倒置原则。举证责任倒置是指主张某一事实的当事人提出这一事实后,对方当事人否认的,由对方当事人承担举证责任。举证责任倒置系“谁主张,谁举证”原则的例外,必须基于法律的明确规定。根据最高人民法院《关于适用〈中华人民共和国民事诉讼法〉若干问题的意见》第 74 条以及《民诉证据规定》第 4 条,共有八类案件适用举证责任倒置。在仲裁中,上述举证责任的原则应当被遵循。但是,并不是说上述八类案件都可以适用,因为其中还涉及可裁性的问题。就我国而言,知识产权侵权、产品质量侵权、海事侵权纠纷中涉及财产权益的事项可以提请仲裁,且在仲裁中推行举证责任倒置原则;而物件致人损害、动物致人损害等涉及人身权利的事项不可仲裁,因此,也就不存在举证责任倒置的问题。②

最后,关于举证责任的酌定配置,《仲裁法》中对此也没有进行明确的规定。《民诉证据规定》第 7 条规定了举证责任的酌定配置,但这并不意味着仲裁庭可以自行斟酌配置举证责任,需要在实践中谨慎运作。

2. 举证程式

我国民事诉讼中的举证是以当事人为主,法院适当参与,法院享有最终的裁决和监督权,并在特定情况下予以协助;而在仲裁中则是以当事人为主,仲裁庭适当参与。这里需要特别说明的是仲裁庭调查取证的条件,我国《仲裁法》第 43 条第 2 款规定:“仲裁庭认为有必要收集的证据,可以自行收集。”③应当说,这一规定是相当笼统和抽象的,在实践运用中不具备可操作性。从理论上讲,仲裁庭自行收集证据必须要做到极大的克制,因为仲裁机构作为独立的纠纷解决机构,必须保持相当的中立性。笔者认为,仲裁庭自行收集证据必须满足以下前提:第一,如果仲裁庭不及时收集证据的,会导致证据的灭

---

① 《仲裁法》(2017 年),载无讼网:https://www.itslaw.com/search/lawsAndRegulations/lawAndRegulation?searchMode=lawsAndRegulations&lawAndRegulationId=304ab34d-2f8a-4b6e-9a84-516cebe848dc&conditions=searc,最后访问日期:2018 年 6 月 2 日。

② 参见陈忠谦:《试析民商事仲裁中的证据制度》,载《仲裁研究》2008 年第 3 期。

③ 《仲裁法》(2017 年),载无讼网:https://www.itslaw.com/search/lawsAndRegulations/lawAndRegulation?searchMode=lawsAndRegulations&lawAndRegulationId=304ab34d-2f8a-4b6e-9a84-516cebe848dc&conditions=searc,最后访问日期:2018 年 6 月 2 日。

失，从而严重影响仲裁庭对事实的判断；第二，当事人由于客观原因确实不能自己收集的证据；第三，必须由当事人的申请。

（二）仲裁质证规则

质证是指仲裁当事人、委托代理人在仲裁庭的主持下，对所提供的证据进行宣读、展示、辨认、质疑、说明、辩驳等活动。就仲裁程序而言，质证是不可或缺的一个重要环节。因为“互相冲突的两个主体从相反的视角辩驳证据材料，能较彻底地剥掉证据材料中不具备客观性、关联性、合法性的杂质，留下有证明力的证据材料内核”，①从而使仲裁庭能据以认定案件事实，分清是非责任，作出公正的裁决，达到认可和保护当事人合法权益的目的。质证规则主要包括质证标准和质证程序。

在质证标准上，关键要看证据的证明力，而证据的证明力主要来自五个方面的要求，即证据的真实性、关联性、合法性、充足性和唯一性要求。所谓真实性是指用以证明案件本身的证据必须是客观真实的，而不是捏造出来的；所谓关联性是指证据所反映的情形与待证事实具有一定的联系；所谓证据的合法性是指证据的收集与提供不得违反法定程序，证据的形式合法，并由当事人提交给仲裁庭或者由仲裁员依法程序自行收集上来，并经过当事人质证和仲裁庭认证；所谓证据的充足性是指认定案件事实的证据要充足，在量上应满足最低限度条件；所谓证据的唯一性是指证据的证明指向是唯一和排他的，不存在两种或者以上的可能性，所有案件证据必须相互协调、环环相扣。② 在仲裁证据制度规则中，其与民事诉讼的证据制度规则在这一点上基本上是一致的。

在质证程序上，仲裁制度中的质证程序可以划分为三个阶段：出示证据—辨认证据—对证据咨询和辩驳。一方出示证据后，另一方可以否认，否认的理由包括指出对方证据不符合真实性、关联性和合法性等，即从证据的证明力上进行否认。质证方否认后，出示方可以针对否认的理由进行反驳，如此循环往复，直至转换穷竭。

（三）仲裁认证规则

仲裁程序中的认证是指仲裁庭就当事人举证、质证过程中所涉及的与待证事实有关联的证据加以审查认定，以确认证据的相关性、可信性和实质性的活动。我国《仲裁法》对认证问题未作具体规定，我国仲裁机构在审查认定证据时，主要遵循有关的民事证据

---

① 田平安：《民事诉讼证据初论》，中国检察出版社 2002 年版，第 153 页。
② 参见陈忠谦：《试析民商事仲裁中的证据制度》，载《仲裁研究》2008 年第 3 期。

规则，对证据的真实性、关联性和合法性作出评估，进而认定其证据力。① 仲裁证据的认证规则主要有仲裁推定规则、仲裁认可规则以及经验规则。

第一，仲裁推定规则。我国《民事诉讼法》中关于“全面、客观”审查证据从而判定证据“真伪”的原则含有证据推定的色彩。参照《民事诉讼法》的原则，仲裁庭可依其自由裁量推定证据，促使仲裁当事人全面、客观地向仲裁庭出示证据。第二，仲裁认可规则。仲裁认可是指仲裁庭有权决定某些事实无须通过一般举证程序加以证明。这些事实可能是常识性的，也可能由于某些原因，如证据灭失，当事人无法提供通常所需的证据，这时仲裁庭可依自由裁量权认定这些事实的存在。第三，经验规则。经验规则能否运用于仲裁领域，《仲裁法》未进行明确的规定。但是，仲裁员在进行仲裁的过程中，是拥有一定的自由裁量权的，这种自由裁量权要受到心证的约束，而心证的过程自然离不开经验规则的运用。《中国广州仲裁委员会仲裁规则》第 45 条第 1 款规定：“证据由仲裁庭认定。仲裁庭应当全面、客观地审核证据，依据相关法律、法规规定，参照司法解释，结合商业惯例和交易习惯，运用逻辑推理和日常生活经验法则等，对证据进行综合认定。”②

四、仲裁回避制度

仲裁是依据当事人的自愿约定选定仲裁员，由该仲裁员对当事人之间的纠纷进行解决，其结果是终局的，不能上诉，所以仲裁员的独立性与公正性成为仲裁制度的基础性问题。仲裁存在的价值就是建立在仲裁员的独立与公正的基础上的，公正与独立的仲裁员是当事人对仲裁制度信任的途径，所以《仲裁法》、仲裁规则等都对这一规则予以强调，并且制定了许多相应的制度来维护仲裁员的公正性与独立性，仲裁回避制度就是其中的一项。所谓仲裁回避制度，是指承办仲裁案件的仲裁员如与本案有利害关系而影响公正判断时，不参与该案之仲裁判断工作，并更换新仲裁员进行仲裁的制度。

（一）回避的对象

所谓回避适用的对象，是指在仲裁回避制度中，哪些主体应受回避制度的约束，自行或依当事人申请而回避。根据我国《仲裁法》第 34 条的规定，我国的仲裁回避制度仅针

① 参见姜霞：《论仲裁证据制度的独立性》，载《湘潭大学学报》（哲学社会科学版）2007 年第 5 期。

② 《中国广州仲裁委员会仲裁规则》，载广州仲裁委员会官网：http://www.gzac.org/WEB_CN/AboutInfo.aspx? AboutType = 4&KeyID = a06a9521 - 62cf - 4a3e - 9cfe - 0217850c4b5c，最后访问日期：2018 年 6 月 3 日。

对仲裁员,而不包括其他人员如办案秘书等,回避对象的范围比较狭窄。《中国广州仲裁委员会仲裁规则》对此有了进一步的发展,该规则第 33 条第 9 款规定:"办案秘书、翻译人员、鉴定人、勘验人的回避,适用本条规定。翻译人员、鉴定人、勘验人是否回避,由本会主任决定;办案秘书是否回避,由本会秘书长决定。"①该规则将适用回避的对象范围大大扩展,将办案秘书、翻译人员、鉴定人、勘验人等参与仲裁工作的人员都纳入到了回避范围。这有利于在更高层次上保障仲裁的公正和独立。

(二)当事人申请回避的理由

我国《仲裁法》第 34 条规定:"仲裁员有下列情形之一的,必须回避,当事人也有权提出回避申请:(一)是本案当事人或者当事人、代理人的近亲属;(二)与本案有利害关系;(三)与本案当事人、代理人有其他关系,可能影响公正仲裁的;(四)私自会见当事人、代理人,或者接受当事人、代理人的请客送礼的。"②

这种列举式的规定,好处是将仲裁员回避的理由清楚地罗列出来,便于仲裁庭的查明。但是,列举式规定的最大不足在于,难以将所有回避的理由全部穷尽。当事人如果有足够的证据证明仲裁员有足以妨碍公平裁决情形的,但又不属于法律规定中所列举的,就很难保障当事人的合法权益。此外,《仲裁法》的该条规定又过于笼统,在实践中的可操作性不强。例如,"利害关系"难以准确把握。只有正确理解和把握了利害关系,才能对仲裁主体是否应当回避作出恰当判断。仲裁回避相关规定中的利害关系是笼统的、难以把握的,不利于仲裁实践作出正确回避的决定。利害关系有很多种,具体而言,如果仲裁员与案件当事人或代理人存在某种经济利益上的关系,或案件结果与仲裁员可能存在某种经济利益上的关系,可以认为该仲裁员符合仲裁回避制度的规定,应该依法回避。③

(三)当事人申请回避的时间

我国仲裁回避制度包括两种形式:仲裁员自行回避和当事人申请仲裁员回避。对于仲裁员自行回避的情况,我国《仲裁法》并没有明确规定提出的时间,一般认为仲裁员在仲裁过程中的任何时间都可以依法定事由提出自行回避。对于当事人申请仲裁员回避

---

① 《中国广州仲裁委员会仲裁规则》,载广州仲裁委员会官网:http://www.gzac.org/WEB_CN/AboutInfo.aspx? AboutType=4&KeyID=a06a9521-62cf-4a3e-9cfe-0217850c4b5c,最后访问日期:2018 年 6 月 2 日。

② 《仲裁法》(2017 年),载无讼网:https://www.itslaw.com/search/lawsAndRegulations/lawAndRegulation? searchMode=lawsAndRegulations&lawAndRegulationId=304ab34d-2f8a-4b6e-9a84-516cebe848dc&conditions=searc,最后访问日期:2018 年 6 月 2 日。

③ 参见李广辉等:《我国仲裁回避制度立法完善研究》,载《汕头大学学报》(人文社会科学版)2017 年第 4 期。

的时间限制我国法律有明确的规定,《仲裁法》第 35 条规定“当事人提出回避申请,应当说明理由,在首次开庭前提出。回避事由在首次开庭后知道的,可以在最后一次开庭终结前提出”。[①] 在此值得注意的是,我国《仲裁法》第 39 条规定“当事人协议不开庭的,仲裁庭可以根据仲裁申请书、答辩书以及其他材料作出裁决”,[②]当事人协议不开庭并不意味着当事人放弃了申请仲裁员回避的权利,如果此时当事人申请仲裁员回避,申请时间应为何时,《仲裁法》并没有规定。不过,《中国广州仲裁委员会仲裁规则》第 33 条第 4 款对此进行了规定“当事人提出回避申请,应当在首次开庭前提出。回避事由在首次开庭后知道的,可以在最后一次开庭终结前提出。约定不开庭的,应当在知悉回避事由后五日内提出。本条第(四)款规定的情形除外”,[③]即当事人约定不开庭的,回避申请应该在回避事由知道后五天内提出。

此外,《仲裁法》规定当事人申请仲裁员回避应在首次开庭前提出并说明理由,但在首次开庭前当事人对仲裁员的具体情况并不是很清楚,虽然仲裁机构向当事人送达了仲裁庭的组成名单,但是仅凭一张名单,当事人除了对自己所选定的仲裁员有所了解外,对其他的仲裁员并不能清楚地了解,更不必说提出有理由的回避申请了。对此,为了保障当事人对仲裁员的信息知情权,各国普遍设立了仲裁员信息披露制度。虽然我国《仲裁法》并没有直接规定仲裁员的披露义务,但贸仲委的仲裁规则第 31 条明确规定了仲裁员的披露义务,该仲裁员的披露义务有以下几点特征:书面披露;披露的持续性;应向仲裁委员会和当事人披露。[④]

五、司法对仲裁的监督制度

仲裁作为一种纠纷解决机制,固然具有程序简单、经济便捷等诸多优点,特别是“或裁或审”制度和“一裁终局”制度,对降低当事人的纠纷解决成本具有重大意义。但是,“凡有权利必有救济”,若仲裁制度因各种原因不能保障当事人的合法权益,当事人又如何寻求救济呢? 此时,司法对仲裁的监督制度就显得十分重要。法院对仲裁实行司法监督,是世界各国仲裁立法所普遍采用的制度。这一制度对增强仲裁员的责任心、保证仲

---

① 《仲裁法》(2017 年),载无讼网:https://www.itslaw.com/search/lawsAndRegulations/lawAndRegulation?searchMode=lawsAndRegulations&lawAndRegulationId=304ab34d-2f8a-4b6e-9a84-516cebe848dc&conditions=searc,最后访问日期:2018 年 6 月 2 日。

② 同上。

③ 《中国广州仲裁委员会仲裁规则》,载广州仲裁委员会官网:http://www.gzac.org/WEB_CN/AboutInfo.aspx?AboutType=4&KeyID=a06a9521-62cf-4a3e-9cfe-0217850c4b5c,最后访问日期:2018 年 6 月 3 日。

④ 参见赵洋洋:《浅析我国仲裁回避制度》,载《法制与社会》2016 年第 3 期。

裁裁决的正确性以及维护当事人的合法权益都具有重要意义。然而,法院对仲裁具有司法监督权,必然会导致仲裁与司法监督在一定程度上的矛盾和冲突。如何既保证司法监督的有效性,又确保仲裁裁决在解决纠纷方面所应具有的权威性,保证仲裁裁决应有的地位、作用和价值,这是大多数国家仲裁立法所关注的重要问题。① 在我国,司法对仲裁的监督主要通过两种途径实现的,即撤销仲裁裁决和不予执行仲裁裁决。

(一)法院通过撤销仲裁裁决实现对仲裁的司法监督

法院通过撤销仲裁裁决,对仲裁进行司法监督,主要通过以下形式:

1. 根据当事人的申请,由仲裁委员会所在地的中级人民法院撤销裁决。撤销仲裁裁决应当由当事人提出申请,法院一般不主动行使审查权而撤销裁决。根据《仲裁法》第58条的规定,“当事人提出证据证明裁决有下列情形之一的,可以向仲裁委员会所在地的中级人民法院申请撤销裁决。(一)没有仲裁协议的;(二)裁决的事项不属于仲裁协议的范围或者仲裁委员会无权仲裁的;(三)仲裁庭的组成或者仲裁的程序违反法定程序的;(四)裁决所根据的证据是伪造的;(五)对方当事人隐瞒了足以影响公正裁决的证据的;(六)仲裁员在仲裁该案时有索贿受贿,徇私舞弊,枉法裁决行为的。人民法院经组成合议庭审查核实裁决有上述规定情形之一的,应当裁定撤销。”

可以看出,在这种情况下,法院撤销仲裁裁决的原因是仲裁的程序违法或者仲裁员或者一方当事人有不正当行为可能会影响中仲裁的公正公平,而不涉及对仲裁裁决的实体性内容行使司法审查权。

2. 人民法院认定该裁决违背社会公共利益的,应当裁定撤销。社会公共利益是指,属于社会全体成员的利益。违反社会公共利益的情形很多,如违反我国法律的基本制度与准则、违背社会和经济生活的基本原则等。公民和法人只有在法律允许的范围内行使权利,才会受到国家法律的保护,法院如认定仲裁裁决违背社会公共利益,应裁定撤销。这条规定,即法律的弹性条款,它可以使今后可能出现而法律基于其滞后性还未规定的违法裁决有了撤销的法律依据,同时,也是法院依职权对仲裁裁决实体性内容行使司法审查权的法律依据。

(二)法院根据当事人的申请,通过审查强制执行的仲裁裁决对仲裁进行司法监督

根据《仲裁法》第63条的规定:“被申请人提出证据证明裁决有民事诉讼法第二百三

---

① 参见陈小平:《司法对仲裁的监督:实体审查还是程序审查?》,载《贵州大学学报》(社会科学版)2001年第4期。

十七条第二款规定的情形之一的,经人民法院组成合议庭审查核实,裁定不予执行。”① 《民事诉讼法》第237条第2款规定:被申请人提出证据证明仲裁裁决有下列情形之一的,经人民法院组成合议庭审查核实,裁定不予执行:(1)当事人在合同中没有订有仲裁条款或者事后没有达成书面仲裁协议的;(2)裁决的事项不属于仲裁协议的范围或者仲裁机构无权仲裁的;(3)仲裁庭的组成或者仲裁的程序违反法定程序的;(4)裁决所根据的证据是伪造的;(5)对方当事人向仲裁机构隐瞒了足以影响公正裁决的证据的;(6)仲裁员在仲裁该案时有贪污受贿,徇私舞弊,枉法裁决行为的。人民法院认定执行该裁决违背社会公共利益的,裁定不予执行。②

在这种情况下,可以看出,法院裁定不予执行仲裁裁决,既有程序上的瑕疵,也有如证据等实体上的不足,可谓对仲裁裁决进行了较为全面的司法审查。

当然,自《仲裁法》颁布20多年以来,中国仲裁的制度构建远远不及以上所述。在制度构建的过程当中难免会有些许瑕疵,但瑕不掩瑜,中国仲裁制度的总体框架已经得以确立。未来,中国仲裁制度必将随着中国仲裁事业的发展得到进一步的充实与提高。

第三节 中国仲裁制度的运行效果

仲裁制度的运行效果是对仲裁制度运行实施和仲裁制度所发挥作用的评价。作为一项法律制度,仲裁制度的评价标准首先与一般法律制度的评价标准类似;其次由于仲裁制度是基于当事人自愿选择而形成的一项纠纷解决机制,其评价标准又与一般的具有强制性或约束力的法律制度有所不同,存在一定的特殊性。

一、仲裁制度的特点与评价标准的选取

(一)作为纠纷解决机制的仲裁制度

纳入考量范围的首要标准就是创立仲裁制度的目的——仲裁制度作为一项法律制

① 《仲裁法》(2017年),载无讼网:https://www. itslaw. com/search/lawsAndRegulations/lawAndRegulation? searchMode = lawsAndRegulations&lawAndRegulationId = 304ab34d - 2f8a - 4b6e - 9a84 - 516cebe848dc&conditions = searc,最后访问日期:2018年6月3日。

② 《民事诉讼法》(2017年),载北大法宝网:http://iras. lib. whu. edu. cn:8080/rwt/PKULAW/http/P75YPLURNN4XZZLYF3SXP/fulltext _ form. aspx? Db = chl&Gid = d33df017c784876fbdfb&keyword = %e6%b0%91%e4%ba%8b%e8%af%89%e8%ae%bc%e6%b3%95&EncodingName = &Search_Mode = accurate&Search_IsTitle = 0,最后访问日期:2018年6月3日。

度，其设立之源起必定是出于解决某种特定社会问题的需要。而要评估该制度的实施效果，最重要的就是，应结合制度当初创设的目的来评估制度运行中对该目的的实现程度或对该特定问题的解决效果。

仲裁制度的目的简单来说就是解决纠纷，那么，在解决纠纷中的效率、效果是评估仲裁制度运行的最重要指标。某项制度的运行包括方方面面，其诸多方面机制的运行都可以用“效率”“正义保障”等标准进行评估，但对于仲裁制度，我们应当着重考虑其在纠纷解决——在仲裁案件的受理、裁断和执行方面的实施效果，从纠纷解决的目的入手对制度运行进行评估，才能得出更科学可靠的结论，为我国今后仲裁事业的发展提供参考依据。

（二）与诉讼并行的仲裁制度

仲裁制度设立的另一重要目的就是填补诉讼功能上的不足，为当事人解决纠纷提供更多的选择。仲裁与诉讼同为纠纷解决方式，各具特色，当事人可以基于两种制度的不同特色，结合自身的需求自由选择，从而基于当事人的特殊需求，最大限度地保障当事人的权益，这是仲裁制度设立的另一重要目的。

因此，在评价仲裁制度的运行效果时，另一个不容忽视的标准就是与诉讼制度进行比较，以此来评估该项制度是否与诉讼制度相区别，呈现出自身的特色，甚至弥补了诉讼制度某些不足之处。从与诉讼制度的“分离程度”和“弥补缺陷”的效果入手，评价仲裁制度的运行效果。

（三）基于当事人自由选择的仲裁制度

仲裁制度的重要特点之一，即其触发机制是根据双方当事人的自由意志，是由当事人自由选择的纠纷解决方式。因此，评价其运行效果的重要标准之一就是当事人对该制度的接受程度（选择该制度解决纠纷的倾向）以及当事人对纠纷解决结果的满意度。要观察某一机制下解决问题的效果，最简单的方法莫过于询问提出该问题的人。因此，当事人和社会整体对仲裁结果的满意度以及对仲裁制度的肯定和推崇程度也是衡量仲裁运行效果的重要标准。

二、综合评价体系的建立

综上所述，在评价我国仲裁制度时，应当首先考虑一般法律制度的评价标准，同时结合仲裁制度本身设立的目的和自身特点，综合考量，将评价标准与制度的共性与个性、普遍性与特殊性结合起来。本书在此基础上，提炼出三个角度的评价标准对中国仲裁制度的运行效果进行评价。

第一，仲裁结果的公平性。作为一项纠纷解决制度，仲裁结果的公平公正是该制度最重要的基础，寻求仲裁结果的公平公正也是当事人选择仲裁制度解决纠纷的最根本目的。仲裁的公平公正是仲裁制度得以设立的基础，是当事人选择仲裁制度的前提，也是仲裁工作人员在审理仲裁案件时的最根本追求。

第二，仲裁的效率。效率是每一项法律制度运行过程中的必然追求，人类通过建立法律秩序，将某一确定的行为导向确定的结果，该“确定性”体系的建立大大节约了人类在判断、预防和应对不确定结果上所耗费的各项成本，这是法律出现的初衷之一。在社会主义市场经济的大环境下，追求效率是市场的原动力，纠纷解决的效率更是衡量纠纷解决质量的重要指标。结合上文，效率标准既是评价法律制度的一般标准，在很多情况下也是仲裁制度相比诉讼制度的优势所在以及当事人选择仲裁制度的重要前提。

第三，当事人和社会对仲裁制度的反馈。除了根据仲裁制度本身的目的和特点进行分析，当事人和社会对仲裁制度的反馈也可以反映出仲裁制度的运行效果，因此，我们将其作为评价仲裁制度运行效果的第三个标准。

三、运行效果的具体分析

（一）仲裁保障了结果公平，促进社会公平正义

首先，仲裁的一裁终局制度保证了争议解决的权威、快捷，对实现社会公正具有重要意义。试想，在望眼欲穿的公正到来前，当事人为获得法律的公正已付出了巨大的代价，支付了极大的司法成本。当公正姗姗来迟的时候，饱受不公正待遇的当事人已为争取公正判决付出了巨大的牺牲，公正的迟到已经令案件的主人身心俱疲了。公正本来就是法律的应有之义，要当事人为公正的迟到埋单，对当事人来说能说是公正吗？相对许多争议较长时间得不到解决来说，仲裁就是及时雨。

其次，仲裁当事人的自主选择权，可以突破地方保护、关系网、人情网对公正审判的干扰。从国际经验来看，地方保护问题并非我国所特有，一些发达国家在其发展的早期也都不同程度地出现过地方保护问题。从我国的实际情况来看，作为一个大国，为调动地方积极性，实行一定程度的地方分权体制是必然的选择。其问题在于：一方面，由于存在一些明显的体制性缺陷，我国地方政府保护地方利益的动机更强烈；另一方面，由于我国没有建立起有效约束地方保护行为的法律制度，使地方保护问题十分严重。约束地方

保护行为的法律制度不健全,现行司法体系难以适应公正执法要求。在地方层次只有隶属于地方政府的地方法院,而不存在隶属于中央政府的区域性法院或巡回法院。在这种情况下,绝大多数涉及地区间贸易纠纷的案件只能由一方所在地的地方法院进行裁决,使司法的公正性难以保证。

《仲裁法》第6条规定:"仲裁委员会应当由当事人协议选定。仲裁不实行级别管辖和地域管辖。"当前,在行政执法领域和司法领域尚没有建立很好地机制、制度限制地方保护的情况下,仲裁当事人的自主选择权在一定程度上突破了地方保护、关系网、人情网对办案的干扰,完全自由自主地选择仲裁机构进行仲裁,有利于实现公平。

民商事纠纷仲裁机构受理案件不受地域限制,当事人可从200多家仲裁委员会中任意选择一家仲裁纠纷,当事人不仅可以选择国内仲裁机构裁决纠纷,还可以选择国外仲裁机构裁决纠纷;此外,当事人不仅可以选择仲裁委员会,还可以自己选择办案的仲裁员;既可以选本地仲裁员,也可以选择外地仲裁员。在三人仲裁庭中,当事人选择的一名仲裁员,非因具有法定的回避情节,任何人不得改变。

再次,聘用专家制度保障了仲裁的公平。根据需求,各仲裁委员会都会聘用数以百计的各类专业人才组成仲裁员人才库,聘用的条件是法定的。专业人才中囊括了一定地域法律界精英,有知名学者,有声望优良的、年富力强的退职法官,有名播遐迩的律师。这些专业法律人才高屋建瓴,可以熟练地分清争议的焦点,划分双方的法律责任。此外,仲裁委员会还聘用了一批非法律专业人员。同时,对这些专业人员进行分类,以便当事人选择。非法律专业人员大体分为经济、贸易专业,金融、证券、保险专业、房地产专业、知识产权专业等。这些非法律专业的仲裁员在处理有技术含量的争议方面发挥着十分重要的作用。因为有些争议本身不是法律方面的,而是技术、质量方面的,对这类争议仅靠法律类人才往往是解决不了的,有的争议法律类人才听双方陈述都困难。这时,仲裁庭中有一位懂行的专家,就可以很快理清双方争议的症结,提出相应的处理意见。如果仍不能达成一致,懂行的专家可以提出专业鉴定机构供当事人选择。争议双方非法律问题解决后,法律专业仲裁员可以很容易依法判定双方的责任,从而作出公正、适当的裁决。有时,非法律专业仲裁员在有的案件中作用更关键。因为有的仲裁案件不同于法院审判,不仅依法裁判,有时还要依据商业惯例裁判,特别是涉外贸易争议,经常会适用商业惯例裁判。这里,如果没有懂行的专业人员,就很难作出公正、适当的裁决。仲裁案件中非法律专业仲裁员与法律仲裁员结合,可以解决只懂法律的审判者外行的问题,为争议快速、公正的解决提供保障。

最后,仲裁员兼职制度也保障了仲裁裁决的公正。根据《仲裁法》的规定,仲裁庭独立行使裁判权,不受其他机构的领导。仲裁裁决根据仲裁员中的多数意见作出,不能形成多数意见时按首席意见作出。由于仲裁员都是兼职的,与仲裁委员会没有依附关系,且他们都有比较好的第一职业,不依靠仲裁委员会。因此,他们在公平办案方面没有什么顾虑。再者,有的仲裁员是来自仲裁委员会所在地以外的专家,对于他们,更没有什么力量能够左右他们独立办案。当然,《仲裁法》也规定仲裁委员会对仲裁员职务行为有监督权,可以解聘仲裁员、决定仲裁员的回避,但这种监督权是有限的,与审判委员会对案件的决定权是完全不同的。仲裁委员会的监督权是二线的权力,不能站在前台行使的,只要仲裁员没有违规,仲裁委员会对仲裁员是不能干涉的。所以说,仲裁员和仲裁委员会的相对独立保障了仲裁的公平。

(二)仲裁提高了解决纠纷的效率

《仲裁法》第1条和第2条分别规定:“为保证公正、及时地仲裁经济纠纷,保护当事人的合法权益,保障社会主义市场经济健康发展,制定本法。”“平等主体的公民、法人和其他组织之间发生的合同纠纷和其他财产权益纠纷,可以仲裁。”可见,仲裁集中处理的就是经济性纠纷。当法律规定这些纠纷可交由仲裁处理时,就已经要求仲裁必须尊重这种财产纠纷的“经济性”,也就是法律给了仲裁一个定位,这种定位在很大意义上是指“效率”。经济行为追求效益的最大化,产生于经济行为的纠纷也要求用一种经济的方式来处理。这些经济纠纷基本上不具有政治或伦理色彩,社会无法根据政治原则或伦理规范判定其正误,但这些经济纠纷却隐含了资源的利用和配置,它们要求在保证公平的前提下更注重效率。只有有效率的仲裁才可体现出将这些纠纷提交仲裁的必要性,否则,仲裁本身就将是一种资源浪费,有悖于法律将仲裁与诉讼区分的本意。因此,仲裁的效率是仲裁区别于诉讼的重要特点,而保证效率也是对仲裁提出的基于其本质特点的必然要求。

《仲裁法》的实施,标志着我国开始实行“或裁或审”的制度——纠纷发生后,双方当事人有仲裁协议的,可以向仲裁机构申请仲裁,没有仲裁协议或仲裁协议无效的,可以向法院起诉。经过仲裁,即不得再向法院起诉。仲裁超越范围以及仲裁程序、证据或仲裁员有违法现象的,当事人可以向法院申请撤销仲裁裁决,但不是起诉。《仲裁法》颁布前,我国曾实行过“又裁又审”制度,即在行政仲裁机构仲裁后不服的,可向法院起诉;也实行过“可裁可审”制度,即当事人可以申请仲裁,也可以向法院起诉,仲裁后不服的,还可向法院起诉。“又裁又审”制度和“可裁可审”制度显然不利于纠纷的快速解决。“或裁或审”制度的实行,既提高了仲裁的地位,又节约了履行大量烦琐程序的成本,提高了解决纠纷的效率。

另外,我国《仲裁法》还规定了"一裁终局"制度,即在仲裁裁决作出后,当事人就同一纠纷再次提起仲裁或诉讼的,仲裁委员会或人民法院将不予受理。该制度和或裁或审共同保障了当事人一旦在选择仲裁方式后,可以使纠纷得到快速有效的解决,且结果固定。相对于诉讼的两审终结制度,大大提高了纠纷解决的效率。《仲裁法》第55条规定:"仲裁庭仲裁纠纷时,其中一部分事实已经清楚,可以就该部分先行裁决。"这些规定又为缩短结案时间,提供了可能。

相比积年累月的诉讼,仲裁的优势显而易见。仲裁制度的实施,大幅度提高了纠纷解决的效率,这种迅速有效的裁断方式为仲裁主体双方节约了大量成本;若从大局上着眼,则是进一步保障了我国市场经济的运行,为我国市场经济发展做出了巨大贡献。

(三)当事人对仲裁结果的满意使仲裁备受推崇

从1995年全国仅有10家仲裁委员会,到2016年年底全国已经有251家仲裁委员会。仲裁机构在全国各地生根发芽,茁壮成长。1995年全国仲裁委员会共受理案件1048件,受理案件标的总额为2亿元。此后每一年,仲裁受案量持续稳步增长,受案标的亦逐年增加。至2016年受案量达到208,545件,受案标的也增长至4695亿元。

仲裁制度本身是基于当事人的自由选择。可以说,仲裁业务的开展完全是基于仲裁本身的口碑和当事人的信任,而不是由于制度的强制性规定,所以,受案量的增长和受案标的额的连年增加不仅反映了我国仲裁制度的不断发展完善和仲裁事业的兴旺发达,更反映了社会对仲裁这一纠纷解决方式效果的认可和肯定。相信在未来我国的仲裁事业必将沿着这一轨迹继续向前发展。

综上,1995年以来,我国仲裁事业马不停蹄地快速发展,在仲裁结果的公平性、仲裁的效率以及当事人对仲裁结果的满意度上都取得了可喜的成绩,仲裁制度的运行效果极佳。这些成绩的取得与党中央的正确领导和我国仲裁人的艰苦奋斗是分不开的。

第四章　中国仲裁的特色创新

第一节　中国特色社会主义仲裁

一、中国特色社会主义仲裁的发展成就

《仲裁法》的贯彻实施是我国社会主义市场经济建设和改革开发的重要事件。《仲裁法》从1995年实施至今，经过20年来的发展，我国仲裁事业得到长足发展，发展水平显著提高。我国《仲裁法》实施已有20余年，在过去的20年间，全国仲裁界的同志们始终坚持为改革开放服务、为社会主义市场经济服务的正确方向，克服重重困难，胸怀大局、努力实践、积极探索，公正、及时、妥善地处理了大批民商事纠纷，为我国纠纷解决又提供了一条高效的途径，也更好地促进了我国民商事案件的繁简分流机制的建立。在全国各界的共同努力下，我们很好地完成了创建中国特色社会主义仲裁事业的任务，走出了一条符合我国实际国情的、具有中国特色的仲裁发展道路，并取得了显著成就。具体来看，我国20年来特色社会主义仲裁的发展成就主要体现在以下几个方面。

第一，1995年《仲裁法》的实施，实现了从“行政仲裁”向现代民商事仲裁“制度上”的转变，仲裁成为经济领域内与诉讼并行的、独立的纠纷解决制度，为民商事纠纷提供了又一可选择的途径。第二，实现了“仲裁机构体系”的重新构建：《仲裁法》实施前成立的各类经济合同仲裁机构从其所属的行政主管部门撤销，国内仲裁从之前按照不同行业部门以及行政级别设立的“仲裁机构体系”，转变为按照地域，即“设区的市所在地”为基本框架设立的当前的“仲裁机构体系”。第三，涉外、国内仲裁按照不同制度并行：一方面，中

国国际商会早在《仲裁法》产生前设立的涉外仲裁机构(贸仲委、中国海仲),与各地政府牵头组建的国内仲裁机构在《仲裁法》框架下共同发展;另一方面,涉外/国际仲裁与国内仲裁,在《仲裁法》及相关法律、制度中均被区分对待。第四,仲裁机构数量及其处理纠纷的数量和标的额逐年增长,且近几年来增长迅猛。截至2016年,全国251家仲裁委员会共受理案件208,545件,比2015年增加71,621件,增长率为52%;案件标的总额4695亿元,比2015年增加583亿元,增长率为14%。其中受理案件数增加的有161家仲裁委员会,占总数的64%;案件标的额增加的有140家仲裁委员会,占总数的56%。受理的案件中以调解、和解方式结案的有121,527件,占案件总数的58%。自1995年《仲裁法》实施以来,全国仲裁工作连续20多年保持受理案件数和标的额增长,年均增长率超过30%,累计受理民商事纠纷共120多万件,标的额22,600多亿元,司法监督纠错率始终不到1%。2016年,受理案件数和标的额再创历史新高。① 第五,仲裁机构成为主导我国仲裁发展的力量,但机构之间发展还不够平衡。以2015年仲裁数据来看,全国仲裁机构平均受理案件561件,超过这个平均数的仲裁机构只有62家;全国仲裁机构平均标的额17亿元,超过这个平均数的只有51家,分别占全国的25%和20%左右,也就是说,还有大约3/4的仲裁机构低于全国发展的平均水平。这种状况并不是说发展较慢的仲裁机构拖了全国仲裁发展的后腿,而是进一步说明了我国仲裁机构的发展不平衡且发展还严重不足,这些发展较慢的仲裁机构未来还存在巨大的发展潜力,我国仲裁事业仍存在巨大的发展潜力。②

以上我国特色社会主义仲裁的发展成就足以显示,我国用20年的时间便走过了发达国家几百年的仲裁发展道路,如今我国已经成为运用仲裁方式解决民商事纠纷最多的国家之一。全国仲裁工作的快速发展,为促进经济社会发展做出了重要贡献,也为加快发展我国特色仲裁事业打下了良好基础。③ 中国仲裁经过20年来的探索前行,在取得以上巨大发展成就的同时,走出了一条符合我国国情的社会主义特色仲裁之路,并形成了一些与西方国家仲裁制度有本质区别的特色创新。

---

① 参见山东仲裁委员会:《2016年全国各仲裁委案件受理情况》,载山东仲裁委员会官网:http://www.paadsdp.org/view.aspx?aid=2fccbee5-663d-4923-9b58-bcd624f4c28f&tid=9caa330d-2905-421b-b422-8e1de91b9277,最后访问日期:2018年5月4日。

② 参见国务院法制办卢云华同志在2016年中国仲裁高峰论坛上的讲话。

③ 参见重庆委员会:《卢云华同志在2016年全国仲裁工作年会上的讲话》,载重庆委员会网:http://www.zzac.org/llyd/381417.shtml,最后访问日期:2018年5月4日。

二、中国特色社会主义仲裁的特色创新

从上述发展成绩看来,20 多年来,我国仲裁制度的发展收获斐然。我们所取得的成绩,是坚持党的领导的结果,是政府支持的结果,是社会各界关心、帮助的结果,是我国社会主义制度优越性充分发挥的结果。同时,也是全国仲裁界的同志们共同努力的结果,全国的仲裁机构都为此做出了宝贵贡献。回顾这 20 年来我国仲裁事业的发展历程,我们深深感受到开创具有我国特色的社会主义仲裁之路是我国仲裁事业发展的关键。实践证明,仲裁发展工作在中国并无先例可循,国外的经验也不能生搬硬套,其必须适应和满足我国社会进步、经济发展的需要,必须符合中国先进生产力的发展要求、中国先进文化的前进方向与中国最广大人民的根本利益;坚持充分体现我国仲裁事业特色的社会主义性质,形成具有中国特色的社会主义仲裁,才能为我国仲裁事业的发展赢得更广阔的空间。

我国仲裁事业发展到今天,在成绩斐然的同时,形成了与西方国家有着本质区别的社会主义特色创新。这些特色创新是在结合我国国情探索社会主义仲裁之路的过程中凝结出来的宝贵智慧,其与我国社会主义市场经济制度、法律制度和政治制度的不断发展相协调,与国内、国际时常风云变幻的环境形势相适应。这既是我国仲裁事业取得斐然成绩的结果总结,也是我国仲裁事业得到长足发展的推动因素。我国社会主义仲裁事业的发展不仅在初期阶段离不开这些创新制度带来的巨大推动;在接下来的仲裁事业转型时期也同样离不开、同样需要这些特色的创新制度进一步与我国经济、政治、法律的变化相适应来反作用于仲裁事业的发展。具体来说,我国仲裁形成的特色创新包括"仲裁与行政的有机结合""推行仲裁法律制度为根本,融入市场经济为关键""业务范围与地域范围的协同发展"这三项主要内容。

(一)仲裁与行政的有机结合

"仲裁与行政有机结合"是我国社会主义仲裁的特色创新之一,其使我国特色社会主义仲裁与西方国家的仲裁制度有很大区别,这是由我国社会主义国家性质决定的,也是由我国创建推行仲裁制度时所处的实际国情所决定的。我国的仲裁制度发展和国外的仲裁制度有很大不同:国外的仲裁制度有很强的源发性,其是先有市场经济后有仲裁制度,仲裁制度的形成是市场经济发展的结果而不是市场经济发展的原因;而在我国,仲裁制度是植入性、移植性的,几乎是伴随着市场经济建设同步进行的,它不是市场经济自然

发展的结果,其不具有源发性,所以它在我国的建立有很强的融入性问题。而在我国市场经济建设刚刚展开的时期,如何能更高效地将其与我国国情相融合?这便需要得到国家的大力支持,这也是社会主义国家相较西方资本主义国家所具有的政治优越性的体现之一。从实践看来,自《仲裁法》颁行以来的这20多年间,我国仲裁事业取得了斐然的成绩,用了20年的时间便走过了发达国家几百年的仲裁发展道路。究其快速发展的原因,最主要的便要归功于国家对仲裁事业发展的大力支持推进。无论是从仲裁机构的组建、运行,还是从仲裁事业的高速发展来看,都离不开国家行政力量从工作方向、管理制度、人员配备、后勤保障等方面提供有力的支持。对国家行政机关政府法制部门在仲裁事业中的作用,自《仲裁法》颁布后就有不同认识和说法。即使在现实中,对仲裁与行政相结合的现象存在诸多批判的声音,但事实胜于雄辩,政府有关部门关心、支持、帮助仲裁事业,没有私利,对仲裁机构事业发展起到的快速推动作用也是毋庸置疑的,我们要清醒认识并正确评价各级政府机构在创建和发展我国仲裁事业中所起到的重要历史作用。没有与行政的有机结合,得到行政力量方方面面的大力支持和推动,仲裁制度在我国的建立与完善不可能如此行之有效,仲裁事业在我国的发展也不可能如此通畅并且卓有成效。但随着国际国内经济、政治环境的不断变化,我国仲裁纠纷呈现了一些新的特点,现在的部分仲裁制度已然不能适应社会发展的新需求,需要进一步探索形成在借鉴国际先进的仲裁理念和经验的同时,根据自己的特点和纠纷解决传统尽快改进和完善,并与新特点、新需求相适应的仲裁体制。

(二)推行仲裁法律制度为根本,融入市场经济为关键

“推行仲裁法律制度为根本,融入市场经济为关键”是具有中国特色的仲裁工作的基本指导思想,是在我国实行改革开放,由计划经济体制改革为社会主义市场经济体制的大背景下,为贯彻落实《仲裁法》和国务院办公厅下发的《关于贯彻实施〈中华人民共和国仲裁法〉需要明确的几个问题的通知》(国办发〔1996〕22号)文件而提出的。该指导思想以解决当时我国仲裁工作面临的问题为出发点,即仲裁作为一种纠纷解决方式未能充分发挥其为社会主义市场经济服务,强调发展、推行和融入,力图在社会经济的各个领域大力推行仲裁法律制度,使仲裁成为解决经济纠纷的重要途径之一,更贴切地融入市场经济的发展历程,实现促进社会主义市场经济健康稳定发展的最终目标。

我国的仲裁事业是在社会主义市场经济发展进程中萌芽并逐渐建立起来的,随着社会经济形势的变迁不断以新的形态融入市场经济,为社会主义市场经济提供服务。2001年我国加入世界贸易组织是坚持对外开放的一个重要举措,在为我国市场经济的发展提

供巨大机遇的同时也带来了巨大的挑战，此时，我国仲裁制度在面临解决愈加复杂、繁多的国际经济纠纷时，与世贸规则相接轨顺利实现自身"跨越式发展"，以更好的姿态继续为市场经济提供服务；在经过 10 年的发展后，我国仲裁事业取得了重大成就，但全国仲裁工作长期存在的先进的仲裁法律制度与相对滞后的社会仲裁意识和初始的仲裁工作水平的基本矛盾日益凸显，此时，我国仲裁业着手探索二次创业的征程，开创了我国仲裁工作新局面；2008 年爆发的世界金融危机对我国经济发展产生了巨大威胁，此时，仲裁制度坚持正确方面，大力推行制度实施，成功化解仲裁工作面临的危机；在全球经济联系日益密切的环境下，为推进我国仲裁制度与世界仲裁制度接轨，我国于 2013 年建立自由贸易试验区，推动了我国仲裁制度的改革和发展；在经济全球化的新阶段，我国开始实施"一带一路"战略，大力推行仲裁法律制度，使仲裁更好融入市场经济显得愈加关键；在我国全面深化改革的新阶段，为使仲裁制度更高效地解决经济社会中显露的纠纷，我国仲裁业先后推出"两化"仲裁工作试点和"互联网 + "仲裁模式，顺利实现了仲裁制度为社会主义市场经济服务的目标。

为充分发挥仲裁解决经济纠纷的作用，推行仲裁法律制度和促进仲裁融入市场经济必不可少，我们也应做到广泛吸收市场经济的专家、人才参与仲裁，建立完备的仲裁组织；加大对仲裁法律制度的宣传力度，提高社会公众的仲裁法律意识；提高仲裁工作的水平和质量；强化仲裁队伍建设，加强对仲裁员的管理；坚持将发展作为我国仲裁事业的第一要务。只有不断推行仲裁法律制度，提高仲裁的社会公信力，使仲裁充分发挥解决经济纠纷的作用，融入市场经济，才能更好地促进我国社会主义市场经济的健康稳定发展。

（三）业务范围与地域范围协同发展

"业务范围与地域范围协同发展"，是我国立足国情，探索中国特色仲裁制度道路上的重要成果，展示出中国仲裁 20 年间良好的发展态势，为我国改革开放、经济发展和社会稳定做出了不可磨灭的重要贡献。具体而言，在《仲裁法》颁布实施后的 20 年中，中国仲裁积极探索业务发展的新途径、新方法，用短短 20 年时间取得了诸多显著的成果：仲裁业务量和案件标的额实现跨越式增长，不断突破新上限；仲裁质量稳步提升，司法纠错率维持在较低水平；涉外仲裁案件实现大幅增长，国际影响力稳步提升，在国际仲裁领域赢得了诸多关注，吸引了众多国外当事人；仲裁从业人员规模持续扩大，素质不断提高，形成了一支公道正派、具有良好专业素养的仲裁员队伍；且当前，除商事、劳动等传统仲裁业务外，中国仲裁在业务范围和业务规则方面不断探索、创新，已深深扎根于医患、拆迁、物业、交通事故赔偿等多个新领域，纠纷解决能力显著增强。在地域发展方面，随着

《仲裁法》的正式实施，我国仲裁机构在全国范围内得到了快速发展，在全国80%的设区市中迅速组建了235个仲裁委员会，形成了全国统一的仲裁工作体系，较圆满地达成了《仲裁法》关于仲裁机构体制的立法初衷。对于目前地域间存在的仲裁发展不平衡问题，中国仲裁坚定信念、脚踏实地地谈改革、促发展，力求通过深化改革，使无论所处何地，所有仲裁机构都能依法平等地使用全国仲裁资源，站在同一条起跑线上。2014年中国仲裁着眼于我国经济和社会发展的新的历史阶段，立足国情，开启了"两化"试点工作，力求通过仲裁业务范围多元化，推动各地仲裁机构快速、均衡发展，以进一步缩小地域间仲裁资源分配的不均衡，实现仲裁业务范围与地域范围的协同发展。截至2016年年底，"两化"试点工作已取得了令人瞩目的成绩，真正做到了以业务发展促进地域发展，在缩小我国仲裁事业地域间差距、真正实现仲裁地域制度深化改革方面取得了显著的成果。

第二节　仲裁与行政有机结合

社会主义国家性质决定了我国特色社会主义仲裁事业是我国特色社会主义事业的重要组成部分，决定了我国仲裁事业受国家和党的支持与指导，也决定了我国形成的仲裁与行政有机结合的特色创新。本节主要分为两个部分，先从仲裁机构的组建、运行与仲裁事业的发展两方面均离不开与行政的有机结合来进行阐述；随后论述了在新形势下如何实现仲裁与行政的新一轮的有机结合，把握好仲裁的市场化发展机制与坚持政府支持之间的合理界限，来为我国社会主义仲裁的特色创新诠注新的内容，推动我国特色社会主义仲裁事业的稳步前行。

一、仲裁机构的组建与仲裁事业的发展均离不开与行政的有机结合

实际上，按照1995年颁行的《仲裁法》的规定，仲裁机构与行政机关是没有隶属关系的。仲裁机构不是一般的市场中介服务机构，也不是法院，不是行政机关，仲裁裁决也不同于过去的行政裁决、行政调处。仲裁委员会虽然是由市政府组织有关部门、组织组建的，但它并不是政府的一个组成部门。新的仲裁委员会没有级别管辖，也没有地域管辖。即使将来成立仲裁协会，它也只是行业自律组织，并不干涉各个仲裁委员会独立依法办案。因此，在我国仲裁工作是没有行政主管机关的，政府行政部门不是仲裁机构的管理部门。国务院法制办公室也只是根据国务院办公厅文件的要求牵头组建中国仲裁协会，

在这个过程中联系全国仲裁工作,其并不是全国仲裁工作的行政主管机关。然而,即使仲裁机构并不是行政机关也不受行政机关的隶属管理,但其仍然与行政有多方面的结合之处,受到行政力量的鼎力相助与大力支持。以下是仲裁机构组建、运行与仲裁事业的发展两方面与行政力量有机结合的具体表现。

从仲裁机构的组建与运作来看,其离不开国家行政机关的支持,这是由我国仲裁工作为社会主义市场经济建设服务的方向决定的。我国仲裁机构是由国家使用国有资产组建的:仲裁委员会(除贸仲委、中国海仲外)是市政府组织有关部门、组织组建的。有关人民政府负有保证所组建的仲裁机构依法运行、维护国有资产权益、推行仲裁法律制度、促进仲裁事业发展的任务。这是我们和国外仲裁机构的重要区别之一。无论是加强仲裁委员会机构的建设,还是加强仲裁制度的建设,都离不开在市政府领导下有关部门、组织的通力合作与密切配合。根据政府的委托,省市两级法制机构对仲裁机构的组建做了大量工作。在重组工作中,行政机关功不可没,起到了重要的推手和操盘手的作用。而从对党的事业高度负责的精神出发,仲裁机构组建后,各级法制机构还要继续受政府的委托,一如既往地支持仲裁事业的发展。所以,仲裁委员会虽不依附于任何行政机关,但在我国的现实情况下,离开政府的领导、支持和帮助,新的仲裁委员会是难以组建起来的,组建起来后许多实际困难也难以独自解决。政府法制机构为仲裁工作创造了良好的条件,没有党和政府的关心和帮助,就不会有仲裁事业今天所取得的成绩和发展。今天仲裁尚未壮大是这样,今后发展壮大了,也仍然是这样。仲裁事业是党和人民的事业,不是哪一个部门的事业;仲裁是国家的法律,也不是哪一个部门的行业管理法。因此,从仲裁机构的组建与运作来看,其离不开行政机关的支持。

从仲裁事业的发展来看,其自《仲裁法》颁行以来20多年间的高速发展,更是离不开国家的支持与帮助。《仲裁法》实施20多年来,一代又一代仲裁事业创业者经过艰苦奋斗,使新兴的仲裁事业赢得了政府的大力支持,极大地促进了仲裁事业的发展、取得了举世瞩目的成就。全国仲裁受案数量以年均百分之三十几的速度在增长。我国仲裁事业之所以能在短短的时间内有如此大的发展、取得这样显著的成绩,仲裁与行政相结合的作用便是其最重要的促因。仲裁事业须与行政有机结合,这也是由我国仲裁工作为社会主义市场经济建设服务的方向决定的。仲裁机构是由国家使用国有资产组建的。有关人民政府负有保证所组建的仲裁机构依法运行、维护国有资产权益、推行仲裁法律制度、促进仲裁事业发展的任务。几年来,全国各有关人民政府,从建设社会主义市场经济的大局出发,注意充分发挥仲裁制度促进经济发展的作用,认真依法加强仲裁机构建设,切实保障仲裁机构依法独立仲裁,从工作方向上、管理制度上、人员配备上、后勤保障上提供有力的支持，保证了我国仲裁工作朝着正确的方向快速前进。①

仲裁与行政的有机结合，作为我国社会主义仲裁的特色创新之一，其体现了我国社会主义国家的制度优越性，成为我国仲裁事业较西方国家而言具有的重要政治优势。

二、在新形势下实现仲裁与行政的有机结合

客观形势的发展要求我们必须进一步完善仲裁发展机制，努力形成具有中国特色的按照市场规律办事与政府支持相结合的新的发展模式，使我国仲裁事业具备更强更新的发展能力。为此，在《仲裁法》实施10周年时，全国仲裁界提出了“二次创业”的口号。这是全国仲裁界根据我国仲裁工作长期存在的先进的仲裁法律制度与相对滞后的社会仲裁意识和初始的仲裁工作水平的基本矛盾而提出的重要决策，是继续推进中国特色社会主义仲裁事业发展的重大战略举措，是最终实现我国仲裁工作正规化、科学化、现代化的历史必由之路。二次创业确立的目标是，要使目前我国仲裁为社会主义市场经济发挥的积极作用提升为重要作用。二次创业的三项基本任务是努力实现仲裁工作体制社会化、仲裁发展机制市场化、仲裁机构建设规范化。这三项任务是有机联系的，都是为了实现总目标服务的。这就要求全国仲裁界继续坚持正确的仲裁工作方向，紧紧围绕党和政府的中心工作，深入贯彻实施《仲裁法》，不断创新仲裁发展机制，继续发扬艰苦奋斗的创业精神，大力推行仲裁法律制度，加大融入市场经济的力度，抓紧抓好仲裁机构的规范化建设，进一步改进仲裁服务方式，为构建社会主义和谐社会、改善投资环境和保障社会主义市场经济的健康发展，做出更大的贡献。近几年，我们已经跨入了第二次创业的跨越式发展时期，取得了较为显著的成绩，但离“二次创业”确立的“把我国仲裁事业为社会主义市场经济建设发挥的积极作用提升为重要作用”的目标还有相当的差距，我们仍应该乘势向前，奋勇而起。同时，仲裁发展机制市场化的探索是我国仲裁发展模式的完善和变革，其必须始终坚持政府支持和按市场规律办事二者的有机结合。仲裁发展机制市场化是完善我国仲裁发展机制的需要，是改变增长方式的需要。仲裁发展机制市场化不是仲裁工作市场化，也不是仲裁工作体制市场化，必须严格界定在发展机制的范围内，意旨是要从根本上解决按照行政机关的方法发展仲裁、躺在政府身上发展仲裁这个问题。

为大力融入社会主义市场经济、创新仲裁发展机制、推动发展机制市场化探索，主要是着眼于方法上、方式上、手段上的科学性、客观性、针对性、有效性，绝不能动摇根本，不是要在仲裁行业发挥市场配置资源的基础性作用。在我国，把仲裁事业搞成私人产业，

① 参见卢云华：《仲裁十年法制日报特约稿》。

否定现行仲裁工作体制是不可能的。保持我国仲裁事业人民仲裁的政治本色不能变，保证我国仲裁事业中国特色社会主义仲裁事业的政治本色不能变，中国特色社会主义仲裁事业才是有发展前途的仲裁事业。因此，在这个进一步完善仲裁机制的过程中，同样需要坚持行政力量的支持引导与监督管理，同时也需要全国政府法制机构为实现仲裁事业发展不断地创造良好的社会环境。具体来说，可能包括政府发文、与行业组织联系、与法院建立关系，帮助仲裁机构解决想办办不到的事情等。同时，仲裁事业遇到困难时，也需要法制机构帮他们树立信心、端正指导思想、明确发展方向，保证我国仲裁事业既能实现快速发展，也能实现健康发展。

一项事业的发展，方向是根本，队伍是关键。仲裁事业的深入发展，在离不开正确的发展方向、指导思想、制度方针的同时，也离不开高素质工作队伍的建设。国务院法制办公室赵振华同志在2016年全国仲裁工作年会上的讲话中也提到过，我国仲裁事业之所以能在短短20年的时间取得如此辉煌的成就，一是坚持了正确的工作指导思想和发展方向，二是有一支不畏艰难、敢于担当、迎难而上、勇于奋斗的仲裁工作队伍。因此，除在发展方向上我们要意识到仲裁发展机制市场化探索与坚持政府支持的有机结合外，我们也要意识到加强仲裁工作队伍思想建设与我国政治布局的有机结合。党的十八大以来，以习近平同志为总书记的党中央立足对国家民族前途命运的深刻把握，把全面从严治党纳入"四个全面"战略布局，深入推进廉政建设和反腐败斗争，取得了显著的成效，得到了全党全国人民的衷心拥护。而针对我国仲裁事业来说，同样需要与国家政治布局相融合，做好仲裁机构廉政建设，建设风清气正的仲裁行业，将直接关系仲裁事业能否真正实现科学发展、健康发展，直接关系人民群众对党和政府公信力的认同，直接关系我们党执政能力的增强和执政地位的巩固。《仲裁法》实施以来，全国仲裁机构在各级党委政府的领导下，高度重视廉政建设，在仲裁队伍建设、廉政文化建设和惩防体系构建等方面采取了一系列措施，取得了较好效果。20年来，我国仲裁工作没有出现大的问题。但随着我国仲裁事业发展，仲裁纠纷解决方式将在社会稳定的大局和全局中发挥越来越重要的作用，对仲裁工作提出了新的更高要求。与之对应的是，我国仲裁队伍的政治历练还不够，政治经验还需要提高，党内政治生活经历、经验都有待进一步加强，仲裁行业反腐败标本兼治的长效机制还不够完善，行之有效的新思路、新方法、新措施还不多，从源头上治本的措施和手段相对薄弱；同时，随着我国经济社会发展环境发生深刻变化，领导干部遭受腐蚀的现实危险性不断增加，加强仲裁机构廉政建设显得尤为重要和紧迫。此后，我国仲裁界应高度重视仲裁机构的廉政建设，在思想上、行动上与党中央反腐倡廉的战略决策保持高度一致，在当地党委政府的领导下，严格按照党中央廉政建设的要求，认真做好仲裁机构廉政建设的各项工作,全面提升仲裁发展软实力。① 只有进一步加强仲裁机构的廉政建设,才能使其在推行仲裁制度市场化探索的进程中仍然保持本身的公益性特征,而不是沦为队伍人员满足私欲的牟利工具,才能更好地提高仲裁行业整体的公信力,从而最终促进仲裁事业的发展。

从方向与队伍两个方面把握好仲裁与行政有机结合的关键,然后根据新形势进行相应的调整,并进一步在实践中进行探索和完善与行政有机结合的方式,对更好的建设我国特色的社会主义仲裁制度具有重大意义,相信这将促进仲裁事业在我国的新一轮飞速发展。

第三节　发展我国仲裁事业,推行仲裁法律制度为根本,融入市场经济为关键

一、全国仲裁工作基本指导思想产生的背景及必要性

依据1978年党的十一届三中全会的决策,我国开始了改革开放的浪潮,以邓小平为首的领导人致力于将中国的经济体制从高度集中的计划经济体制改革为社会主义市场经济体制,即在国家的宏观调控下由市场在资源配置上起基础性作用。在随之建立的市场经济体制下,市场主体之间的社会及经济关系愈加复杂,随之产生的经济纠纷也复杂且繁多,通过诉讼解决纠纷的途径已无法满足市场主体对高效率、低费用及意思自治纠纷解决方式的需求,拓展诉讼以外的多层次纠纷解决方式迫在眉睫。② 同时,我国实行的对外开放使我国经济主体更多地参与国际经济的运行,国际经济交往的频繁使区域性及国际经济纠纷数量激增,而诉讼在国际纠纷解决中的缺陷使具有相对优势的仲裁开始得到关注。在此国内和国际经济背景下,《仲裁法》在总结仲裁工作实践经验的基础上,适应社会主义市场经济发展需要应运而生。

为贯彻新颁布的《仲裁法》,国务院办公厅于1996年下发《关于贯彻实施〈中华人民共和国仲裁法〉需要明确的几个问题的通知》(国办发〔1996〕22号)文件,要求有关行政机关对合同范文本中合同争议解决方式条款依照《仲裁法》规定予以修订,其核心内容为

---

① 参见重庆仲裁委员会:《赵振华同志在2016年全国仲裁工作年会上的讲话》,载重庆委员会网:http://www.zzac.org/llyd/381417.shtml,最后访问日期:2018年5月10日。

② 参见文正邦:《〈仲裁法〉与市场经济裁判制度的改革》,载《中国法学》1995年第6期。

根据我国建设社会主义市场经济的迫切需要，贯彻实施《仲裁法》，大力推行仲裁法律制度。为落实《仲裁法》及国务院办公厅〔1996〕22 号文件，在 2000 年举办的“全国推行仲裁法律制度现场会”中，与会领导人提出了全国仲裁工作的指导思想，即“发展我国仲裁事业，推行仲裁法律制度是根本，融入市场经济是关键”。该指导思想是在《仲裁法》颁布实施后，仲裁制度未充分发挥解决纠纷的作用，未能满足社会主义市场经济发展的需求的大背景下提出的。强调发展、推行和融入三个动词，只有将仲裁融入市场经济，仲裁法律制度才能得到大力推行，继而为社会主义市场经济的发展提供服务。

正如国务院法制办公室卢云华同志在第四届全国百市仲裁工作经验交流会议上的讲话中指出，“社会主义市场经济条件下解决经济民事纠纷的仲裁法律制度是社会主义市场经济的重要组成部分”。故大力推行仲裁法律制度，使仲裁融入经济对社会主义市场经济的健康发展有着举足轻重的作用：首先，通过预先制定的仲裁制度指引参与市场经济的主体在交易活动中主动签订仲裁协议或仲裁条款，依其意思自治拓宽纠纷的解决途径，从而为当事人合同的履行增加约束力，保障了当事人对合同的积极履行，从源头消减经济纠纷的产生；其次，在市场主体发生经济纠纷后，可及时通过高效、低成本的仲裁程序予以解决，由仲裁机构对各方当事人之间的权益进行公平的裁决，保障各方合法权益，从而维持社会主义市场经济的安定秩序；最后，预先存在的仲裁制度为在市场中活跃的经济主体提供法律保障，这一层面的作用是潜在的，是市场主体积极参与经济活动坚强的后盾。

二、我国仲裁制度在社会主义市场经济形势变迁中不断完善

我国的仲裁法律制度是在社会主义市场经济体制不断完善的过程中逐渐发展起来的，我国坚持改革开放的战略更是对仲裁制度产生了深刻影响，也对仲裁制度融入市场经济提出了更高标准的要求。在市场经济形势不断变迁的进程中，推行仲裁法律制度，使仲裁进一步融入市场经济显得至关重要。

我国于 2001 年加入世界贸易组织，是坚持对外开放的一个重要举措，在为我国经济发展创造更大机遇的同时无疑对我国仲裁工作提出了更高的要求。在开放市场后，我国面临发展经济和保障市场安全、经济安全的双重挑战，为使仲裁法律制度充分发挥其解决纠纷的效用，迫切要求将我国仲裁工作放入更广阔的国际经济大背景中予以考量并相应改进。此时，我国的仲裁工作面临“全国仲裁发展极不平衡”和“仲裁的作用还没有充分体现”的问题，基于此我们的目标是在新的国际国内形势下，争取仲裁事业健康快速地

发展,实现仲裁事业的“跨越式发展”。① 要做到在新的经济形势下继续发展中国仲裁事业,我国必须重视世界贸易组织规则,了解国外市场经济各行业的惯例,在充分解读的基础上融入我国仲裁实务,秉承公正的理念,妥善处理纠纷,在国际上树立良好的仲裁工作形象。在认识到我国仲裁业面临的现状和急需完善的需求后,各地仲裁委员会相继展开了改进工作,以深入学习世界贸易组织规则和国外各主要经济行业惯例为基础,提高仲裁机构受理并解决国际经济纠纷的能力和质量,完善仲裁机构的内部组织结构,提高仲裁人员业务能力和道德素养,公道、正派地解决纠纷,在国际上树立良好的仲裁工作形象,使我国的仲裁工作跟上我国市场经济在加入世界贸易组织后的发展路径,更好地为经济服务。

在经过了10年的艰苦奋斗后,我国的仲裁事业取得了卓越的成就。截至2005年,全国已建立起185个仲裁机构,依法选聘将近3万名仲裁员,②仲裁案件质量总体水平取得了飞跃性提高,仲裁在以更高效的方式为社会主义市场经济服务;但同时,仲裁工作的作用与市场经济的要求不相适应的矛盾、全国仲裁工作长期存在的先进的仲裁法律制度与相对滞后的社会仲裁意识和初始的仲裁工作水平的基本矛盾愈加突出,就此,我国开展了仲裁事业的二次创业征程,其主要目标是“努力把中国特色社会主义仲裁事业保障社会主义市场经济建设健康发展、促进社会经济生活和谐发挥的积极作用提升为重要作用”,并确立了三项基本任务:“努力实现仲裁发展机制市场化、工作体制社会化、机构建设规范化。”③二次创业以从零开始的创业精神为支撑,坚持仲裁工作为我国社会主义市场经济服务的方向,通过研究开创国际商事仲裁工作新局面,筹建中国仲裁协会及落实仲裁机构的建设等一系列举措,在仲裁事业的发展与市场经济的繁荣间建立了更加紧密的联系。此次探索致力于深入贯彻实施《仲裁法》,创新仲裁发展机制,完善仲裁机构的规范化建设,改善仲裁服务方式,是进一步落实“以推行仲裁法律制度为根本,以融入市场经济为关键”的重要举措。在我国仲裁事业发展进程中针对市场经济发展形势的需要而对仲裁制度作出了及时调整,无疑是我国仲裁事业发展征程中的一个重要历史阶段,使仲裁工作在更好地推进社会主义市场经济的发展上做出了重要贡献。

2008年国际金融危机的爆发,我国的社会主义市场经济形势受到严重影响,经济增长速度放缓,一系列社会问题层出不穷,此时,以市场经济为根基的仲裁制度也面临如何

① 参见2001年11月7日国务院法制办卢云华同志在武汉关于“认清当前形势　树立仲裁工作榜样”的讲话中对“跨越式发展”进行了详述。

② 参见仲裁十年法制日报特约稿——国务院法制办公室卢云华同志撰(摘录)。

③ 参见国务院法制办卢云华同志在2005年全国仲裁工作年会上的讲话——《全国仲裁机构二次创业的目的和任务》。

在新的国际经济形势下更好地为我国经济服务的问题。全面爆发的金融危机对劳动关系产生了巨大影响，劳动力市场供给和需求失去平衡，劳动者权益受损严重，因企业裁员、减薪及经济补偿与赔偿等原因引起的劳动争议纠纷案件数量急剧攀升，①对我国仲裁事业的稳定提出了新的挑战。就此，我国仲裁业坚持以发展为第一要务，并使仲裁事业的发展服从与服务于中国特色社会主义事业的发展要求，始终坚持中国特色社会主义仲裁事业正确的政治方向，大力开展仲裁事业的公信力建设，使仲裁法律制度在严峻的经济形势下依然为经济的稳定服务。

为促使我国仲裁制度进一步融入市场经济，在国际经济联系日益密切的当今世界充分发挥解决争议的作用，我国于2013年在上海建立自由贸易试验区（以下简称上海自贸区），利用上海自贸区先行先试的有利条件，通过借鉴国际上先进的仲裁制度，对上海自贸区仲裁规则进行改革，实现与国际社会的接轨，力争将上海自贸区打造为世界主要的仲裁中心。为更好地完成上海试点仲裁制度的目标，上海自贸区在2014年制定了《中国（上海）自由贸易试验区仲裁规则》，该规则吸收了大量国际先进仲裁规则，为仲裁解决纠纷提供了更完善的制度保障，提高了仲裁案件的质量。最为重要的是，此规则的制定为先进的国际仲裁制度在我国其他地区的建立和发展奠定了基础，通过总结上海自贸区适用该规则的实践经验推动我国仲裁制度的改革和发展。上海国际仲裁中心的建立是我国在践行"走出去"战略中极为重要的一步，也是我国仲裁制度在改革进程中与世界仲裁规则接轨的重要举措，无疑加强了我国与其他各国经济交往的安定性与秩序性。

为应对世界经济全球化的新阶段，在2015年3月27日举行的海南博鳌亚洲论坛上，中国国家发展改革委、外交部和商务部联合发布了《推动共建丝绸之路经济带和21世纪海上丝绸之路的愿景与行动》，其指出我国将全面建设推进"一带一路"战略的实施，此战略旨在促进经济要素有序自由流动、资源高效配置和市场深度融合，推动开展更大范围、更高水平、更深层次的区域合作，共同打造开放、包容、均衡、普惠的区域经济合作架构。自此我国开始以"走出去"的战略方式参与国际经济全球化的新阶段，②随着"一带一路"战略的实施，中国与沿线各国的经济往来愈加频繁，国家间经贸争议和投资争议的数量也飞速上升，由于纠纷本身的跨国性、复杂性，若采用传统诉讼方式则存在管辖争议、法律适用不确定及判决在外国的承认与执行等一系列需解决的问题，此时，国际商事仲裁

① 参见杨汉平等：《金融危机对劳动关系的影响及法律调整的适应》，载《法学杂志》2010年第6期。

② 参见刘卫东：《"一带一路"战略的科学内涵与科学问题》，载《地理科学进展》2015年第5期。

凭借其规则的统一性、纠纷解决的高效率开始展现其作用。但此时我国国际商事仲裁在国际上的认知度仍不够高，发生的国际经济纠纷主体倾向于选择国际知名仲裁机构来解决其纠纷，我国仲裁事业的发展面临巨大的挑战。为使仲裁制度在国家战略中进一步发挥其作用，我国必须坚持大力推行仲裁法律制度，使仲裁在充分融入市场经济的基础上为其服务。基于此，我国仲裁业立足于我国市场经济的涉外状况，开始探索"一带一路"沿线国家的仲裁制度，加强了对涉外仲裁制度的相关研究，并助力我国参与"一带一路"走出去的企业了解沿线各国仲裁制度，充分保障其合法权益。同时，提高仲裁效率，树立我国仲裁特色品牌，建立专业仲裁队伍，推动我国仲裁事业在实施"一带一路"战略中充分发挥其潜力，相应地促进我国涉外经济的飞速发展。

为贯彻落实党的十八届三中全会的精神，推进仲裁事业快速向前发展，根据全面深化改革的要求，2014 年在全国展开了"两化"仲裁工作试点，以哈尔滨、长春、吉林等 19 家仲裁委员会作为试点单位积极践行"案件受理多样化，纠纷处理多元化"，其主要内容是在继续加大对商事纠纷受理力度的同时，积极受理涉及财产权益的民事纠纷，积极扩大仲裁可解决的社会纠纷的范围；全面开展调解和解、仲裁确认、友好仲裁、仲裁斡旋和谈判等纠纷解决方式的实践活动，致力于提高仲裁制度解决经济纠纷的质量，最大可能地化解经济社会的矛盾。全国仲裁"两化"试点工作从仲裁服务经济社会发展和推动仲裁事业自身发展两个视角入手，取得了巨大的工作成果：仲裁工作水平得到了显著提高，社会公众仲裁意识也逐步增强，仲裁工作对促进经济社会发展发挥了重要作用；我国仲裁业在新的经济发展时期，以长期以来制约我国仲裁事业发展的先进的仲裁法律制度与相对滞后的社会仲裁意识和初始的仲裁工作水平之间的基本矛盾为出发点，为使仲裁工作更好地融入市场经济所作出的重要决策，对推行仲裁法律制度，促使仲裁为社会经济提供更好的服务产生了重要作用。

在 21 世纪以来，我国互联网飞速发展，为使仲裁事业更好地融入市场经济，2015 年我国仲裁业着手探索"互联网 + "新型仲裁模式，力图借助互联网的发展进一步推动仲裁制度的推广和仲裁事业的发展，实现仲裁为市场经济服务的最终目标。此次探索旨在满足现阶段经济发展的新要求，通过利用互联网方式，形成一个高效的"仲裁法律共同体"，[①]建立互联网仲裁联盟，统一互联网仲裁程序规则，规范互联网争议法律适用，为全国各仲裁机构共享仲裁资源，协同合作提供路径，从而促进与互联网紧密相连经济产业的健康发展。面对互联网深刻影响市场经济发展的形势，我国仲裁业积极探索相应发展

① 参见《2015 年武汉召开"互联网 + 仲裁"专题工作会议》，载武汉仲裁委员会官网：http://www.whac.org.cn/index.php/Search/details/id/1676/type/1.html，最后访问日期：2018 年 5 月 10 日。

路径，是推动仲裁法律制度更好发展的重要一步，为社会主义市场经济的健康发展铺好了前行的道路。

三、推行仲裁法律制度，融入市场经济的五项关键举措

以推行仲裁法律制度为根本，以融入市场经济为关键在我国仲裁事业的发展中极具必要性，大力推行仲裁法律制度，进一步完善包括解决经济民事纠纷机制在内的社会主义市场经济的各项机制，是正确处理改革、发展、稳定关系的客观要求，是依法治国基本方略在社会主义市场经济建设中的具体体现。① 社会主义市场经济发展的新形势对仲裁工作提出了更高的要求，为使仲裁制度在新挑战下更好发挥其作用，我们应努力践行以下关键举措。

（一）广泛吸收市场经济的专家、人才参与仲裁

融入市场经济可从两个方面下手："吸收"和"深入"，"吸收"是指广泛吸收市场经济的专家、人才参加仲裁工作；"深入"是指要深入市场经济发挥仲裁服务的作用。② 之所以倡导吸收市场经济专家、人才参与仲裁工作，是源于仲裁讲究"专业化""个别化"，需要根据具体经济纠纷具体分析，在尊重市场经济规律的基础上，遵循商业惯例提出最高效的纠纷解决方案。而市场经济专家、人才具有市场经济方面的专业技能，可在确保市场经济通畅运行的基础上，将善于运用商业惯例和市场经济规则的能力运用于经济纠纷的解决，从而提高仲裁服务的社会先进性，加快仲裁融入市场经济的速度。在选任市场经济人才、专家担任仲裁人员时，应兼顾两个方面的内容，即既要精通市场经济知识，了解经济形势，善于利用市场经济方法解决纠纷，也要符合《仲裁法》所规定的参与仲裁应满足的条件，只有此两者均具备者，方可在推动仲裁融入市场经济中充分发挥效用。仲裁制度作为市场经济的产物，在解决经济纠纷时需要随着经济形势的变迁灵活变通，在利用该制度解决纠纷时，组织市场经济的专家、人才，巧妙运用市场经济的方法，可不断提高仲裁案件的质量，为市场主体公正、妥善地解决经济纠纷，维护社会主义市场经济的秩序。

---

① 参见1999年仲裁五年《人民日报》特约稿——《把仲裁事业全面推向二十一世纪》，原国务院法制办公室主任杨景宇撰。

② 参见国务院法制办卢云华同志在长沙"发展我国仲裁事业推行仲裁法律制度是根本融入市场经济是关键"的讲话。

（二）提高社会公众的仲裁法律意识

我国的仲裁法律制度是随着社会主义市场经济的发展逐渐建立起来的，作为一种解决经济纠纷的机制在我国并未被社会公众广泛知晓；且长期以来，制约我国仲裁事业发展的先进的仲裁法律制度与相对滞后的社会仲裁意识和初始的仲裁工作水平之间的基本矛盾依然存在，此矛盾的解决就要求我们在社会各个领域积极推行仲裁法律制度，加紧提高社会仲裁意识。基于仲裁事业发展过程中存在的以上两个问题，为充分发挥仲裁制度在解决纠纷上的优势，为社会主义市场经济的发展提供多途径纠纷解决机制，仲裁委员会要积极宣传《仲裁法》，政府法制机构特别是省、自治区、直辖市政府法制机构也要积极组织宣传。各地方、各相关部门应将《仲裁法》作为社会普法活动的重要内容，通过讲座、培训等多种形式的活动将仲裁制度拉入社会大众的视野中，全方位、深层次大力推广仲裁法律制度，普及仲裁法律知识，加深大众对仲裁作为诉讼以外的纠纷解决方式的了解，使更多的公民懂得在遇到经济纠纷时适用仲裁制度也是一种可供选择的途径，努力营造仲裁事业发展的良好氛围。

（三）以提高仲裁质量为优化仲裁工作的中心

2001 年 4 月 20 日，国务院法制办卢云华同志在深圳关于“树立正确仲裁观念解决仲裁发展中的问题”的讲话中指出，仲裁制度要融入市场经济，就要提高“快速结案率、调解率及自动履行率”，此“三率”是仲裁本质的必然要求，也是评价仲裁工作质量的重要标准，更是“我国仲裁的特色”。① 在我国目前形势下讲求“三率”不能将其割裂开来，而是一个有机整体，不能为了追求调解率而久调不决，也不能为了快速结案率而忽略市场主体的诉求，损害其合法权益。做到提高仲裁快速结案率，要重视案件的审理速度，设置高效的工作流程，在队伍组织建设方面也要预先做好工作，在保证案件质量的基础上简化程序；自愿和解调解是我国仲裁制度的特色，要做好这项工作，需要在仲裁工作中正确处理公正与效率之间的关系，在重视和解调解的同时保障市场主体合法权益；而提高自愿履行率需要在仲裁工作中掌握正确恰当的方法，积极争取市场主体的主动配合，并积极协助市场主体的主动履行。② 只有坚持抓“三率”，不断提高我国仲裁工作水平，才能确保仲裁事业的健康发展。在重点提高仲裁质量的

---

① 参见 2013 年 8 月 26 日国务院法制办卢云华同志在东北、华北片区第一次仲裁工作座谈会上的讲话。

② 参见 2002 年 12 月 10 日国务院法制办卢云华同志在华东仲裁工作座谈会闭幕式上关于《总结经验研究问题实现华东仲裁跨越式持续性发展》的讲话，对提高“三率”进行了详细叙述。

同时,努力拓宽仲裁服务深度和广度,树立仲裁正确处理人民内部矛盾、妥善解决社会纠纷的特色品牌,为全面深化改革提供更优质的仲裁服务也对我国仲裁事业的发展具有重要意义。

(四)强化仲裁队伍的建设与管理

仲裁员队伍建设是仲裁公信力建设的重中之重,仲裁员作为直接接触经济纠纷的主体,其素质水平直接决定了仲裁工作的质量,故加强对仲裁员的思想建设、加强组织观念和组织纪律的教育和约束,对仲裁工作的开展有重要意义。仲裁委员会应采取有效措施,加强仲裁员队伍的思想作风、职业道德及执业纪律建设,提高仲裁员的政治素质和义务水平。在提高仲裁员义务水平的同时,其道德素质也需得到充分的重视。经济纠纷的解决需要仲裁员站在中立立场,作出公道、正派的裁决,兼顾经济主体各方的合法权益,故其道德素质的提高至关重要。在提高仲裁员队伍整体素质的基础上,要重点提高首席仲裁员的素质。要建立一支公道正派、业务精干的高素质仲裁员队伍,首先,应在选聘仲裁员时,依照仲裁法规定坚持高标准,从业务水平、道德素质及政治素养几个方面严格考察、评价,严把仲裁员入职的关口;其次,要加强对仲裁员的教育和培训,从各方面提高仲裁员的水平,为仲裁案件的质量提供坚实的组织保障;最后,要加强对仲裁员的监督,规范其行为,杜绝违法、违纪及不良行为,保证仲裁事业的健康发展。①

(五)坚持将发展作为仲裁事业的第一要务

这是由我国经济社会发展需要、仲裁机构自身发展需要及建立多元化纠纷解决体系的要求决定的。② 在我国社会主义市场经济发展的经济转型、结构调整期,从发展我国仲裁事业需要从仲裁服务领域、服务方式、服务对象等几个关键要点入手,全面深入社会主义市场经济的各个领域,不断提高仲裁解决纠纷的质量和水平,高效解决市场经济发展过程中出现的经济纠纷,树立我国仲裁的公信力,使仲裁切实地为我国社会主义市场经济的发展提供优质服务,真正发挥出仲裁保障社会主义市场经济健康发展的作用。当然,我国仲裁事业的发展应是全面的发展,是全国仲裁机构、整个仲裁工作体制共同发展,需要全国各地区在尊重并顺应仲裁发展规律的基础上,积极完善本地区

---

① 参见 1997 年,时任国务院法制局副局长宋大涵在全国仲裁工作座谈会上的开幕致辞:《提高仲裁质量需注意的几个问题》。

② 参见 2013 年 8 月 16 日国务院法制办卢云华同志在深圳华南西北仲裁片区会上的讲话。

仲裁机构，相互之间团结协作，共同促进仲裁事业的全面发展。① 党的十八届五中全会提出要创新发展，为我国仲裁事业的发展提供了新的路径，为仲裁事业融入市场经济开拓了崭新局面。

我国在改革开放，建立社会主义市场经济体制的背景下颁布《仲裁法》，当时市场经济体制在我国刚刚建立，社会公众受计划经济体制的长期影响，对仲裁此种孕育于市场经济的纠纷方式了解不够、认可度不高，我国仲裁事业的发展面临巨大挑战。② 在经过20多年的发展后，我国仲裁制度根据社会主义市场经济发展需要已形成中国特色社会主义仲裁制度，仲裁也成为解决我国市场经济民商事纠纷的主要手段以及社会主义市场经济的重要保障制度。这一切成就离不开在长沙会议上确定的“推行仲裁法律制度是根本，融入市场经济是关键”全国仲裁工作指导思想，该思路是根据中国社会主义市场经济不断变化的发展要求提出的，是发展我国仲裁事业的不二之选。③ 为践行该基本指导思想，各地仲裁机构从加大对仲裁法律制度宣传、自身机构建设及提高仲裁案件质量等诸多方面入手，致力于提高仲裁事业服务于市场经济的水平和质量。在仲裁机构的牵引下，市场经济规律及内在动力推行下，各有关组织和部门也通力合作发力于推行仲裁法律制度。④ 中国特色社会主义仲裁事业取得了辉煌成就，其不断发展的历程对建立健全与社会主义市场经济相适应的多元化纠纷解决体系、保护市场主体的合法权益、促进社会主义市场经济发展发挥了不可替代的重要作用。此实践充分说明，《仲裁法》是我国现代仲裁制度的基石，也是我国在新的历史条件下正确处理人民内部矛盾、妥善解决社会纠纷的一块很重要的基石。当前我国面临的主要问题是推行《仲裁法》，一步法律的生命力在于其贯彻实施。⑤ 该法的贯彻实施既是中国特色社会主义仲裁事业的重要创业实践，也是中国特色社会主义事业的重要建设实践。故在今后仲裁事业的发展中，我们要始终坚持“以推行仲裁法律制度为根本，以融入市场经济为关键”的基本指导思想，使我国仲裁事业的发展始终坚持为社会主义市场经济服务的工作方向，在日新月异的经济形势下，使仲裁更好地促进社会主义市场经济的健康发展。

---

① 参见国务院法制办副司长袁诗鸣同志在2015年全国仲裁年会上的讲话。

② 参见2014年12月2日国务院法制办卢云华同志在北京中国仲裁法学研究会2014年会暨第七届中国“仲裁与司法”论坛上的讲话。

③ 参见2017年1月24日国务院法制办卢云华同志在2007年全国仲裁工作座谈会上关于推行仲裁法律制度的讲话。

④ 参见2002年4月1日国务院法制办卢云华同志在全国仲裁发展工作座谈会上关于《明确奋斗目标实现我国仲裁事业的跨越式发展》的讲话提纲。

⑤ 参见2014年11月14日国务院法制办公卢云华同志在常州全国仲裁工作座谈会上关于推行仲裁法律制度的讲话。

第四节 业务范围与地域范围的协同发展

一、中国仲裁的业务范围

(一)中国仲裁的业务发展情况总览

1995年原国务院法制局组织相关部门共同拟订了《重新组建仲裁机构方案》《仲裁委员会登记暂行办法》《仲裁委员会仲裁收费办法》等一系列文件,经国务院同意后,由国务院办公厅印发,对彼时刚刚实行不久的《仲裁法》的具体实施起到了重要作用。此后的20余年间,中国仲裁事业蓬勃发展,取得了不俗的成绩。根据国务院法制办的统计数据,我国仲裁机构的业务量连续22年保持增长,下文中笔者将通过一系列数据对20年来中国仲裁的业务发展的总体情况作出较为客观的总结。

1. 仲裁业务量和案件标的额实现跨越式增长

随着中国仲裁事业的不断发展,仲裁制度日渐被我国公民所接受并信赖,仲裁业务量持续上升。对于这种增长态势,可以从近几年的统计数据中窥得一斑:2016年全国范围内251家仲裁机构共受理案件208,545件,继2013年突破"10万"件以来,首次突破"20万"件大关,与2015年相比同比增加7.1万件,增量约为2015年的3倍,增长率高达52%,为2015年的2倍。① 与1995年《仲裁法》实施当年的1048件相比,增幅近200倍。而从10万件至20万件的跨越式增长,中国仲裁仅仅用时3年。应当说,经过20余年的努力,中国仲裁事业从逆境走出,已驶入发展的快车道,开拓出一片欣欣向荣的繁荣景象,仲裁在我国民商事纠纷化解机制中承担了日益重要的角色,地位显著提升。

除业务量总数可观,已呈规模效应外,20年间,仲裁业务的涉案标的额亦处于递增水平。2016年全国仲裁机构受理案件标的总额达4695亿元,与前一年相比同比增加583亿元,增长率为14%,与1995年《仲裁法》实施当年的2亿元相比,增幅为2347倍。② 20年的时间,中国仲裁的受理案件标的总额实现了跨越式的巨大增长,也从一个侧面反映出我国当事人对仲裁制度认可度和信赖度的稳步提升。

---

① 参见张维:《全国仲裁年受案量首次突破20万件》,载《法制日报》2017年5月4日。
② 同上。

2. 仲裁业务质量稳步提升，司法纠错率维持在较低水平

20 年来，中国仲裁的案件调解率、和解率实现了显著提高，被人民法院裁定撤销和不予执行案件的占比均有所降低，呈现良好的发展局面。

"仲裁与调解相结合"是中国仲裁的重要特色之一，被国际仲裁界称为"东方经验"，是我国立足国情，探索中国特色仲裁制度道路上的重要成果。2016 年全国仲裁案件以调解或和解方式结案的案件共计 12 万件，占业务总量的 58%，同上一年相比增加 6.4 万件。[①] 调解率、和解率的逐年稳步增长，凸显了仲裁在纠纷解决方面的制度优势，意味着我国仲裁处理纠纷、化解矛盾能力的不断提高，中国仲裁的特点和优势得到进一步发挥和显现。

如果说仲裁业务量和涉案标的额的逐年递增体现出我国社会对仲裁制度信赖程度的逐步提高，那么司法对仲裁的监督情况则是真实反映中国仲裁质量的一面镜子。2016 年全国范围内被人民法院裁定撤销的案件共 232 件，占仲裁业务总量的 0.11%，同比下降 0.04 个百分点；被人民法院裁定不予执行的案件共 63 件，占受案总数的 0.03%，同比下降 0.03 个百分点。全国范围内的所有仲裁机构中，共有 157 家仲裁委员会实现了全年被法院裁定撤销或不予执行的案件为 0，占仲裁机构总数的 63%。[②] 被人民法院裁定撤销和不予执行的案件数量占比逐渐降低，进一步显现出在新的历史条件下，仲裁裁决案件的质量稳步提高，仲裁公信力有了新的提升，赢得了越来越广泛的社会信赖。

3. 涉外仲裁案件日益增多

尽管中国仲裁事业起步较晚，但在其发展的 20 年中，国际影响力稳步提升，在国际仲裁领域赢得了诸多关注，吸引了众多国外当事人，中国仲裁涉外案件数量亦实现了大幅增长。

2016 年内，全国共有 62 家仲裁委员会受理过涉外及涉港澳台地区案件，案件数量共计 3141 件，比前一年增加 1056 件，增长率高达 51%，创下 20 多年来最大的增量和增幅。除涉港澳台地区案件外，其他涉外案件共计 1546 件，占比 49%。其中，一方当事人为外方的案件 1137 件，双方均为外方的 141 件；涉及全球 57 个国家和地区。对此，中国贸仲委秘书长于健龙作出如下阐述："贸仲委仲裁裁决的公正性得到了国内外仲裁界以及当事人的高度认可，仲裁裁决依据《纽约公约》可在世界上 140 多个国家和地区得到承认和执行。贸仲委已与世界 40 多个国家和地区的仲裁机构，签署了合作协议，致力于在全球

---

① 参见张维：《全国仲裁年受案量首次突破 20 万件》，载《法制日报》2017 年 5 月 4 日。
② 同上。

特别是亚太地区推广仲裁。”①

4. 仲裁从业人员规模持续扩大,素质不断提高

仲裁是一种高知识含量的劳动,仲裁员是向社会提供仲裁服务的劳动者,其进行的不是简单的劳动,而是复杂的脑力劳动,是运用法学、哲学以及某些方面的专业知识为当事人提供案件所涉及的法律问题和专业问题服务的劳动者。② 仲裁员作为案件的裁判者,对案件质量有着重要的影响,只有不断培养、聘用具有过硬专业知识储备的仲裁员,才能保证我国仲裁业务的良性发展。

在《仲裁法》颁布实施后的20年中,全国各仲裁机构按照法律的相关规定不断学习、探索,从社会各界人士中严格聘用仲裁员,不断壮大仲裁员队伍。目前,全国各仲裁机构聘任的仲裁员近4万余人,仲裁机构专职工作人员近5000多名。这些仲裁员中不仅有我国大陆地区的专业人士,而且有诸多来自我国香港特别行政区、澳门特别行政区、台湾地区,还有部分来自国外的专家学者,他们共同组成了我国当前公道正派、业务水平过硬、专业敬业的仲裁员队伍。除把好聘用关之外,各仲裁机构亦积极对现任仲裁员进行定期培训,通过组织办案经验交流、典型案例分析活动等形式,切实提高了现任仲裁员的业务素质和实际能力。

(二)各地仲裁业务的探索与创新

在《仲裁法》实施以来的20余年里,中国仲裁行业在业务范围和业务规则方面进行了诸多探索与创新,多数仲裁机构已开始尝试改变仲裁案件类型单一化的状况。当前,除商事、劳动等传统仲裁业务之外,我国仲裁事业已经深深扎根于互联网、医患、拆迁、物业、体育、交通事故赔偿等多个领域,纠纷解决能力大大增强。

1. 互联网仲裁方面。与诉讼不同,仲裁可以更大限度地保障当事人的意思自治,当事人可就仲裁庭的组成以及仲裁程序的进行作出自己的选择,因此,仲裁比诉讼更易实现远程办案。当前,网上仲裁已成为全球仲裁发展的一个新亮点,现代远程电子传输技术的发展为仲裁远程办案提供了充分技术保障,使仲裁异地远程办案成为一种可能。《电子签名法》的颁布实施,使网上法律文书的确认问题得到了初步解决。网络化远程办案的推行有助于节省仲裁开支、降低仲裁费用,对跨地区甚至跨国的当事人无疑具有很大的吸引力。③ 因此,中国仲裁紧跟时代步伐,对互联网仲裁进行了积极探索。广州仲裁

---

① 张维:《全国仲裁年受案量首次突破20万件》,载《法制日报》2017年5月4日。

② 参见高菲:《关于中国特色社会主义仲裁理论的思考》,载高菲主编:《中国特色社会主义仲裁理论研究文集》(第1卷),法律出版社2004年版,第39~41页。

③ 参见陈忠谦:《二次创业:中国仲裁发展的必由之路》,载《仲裁研究》2005年第3期。

委员会积极开展“互联网＋仲裁”工作，搭建互联网仲裁联盟平台，中国海仲、大连仲裁委员会积极建立“仲调对接”等多元化争议解决机制。2015 年 9 月 24 日，中国互联网仲裁联盟在广州成立。仲裁从线下转向线上的趋势可见一斑。同时，为了解决网上仲裁涉及的电子证据难题，深圳仲裁委员会还尝试打造了“网上仲裁＋电子证据固化”服务平台，共同为深圳乃至全球用户提供绿色、效率、安全、开放的网上仲裁及证据固化存储等云服务。①

2. 交通事故损害赔偿仲裁方面。淄博仲裁委员会、德州仲裁委员会、株洲仲裁委员会积极探索用仲裁方式化解交通事故损害赔偿纠纷，基本做到案结事了。宝鸡仲裁委员会更是陆续设立了 14 个交通事故仲裁工作站，共解决道路交通事故损害赔偿纠纷近万件，仲裁方式开门见山，仲裁结果公正妥当，得到当事人和民警的一致好评。② 西宁仲裁委员会探索化解交通事故赔偿纠纷新途径，在交管局设立调解仲裁中心，即时办理纠纷案件，效果十分显著。

3. 医疗纠纷方面。近年来，随着公民意识的逐渐增强，医疗领域涌现出越来越多的医疗纠纷，而对于医患双方来说，漫长繁杂的诉讼过程并不利于快速、准确地厘清权利义务关系，保障受害人权利。对此，深圳仲裁委员会成立深圳医患纠纷仲裁院，聘用多名医疗专家为仲裁员，5 年来，共办案医疗纠纷案件 342 宗，支持赔偿额 8854 万元，平均结案时间成功缩短至 20 天，最短的仅费时 3 天，高效、妥善地解决了诸多矛盾激烈地医患纠纷，受到了社会的一致好评。③ 当前，在深圳地区医患双方选择仲裁方式的数量已超过中级人民法院。沧州仲裁委员会、洛阳仲裁委员会亦积极探索利用仲裁方式解决医疗纠纷，大量案件做到即时结付，受到医患双方的充分肯定。

4. 国际仲裁方面。贸仲委、武汉仲裁委员会、珠海仲裁委员会积极服务国家对外开放战略，分别制定了《国际投资争端仲裁规则》、设立政府与社会资本合作仲裁中心、制定专门的自贸区仲裁规则。哈尔滨仲裁委员会加强区域仲裁中心建设，提升仲裁国际影响力。加强与国外仲裁机构及商贸机构的交流与合作，与俄罗斯联邦远东地区仲裁法院、远东和外贝加尔调解员联合会、俄罗斯哈巴罗夫斯克发展协会、大韩商事仲裁院签署合作协议，与日本商事仲裁协会开展交流与合作，积极探索运用仲裁法律制度解决跨境贸易纠纷。同时，为加强东北亚地区国际仲裁宣传，建立具有中、英、俄、日、韩语 5 种语言版本的东北亚仲裁网，印制了 5 种语言版本的仲裁规则，为东北亚地区提供了便利的仲裁咨询服务。

---

① 参见张维：《仲裁界内外兼修开启“两化”新时代》，载《法制日报》2016 年 6 月 30 日。
② 参见张维：《二十年仲裁受理案件增长近百倍》，载《法制日报》2014 年 11 月 7 日。
③ 同上。

此外,各地仲裁委员会亦积极拓展仲裁业务范围。重庆仲裁委员会制定仲裁调解确认规则,将征地拆迁安置补偿、消费者权益、婚姻财产等7类民事调解活动纳入与仲裁对接业务范围。哈尔滨仲裁委员会、南平仲裁委员会开拓金融仲裁绿色通道,对银行借贷、担保、票据、融资等纠纷快受、快审、快裁。① 当前,随着我国社会对仲裁制度的了解日益加深,在建设工程、保险等行业领域,合同的仲裁约定率甚至已经达到了80%以上,仲裁已经成为部分企事业单位解决纠纷的首要选择。②

各地仲裁机构对业务范围和业务规则的探索与创新极大丰富了我国的仲裁实践,推动了仲裁事业快速发展,既富有中国特色,又与国际通行做法接轨,展示出了中国仲裁良好的发展势头,为我国改革开放、经济发展和社会稳定做出了重要贡献。

二、中国仲裁的地域范围

(一)中国仲裁地域范围的发展历程及成果

新中国成立后,中国仲裁经历了复杂的演变历程。1955年与当时的计划经济体制相适应,我国以苏联的行政仲裁模式为基础,建立起了行政仲裁制度。此后,中国仲裁虽几经动荡,每个时期都存在相应的调整,但仍一直未跳脱出行政仲裁的基础制度设计,仲裁机构依附于各级政府的相关行政主管部门,实行地域管辖与级别管辖。20世纪90年代初,我国行政仲裁机构数量曾经多达3000多个,且根据案件性质的不同分为经济合同仲裁机构,还有房地产仲裁机构、技术合同仲裁机构等,覆盖面几乎遍及市县。

随着我国社会的不断发展,市场经济成为我国经济社会发展的必经之路,要发展市场经济,就要发挥资本的作用,实现资本效益的最大化,就不可避免地存在竞争和纠纷。一旦在市场经济的社会大环境下产生纠纷,则理应采取更适合市场经济规律的方式来解决,而与之相比,我国之前一直实行的行政仲裁制度已经不能适应市场经济的发展规律,社会亟待一项更加符合中国国情的仲裁法律制度。

1995年9月1日《仲裁法》正式实施,在总结我国以往仲裁实践的基础上,借鉴国际通行做法,对我国原有的国内仲裁进行了重大改革,为中国仲裁制度的现代化发展奠定了基础。针对仲裁机构的性质问题,《仲裁法》第79条第2款规定,本法施行前设立的不符合本法规定的其他仲裁机构,自本法施行之日起终止。这意味着,在《仲裁法》颁布实

---

① 参见张维:《中国仲裁事业保持迅猛发展势头》,载《法制日报》2018年1月8日。

② 参见熊世忠:《企业合同管理人员仲裁意识研究》,载高顺龄主编:《当代中国仲裁制度若干问题研究》,武汉出版社2004年版,第366页。

施后的1年之内,原先在全国范围内广泛存在的大量行政仲裁机构将全部终止工作。至此,中国仲裁机构的发展历程进入新的改革重建阶段。

在此后的20年里,全国仲裁工作在开创中国特色社会主义仲裁事业的进程中,取得了显著成绩,走上了具有中国特色的健康发展之路,而其中最显著的成就是始终坚持全国仲裁机构共同发展、共同进步、共同繁荣的正确方针。

自1995年起,在全国依法可以重新组建仲裁机构的290个城市中,已重新组建仲裁委员会233个,将原有的贸仲委和中国海仲计算在内,当前全国范围内共有仲裁委员会235个,覆盖了近80%的设区市。这种格局彻底改变了原来按行业设立仲裁机构的行政仲裁体制,形成了全国统一的仲裁工作体制,较圆满地达成了《仲裁法》关于仲裁机构体制的立法初衷。根据《仲裁法》的规定,当事人被允许根据需要自由选择仲裁机构,因此,各仲裁机构间一直存在竞争关系。为了赢得用户的信任,各地仲裁机构根据各自的市场定位在追求独立、胜任和公正方面进行积极的探索和创新,呈现出不同的发展模式,中国仲裁整体呈现出多元的良好竞争格局。

(二)仲裁发展仍存在地域间的不均衡问题

按照《仲裁法》的规定,我国仲裁机构实行不分地域提供仲裁服务的原则。也就是说,全国范围内任何一个仲裁机构都可以不分地域地向当事人提供仲裁服务,各仲裁委员会之间既无级别联系,也无地域垄断特征,亦不隶属于任何行政机关,各仲裁委员会的发展实际上通过市场机制来调整。这一原则是统筹考虑全国各地仲裁委员会工作后的合理设想,是对中国仲裁未来发展的方向指导,是中国特色仲裁事业的重要特点之一。但我们也应当看到,到目前为止,《仲裁法》中规定的不分地域提供仲裁服务的理想状态在仲裁实务中尚未得到较好的贯彻。由于国内大部分仲裁机构尚处于初级发展阶段,市场竞争的特色尚不明显,加之我国尚未建立起统一的仲裁市场和科学有效的市场规则,就目前而言,还不具备贯彻《仲裁法》这一条重要原则的客观条件,而在此基础上仓促地、孤立地谈地域问题也造成了实践中仲裁资源的地区垄断、配置不公平等一系列问题。根据国务院法制办公室发布的统计数据显示,全国不到1/3的仲裁机构,受理了全国80%的案件,全国2/3多的仲裁机构只受理了大约20%的案件,且这种差距仍在不断扩大。以2013年为例。当年受理案件超过500件的仲裁机构54家,占全国仲裁机构总数的24%,受理案件数78,337件,占全国案件总数的75%,标的额1214亿元,占全国案件标的额的 74%。[①] 应当说，全国大约 3/4 的仲裁机构发展严重不足，低于全国发展的平均水平，甚至还有不少仲裁机构自成立以来受案量没有起色，完全依靠国家财政拨款维持生计。

面对这一问题，首先应当坚定信念，随着中国仲裁事业的不断发展，终有一天会培育并建立起符合我国国情的仲裁市场，建立起富有中国特色的市场游戏规则与竞争秩序。虽然这一目标的达成并非一蹴而就之事，但其到来是可期的、必然的。

当然，在坚定信念之余，更应当脚踏实地地谈发展、谈改革。中国仲裁下一步改革深化的重要目标就是要解决《仲裁法》中不分地域提供仲裁服务的问题。仲裁不实行地域管辖，我国所有的仲裁机构都是依法设立的中华人民共和国的仲裁机构，而不是隶属于任何地方的行政仲裁机构，不能人为地将其封锁、限制在某一固定的地域，任何地域的仲裁资源都应当同属于全国仲裁机构，不能人为地去分割、垄断。与法院地域管辖相比，仲裁没有属于自己的辖区，但没有辖区往往就是最大的辖区，可以在更广阔的空间和舞台上发挥自己解决民商事纠纷的作用。就未来的仲裁工作而言，应当只有服务优势，不应有地域优势。要通过深化改革，使无论所处何地，所有仲裁机构都能依法平等地使用全国仲裁资源，使之站在同一条起跑线上，从而使《仲裁法》的基本精神得到全面彻底地贯彻实施。

基于上述认识，2014 年年初，中国仲裁着眼于我国经济和社会发展的新的历史阶段，立足国情，在全国 19 家仲裁机构中开启了"两化"试点工作，力求通过仲裁业务范围多元化，推动各地仲裁机构快速、均衡发展，以进一步缩小地域间仲裁资源分配的不均衡，实现仲裁业务范围与地域范围的协同发展。

经过一年的改革和探索，截至 2015 年年底，参与"两化"试点工作的 19 家仲裁机构共受理案件 41，356 件，比 2014 年增加 5997 件，增长率为 17%；案件总标的额 769 亿元，比 2014 年增加 307 亿元，增长率为 66.7%。在全部 19 家试点机构中，共有 15 家试点机构的受案数量与往年对比有所增加，占总数的 78.9%，其中，青岛仲裁委受理案件数增长率高达 533%；案件标的额增加的试点机构则有 14 家，占总数的 73.6%，其中，驻马店仲裁委标的额增长率则达到 356%。[②]

基于上述 19 家试点单位取得的显著成就，2016 年，又有 60 余家仲裁机构加入"两化"试点工作，成为新的试点单位。

2016 年全年，在业务数量方面，"两化"试点单位所受理案件几乎占到了全国仲裁案

① 参见张维：《"两化"试点仲裁机构受案量暴增，最高增长率达 533%》，载《法制日报》2016 年 3 月 31 日。

② 同上。

件总数的半壁江山。据国务院法制办公室统计,74 家试点单位共受理案件 87,826 件,占全国受案总数的 42.1%,案件标的额 1325 亿元,占全国案件标的总额的 28.2%。各试点单位平均受案数 1187 件,比全国平均受案数高 356 件。各试点单位受案总数比 2015 年增长 18,369 件,增长率为 26%;标的总额比 2015 年增长 30 亿元,增长率为 2%。在 74 家试点单位中,受理案件数增长的有 43 家,占试点单位总数的 58%;哈尔滨仲裁委员会、武汉仲裁委员会等多家仲裁机构的受理案件数增长率达到 50% 以上;案件标的额增加的仲裁机构有 40 家,占试点单位总数的 54%,石家庄仲裁委员会、安阳仲裁委员会等仲裁机构的标的额增长率达到 50% 以上。

从各试点单位案件受理数来看,受理案件数超过 1000 件的有 19 家,占试点单位总数的 26%;超过 500 件,不足 1000 件的有 17 家,占试点单位总数的 23%;超过 200 件不足 500 件的有 19 家,占试点单位总数的 26%;案件数不足 200 件的有 19 家,占试点单位总数的 25%。①

应当说,"两化"试点工作做到了以业务发展促进地域发展,在缩小我国仲裁事业地域间差距、真正实现仲裁地域制度深化改革方面取得了显著的成果,对我国仲裁事业未来长远的发展与战略布局有重要意义。

① 参见张维:《仲裁"两化"或正式进入官方文件》,载《法制日报》2017 年 4 月 15 日。

第五章　中国仲裁的现代发展

随着经济全球化不断深入，科学技术飞速进步，法律与科技融合发展，全球治理体系发生深刻变革，为中国仲裁事业发展带来了新的挑战与发展机遇。中国仲裁经过几十年发展，积累了丰富的经验。中国仲裁事业已经进入良性发展轨道，必定会持续发展下去。作为一种法律服务，在激烈的国际国内竞争下，中国仲裁在不断地进行创新和变革，以保持中国仲裁的活力和生机。本章主要对中国仲裁现代发展中的重点进行总结、展望，围绕互联网的优势创新仲裁的发展、提升核心竞争力、打造自身品牌和提高仲裁质量进行阐述。

第一节　中国的互联网仲裁

互联网技术的进步推动着中国仲裁纠纷解决方式的革新，在国家顶层设计部署的积极推动下，中国仲裁借互联网之力，充分发挥仲裁优势，积极创新仲裁形式，努力构建具有中国特色的"互联网＋仲裁"模式。

一、互联网仲裁的发展现状

根据中国互联网络信息中心2018年1月31日发布的第41次《中国互联网络发展状况统计报告》显示，截至2017年12月，我国的网民规模达到了7.72亿，互联网在我国的普及率达到了55.8%。随着网络资源应用水平的提高，我国的互联网模式不断创新，线上服务与线下服务彼此融合，公共服务网络化步伐持续加速，①互联网已成为中国社会发展过程中至关重要的一环。而根据国务院于 2015 年 7 月印发的《关于积极推进“互联网 +”行动的指导意见》，2018 年互联网与经济社会各领域的融合发展进一步深化，基于互联网而产生的诸多新业态成为新的经济增长动力，网络技术成为提供公共服务的重要手段，网络经济与实体经济协同互动的发展格局基本形成。

由此可见，“互联网 +”已成为我国经济社会创新发展的重要驱动力量，②其高速发展为仲裁行业带来了巨大的机遇与挑战，在网络与数据的洪流中，法律争议的数量与类型不断增加，争议解决面临着可供选择的新方式，传统的仲裁机构与单一的仲裁形式逐渐不足以应对当前互联网时代提出的新问题、新挑战，为发挥仲裁高质量、高效率解决纠纷的功能，我国的仲裁传统模式正在发生变革。而一个时代的纠纷解决机制需要与该时代相契合，方能实现成本支出与实际效果之间的最优平衡，以互联网为依托抢占新的仲裁行业高地成为我国仲裁在当代发展中的新蓝海。国家“互联网 +”顶层设计部署及 11 项相关行动计划③的出台，为互联网仲裁提供了有利的政策环境，互联网仲裁的出现、形成和发展乃是仲裁行业对“互联网 +”模式发展的积极回应与深化。

因此，法律服务与互联网技术的碰撞在经过实践的尝试与理念的渗透后，创造性地提出了仲裁发展的新模式，即互联网仲裁，它既与传统仲裁具有内在契合性，又与网络创新具有密切相关性，成为仲裁与网络结合的重要突破口，这一新型仲裁形式的推广为仲裁业务的发展开启了新路径。互联网仲裁来源于传统的常规仲裁，利用常规仲裁的架构，将网络信息技术应用于仲裁，④通过缩短法律争议处理时限，为互联网争议⑤的解决带来便捷与高效。近年来，我国互联网仲裁在不断提升的技术支持与显著的政策优势下得到了逐步推广，全国多家仲裁委员会积极利用互联网打造现代高效的工作模式与仲裁服务提供模式，在当代不断革新的法律环境中为我国仲裁的发展引导出新航向，全方位、多层次地提高了我国仲裁行业的服务水平。

---

① 参见中国互联网络信息中心：《第 41 次〈中国互联网络发展状况统计报告〉发布》，载中国互联网信息中心网：http://cnnic.cn/gywm/xwzx/rdxw/201801/t20180131_70188.htm，最后访问日期：2018 年 4 月 15 日。

② 参见广州日报：《“互联网 +”顶层设计部署 11 项行动计划》，载搜狐科技：http://it.sohu.com/20150705/n416189377.shtml，最后访问日期：2018 年 4 月 10 日。

③ 国务院《关于积极推进“互联网 +”行动的指导意见》于 2015 年 7 月出台，指出到 2025 年，“互联网 +”新经济形态初步形成，“互联网 +”成为我国经济社会创新发展的重要驱动力量，并提出了 11 个具体的行动。

④ 参见卢云华等主编：《在线仲裁研究》，法律出版社 2008 年版，第 16 页。

⑤ 从目前互联网仲裁处理争议的范围和类型来看，此处所述的互联网争议主要包括以电子商务、网络金融等为以网络技术为依托的法律争议。

(一)互联网仲裁联盟的建立

我国互联网仲裁联盟的建立既是对以往开展“互联网+仲裁”工作的深度总结,也是对互联网仲裁领域未来工作内涵的丰富与工作方向的明确。最初于2015年5月底,国务院法制办公室卢云华同志在武汉邀请有关仲裁机构负责同志召开了“互联网+仲裁”的座谈。参加座谈的同志提出在全国开展互联网仲裁探索,并推举广州仲裁委员会负责牵头协调,正式启动了我国仲裁事业数字化仲裁建设的进程。2015年7月,国务院正式发布了《关于积极推进“互联网+”行动的指导意见》①,明确我国应建立多元化互联网纠纷解决机制。因此,为牢牢把握互联网时代发展机遇,在国际仲裁市场的竞争中保持优势地位,推动已有互联网仲裁的规范化,为我国网络金融商事往来提供多元化的纠纷解决渠道,广州仲裁委员会于2015年9月发起了中国互联网仲裁联盟大会,来自全国各地的仲裁机构、律师协会、行业协会和我国港澳台地区法律界的代表以及我国仲裁领域知名学者和国内各大媒体参与了此次大会,并以此为契机对互联网仲裁的模式在全国范围内进行推广,我国互联网仲裁联盟的成立体现了我国仲裁机构对互联网时代商业模式发展变化的积极应对与探索。

一方面,我国互联网仲裁联盟乃是有着丰富内容的综合信息平台,旨在集仲裁实务、网络技术及理论研究为一体,力求通过联盟成员之间的平等协作,构建起统一的互联网仲裁平台。其成员包括了仲裁机构、高校、技术团队、律协、互联网金融企业以及电商等,不同成员间就推动网络仲裁示范规则制定、制定网络仲裁通用技术标准、开放仲裁员名册等内容展开合作,②同时,联盟在共享互联网仲裁技术、相互承认仲裁员名册、互为线下体验点等方面作出安排,统一互联网仲裁程序规则,规范互联网争议法律适用,共建案例大数据,从而利用互联网仲裁高效、快捷、低成本地解决互联网争议,就此促进电子商务以及互联网金融等市场的健康有序发展。另一方面,我国互联网仲裁联盟的成立是包括广州仲裁委员会在内的我国多家仲裁委员会及有关机构共同努力推动的结果。联盟大会一经发起便得到了全国160多家仲裁机构的积极响应,并得到有关互联网行业协会、律师协会的加盟和有关高校网络团队的技术支持以及有关高校的法学理论支持。③ 以作为牵头机构的广州仲裁委员会为例,其在此次互联网仲裁联盟上向社会正式公布新版

---

① 参见国务院《关于积极推进“互联网+”行动的指导意见》(国发〔2015〕40号)。

② 参见《中国互联网仲裁联盟合作协议书》。

③ 参见广州仲裁委员会:《“互联网+仲裁”,开创中国仲裁新纪元》,载中国广州仲裁委员会网:http://www.gzac.org/WEB_CN/NewsInfo.aspx?KeyID=3be5caea-aaa2-4f4e-a6d3-48850cbf4a68,最后访问日期:2018年4月15日。

《仲裁规则(2015 年版)》,该规则以网络仲裁作为新规则中的显著亮点,突出体现了广仲为适应当下“互联网 +”时代提供了最新的纠纷解决规则。而以我国香港特别行政区仲裁司学会为例,其作为中国互联网仲裁联盟的成员之一,拥有一定借助互联网处理电子商务争议的经验,为我国互联网仲裁的规范化建设增添了多元化的法律背景,同时,香港特别行政区律政司有关专员亦表示希望香港有更多仲裁团体加入该联盟。

当然,以互联网仲裁联盟为平台将我国的“互联网 + 仲裁”模式予以规范化、秩序化,需要在我国全方位的仲裁工作中不断努力。在首次互联网仲裁联盟大会成功举办后,2016 年 5 月 17 日由中国互联网仲裁联盟秘书处主办的中国互联网仲裁联盟研讨会在广州成功举办。2016 年 10 月 19 日互联网仲裁联盟云平台 1.0 版本发布。2016 年 10 月 9 日至 10 日,广州仲裁委员会主办了互联网仲裁联盟云平台培训会,来自全国各地仲裁机构的 90 多位代表参加了这次培训。

总而言之,互联网仲裁的发展需要法律的保障,单个人或单个机构的力量存在有限性,通过组成互联网仲裁联盟能有力促进互联网仲裁的合作与资源共享,并引导我国仲裁行业转型升级,进而使我国仲裁界在网络时代占据重要一席,联盟的成立不仅对现有网络仲裁资源的整合有显著价值,更对我国的纠纷解决与经济发展有深层意义。所以,我国的互联网仲裁联盟乃是集众界之力,以联盟形式抢占互联网仲裁的新高地。它的成立改变了传统仲裁的边界,拓宽了我国仲裁形式的外延。当然,成立互联网仲裁联盟仅是互联网仲裁在我国当代发展中的伊始,它的建立只是描述了密切结合中国当代仲裁与网络技术蓝图的一角,随着技术与理念的进步、规范与制度的构建,互联网仲裁将以更强劲的势头迎接我国仲裁行业在当代面临的新挑战。

(二)互联网仲裁理念的推广与实践

我国的互联网仲裁以构建信息化法治社会为核心理念,以全方位、多层次提高仲裁服务水平与效率为目标。近年来,我国互联网对仲裁领域的影响力不断深入,互联网仲裁的理念在我国仲裁机构中得到日益广泛的认同,互联网仲裁的适用逐渐普及。其体现在:我国仲裁机构对互联网仲裁呈现出高程度的开放与主动的接纳;互联网仲裁的理念逐步推广;互联网仲裁的实践水平全方位提高;我国在对互联网仲裁解决争议的探索与实践中与世界保持同步。

在我国互联网仲裁的萌芽阶段,贸仲委于 2000 年 12 月成立了域名争议解决中心,作为中国互联网信息中心指定的争议解决机构,2007 年域名争议解决中心开始以贸仲委网上争议解决中心的名称对外开展工作,解决争议的范围主要集中于域名抢注纠纷、通用网址抢注纠纷、无线网址抢注纠纷、短信网址抢注纠纷。2009 年贸仲委更是单独制定了《网上仲裁规则》,这作为国际上第一个由仲裁机构单独制定并实施的《网上仲裁规则》,在国际仲裁界引起了广泛关注。①

在我国互联网仲裁的工作的逐步推广阶段,武汉仲裁委员会自 2014 年开始正式启动对“互联网 + 仲裁”工作机制的探索,并开始推出网上仲裁服务,主要针对消费信贷领域的确认仲裁案件,以解决潜在的或隐性的贷款争议,②并在湖北省率先开展网络金融仲裁服务,让客户能足不出户便可解决纠纷。在多年的创新探索中,武汉仲裁委员会逐渐发展出了清晰、完善的“互联网 + 仲裁”发展战略,截至目前已经形成了仲裁综合信息管理平台、微信平台、网仲云平台同步运行的“互联网 + 仲裁”服务矩阵。③ 2015 年 3 月广州仲裁委员会律师服务平台在广州成立,成为我国首个网络仲裁服务平台,④并制定了《广州仲裁委员会网络仲裁规则》《网贷纠纷网络仲裁专门规则》等专门性仲裁规则,同时自主研发了服务律师平台、案件管理系统、网络视频庭审系统等 13 大系统,借助网络技术打开新兴仲裁市场,对网络与仲裁的密切结合展开了有益探索。2015 年 5 月 22 日长春、重庆、广州、合肥、杭州、上海、深圳、武汉、厦门、西安 10 家仲裁机构负责人在武汉出席“互联网 + 仲裁”座谈会,介绍了广仲互联网仲裁的具体做法以及武汉仲裁委员会在信息化建设方面的工作与设想。会议认为我国从经济形势上已进入大数据时代,从“互联网 + 仲裁”的方式拓宽仲裁领域、拓展仲裁视野、提升仲裁工作水平具有深远意义。⑤ 为解决网上仲裁所涉及的电子证据难题,深圳仲裁委员会更尝试打造了“网上仲裁 + 电子证据固化”服务,为深圳乃至全球用户提供绿色、高效、安全、开放的网上仲裁及证据固化存储等云服务。⑥ 2015 年 9 月由广州仲裁委员会牵头的互联网仲裁联盟大会一经发起便得到了我国多家仲裁机构的积极响应,在仲裁机构、企业以及高校等主体之间实现了网络对接,形成了一个高效的仲裁法律共同体,我国当代仲裁从线下转向线上的趋势由此可见一斑。

---

① 参见贸仲委官网:http://www.cietacodr.org/aboutus.html,最后访问日期:2018 年 6 月 7 日。

② 参见《武汉仲裁委率先开展网络仲裁服务　足不出户可解纠纷》,载荆楚网:http://news.cnhubei.com/xw/wuhan/201610/t3714954.shtml,最后访问日期:2018 年 4 月 19 日。

③ 参见《视案件质量为生命　打造一流仲裁队伍　武汉仲裁　全年受案量历史新高》,载武汉仲裁委员会官网:http://www.whac.org.cn/index.php/News/details/type/26/id/5767.html,最后访问日期:2018 年 5 月 26 日。

④ 参见《中国首个仲裁服务网络平台在广州成立》,载中国新闻网:http://www.chinanews.com/fz/2015/03-16/7133461.shtml,最后访问日期:2018 年 6 月 7 日。

⑤ 参见《“互联网 + 仲裁”座谈会在武汉召开》,载武汉仲裁委员会官网:http://www.whac.org.cn/index.php/News/details/type/26/id/1676.html,最后访问日期:2018 年 4 月 16 日。

⑥ 参见《仲裁界内外兼修开启“两化”新时代》,载法制网:http://www.legaldaily.com.cn/index/content/2016-06/30/content_6696458.htm?node=20908,最后访问日期:2018 年 4 月 23 日。

2016 年 6 月,国务院法制办公室在北京主持召开了全国仲裁工作座谈会,以促进中国仲裁在内在品性上的积极完善与规模效应上的持续增长。2017 年 12 月,温州仲裁委员会亦开启了“互联网 + 仲裁”的仲裁发展新模式,审议通过了包括《温州仲裁委员会网络仲裁规则》《温州仲裁委员会网贷纠纷网络仲裁专门规则》等在内的网络仲裁“1 + 3”规则,为温州仲裁委员会探索推进“互联网 + 仲裁”工作提供了有力保障。①

目前,利用网络技术在互联网仲裁领域开展工作的仲裁机构主要包括广州仲裁委员会、武汉仲裁委员会、贸仲委、深圳仲裁委员会、温州仲裁委员会等。不同仲裁机构及有关部门在建设“互联网 + 仲裁”的实践中不断努力并彼此合作,其相关工作涉及制定网络仲裁规则、提高网络仲裁服务水平、扩大网络仲裁服务范围、加强机构间彼此合作以及建设网络仲裁法律共同体等多个方面。案件数据明显体现了近年来我国互联网仲裁工作的显著进步,以广州仲裁委员会为例,在其最初涉足网络仲裁领域的 2014 年,广州仲裁委员会全年受理的网络仲裁案件仅 1000 余件,发展至 2017 年则突破了 7 万余件,并且其在 2017 年受理的网络仲裁案件总标的额已达约 26 亿元人民币,而根据广州仲裁委员会在 2018 年 4 月初公布的数据,其仅 2018 年前 3 个月所受理的网络仲裁案件就已近 8 万件。②

总而言之,互联网仲裁理念的推广与实践,以互联网思维对传统社会生活与商业模式的改造为基础,通过处理大量互联网交易纠纷建立新兴非诉争议解决体系,通过仲裁机构间的彼此合作推进互联网仲裁在技术上的不断成熟与模式上的不断突破。

(三)互联网仲裁的资源共享与合作

以网络信息技术为基础的互联网仲裁拥有不同于传统仲裁的服务理念与操作模式,为充分发挥这一新型仲裁形式的显著优势,我国仲裁机构积极促进传统仲裁与互联网仲裁间的高效结合,以互联网为基础建设仲裁资源共享平台,致力于实现不同仲裁形式的互动,推动仲裁信息资源的共享,达到仲裁机构与网络平台间的全方位联动对接。

1. 传统仲裁与互联网仲裁的高效结合

随着“互联网 + ”模式在仲裁行业的深入推进,互联网仲裁的发展以传统仲裁为依托,传统仲裁的进步亦以互联网仲裁的完善为动力。

---

① 参见浙江省人民政府法制办公室:《温州仲裁委开启“互联网 + 仲裁”发展新模式》,载浙江省法制服务网:http://www.zjfzb.gov.cn/n133/n193/n196/c145959/content.html,最后访问日期:2018 年 4 月 18 日。

② 参见《广仲今年网络仲裁受案已近 8 万件》,载法制日报网:http://epaper.legaldaily.com.cn/fzrb/content/20180402/Articel06007GN.htm,最后访问日期:2018 年 4 月 9 日。

一方面,传统仲裁的发展在互联网仲裁的诞生与推广中得以长远化。以临时仲裁为例,其依托互联网信息技术创新打造临时仲裁与机构仲裁的对接机制,开创法律服务资源共享模式,形成机构仲裁、网络仲裁、临时仲裁三位一体的联动格局,从而建设信息化、规范化的法律生态圈。另一方面,互联网仲裁的完善化以传统仲裁为依托,这既体现了互联网仲裁的发展需要以仲裁机构与仲裁规则为基础,亦体现了互联网仲裁裁决的执行需要法院的监督与支持。根据广州仲裁委员会在互联网仲裁领域的实践和互联网仲裁在中国的适用规则,互联网仲裁必须对接线下仲裁方能具备法律效力。因此,应当以智慧引领仲裁的当代发展,促进仲裁机构在互联网仲裁领域的合作,坚持不同的仲裁形式间的开放包容,实现线上仲裁与线下仲裁的对接,打造和推进中国的"智慧仲裁"。

2. 以互联网为基础发展仲裁资源共享平台

互联网已成为共享仲裁信息资源的重要场所,通过互联网建设仲裁资源共享平台,借助先进的互联网技术实现仲裁行业的资源共享与对法律资源的高效利用;通过仲裁机构与互联网公司的合作,创新仲裁服务方式,为纠纷提供高效率、低成本的解决途径。

如今,互联网技术已在我国仲裁机构的工作中得到了日益广泛的应用,我国国内仲裁机构与互联网平台展开合作以共享经验,创造性提出互利共赢的新模式。目前,广州仲裁委员会、武汉仲裁委员会以及贸仲委均在建设以互联网为基础的仲裁资源共享平台上进行了积极的探索与实践。广州仲裁委员会作为在互联网仲裁领域起步较早的仲裁机构,于 2016 年便开始与有关互联网公司展开深度合作,提出发展互联网仲裁的新模式。[①] 至今,广州仲裁委员会的网络仲裁已实现在线申请提交仲裁、网络仲裁开庭、电子裁决书形成、网络送达以及执行的平台建设,并与电子合同供应商"法大大"等有相应资质的机构进行合作,让相关电子合同、电子证据的法律效力在网络仲裁过程中获得更高认可度;[②]武汉仲裁委员会亦积极探索"互联网 + 仲裁"新兴工作模式,与湖北东裕、北京金台(武汉)律师事务所、华债网合作成立服务站,试点网络仲裁云平台服务,至今受案过万件,受案标的额 20 多亿元,[③]其现有的仲裁综合信息管理平台、微信平台、网仲云平台同步运行的服务网络建设工作亦初有成效,通过数据的交互利用,实现了仲裁案件管理的智能化、信息化以及对机构日常工作的在线管理;而中国贸仲委自 2017 年便开始尝试

---

① 参见《网贷催收呼唤合规化,"慧狮科技"想用网络仲裁批量处理海量网贷纠纷》,载凤凰网:http://tech.ifeng.com/a/20171226/44820384_0.shtml,最后访问日期:2018 年 4 月 21 日。

② 南方都市报:"3 个月收 8 万件"。

③ 参见《武汉仲裁委率先开展网络仲裁服务　足不出户可解纠纷》,载荆楚网:http://news.cnhubei.com/xw/wuhan/201610/t3714954.shtml,最后访问日期:2018 年 4 月 21 日。

打造一个仲裁资源的共享平台，以在世界范围内实现优秀仲裁机构的案源共享以及优秀仲裁员在不同仲裁机构之间的互聘互任，①促进国内外企业对我国仲裁机构国际化水平以及仲裁质量的信赖，提升我国仲裁行业的竞争力，增强我国仲裁机构的吸引力。

总之，随着互联网纠纷解决方式对法律难题与技术难点的不断突破，互联网仲裁资源在不同网络平台与仲裁机构间流通，互联网仲裁的模式逐渐得到多方市场主体的认可。

二、中国互联网仲裁的优势与困境

随着互联网技术的深入发展，社会商业关系的运行在互联网的作用下不断进行重构与更新，网络已逐渐落实为现代社会的基础设施，中国互联网仲裁发展迎来了新的时代契机。通过互联网技术与仲裁机制的深度融合，创新仲裁方式，乃是对国家提出的“互联网＋”行动计划的具体贯彻落实；互联网与仲裁的结合乃是中国仲裁在当代发展的应有之义，②是仲裁行业对时代需求的积极回应与对政策号召的响应。近年来，互联网仲裁以其独有的低成本、高效率、便捷性以及瞬时性等诸多优势不断受到纠纷当事人的青睐，这一新型的仲裁形式拥有良好的发展势头与巨大的发展潜力。

（一）中国互联网仲裁的发展优势

在网络时代的大背景下，我国仲裁界近年来通过互联互通、交流合作不断促进仲裁领域的资源共享、优势互补，互联网仲裁既保持着仲裁制度所具有的一裁终局等先天优势，又能够以其相对于传统仲裁而言的独有特征成为我国仲裁创新的重大突破，能够显著降低仲裁成本、提高仲裁效率。目前，随着仲裁行业规范化趋势的加强、网络技术的进步以及相关国家政策的推动，互联网仲裁的模式也在不断创新与进步，互联网仲裁的优势在争议解决的实践中得到了更鲜明的彰显。互联网仲裁与传统仲裁相比有自己的特色与优势。

从互联网仲裁的自身特色看，互联网仲裁具有低成本、高效率、显著的便捷性和开放性等特质。（1）低成本和便捷性。网络信息技术的发展催生了新型的商业交易形式与新型的法律争议，互联网金融业务及电子商务领域有参与主体众多、地域跨度极大、电子证据为主、法律架构创新等特点。互联网仲裁正是建立在新型社会纠纷与法律争议层出不

---

① 参见《贸仲会将打造仲裁资源共享平台》，载法制日报网：http://news.eastday.com/eastday/13news/auto/news/china/20170728/u7ai6971273.html，最后访问日期：2018 年 4 月 21 日。

② 此为在 2015 年 9 月的中国互联网仲裁联盟大会上，由我国著名法学家、中国政法大学校长黄进提出。

穷的基础上,以互联网为内容所产生的法律需求构成了仲裁领域的新兴市场,以互联网为媒介的网络平台促进着仲裁形式的发展,互联网的高度便捷性与高效性使其在短期内占领了仲裁行业,仲裁机构通过对网络技术的运用构建出新型的仲裁形式。在互联网仲裁中,包括提出仲裁请求、举证、仲裁庭调查、辩论等在内的一切仲裁程序均在网上进行,能够节约当事人的差旅成本,解决传统纠纷解决方式中资源消耗大与实践成本高的问题,它的进行不需要当事人出现在特定地理位置,而是能够通过专属的互联网仲裁服务平台更为便捷地解决民商事争议,在降低成本的同时极大提高争议解决的便捷性。(2)高效性。若选择传统仲裁方式,一般要 2 ~4 个月结案,而若申请互联网仲裁,线上仲裁庭一般需要在组成之日起 30 天内作出仲裁裁决,当事人可在 7 天内拿到裁决书,有的甚至最快一天可结案,①有利于及时有效化解纠纷矛盾、保障当事人权益。以武汉仲裁委员会为例,其通过推出网络仲裁新模式及时高效地防控风险,提高了网络金融纠纷案件处置效率,有效地防范和控制了金融风险。(3)开放性。由于互联网中没有特定空间和地点,也没有国界限制,争议各方当事人、仲裁员或仲裁庭等理论上可以分别位于不同的国家,并能够形成一个全球性的网络,这一虚拟特质使互联网仲裁的进行相对于传统线下仲裁而言更具开放性。

从互联网仲裁的发展优势看,当代中国不断完善的法律生态与持续进步的技术水平为互联网仲裁的推广提供了良好的发展环境。一方面,随着国家“互联网 +”顶层部署及 11 项相关行动计划②的出台,仲裁领域的“互联网 +”模式得到国家政策支持,仲裁领域相关法律制度建设不断深化,互联网仲裁的大力推进乃是对国家顶层计划部署的积极响应,而随着我国“一带一路”倡议的深入实施,跨境商事活动快速发展,解决法律争议的需求不断扩大,为互联网仲裁的实践提供了更广阔的市场,互联网仲裁作为一种重要的非诉纠纷解决方式在解决跨境商事争议中将会得到更广泛的适用;③另一方面,互联网仲裁的诞生与初步推广乃是我国仲裁行业对科技发展的主动回应,是我国仲裁机构对仲裁业务形式的积极调整,是对传统仲裁与现代科技相结合的推进,我国仲裁机构在借助网络提升仲裁服务水平的同时,亦通过仲裁为互联网交易构建出完善的争议解决保障支撑体系。因此,在当下的时代背景与政策优势下,我国的仲裁事业应积极应对挑战、把握机

---

① 参见《“互联网 + 仲裁”最快一天可结案》,载长江日报:http://cjrb. cjn. cn/html/2018 – 05/28/content_76442. htm,最后访问日期:2018 年 6 月 8 日。

② 国务院《关于积极推进“互联网 +”行动的指导意见》于 2015 年 7 月出台,指出到 2025 年,“互联网 +”新经济形态初步形成,“互联网 +”成为我国经济社会创新发展的重要驱动力量,并提出了 11 个具体的行动。

③ 参见《中国互联网仲裁联盟在穗成立》,载南方日报网:http://news. 163. com/15/0926/00/B4D8P8P600014AED. html,最后访问日期:2018 年 4 月 11 日。

遇，创新非诉纠纷解决机制，在规范的操作指引和监督下，深入推进高效便捷的“互联网＋仲裁”模式。

（二）中国互联网仲裁的发展困境

互联网的迅速发展和广泛运用为互联网仲裁的推广奠定了物质基础，但任何一种新型纠纷解决形式的完善都需经历一定的过程，在实践与理念的打磨中不断向前发展。互联网仲裁在我国的发展刚刚起步，存在尚待进步之处，唯有突破“瓶颈”与困境，我国的互联网仲裁才能向更深远推进，发挥更大社会价值。

第一，互联网仲裁在当代中国发展的困境，首先体现在不断扩大的纠纷解决需求与制度建设及技术发展尚待完善之间的矛盾。一方面，互联网金融、电子商务等行业是我国社会经济发展到现阶段所必然出现的产业形式，伴随国内网络经济浪潮、互联网领域新型商业模式不断涌现，以网络为基础的法律争议海量化出现，如涉及网络金融或电子商务等争议。互联网仲裁在增强我国仲裁机构纠纷解决竞争力的同时，也增加了涌向仲裁市场的法律争议。而另一方面，我国的互联网仲裁目前尚处于发展初期，众多的法律争议为纠纷的解决带来了网络技术与制度上的挑战，借助互联网仲裁高质量地处理批量化法律争议在实践中存在困难，当前阶段的互联网仲裁与处理海量法律争议之间尚有一定距离。

第二，专门性网络仲裁规则及电子证据相关规范的不够完善，亦是中国互联网仲裁向更深远发展时面临的“瓶颈”。作为一种新兴的争议解决方式，互联网仲裁在书面形式以及签名等要素上区别于一般形式的仲裁，但互联网仲裁与常规仲裁一样，究其本质仍是一种仲裁程序。在传统仲裁中，仲裁程序需要依据《仲裁法》以及各地仲裁机构的《仲裁规则》进行，而互联网仲裁想要与传统仲裁具有同样的法律效力也应遵循一定的仲裁规则。在互联网仲裁的现有实践中，近年来已有不少仲裁机构发布了自己的《网络仲裁规则》，①但已有的《网络仲裁规则》在数量上只是少数，在内容上也并未发展充分，并不能完全满足现有网络仲裁对规则的需求，如有的仲裁机构在其规则中规定当事人在仲裁协议中明确约定通过互联网仲裁的形式解决争议，并可选择进行互联网仲裁的案件并不限于因网络交易产生的争议，但却并未从实质上对网络仲裁的受案范围予以明晰，反而易给当事人造成困扰；又如互联网仲裁中电子证据的问题，如何确保电子数据的真实性以及裁决者如何对电子数据进行认定乃是互联网仲裁规则中不可回避的重要问题，然

① 如《广州仲裁委员会网络仲裁规则》《深圳仲裁委员会网络仲裁规则》《中国国际经济贸易仲裁委员会网上仲裁规则》等。

而,我国仲裁领域现行的法律与规则并未就仲裁庭以及当事人对电子数据的收集作出明确的规定。

第三,互联网仲裁裁决的承认与执行在实践中仍面临困境,尤其是涉外仲裁裁决跨境的承认与执行。① 随着电子技术的发展与电子商务的普及,互联网仲裁的推广乃是仲裁行业的大势所趋,由互联网仲裁所作出的裁决顺利得到承认与执行则体现了互联网仲裁的效力,因而如何使互联网仲裁的效力与传统仲裁一致,使其仲裁裁决的效力得到承认和执行便是互联网仲裁得到实现和发展的首要基础。但传统仲裁经过多年的发展已在各国的法律规定中基本趋于一致,具备了很强的制度化特征,即传统仲裁的制度化构建在世界各国形成了高度认同,但传统国际商事仲裁裁决的承认与执行有其局限性。而尽管互联网仲裁同样具有终局性与可执行性,但互联网仲裁与普通传统仲裁的不同在于互联网仲裁并没有明确的地理界限。在目前许多国家的国内仲裁法以及仲裁领域的国际条约中,都将仲裁员的签名和书面形式等互联网仲裁中不具备的要素作为必需,并且互联网仲裁发展至今,亦并未建立某种统一的程序标准,互联网仲裁相关标准及程序法律规定有所缺乏。从国际范围来看,"互联网 + 仲裁"的发展模式尚处在尝试和起步阶段,各国对这一全新的仲裁模式并未形成一致的看法,相应的规则和制度也远未有效地建立起来,在申请承认和执行涉外网络仲裁裁决时也产生不少问题,如网络交易主体的虚拟化和低龄化会对当事人行为能力产生影响,如网络仲裁裁决在面临公共政策的审查时会存在更多的风险和更大的不确定性,②又如互联网仲裁裁决的电子形式在不同国家法院与法律中面临不同的解释,这些都可能在一定程度上降低互联网仲裁裁决的效力。

总而言之,互联网仲裁在显著提高仲裁效率的同时也改变了传统仲裁中仲裁员与当事人之间面对面交流的审理方式,因而如何保障当事人所必要的程序权利、增强互联网仲裁处理争议的能力以及完善互联网仲裁的制度建设成为互联网仲裁实践的重点和难点。目前,互联网仲裁在我国发展至今所体现的有待改善的问题主要来源于技术上的不成熟与法律上的不完备。这两方面是制约我国互联网仲裁在国际上获得竞争优势的"瓶颈",亦是互联网仲裁在当代中国仲裁领域的发展中应着力提升的重要内容。总体上,面对互联网仲裁的显著优势及其在当下发展中的困境,我国仲裁行业应立足时代背景,积极利用这一新兴仲裁形式的优势,主动克服困境,努力构建具有中国特色的"互联网 + 仲裁"模式。

---

①　尽管互联网仲裁裁决在实践中有非常高的执行率,但总体上执行问题仍是互联网仲裁深入发展需进一步突破的内容。

②　参见胡廷松:《〈纽约公约〉体制下在线仲裁的承认与执行》,载《华侨大学学报》(哲学社会科学版)2008 年第 3 期。

三、中国互联网仲裁的发展方向

我国互联网仲裁的发展近年来不断受到多方重视,并在全国多家仲裁机构的积极推动下得到了实质性的发展,形成了我国仲裁行业的特色与优势。但客观上,我国的互联网仲裁相较国际上其他国家起步较晚,因此,在我国互联网仲裁的发展中,可以适当考虑并吸收国际上其他仲裁机构在发展互联网仲裁领域的理论研究与实践经验,探索更具针对性的互联网仲裁发展模式,以坚定信心与开放心态使中国仲裁在国际仲裁领域位列前沿、占据优势。

(一)外国互联网仲裁的实践经验

在当今互联网时代,仲裁的无地域性特征更显著,仲裁在国界间的壁垒与障碍在更深层次和更广范围内被打破,互联网仲裁作为沟通全球非诉争议解决的重要方式在其中起着关键作用。因此,为促进我国互联网仲裁的长远发展,我国的互联网仲裁在制度构建上也需做到与国际接轨,不断与国际上其他仲裁机构展开实践与理论的交流,积极引进国际仲裁的先进做法,努力吸纳外国互联网仲裁的优秀发展经验,在结合我国自身仲裁特点的基础上完善我国互联网仲裁的服务以提升我国仲裁行业的整体水平。

从世界范围来看,互联网仲裁发展较早,早在 1988 年互联网仲裁程序就已进入产业化发展阶段,至今世界上建立了互联网纠纷处理机制的网站已达 20 多个。互联网仲裁在世界上的第一个实验项目——优秀裁判官项目(Virtual Magistrate Project, VMP)由美国仲裁协会与维拉诺瓦大学法学院联合举办,并由美国国家信息自动化检索中心(National Center for Automated Information Research)自 1996 年 3 月开始运营。除此之外, Online Ombuds 和 Cyber Tribunal 等亦是国际上比较重要的互联网仲裁机构。2000 年国际上便已有 3 个机构被授权开展互联网仲裁服务,其中包括美国"CPR"争议解决中心,美国"国家仲裁"以及日内瓦"世界知识产权组织(WIPO)仲裁与调解中心"。相对于我国的互联网仲裁而言它们的发展起步更早,因此,我国仲裁机构可通过吸收外国仲裁机构在互联网仲裁领域所形成的实践经验以完善自身在互联网仲裁领域的制度建设,使我国互联网仲裁的运行更好地迈向规范化与法制化。

一方面,关于互联网仲裁中的仲裁规则。如美国仲裁协会、赛博仲裁庭、加拿大网上争议解决中心等目前在国际上比较有影响力的网络仲裁机构均制定了自己的仲裁规则。如美国仲裁协会的宗旨在于通过网络调解或者网络仲裁的方式处理网上纠纷,其于 2001

年7月便制定了全世界第一个针对网络仲裁程序的专门性规则，即《网上仲裁补充程序规则》，这一规则的制定标志着网络仲裁制度的发展与完善。而如英国的网络仲裁程序则具有程序完整度高、法律保障性强、纠纷普及面广等特点。由此可见，与时俱进建设规范化、完善化的网络仲裁规则是一国互联网仲裁得到持续深远发展的制度基础。

另一方面，关于互联网仲裁裁决的效力问题。国际上不同仲裁机构对网络仲裁裁决的效力有各自不同的规定，不少仲裁机构在认可网络仲裁裁决效力的同时亦对其规定了一定的限制性条件，如在世界知识产权组织（World Intellectual Property Organization，WIPO）的网上仲裁程序中，当事人即使在仲裁员作出裁决之后仍保有向其本国法院起诉的权利，而互联网名称与数字地址分配机构（Internet Corporation for Assigned Names and Numbers，ICANN）的统一域名争议解决政策（Uniform Domain Name Dispute Resolution Policy，UDRP）也规定，当事人的网上争议解决程序并不是排他的，因而其不禁止当事人在开始仲裁程序后或者作出裁决后另行向法院起诉。同时，根据UDRP的有关规定，仅在双方当事人达成合意认同裁决具有最终的效力时，仲裁庭所作出的裁决才具有了终局性，否则当事人可以将仲裁庭已经做出最终裁决的纠纷提交到有关法院进行起诉。当然包括Square Trade等在内的网络仲裁服务机构明确规定了其仲裁庭所作出的裁决具有终局性，而美国基于意思自治原则采纳了UDRP的规定。由此可见，网络仲裁裁决效力的规定乃是为使其规范化而并非绝对化。

（二）中国互联网仲裁的完善

我国应重点加强网络仲裁自身能力建设，不断完善中国互联网仲裁的实践机制，满足当事人要求迅速高效解决相互间商事纠纷的迫切愿望，促进我国仲裁事业走向国际仲裁领域的前列。

第一，建立健全我国互联网仲裁的相关制度，全面增强互联网仲裁领域的规范化。从我国仲裁行业现有的实践来看，自我国《仲裁法》实施以来，我国现行的《仲裁法》与我国全面推进依法治国的总目标之间尚有一定距离，我国仲裁行业的理论与实践中还有不少问题有待修正与完善。① “欲行其实，必先正其名”，现有的仲裁实纷繁复杂，互联网仲裁制度在《仲裁法》的框架下已有变革的冲动。首先，就相关立法而言，可在已有法律范畴内对现有法律制度进行恰当调整，通过对《仲裁法》作出适当修改以在法律上对互联网

① 在2015年由广州仲裁委员会主办的全国互联网仲裁联盟大会上，我国知名法学家、中国政法大学校长黄进发表了题为“互联网仲裁与仲裁法的修订和完善”的发言，并在其中表示相关法律的完善化是我国互联网仲裁向深远发展的前提。

仲裁予以明确。同时,通过制定兼具便利性与高效性的互联网仲裁规则以加强互联网仲裁的规范化建设。其次,就司法而言,完善对互联网仲裁的司法监督,进一步明晰网络仲裁中相关争议的可仲裁性和裁决的可执行性。最后,就理论研究而言,当前互联网仲裁的实践以理论研究的充分深入为基础,建立一流的互联网仲裁研究基地或中心是完善中国互联网仲裁的有效路径。总之,建设规范化的互联网仲裁机制乃是促进互联网仲裁与传统仲裁相得益彰的制度前提。

第二,增强仲裁机构间的合作,加强仲裁行业相关规范,全方位提高网络仲裁服务水平。一方面,积极营造公正、高效的仲裁市场,并在市场需求的催化下将网络仲裁与其他互联网平台相接洽,促进仲裁机构之间以及仲裁机构与相关互联网公司之间的合作以加强仲裁市场与互联网行业的联系,凸显我国仲裁服务的高质量与创新性;①另一方面,努力建设一支兼具公正性与专业性的仲裁员队伍,对仲裁员组织进行专业能力与网络技能的培训,为我国互联网仲裁的进一步推广与普及打下人才队伍的基础,从而构建起适应我国电子商务争端解决快捷性和便捷性要求并符合国际通行的互联网仲裁程序标准,增强网络仲裁行业专业水平。总体上,这样可使我国的互联网仲裁既能够有效服务于当今时代的互联网经济又能够高效利用网络技术以创新仲裁服务。

第三,加大对互联网基础设施的建设力度以增强对互联网仲裁的技术支持。在我国互联网仲裁的实践中,相关的技术支持一直在不断进步,已实现了从仲裁立案、证据提交、仲裁组庭到仲裁裁决的全流程网络建设,我国的仲裁服务不断通过对互联网技术以及相关信息的高效利用以实现仲裁信息对接与流通的便利化。以武汉仲裁委员会为例,其云平台通过身份验证、人脸生物识别、电子商务认证(Certificate Authority,CA)等技术固化电子证据,确保办案质量。② 而在中国互联网仲裁的未来发展中,更应通过不断提高技术支持以提升互联网仲裁的服务水平,加大互联网技术在仲裁行业的普及力度,加强互联网基础设施建设,利用现代网络信息技术增强其安全性和可靠性,提升当事人对互联网仲裁的认可度,增加当事人对于网络环境以及互联网仲裁的信任度。其中,包括建设固化电子证据信息系统以促进完善网络仲裁运行程序,以进一步明确和规范虚拟交易中电子证据的收集与认定;也包括引入电子身份认证机制等高新网络技术以保证网络安全,加速互联网的运行,避免互联网仲裁在进行中出现传送资料迟延等问题,从而在整体上为互联网仲裁的顺利进行提供一个安全、良好的网络环境。

---

① 参见龚少阳:《"互联网+"时代的网上仲裁:国际商事仲裁的新路径》,载《南都学坛》(人文社会科学学报)2015年第6期。

② 参见《为解决金融纠纷提供新途径,"互联网+仲裁"最快一天可结案》,载长江日报:https://mp.weixin.qq.com/s/eCoB4ZraDkSHWThF9kdqJw,最后访问日期:2018年5月30日。

因此，尽管中国互联网仲裁在现阶段的发展仍受“瓶颈”制约，[①]但以网络技术为依托创新仲裁形式仍在当代中国的仲裁实践中得到了仲裁机构与仲裁人才队伍的积极推动，并取得了明显的工作成果。在过去数年间，我国仲裁界在制度运行不断规范化的基础上通过加强不同机构间的合作，优化对网络仲裁资源的利用，提高网络仲裁案件的办理质量，多方面建设“互联网 + 仲裁”模式。而面向未来，则更应以包容与积极的态度完善互联网仲裁的相关制度，以开放的心态接纳外国在互联网仲裁领域的优秀实践经验，深刻把握时代特征，富有成效地开展互联网仲裁工作，引领、规范、提升我国互联网仲裁事业的建设，以全新的仲裁形式与灵活多样的纠纷解决方式构建起我国仲裁在当代的发展与创新，利用互联网仲裁为全社会提供更好的法律服务。

第二节　中国仲裁的品牌化与专业化

中国仲裁多年来在现代发展的道路上不断前行，致力于提高仲裁质量，提升核心竞争力，努力突破已有工作成果，以专业化为基础推进仲裁事业建设，以高质量的仲裁服务水平打造仲裁品牌。

一、品牌化与专业化的关系

在《仲裁法》施行 20 余年以来，我国的仲裁制度已经被越来越多市场主体了解、接受、选择，在推进我国“一带一路”倡议的历史性时刻，提升我国仲裁的影响力，我国国际商事仲裁的现代化任务尤其突出。要使我国仲裁事业的推进更具质量与效率，离不开仲裁专业化与品牌化的建设。具体而言，仲裁的专业化是仲裁制度的显著特点与发展前提，是我国仲裁事业的基石，是社会经济健康发展的保障；仲裁的品牌化则是仲裁事业向更深远发展的目标，是我国仲裁人孜孜以求的理想，是中国仲裁进步的方向。在实现我国仲裁现代化的发展任务中，仲裁的专业化乃是必经的过程，仲裁的品牌化则是一条必由之路，专业化与品牌化之间相辅相成，共同构成了中国仲裁发展的基础。因此，我国仲裁行业多年来始终立足专业、面向品牌，努力拓宽仲裁市场，着力创新发展思路，构建出多元化的仲裁服务方式与高质量的仲裁服务水平，与各国仲裁界一道推动着仲裁在更广

---

① 如依然存在网络技术发展有待充分、网络仲裁规则和电子证据尚待完善、涉外网络仲裁裁决的承认与执行面临困境等问题。

领域内得到运用。①

(一)专业化是品牌化的前提基础

专业化建设对我国仲裁事业的推进举足轻重,它是实现仲裁品牌化的前提,是高水平仲裁机构的重要内涵,是仲裁行业走向深远发展的出发点和落脚点。近年来,随着仲裁制度的发展,中国仲裁正在进入速度型向质量效益型、内涵型的过渡,②积极面向时代需求,立足于专业建设,着力提升仲裁质量与仲裁人员专业素养,优化仲裁机构内部管理水平,是深化仲裁体制改革的一个方向。总体上,我国仲裁事业的推进正实现以专业化为基础向品牌化的延伸。

就仲裁专业化而言,其作为仲裁品牌化的基础主要体现在三个方面:其一,仲裁的专业化建设以专业人才培养为导向,培养高水平的仲裁队伍有利于提升服务质量与市场认可度,有利于面向优质案源,打造中国的仲裁品牌;其二,仲裁专业化的外在表现是仲裁裁决的高度专业化,通过高质量的仲裁裁决形成行业公信力,提高我国仲裁的国际影响力,树立高水平的仲裁品牌形象,使当代中国的仲裁能够更好地服务于当代中国的市场经济发展;其三,在进行仲裁专业化建设的过程中,深化仲裁机制改革,实施"仲裁营销"策略,实践"仲裁市场化"的理念,实现制度与市场的深度融合,不断增强纠纷解决市场对中国仲裁的信赖,借助专业化定位将仲裁服务向纠纷解决市场深入推广。

近年来,我国仲裁机构不断将专业化建设作为自身工作重点,面向市场需求,紧跟社会经济发展步伐,形成明确的专业定位与发展方向,不断创新仲裁服务形式、提高仲裁服务水平,坚持走仲裁服务专业化道路,最大限度地满足当事人对仲裁纠纷解决机制的需求。如武汉仲裁委员会数年来不断加强专业优势,以专业水平构建仲裁机构发展的核心竞争力,其在持续十几年受案数量排名全国第一的前提下,最近 5 年又实现了数量稳定而标的持续增长的良好态势,依靠专业形象在非一线城市塑造出了一流的专业品牌;又如上海国际经济贸易仲裁委员会作为我国首批进驻自贸区的仲裁机构,围绕中国(上海)自由贸易试验区、"一带一路"国家战略大局,以国际化、专业化的争议解决服务为基础,高效制定并颁布了《自贸区仲裁规则》,积极发挥专业优势,精准定位,主动研判争议解决的潜在需求,优化我国商事仲裁的法治环境,为"一带一路"国家间经贸投资及法律外交

---

① 参见《2017 中国仲裁高峰论坛在京召开》,载中国贸易新闻网:http://www.chinatradenews.com.cn/content/201709/21/c4977.html,最后访问日期:2018 年 4 月 2 日。

② 参见武汉仲裁委员会常务副主任刘建勤发言:《提高仲裁公信力　仲裁员要专业化职业化国际化》,载 http://news.eastday.com/eastday/13news/auto/news/china/20180318/u7ai7530317.html,最后访问日期:2018 年 5 月 17 日。

战略构建专业平台。

(二)品牌化是专业化的终极目标

如果专业化是我国仲裁行业繁荣兴旺的前提基础,那么品牌化则是我国仲裁行业发展升级的终极目标。品牌是仲裁机构专业化和公信力的外在表现,也是进行市场竞争的重要法宝。

近年来,一流的仲裁品牌机构建设颇受关注,是国内许多仲裁机构的发展目标,也是负责仲裁联系工作的国务院法制办的着力点。① 我国的仲裁机构先后开始“二次创业”,在品牌建设上取得了令人瞩目的成绩。② 贸仲委始终以树立公正仲裁的国际品牌形象作为其追求与奋斗的重要目标。从20世纪90年代起,贸仲委受案数量迅速跃居世界仲裁机构之前列,并以其独立公正和快捷高效的仲裁服务在国内外享有盛誉,被誉为最繁忙的国际仲裁机构之一。③ 在此过程中,贸仲委仲裁的国际影响力日益提升,国际认可度大幅增加。④ 武汉仲裁委员会在全国255家仲裁机构中受理案件的数量连续15年位列全国第一,受理案件的标的额连续多年位列全国前四位,在维护市场经济秩序、改善投资环境、增强外商在中国投资的信心等方面发挥了积极作用,已成为华中地区最具影响力的仲裁服务品牌,并在此基础上向着建设世界一流仲裁服务机构的目标而努力。此外,上海国际仲裁中心先后设立中国(上海)自由贸易试验区仲裁院、上海国际航空仲裁院、金砖国家争议解决上海中心、中非联合仲裁上海中心等专业平台,形成良好的品牌效应,案件当事人遍及全国各地及世界上70余个国家和地区,仲裁裁决已在全球近50个国家和地区得到承认和执行。

二、中国仲裁的专业化

《仲裁法》第12条和第13条⑤对仲裁委员会的组成和仲裁员的资格进行了规定,突

---

① 参见《中国成为国际仲裁中心须四个要件》,载法制网:http://www.legaldaily.com.cn/index/content/2017-03/16/content_7056256.htm?node=20908,最后访问日期:2018年5月3日。

② 参见陈忠谦:《二次创业:中国仲裁发展的必由之路》,载《仲裁研究》2005年第3期。

③ 参见张利娟:《中国贸仲委打造国际化仲裁品牌》,载《中国经贸》2012年第10期。

④ 参见中国国际经济贸易仲裁委员会江苏仲裁中心:《中国仲裁的国际品牌　国际仲裁的中国经验——中国贸仲委副主任王承杰谈贸易仲裁作用和影响》,载《新华日报》2018年1月18日,第4版。

⑤ 《仲裁法》第12条规定,“仲裁委员会的主任、副主任和委员由法律、经济贸易专家和有实际工作经验的人员担任。仲裁委员会的组成人员中,法律、经济贸易专家不得少于三分之二”;第13条规定,“仲裁委员会应当从公道正派的人员中聘任仲裁员。仲裁员应当符合下列条件之一:(一)通过国家统一法律资格职业考试取得法律职业资格,从事仲裁工作满八年的;(二)从事律师工作满八年的;(三)曾任法官满八年的;(四)从事法律研究、教学工作并具有高级职称的;(五)具有法律知识、从事经济贸易等专业工作并具有高级职称或者具有同等专业水平的。仲裁委员会按照不同专业设仲裁名册”。

出体现了仲裁的专业性特质。总体上,《仲裁法》在我国施行20余年以来,我国的仲裁制度已被越来越多市场主体了解、选择、接受,而完善的仲裁制度是建设现代法治的重要内容,以仲裁专业化为基础方能更好更快地推进中国仲裁的发展。因此,我国仲裁行业多年来以提高仲裁裁决质量为目标、以提升仲裁人员专业素养为方向、以优化仲裁机构内部管理水平为路径,深入推进仲裁机构改革,构建更具专业性的仲裁机构与仲裁机制。

(一)注重提升仲裁裁决质量

仲裁裁决的作出是仲裁程序中最关键的一步,随着仲裁案件的日趋复杂化、多元化,我国仲裁的专业化建设应以作出具有高专业水准、高质量的仲裁裁决为目标,公平、高效地为当事人定分止争,最大限度地发挥仲裁优势、体现仲裁价值。

我国仲裁行业在推进自身专业化发展的过程中,以仲裁机构为主体严格把握仲裁案件质量建设。首先,牢抓仲裁案件审理的专业化,从根本上提高仲裁机构的专业水平,全面打牢仲裁发展基础,着重将争议双方当事人的认可度作为评价仲裁机构工作质量的出发点和落脚点。通过对复杂案件与典型案例的分析研讨、对最新法律法规与行业规范的学习、对仲裁经验的交流以提升仲裁机构的业务能力、增强我国仲裁行业人才队伍的综合素养,提高仲裁裁决专业度,提升仲裁裁决公信力。以武汉仲裁委员会为例,其始终秉承着"案件质量是仲裁工作的生命线"这一理念,不断提高专业素养,对金融、房地产、知识产权、知识产权、海事海商以及涉外领域的仲裁员展开培训,打造出一流的仲裁队伍。① 其次,以规范仲裁程序管理模式为主要方式。此即中国仲裁以科学规范的办案流程作为保证办案质量的基础,以高标准的仲裁质量管理体系严格要求自身,在仲裁机构内部对各个办案环节作出明确规定,并做到精细化管理与监督,打造具有高度专业的仲裁形象,提高我国仲裁机构竞争力,有效增加当事人选择仲裁方式解决纠纷的比例。武汉仲裁委员会长期严谨细致地开展裁决书核阅工作,完善复核档案登记制度,严格执行案件质量大检查工作,为当事人法律争议的有效解决提供了规范的管理体系。最后,以兼顾效率与公平为重要目标。兼顾效率与公平是我国争议解决机制中的重要原则,仲裁自然也不例外,实践中仲裁裁决质量的提高不断促进着我国仲裁裁决在追求效率中注重公平,提高仲裁服务水平,在公平与效率之间求得平衡,使市场经济主体能够信任仲裁、选择仲裁,并促进我国仲裁事业在公平与效率中稳步发展。

---

① 参见《视案件质量为生命 打造一流仲裁队伍 武汉仲裁 全年受案量历史新高》,载武汉仲裁委员会官网:http://www.whac.org.cn/index.php/News/details/type/26/id/5767.html,最后访问日期:2018年5月26日。

总之，中国仲裁在现代发展的道路上前行至今，专业化程度不断提高。仲裁裁决是最能有效反应仲裁专业水平的内容，裁决质量的提高是我国仲裁行业着力建设的重要内容，它的提升体现着我国仲裁事业发展的专业化路径。

（二）提高内部管理监督水平

仲裁作为一种非诉纠纷解决机制有诸多优势，如程序的快捷、灵活以及裁判的专业、权威等，而优势的充分发挥在很大程度上取决于仲裁机构内部的管理监督水平。通过优化机构管理水平、强化监督管理力度以促进仲裁机构的规范运行，方能把中国仲裁界的蛋糕做大。

在中国仲裁的实践中，市场条件下的商事仲裁机构不仅面临着来自国内其他纠纷解决机制的竞争，而且面临着来自外国仲裁服务提供者的竞争，因此，中国仲裁机构在激烈的市场竞争潮流中不断提升自我，致力于提高仲裁机构内部的监督管理水平，注重仲裁工作的创新与仲裁公信力的建设，促进仲裁行业自律发展，规范仲裁行业竞争秩序，呈现更专业、效率更高的法律服务。① 首先，以广州仲裁委员会为代表在机构仲裁以及互联网仲裁中进行统一设置以达成仲裁资源的优化分配，增强仲裁机构的灵活性与对新时代的适应性，全方位满足当事人的需求。其次，仲裁机构严格遵守法律法规和相关规章，转变监管理念，融服务于管理，完善仲裁程序的事中及事后监管措施，并建立科学有效的仲裁员培训考核制度、仲裁员披露制度以及信息保密措施等兼具规范性与实用性的管理制度。各仲裁委员会大力建设仲裁员在内部评价管理方面的工作以提升程序效率。最后，我国仲裁服务的提供针对中国特色与中国实践将中国仲裁定位在首先服务于中国企业，并坚持走中国特色的仲裁发展道路以优化我国仲裁机构内部的监督管理机制，以中国现有的法律环境为依托拓宽仲裁服务的社会视野。② 概言之，对于仲裁机构内部的监督管理，乃是通过潜移默化的力量从宏观角度保障仲裁裁决的质量以推动仲裁的专业化建设，不断深化与强化仲裁机构内部的传统监督力度和范围，持续完善仲裁员在道德纪律方面的软约束，对仲裁庭作出的裁决予以适当的监督，③促进仲裁机构的独立性与权威性，提升仲裁的公信力，既保证一裁终局的高效性，又能够对仲裁裁决予以公平的权衡。

---

① 参见张虹玉、韩伟：《“一带一路”语境下国际商事仲裁专业化路径探析》，载《广东开放大学学报》2016 年第 2 期。

② 参见中国政法大学仲裁研究院：《仲裁研究院成功举办第三届上海国际仲裁周高峰论坛热议仲裁公信力建设评估》，武汉仲裁委员会李登华发言，载 http://www.chinaarb.org/information/details/793ffdfcd6214a85962387832736fa58，最后访问日期：2018 年 5 月 21 日。

③ 参见李燕：《试论我国仲裁监督体制的完善》，载《学术界》2009 年第 5 期。

总之，仲裁机构自身的体系构造决定了仲裁机构内部监督的必要性，仲裁机构监督管理水平的提升是增强仲裁机构专业化建设的必要之举。在我国司法体制改革的宏观背景下，仲裁机构作为一级裁决机构努力加强自律性监督，勇于创新、敢于创新，根据社会发展趋势不断创新仲裁服务方式，拓宽服务领域、提升服务效能，以提高裁决质量、增强仲裁专业化。

（三）丰富仲裁员专业背景

仲裁的专业化建设是我国仲裁事业20余年的不断发展中所着力推进的重点内容。仲裁员是仲裁制度真正的践行者，在仲裁机构中居于主体地位，仲裁的专业化既体现在仲裁机构的专业化，亦体现在仲裁员知识结构的专业化。因此，在仲裁专业化的建设中，仲裁员的要素首当其冲，优化仲裁员职业共同体有助于促进中国仲裁在专业化路径上的不断完善，为仲裁制度的健康发展提供保障。

首先，仲裁员的专业化体现在严格规定任职资格。对于仲裁员的资格，世界各国的规定不尽一致，如意大利、韩国等国对仲裁员资格给予了严格的规定，并规定了不得担任仲裁员的一些情形，而德国、日本等国对仲裁员的规定则较为宽松，同时也有少数国家对仲裁员的资格并未作出明确的规定。目前，我国仲裁机构选聘仲裁员的标准在逐渐提高，仲裁机构对仲裁员的需求也越来越走向专业化和职业化。① 具体而言，我国仲裁机构选择仲裁员除了参照法律规定的基本标准外，还会按照特定的机构标准，并综合考虑其价值认同、国际视野等因素。② 例如，青岛仲裁委员会在选拔仲裁员上突出“专家办案”的特色，吸收借鉴国际知名仲裁机构的先进做法，提升仲裁员聘用标准，建设专家型仲裁员队伍；武汉仲裁委员会坚持“仲裁机构与仲裁员双向选择”的方向，在对仲裁员的选拔上优中选优，着力打造仲裁职业共同体，以促进更多的专家进入武汉仲裁委员会的仲裁员队伍，努力建设仲裁公信力。总体上，在我国多家仲裁机构的不懈努力下，我国仲裁行业发展至今正不断涌现出越来越多优秀的仲裁员，为仲裁事业的建设撒下了星星之火燎原大地的火种。

其次，仲裁员的专业化体现为优化对仲裁员队伍的管理。一方面，仲裁机构通过制定专业仲裁员名册以进一步规范对仲裁员的管理，完善仲裁行业用人机制，并以此为契机向纠纷解决市场推广仲裁服务，如青岛仲裁委员会按照仲裁发展规律和市场需求建立

---

① 参见《仲裁员要专业化国际化职业化》，载法制网：http://www.legaldaily.com.cn/zt/content/2018-03/22/content_7503275.htm?node=91035，最后访问日期：2018年4月20日。

② 此为武汉仲裁委员会常务副主任、仲裁办党组书记、主任刘健勤介绍内容。

用人机制、完善人才评价标准，吸引优秀人才组建优质服务团队，为当事人和仲裁员提供与国际知名仲裁机构相匹配的一流仲裁服务；①另一方面，仲裁机构加强与社会不同机构间的创新合作，建设高专业水平、多元化专业背景的仲裁队伍。具体合作包括与法院等进行专业性合作，以更好地发挥仲裁在我国多元化纠纷解决机制中的作用；与律师协会展开战略合作，在律师界选聘具备高职业素养与业务水平的律师进入仲裁员队伍；与有关行业协会展开积极配合与密切联系，并通过行业协会的渠道不断吸收高质量人才进入我国的仲裁员队伍，为我国法律体系的现代化建设储备人才。

最后，仲裁员的专业化在仲裁实践中不断提升，仲裁水平在实践中不断提高。一方面，仲裁机构为提升仲裁员专业素养展开专业培训，提升专业化水准，坚定地走“专业化”发展道路；②一些仲裁委员会则与专业培训机构展开合作，举办专门的仲裁员培训班，与国内知名高校联合成立研究机构支持与仲裁相关的学术研究项目，设立仲裁基地，培养仲裁人才资源；一些仲裁委员会与律师协会展开行业合作，举办专业研讨培训，建立仲裁员选聘及考评机制，在专家论证以及专业推广等方面展开深度合作。另一方面，仲裁机构广泛与我国港澳台地区以及其他国家和地区的经济、贸易、法律和科技人才、组织等进行交流，学习与传授仲裁经验，拓宽仲裁员跨境视野，增强仲裁实务操作经验，扩大我国仲裁的认可度与认知度。

（四）仲裁机构深化改革

仲裁制度的完善对促进经济健康发展有着不可忽视的作用，完善的仲裁制度能够同时体现效率与公平的优势，适应灵活多变的市场特性，依赖专业化路径综合运用商业逻辑与法律逻辑，促进创造优质的法治环境。因此，我国的仲裁机构改革以专业化的法律服务为目标，在此基础上坚持专业细化的发展方向，推出多元化仲裁服务，在现有仲裁理论与实践的基础上主动回应市场需求与动向，尊重仲裁行业发展规律，推出兼具专业性与创新性的仲裁服务，以专业化为基础构建出机制灵活、独立高效的仲裁机构管理运行模式。以1994年《仲裁法》颁布为标志，我国成功地推行了仲裁机构的改革，破除了诸多行政部门进行行政性仲裁的体制，彻底改变了仲裁工作混乱的局面，建立起了与社会主义市场经济体制相适应的仲裁机构体制，③以众多宝贵的成果与成功的经验为我国仲裁

---

① 参见《打造国际一流仲裁机构之路》，载青岛财经日报：http://news.hexun.com/2015-05-13/175757891.html，最后访问日期：2018年5月17日。

② 参见《临沂仲裁委深入推进仲裁专业化建设》，载临沂市政府官方网：http://www.lyfz.gov.cn/info/1010/3043.htm，最后访问日期：2018年4月20日。

③ 参见《解放思想　推进仲裁体制和机制改革》，载北京仲裁委员会官网：http://www.bjac.org.cn/news/view.asp?id=1516，最后访问日期：2018年5月26日。

事业的健康发展奠定了重要基石。

近年来,我国的仲裁事业以仲裁机构深化改革、加强专业化建设为重要特征迎来了仲裁发展的加速期。第一,我国的仲裁机构改革致力于回归仲裁提供市场服务的本质,坚持市场化的发展方向,在仲裁机构自身特质的基础上准确把握其市场化的发展定位,以回归仲裁的商业服务本质作为基本的改革方向,以提供更为专业与高效的法律服务为出发点和落脚点,完善我国仲裁机构的职能划分,以市场需求为导向,推动我国仲裁法制的发展与建设;第二,我国仲裁机构发挥专业优势,高效利用仲裁资源,主动应对国家战略与全球形势带来的机遇与挑战,积极回应国内外商事主体对于细化仲裁专业的需求,通过打造高度专业化的仲裁环境增强仲裁机构专业水平,提高仲裁公信力。在中国自由贸易试验区扩容后,上海国际仲裁中心于天津、福建、广东三地的仲裁机构联合发起设立中国自贸区仲裁合作联盟,建立了亚太仲裁机构交流合作机制,共同提高我国商事仲裁的专业化水平;第三,我国多家仲裁机构主动推动多元化的仲裁服务,适应市场需求,开发新的仲裁服务产品,对"互联网 + 仲裁"等新兴仲裁形式展开制度与实践上的探索,积极拓宽网上仲裁服务的领域与质效,促进仲裁服务供给形式的多元化,以多元化建设仲裁业务水平全方位的专业化,并与国外仲裁机构探索多元化合作模式。

总之,随着市场经济日益发达,交易规则日趋复杂,社会分工逐渐细化,由此产生的社会纠纷需要依托更具专业水准的方式进行解决。面对纠纷市场的需求,在当代中国对仲裁的建设更应以专业化为引导,夯实基础,与高效率高质量解决社会纠纷相对应,推动专业化成为我国仲裁界最显著的标识,并在此前提下以品牌化为目标,促进着我国当代仲裁的发展向更深远的层次推进,为"一带一路"争端的预防和解决贡献力量。

三、中国仲裁的品牌化

(一)打造仲裁机构品牌

打造仲裁机构品牌需要仲裁机构从内在和外在两个方面双管齐下,由内而外地实现实力和品牌的协调发展。从内在上看,仲裁机构需要通过提高仲裁裁决质量和效率塑造自身的公信力和专业权威。仲裁实行"一裁终局"制度,因此,要求仲裁机构必须确保每一个案件的审理质量,真正做到依法独立仲裁、公平公正高效。对此,仲裁员是其中的关键,仲裁机构要具备阵容强大的仲裁员队伍,努力将相关行业的专家和精英吸收进入仲裁员名册。在此基础上,仲裁机构要努力为仲裁员创造一个清新独立的工作环境,排除外界干预,保证仲裁员独立开展仲裁活动。还要加强对仲裁员的监督和管理,建立包括仲裁员资格标准和行为规范在内的一整套制度、规则；并对仲裁活动实施全方位的动态监督，建立仲裁员的办案档案，保证仲裁员廉洁高效地仲裁案件。从外在上看，仲裁机构面临着以何种形象展现在当事人、潜在客户乃至公众面前的问题。无论是仲裁机构的现代化办公设备和服务设施，还是工作人员职业干练的形象和热情周到的服务，都需要得到精心地规划和完善，并且更为重要的是，仲裁机构需要努力开展宣传推广和交流合作活动，令自身的内在实力和外在形象能够广为人知。①

贸仲委在品牌化和国际化的发展道路上也取得了举世瞩目的成就。贸仲委已经成为世界上知名的商事仲裁机构之一，被誉为"中国仲裁的国际品牌，国际仲裁的中国经验"。通过不断加强国际交流与合作，其国际影响力日益提升，国际认可度大幅增加，案件当事人涉及的国家和地区广泛，"一带一路"沿线的大部分国家都曾有当事人在贸仲委仲裁的经历。贸仲委作为中国仲裁机构的代表，曾于2004年第一次代表中国承办了国际仲裁界的盛会——国际会议与大会组织（International Congress and Convention Association，ICCA）大会，并于2013年主办了亚太区域仲裁组织（Asia Pacific Regioral Arbitration Group，APRAG）大会，创立了"中国仲裁周"和"贸仲杯"国际商事模拟仲裁辩论赛等品牌活动。在这些交流活动中，贸仲委展示了中国仲裁的专业化形象，打造了"中国仲裁的国际品牌"。②

（二）重视客户服务体验

虽然绝大多数仲裁机构属于非营利性组织，但站在当事人的角度来看，仲裁机构提供的争议解决服务是有偿的。仲裁机构为了维持运转必须要在激烈的行业竞争中尽可能地扩大市场份额，吸引更多的当事人选择它们进行争议解决。为此，仲裁机构必需积极进行营销，通过提供良好的客户服务体验来赢得当事人和潜在客户的认可，提升自身的层次定位和品牌吸引力。对于仲裁机构来说，提高客户服务体验的主要途径包括赋予当事人高度的意思自治、设置方便灵活的仲裁程序和机制、提供优质高效的仲裁裁决、组建高素质秘书团队提供周到的协助。

当事人意思自治是国际商事仲裁制度的核心和基石，在仲裁中当事人享有高度的意思自治，允许当事人对仲裁程序和实体问题的法律适用享有控制权，以获取可预见的、双

---

① 参见万季飞：《发展、创新，打造全球仲裁服务品牌——中国国际经济贸易仲裁委员会主任万季飞答本刊记者问》，载《中国法律》2003年第6期。

② 参见中国国际经济贸易仲裁委员会江苏仲裁中心：《中国仲裁的国际品牌　国际仲裁的中国经验——中国贸仲委副主任王承杰谈贸易仲裁作用和影响》，载《新华日报》2018年1月18日，第4版。

方当事人都满意的裁决结果。① 在实践中，仲裁机构主要通过制定更具灵活性、更人性化的仲裁规则来尽可能地赋予当事人更多的意思自治空间，扩大当事人的程序权利。比如，贸仲委遵循国际惯例，始终将当事人意思自治原则贯彻在仲裁规则的制定和修改中。其2015年版的仲裁规则不仅允许当事人选择仲裁地和开庭地点，还允许当事人在仲裁员名册之外指定仲裁员，约定变更贸仲委仲裁规则或适用其他仲裁规则。②

此外，我国仲裁机构在仲裁实践中也有机制和模式的创新，比如“仲裁与调解相结合”的模式，且在世界上不少的国家和地区的立法中已得到采纳。仲裁与调解相结合的模式体现了中国“和为贵”的东方文化思想，包涵了友善、包容、理解、和谐等道德理念。相对于传统上单独的仲裁模式，它最突出的价值在于，可以提高争议解决效率节约当事人的纠纷解决成本，并在和解的同时维护了双方当事人的关系，保留了双方未来继续进行商业合作的可能。它符合世界多元化争议解决方式发展的潮流与趋势，在国际上被誉为“东方经验”。③

随着“一带一路”的深入推进，我国政府加大了对商事调解的支持力度，积极尝试将商事调解作为自贸区多元化争议解决的重要机制，签订仲裁与调解对接合作框架协议，探索仲裁与调解对接机制的新发展。并且，我国争议解决机构积极组织国际调解高峰论坛、多元化纠纷解决机制改革论坛、中美商事调解和替代性纠纷解决机制（Alternative Dispute Resolution，ADR）研讨会等具有广泛影响力的研讨和培训活动，积极参与联合国贸法会第二工作组（争议解决）关于和解协议跨国执行的公约/示范法的制定工作，向国际社会贡献中国多元化争议解决机制的实践经验。④

此外，在仲裁机制和模式的创新上，武汉仲裁委员会根据当事人的需求，并借鉴国际知名仲裁机构经验，依照《仲裁法》及《武汉仲裁委员会仲裁规则》的规定，首创了确认仲裁制度，该制度得到了基础设施建设、金融以及船舶制造等领域诸多企业的认可。⑤ 武汉仲裁委员会将确认仲裁制度作为服务经济建设、帮助企业规避和防范经营风险的重要手段和服务方式之一，针对那些标的额较大、履行期限较长、存在潜在风险的合同，采取确

① 参见郭玉军、陈芝兰：《论国际商事仲裁中的“非国内化”理论》，载《法制与社会发展》2003年第1期。

② 参见《中国国际经济贸易仲裁委员会仲裁规则（2015版）》，载中国国际经济贸易仲裁委员会网：http://www.cietac.org.cn/index.php? m=Page&a=index&id=65，最后访问日期：2018年5月3日。

③ 参见于健龙：《改革、开放、创新，打造国际化仲裁服务品牌——贸仲改革开放30年的成就》，载《中国法律》2008年第5期。

④ 参见陈福勇：《新时代的融合：中国仲裁的国际化与国际仲裁的中国化》，载《人民法治》2018年第3期。

⑤ 参见张毅迪：《风控新思路——确认仲裁》，载搜狐网：http://www.sohu.com/a/117027402_241187，最后访问日期：2018年5月17日。

认仲裁的方式,可将双方的协议内容转化为具有强制执行效力的仲裁裁决书或调解书,为合同的履行加上牢固的“法律焊条”,从而起到了事先规避风险,保障合同顺利履行的作用。

秘书人员是仲裁程序中连接仲裁员和当事人的桥梁,其综合素质不仅关系到仲裁程序的进展效率,更能够直接影响客户对仲裁机构的感受和印象。[①] 因此,我国仲裁机构除努力吸纳专业一流的仲裁员之外,还重视打造高素质、负责任的秘书团队。贸仲委就拥有一支高素质的秘书团队,除具备法律、外语等专业知识外,还具备较强的服务意识,在仲裁活动中为当事人提供了高水平、专业化的仲裁法律服务。[②] 这些仲裁机构所组建的一流秘书团队可以很好地保障当事人的服务体验,提升仲裁机构的品牌层次。

(三)树立仲裁营销理念

作为仲裁服务的对象,当事人对仲裁机构的认知可以在很大程度上反映仲裁机构的品牌定位和社会影响力。但整体而言,目前在中国,社会对仲裁的认知度还比较低,作为一种有效纠纷解决机制,仲裁的潜力和优势还远远未能实现。[③] 仲裁界已提出了“营销仲裁”的理念,认为“营销仲裁是仲裁业发展的历史必然”。[④] 成功的营销方案对提升仲裁机构的品牌形象能够起到明显的推动效果。仲裁营销不仅要求仲裁机构重视增强服务意识、提高服务水平,更重要的是,需要仲裁机构积极举办多种活动,充分宣传自己的专业实力和服务水平,从而获得仲裁行业内部的同行认可,向潜在客户推广自身的品牌和服务。

作为中国历史最悠久的仲裁机构,贸仲委通过积极参与国际仲裁事务和区际仲裁活动,与国际知名仲裁机构举办仲裁法律研讨会,开展多种形式的互访和交流,在国际舞台上充分展示和宣传自己,努力打造国际一流的仲裁机构品牌。迄今为止,贸仲委已与多家国际知名仲裁机构签订了仲裁合作协议,如国际商会仲裁院、美国仲裁协会、伦敦国际仲裁院、斯德哥尔摩商会仲裁院等。2004 年 5 月,贸仲委在北京与国际商事仲裁理事会合作举办了具有国际仲裁界奥运会性质的国际商事仲裁大会第 17 届会议,全面展现了中国法制建设成果、贸仲委的发展历程和丰硕业绩,增强了国际仲裁界对贸仲委的认识和了解,促进了国内外仲裁行业的交流合作,进一步提升了贸仲委在国际上的

---

① 参见万季飞:《发展、创新,打造全球仲裁服务品牌——中国国际经济贸易仲裁委员会主任万季飞答本刊记者问》,载《中国法律》2003 年第 6 期。

② 张利娟:《中国贸仲委打造国际化仲裁品牌》,载《中国经贸》2012 年第 10 期。

③ 参见姜丽丽:《中国仲裁未来二十年改革发展与仲裁法修改应当关注的重要问题探讨》,载搜狐网:http://www.sohu.com/a/65398176_398113,最后访问日期:2018 年 4 月 10 日。

④ 参见袁周斌:《中国国际商事仲裁的发展趋向》,载《湖北警官学院学报》2011 年第 2 期。

品牌和地位。[①] 近几年,贸仲委还积极参与全球仲裁事务,应邀作为非政府组织观察员参加联合国贸易法委员会会议,深度参与国际规则制定,对国际仲裁法律制度提出了富有建设性的意见,不断为国际仲裁的健康发展贡献"中国智慧";作为国际商事仲裁理事会、国际商事仲裁机构联合会、亚太区域仲裁组织等重要国际仲裁组织的重要成员,其历任领导曾应邀担任国际商事仲裁理事会管理委员会委员、亚太区域仲裁组织主席等职务,深入参与全球仲裁治理。[②] 此外,贸仲委还特别重视在重点行业、重要经济活动领域及大中型企业中开展推广和宣传工作,与中国民航协会、中国皮革工业协会以及中国建筑业协会等机构保持积极联系与沟通,就双方之间进行的仲裁合作进行了多次磋商与会谈,取得了积极的回应。并且,在2008年北京奥运会的筹备和举办周期,贸仲委在主要场馆的建筑合同、特许经营协议以及中国网通提供通信服务的合作框架协议书等合同中加入了贸仲委的标准仲裁条款。[③]

武汉仲裁委员会也十分重视仲裁营销。在武汉仲裁委员会成立之初,其各办事处面向企业、市场主体收集信息,建立工作网络,同时面向企业法律顾问、律师、仲裁员等专业人士,为规范合同、引导仲裁而服务,并围绕案源拓展和约定仲裁的基础工作展开深入调研。之后,随着宣传工作的逐步深入,武汉仲裁委员会充分利用武汉经济国际化不断加强的支点作用及优势,树立"点、线、面"相结合的立体化案源拓展与市场培育的工作思路,将市场的开拓和培育协调并举。一方面,参与政府大型经贸活动和着力提升武仲社会影响力,将打造国际仲裁院的品牌效应作为市场开拓和培训的切入点;另一方面,积极搭建工作"平台",以企业答谢会、座谈会等形式与重点外贸企业建立工作联系,宣传涉外经贸法律服务项目,向企业介绍涉外经贸活动风险防范和仲裁法律服务,促进涉外企业增强危机意识和法律风险防范意识,帮助企业运用仲裁方式有效维护自身合法权益。为了增进与企业的沟通和理解、了解企业最近发展动态和在对外经济交往中的实际问题,武汉仲裁委员会按照细致的梯队分工,重点走访大型涉外企业及行业协会,上门宣传,建立工作联系,做好规范合同约定仲裁的工作,提高武汉仲裁委员会仲裁的约定率,在工作推进中有计划地对武汉地区代表性的出口企业及部分外资企业进行走访,调研企业合同签订、履行及仲裁条款的约定情况,与企业共同探讨有关经营风险的规避和防范问题。在此过程中,武汉仲裁委员会还积极听取各企业对于机构建设及发展方面的合理建议,

---

① 参见于健龙:《改革、开放、创新,打造国际化仲裁服务品牌——贸仲改革开放30年的成就》,载《中国法律》2008年第5期。

② 参见中国国际经济贸易仲裁委员会江苏仲裁中心:《中国仲裁的国际品牌 国际仲裁的中国经验——中国贸仲委副主任王承杰谈贸易仲裁作用和影响》,载《新华日报》2018年1月18日,第4版。

③ 参见万季飞:《发展、创新,打造全球仲裁服务品牌——中国国际经济贸易仲裁委员会主任万季飞答本刊记者问》,载《中国法律》2003年第6期。

拓宽发展思路，如有公司提议其早日建立不同国家法律适用数据库，以满足企业不断发展对外经贸交流中亟须运用国际商事仲裁维护企业利益、防范规避法律风险的需求。

60多年来，中国仲裁筚路蓝缕、以启山林，艰苦奋斗、开拓创新，我国仲裁法律制度日益完善，各地仲裁机构不断发展壮大，对外交流与合作逐渐扩展加深，中国仲裁的专业化水平、国际化程度和品牌影响力持续、明显地提升，为国内外当事人解决了大量商事纠纷，为我国营造更加国际化、法治化、便利化的营商环境。当前，我国为顺应世界多极化、经济全球化的国际形势发起“一带一路”倡议，推动沿线各国进行更大范围、更高水平、更深层次的区域合作，实现共同发展的目标。在这恢宏的时代背景下，挑战与机遇并存，中国仲裁将继往开来，积极迎接挑战，把握大好机遇，明确历史使命，阔步前进。

附录一：仲裁机构名录大全

中国仲裁机构名录大全[①]

全国（2个）

中国国际经济贸易仲裁委员会

中国海事仲裁委员会

华北片仲裁机构（28个）

北京仲裁委员会

天津仲裁委员会

石家庄仲裁委员会

张家口仲裁委员会

邯郸仲裁委员会

衡水邢台仲裁委员会

承德仲裁委员会

保定仲裁委员会

唐山仲裁委员会

廊坊仲裁委员会

秦皇岛仲裁委员会

邢台仲裁委员会

太原仲裁委员会

大同仲裁委员会

临汾仲裁委员会

沧州仲裁委员会

晋城仲裁委员会

长治仲裁委员会

阳泉仲裁委员会

运城仲裁委员会

晋中仲裁委员会

呼和浩特仲裁委员会

乌海仲裁委员会

包头仲裁委员会

呼伦贝尔仲裁委员会

赤峰仲裁委员会

通辽仲裁委员会

鄂尔多斯仲裁委员会

东北片仲裁机构（32个）

沈阳仲裁委员会

大连仲裁委员会

本溪仲裁委员会

盘锦仲裁委员会

辽阳仲裁委员会

营口仲裁委员会

抚顺仲裁委员会

鞍山仲裁委员会

朝阳仲裁委员会

葫芦岛仲裁委员会

铁岭仲裁委员会

锦州仲裁委员会

丹东仲裁委员会

阜新仲裁委员会

长春仲裁委员会

松原仲裁委员会

---

① 根据山东省仲裁网整理，载 http://www.sdad.org.cn/list.aspx? tid = 9caa330d - 2905 - 421b - b422 - 8e1de91b9277&pno = 1，数据截至 2016 年。

通化仲裁委员会
辽源仲裁委员会
四平仲裁委员会
吉林仲裁委员会
白山仲裁委员会
白城仲裁委员会
哈尔滨仲裁委员会
鸡西仲裁委员会
齐齐哈尔仲裁委员会
鹤岗仲裁委员会
黑河仲裁委员会
七台河仲裁委员会
佳木斯仲裁委员会
牡丹江仲裁委员会
大庆仲裁委员会
双鸭山仲裁委员会

华东片仲裁机构(32 个)

上海仲裁委员会
上海国际贸易仲裁委员会
南京仲裁委员会
苏州仲裁委员会
盐城仲裁委员会
扬州仲裁委员会
镇江仲裁委员会
无锡仲裁委员会
南通仲裁委员会
徐州仲裁委员会
淮安仲裁委员会
泰州仲裁委员会
常州仲裁委员会
连云港仲裁委员会
宿迁仲裁委员会
济南仲裁委员会
济宁仲裁委员会
临沂仲裁委员会
枣庄仲裁委员会
滨州仲裁委员会
烟台仲裁委员会
淄博仲裁委员会
莱芜仲裁委员会
日照仲裁委员会
泰安仲裁委员会
聊城仲裁委员会
菏泽仲裁委员会
东营仲裁委员会
威海仲裁委员会
青岛仲裁委员会
潍坊仲裁委员会
德州仲裁委员会

东南片仲裁机构(42 个)

福州仲裁委员会
厦门仲裁委员会
泉州仲裁委员会
南平仲裁委员会
南昌仲裁委员会
景德镇仲裁委员会
新余仲裁委员会
抚州仲裁委员会
吉安仲裁委员会
宜春仲裁委员会
赣州仲裁委员会
鹰潭仲裁委员会
九江仲裁委员会
上饶仲裁委员会
萍乡仲裁委员会
杭州仲裁委员会
金华仲裁委员会
衢州仲裁委员会
绍兴仲裁委员会
宁波仲裁委员会
舟山仲裁委员会
台州仲裁委员会
丽水仲裁委员会
温州仲裁委员会
嘉兴仲裁委员会
湖州仲裁委员会
合肥仲裁委员会
淮北仲裁委员会
蚌埠仲裁委员会
滁州仲裁委员会
阜阳仲裁委员会
安庆仲裁委员会
宿州仲裁委员会
芜湖仲裁委员会
铜陵仲裁委员会
淮南仲裁委员会
黄山仲裁委员会
池州仲裁委员会
马鞍山仲裁委员会
宣城仲裁委员会
亳州仲裁委员会
六安仲裁委员会

中南片仲裁机构(39个)
郑州仲裁委员会
驻马店仲裁委员会
洛阳仲裁委员会
三门峡仲裁委员会
平顶山仲裁委员会
安阳仲裁委员会
南阳仲裁委员会
鹤壁仲裁委员会
商丘仲裁委员会
信阳仲裁委员会
漯河仲裁委员会
许昌仲裁委员会
周口仲裁委员会
新乡仲裁委员会
焦作仲裁委员会
濮阳仲裁委员会
武汉仲裁委员会
荆州仲裁委员会
襄樊仲裁委员会
宜昌仲裁委员会
荆门仲裁委员会
十堰仲裁委员会
随州仲裁委员会
咸宁仲裁委员会
黄石仲裁委员会
黄冈仲裁委员会
襄阳仲裁委员会
长沙仲裁委员会
湘潭仲裁委员会
益阳仲裁委员会
邵阳仲裁委员会
株洲仲裁委员会
娄底仲裁委员会
岳阳仲裁委员会
郴州仲裁委员会
衡阳仲裁委员会
常德仲裁委员会
张家界仲裁委员会
永州仲裁委员会

华南片仲裁机构(29个)
广州仲裁委员会
深圳仲裁委员会
佛山仲裁委员会
珠海仲裁委员会
惠州仲裁委员会
江口仲裁委员会
清远仲裁委员会
韶关仲裁委员会
汕头仲裁委员会
肇庆仲裁委员会
梅州仲裁委员会
汕尾仲裁委员会
江门仲裁委员会
湛江仲裁委员会
海口仲裁委员会
南宁仲裁委员会
桂林仲裁委员会
柳州仲裁委员会
北海仲裁委员会
贵港仲裁委员会
玉林仲裁委员会
梧州仲裁委员会
钦州仲裁委员会
河池仲裁委员会
来宾仲裁委员会
崇左仲裁委员会
白色仲裁委员会
贺州仲裁委员会
防城港仲裁委员会

西南片仲裁机构(29个)
重庆仲裁委员会
昆明仲裁委员会
昭通仲裁委员会
曲靖仲裁委员会
玉溪仲裁委员会
保山仲裁委员会
临沧仲裁委员会
玉林仲裁委员会
贵阳仲裁委员会
遵义仲裁委员会
六盘水仲裁委员会
成都仲裁委员会
德阳仲裁委员会
广元仲裁委员会
南充仲裁委员会
攀枝花仲裁委员会
遂宁仲裁委员会
雅安仲裁委员会
宜宾仲裁委员会
乐山仲裁委员会
自贡仲裁委员会
绵阳仲裁委员会

泸州仲裁委员会
内江仲裁委员会
资阳仲裁委员会
南充仲裁委员会
眉山仲裁委员会
巴中仲裁委员会
拉萨仲裁委员会

西北片仲裁机构(22个)

西安仲裁委员会
宝鸡仲裁委员会
咸阳仲裁委员会
铜川仲裁委员会
渭南仲裁委员会
延安仲裁委员会
汉中仲裁委员会
榆林仲裁委员会
银川仲裁委员会
石嘴山仲裁委会
中卫仲裁委员会
吴忠仲裁委员会
兰州仲裁委员会
天水仲裁委员会
嘉峪关仲裁委会
白银仲裁委员会
庆阳仲裁委员会
天水仲裁委员会
西宁仲裁委员会
乌鲁木齐仲裁委员会
克拉玛依仲裁委员会
吐鲁番仲裁委员会

附录二：中国共产党十八届四中全会关于仲裁的相关要求

健全社会矛盾纠纷预防化解机制，完善调解、仲裁、行政裁决、行政复议、诉讼等有机衔接、相互协调的多元化纠纷解决机制。加强行业性、专业性人民调解组织建设，完善人民调解、行政调解、司法调解联动工作体系。完善仲裁制度，提高仲裁公信力。健全行政裁决制度，强化行政机关解决同行政管理活动密切相关的民事纠纷功能。

附录三：中华人民共和国仲裁法

中华人民共和国仲裁法

（1994年8月31日第八届全国人民代表大会常务委员会第九次会议通过 根据2009年8月27日第十一届全国人民代表大会常务委员会第十次会议《关于修改部分法律的决定》第一次修正 根据2017年9月1日第十二届全国人民代表大会常务委员会第二十九次会议《关于修改〈中华人民共和国法官法〉等八部法律的决定》第二次修正）

目　　录

第一章　总　　则

第一条　为保证公正、及时地仲裁经济纠纷，保护当事人的合法权益，保障社会主义市场经济健康发展，制定本法。

第二条 平等主体的公民、法人和其他组织之间发生的合同纠纷和其他财产权益纠纷，可以仲裁。

第三条 下列纠纷不能仲裁：

（一）婚姻、收养、监护、扶养、继承纠纷；

（二）依法应当由行政机关处理的行政争议。

第四条 当事人采用仲裁方式解决纠纷，应当双方自愿，达成仲裁协议。没有仲裁协议，一方申请仲裁的，仲裁委员会不予受理。

第五条 当事人达成仲裁协议，一方向人民法院起诉的，人民法院不予受理，但仲裁协议无效的除外。

第六条 仲裁委员会应当由当事人协议选定。

仲裁不实行级别管辖和地域管辖。

第七条 仲裁应当根据事实，符合法律规定，公平合理地解决纠纷。

第八条 仲裁依法独立进行，不受行政机关、社会团体和个人的干涉。

第九条 仲裁实行一裁终局的制度。裁决作出后，当事人就同一纠纷再申请仲裁或者向人民法院起诉的，仲裁委员会或者人民法院不予受理。

裁决被人民法院依法裁定撤销或者不予执行的，当事人就该纠纷可以根据双方重新达成的仲裁协议申请仲裁，也可以向人民法院起诉。

第二章　仲裁委员会和仲裁协会

第十条 仲裁委员会可以在直辖市和省、自治区人民政府所在地的市设立，也可以根据需要在其他设区的市设立，不按行政区划层层设立。

仲裁委员会由前款规定的市的人民政府组织有关部门和商会统一组建。

设立仲裁委员会，应当经省、自治区、直辖市的司法行政部门登记。

第十一条 仲裁委员会应当具备下列条件：

（一）有自己的名称、住所和章程；

（二）有必要的财产；

（三）有该委员会的组成人员；

（四）有聘任的仲裁员。

仲裁委员会的章程应当依照本法制定。

第十二条 仲裁委员会由主任一人、副主任二至四人和委员七至十一人组成。

仲裁委员会的主任、副主任和委员由法律、经济贸易专家和有实际工作经验的人员担任。仲裁委员会的组成人员中,法律、经济贸易专家不得少于三分之二。

第十三条 仲裁委员会应当从公道正派的人员中聘任仲裁员。

仲裁员应当符合下列条件之一:

(一)通过国家统一法律职业资格考试取得法律职业资格,从事仲裁工作满八年的;

(二)从事律师工作满八年的;

(三)曾任法官满八年的;

(四)从事法律研究、教学工作并具有高级职称的;

(五)具有法律知识、从事经济贸易等专业工作并具有高级职称或者具有同等专业水平的。

仲裁委员会按照不同专业设仲裁员名册。

第十四条 仲裁委员会独立于行政机关,与行政机关没有隶属关系。仲裁委员会之间也没有隶属关系。

第十五条 中国仲裁协会是社会团体法人。仲裁委员会是中国仲裁协会的会员。中国仲裁协会的章程由全国会员大会制定。

中国仲裁协会是仲裁委员会的自律性组织,根据章程对仲裁委员会及其组成人员、仲裁员的违纪行为进行监督。

中国仲裁协会依照本法和民事诉讼法的有关规定制定仲裁规则。

第三章 仲裁协议

第十六条 仲裁协议包括合同中订立的仲裁条款和以其他书面方式在纠纷发生前或者纠纷发生后达成的请求仲裁的协议。

仲裁协议应当具有下列内容:

(一)请求仲裁的意思表示;

(二)仲裁事项;

(三)选定的仲裁委员会。

第十七条 有下列情形之一的,仲裁协议无效:

(一)约定的仲裁事项超出法律规定的仲裁范围的;

(二)无民事行为能力人或者限制民事行为能力人订立的仲裁协议;

(三)一方采取胁迫手段,迫使对方订立仲裁协议的。

第十八条 仲裁协议对仲裁事项或者仲裁委员会没有约定或者约定不明确的,当事人可以补充协议;达不成补充协议的,仲裁协议无效。

第十九条 仲裁协议独立存在,合同的变更、解除、终止或者无效,不影响仲裁协议的效力。

仲裁庭有权确认合同的效力。

第二十条 当事人对仲裁协议的效力有异议的,可以请求仲裁委员会作出决定或者请求人民法院作出裁定。一方请求仲裁委员会作出决定,另一方请求人民法院作出裁定的,由人民法院裁定。

当事人对仲裁协议的效力有异议,应当在仲裁庭首次开庭前提出。

第四章 仲裁程序

第一节 申请和受理

第二十一条 当事人申请仲裁应当符合下列条件:

(一)有仲裁协议;

(二)有具体的仲裁请求和事实、理由;

(三)属于仲裁委员会的受理范围。

第二十二条 当事人申请仲裁,应当向仲裁委员会递交仲裁协议、仲裁申请书及副本。

第二十三条 仲裁申请书应当载明下列事项:

(一)当事人的姓名、性别、年龄、职业、工作单位和住所,法人或者其他组织的名称、住所和法定代表人或者主要负责人的姓名、职务;

(二)仲裁请求和所根据的事实、理由;

(三)证据和证据来源、证人姓名和住所。

第二十四条 仲裁委员会收到仲裁申请书之日起五日内,认为符合受理条件的,应当受理,并通知当事人;认为不符合受理条件的,应当书面通知当事人不予受理,并说明理由。

第二十五条 仲裁委员会受理仲裁申请后,应当在仲裁规则规定的期限内将仲裁规则和仲裁员名册送达申请人,并将仲裁申请书副本和仲裁规则、仲裁员名册送达被申请人。

被申请人收到仲裁申请书副本后,应当在仲裁规则规定的期限内向仲裁委员会提交答辩书。仲裁委员会收到答辩书后,应当在仲裁规则规定的期限内将答辩书副本送达申请人。被申请人未提交答辩书的,不影响仲裁程序的进行。

第二十六条 当事人达成仲裁协议，一方向人民法院起诉未声明有仲裁协议，人民法院受理后，另一方在首次开庭前提交仲裁协议的，人民法院应当驳回起诉，但仲裁协议无效的除外；另一方在首次开庭前未对人民法院受理该案提出异议的，视为放弃仲裁协议，人民法院应当继续审理。

第二十七条 申请人可以放弃或者变更仲裁请求。被申请人可以承认或者反驳仲裁请求，有权提出反请求。

第二十八条 一方当事人因另一方当事人的行为或者其他原因，可能使裁决不能执行或者难以执行的，可以申请财产保全。

当事人申请财产保全的，仲裁委员会应当将当事人的申请依照民事诉讼法的有关规定提交人民法院。

申请有错误的，申请人应当赔偿被申请人因财产保全所遭受的损失。

第二十九条 当事人、法定代理人可以委托律师和其他代理人进行仲裁活动。委托律师和其他代理人进行仲裁活动的，应当向仲裁委员会提交授权委托书。

第二节 仲裁庭的组成

第三十条 仲裁庭可以由三名仲裁员或者一名仲裁员组成。由三名仲裁员组成的，设首席仲裁员。

第三十一条 当事人约定由三名仲裁员组成仲裁庭的，应当各自选定或者各自委托仲裁委员会主任指定一名仲裁员，第三名仲裁员由当事人共同选定或者共同委托仲裁委员会主任指定。第三名仲裁员是首席仲裁员。

当事人约定由一名仲裁员成立仲裁庭的，应当由当事人共同选定或者共同委托仲裁委员会主任指定仲裁员。

第三十二条 当事人没有在仲裁规则规定的期限内约定仲裁庭的组成方式或者选定仲裁员的，由仲裁委员会主任指定。

第三十三条 仲裁庭组成后，仲裁委员会应当将仲裁庭的组成情况书面通知当事人。

第三十四条 仲裁员有下列情形之一的，必须回避，当事人也有权提出回避申请：

（一）是本案当事人或者当事人、代理人的近亲属；

（二）与本案有利害关系；

（三）与本案当事人、代理人有其他关系，可能影响公正仲裁的；

（四）私自会见当事人、代理人，或者接受当事人、代理人的请客送礼的。

第三十五条 当事人提出回避申请,应当说明理由,在首次开庭前提出。回避事由在首次开庭后知道的,可以在最后一次开庭终结前提出。

第三十六条 仲裁员是否回避,由仲裁委员会主任决定;仲裁委员会主任担任仲裁员时,由仲裁委员会集体决定。

第三十七条 仲裁员因回避或者其他原因不能履行职责的,应当依照本法规定重新选定或者指定仲裁员。

因回避而重新选定或者指定仲裁员后,当事人可以请求已进行的仲裁程序重新进行,是否准许,由仲裁庭决定;仲裁庭也可以自行决定已进行的仲裁程序是否重新进行。

第三十八条 仲裁员有本法第三十四条第四项规定的情形,情节严重的,或者有本法第五十八条第六项规定的情形的,应当依法承担法律责任,仲裁委员会应当将其除名。

第三节 开庭和裁决

第三十九条 仲裁应当开庭进行。当事人协议不开庭的,仲裁庭可以根据仲裁申请书、答辩书以及其他材料作出裁决。

第四十条 仲裁不公开进行。当事人协议公开的,可以公开进行,但涉及国家秘密的除外。

第四十一条 仲裁委员会应当在仲裁规则规定的期限内将开庭日期通知双方当事人。当事人有正当理由的,可以在仲裁规则规定的期限内请求延期开庭。是否延期,由仲裁庭决定。

第四十二条 申请人经书面通知,无正当理由不到庭或者未经仲裁庭许可中途退庭的,可以视为撤回仲裁申请。

被申请人经书面通知,无正当理由不到庭或者未经仲裁庭许可中途退庭的,可以缺席裁决。

第四十三条 当事人应当对自己的主张提供证据。

仲裁庭认为有必要收集的证据,可以自行收集。

第四十四条 仲裁庭对专门性问题认为需要鉴定的,可以交由当事人约定的鉴定部门鉴定,也可以由仲裁庭指定的鉴定部门鉴定。

根据当事人的请求或者仲裁庭的要求,鉴定部门应当派鉴定人参加开庭。当事人经仲裁庭许可,可以向鉴定人提问。

第四十五条 证据应当在开庭时出示,当事人可以质证。

第四十六条 在证据可能灭失或者以后难以取得的情况下,当事人可以申请证据保全。当事人申请证据保全的，仲裁委员会应当将当事人的申请提交证据所在地的基层人民法院。

第四十七条 当事人在仲裁过程中有权进行辩论。辩论终结时，首席仲裁员或者独任仲裁员应当征询当事人的最后意见。

第四十八条 仲裁庭应当将开庭情况记入笔录。当事人和其他仲裁参与人认为对自己陈述的记录有遗漏或者差错的，有权申请补正。如果不予补正，应当记录该申请。

笔录由仲裁员、记录人员、当事人和其他仲裁参与人签名或者盖章。

第四十九条 当事人申请仲裁后，可以自行和解。达成和解协议的，可以请求仲裁庭根据和解协议作出裁决书，也可以撤回仲裁申请。

第五十条 当事人达成和解协议，撤回仲裁申请后反悔的，可以根据仲裁协议申请仲裁。

第五十一条 仲裁庭在作出裁决前，可以先行调解。当事人自愿调解的，仲裁庭应当调解。调解不成的，应当及时作出裁决。

调解达成协议的，仲裁庭应当制作调解书或者根据协议的结果制作裁决书。调解书与裁决书具有同等法律效力。

第五十二条 调解书应当写明仲裁请求和当事人协议的结果。调解书由仲裁员签名，加盖仲裁委员会印章，送达双方当事人。

调解书经双方当事人签收后，即发生法律效力。

在调解书签收前当事人反悔的，仲裁庭应当及时作出裁决。

第五十三条 裁决应当按照多数仲裁员的意见作出，少数仲裁员的不同意见可以记入笔录。仲裁庭不能形成多数意见时，裁决应当按照首席仲裁员的意见作出。

第五十四条 裁决书应当写明仲裁请求、争议事实、裁决理由、裁决结果、仲裁费用的负担和裁决日期。当事人协议不愿写明争议事实和裁决理由的，可以不写。裁决书由仲裁员签名，加盖仲裁委员会印章。对裁决持不同意见的仲裁员，可以签名，也可以不签名。

第五十五条 仲裁庭仲裁纠纷时，其中一部分事实已经清楚，可以就该部分先行裁决。

第五十六条 对裁决书中的文字、计算错误或者仲裁庭已经裁决但在裁决书中遗漏的事项，仲裁庭应当补正；当事人自收到裁决书之日起三十日内，可以请求仲裁庭补正。

第五十七条 裁决书自作出之日起发生法律效力。

第五章　申请撤销裁决

第五十八条　当事人提出证据证明裁决有下列情形之一的,可以向仲裁委员会所在地的中级人民法院申请撤销裁决:

(一)没有仲裁协议的;

(二)裁决的事项不属于仲裁协议的范围或者仲裁委员会无权仲裁的;

(三)仲裁庭的组成或者仲裁的程序违反法定程序的;

(四)裁决所根据的证据是伪造的;

(五)对方当事人隐瞒了足以影响公正裁决的证据的;

(六)仲裁员在仲裁该案时有索贿受贿,徇私舞弊,枉法裁决行为的。

人民法院经组成合议庭审查核实裁决有前款规定情形之一的,应当裁定撤销。

人民法院认定该裁决违背社会公共利益的,应当裁定撤销。

第五十九条　当事人申请撤销裁决的,应当自收到裁决书之日起六个月内提出。

第六十条　人民法院应当在受理撤销裁决申请之日起两个月内作出撤销裁决或者驳回申请的裁定。

第六十一条　人民法院受理撤销裁决的申请后,认为可以由仲裁庭重新仲裁的,通知仲裁庭在一定期限内重新仲裁,并裁定中止撤销程序。仲裁庭拒绝重新仲裁的,人民法院应当裁定恢复撤销程序。

第六章　执　　行

第六十二条　当事人应当履行裁决。一方当事人不履行的,另一方当事人可以依照民事诉讼法的有关规定向人民法院申请执行。受申请的人民法院应当执行。

第六十三条　被申请人提出证据证明裁决有民事诉讼法第二百一十三条第二款规定的情形之一的,经人民法院组成合议庭审查核实,裁定不予执行。

第六十四条　一方当事人申请执行裁决,另一方当事人申请撤销裁决的,人民法院应当裁定中止执行。

人民法院裁定撤销裁决的,应当裁定终结执行。撤销裁决的申请被裁定驳回的,人民法院应当裁定恢复执行。

第七章　涉外仲裁的特别规定

第六十五条　涉外经济贸易、运输和海事中发生的纠纷的仲裁,适用本章规定。本章没有规定的,适用本法其他有关规定。

第六十六条 涉外仲裁委员会可以由中国国际商会组织设立。

涉外仲裁委员会由主任一人、副主任若干人和委员若干人组成。

涉外仲裁委员会的主任、副主任和委员可以由中国国际商会聘任。

第六十七条 涉外仲裁委员会可以从具有法律、经济贸易、科学技术等专门知识的外籍人士中聘任仲裁员。

第六十八条 涉外仲裁的当事人申请证据保全的,涉外仲裁委员会应当将当事人的申请提交证据所在地的中级人民法院。

第六十九条 涉外仲裁的仲裁庭可以将开庭情况记入笔录,或者作出笔录要点,笔录要点可以由当事人和其他仲裁参与人签字或者盖章。

第七十条 当事人提出证据证明涉外仲裁裁决有民事诉讼法第二百五十八条第一款规定的情形之一的,经人民法院组成合议庭审查核实,裁定撤销。

第七十一条 被申请人提出证据证明涉外仲裁裁决有民事诉讼法第二百五十八条第一款规定的情形之一的,经人民法院组成合议庭审查核实,裁定不予执行。

第七十二条 涉外仲裁委员会作出的发生法律效力的仲裁裁决,当事人请求执行的,如果被执行人或者其财产不在中华人民共和国领域内,应当由当事人直接向有管辖权的外国法院申请承认和执行。

第七十三条 涉外仲裁规则可以由中国国际商会依照本法和民事诉讼法的有关规定制定。

第八章 附 则

第七十四条 法律对仲裁时效有规定的,适用该规定。法律对仲裁时效没有规定的,适用诉讼时效的规定。

第七十五条 中国仲裁协会制定仲裁规则前,仲裁委员会依照本法和民事诉讼法的有关规定可以制定仲裁暂行规则。

第七十六条 当事人应当按照规定交纳仲裁费用。

收取仲裁费用的办法,应当报物价管理部门核准。

第七十七条 劳动争议和农业集体经济组织内部的农业承包合同纠纷的仲裁,另行规定。

第七十八条 本法施行前制定的有关仲裁的规定与本法的规定相抵触的,以本法为准。

第七十九条 本法施行前在直辖市、省、自治区人民政府所在地的市和其他设区的市设立的仲裁机构，应当依照本法的有关规定重新组建；未重新组建的，自本法施行之日起届满一年时终止。

本法施行前设立的不符合本法规定的其他仲裁机构，自本法施行之日起终止。

第八十条 本法自1995年9月1日起施行。

后　记

《中华人民共和国仲裁法》自1994年审议通过，1995年正式施行，至今已经20多年。这20多年的时间，中国仲裁事业在党的领导下筚路蓝缕，从无到有，从弱到强，取得了显著的成就。现如今，仲裁制度不断完善，仲裁公信力不断提高，仲裁已经成为当今社会解决民商事争议的重要方式之一。

基于此，为客观记录和梳理《中华人民共和国仲裁法》颁布以来20多年仲裁事业的发展，本书编委会在国务院法制办政府法制协调司、武汉仲裁委员会、武汉大学法学院的大力支持下，完成了《中国仲裁史稿》的编写。

本书编委会收集《中华人民共和国仲裁法》颁布以来的仲裁活动资料、仲裁会议讲话资料、仲裁制度文件资料、仲裁机构及受案量统计资料，采用编年体的体例，以资料汇编的形式客观还原了这20年来中国仲裁事业发展的基本脉络，由此形成了本书上编。在上编的基础上，编委会又邀请武汉仲裁委员会从事仲裁实务的业务专家、武汉大学从事仲裁制度理论教学研究的专家，梳理中国仲裁的历史沿革及其理论基础、制度架构，总结中国仲裁的特色创新，展望中国仲裁的现代发展，以此形成了下编。

上编由柳正权教授、黄雄义、牛鹏、肖普焮等收集资料并校对、整理、编排；下编第一章由武汉大学法学院梁雯雯讲师、肖璐撰写，第二章由武汉大学法学院廖奕教授、张娇娇、高袆航、马尧、姚意撰写，第三章由武汉大学法学院柳正权教授、黄雄义、牛鹏、于澜撰写，第四章由武汉大学法学院占善刚教授、王甜、薛娟娟、杨宇铮、郭颂彬撰写，第五章由武汉大学法学院郭玉军教授、付鹏远、陈文璨撰写。全书由柳正权教授统稿，刘健勤主编定稿。由于时间限制，加上水平有限，书中不足之处敬请批评指正。

编委会

2018年11月

图书在版编目(CIP)数据

中国仲裁史稿 / 湖北省法学会仲裁法研究会编. --
北京 : 法律出版社, 2018
ISBN 978-7-5197-2543-3

Ⅰ.①中… Ⅱ.①湖… Ⅲ.①仲裁-法制史-中国
Ⅳ.①D925.702

中国版本图书馆CIP数据核字(2018)第176303号

中国仲裁史稿
ZHONGGUO ZHONGCAISHIGAO

湖北省法学会仲裁法研究会 编

策划编辑 沈小英
责任编辑 沈小英 刘晓萌
装帧设计 李 瞻

出版 法律出版社
总发行 中国法律图书有限公司
经销 新华书店
印刷 固安华明印业有限公司
责任校对 马 丽
责任印制 吕亚莉

编辑统筹 财经法治出版分社
开本 787毫米×1092毫米 1/16
印张 39.25
字数 738千
版本 2018年12月第1版
印次 2018年12月第1次印刷

法律出版社/北京市丰台区莲花池西里7号(100073)
网址/www.lawpress.com.cn
投稿邮箱/info@lawpress.com.cn
举报维权邮箱/jbwq@lawpress.com.cn
销售热线/010-83938336
咨询电话/010-63939796

中国法律图书有限公司/北京市丰台区莲花池西里7号(100073)
全国各地中法图分、子公司销售电话:
统一销售客服/400-660-6393
第一法律书店/010-83938334/8335 西安分公司/029-85330678 重庆分公司/023-67453036
上海分公司/021-62071639/1636 深圳分公司/0755-83072995

书号:ISBN 978-7-5197-2543-3
定价:180.00元
(如有缺页或倒装,中国法律图书有限公司负责退换)